STEFAN INEICHEN

ZÜRICH
1933–1945

152 SCHAUPLÄTZE

Limmat Verlag
Zürich

1–10 BELLEVUE – OPERNHAUS
1. Holzhackerplatz
2. Gilberte de Courgenay
3. Folies Bergère im Corso und Alfred Polgar im Hotel Urban
4. Surrealistische Nymphe im Corso-Dancing
5. Das süsseste Mädel der Welt
6. Toolie Oolie Doolie
7. 1. August 1938
8. Opernhaus: Zusatzcoupons zum Abschminken
9. Verdunkelung: Blaulicht, Angst und Zauber
10. Jazz im Esplanade

11–18 LIMMAT SÜD
11. Geheimdienst im Odeon
12. Zollinger, Guggenheim, Vogel: drei Dichter im Café Terrasse
13. Nord-Süd
14. Helmhaus und Wasserkirche
15. Waldmann
16. Churchill auf dem Münsterhof
17. Der grösste Fehler des Garteninspektors
18. Metropol. Discuse, fliegende Hexe und Geld aus Deutschland

19–31 RÄMISTRASSE – WALCHE
19. Oprecht: Buchhandlung, Verlag und Hilfe
20. Autometro
21. Berufsverbot für Staranwalt
22. Lili Marleen
23. Schauspielhaus
24. Wolfgang Langhoffs Zähne
25. Zürcher Student
26. Kantonsspital
27. Die Erleuchtung des SS-Generals an der Sonneggstrasse 80
28. 10. Mai 1940: Kolonnen auf der Weinbergstrasse
29. Praesens Film

30. Walche: Kantonsverwaltung und Staatskunst
31. Robert Briner: Polizeidirektor und Flüchtlingspolitiker

32–39 ALTSTADT
32. Zähringerstrasse
33. Auskernung der Leuengasse
34. Grossmünster
35. Schwarzhandel im Pronto
36. Guggerzytli im Stundenhotel
37. Hotel Hirschen: Pfeffermühle und Cornichon
38. Ländlerkönige im Niederdorf
39. Bauernkapelle fliegt nach Paris

40–50 BAHNHOFSTRASSE
40. Globus-Insel
41. Hauptbahnhof
42. Startenor im Schweizerhof
43. Zwei Erker: Krise, Krieg und Käse
44. Sprengstoffanschlag auf die Synagoge
45. Nüschelerstrasse 30: Lebensmittelabteilung
46. Modern seit 1933
47. Holzverzuckerung
48. Marys Old Timers Bar: Schwule und GIs
49. Am 8. Mai 1945 vor dem Deutschen Reisebüro
50. Amtshaus V

51–59 SIHLPORTE – STAUFFACHER
51. Lanigiro Hot Players im Grand Café Sihlporte
52. Hallenbad mit Wärmepumpe
53. Warten auf die Grosseltern
54. Arbeitsamt an der Flössergasse
55. Fackelzug der Fronten in Aussersihl
56. Volksrecht
57. Stadthallenkrawall
58. Büchergilde Gutenberg
59. SMUV

60–71 HELVETIAPLATZ – CASA D'ITALIA
60 Ralph Benatzky träumt im Kino Apollo
61 Zwanzigtausend jubeln dem Genossen Stadtpräsident Dr. Klöti zu
62 Korbblütler im Volkshaus
63 Volkshaus 1944: linksextrem
64 Helvetiaplatz, Herz des Langstrassenquartiers
65 Camions für Spanien
66 Indiskretion vor dem Postbüro
67 Militär im Schulhaus
68 Bäckeranlage
69 Kind der Landstrasse an der Feldstrasse
70 Casa d'Italia
71 Cooperativo

72–79 LANGSTRASSE
72 Damenmäntel zwischen Kosmos und Forum
73 Fredy Scheim als Füsilier Grögli
74 Heimat des Schweizer Schlagers
75 Hyänen bei Mojsche Rubinfeld
76 Tschinggegoof hilft bei der Rettung der Hohlen Gasse
77 Ehe- und Sexualberatung im Kollerhof
78 Gesprochene Zeitschrift
79 Neubauten an der Langstrasse

80–88 LIMMAT ABWÄRTS
80 Kunstgewerbe
81 Migros Limmatplatz
82 Suppenküche Löwenbräu
83 Limmat-Stellung
84 Illegal in Wipkingen
85 Rundbunker im Landenbergpark
86 Rosengartenstrasse und Kirchgemeindehaus
87 Escher Wyss
88 Bomben für die Motorenfabrik Mannheim

89–94 WIEDIKON
89 Schmiede Wiedikon: vom Dorfkern zum städtischen Nebenzentrum
90 KPD im Untergrund an der Zurlindenstrasse
91 Einheitskampffront im Kindergarten
92 Vom Wäggitalerhof ins Landidörfli
93 Lienert-Brunnen
94 Hermann Herter und die Mondlandschaft

95–101 GOLDBRUNNENPLATZ – FRIESENBERG
95 Licht in der Finsternis
96 Chicago am Höfliweg
97 Umnutzung von Industriearealen
98 Ein Star stürzt ab
99 Familienheim-Genossenschaft am Friesenberg
100 Zweierlei Kirchen im Friesenbergdorf
101 Forchbahn an der Üetlibergstrasse

102–106 ÜETLIBERG
102 Üetliberg
103 Freiluftschule im Grandhotel
104 Polenweg
105 Teehüsli: Marxismus im Norwegerpullover
106 Tankgraben Waldegg

107–115 SEEUFER ENGE
107 Kongresshaus
108 Kursaal: makabrer Tanz
109 Arboretum: Bäume, Vögel und Bunker
110 Landi Enge: Höhenstrasse und Schifflibach
111 Kinderparadies
112 Teddy Stauffer: Berlin, Landi und Acapulco
113 Landipfeil und Holzdepot
114 Rieterpark und Schönberg
115 Flüchtlingsküche im Gemeindehaus der ICZ

116–120 UTOQUAI – ZÜRICHHORN
116 Utoquai
117 Links und Rechts auf dem Salondampfer Helvetia
118 Hallers Atelier
119 Höllenbetrieb im Landidörfli
120 Flüchtlingslager im Landgasthof

121–130 OERLIKON UND UMGEBUNG
121 Brunnenhoflied
122 Der einzige Jude im Schweizer Radio
123 Bad Allenmoos
124 Oerlikon und New York
125 Eingemeindung: neue Strassennamen, neue Häuser
126 Hallenstadion
127 Das volle Rettungsboot
128 Louis Häfliger
129 Bührle: Waffen, Wohlfahrt, Kunst und Kirche
130 Plan Wahlen

131–134 SEEBACH
131 Tramhäuschen, Vorstadtpark und Froschkönig
132 Maria Lourdes
133 Paul Vogt, Flüchtlingspfarrer von Seebach
134 Wachtmeister Studer am Katzenbach

135–152 WEITERE QUARTIERE
135 Gloggevärsli
136 Werdhölzli: Abwasserpilz und Treibgas
137 Schutthyänen statt Blaukehlchen – Kehrichtdeponie im Herdernried
138 Keramik statt Katzenragout
139 Ein Stück Nazideutschland am Hönggerberg
140 Waldrodung und Strohversorgung
141 Holzvergaser und Graphitelektroden
142 Fliegerstein – Luftkampf über Zürich
143 Tobler besucht Briner
144 Bomben am Waldrand
145 Schwamendingen
146 Saalschlacht im Ochsen
147 Tramrevolution: vom Hirschgeweih-Elefanten zum Geissbock mit Fahrgastfluss
148 Partisanengeneral in der Klinik Hirslanden
149 Wollishofen: Kirche und Grünzug
150 General im Gärtli
151 Neubühl
152 Allmend

Zeittafel 417
Personenverzeichnis 421
Quellen und Literatur 424

ZÜRICH 1933–1945
GROSSSTADT, ROTES ZÜRICH UND ZWEITER WELTKRIEG
Schauplätze und Spuren einer nahen, fernen Zeit

Die politischen, gesellschaftlichen und militärischen Umwälzungen, die den europäischen Kontinent im Zeitraum zwischen der Machtübernahme der Nationalsozialistischen Partei in Deutschland und dem Zusammenbruch des Dritten Reiches erfassten, prägten auch die Geschichte der Stadt Zürich in einem Ausmass, das eine gesonderte Betrachtung der Periode von 1933 bis 1945 rechtfertigt. «Zürich 1933–1945» versucht, das Leben in der Stadt, die durch die auf Neujahr 1934 vollzogene Eingemeindung zu einer schweizerischen Grossstadt wurde, anhand von 152 Schauplätzen zu vergegenwärtigen, zeigt Spuren, die jene Zeit in Zürich hinterlassen hat, und lokalisiert Ereignisse, die im heutigen Stadtbild nicht mehr ablesbar sind.

Die Spurensuche führt zu den Orten der politischen Auseinandersetzung in der polarisierten Stadt der frühen Dreissigerjahre, als die rechtsextreme «Nationale Front» Morgenluft witterte und sich mit den bürgerlichen Parteien zu einem «Vaterländischen Block» zusammenschloss, die Sozialdemokratische Partei bei den städtischen Wahlen im September 1933 jedoch ihren historischen Sieg feiern konnte. Sie führt ans Seeufer, wo 1939 die Landesausstellung stattfand, die wie ein Scharnier die Vorkriegs- mit der Kriegszeit verbindet und eine nationale Synthese suchte zwischen Stadt und Land, Rotem Zürich und Landidörfli, Tradition und Moderne, Folklore und Industrie. Am Stadtrand ebenso wie im Zentrum zeugen Bunker und Befestigungsbauten noch heute von den Vorbereitungen auf einen militärischen Konflikt während des Zweiten Weltkriegs, als zeitweise mehr als ein Siebtel der schweizerischen Bevölkerung zur Verteidigung mobilisiert war. In Affoltern erinnert ein Gedenkstein an einen Piloten der Schweizer Luftwaffe, der irrtümlicherweise von amerikanischen Fliegern vom Himmel geholt wurde. Bomben, die für deutsche Städte bestimmt waren, richteten vereinzelt auch in Zürich Schaden an.

Die Streifzüge durch Zürich führen zu Wohnhäusern in Arbeiter- und Villenquartieren, die legalen und illegalen Flüchtlingen als Unterkunft dienten. Das 1939 eröffnete Gemeindehaus der Israelitischen Cultusgemeinde, wo täglich Hunderte von Emigranten verpflegt wurden, ist einer der wenigen baulichen Zeugen im Kontext der Flüchtlingsbetreuung in der Stadt Zürich, wo 1942 – im Hallenstadion – Bundesrat von Steiger in einer Ansprache vor engagierten Christen davor warnte, das vermeintlich volle Rettungsboot zu überladen.

Bellevue, Walche, Schimmel- und Rosengartenstrasse verdanken ihr Gesicht den städtebaulichen Aktivitäten vor allem der Vorkriegszeit, und noch in den letzten Kriegsjahren setzte mit einer regen Wohnbautätigkeit, teilweise in Zonen umgenutzter Industrieareale, der Bauboom der Nachkriegszeit ein. Innerhalb weniger Jahre wandelte sich, wie sich auf Spaziergängen durch die Stadt nachvollziehen lässt, die Architektursprache markant: Wurden in der ersten Hälfte der Dreissigerjahre mit Kunstgewerbeschule, Theresienkirche und Neubühl öffentliche Gebäude und Wohnhäuser als moderne, offene und helle Kuben errichtet, so geben sich die holzverbrämten, biederen Heimatstilbauten der Kriegszeit traditionsverbunden und in sich gekehrt. Auch die bildende Kunst hat zwischen 1933 und 1945 Spuren hinterlassen, etwa Augusto Giacomettis Glasfenster mit Bugatti und Flabkanone in der Wasserkirche, Ernst Morgenthalers Wandbilder von Soldaten, Turnern und Serviertöchtern im Victoriahaus, den Bilderzyklus von 1942 in der Kantine des Wohlfahrtshauses der Oerliker Bührle-Fabrik, Franz Fischers *Geher*, der als männlicher Akt im frisch eingemeindeten Oerlikon einen Skandal auslöste, und Hermann Hallers Waldmanndenkmal, das, bei seiner Einweihung umstritten, längst zum Postkarten-Zürich gehört.

Die Spurensuche führt nicht nur zu Schauspielhaus und Oper, sondern auch zu den Stätten der Unterhaltungs- und Alltagskultur, zu Volkstheater und Cabaret. Im Metropol trat die Sängerin der *Lili Marleen* auf, noch bevor sie sich Lale Andersen nannte – ein Name, den sie sich im Gespräch mit Freunden in ihrer Wohnung an der Promenadengasse zulegte, bevor sie nach Deutschland zurückkehren musste. Zürich war vor und während der Kriegszeit eine Hochburg der Ländlermusik und des Schweizer Schlagers, eine Stadt mit Cafés, wo Swing- und Hot-Jazz-Orchester spielten. Die ersten grossen Schweizer Filme wurden in Zürich produziert, in Studios an der Sihlporte, der Weinbergstrasse und am Utoquai gedreht und in Kinos am Bellevue oder an der Stauffacherstrasse uraufgeführt. Das Landgasthaus aus dem legendären *Wachtmeister Studer* stand in Seebach.

Noch heute rege benutzte Sportanlagen sind in den Dreissiger- und frühen Vierzigerjahren entstanden, so das Freibad Allenmoos und das mit einer innovativen Wärmepumpe ausgestattete Hallenbad City, das Hallenstadion und das Sihlhölzli. Kleinere und grössere Parkanlagen zeugen vom hohen Stellenwert, der den städtischen Freiräumen auch damals zugeschrieben wurde, ebenso Grünzüge in Wollishofen und zwischen Siedlung und Waldrand am Üetliberghang.

Die Streifzüge in diesem Buch führen in eine Stadt, die nachts düsterer war als im Mittelalter, wo Recycling überlebensnotwendig war und der motorisierte Verkehr fast zum Erliegen kam. Die Spurensuche zeigt, wo Holzvergaser hergestellt und Holzverzuckerung propagiert, Rationierungskarten ausgegeben und Lebensmittelmarken getauscht wurden, in welchen Cafés der Schwarzhandel mit rationierten Gütern blühte und wo die Stadt Gemeinschaftssuppe kochen liess, als 1945 die Versorgung mit Kochgas zusammengebrochen war.

Auch wenn die Spurensuche breit angelegt ist, so werden einige gewichtige Themenfelder nur am Rande gestreift. So der Transfer von Vermögenswerten aus Deutschland vor und während der Kriegszeit, da dieser im letzten Jahrzehnt ausgiebig diskutiert und untersucht wurde. Auch die Wege bekannter Autoren, die sich auf der Flucht mindestens zeitweise in Zürich aufhielten, werden kaum verfolgt, da mehrere aktuelle Publikationen greifbar sind.

Die 152 vorgestellten Schauplätze aus der Zeit von 1933 bis 1945 werden geografisch gruppiert und auf sechzehn Ausschnitten aus dem Stadtplan zusammengefasst und lokalisiert. Ein Übersichtsplan zeigt, wo sich weitere, im Stadtgebiet verstreute Schauplätze und Zeitspuren befinden. Jeder der 152 Texte ist mit einer Nummer versehen. Diese Nummern von 1 bis 152 – und nicht Seitenzahlen – finden auch bei Verweisen auf andere Textstellen und im Personenregister Verwendung.

1–10 BELLEVUE – OPERNHAUS

1 HOLZHACKERPLATZ
1 Bellevue
1A Kino Urban: abgebrochen, heute Warenhaus Coop
1B Sechseläutenplatz

2 GILBERTE DE COURGENAY
2 Kino Urban

3 FOLIES BERGÈRE IM CORSO UND ALFRED POLGAR IM HOTEL URBAN
3 Corso, Theaterstrasse 10
3A Hotel Urban, St. Urbangasse/Stadelhofstrasse 41 (abgebrochen)

4 SURREALISTISCHE NYMPHE IM CORSO-DANCING
4 Corso

5 DAS SÜSSESTE MÄDEL DER WELT
5 Corso

6 TOOLIE OOLIE DOOLIE
6 Corso

7 1. AUGUST 1938
7 Sechseläutenplatz

8 OPERNHAUS: ZUSATZCOUPONS ZUM ABSCHMINKEN
8 Opernhaus

9 VERDUNKELUNG: BLAULICHT, ANGST UND ZAUBER
9 Opernhaus

10 JAZZ IM ESPLANADE
10 Bernhard-Theater, Theaterplatz 1, früher Esplanade

SCHAUPLÄTZE, AUF DIE IN ANDEREN ABSCHNITTEN VERWIESEN WIRD
17A Neue Zürcher Zeitung, Falkenstrasse 11
69B Ehemalige Büros der Pro Juventute, Seefeldstrasse 8
112A Corso

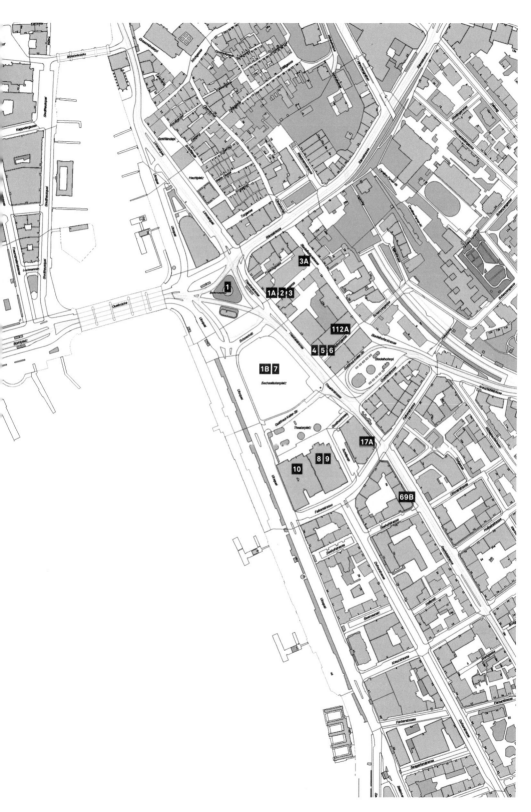

1 HOLZHACKERPLATZ

Der Bellevueplatz war das pulsierende Herz der Stadt Zürich, die 1934 durch die Eingemeindung von acht Vororten zur Grossstadt geworden war. Am Bellevue, wo Stadt, See und Limmat zusammentreffen, kreuzten sich die Verkehrsströme und manifestierten sich die gesellschaftlichen Strömungen, die die Zeit zwischen 1933 und 1945 bewegten. Auf dem nach dem Hotel Bellevue benannten Platz und dem angrenzenden Tonhalleplatz – 1947 in Sechseläutenplatz umbenannt – wurde Städtebau und Getreideanbau betrieben, trafen sich in Hotels, Cafés und Buchhandlungen politische Flüchtlinge aus den nationalsozialistisch dominierten Nachbarländern und besammelten sich die Anhänger der rechtsextremen «Front» zu ihren Kundgebungen → 55. Um Bellevue- und Tonhalleplatz wurden Opern → 8 und Hot Jazz → 10 gespielt, fanden die Premierenfeiern der ersten grossen Schweizer Filme statt → 2, entstand mit dem 1934 umgebauten Corso → 4 ein moderner Schauplatz urbaner Unterhaltungskultur → 3 5 6 und gingen nachts Prostituierte ihren Geschäften nach. Dann wurde das Bellevue zum «Holzhackerplatz», wie Fritz Herdi, in den Vierzigerjahren Barpianist im ersten Stock des Odeon → 11, in seinem Zürcher *Gassenwörterbuch* berichtet. Denn die «Asphaltschwalben», die «am Bellevue auf der falschen Seite aufs Tram warteten», verlangten für ihren Service üblicherweise fünfzig Franken, einen «Holzhacker», wie die von Ferdinand Hodler entworfene Fünfzigernote genannt wurde, die von 1911 an fast ein halbes Jahrhundert lang in Umlauf war und einen Holzfäller zeigte.

«für zürichs intellektuelle der 1930er und 1940er jahre war die bannmeile um das bellevue (gemeint ist damit der bellevueplatz und sein umkreis) das substrat, das das leben erst richtig lebenswert machte», schreibt Jakob Bill – wie sein Vater Max, der den Schriftzug des Corso gestaltet hatte, ein Vertreter der konsequenten Kleinschreibung. «vor allem waren dies die cafés select → 13, odeon und terrasse → 12 wo man gleichgesinnte traf, zeitungen aus aller welt zum lesen auflagen und bei einer kleinen konsumation halbe tage verbringen konnte. dazu kamen buchhandlung und verlag dr. oprecht → 19 und die librairie française. als unterhaltungsstätten gab es das corso und das urban.»

Das Kino Urban mit dem Eingang an der Ecke Theaterstrasse/Urbangasse wurde 1935 zusammen mit dem gleichnamigen Hotel → 3 erbaut. Über der bloss zwei Stockwerke hohen Front des Kinos ragte eine dreizehn Meter hohe Lichtreklamewand in die Höhe, bestehend aus von hinten angestrahlten Blechlamellen, die den Schriftzug «urban» trugen. Das neue Lichtspieltheater am Bellevue bot 1150 Plätze und spielte neben ausländischen Filmen auch regelmässig Produktionen der wichtigsten Schweizer Firma, der Praesens AG → 29. Sowohl im Kino wie in der darunter liegenden Gross-Kegelbahn wurden Wärme, Kälte und Luftfeuchtigkeit durch eine Klimaanlage vollautomatisch reguliert. Auf dem Flachdach des Kinos befand sich ein Dachgarten, zugänglich vom Hotel, das sich hinter dem Kinogebäude an der Stadelhoferstrasse anschloss. Das Hotel Garni bot sechzig Betten in günstigen, zweckmässig eingerichteten Zimmern und verfügte über eine Rohrpostanlage zur Abwicklung des geschäftlichen Verkehrs zwischen Frühstückszimmer, Office und Büro.

Als Kino und Hotel Urban eröffnet wurden, stand auf dem Bellevueplatz noch ein kleines, altes Tramhäuschen. «Einmal fand am Bellevue eine Zusammenrottung von Frontisten statt», erzählt der Schriftsteller Rudolf Jakob Humm, der unweit im Rabenhaus → 12 wohnte, «und die Zeitungen wussten darüber zu berichten, dass der Führer der Frontisten, eine gewisser Herr Tobler → 143 146, ihnen vom Dach des Tramhäuschens eine Hetzrede gehalten habe.» Die Frontisten gaben auch eine Zeitung heraus, Die Front. Im Februar 1934 kam der Anwalt Wladimir Rosenbaum → 21, der schräg gegenüber des Hotels Urban an der Stadelhoferstrasse wohnte, auf dem Heimweg am Bellevue vorbei, wo ein Zeitungsverkäufer rief, was auf seinem Waschzettel stand: «Die Front! Neues über Jud Rosenbaum!»

Auf dem Bellevue herrschte laut Schweizerischer Bauzeitung ein «äusserst lebhafter Fussgängerverkehr», nicht zuletzt wegen des «Vorortbahnhofs Stadelhofen». Laut Verkehrszählungen im September 1936 fuhren mehr als tausend Autos pro Stunde über den Bellevueplatz. «Überdies», fährt die Redaktion der Bauzeitung in ihrer Besprechung der Umgestaltung des Platzes 1938 fort, die zur Entwirrung des Verkehrsknäuels unternommen wurde, «kreuzen sich hier drei Hauptrichtungen der Strassenbahn, jede mit zwei bis drei Linien und regem Umsteigeverkehr.» Die Linienführung der Strassenbahnen und die Gewährleistung der Umsteigemöglichkeiten gaben die Gestaltung einer neuen Wartehalle mit weit auskragendem, dreieckigem Vordach vor, die 1938 in Betrieb genommen wurde. «Die Ausführung erfolgte in der in Zürich üblichen, nicht gerade billigen Qualität, auch in den nachfolgend beschriebenen kleinen Bauten.» Für die beiden Neubauten, die Wartehalle und das Dienstgebäude östlich der Tramlinie, die von der Quaibrücke Richtung Seefeld führt, zeichnete Hermann Herter verantwortlich, der als Stadtbaumeister die bauliche Entwicklung Zürichs von 1919 bis 1942 wesentlich mitbestimmte → 50 52 81 94.

Im Zentrum der 2005 sanierten Warte-

Bellevue: Warteraum mit Zeitungskästen (1938).

Getreideernte auf dem Tonhalleplatz, heute Sechseläutenplatz.

halle auf der Dreiecksinsel zwischen den Tramlinien lag ein Rundbau, der anstelle des heutigen Caffè & Bar Bellevue eine leere Wartehalle besass mit einer tragenden Säule, die einen Blumenkorb trug. Die Wartehalle wurde bei Tag durch ein Oberlicht rund um die Säule, die inzwischen hinter dem Buffet der Bar steht, erhellt, und auf dem weissen Glas gaben in zwei konzentrischen Kreisen Pfeile die Distanzen zu Ortschaften in der Schweiz und zu Städten in Europa an, welch letztere wenige Jahre später fast alle zu Kriegsschauplätzen wurden. «Die Bezeichnung der Schweiz als ‹Drehscheibe Europas› gab Veranlassung zur Anbringung einer Windrose und von Pfeilen mit Angabe sämtlicher Länder Europas und der Entfernungen (Luftlinie) zu deren Hauptstädten», erklärte Hermann Herter und machte damit das Bellevue als Zentrum der grössten Stadt der Schweiz zum Nabel der Welt. Die Wartehalle war – wie heute das Caffè – gegen die Linie Bahnhof –Seefeld offen. Neben dem Eingang hingen ein Stadtplan, Fahrpläne und Theaterprogramme. Die seitlichen Glaswände erlaubten auch aus dem Innern den Überblick über den Tramverkehr, an der Hinterwand der Wartehalle befanden sich grosse Zeitungskästen und in der Mitte der Schalter des Kiosks, dessen Hauptschalter (wie heute) gegen aussen seewärts gerichtet war. Neben dem Kiosk wurden, ebenfalls von aussen zugänglich, vier Telefonkabinen eingerichtet, in denen sich bei Betreten automatisch die Ventilation einschaltete.

Das grosse Vordach wurde von drei Ständern abgestützt, die wie das Dach des zentralen Rundbaus in einer Metallrinne un-terhalb der Decke die Neonröhren zur indirekten Beleuchtung verbergen.

Ebenfalls mit einem Vordach ausgestattet

ist der zweite Bau, den Herter bei der Umgestaltung des Platzes im Vorfeld der Landesausstellung von 1939 auf dem Bellevue errichtete, als sich die Stadt herausputzte und auf die Verkehrs- und Besucherströme im Zusammenhang mit der Ausstellung vorbereitete. Das Dienstgebäude an der Strassenbahn auf der Seite des Utoquais enthielt ursprünglich neben verschiedenen Diensträumen für Gartenbauamt und Strasseninspektorat eine Bedürfnisanstalt, die von einer Wärterin beaufsichtigt wurde, und am gegen das Corso gerichteten Ende, wo sich heute das Bellevue Deli befindet, «einen Verkaufskiosk, der mit allen modernen technischen Einrichtungen, so auch einer Kühlanlage, versehen ist». Vor dem Kiosk platzierte Herter 1938 einen Brunnen mit einem Granitbecken aus einem Tessiner Steinbruch und Fischgruppen in Weissmetall von Otto Münch → 34 93 131, der auch die Möwe beim Trinkbrunnen vor der dreieckigen Wartehalle schuf.

Angrenzend an das Bellevue erstreckt sich eine weite Freifläche, die von der *Schweizerischen Bauzeitung*, die sich 1933 über Nutzungsvarianten Gedanken macht, so beschrieben wurde: «Zwischen Bellevue und Stadttheater besitzt die Stadt Zürich seit dem Jahr 1896, als die alte Tonhalle dort abgebrochen wurde, einen freien Platz von 10 000 m² Ausdehnung, der jahraus jahrein den verschiedensten Veranstaltungen dient und dazwischen oft lange Zeit ungenutzt, mit spärlicher Grasnarbe bewachsen, daliegt; jeden Winter bemüht sich die Stadtverwaltung um Herrichtung einer Eisbahn, die meist recht spät zu sich selber kommt und alsbald wieder in ihre flüssige Form übergeht, wenn die ersten Vorfrühlingstage nahen. Zu diesen hat wohl der Platz eine grössere Affinität, weil er beim Sechseläuten-Frühlingsfest dem Aufmarsch der Zünfte dient; sodann stellt alljährlich die Heilsarmee zum Auffahrtsfest eine Riesenzelt hin für Massenbesuch, bald darauf der Zirkus eins für wilde Tiere; weiter kommt alle paar Jahre neben diesen traditionell gewordenen Anlässen eine lokale Ausstellung für Koch- oder andere Künste an die Reihe.» Unzufrieden über Nutzung und Gestalt des wertvollen Platzes an bester Lage präsentierte die *Bauzeitung* 1933 zwei Bebauungsvarianten – eine Art Amphitheater für Fest-, Sport- und andere Anlässe aller Art sowie ein Auto-Zentrum mit Parkhaus, Gewerbe- und Geschäftsräumen.

Für die Landesausstellung wurde der alte Tonhalleplatz wenigstens für ein Jahr zum Parkplatz. 1939 konnten neben einem Pavillon des Touring Clubs 260 Autos auf dem Platz parkieren, unweit des Ausstellungseingangs Riesbach → 119. Der Zirkus musste auf das Kasernenareal ausweichen. Im ersten Jahr nach Kriegsausbruch fanden sowohl Sechseläuten wie Bundesfeier noch auf dem Tonhalleplatz statt, 1941 wurde das Holz für den Scheiterhaufen an frierende Stadtkinder verteilt, im Jahr darauf brannte der «Böögg» zwar an der gewohnten Stelle, die Zünfter kamen jedoch in Zivil und verzichteten auf den Umritt. Damals wurde der Platz bereits für die Anbauschlacht verwendet. Die Strassenbahnen trugen die Aufschrift «Anbauen Durchhalten», und auf dem Tonhalleplatz wuchsen zwischen 1941 und 1944 Kartoffeln, Sommerweizen und Raps und gaben das Sujet her für das Bild, das so oft die Situation der Schweiz im Zweiten Weltkrieg illustrieren muss: Landwirtschaft im Herzen der Grossstadt. Der Ertrag auf der relativ kleinen Fläche war nicht gross, setzte aber ein wichtiges Zeichen: «Weite Kreise unseres Volkes», meinte rückblickend F.T. Wahlen → 130, der Vater der Anbauschlacht, «begrüssten es als eine Erlösung, auf irgendeine Weise wieder aktiv in die Formung ihres Geschickes eingreifen zu können. Das Eingeschlossensein hatte sich wie ein Bann auf die Gemüter gelegt. Die militärische Bereitschaft öffnete dem Drang nach Betätigung wohl Ventile, aber es handelte sich doch letzten Endes auch hier um eine passive Bereitschaft, denn das berühmt gewordene Gesetz des Handelns wurde von Mächten ausserhalb unserer Grenzen diktiert.»

1943 wurde der «Böögg» beim Hafen Enge verbrannt, 1944 ebenfalls, dabei fiel er ins Wasser, bevor er Feuer gefangen hatte. 1945 kehrte der «Böögg» wieder an seinen alten Platz zurück, der zwei Jahre später zum Sechseläutenplatz wurde.

› **1** Bellevue.
› **1A** Kino Urban: abgebrochen, heute Warenhaus Coop.
› **1B** Sechseläutenplatz.

2 GILBERTE DE COURGENAY

Am 17. April 1941 fand im Kino Urban am Bellevue im verdunkelten Zürich die Premiere des Films *Gilberte de Courgenay* statt. Der Film der damals bedeutendsten Schweizer Filmproduktionsfirma Praesens → **29** unter der Regie von Franz Schnyder, der nach dem Krieg für mehrere erfolgreiche Gotthelf-Verfilmungen verantwortlich zeichnete, erzählt von der 1896 geborenen Gilberte Montavon, die sich während der Grenzbesetzung zwischen 1914 und 1918 im jurassischen Courgenay fürsorglich um die Soldaten kümmerte, die im Hotel de la Gare verkehrten. Die junge Frau war schon während des Ersten Weltkrieges zur Legende geworden, verewigt im 1917 entstandenen und natürlich auch im Film vorgetragenen Lied von der *Petite Gilberte* des Soldatensängers und Volksliedsammlers Hanns in der Gand, der eigentlich Ladislaus Krupski hiess und Sohn eines in Uri wirkenden polnischen Arztes war. *Gilberte de Courgenay*, unvergesslich durch die 1919 in Vevey geborene und Anfang 2009 verstorbene Anne-Marie Blanc, die mit der Verkörperung der jurassischen Soldatenbetreuerin zum Schweizer Filmstar wurde, war einer der wenigen Filme im Umfeld der Geistigen Landesverteidigung, die in der Romandie genauso beliebt waren wie in der Deutschschweiz.

Für die Dreharbeiten konnte die Mitwirkung der Schweizer Armee gewonnen werden, die durch den Film wiederum nicht nur moralische Unterstützung erhielt, sondern durch die Abgabe eines Teils der Einnahmen an die Stiftung Schweizerische Nationalspende für unsere Soldaten und ihre Familien auch finanziell vom Erfolg des Films profitieren durfte. Oberst Feldmann, der Leiter der Nationalspende, begründete in einem Brief an General Guisan sein Eintreten für die Produktion mit der Vorbildfunktion der grossen kleinen Gilberte: «Durch innere Kraft und Festigkeit, die zur selbstlosen Hilfsbereitschaft und Tätigkeit anspornt, wächst die kleine Gilberte Montavon zu der Idealgestalt der Gilberte de Courgenay heran und wird so über eine gewöhnliche Soldatenfreundin hinaus zu einer der ersten Soldatenfürsorgerinnnen und damit zum Frauenideal überhaupt, das

als bestes Beispiel von uneigennütziger Einsatzbereitschaft der Frau im Dienste der Armee hell aufleuchtet.»

Im nach einer Romanvorlage verfassten Drehbuch von Richard Schweizer und Kurt Guggenheim → 12 wird der Geist der Geistigen Landesverteidigung auf den Punkt gebracht, wenn der Hauptmann in seiner Neujahrsansprache sagt: «Mich persönlich tunkt's amix, es seg jo grad rächt eso, wenn's ime Land möglichscht vili Lüüt git, wo verschiedener Meinig dörfet sii. Meine kame bi öis gottseidank, was me wott, aber wüsse tüen mer alli s'gliiche, s'ganz Volch, d'Manne, d'Fraue und scho öiseri Buebe: dass mier die Gränze ringsum z'bewache und z'verteidige händ, uf alli Siite und gäge jede, dem's öppe sötti iifalle, a dene Gränze z'rüttle, mag er no so schtarch und mächtig sii. Worum schtönd mer eigentlich a dä Gränze? Öppe wäge dem bizzli Land, dem mir Heimat säget? Für das au; aber ii glaube z'ersch und z'letscht wäge dem, ohni das keine vo öis meh wetti läbe, wäge-nöisere guete, schöne, alte, schwiizerische Freyheit.»

Bei der Uraufführung waren zwei Gilbertes anwesend: Sowohl die Schauspielerin Anne-Marie Blanc wie auch die Original-Gilberte, die 1923 nach Zürich gezogen war und mit ihrem Mann Ludwig Schneider an der Bionstrasse 10 oberhalb des Rigiplatzes wohnte, wurden vom Premierenpublikum stürmisch gefeiert. Nach der Premiere lief der Film zwölf Wochen im Kino Urban. Nebenan im Corso wurde 111 mal nacheinander die Musicalfassung der *Gilberte de Courgenay* mit Elsie Attenhofer → 37 in der Hauptrolle aufgeführt. Mehrere Wochen vor dem Film mit Anne-Marie Blanc, Heinrich Gretler und Zarli Carigiet lief im Kino Forum → 73 mit *s'Margritli und d'Soldate. Ernstes und Heiteres aus der Grenzbesetzung* eine weitere Verfilmung des Stoffes um einen «wackeren Schutzengel» in Gestalt eines «Wirtstöchterleins» an, das «in Freud und Leid zu ‹ihren› Soldaten» steht, diesmal im Gasthaus Cerf in Estavayer angesiedelt → 112. Das Vorprogramm zeigte laut *Taghlatt*-Inserat als «neueste Aktualität» den Einmarsch deutscher Truppen in Bulgarien.

> 2 Kino Urban, Theaterstrasse (abgebrochen, heute an dieser Stelle Warenhaus Coop).
> 2A Bionstrasse 10 → Weitere Quartiere 135–152

3 FOLIES BERGÈRE IM CORSO UND ALFRED POLGAR IM HOTEL URBAN

Am 16. März 1938 begann ein dreiwöchiges Gastspiel der Revue-Girls aus dem Pariser Variététheater «Folies Bergère» im Zürcher Corso-Theater. «Girls», schrieb Alfred Polgar, der Wiener Feuilletonist und Kommentator der wilden Zwanzigerjahre in Berlin, «nennt man Gruppen jüngerer Frauen, die bereit sind, ziemlich entkleidet auf einer Bühne genau vorgeschriebene parallele Bewegungen zu machen. Zweck ihres Erscheinens und Tuns ist, Zuschauer erotisch anzuregen und diese hierdurch über das, was sonst auf der Bühne vorgeht, zu trösten.» Polgar wird sich nicht um das Gastspiel der Pariser Girls am Bellevue gekümmert haben, obwohl er seit dem 11. März in unmittelbarer Nähe des Corso-Theaters wohnte, im 1935 erbauten Hotel Urban an der Ecke St. Urbangasse/Stadelhoferstrasse, das bei Künstlern und Emigranten sehr beliebt war und 1971 abgebrochen wurde. Polgar, Pazifist, Antifaschist und Jude, war gerade einen Tag vor dem Einmarsch der Wehrmacht in Österreich und dem «Anschluss» ans Deutsche Reich aus Wien in Zürich eingetroffen und hoffte, in der Stadt, die er als «lieblich, infam teuer, stinkfade» empfand, bleiben zu können. Dazu brauchte er allerdings eine Empfehlung des Schweizerischen Schriftstellerverbandes, der schon 1933 mit der Fremdenpolizei vereinbart hatte, dass nur «literarisch und geistig hervorragenden» und aus politischen Gründen verfolgten Schriftstellern Asyl und Arbeitserlaubnis gewährt werden sollte, damit sich die ohnehin schon prekäre Erwerbslage → 12 der Schweizer Autoren nicht durch die Konkurrenz der gewieften Ausländer weiter verschlechtern würde.

In den letzten Tagen, bevor das Gastspiel der «Folies Bergère» am 7. April zu Ende ging, zeigten sich die Girls vor halb leeren Rängen. Die Revue fand beim Zürcher Publikum mässige Beachtung und vermochte zum Schluss nicht einmal die Kosten einzuspielen.

Am 8. April beantragte der Schriftstellerverband bei der Zürcher Fremdenpolizei, Alfred Polgar keine Erwerbsbewilligung zu erteilen, da er zwar talentiert sei, «aber nicht von derartiger Bedeutung, dass er eine wirkliche Bereicherung des geistigen Lebens unseres Landes darstellte». Polgar und seine Frau flohen nach Frankreich, über die Pyrenäen nach Spanien und Portugal und weiter in die USA.

Im Jahr darauf gastierte die Revue der «Folies Bergère» erneut in Zürich, doch dieses Mal den ganzen Monat Mai und mit

Landizeit im Corso: Folies Bergère, Inserat 30. Mai 1939.

grossem Erfolg. Die Direktion des Corso-Theaters hatte mit Aushängen in den Trams für die Show geworben, die nun als «Revue zur Landesausstellung 1939 Folies Bergère» angepriesen wurde. Bei der Premiere am 1. Mai demonstrierten junge Christen – Protestanten wie Katholiken – unter dem Motto «Für christliches Schweizertum und ein sauberes Zürich!» gegen den «Schweineimport» aus Frankreich, versperrten den Eingang des Theaters und stürmten, fromme und patriotische Lieder singend, den

Saal, was die Polizei zum Eingreifen veranlasste. Der Direktor der am 6. Mai eröffneten Landesausstellung distanzierte sich offiziell von der Veranstaltung im Corso. Nach zahlreichen Einsprachen verfügte der Polizeivorstand ein Verbot der Revue. Dagegen erhob das Corso-Gastspieltheater Einsprache beim Stadtrat, worauf die Mehrheit der Stadträte eine Vorstellung der «Folies Bergère» besuchte, um sich selbst ein Bild zu machen. Nach dem Besuch hob der Zürcher Stadtrat des Verbot auf. Er räumte ein, dass eine «objektive Abgrenzung des Begriffes ‹unsittlich› nicht möglich ist» und stellte fest, dass «das strengere oder freiere Empfinden in diesen Dingen erfahrungsgemäss in keiner Beziehung zur Reinheit und Lauterkeit der Gesinnung im allgemeinen» stünde. «Man muss sich im klaren sein, dass zwischen Tanz und Erotik immer gewisse Beziehungen bestehen. Die gleichen Tanzbewegungen, von bekleideten Artisten ausgeführt, würden uns wahrscheinlich gar nicht weiter auffallen.» Zudem war der Corso-Direktor den Kritikern entgegengekommen, hatte einzelne Szenen aus dem Programm gestrichen und das Zugeständnis gemacht, «dass er in Bild 8c die Tänzerin mit einem Büstenhalter auftreten lasse». Dank der Protestbewegung war die Revue ein Grosserfolg und wurde bis Ende Mai von 37 000 Besuchern gesehen.

Zehn Jahre später zog Alfred Polgar, nun als amerikanischer Staatsbürger, mit seiner Frau wieder ins Hotel Urban, wo er 1955 starb.

→ **3** Corso.

→ **3A** Hotel Urban, St. Urbangasse/Stadelhofstrasse 41 (abgebrochen).

4 SURREALISTISCHE NYMPHE IM CORSO-DANCING

Von 1933 bis 1934 wurde das 1900 eröffnete Corso-Theater nach den Plänen der Architekten Karl Knell → **20** und Ernst Friedrich Burckhardt → **109** umgebaut. Das Corso sollte weiterhin als Gastspieltheater betrieben werden und verstand sich nach Aussage des Direktors nicht als moralische Anstalt, sondern als fröhliches Theater für jedermann. Die als kitschig empfundene Jugendstilfassade des Gebäudes blieb beim Umbau erhalten – aus denkmalschützerischen Überlegungen und weil sie zum Unterhaltungsbetrieb passte. Im Innern erfuhren Eingangsbereich, Theatersaal, Bühne und Beleuchtungsanlage eine den aktuellen Ansprüchen des Revue- und Varietébetriebes entsprechende Modernisierung. Das Parkett im Theatersaal konnte nach der Erneuerung auf die Ebene des Bühnenbodens gehoben werden, womit das Corso für die Nutzung als Ballsaal über eine grosszügige Freifläche verfügte. Der Einbau einer Zentralheizung und einer für schweizerische Theater völlig neuartigen automatischen Klimaregulierung sorgten für ein ausgeglichenes Raumklima. «Diese moderne Anlage», schrieb die NZZ einige Tage vor der Wiedereröffnung am 1. August 1934, «setzt das Corso in den Stand, Sommer und Winter die gleichen angenehmen atmosphärischen Verhältnisse herzustellen, d.h. die Luft rein zu halten, ihre Temperatur zu regeln und der Luft jene Feuchtigkeit beizumischen, die aus hygienischen Gründen

Mascotte-Bar, frisch umgebaut (1934), mit Sitzmöbeln von Alvar Aalto, im Hintergrund Nische mit Wandbild *Pétales et jardin de la nymphe Ancolie* von Max Ernst.

unerlässlich ist.» Dank Klimaanlage mussten, wie Erfahrungen aus dem Ausland zeigten, «die Sommermonate nun plötzlich keine tote Saison mehr bedeuten, eben weil das Publikum in diesen kühlen Lokalen Zuflucht vor der drückenden Hitze sucht.» Dass es heiss werden konnte im Corso, erfuhr auch Max Ernst, der im Sommer 1934 im Dancing im ersten Stock an einem 22 m^2 grossen Wandbild arbeitete. Fotos zeigen den aus Brühl bei Köln stammenden und in Paris lebenden surrealistischen Maler, dessen Werk wenige Jahre später in der nationalsozialistischen Propaganda-Ausstellung *Entartete Kunst* → 30 vertreten war, mit blossem Oberkörper vor der Wand in der Nische der Mascotte-Bar an der Arbeit. Zur Abkühlung ging Max Ernst zwischendurch im nahen Zürichsee schwimmen.

Im neuen Dancing wirkten national und international bedeutende Gestalter zusammen und schufen ein einmaliges Biotop für das pulsierende Stadtleben der Moderne. Der Kulturpublizist Christoph Bignens meint dazu: «Es gibt europaweit kaum Orte, an denen sich avantgardistische Architektur und Kunst harmonischer mit Tanz und Drinks hätten paaren können als im Corso-Dancing in Zürich, das nach einem Umbau 1934 eröffnet wurde.» An der Umgestaltung des Corso war der Kunst- und Architekturhistoriker Siegfried Giedion als Berater beteiligt, Mitgründer und Generalsekretär des CIAM → 79 und später Professor an der Harvard University, der finnische Architekt und Designer Alvar Aalto gestaltete für die Inneneinrichtung mit Zebramustern überzogene Stühle und Sessel, welche die Wohnbedarf AG → 46 lieferte, Max Bill entwarf den CORSO-Schriftzug, der heute noch über der Fassade leuchtet, und ebenso das Logo der «Magnolians», welche im Mascotte zum Tanz aufspielten und im Theatersaal Bühnenproduktionen begleiteten. Die «Magnolians», ein angesehenes Swingorchester mit Auslanderfahrung, wurden von Walter Baumgartner gegründet und geleitet, der in der Nachkriegszeit die Musik zu unzähligen in Zürich produzierten Filmen schrieb – von *Bäckerei Zürrer* bis *Jack the Ripper*.

Dass Max Ernst seine *Pétales et jardin de la nymphe Ancolie* in die Nische des Mascotte-Dancing malen konnte, hatte er nicht nur Giedion und dem Architekten E. F. Burckhardt zu verdanken, sondern mindestens so sehr Wladimir Rosenbaum → 21, dem damaligen Verwaltungsratspräsidenten der Corso-Gesellschaft. Rosenbaum, den Max Ernst auch in seinem Ferienhaus im Tessin besuchte, wo die beiden leidenschaftlich Pingpong und Schach spielten, schlug an einer Verwaltungsratssitzung vor, dem Surrealisten den Auftrag für den Wandschmuck gegen ein Honorar von tausend Franken zu erteilen, worauf die Herren, wie sich Rosenbaum erinnert, den Präsidenten beschimpften, dass er «das Geld der Gesellschaft für so Blödsinn da zum Fenster hinauswerfen wolle». Rosenbaum setzte sich durch: «Entweder bewilligen Sie mir die tausend, oder ich lege mein Verwaltungsratsmandat nieder!»

Max Ernsts *Garten der Nymphe Akelei* zeigt ein tänzerisches Vogelwesen, gebildet aus Blättern und drapiert mit den roten Blüten nicht der Akelei, sondern des Australischen Feuerradbaumes, den Ernst aus naturkundlichen Büchern des 19. Jahrhunderts kannte. Die durch Strichzeichnungen von Blattwerk, Hand und Bein ergänzte grüne Figur bewegt sich vor hellblaugrauem Grund und wird hinterlegt oder überlagert von zwei grossen, kurvigen gelben Flächen.

Bereits in den Fünfzigerjahren passte der

surrealistische Wandschmuck nicht mehr ins Konzept des Mascotte, wurde abgedeckt, dann abgelöst und auf Holzplatten übertragen an das Zürcher Kunsthaus verkauft. Heute ist Max Ernsts Gemälde in Basel zu finden, wo es als Dauerleihgabe im Museum Tinguely gezeigt wird, nachdem es dort 2007 im Rahmen einer dem grossen Surrealisten gewidmeten Ausstellung vor den Augen des Museumspublikums restauriert worden ist. Das Corso, seit 1934 mehrfach umgebaut, wird seit 1947 als Kino geführt.

› 4 Corso, Theaterstrasse 10.

DAS SÜSSESTE MÄDEL DER WELT

Im April 1941 kündigte das Corso-Theater eine Sensation an: «Lilian Harvey persönlich [fett gedruckt] singt ihre beliebtesten Schlager, nur sieben Tage», zu Eintrittspreisen von 1.10 für die Plätze ganz hinten bis zu 5.50 in den Logen bei der Bühne, Militär in Uniform und Angehörige des HD (mit Binde) zahlen die Hälfte. Die deutsch-englische Doppelbürgerin Lilian Harvey galt in Deutschland nach ihrer Karriere als Stumm- und Tonfilmschauspielerin sowie als Sängerin als das «süsseste Mädel der Welt» und bildete mit ihrem Leinwand- und Gesangspartner Willy Fritsch das Traumpaar der Dreissigerjahre. *Ich wollt, ich wär ein Huhn,* sangen die beiden 1936, «ich brauchte nie mehr ins Büro, ich wäre dämlich aber froh.» Harveys Hit von 1939, *Guten Tag, liebes Glück,* beginnt mit den Zeilen: «Viele tausend Jahre steht die Welt, plötzlich hat man mich hinein gestellt, und ich sehe gleich, das Leben ist gar nicht so leicht.»

Lilian Harvey war, nachdem sie 1933/34 vorübergehend in Amerika und England gearbeitet hatte, 1935 nach Deutschland zurückgekehrt, wo sie zwei Jahre später zeigte, dass sie zu mehr fähig war als zu umwerfenden Augenaufschlägen, bezaubernden Tanzeinlagen in Strumpfhosen und süss-dämlichen Gesängen. Als Jens Keith, der 1937 bei der Realisierung eines UFA-Films für die Choreographie von Harveys Tanzszenen verantwortlich war, während der Dreharbeiten verhaftet wurde, weigerte sie sich, weiterzuarbeiten, bis Keith, der nicht nur als Regime-

Lilian Harvey, Superstar mit Rückgrat.

gegner galt, sondern auch homosexuell war, wieder freikam – jedenfalls bis zum Ende des Filmdrehs. Dieses zögerte Lilian Harvey so lange hinaus, bis sich der Tänzer und Choreograph in die Schweiz absetzen konnte. Harvey hatte nicht nur den Grossteil der Kaution von 10 000 Reichsmark für Keith gestellt, sondern sich bei Minister Goebbels persönlich für ihn eingesetzt und sich mit ihrem Engagement und ihren weiterhin gepflegten Kontakten zu jüdischen Kollegen in Konflikt mit der Gestapo gebracht. Im Frühjahr 1939 emigrierte sie nach Frankreich, und bald nach ihrer Schweizer Tournee reiste sie 1941 nach Amerika, wo sie sich in Hollywood niederliess.

Im Corso erschütterten nach ihrem Auftritt, wie die Presse meldete, Beifallsstürme das Haus. Während ihrer Schweizer Tournee machte die Sängerin Aufnahmen mit Teddy Stauffer und den «Original Teddies» → 112 und sang das Schlafliedli *Lieb's Chindli im Bettli*. Lilian Harvey sprach Schweizerdeutsch, denn sie kannte die Schweiz nicht nur von Ferienaufenthalten mit Willy Fritsch in St. Moritzer Nobelhotels, sondern war bereits 1914 als Siebenjährige nach Solothurn gekommen, wo sie bei ihrer Tante die Jahre während des Ersten Weltkrieges verbrachte.

→ 5 Corso.

6 TOOLIE OOLIE DOOLIE

Als Maurice A. Rosengarten, der Direktor der 1935 gegründeten Musikvertrieb AG, 1944 bei der Produktion des *Brunnenhoflieds* → 121 nach einem Stück für die B-Seite suchte, fiel die Wahl auf *Nach em Räge schint Sunne*, ein Lied, das der bereits sehr bekannte Artur Beul → 60 schon lange geschrieben, jedoch ohne Erfolg verschiedenen Interpreten angeboten hatte und das auch Rosengarten nicht für einen grossen Wurf hielt. Doch die Rückseite stellte die A-Seite schnell in den Schatten. Das wie das *Brunnenhoflied* von Marthely Mumenthaler und Vreneli Pfyl gesungene Lied wurde zum Grosserfolg und verkaufte sich über 100 000 Mal. Heute wird es wie *Übere Gotthard flüget Bräme* und weitere Beul-Kompositionen meist für ein traditionelles Volkslied gehalten.

Artur Beul komponierte damals vor allem für Klärli, Werner und Willy Schmid, begleitete das Trio auch am Piano und unternahm mit den drei Geschwistern im Holzvergaserauto → 141 Tourneen durch die ganze Schweiz. Angefangen hatte es 1940, als er in Willerzell am Sihlsee die Vertretung für einen eingerückten Lehrer übernommen hatte: «Ich war damals noch Sekundarlehrer, als ich mit meiner Mutter erstmals die Geschwister Schmid im Corso singen hörte. Für meine Schüler hatte ich bereits eine grosse Anzahl Lieder komponiert, die eigentlich die Vorgänger meiner jetzigen Schlager sind. *Stägeli uf, Stägeli ab*, das sang meine Klasse mit einer erstaunlichen Zungenfertigkeit. Kurz nach diesem Besuch im Corso lernte ich die Schmids persönlich kennen und schrieb dann für sie das Lied *Am Himmel stoht es Sternli z Nacht*. Damit war der Schlagerkomponist bereits geboren. Was aber zwischen dem *Sternli* und dem letzten Erfolg *Nach em Räge schynt d Sunne* liegt, das ist viel schwere Arbeit und Ringen nach Erfolg.»

Die Hochblüte des Schweizer Schlagers während der frühen Vierzigerjahre ist nicht nur der Qualität der Produktionen zu verdanken, sondern auch dem Ausfall von konkurrierenden Importen aus dem Ausland. «Ob der Schweizer Schlager auch nach dem Krieg noch Existenzmöglichkeiten hat, bin ich oft gefragt worden», schrieb Beul im Sommer 1945. «Ich bejahe es immer, denn es gibt nur wenige Länder, die an ihrer Volksmusik so sehr hängen wie wir Schweizer.»

Ende Juli 1945 kamen die ersten GIs in die Schweiz, unbewaffnet, um sich im unverwüsteten Land während eines einwöchigen Urlaubs zu erholen. Mit den Swiss Tours für die amerikanischen Soldaten konnte die Schweiz, deren Ansehen gerade in den USA in Folge der wirtschaftlichen Verflechtung mit Nazideutschland arg gelitten hatte → 16, nicht nur ihr Image polieren, sondern auch Tourismuswerbung betreiben: «Die Schweizerreise der amerikanischen Offiziere», kommentierte die *Schweizer Filmwochenschau* im Sommer 1945 die Ankunft der ersten Angehörigen der US Army, «wird unserem Land viele begeisterte Gäste bringen.» Viele der GIs, die in Basel oder Chiasso einreisten, besuchten im Rahmen ihrer Swiss Tour auch Zürich, wo allein bis Ende 1945 insgesamt über 157 000 amerikanische Soldaten Station machten → 48. Die GIs wollten unterhalten werden. Im Posthotel Weggis stand jeweils am Donnerstag ein Auftritt der Geschwister Schmid mit ihrem Komponisten auf dem Programm. Beul schrieb für diese Anlässe Lieder wie *Wie gohts Mister Yankee im Switzerland?* und *Addio, my Yankee, good bye!* Einer der GIs muss, so glaubt Beul, sein *Nach em Räge*

Artur Beul (vorne) mit Willy, Klärli und Werner Schmid (1942).

schint Sunne nach Amerika gebracht haben, wo das Lied mit englischem Text, gesungen von den Andrew Sisters, als Yodel Polka zu einem der Tophits des Jahres 1948 wurde – unter dem nach dem Jodel kreierten Titel *Toolie Oolie Doolie*.

Artur Beul hatte sich getäuscht. Der Schweizer Schlager wurde spätestens in den Sechzigerjahren von angloamerikanischer Unterhaltungsmusik weggespült. Beul verliess die Schweiz enttäuscht, lebte zwei Jahre lang im arabischen Teil von Jerusalem, wollte Krankenpfleger werden und schlug sich dann Jahre lang an der Côte d'Azur als Strassenmaler durch, bevor er wieder in die Schweiz zurückkehrte, wo er ein hohes Alter erreichte und 2007 vom Zürcher Regierungsrat für seine Verdienste mit einer Goldenen Ehrenmedaille ausgezeichnet wurde.

› **6** Corso.

› **6A** Badenerstrasse 334: frühere Adresse der Musikvertrieb AG

7 1. AUGUST 1938

Am Nachmittag des 1. August 1938 versammelten sich bei brütender Sommerhitze Zehntausende zur Bundesfeier auf dem Sechseläutenplatz, der damals noch Alter Tonhalleplatz hiess, weil Zürichs erste Tonhalle auf dem Platz beim Bellevue gestanden hatte. Nach dem Aufmarsch von Militärmusik, Zünften, Pfadfinderinnen und Pfadfindern, die gerade auf dem Adlisberg ihr Bundeslager abhielten, wandten sich Vertreter aus allen Sprachregionen an das Publikum mit Reden auf Französisch, Italienisch und Rätoromanisch, das eben erst im Februar zuvor per Volksabstimmung zur vierten Landessprache erklärt worden war. Die Rednertribüne stand vor einer riesigen, vor dem Corso aufgespannten Schweizerfahne und war flankiert von blauweissen Zürcher Fahnen und zwei der neuen grossen Fliegerabwehrgeschütze. «Hierauf richtete Bundesrat Minger in urchigem Berndeutsch eine staatsmännischen Ernst mit gesundem Humor glücklich verbindende Ansprache an die Bundesfeiergemeinde» und betonte, wie dem Bericht der NZZ zu entnehmen ist, «dass die Schweiz es nicht nötig habe, vom Ausland Belehrungen entgegen zu nehmen.» Rudolf Minger war 1929 als erster Vertreter der Bauern-, Gewerbe- und Bürgerpartei, der Vorgängerin der SVP, in den Bundesrat gewählt worden und stand bis zu seinem Rücktritt 1940 dem Militärdepartement vor. Minger Rüedu, Landwirt, Freund von Henri Guisan und Gegner des Faschismus, genoss grosse Popularität, was sich in unzähligen gutartigen Witzen ausdrückte.

Die «Nationale Front» verzichtete darauf, die Bundesfeier gemeinsam mit der übrigen Bevölkerung zu begehen. Sie bekam die Bewilligung für eine Feier auf der Allmend Wiedikon, nicht aber für einen im Anschluss vorgesehenen Fackelzug in die Innenstadt. An der Fröntlerfeier nahmen laut Polizeibericht fünf- bis sechshundert Personen teil. Während der seit 1936 amtierende Zürcher Gauführer Ernst Brandenberger laut NZZ «in seiner Rede sachlich und ruhig blieb, hielt der Landesführer der «Nationalen Front», Dr. Robert Tobler, eine ausgesprochen aufrührerische Ansprache», verwahrte sich gegen die «Bevogtung» durch die «rechtsbrecherische Behörde» und befand, dass der Fackelzug trotz Verbot stattzufinden habe. «Als am See die Uferbeleuchtung zur Feier des Tages eben ihr Ende gefunden hatte und grosse Menschenmassen die Bahnhofstrasse abwärts pilgerten, trat plötzlich aus den Stadthausanlagen am Bürkliplatz ein Fackelzug auf die Bahnhofstrasse, in dem die Frontenfahne mitgeführt wurde. Claironspieler schmetterten Fanfarentöne und erregten die Aufmerksamkeit und das heftige Missfallen des friedlich seines Weges gehenden Publikums. Plötzlich raste ein vollbesetzter Mannschaftswagen der Stadtpolizei heran. Der Offizier versuchte, den Zug ruhig aufzulösen, wurde aber von einigen Burschen angefallen und mit Boxschlägen und Fusstritten übel traktiert. Das war für die Demonstranten das Zeichen zum aktiven Eingreifen. Es kam zu einer Schlägerei zwischen Demonstranten und Polizeiorganen, bei der die Polizei gezwungen wurde, zum Säbel zu greifen.» Es gab zahlreiche Verletzte, der Strassenbahn- und Autoverkehr kam zum Erliegen, und In Gassen beim Paradeplatz setzten sich die Auseinandersetzungen fort. Viele der Fröntler flüchteten in den Zeughauskeller, eintretende Polizisten wurden mit Biergläsern beworfen. Dreissig Personen wurden verhaftet. Viele der aus der ganzen Ostschweiz angereisten Personen trugen regelrechte «Dienstbüchlein» mit Foto, Gau- und Gruppenzuteilung sowie Verpflichtungsscheine und Leistungskarten bei sich, die die Partei ausgestellt hatte.

Landesführer Robert Tobler → 143 146 setzte sich sicherheitshalber noch am gleichen Abend ab und verbrachte einige Ferienwochen im Tirol, das seit dem Einmarsch der

Bundesrat Rudolf Minger mit Fliegerabwehrgeschütz vor dem Corso am 1. August 1938.

Wehrmacht in Österreich im März 1938 zum Deutschen Reich gehörte. Der Zürcher Polizei- und Militärdirektor Robert Briner → 31 beantragte beim Eidgenössischen Militärdepartement die Entfernung des Gauführers Ernst Brandenbergers von seiner Zürcher Kompanie, «nicht wegen seiner Mitgliedschaft zur ‹Nationalen Front›, sondern wegen seiner offenkundigen Widersetzlichkeit gegen behördliche Massnahmen». Ernst Brandenberger wurde versetzt. Im Gegensatz zu Tobler distanzierte er sich noch vor dem Krieg von der Ideenwelt des Dritten Reiches und wurde später Oberstbrigadier → 67, ordentlicher ETH-Professor und EMPA-Direktor.

> 7 Sechseläutenplatz.
> 7A Bürkliplatz → Planausschnitt Limmat Süd 11–18
> 7B In Gassen → Planausschnitt Limmat Süd 11–18

8 OPERNHAUS: ZUSATZCOUPONS ZUM ABSCHMINKEN

1932 übernahm Karl Schmid-Bloss die Leitung des Opernhauses, das damals noch Stadttheater hiess (bis 1964). Dem neuen Direktor, der auch als Regisseur wirkte, war die Zürcher Bühne von einer längeren Verpflichtung als Heldenbariton nach dem Ersten Weltkrieg, den er als deutscher Soldat überlebt hatte, bereits bestens bekannt. «Karl Schmid-Bloss hat das Zürcher Stadttheater in einer sowohl geistig-künstlerisch wie wirtschaftlich kritischen Zeit geführt und dabei in klarer Erkenntnis seiner künstlerischen Mission verstanden, es auf der Entwicklungshöhe zu halten, auf der das deutschsprachige Opertheater bis zum Hitler-Regime stand. Seine Uraufführungen von Alban Bergs *Lulu* (1937) und Hindemiths *Mathis der Maler* (1938) waren künstlerische Taten, die internationale Aufmerksamkeit und Anerkennung fanden», schrieb das sozialdemokratische *Volksrecht* im Nachruf auf den 1956 in Zürich verstorbenen Schmid-Bloss. Nicht nur im nationalsozialistischen Deutschland verpönte und verbotene Werke kamen in Zürich zur Aufführung, auch Dimitrij Schostakowitschs radikale Oper *Lady Macbeth von Mzensk,* die mit Sex and Crime und – laut *Prawda* – unmusikalischem «Getöse, Geknirsch, Gekreisch» ins Visier einer stalinistischen Hetzkampagne geraten war, wurde im Februar 1936 am Stadttheater gezeigt, wenige Monate nach der Moskauer Uraufführung. George Gershwins *Porgy and Bess* gelangte 1945 in Zürich zur deutschsprachigen Erstaufführung, übersetzt von Ralph Benatzky → 60.

Doch das Stadttheater war unter der Leitung von Schmid-Bloss nicht auf Avantgarde abonniert, sondern pflegte mindestens so sehr das traditionelle Opern- und Operettenrepertoire. Der Direktor zeigte eine besondere Vorliebe für Mozart, Wagner, die Romantiker und Richard Strauss, dem er persönlich wie künstlerisch nahestand. Ähnlich wie das Schauspielhaus konnte auch das Stadttheater grosse Künstler engagieren, die im grössten Teil des Kontinents keine Auftrittsmöglichkeiten und geringe Überlebenschancen hatten. 1940 kam Max Lichtegg an die Zürcher Oper, der ursprünglich Munio Lichtmann hiess und 1910 als Jude in Polen geboren wurde, 1949 das Bürgerrecht der Stadt bekam und bis zu seinem Tod 1992 in Zürich blieb. «Er war der Schwarm der Zürcherinnen», stellt die NZZ im Nachruf fest. Auch der jugoslawische Bariton Marko Rothmüller, der nach dem Krieg in London und an der Metropolitan Opera in New York sang, stand von 1935 bis 1947 auf der Zürcher Bühne. Dem Ensemble wurde – wie im Schauspielhaus – viel abgefordert, innerhalb einer Woche konnten zehn Vorstellungen stattfinden, die ein weites Spektrum zwischen Tanzmatinée, Operette und grosser Oper abdeckten. «Trotz Verdunkelung und Rationierung während des Krieges», heisst es im Booklet einer Max Lichtegg gewidmeten CD von 2006, «waren diese Jahre eine sehr erfolgreiche Zeit, nicht zuletzt wegen Lichteggs Zusammenarbeit mit dem hervorragenden Bariton Marko Rothmüller und dem Sopran Julia Moore. Lichteggs Dienste waren sehr gefragt. Bereits verpflichtet, am Samstagabend in der *Zauberflöte* zu singen und am Abend darauf im *Land des Lächelns,* wurde er plötzlich gebeten, für den heiseren Libero de Luca in der Sonntagnachmittagsaufführung der *Carmen* einzuspringen. ‹Mach es für unser Theater›, bat der Direktor.» Den als Chinesen geschminkten Mitgliedern des Ensembles bewilligte die Stadt für die Aufführungen von Franz Lehárs *Land des Lächelns* aus der Couponreserve Zusatzzuteilungen für die streng rationierte Seife → 45.

Nach dem Krieg kam der aus Stuttgart stammende Schwabe Schmid-Bloss → 23 ins Gerede, nicht zuletzt, weil sein Kapellmeister offenbar Mitglied der NSDAP gewesen war. Im März 1947 trat der Opernhausdirektor zurück. «Schmid-Bloss war in moralischer und ideologischer Hinsicht in keiner Weise belastet. Doch seine etwas soldatische Art, seine etwas diktatorische Geschäftsgebahrung, die vor tatsächlichen Härten nicht zurückwich, wurde nach dem Zweiten Weltkrieg nicht mehr vertragen», wird in den *Neuen Zürcher Nachrichten* nach seinem Tod erklärt. Und das *Volksrecht* meint: «Sein Rücktritt, bewirkt durch die allgemeine nationalistische Epidemie der damaligen Zeit, war, wie man bald erkannte und immer deutlicher erkennt, ein grosser Verlust für das Zürcher Opernleben.»

▸ 8 Opernhaus.

VERDUNKELUNG: BLAULICHT, ANGST UND ZAUBER 9

Auf Druck Deutschlands wurde in der Schweiz während des Krieges die Verdunkelung des Landes angeordnet, damit sich englische und später auch amerikanische Bomber auf dem Flug nach Deutschland nicht an der beleuchteten Schweiz orientieren konnten. Als am 9. November 1940 um 22 Uhr die Lichter zum ersten Mal erloschen, wurde es auf Zürichs Strassen düsterer als im Mittelalter. Nachdem seit Kriegsbeginn der Automobilverkehr weitgehend zusammengebrochen war, verschwanden mit dem Erlöschen von Leuchtreklamen, beleuchteten Schaufenstern und Strassenlaternen weitere Elemente des modernen Stadtlebens aus dem Alltag, welche die Nacht zum Tag gemacht hatten und Zürich ein grossstädtisches Flair verliehen. Die Verdunkelung erschwerte nicht nur den alliierten Piloten, sich in Europa zurechtzufinden (was nach der irrtümlichen Bombardierung von Basel im Dezember 1940, welche vier Todesopfer forderte, zu heftigen Diskussionen um den Sinn der Verdunkelung führte), sondern verunmöglichte es oft auch den Menschen, die nachts auf dem Erdboden unterwegs waren, Hindernisse und Gefahren wahrzunehmen. Sie stolperten über Veloständer, stiessen in Pfosten von Verkehrstafeln und blinden Kandelabern oder prallten mit andern Leuten zusammen, weshalb empfohlen wurde, auch zu Fuss die Regeln des Rechtsverkehrs zu befolgen und nur das rechte Trottoir zu benützen. Die Lampen der Fahrräder und der wenigen Autos, die durch die nächtliche Stadt fuhren, leuchteten matt blau und waren gegen oben abgedeckt, ebenso die gedämpften Frontlichter der Tramwagen der Städtischen Strassenbahnen Zürich (St.St.Z.), was eine Geschwindigkeitsreduktion von dreissig Prozent zur Folge hatte und eine Verdünnung des Fahrplantaktes. Unter dem abgedeckten Frontlicht an der Tramschnauze hing ein Schildchen mit der Liniennummer (Foto → 30). Im Innern waren blaue Glühlampen montiert. Der Kontrolleur kam mit einer kleinen Lampe vor-

Probelauf für die Verdunkelung am 10. Juni 1937: Zürich normal beleuchtet um 22 Uhr (oben), die verdunkelte Stadt um 23.30 Uhr (unten). Unbewegte Lichtkegel in Kloten, Lichtreihe im unverdunkelten Bahnhofsareal.

bei. Die Fenster der Häuser mussten mit Vorhängen verhängt werden, die keinen Lichtschein nach draussen durchschimmern liessen. Läden und Warenhäuser priesen neue Produkte an: «Alles was für die vorschriftsgemässe Verdunkelung benötigt wird, können Sie bei uns zu vorteilhaften Preisen beziehen. Sämtliche zu diesem Zweck verwendbaren Verdunkelungs-Stoffe sind vom Eidg. Amt für Luftschutz geprüft und genehmigt.» Phillips präsentierte unter drohenden Bombersilhouetten Glühbirnen Marke Protector Luftschutz, «25 Watt, mit blauem Auge, als Dämmerlicht für Korridore, Treppenhäuser, W.-C., Badezimmer etc.». → 85 Mit dem Verlöschen der künstlichen Beleuchtung verschwand auch eine Teil der sozialen Kontrolle. In den Erinnerungen von Zeitzeugen, die im Projekt *Archimob* zwischen 1999 und 2001 gesammelt wurden, ergibt sich ein uneinheitliches Bild der knapp vier Jahre dauernden Verdunkelung. Während sich die einen Frauen sicher fühlten und sich unbeschwert durch die dunkle Stadt bewegten, berichten andere von Grapschern, Exhibitionisten und Vergewaltigungsversuchen. Verliebte Jugendliche wiederum genossen es, im Schutz der Dunkelheit unbeobachtet zu bleiben. Ein Maschinenzeichner aus Seebach, damals Lehrling, erzählt: «Man konnte ganz billig in die Oper in der Jugendtheatergemeinde. Ich ging mit meinem Schulschatz, wenn wir genug Taschengeld hatten, manchmal ins Opernhaus. Abends war das wunderbar. Man konnte in der Dunkelheit nach Hause gehen. Niemand sah uns, und es war schön.» Die Stadt verwandelte sich. «Mit der Verdunkelung war es bei Mondschein unverschämt schön», erinnert sich eine gelernte Verkäuferin aus Luzern, die 1943 nach Zürich gezogen war. «Wenn man heute durch die Strassen geht, sieht man die Häuser nur bis zu den Laternen. Aber das fiel damals weg. Es war märchenhaft. Es gab Häuser, die sahen aus wie Paläste.»

Am 12. September 1944, als die Alliierten den grössten Teil Frankreichs erobert hatten, wurde die Verdunkelungspflicht in der Schweiz aufgehoben. Seit die Alliierten auch auf dem Kontinent über Flugplätze verfügten, kam es kaum mehr zu Durchflügen von ganzen Geschwadern durch den Schweizer Luftraum. Das Kräfteverhältnis in Europa hatte sich verschoben, die Schweiz grenzte nun wieder an Gebiete, die sich nicht in der Hand der Achsenmächte befanden. Zürich wurde erneut zur «ville lumière» → **27**. Die Strassenbahnen beschleunigten ihre Fahrtgeschwindigkeit und gingen vom 16- wieder zum 12-Minuten-Betrieb über.

> **9** Opernhaus.
>
> Blaue Glühbirnen und andere Ausstellungsobjekte zur Verdunkelung im Zivilschutz-Museum im Rundbunker Landenberg → **85**

JAZZ IM ESPLANADE **10**

Dort wo jetzt der «Fleischkäse» steht, das in den Achtzigerjahren erbaute Gebäude für die technischen Betriebe des Opernhauses, stand die oder das (Café) Esplanade, ein gediegenes Tanzcafé mit Stehgeiger, das in den Dreissigerjahren schlecht lief. Daher wandte sich die Direktion an den Jazzpionier und -pianisten Ernest R. Berner, der 1934 Louis Armstrong nach Zürich in den grossen Tonhallensaal geholt hatte und an der Uraniastrasse ein «Jazzhouse» für Platten und Instrumente führte, und bat ihn, die Programmierung des Lokals zu übernehmen. Das Esplanade, das mit seinen Jazzveranstaltungen zur Konkurrenz für die Sihlporte wurde → **51**, konnte dank Berner den damals schon weltberühmten Tenorsaxophonisten Coleman Hawkins vorstellen, der sich 1935 bis 1937 häufig in Zürich aufhielt. Begleitet wurde Hawkins bei seinen Zürcher Auftritten und Plattenaufnahmen von «The Berry's», denen auch Ernest R. Berner angehörte. Leiter der «Berry's» war der Schlagzeuger Berry Peritz, der später vom amerikanischen Saxophonisten erzählte: «Hawkins war aber ein unerhörter Typ, mit einem fantastischen Ton auf dem Instrument. Einmalig auch, wenn er ans Klavier trat und seine Akkorde drückte. Er spielte nicht technisch, dafür aber harmonisch gut, er sang auch eindrucksvoll. Hawkins hatte auch Erfolg bei den Frauen, er sah imposant aus, war stets gut angezogen und spielte die Damen im Publikum mit seinem Instrument an. Wir verbrachten mit Hawkins eine gute, schöne Zeit. Wenn er *Body and Soul* spielte, kamen einigen Leuten fast die Tränen.»

Peritz berichtete, dass sich Hawkins sehr ärgerte, wenn man ihn als «Negro» und nicht als «Colered Man» bezeichnete. «Das begriff ich natürlich. Als Jude habe ich selbst vieles erlebt, was nicht schön war.» Berry Peritz stammte aus Rumänien, wo er 1911 geboren worden war, war mit seinen Eltern 1919 in die USA emigriert, 1923 aber wieder nach Europa zurückgekehrt, zuerst nach Basel, dann nach Zürich. Als Junge interessierte er sich mehr für Fussball als für Musik. Als er nach einem Spiel von einem Vertreter der Grasshoppers, der ihn beobachtet hatte, angefragt wurde, ob er der Mannschaft von GC beitreten wollte, freute sich Berry: «Ich füllte das Anmeldeformular aus und gab als Religionszugehörigkeit ‹Israelit› an. Da sagte er: ‹Tut mir leid, wir nehmen keine Juden auf!›»

Trotz des hochstehenden Programms war dem Esplanade kein wirtschaftlicher Erfolg beschieden. Der Genfer Altsaxophonist und Klarinettist Edmond Cohanier, der im April 1937 mit seinem Ensemble, dem seine zukünftige Frau Doddy Weniger als Sängerin angehörte, das Esplanade füllte, wurde um seinen Lohn geprellt: «Nach unserem Auftritt am Sechseläuten kam das grosse Fiasko. Wir hatten einen randvollen Saal und spielten bis um vier Uhr in der Früh. Doch als wir tagsdarauf unseren Zahltag abholen wollten und wir das Büro der Geschäftsleitung betraten, hiess es Adieu! Der Direktor hatte sich abgesetzt – das Etablissement war Pleite und wir erhielten keinen Rappen. Meine zukünftige Frau und ich besassen etwas Geld, womit wir die Musiker auszahlen konnten. Doddy Weniger und ich wohnten zu jener Zeit in einer Pension an der Talstrasse. Uns fehlte weiteres Geld, um nun auch noch die Miete zu bezahlen. Zufällig begegnete ich daraufhin der Inhaberin der Pension Metzger. Als ich ihr von unserem Missgeschick erzählte, sagte sie: ‹Wenn Sie ohne Arbeit sind, kommen Sie doch einfach zu mir. Bezahlen können Sie später, wenn es Ihnen wieder gut geht.› Frau Metzger war in Zürich als weltoffene und grossherzige Frau bekannt, welche in jenen Jahren jüdische Musiker bei sich aufnahm, die aus Nazideutschland fliehen mussten. Gottlob konnte ich mich an einen guten Freund im Arbeitsamt wenden, der mir für den Mai einen guten Platz in der ‹Sihlporte› in Zürich vermitteln konnte.»

Ende 1941 wurde im Esplanade das Orchesterpodium zu einer kleinen Bühne umgebaut und das Tanzcafé wurde zum von Rudolf Bernhard geleiteten Theater. Das Bernhard-Theater wird auch im Neubau weitergeführt. Edmond Cohanier wurde später Mitglied des Radio-Orchesters Beromünster → 122. Berry Peritz trommelte bis in die Achtzigerjahre und starb im Jahr 2000 in seinem Appartement im Seefeld.

› 10 Bernhard-Theater, Theaterplatz 1.

Esplanade: Terrasse, Musikrestaurant mit Tanzfläche (1938).

11–18 LIMMAT SÜD

11 GEHEIMDIENST IM ODEON
11 Odeon, Limmatquai 2

12 ZOLLINGER, GUGGENHEIM, VOGEL: DREI DICHTER IM CAFÉ TERRASSE
12 Restaurant Terrasse, Limmatquai 3
12A Haus zum Raben, Schifflände 5

13 NORD-SÜD
13 Arthouse Nord-Süd und ehemaliges Café Select (heute Molino): Limmatquai 16

14 HELMHAUS UND WASSERKIRCHE
14 Helmhaus, Wasserkirche

15 WALDMANN
15 Hans-Waldmann-Denkmal, Münsterbrücke

16 CHURCHILL AUF DEM MÜNSTERHOF
16 Münsterhof

17 DER GRÖSSTE FEHLER DES GARTENINSPEKTORS
17 Restaurant Orsini, Waaggasse 3

18 METROPOL: DISEUSE, FLIEGENDE HEXE UND GELD AUS DEUTSCHLAND
18 Metropol Stadthausquai 11 und 13, Börsenstrasse 10, Fraumünsterstrasse 12 und 14

SCHAUPLÄTZE, AUF DIE IN ANDEREN ABSCHNITTEN VERWIESEN WIRD
7A Bürkliplatz: Demonstration 1. August 1938
7B In Gassen: Demonstration 1. August 1938

11 GEHEIMDIENST IM ODEON

1911 eröffnete ein Münchner Wirt in Zürich ein Wiener Kaffeehaus: das Grand Café Odeon. Der Betrieb bot 140 Plätze im Erdgeschoss und 80 in der Bar im ersten Stock. Das Odeon entwickelte sich dank seiner Lage im internationalen Bereich der Stadt um Bellevue und Sonnenquai, wie der obere Abschnitt des Limmatquais damals genannt wurde, zu einem Treffpunkt all jener Emigranten und Berühmtheiten aus dem In- und Ausland, die sich während der beiden Weltkriege, in der Zwischenkriegszeit und in den Jahren kurz nach 1945 in Zürich aufhielten. Alles was Rang und Namen hat, tauchte irgendwann im Odeon auf, von Albert Einstein, Benito Mussolini, den Dadaisten, Mata Hari, Arturo Toscanini, Thomas Mann, Bertolt Brecht und Franz Lehár bis zu Heinrich Gretler und Gottlieb Duttweiler, so dass es fast einfacher wäre, die Personen aufzulisten, die das Odeon nicht besucht haben.

Als internationaler Treffpunkt zog das Kaffeehaus mit seinen Marmortischchen und den Wandverkleidungen aus rötlichem Marmor auch Leute wie den Amerikaner Allen Welsh Dulles an, die sich professionell mit der Beschaffung von politischen Informationen aus den kriegführenden Ländern beschäftigten. Dulles, ein einflussreicher Wirtschaftsanwalt mit guten Verbindungen in Europa, war Ende 1942 aus Frankreich in die Schweiz eingereist. «Ich war der letzte Amerikaner, der legal in die Schweiz kam, bevor die deutsche Invasion Südfrankreichs die Schweiz vollkommen abschnitt», schrieb Dulles in seinen 1947 erstmals erschienenen Erinnerungen an *Germany's Underground*. Dulles leitete von Bern aus die mitteleuropäische Stelle des US-Nachrichtendienstes Office of Strategic Services (OSS) und kam öfters nach Zürich. Nach Fred Rihner, der in seinem Buch über die Geschichte der Altstadt von Dulles' Besuchen im Odeon berichtet, legte der Geheimdienstchef Wert auf sein Inkognito. Er war jedoch allgemein bekannt und gelangte gerade deshalb mit den unterschiedlichsten Leuten ins Gespräch. Wichtige Treffen fanden allerdings nicht in der Öffentlichkeit des Grand Cafés statt, sondern in Privaträumen oder im Freien im Schutz der nächtlichen Dunkelheit. Der Schriftsteller und Sozialist Ignazio Silone → 19 war einer der vielen Kontaktpersonen von Dulles, die nicht als OSS-Agenten wirkten, jedoch als Emigranten, die in der Schweiz trotz Verbot insgeheim politisch aktiv blieben, an einem Informationsaustausch interessiert waren, der im antifaschistischen Kampf über ideologische und nationale Grenzen hinweg Synergien erlaubte. Silone, der wie sein Verleger Emil Oprecht → 19 auch im Odeon verkehrte, konnte den amerikanischen Geheimdienstchef in der Wohnung der Oprechts treffen. Emmie Oprecht schrieb am 17. Mai 1943 an den «Lieben Herrn Dulles»: «Könnten Sie diese Woche einmal nach Zürich kommen und bei uns essen? Ich erwarte gerne Ihre baldige Mitteilung. Wohl ist Silone jede politische und andere Tätigkeit in Zürich untersagt, aber wir fänden es sehr schön, wenn wir einen schönen freundschaftlichen Abend mit Ihnen zusammen verbringen könnten. Mit sehr freundlichen Grüssen, Ihre Emmie Oprecht». Die Wohnung der Oprechts am Hirschengraben 20 wurde vom deutschen Konsulat aus an der oberen Kirchgasse durch das Fernglas observiert.

Die Schweiz war ein Tummelfeld der Ge-

Odeon-Bar im Obergeschoss (1940).

heimdienste und eine Drehscheibe für Nachrichten, nicht zuletzt dank der Flüchtlinge. «Diese Leute waren eine ergiebige Informationsquelle», schrieb Dulles. «Ausserdem gab es auch noch deutsche Beamte und Geschäftsleute, die rechtmässige Reisegründe hatten und die in der Lage waren, mit einer gewissen Freizügigkeit hin- und herzureisen, so sie mit der Gestapo gutstanden.» Einer der hochrangigsten deutschen Kontakte fand Allen Dulles in Hans Bernd Gisevius, der als Mitarbeiter der Abwehr, des militärischen Nachrichtendienstes, zum Stab von Admiral Canaris gehörte. «Von beiden Seiten wurde gründlich vorgefühlt, bevor ich Gisevius kennen lernte. Er war Vizekonsul im deutschen Generalkonsulat in Zürich, ich war Beamter der amerikanischen Regierung und unserer Gesandtschaft in Bern zugeteilt. Zwischen den beiden Ländern herrschte Kriegszustand. Ein Zusammentreffen mit Gisevius war nicht gerade das Gegebene.» Der deutsche Vizekonsul, der sich im Umfeld der Verschwörung bewegte, die am 20. Juli 1944 im misslungenen Attentat von Oberstleutnant Stauffenberg auf Hitler gipfelte, war eine auffällige Erscheinung: «Er war 1,90 m gross und entsprechend breit gebaut – wir nannten ihn in unserem Untergrundjargon ‹Tiny›.» Mit Gisevius traf sich Dulles im allgemeinen spät nachts, «entweder in Zürich oder in Bern, unter der schützenden Decke der Schweizer Verdunklung, durch die es fast unmöglich wurde, jemanden zu erkennen oder zu verfolgen.» Gisevius und seine Gesinnungsgenossen erhofften sich über Dulles mindestens die Amerikaner und die Briten für ein Abrücken von der gemeinsam mit der Sowjetunion erhobenen Forderung nach bedingungsloser Kapitulation zu gewinnen, falls der Staatsstreich gelingen sollte. Wenige Tage vor dem gescheiterten Anschlag beschloss Gisevius optimistisch, sich selber nach Berlin zu begeben, ging nach Bern zum Chef der Eidgenössischen Fremdenpolizei und erhielt ohne viel Federlesens das eigentlich nur auf Antrag der Gesandtschaft erhältliche Rückreisevisum. Im Gegensatz zu den meisten am Putsch Beteiligten gelang es Gisevius, nach dem Scheitern des Anschlags unterzutauchen. Um Gisevius zu schützen, verbreitete der OSS «Gerüchte, es sei ihm gelungen, in die Schweiz zurückzukommen und er hielte sich dort versteckt. Die Gestapo suchte daraufhin die ganze Schweiz nach ihm ab». Dulles half mit, dass Gisevius in seinem Versteck mit perfekt gefälschten Gestapopapieren ausgerüstet wurde, die ihm im Januar 1945 endlich die Flucht in die Schweiz erlaubten. Dort begann er seine Memoiren als Insider des Regimes zu verfassen, dessen Ende unmittelbar bevorstand: *Bis zum bittern Ende.* «Fast täglich», erinnert sich Rihner, «arbeitete er im Odeon am Manuskript seines Buches über die Hintergründe des misslungenen Attentates im Führerhauptquartier.»

Seit 1972 besteht das Odeon nur noch in reduzierter Form. Die Bar im Obergeschoss wurde aufgegeben, ein grosser Teil des Parterres wurde zu einer Modeboutique umgewandelt, die unterdessen einer Apotheke gewichen ist. Allen W. Dulles wurde 1953 CIA-Direktor und musste diesen Posten nach der kläglich gescheiterten Invasion in die kubanische Schweinebucht 1961 räumen.

› **11** Odeon, Limmatquai 2.
› **11A** Hirschengraben 20: Wohnung E. und E. Oprecht → Planausschnitt Altstadt **32–39**
› **11B** Kirchgasse 48: ehemals Deutsches Generalkonsulat → Planausschnitt Altstadt **32–39**

12 ZOLLINGER, GUGGENHEIM, VOGEL: DREI DICHTER IM CAFÉ TERRASSE

«‹Zum Herrn Zollinger wollen Sie?›, fragte mit weltkundigen Augen der untersetzte Österreicher, der im Café Terrasse seit über zwanzig Jahren die Kellnerdienste versah. ‹Das ist der Herr dort drüben am Tischchen an der Wand. Aber ob er es wohl gern hat, dass sie ihn stören, das kann ich Ihnen nicht garantieren, er dichtet nämlich immer dort um diese Stunde.›»

Wie das Odeon war auch das Grand Café Terrasse, das ursprünglich zum in der Mitte des 19. Jahrhunderts gebauten Hotel Bellevue gehörte, ein beliebter Treffpunkt von Literaten und Zeitungsleuten. Albin Zollinger besuchte das Terrasse nicht einfach, um Freunde und Bekannte zu treffen, sondern zum Arbeiten. Kurt Guggenheim, einer seiner Freunde, beschrieb in *Alles in allem,* wie der Schriftsteller im Grand Café an seinen Gedichten arbeitete: «Zollinger hatte ein

Albin Zollinger, Bleistiftskizze von Traugott Vogel 1938 (links). Kurt Guggenheim (Mitte). Traugott Vogel erhält 1948 von Stadtpräsident Adolf Lüchinger den städtischen Literaturpreis (rechts).

kleines Blättchen, kaum von der Grösse einer Postkarte, vor sich, neben der Kaffeetasse, und die Art, wie er manchmal ein kleines Wort durchstrich, hier ein Satzzeichen, dort eine Silbe niederkritzelte, erinnerte an die Arbeit eines Uhrmachers, so eilig und präzis waren die Bewegungen des Bleistifts in seiner knochigen Hand.»

Zollinger mietete im Sommer 1935 nach seiner Scheidung ein Zimmer bei Rudolf Jakob Humm im Rabenhaus und wohnte über ein Jahr lang ganz in der Nähe des Terrasse. Humm, ebenfalls Schriftsteller, war vom Neubühl →151 1934 in das Haus zum Raben gezogen, das in den Achtzigerjahren vollständig ausgekernt wurde. Kaum eingezogen, begann Humm im Rabenhaus Lesungen und Vorträge zu veranstalten. Den ersten dieser literarischen Abende bestritt Kurt Hirschfeld, damals Dramaturg in Riesers Schauspielhaus →23. Später stellten unter anderem Ignazio Silone →19, Albin Zollinger und Friedrich Glauser, der im November 1935 aus seinem noch unveröffentlichten *Wachtmeister Studer* →134 las, ihre Werke an der Schifflände vor. Die gesamte Zürcher Kulturszene der Dreissigerjahre verkehrte im Rabenhaus: die emigrierten Schriftsteller und Schriftstellerinnen ebenso wie die einheimischen Literaten und Bildhauer, die Leute vom Schauspielhaus und die Mitglieder des Cabarets Cornichon →37 genauso wie die Geschwister Mann von der «Pfeffermühle», begleitet von Annemarie Schwarzenbach →108. Albin Zollinger gab 1936 sein Zimmer im Rabenhaus auf und zog ins Seefeld, wo seine Freundschaft mit Kurt Guggenheim begann, der in seiner unmittelbaren Nachbarschaft lebte.

Kurt Guggenheim hatte 1934 den Entschluss gefasst, freier Schriftsteller zu werden. Seine gutbürgerliche jüdische Familie war schockiert. Die Schriftstellerei erwies sich erwartungsgemäss als brotloses Gewerbe. Seit 1933 war der deutsche Markt fast allen Schweizer Schriftstellern – nicht nur jüdischen – verschlossen, und selbst von der Kritik hochgelobte Autoren wie Zollinger setzten insgesamt bestenfalls ein paar wenige hundert Exemplare ihrer Bücher ab. Guggenheim litt Hunger. Ende 1935 sah er sich gezwungen, sein Produktionsmittel, eine Portable-Schreibmaschine, zur Pfandleihanstalt der Zürcher Kantonalbank an der Löwenstrasse zu bringen. 1938 gelang ihm mit seinem Roman *Riedland* der Durchbruch, jedenfalls bei der Kritik. Bei der Filmproduktionsfirma Praesens →29 konnte er gelegentlich etwas als Texter für Werbefilme verdienen. Bald erweiterte sich die Zusammenarbeit mit der Praesens und Guggenheim wirkte als Verfasser von Drehbüchern und Dialogen an zahlreichen grossen Schweizer Filmen wie *Gilberte de Courgenay* →2 und *Wachtmeister Studer* →134 mit. 1943 verfilmte Praesens unter der Regie von Franz Schnyder Guggenheims Roman *Wilder Urlaub,* der die Geschichte eines Deserteurs der Schweizer Armee erzählt, der einen Vorgesetzten niedergeschlagen hatte und eine Nacht lang durch das verdunkelte und verregnete Zürich irrte. Trotz klarem Bekenntnis zur militärischen und Geistigen Landesverteidigung wurde die Produktion dieses ersten Films, der sich mit aktuellen Problemen der militarisierten Schweiz beschäftigte und ausgezeichnete Kritiken erhielt, von der Armeeführung behindert, teilweise mit antisemitischen Argumenten. Guggenheim, einst wegen erfolgloser Betreibung ausgemustert, leistete freiwillig Aktivdienst.

Wilder Urlaub blieb nicht sein einziges Werk, das sich mit der Schweiz im Zweiten Weltkrieg befasste. Wenige Jahre vor seinem Tod (1984) erzählte er: «Angesichts der vielen Bücher über den Ersten Weltkrieg erwartete ich nach 1945 eine rege literarische Auseinandersetzung mit der zweiten Grenzbesetzungszeit und mit der Rolle, welche die Schweiz von 1933 bis 1945 gespielt hatte.» Als jedoch nichts dergleichen geschah, dachte sich Guggenheim: «Ja, wenn's sonst niemand macht, muss doch wenigstens ich etwas über den Krieg schreiben.» So schrieb er zwischen 1946 und 1948 *Wir waren unser vier.* Der 1949 erschienene Roman gibt anhand der Schicksale von vier Männern, die einen grossen Teil der Kriegsjahre im Militärdienst verbringen, eine präzises Bild der Geschichte von der Vorkriegszeit und der Landi bis zum Kriegsende und den Flüchtlingszügen, die die Schweiz erreichten, und klammert grosse Themen wie die Erschiessung der Landesverräter und die Behandlung der schweizerischen Juden als geduldete Fremdkörper ebenso wenig aus wie die atmosphärischen Veränderungen, die dazu führten, dass das Lachen in der verdunkelten Schweiz erlosch und die Warenhäuser mit der wachsenden Angst vor dem nahenden Krieg →28 eine zunehmende Nachfrage nach überlebenswichtigen Ausrüstungsgegenständen registrierten: Die Sportabteilung beobachtete «eine erhöhte Nachfrage nach Rucksäcken und Lunchtaschen, Aluminiumgeschirr, Taschenlampen, Schlafsäcken und Windjacken», auch Sackmesser, Taschenapotheken und Kompasse wurden vermehrt gekauft, ebenso robuste Sporthemden, gutes Schuhwerk und Radioapparate. Mit *Alles in allem* wurde Guggenheim endgültig zum einzigartigen Chronisten der Stadt. Der in den Fünfzigerjahren in vier Teilbänden erschienene, insgesamt über tausend Seiten starke Roman verfolgt das Schicksal verschiedener Zürcher Familien aus allen sozialen Schichten über Generationen hinweg von 1900 bis 1945, lässt neben literarischen Figuren zahlreiche historische Personen auftreten und liest sich wie eine anschauliche Dokumentation der Entwicklung einer Stadt, in deren Mikrokosmos sich für den Autor die ganze Welt spiegelte. In *Alles in allem* lässt Guggenheim auch das Terrasse aufleben, die weissgekittelten Kellner, das Unterhaltungsorchester und das von Efeukistchen unterteilte «Ligustergärtchen», umbrandet vom Stadtverkehr und mit Blick auf die Limmat, wo sich Schwäne und Blesshühner um zugeworfenes Brot stritten, Boote und Dampfschwalben über das Wasser glitten und Nixen in der Sonne auf den Planken der Frauenbadeanstalt lagen.

Wenn er nicht gerade im Dienst war, traf sich in den ersten Kriegsjahren auch Traugott Vogel, ein weiterer damals wichtiger, heute weitgehend vergessener Zürcher Schriftsteller, mit seinem Freund Zollinger im Terrasse. Beide hatten als Lehrer im Gegensatz zu Guggenheim ein regelmässiges Einkommen. Vogel war als Autor 1939 bereits bekannt genug, um ein Stück für das Landitheater verfassen zu können: *Tittitolg*, mit Musik von Rolf Liebermann → 18 122. In der Ära der Geistigen Landesverteidigung, als zahlreiche Bücher und Artikel auf Schweizerdeutsch publiziert wurden, wandte sich Vogel der Pflege der Mundart zu: «Nach Ausbruch des Zweiten Weltkrieges», schrieb er in seinem Erinnerungsbuch *Leben und Schreiben*, «wurde einem die Hochsprache immer schmerzlicher entfremdet; dagegen verfing kein Besinnen auf die jahrhundertealte Kulturgemeinschaft mit dem deutschen Reiche.» Während des Aktivdienstes erhielt er vom Zürcher Radiodirektor Jakob Job → 121 den Auftrag, «mit wöchentlichen halbstündigen Sendungen Verbindung herzustellen zwischen Heer und Haus», und der dichtende Soldat versuchte «durch das Mittel der Mundarterzählung das Hinterland mit einem Stück Front vertraut zu machen und den Daheimgebliebenen Einblicke in den Tageslauf des Wehrmanns an der Grenze zu geben».

Auf zwei Auslandreisen wurde Traugott Vogel während des Kriegs direkter Zeuge des Grauens. Als der Schweizerische Schriftstellerverein ersucht wurde, «er möchte doch die Schweizerkolonien in Deutschland und Italien nicht sich selbst überlassen und diesen Gemeinschaften in ihrer geistigen Abschnürung beistehen», erklärte sich Vogel bereit, als Festredner am 1. August 1943 die Frankfurter und die Stuttgarter Kolonien zu besuchen. Er flog als einziger Gast in einer Swissairmaschine nach Stuttgart, der letzten Auslanddestination, welche die Schweizer Luftfahrtgesellschaft überhaupt noch anflog (bis zum Sommer 1944, als eine DC-2 der Swissair von amerikanischen Bombern auf dem Stuttgarter Flugfeld in Brand geschossen wurde). In Frankfurt überlebte Vogel im Luftschutzkeller einen Bombenangriff, am nächsten Tag wurde ihm auf einem Spaziergang ein Bunker gezeigt, «wo die Menschen statt Schutz den Tod gefunden hatten, weil der Luftdruck ihre Blutgefässe platzen machte. Als lebende Leichname standen sie Leib an Leib äusserlich unversehrt.» Und gegen Ende des Krieges begleitete er als Soldat einen Schweizer Sanitätszug, der schwerverletzte alliierte Soldaten nach Marseille brachte und dort deutsche Kriegsversehrte abholte, um sie in die Heimat zu bringen: «Man war ein verkrüppelter Soldat, man kroch auf Stummeln, schaute nur noch aus einem heilen Auge, musste ohne Nase schnaufen; viele litten an bösen Bauchschüssen, Splitter hatten das Rückenmark verletzt und einen erbärmlich gelähmt, man war blind, und viele der Helden kamen geistesgestört zurück, hockten stumpf, mit greisenhaft ausgelaufenem Gemüt in ihrer versengten Jugend.»

Albin Zollinger lernte im Terrasse während eines Urlaubs vom Militärdienst seine zweite Frau kennen, die aus Deutschland stammte. «Berta Fay, von ihm Butti geheissen, war Serviertochter im Café Terasse und später im Metropol», berichtet Traugott Vogel. «Bei ihr sass er nach Feierabend und an Freitagnachmittagen im Café am Fenster gegen die Limmat, rauchte zum

Schwarzen die von ihr vorsorglich gewährten zwanzig Zigaretten und schrieb. Sie sorgte dafür, dass ihn keiner behelligte, und wenn sie im Dienst abgelöst wurde, begleitete er sie nachhause.» Als sie schwanger wurde, heirateten sie und zogen zusammen an die Zeppelinstrasse 59 beim Bucheggplatz. Am Nachmittag des 7. November 1941 fühlte er während der Arbeit im Oerliker Ligusterschulhaus → **12** ein Stechen in der Brust, ging vorzeitig nachhause, nahm sein Söhnchen in den Arm, sank entkräftet in einen Stuhl und starb an Herzversagen.

> **12** Restaurant Terrasse, Limmatquai 3.
> **12A** Haus zum Raben, Schiffländer 5.
> **12B** Zeppelinstrasse 59.
> **12C** Löwenstrasse 33: Pfandleihkasse der Zürcher Kantonalbank. Gebäude hinter Löwenstrasse 31, beide 1958 abgetragen → Planausschnitt Bahnhofstrasse **40–50**

13 NORD-SÜD

Der Architekt Willy Boesiger und die Malerin und Bildhauerin Anna Indermaur bauten 1935 das Haus Limmatquai 16 an der Schiffländer um, das sie für 720 000 Franken gekauft hatten. Sie hatten in Paris gelebt, Boesiger war eine Zeit lang im Büro Le Corbusiers, dessen gesammelte Schriften er später herausgab, beschäftigt gewesen. Nach französischem Vorbild richteten sie das Café Select ein, alkoholfrei und mit Strassenbestuhlung, und daneben eröffnete Anna Indermaur mit dem Nord-Süd das erste Studiokino der Stadt. Zur Eröffnung des Studios mit 200 Plätzen zeigte sie im Oktober 1935 Jean Renoirs *Toni*, einen «Film d'Avantgarde», wie das Zeitungsinserat versprach: «Bestuhlung bequem, Heizung und Lüftung einwandfrei: aber was das allerwichtigste ist: Nord-Süd wird seine Programme aus nur erstklassigen Filmen zusammensetzen.»

«Hoffentlich stösst die gute Absicht der Initianten nicht auf zu krasse Hindernisse», wünschte die NZZ wenige Tage nach der Premiere und lobte den Architekten Willy Boesiger, der einen «tadellosen, sachlichen, schmuckfreien Raum geschaffen hat, in dem man sich eben mehr zur Auseinandersetzung mit filmkünstlerischen Problemen als zum satten Geniessen einfinden soll.» Indermaur hatte als Frau tatsächlich einige Hindernisse zu überwinden, bis sie in den Schweizer und den Zürcher Lichtspieltheater-Verband aufgenommen wurde und die polizeiliche Bewilligung für den Kinobetrieb erhalten hatte. Die Leiterin des Nord-Süd, die das Studio bis 1962 führte und auch als Kinodirektorin künstlerisch aktiv blieb, hatte Erfolg. Der von andern Häusern verschmähte Film *La Grande Illusion* lief im Studio Nord-Süd fast ein Jahr lang. Anlässlich der Premiere hielt sich 1937 der Schauspieler Erich von Stroheim, der unter der Regie wiederum von Jean Renoir einen deutschen Offizier verkörpert, ein paar Tage in Zürich auf. Das Haus war mit der französischen Trikolore geschmückt. *La Grande Illusion* spielt während des Ersten Weltkriegs, in Frankreich «La Grande Guerre» genannt, und meidet nationalistische Clichés, kriegerische Schwarzweissmalerei und einfache Schuldzuweisungen,

Kino Nord-Süd, im Nachbarhaus links Sitz des Nationalen Front-Verlages, am Balkon Fahne mit langschenkligem Schweizerkreuz (1938).

was ihn weder in Frankreich, wo er zensuriert, noch in Deutschland, wo er verboten wurde, beliebt machte. Am Schluss des Filmes gelingt es zwei französischen Offizieren, die aus einem schon fast freundlich geführten Kriegsgefangenenlager ausgebrochen und von einer deutschen Bäuerin versteckt worden sind, über die Grenze in die Schweiz zu entweichen. Die letzten Worte des Films haben Soldaten einer deutschen Grenzpa-trouille, die den Flüchtigen nachschiessen. «Mensch, hör auf, die sind in der Schweiz!», sagt der eine, der andere antwortet: «Na also, da haben sie Glück gehabt.»

> 13 Arthouse Nord-Süd und ehemaliges Café Select (heute Molino): Limmatquai 16.

14 HELMHAUS UND WASSERKIRCHE

Die Wasserkirche wurde um 1480 anstelle eines älteren Gotteshauses auf dem Limmatinselchen erbaut, wo nach der Legende die Stadtheiligen Felix und Regula enthauptet worden waren. Schon wenige Jahrzehnte nach der Errichtung des spätgotischen Bauwerks wurden im reformierten Zürich die Bilder aus der Kirche entfernt, die Orgel zerstört, der Dachreiter abgebrochen und das ehemalige Heiligtum der Stadtpatrone zu einem Warenlager umfunktioniert. Im 17. Jahrhundert richtete sich die Stadtbibliothek in der Wasserkirche ein, kurz vor 1800 entstand – wieder anstelle eines Vorgängerbaus – das Helmhausgebäude zur Erweiterung der Stadtbibliothek. Nach dem Umzug in den Neubau der Zentralbibliothek im Jahr 1917 wurde der frühere Kirchenraum zum Kartoffelkeller. Das Helmhaus fand entlang des Limmatquais ein Fortsetzung im Wasserhaus, das ebenfalls mehrmals umgebaut wurde und schliesslich parallel zum Kirchenschiff bis fast zum Chor reichte.

Im Erdgeschoss des Helmhauses führte Emil Hegetschweiler seit 1927 ein Kaffeehaus. Hegetschweiler, Konditor wie sein Vater und sein Grossvater, hatte 1917 die elterliche Konditorei an der Spiegelgasse 5 übernommen und war schon in den Zwanzigerjahren ein begeisterter und beliebter Laienschauspieler. Im «Konditorei-Café» an der Limmat, wo bald Literaten und Emigranten verkehrten, traf sich Emil Hegetschweiler auch mit seinen Kollegen und Kolleginnen des 1933 gegründeten Cabarets Cornichon → 37, dessen Name sich von der sauren Gurke eines belegten Brötchens aus der Produktion des Schauspieler-Konditors herleiten soll.

Ende 1939 musste Hegetschweiler sein Helmhauscafé räumen. «Ich hätte damals», meinte er später, «am liebsten meinen ganzen Kram, versehen mit den passenden Verwünschungen, in die Limmat geworfen.» Am 27. August 1939, wenige Tage vor dem deutschen Überfall auf Polen, hatten die städtischen Stimmbürger eine Vorlage zum Umbau von Wasserkirche und Helmhaus gutgeheissen. Die Bauarbeiten begannen im Frühjahr 1940. Das Helmhaus wurde völlig neu ausgebaut, im ersten und im zweiten Stock entstanden Ausstellungsräume. Für das Baugeschichtliche Museum, das im Helmhaus eingerichtet wurde, erwarb die Stadt 1942 ein Modell des alten Zürich, das der Architekt Hans Langmack in über zwei Jahrzehnten langer Arbeit geschaffen hatte. Mit dem Baugeschichtlichen Archiv zog das Stadtmodell 1976 an seinen heutigen Standort im Haus zum Rech am Neumarkt. In der Eröffnungsausstellung beschäftigte sich das Helmhaus 1943 mit Zürichs städtebaulicher Entwicklung in Plan und Bild, noch im selben Jahr fand eine erste Ausstellung von Zürcher Künstlern statt.

Das Konditorei-Café, das in der mit Brunnen, Bänken, Kiosk und Telefonkabine umgestalteten Vorhalle die Fläche oberhalb des Treppenabsatzes eingenommen hatte, wurde im Zug des Umbaus abgebrochen. Emil Hegetschweiler gab den Beruf des Konditors auf und wandte sich als Darsteller in Cabaret, Theater und Film ganz der Schauspielerei zu. Seine wohl bekannteste Rolle spielte er als alternder Bäckermeister zwei Jahre vor seinem Tod in Kurt Frühs *Bäckerei Zürrer* (1957).

Das Wasserhaus am Limmatquai wurde beim Umbau der Gebäudegruppe 1940 bis 1942 ganz abgebrochen. Damit konnte nicht nur die Kirche freigestellt, sondern auch Raum für den Strassenverkehr gewonnen werden. Die Wasserkirche wurde ausgeräumt, Galerien und Zwischenböden entfernt. «Die Wasserkirche ist als spätgotische Raumschöpfung wiedererstanden», schrieb Hermann Herter, der als Stadtbaumeister den Umbau plante und leitete. «Eine Steigerung der Raumwirkung wird durch die farbigen Chorfenster, darstellend das Leben Christi und unser Leben, und durch den Aufbau der Orgel angestrebt und auch erzielt. Die farbigen Glasfenster sind ein Werk des Kunstmalers Augusto Giacometti.» Giacometti → 34 50 widmete das Mittelfenster dem Leben Jesu, das linke stellt in mehreren Medaillons in aufsteigender Folge das Leben eines Mannes von der Geburt bis zu Hochzeit dar, das rechte

Arbeitslosen-Demonstration vom 6. Januar 1936. Neben den Arkaden des Helmhauses (im Bild rechts) am Kirchenschiff das wenige Jahre später abgebrochene Wasserhaus.

dann wieder hinunter weitere Stationen des Lebenslaufes von der Hochzeitsreise bis zum Tod. Während die kirchliche Kunst seit dem 19. Jahrhundert zu einer historisierenden Zeitlosigkeit neigt, greifen Giacomettis Glasfenster in die Gegenwart seiner Zeitgenossen: Vor der Hochzeit absolviert der Mann die Rekrutenschule am Artilleriegeschütz, nach der Hochzeitsreise im roten Bugatti wird er erneut aufgeboten und bedient eine Fliegerabwehrkanone.

Mit dem Umbau und der Renovation von 1940 bis 1942 bekam die Wasserkirche wieder einen Dachreiter. Auch die im Tessin hergestellten Strohstühle aus Kastanienholz stammen aus der Zeit nach der Landi, als das Gebäude seine Funktion als Versammlungsraum der kirchlichen Gemeinde zurückerhielt.

Auf der dem Helmhaus gegenüberliegenden Strassenseite befanden sich am Limmatquai bei der Münsterbrücke seit 1872 die Gehege einer vom städtischen Gartenbauamt betreuten Schwanenkolonie, die 1992 aufgelöst wurde.

> **14** Helmhaus, Wasserkirche. Wasserkirche geöffnet Mittwoch 14–17, Samstag 12–17 Uhr.

15 WALDMANN

«Bürgermeister Waldmann, enthauptet in Zürich am 6. April 1489, als Reiterstandbild enthüllt und geweiht am 6. April 1937», titelte die *Zürcher Illustrierte* anlässlich des Festaktes für das Denkmal bei der Münsterbrücke, welches das uns vertraute Bild des Postkarten-Zürich vervollständigte, und fährt fort: «Jetzt steht es auf seinem Platz, das vielbesprochene und umstrittene Waldmann-Denkmal Hermann Hallers. Was lange währt, wird endlich gut. Zürich ist um ein wunderschönes Werk plastischer Kunst reicher. Hans Waldmanns Gestalt und sein Geschick werden nie aufhören, die Zürcher zu beschäftigen, tausend und tausende hörten am strahlenden Frühlingstage, dass die Stadt mit dem Denkmal eine Art später, um Jahrhunderte verspäteter Sühne einem grossen Staatsmann erweise, der im Leben und im Sterben über das Mass des Gewohnten hinausging.»

Der Errichtung des Waldmann-Denkmals, an dessen Einweihung Stadtpräsident Emil Klöti und der Zunftmeister der Kämbelzunft sprachen, gingen jahrzehntelange Kontroversen voran, ob der Bürgermeister des ausgehenden 15. Jahrhunderts überhaupt ein Denkmal verdiene, worauf jahrelange Diskussionen um die Ausführung der Reiterstatue durch den renommierten Bildhauer Hermann Haller → **118** folgten. Gestiftet wurde das Denkmal von der Kämbelzunft, deren Zunftmeister Hans Waldmann seinerzeit gewesen war. In Zunftkreisen hatte man sich seit dem ausgehenden 19. Jahrhundert um ein Denkmal für Waldmann bemüht, der in den Augen vieler Zünfter einem Justizmord zum Opfer gefallen war. Dieses Ansinnen hatte vorerst die Ausarbeitung einer historischen Studie zur Folge, welche zum Schluss kam, Waldmann sei nicht denkmalwürdig. Ende der Zwanzigerjahre ergriff die Kämbelzunft erneut die Initiative für ein Standbild des Mannes, der wegen seiner rücksichtslosen Grossartigkeit von den einen verehrt und von andern ge-

Helmhaus und Wasserkirche um 1938 vor dem Umbau, Hermann Hallers Reiterstandbild von Hans Waldmann.

hasst wurde. Diesmal gelang es. Hermann Hallers Modell wurde im Sommer 1935 an Ort und Stelle präsentiert. Die Kommunistische Jugend versammelte sich im Volkshaus und protestierte gegen das «grauenvolle Monument» für den «Faschisten, Korruptionsmillionär und Prasser», und die Frontisten bezeichneten den autoritären Herrscher als «leuchtendes Vorbild für einen Führerstaat».

«Hans Waldmann ist ein Symbol meiner eigenen Abenteuerlust», meinte dagegen der Bildhauer und schuf ein eigenes Bild des Bürgermeisters, den man sich, wie die *Schweizerische Bauzeitung* schrieb, «in Zürich gemäss unserem schweizerischen Temperament nun einmal als kolossalisch-wuchtigen Rauschebart vorstellt, während Haller den heroischen Versuch unternommen hat, alt-schweizerisches Heldentum ausnahmsweise einmal mit ritterlicher Eleganz statt durch klotzige Vierschrötigkeit zum Ausdruck zu bringen». Die *Bauzeitung* verteidigte Hallers Figur: «Da ist zunächst zu sagen, dass Haller ein ausgezeichnetes Reiterstandbild geschaffen hat, das – Waldmann hin oder her – eine Zierde Zürichs bilden wird. Es ist ein echter Haller: nervös, zierlich, voll Bewegungsreichtum, geistreich, elegant, und jene, die sich gerade an diesen Eigenschaften stossen, hätten von vornherein den Auftrag nicht an Haller erteilen dürfen, weil man nicht verlangen darf, dass er das Gegenteil dessen tue, was seiner Natur gemäss ist.» Besonders hob die *Bauzeitung* hervor, dass es Haller gelungen war, ein Reiterstandbild zu schaffen, welches nicht nur im Profil geniessbar ist, sondern «durch eine Reihe Axenverschiebungen im Pferdekörper das Standbild für den Anblick von allen Seiten interessant und erträglich» wird.

> 15 Hans-Waldmann-Denkmal, Münsterbrücke.

16 CHURCHILL AUF DEM MÜNSTERHOF

Das Ende des Krieges brachte die Schweiz in eine schwierige Lage. Trotz aller Erleichterung bedeutete die veränderte Situation für die Bevölkerung eine grosse Verunsicherung: Die vielen Männer, die jahrelang Militärdienst geleistet hatten, mussten sich in das ungewohnte Zivilleben eingliedern, für die Nachkriegszeit wurde wie nach dem Ersten Weltkrieg eine Wirtschaftskrise erwartet, und das Ende der staatlich gelenkten Kriegswirtschaft war ebenso absehbar wie das Auseinanderbrechen des Gemeinschaftsgefühls, dem sich die Individuen im Geiste der Landesverteidigung untergeordnet hatten.

Auch als Nation hatte sich die Schweiz im sich wandelnden Staatengefüge neu zu definieren. Sie fand sich vorerst auf der Seite der Verlierer. Die Alliierten behandelten die Eidgenossenschaft als mit Nazideutschland kooperierenden Partner und führten seit 1943 «Schwarze Listen» von Schweizer Firmen, die wegen Zusammenarbeit mit dem Feind auch für die Nachkriegszeit vom Wirtschaftsleben ausgeschlossen bleiben sollten. Ab 1944 drängten die Alliierten auf einen Abbruch der Handelsbeziehungen zu Deutschland. Die nach dem alliierten Delegierten Laughlin Currie benannten Verhandlungen, die Anfang März 1945 zur Einstellung der schweizerischen Wirtschaftsbeziehungen zu Deutschland und zur Blockierung deutscher Vermögenswerte in der Schweiz führten, wurden vom US-Botschafter mit knappen, deutlichen Worten kommentiert: «Nach dreiwöchigen Verhandlungen, in der wir stärksten Druck gegen den schweizerischen Widerstand ausübten, kapitulierte heute die Schweizer Delegation.» 1946 begann sich die Position der Schweiz zu bessern. Nach 23-jährigem Unterbruch nahm sie diplomatische Beziehungen zur Sowjetunion auf →63. Ende Mai unterzeichnete die Schweiz das Washingtoner Abkommen, das sie einerseits zur Zahlung von 250 Millionen Franken an die Alliierten verpflichtete – als Entschädigung für von Deutschland übernommenes Raubgold, das aus dem Besitz eroberter Staaten stammte – und andererseits die «Schwarze Listen» von unterdessen weit über tausend Schweizer Firmen aufhob.

Im September 1946 schliesslich konnte die Schweiz Winston Churchill, einem der Führer der Siegermächte, einen begeisterten Empfang bereiten. Der Stumpen rauchende Brite wurde mit Stalin und Roosevelt zu den «Grossen Drei» gezählt und war als Symbolfigur des Widerstandes gegen Nazideutschland längst zur Legende geworden. Churchill war am 10. Mai 1940 zum Premier ernannt worden, an jenem Tag, als die deutsche Westoffensive eingesetzt hatte und die nördliche und östliche Schweiz in Panik geraten war →28. Als Kriegspremier hatte er den bedingungslosen englischen Widerstand aufrechterhalten, als andere ein Arrangement des scheinbar auf verlorenem Posten stehenden Grossbritannien mit Deutschland vorgezogen hätten. Es war nicht zuletzt Churchills Verdienst gewesen, dass die USA in den Krieg in Europa eingriffen und zusammen mit England eine verlässliche angelsächsisch-sowjetische Koalition gegen Deutschland und seine Verbündeten gebildet hatten.

Der 72-jährige Churchill weilte seit dem 23. August 1946 zusammen mit seiner Frau und der jüngsten Tochter Mary am Genfersee in den Ferien und besuchte zum Abschluss seines Schweizer Aufenthalts Bern, wo ihn der Bundesrat empfing, und Zürich.

Für die Fahrt nach Zürich am Mittwoch, dem 18. September wurde Churchill der rote Doppelpfeil zur Verfügung gestellt, der als Landi-Pfeil → 113 bekannt war und seit dem Besuch des Briten Churchill-Pfeil genannt wird. Während der Zugsreise studierte der Ex-Premier Akten, bereitete seine Zürcher Ansprachen vor und diktierte diese im Abteil seiner stenographierenden Sekretärin. Der Rote Pfeil fuhr von Altstetten unter Umgehung des Hauptbahnhofs direkt zum Bahnhof Enge. Obwohl Churchills Ankunft nicht bekannt gegeben wurde, hatte sie sich herumgesprochen. Auf dem Perron I drängten Kantonspolizisten die Schaulustigen zurück, Churchill stieg um 18 Uhr aus dem Pfeil, lächelte und machte mit Zeige- und Mittelfinger der rechten Hand «sein» V-Zeichen. Eskortiert von Motorrädern und Mannschaftswagen der Stadtpolizei fuhren Churchill und seine Tochter – Frau Churchill nahm wegen eines Unfalls nicht am Ausflug nach Zürich teil – via Bellevue zum Grand Hotel Dolder.

Als sich der Wagenkonvoi am folgenden Morgen vom Dolder zum Rathaus bewegte, war die ganze Strecke von Menschen gesäumt, die in mehreren Reihen am Strassenrand standen, «Churchill, Churchill» riefen, jubelten, englische und Schweizer Fähnchen schwenkten, die für 20 Rappen verkauft wurden, und so viele Blumensträusse warfen, dass dem Chauffeur, Tochter Mary und Churchills Begleitern nichts anderes übrig blieb, als die Blumen wieder vom Wagen zu werfen. Der Gefeierte selbst stand im offenen Wagen. «Wie ein Monument in Schwarz steht er im Auto, in sich ruhend und schlicht», schrieb die NZZ. Die Polizei musste dem Konvoi einen Weg durch die Menge bahnen. Selbst auf den Bäumen hockten Menschen. «Der britische Kriegspremier wurde in Zürich derart phan-

Begeisterter Empfang für Winston Churchill, Ansprache auf dem Münsterhof (oben) am 19. September 1946.

tastisch gefeiert, dass es nach ihm jeder schwer haben wird, ihm den Rang an Popularität abzulaufen», meinte das *Volksrecht*. Vor dem Rathaus warteten Fotografen und Radioleute.

Im Rathaus begrüsste Regierungsratspräsident Streuli den Gast auf Französisch, Churchill antwortete ebenfalls französisch und schlug in seiner kleinen Ansprache vor, Europa solle sich die Schweiz zum Vorbild nehmen, die auf einzigartige Weise mit den Problem ihrer Minderheiten fertig geworden sei.

Kurz vor 11 Uhr traf Winston Churchill in der Universität ein, wo in der Aula neben zahlreichen geladenen Gästen auch 150 ausgewählte Studentinnen und Studenten warteten. Der Rektor begrüsste Churchill und überreichte ihm als Dankadresse eine lateinisch verfasste Urkunde. Den Ehrendoktortitel bekam er nicht, auch das Zürcher Ehrenbürgerrecht wurde ihm verweigert – ganz im Sinn von SP-Bundesrat Nobs, der in einem Brief an Adolf Lüchinger, seinen Nachfolger als Stadtpräsident, geschrieben hatte: «Und dass nun ausgerechnet unser gutes Zürich dem Leader der englischen Konservativen und schärfsten Opponenten der englischen Arbeiterregierung das Ehrenbürgerrecht verleihen soll, will mir auch nicht in den Kopf.» Churchill war im Jahr nach Kriegsende nicht nur eine unbestrittene Figur von welthistorischer Bedeutung, sondern als Führer der Oppositionspartei auch ein umstrittener konservativer Politiker, der nach der Auflösung der Kriegskoalition zwischen Labour und Konservativen und den Neuwahlen im Juli 1945 seinen Posten als Premier hatte räumen müssen.

Churchills siebzehnminütige, englisch gehaltene Rede, die via Lautsprecher auf die Künstlergasse übertragen wurde, beschäftigte sich mit der Zukunft Europas. «Was ist», fragte der Redner, «aus Europa geworden? Einige der kleineren Staaten haben es zu einer gewissen Blüte gebracht. Doch bieten weite Gebiete Europas den Anblick einer Masse gequälter, hungriger, seufzender und unglücklicher Menschenwesen, die in den Ruinen ihrer Städte und Wohnungen leben und zusehen müssen, wie sich der Himmel infolge des Herannahens einer neuen Gefahr von Tyrannei und Terror verdunkelt.» Als Heilmittel empfahl er den Aufbau einer Art «Vereinigter Staaten von Europa». «Ich komme zu etwas, was Sie erstaunen wird: Der erste Schritt zur Schaffung der europäischen Familie muss eine Partnerschaft zwischen Frankreich und Deutschland sein.» Churchill schloss seine Zürcher Rede an die akademische Jugend mit den Worten: «Therefore I beg you that Europe arise.»

Churchills geradezu utopische Vision von einem erstarkten, geeinten Kontinentaleuropa, welches er flankiert sah von einem britisch-amerikanischen Bündnis einerseits und einer freundlich gesinnten Sowjetunion anderseits, wurde weltweit beachtet und unterschiedlich aufgenommen. Für die NZZ war sie atemberaubend radikal, in Paris rief der Vorschlag zur engen Zusammenarbeit mit Deutschland skeptische Reaktionen hervor. Die Londoner *Times* stellte laut NZZ «sarkastisch» fest: «Wenn Churchills Vereinigte Staaten von Europa je verwirklicht werden, wird die Schweiz kaum ein Gründungsmitglied sein.»

Von der Universität führte Churchills Triumphzug durch Zürich via Rämistrasse, Bürkliplatz, Bahnhofstrasse und Bahnhofbrücke über das Limmatquai zum Helmhaus und zum Münsterplatz. Unterdessen regnete es. Zwei Militärfahrzeuge bahnten dem Konvoi den Weg durch die Menschenmassen. Wieder drohte Churchills Wagen unter zugeworfenen Blumen begraben zu werden. Auf dem Münsterplatz sprach Winston Churchill von einer vor dem Prunkgitter des Zunfthauses zur Meise aufgestellten Rednertribüne zu 25 000 Personen. Er betonte in seiner kurzen Ansprache, die Schweiz habe während des Krieges Freiheit und Unabhängigkeit hochgehalten und mit dem Internationalen Roten Kreuz und weiteren Institutionen auch andern hilfreich die Hand ausgestreckt.

Am nächsten Morgen flogen Winston Churchill, seine Frau und seine Tochter kurz vor Mittag vom Flughafen Dübendorf in einer Douglas DC-3 nach London zurück.

→ 16 Münsterhof.
→ 16A Universität → Planausschnitt Rämistrasse-Walche 19–31
→ 16B Bahnhof Enge → Planausschnitt Seeufer Enge 107–115
→ 16C Dolder.

DER GRÖSSTE FEHLER DES GARTENINSPEKTORS   17

Im Mai 1940 begann die deutsche Vertretung den Druck auf die Schweizer Presse und damit auch auf die Zürcher Zeitungen zu erhöhen. Georg Trump, Presseattaché der deutschen Gesandtschaft in Bern, kritisierte die Berichterstattung der katholischen *Neuen Zürcher Nachrichten* über den Einmarsch der Wehrmacht in Holland scharf, forderte eine Richtigstellung und drohte dem Chefredaktor: «... ansonsten werden Sie, Herr Doktor, unangenehme Folgen zu gewärtigen haben.» Ein paar Tage darauf, nach der Kapitulation Hollands, nahm sich Trump die *Neue Zürcher Zeitung* vor, ging zu Chefredaktor Willy Bretscher, forderte ihn auf, «ein bisschen auf die Stimmung in der Schweiz zu achten» und stellte fest: «Wir haben den Krieg gewonnen, wir werden Frankreich besiegen, wir sind in ein paar Wochen damit fertig, und dann ist der Krieg vorbei.» Wenig später wurde der Berliner NZZ-Korrespondent ausgewiesen, der Anfang Juni über erste Trübungen der deutsch-sowjetischen Freundschaft berichtet hatte. Die offizielle Begründung lautete: «Die Ausweisung erfolgte im Interesse der Schweiz selbst, deren Presse durch eine derartige Lügenhetze die Existenz des eigenen Landes gefährdet.»

Trump besuchte Bretscher ein zweites Mal und versuchte, die NZZ, die seit 1937 eine Fernausgabe für die internationale Leserschaft anbot, vorderhand mit Schmeicheln zum Einlenken zu bringen, indem er die *Zürcher Zeitung* als «erstes Blatt des Kontinents» bezeichnete. Bretscher konterte: «Wenn wir heute das erste Blatt des Kontinents sind, dann haben Sie dazu beigetragen; Sie haben die andern ersten Blätter entweder umgebracht oder korrumpiert.» Bretscher und die NZZ blieben bei ihrer sachlichen, ruhigen Berichterstattung und verweigerten die geforderte Kurskorrektur. Der Chefredaktor schrieb an das Verwaltungskomitee seiner Zeitung: «Ich masse mir nicht an, den Schlüssel der Entwicklung zu haben und die Rezepte nennen zu können, nach denen wir uns retten können. Sicher läge im Verrat und in der Selbstaufgabe keine Rettung. Wir müssen diese

Garteninspektor Roland von Wyss beim Wettschiessen am Waldumgang 1942.

Zeit grauenhafter Unsicherheit mit allem, was sie bringen mag, einfach auf uns nehmen.»

Der «Volksbund für die Unabhängigkeit der Schweiz» war anderer Meinung. Gegründet 1921 als Zusammenschluss der Komitees, die sich erfolglos gegen den Beitritt der Schweiz zum Völkerbund eingesetzt hatten, zeigten sich der Volksbund wie die Vertreter des Reiches überzeugt, dass die Schweizer Presse durch ihr unangepasstes Verhalten Deutschland den Vorwand für einen Überfall liefere und damit «Blutschuld» auf sich lade. Zu den Exponenten des rechtskonservativen, von Beginn an deutschfreundlichen Volksbundes zählten der Generalstabsoffizier Gustav Däniker, der vom nationalsozialistischen Deutschland fasziniert war, und zahlreiche einflussreiche Anwälte, Industrielle, auch Pfarrer wie Eduard Blocher – Bruder zweier sozialdemokratischer Politiker und Grossvater eines Bundesrats – sowie der Aargauer Staatsarchivar Hektor Ammann, der Adolf Hitler schon länger persönlich kannte und ihn auch bei seinem Besuch in Zürich 1923 getroffen hatte → 114. «Die Volksbündler und ihre Freunde», schreibt Werner Rings in seinem grundlegenden Werk über *Die Schweiz im Krieg,* «waren weder Nationalsozialisten noch Frontisten im üblichen Sinn. Sie selber bezeichneten die Frontisten im Sommer 1940 abfällig als ‹Desperados›. Die meisten gehörten der guten und besten Gesellschaft an, sie wurden geziemend behandelt.» In einem «Aussenpolitischen Sofortprogramm», das durch eine Indiskretion im Herbst 1940 an die Öffentlichkeit gelangte, forderte der Volksbund die «Ausschaltung» der «Chefredaktoren der führenden Blätter wie *Neue Zürcher Zeitung*, *Basler Nachrichten* und *Bund*» sowie die völlige «Ausmerzung» der *Weltwoche*, des *Beobachters* und weiterer engagierter Presseorgane.

Dies forderte auch die am 15. November 1940 an den Bundesrat gerichtete Petition aus dem Umfeld des Volksbundes, die unter dem Namen «Eingabe der Zweihundert» in die Geschichte einging. Presseorgane und betroffene Chefredaktoren wurden darin zwar nicht mehr namentlich genannt. Unter dem Motto «Entgiftung unseres politischen Lebens» forderte die Eingabe weiter die Rehabilitierung rechtsextremer Krimineller, während die für deren Bestrafung Verantwortlichen zur Rechenschaft gezogen werden sollten. Die Eingabe blieb vorläufig folgenlos. Obwohl der Bundesrat die in der «Eingabe der Zweihundert» vertretene Meinung teilweise teilte und die Bundesräte Marcel Pilet-Golaz und Ernst Wetter die Initianten, darunter Hektor Ammann und den Zürcher Rechtsanwalt Wilhelm Frick → 18, schon am 1. August zu einem persönlichen Gespräch getroffen hatten, antwortete der Bundesrat den Petitionären nur mündlich. Die Pressekommission, ein Zusammenschluss der Berufsverbände von im Zeitungswesen Beschäftigten, von Druckern über Journalisten bis zu Verlegern, hatte im Gespräch mit den Bundesräten Pilet-Golaz und Etter erreicht, dass auf die Forderung nach völliger Selbstaufgabe und deutschfreundlicher Gleichschaltung nicht eingegangen wurde.

Die «Eingabe der Zweihundert» und die Liste der insgesamt schliesslich 173 Unterzeichner fand erst nach dem Krieg ihren Weg in die Öffentlichkeit. Bei einem der 173 Unterzeichner handelte es sich um einen städtischen Chefbeamten: Garteninspektor Roland von Wyss → 68. Im Januar 1946 reichte ein sozialdemokratischer Gemeinderat eine Interpellation ein betreffend Entlassung des Garteninspektors wegen anpasserischem Verhalten. Der Stadtrat meinte zwar zur vom Leiter des Gartenbauamtes unterschriebenen Eingabe: «Sie stellt die Kapitulation der geistigen Landesverteidigung dar», schloss aber eine Entlassung mangels Rechtsgrundlage aus. Zudem erklärte Roland von Wyss dem Stadtrat, «er sehe ein, dass er mit der Unterzeichnung einen ganz grossen Fehler begangen hatte, den grössten seines Lebens, den er aufs tiefste bedaure».

Gemäss Stadtratsprotokoll hatte der Garteninspektor die Umstände seiner Unterzeichnung folgendermassen geschildert: «Als Offizier einer Territorialkompagnie habe er von Kriegsbeginn an häufig Militärdienst geleistet. Als Mitglied der Vereinigten Zünfte der Gerwe und zur Schuhmachern habe er an den wöchentlichen Dienstagstammtischzusammenkünften im Café Orsini fast regelmässig teilgenommen. Dabei sei im Sommer 1940 häufig über die militärische und politische Lage der Schweiz diskutiert worden. Die aus dem Militärdienst zurückgekehrten Teilnehmer hätten öfters ihre Besorgnis über die Einreihung der Territorialbataillone in die Kampfstellungen der Armee geäussert, weil diese Mannschaften jahrelang keinen Militärdienst geleistet hatten und in der Handhabung der modernen Waffen keine oder wenig Übung besassen. Deshalb glaubten sie, einem Angriff der mit den modernsten Kriegsmitteln ausgerüsteten deutschen Armee eine nur mässige Abwehrkraft entgegenstellen zu können. Im Hinblick darauf soll den Teilnehmern dieser Zusammenkünfte die Schreibweise gewisser Zeitungen unverantwortlich erschienen sein, weil dadurch ihres Erachtens leicht ein Angriff auf die Schweiz herausgefordert werden konnte. Sie wünschten, dass diese Zeitungen sich einer grösseren Zurückhaltung befleissen sollten. Bei einem solchen Anlass habe unter den zufällig anwesenden Zunftmitgliedern im Herbst 1940 die Eingabe an den Bundesrat zirkuliert. R. von Wyss erklärt, möglicherweise sei sie von dem ebenfalls regelmässig an diesen Zusammenkünften teilnehmenden Rechtsanwalt Dr. Wilhelm Frick gebracht worden. Das Schreiben habe rasch zirkuliert und sei der Reihe nach von einigen Anwesenden unterzeichnet worden, ohne dass die Unterzeichner den Text gelesen und ihre einzelnen Punkte diskutiert hätten.»

Abschliessend stellte der Stadtrat in seiner Antwort auf die Interpellation in Aussicht, dass bei den nächsten Erneuerungswahlen des städtischen Personals im Sommer 1946 auf die Angelegenheit zurückgekommen werden sollte.

Der Garteninspektor blieb jedoch auch nach 1946 im Amt. In der Antwort des Stadtrates auf eine diesbezügliche weitere Interpellation aus dem Gemeinderat hiess es, von Wyss habe schliesslich nicht zu den Initianten der Eingabe gehört, sei nie Mitglied einer frontistischen Organisation gewesen, habe sich weder im Militär noch im Gartenbauamt nationalsozialistischer oder undemokratischer Äusserungen schuldig gemacht und verfüge überdies über allgemein anerkannte fachmännische Kenntnis. Unterzeichnet wurde die stadträtliche Antwort vom Vorgesetzten des Garteninspektors, dem Bauvorstand I und Kommunisten Edgar Woog → **63**.

Hektor Ammann wurde «als Erstunterzeichner und führender Kopf der Eingabe der Zweihundert» laut *Historischem Lexikon der Schweiz* «1946 vom aargauischen Regierungsrat – dem Ammanns Einstellung allerdings schon vor dem 2. Weltkrieg bekannt gewesen war – im Zuge der Säuberungswelle nach Kriegsende aus dem Staatsdienst entlassen». Ammann wirkte später als Geschichtsprofessor an verschiedenen deutschen Universitäten. Oberst Gustav Däniker wurde 1942 ohne Pensionsanspruch aus der Armee entlassen und leitete dann bis zu seinem Tod zwei Jahre nach Kriegsende die militärtechnische Abteilung der Maschinenfabrik Oerlikon-Bührle › **129**. Wilhelm Frick → **18** übernahm 1941 das Amt des Zunftmeisters der Vereinigten Zünfte zur Gerwe und zur Schuhmachern und übte dieses bis zu seinem Tod 1961 aus.

› **17** Restaurant Orsini, Waaggasse 3, am Münsterplatz. Das Orsini hat seinen Namen übrigens von einem Terroristen, der 1858 in Paris mit Knallquecksilberbomben Napoleon III. umbringen wollte, dabei mehrere Personen tötete und über hundert verletzte, hingerichtet wurde und dessen Freunde, die in Zürich im ursprünglich weniger gediegenen Lokal am Münsterplatz verkehrten, zu seinen Ehren in ihrem Stammlokal ein Porträt des Revolutionärs Felice Orsini aufhängten.

› **17A** Neue Zürcher Zeitung → Planausschnitt Bellevue-Opernhaus **1–10**

01/10/2009 L4 SP/EF

METROPOL: DISEUSE, FLIEGENDE HEXE UND GELD AUS DEUTSCHLAND

Im Innenhof des neubarock dekorierten Geschäftshauses Metropol von 1893 befand sich das Grand Café Restaurant Metropol, das 1932 modernisiert und mit einer Bühne ausgestattet wurde, die sich für Cabaretvorstellungen eignete. Schon 1932 erhielt auch Lale Andersen, die noch nicht Andersen hiess → 22, ein Engagement im Metropol, im folgenden Jahr trat sie dort in einer literarischen Revue auf. Nach ihrer Autobiografie – 1981 von Rainer Werner Fassbinder recht frei unter dem Titel *Lili Marleen* verfilmt – trat sie bei ihren Vorstellungen nicht als Sängerin auf, sondern als Diseuse, die Texte sozialkritischen Inhalts zu Musik sprach und jeweils froh war, wenn ihr das so gelang, dass sie gleichzeitig mit der Musik fertig war. Andere Nummern des Programms bestritten, wie die Romanbiografie berichtet, Leute wie der Jongleur und Zauberkünstler Herr Moser oder Valeska, die in roten Stiefeln ungarische Tänze aufführte. An einem der mit weissem Tuch gedeckten Metropol-Tischchen sass ein 22-jähriger Zürcher, der ein paar Semester Jus studiert und mit dem vom Grossvater geerbten Geld und dem Knowhow eines Freundes seines Vaters eine Privatbank eröffnet hatte, sich aber eigentlich leidenschaftlich für Musik interessierte: Rolf Liebermann. Liebermann war beeindruckt von Andersens Grossstadtballaden und verliebte sich in die blonde Diseuse. Nach der Vorstellung folgte er ihr im Auto und sprach sie an.

Im folgenden November fuhren die beiden in Liebermanns Auto nach München. In ihren Erinnerungen, wo Rolf «Robert» genannt wird, schrieb Andersen: «Ein entfernter Verwandter Roberts war vor anonymen Drohbriefen mit seinem kleinen Sohn in die Schweiz geflohen. Mit seiner langjäh-

Metropol: Grand Café und Rationierungskarten-Ausgabestelle für den Kreis 1 und das Quartier Enge (1944).

rigen Buchhalterin war beschlossen worden, dass diese Geld und Aktien seines Besitzes einem Schweizer übergeben sollte, falls sich ein Schweizer finden würde, der sich zu dieser nicht ungefährlichen Freundschaftstat, jüdischen Besitz in die Schweiz zu bringen, bereitfinden würde.» Andersen begleitete ihren Freund noch mehrmals auf solchen Fahrten. «Die Werte, die wir den Verjagten und Betrogenen aus Deutschland holten, wurden von Fahrt zu Fahrt grösser. Robert verliess sich nicht mehr auf das Versteck unter den Rücksitzen. Er hatte zwischen den Rädern unterhalb des Wagens einen Blechkasten montiert. Kurz vor dem Grenzübergang fuhr er in eine Waldschneise, legte eine Decke unter den Wagen und schob, auf dem Rücken liegend, Papiere und Scheine in den geräumigen Behälter. In der Garage seines Elternhauses nahm er die Papierbündel vorsichtig heraus, rief die Leute an, dass alles gut gegangen sei und sie sich beruhigt schlafen legen konnten.»

1935 musste Liebermanns Bank schliessen. Der nun mittellose Musiker komponierte Lieder für seine Freundin, Kommunisten und Spanienkämpfer, belegte 1936 in Budapest einen Dirigentenkurs bei Hermann Scherchen → 122 und hielt sich 1938 in Wien auf. Dort «verlor» er nach dem «Anschluss» Österreichs ans Deutsche Reich seinen Pass und schenkte ihn dem ebenfalls jüdischen Dichter Franz Werfel, damit sich dieser in die Tschechoslowakei retten konnte. Nach seiner Rückkehr in die Schweiz arbeitete Liebermann 1939 als Musiker beim Theater der Landesausstellung, setzte sich intensiv mit Komposition auseinander und schrieb Musik für das Cabaret Cornichon → 37.

Der Bühnenbildner des Cabaret Cornichon, Alois Carigiet – heute vor allem als Schöpfer des 1945 erstmals erschienen Kinderbuchklassikers *Schellen-Ursli* bekannt – malte in einem Kellerraum des Metropol, wo sich ein als Degustationsstübchen bezeichnetes Lokal befand, im Jahr 1938 eine fliegende Hexe an die Wand, genau beobachtet von einem Jäger mit Fernrohr. Bei den Renovationsarbeiten von 2006 kamen Carigiets Hexe und andere Gemälde im Dunstkreis von «Wein, Weib und Gesang» wieder zum Vorschein. Das Grand Café selber war 1937 nochmals umgebaut worden und wurde bis 1940 unter dem Namen Jägerhalle als Bierlokal geführt, dann geschlossen und anschliessend für kurze Zeit als Billardsaal genutzt. Billard hatte man im Metropol schon zuvor in einem maurisch-kitschig gestalteten Saal am Stadthausquai spielen können.

Zuoberst im Geschäftshaus Metropol führten Johannes Meiner und nach 1934 sein Sohn Hans ein bekanntes Fotostudio. «Es war an der Börsenstrasse 10 domiziliert», schreibt Paul Hugger in der Publikation *Fotografiertes Bürgertum von der Wiege bis zur Bahre,* die die Auftragsarbeiten von Vater und Sohn Meiner vorstellt. «Zunächst gelangte man in einen kleinen Empfangsraum, der zugleich als Büro diente. Das eigentliche Atelier befand sich im sechsten Stock; es bestand aus neun Räumen und einem Türmchen, ‹das eigentlich zu nichts nutze war›. Es diente als Abstellraum für Packmaterial, und auch der Storch, den man für Babyfotos benutzte, stand dort. Die meisten Zimmer waren als Labors eingerichtet. Da war aber auch das grösste Tageslichtatelier von Zürich, das fünfzig Personen fassen konnte. Die Kunden wurden im Erdgeschoss empfangen, wo lange Jahre Fräulein Lieberherr als Sekretärin wirkte. Man fuhr die Kunden im Lift zum fünften Stock, von wo es über eine kleine Treppe noch etwas höher in den sechsten ging.» Die Fotografen arbeiteten für Private und

Wein, Weib und Gesang: Wandbild von Alois Carigiet im Keller des Metropol

Firmen, Hans Meiner war offizieller Fotograf der Schweizerischen Landesausstellung, seine Frau wirkte beim offiziellen Festspiel der Landi mit.

Am Stadthausquai 13 im Metropolhaus befand sich auch das Anwaltsbüro von Wilhelm Frick. Frick gründete laut *Historischem Lexikon der Schweiz* 1933 «die teils konservativ-aristokratische, teils faschistoide Bewegung Eidgenössische Front» und war 1940 Schlussredaktor der «Eingabe der Zweihundert» → **17**. Seine «deutschfreundliche Einstellung und seine ausgesprochenen Sympathien für den Nationalsozialismus» waren auch der Kantonspolizei bekannt. Er hielt sich geschäftlich oft in Berlin auf, hatte gute Kontakte zu hohen Funktionären des Dritten Reiches und wurde zu einem Ball bei Göring eingeladen. Frick war einer der Hauptakteure in den Geschäftsbeziehungen der Schweizerischen Bodenkreditanstalt SBKA mit dem Dritten Reich. Die SBKA ging aus einer 1896 im Café Orsini → **17** gegründeten Bank hervor und stand der Schweizerischen Kreditanstalt SKA nahe, deren Verwaltungsratspräsident während des Kriegs auch Präsident des Verwaltungsrates der SBKA war. In einer von der Unabhängigen Expertenkommission Schweiz–Zweiter Weltkrieg (UEK) herausgegebenen Forschungsarbeit wies Barbara Bonhage nach, dass «die SBKA daran beteiligt war, deutsche Guthaben illegal in die Schweiz zu verschieben. Sie handelte zudem mit Wertpapieren, welche Verfolgten des Nationalsozialismus entzogen worden waren, und vermittelte der deutschen Rüstungswirtschaft einen Teil des kriegswichtigen Rohstoffs Wolfram aus Spanien und Portugal. Diese für eine Hypothekarbank ‹aussergewöhnlichen Geschäfte› boten ihr ausserordentliche Gewinnchancen.» Der Direktor der SBKA musste 1946 in der Folge amtlicher Untersuchungen dieser aussergewöhnlichen Geschäfte den Hut nehmen. Die SBKA wurde drei Jahrzehnte später in die SKA integriert.

Wilhelm Fricks Herz schlug auch nach dem Krieg ganz rechts. In den Nachkriegsjahren gab er die Zeitschrift *Neue Politik* heraus, an der James Schwarzenbach → 108 als Redaktor mitwirkte und die 1948 in der britischen und der amerikanischen Besatzungszone verboten wurde. Fricks Nachkommen waren in einen Aufsehen erregenden Prozess gegen Walther Hofer, Geschichtsprofessor und bis 1979 Nationalrat der SVP, verwickelt, der Wilhelm Frick 1983 in einem Zeitungsartikel als «Vertrauensanwalt der Gestapo» bezeichnet hatte.

Während der Rationierung hatten Bewohner und Bewohnerinnen des Kreises 1 und der Enge ihre Rationierungskarten im Metropol am Stadthausquai abzuholen, wo die Zentralstelle für Kriegswirtschaft eine der über die Quartiere verteilten Ausgabestellen → 45 führte. 1944 kaufte die Stadt Zürich das Geschäftshaus Metropol und brachte 1949 das Steueramt darin unter. 2004 übernahm die Bank Hofmann das Gebäude im Baurecht, liess es renovieren und richtete im Erdgeschoss das Grand Café Metropol ein. 2007 wurde die Bank Hofmann mit anderen Credit Suisse-Tochtergesellschaften der CS zu Clariden Leu zusammengefasst.

→ 18 Metropol Stadthausquai 11 und 13, Börsenstrasse 10, Fraumünsterstrasse 12 und 14. Carigiets Wandbilder sind im Vorraum zu den Toiletten des Grand Café Metropol zu sehen.

→ 18A Der Sitz der Schweizerischen Bodenkreditanstalt befand sich am Werdmühleplatz 1
→ Planausschnitt Bahnhofstrasse 40–50

19–31 RÄMISTRASSE – WALCHE

19 OPRECHT: BUCHHANDLUNG, VERLAG UND HILFE
19 Rämistrasse 5, ehemals Buchhandlung Oprecht

20 AUTOMETRO
20 Autometro, Stadelhoferstrasse 42/Rämistrasse 14

21 BERUFSVERBOT FÜR STARANWALT
21 Baumwollhof: Stadelhoferstrasse 26
21A gegenüber: Stadelhoferstrasse 25, für die Krankenkasse Helvetia erbautes Verwaltungsgebäude

22 LILI MARLEEN
22 Promenadengasse 18
22A Schauspielhaus

23 SCHAUSPIELHAUS
23 Schauspielhaus

24 WOLFGANG LANGHOFFS ZÄHNE
24 Schauspielhaus

25 ZÜRCHER STUDENT
25 Universität
25A ETH

26 KANTONSSPITAL
26 Kantonsspital, heute Universitätsspital, Rämistrasse 100

27 DIE ERLEUCHTUNG DES SS-GENERALS AN DER SONNEGGSTRASSE 80
27 Sonneggstrasse 80
27A Minerva, Scheuchzerstrasse 2

28 10. MAI 1940: KOLONNEN AUF DER WEINBERGSTRASSE
28 Weinbergstrasse: Mündung Obstgartenstrasse
28A Kirche Unterstrass
28B Schauspielhaus

29 PRAESENS FILM
29 Weinbergstrasse 15: ehemals Sitz der Praesens AG und des Filmstudios Rosenhof

30 WALCHE: KANTONSVERWALTUNG UND STAATSKUNST
30 Kantonale Verwaltung Neumühle, Walchetor, Walcheturm zwischen Walchebrücke und Stampfenbachplatz

31 ROBERT BRINER: POLIZEIDIREKTOR UND FLÜCHTLINGSPOLITIKER
31 Kaspar-Escher-Haus

SCHAUPLÄTZE, AUF DIE IN ANDEREN ABSCHNITTEN VERWIESEN WIRD
16A Universität: Rede Winston Churchills
98C Kantonsspital: Josef Schmidt
110C Rämistrasse bei 80: Marmorfigur *Wehrwille* von Hans Brandenberger

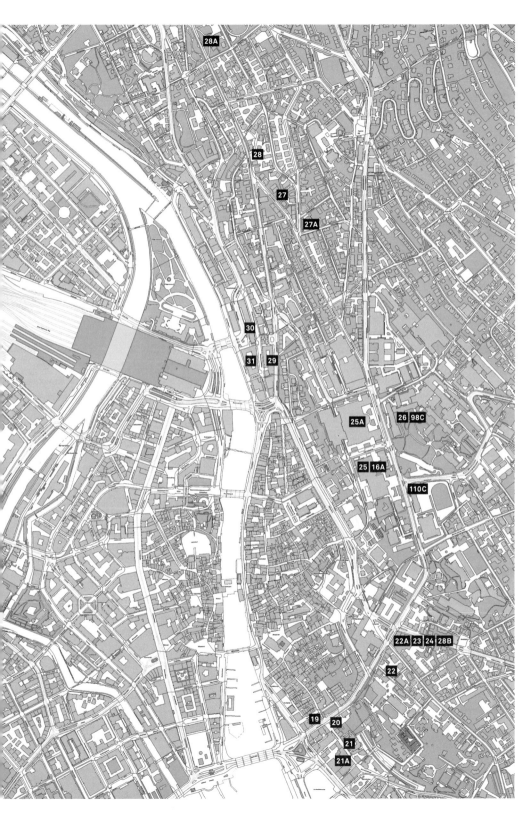

19 OPRECHT: BUCHHANDLUNG, VERLAG UND HILFE

1925 gründete Emil Oprecht, Sozialdemokrat und Doktor der Nationalökonomie, mit einem Compagnon an der Rämistrasse 5 eine Buchhandlung, die sich in den Dreissigerjahren zu einem Treffpunkt für antifaschistische Kultur entwickelte. Im Schaufenster fanden sich die Bücher, die in Deutschland verboten und verbrannt wurden, und in Inseraten forderte Dr. Oprecht Leser und Leserinnen auf: «Setzen Sie sich mit Hitler auseinander – 25 km von hier beginnt sein Reich.» Emil und Emmie Oprecht handelten nicht nur mit Büchern, sondern betrieben auch einen Verlag. Darüber hinaus unterstützten sie die Flüchtlinge, die aus Italien, Deutschland und Österreich nach Zürich kamen, wo sie konnten, und waren sich – wie Wladimir Rosenbaum → [21] und Rolf Liebermann → [18] – nicht zu schade, über die Grenze zu fahren, um Wertgegenstände aus dem Besitz der Vertriebenen in die Schweiz zu schaffen. Emmie Oprecht berichtete 1967 in einer ARD-Sendung: «Wir leisteten ‹erste Hilfe›, gaben Wäsche, Schuhe, auch Möbel. Halfen bei der Polizei – manche Emigranten hatten keine Papiere –, versuchten Aufenthaltsbewilligungen zu erreichen. Wir fuhren nach Deutschland, um Geld und Wertgegenstände, die die Emigranten zurücklassen mussten, in die Schweiz zu holen – Koffer aus Konstanz, Geld aus Berlin.»

Oprechts verlegerisches Engagement brachte bald auch geschäftlichen Erfolg. Ignazio Silones Roman *Fontamara*, den Oprecht 1933 herausbrachte, nachdem ihn zahlreiche Verlage in verschiedenen Ländern abgelehnt hatten, wurde zum Bestseller. *Fontamara* erschien zuerst in einer deutschen Fassung, übersetzt von Nettie Sutro-Katzenstein, die von 1935 bis 1947 das Schweizerische Hilfswerk für Emigrantenkinder leitete und der 2005 in einem Neubaugebiet in Affoltern eine Strasse gewidmet wurde. Silones in Italien verbotener Roman erschien bald auch auf Italienisch, lag innerhalb eines Jahres in neun Sprachen vor, ging in New York in einer Theaterfassung über die Bühne und fand in der Schweiz über die mehrmals aufgelegte Ausgabe der Büchergilde Gutenberg → [58] grosse Verbreitung. Der Roman erzählt aus dem Blickwinkel der «Cafoni», mausarmer Pächter- und Taglöhnerfamilien im Bergland der Abruzzen, wie die ohnehin schon immer von Grossgrundbesitzern, Pfarrern, Städtern und Anwälten betrogenen Dorfbewohner durch das Aufkommen des Faschismus in die Enge getrieben werden. Ein Unternehmer, der sich als Vertreter der neuen Staatspartei in der Gegend niederlässt und zum Bürgermeister wird, gräbt ihnen das spärliche Wasser ab, um seine eigenen Felder zu bewässern. Als sich Widerstand regt, wird Fontamara von Horden von Schwarzhemden überfallen, die die jungen Frauen vergewaltigen, das spärliche Hab und Gut der Cafoni zertrümmern und schliesslich ein Massaker unter der Dorfbevölkerung anrichten.

Der Autor des Erfolgsromans hatte sich während der Zwanzigerjahre im Untergrund in leitender Position für die Kommunistische Partei Italiens eingesetzt und den PCI zusammen mit Parteichef Palmiro Togliatti bei der «Kommunistischen Internationalen» in Moskau vertreten, stand jedoch dem diktatorischen stalinistischen Kurs zunehmend verständnislos gegenüber. 1929 kam er als Tuberkulosepatient, scheinbar todkrank, nach Davos und schrieb in fieberhafter Eile den Roman, den ihn weltbe-

Emil Oprecht zwischen seinem Bruder Hans, 1937 bis 1952 Präsident der SP Schweiz, und Thomas Mann (rechts).

rühmt machen sollte. Doch der Kranke erholte sich und kam 1930 nach Zürich, wo ihn Togliatti besuchte und im Büro der «Roten Hilfe» → 96 für die Parteiarbeit zurückgewinnen wollte. Aber Silone verabschiedete sich von der Partei. 1932 starb sein Bruder in einem italienischen Gefängnis an den Verletzungen, die ihm bei der Verhaftung und in Gefangenschaft zugefügt worden waren. Silone lebte bis zum Kriegsende in Zürich, meist als Gast des Getreidehändlers und Kunstsammlers Marcel Fleischmann an der Germaniastrassse 53. 1936 erhielt der Exilautor eine Auszeichnung der städtischen Literaturkommission. Er war einer der wenigen, denen in der Schweiz offiziell politisches Asyl gewährt wurde, allerdings unter der Auflage, keinerlei politische Tätigkeit auszuüben. Da er seit 1940 insgeheim für die italienischen Sozialisten arbeitete, wurde er 1942 von der Bundespolizei verhaftet und sollte ausgeschafft werden. Seine Ausweisung wurde jedoch nicht vollzogen.

Ignazio Silone war mit der Familie Schiavetti → 76 befreundet, die wie Thomas Mann zu den Stammgästen der Buchhandlung Oprecht zählte. Die kleine Franca freundete sich mit einer langjährigen Mitarbeiterin an, die bis 1946 als Buchhändlerin an der Rämistrasse beschäftigt war: «Ich langweilte mich dort nie, wenn ich auf Papa wartete, nicht zuletzt wegen Toni Drittenbass, einer hervorragenden und klugen Verkäuferin, an die sich alle wandten. Sie war gross, schlank, und ihr Haar war so rot wie ihre Ideen. Sobald sie Zeit hatte, setzte sie sich zu mir und unterhielt sich mit mir. Sie zeigte mir Thomas Mann, der mir wie ein Denkmal seiner selbst vorkam: hochmütig und von seiner Grösse überzeugt. Sein Blick schien durch seinen Gesprächspartner hindurchzugehen, ohne ihn wahrzunehmen; so, als ob er weit in die Ferne schaute, und vielleicht tat er das auch.»

Toni Drittenbass ging nach dem Krieg im Auftrag der Hilfsorganisationen Centrale Sanitaire Suisse und Schweizerspende nach Budapest, wo sie 1948 im Alter von 36 Jahren Janos Dobo heiratete. Dobo hatte in der Schweiz im Exil gelebt und Drittenbass in der Buchhandlung Oprecht kennengelernt. Durch die Heirat verlor sie ihre Schweizer Staatsbürgerschaft. 1949 wurde das Paar verhaftet. Nachdem Toni Dobo-Drittenbass ihr wenige Monate altes Kind im Gefängnis noch ein paar Wochen stillen durfte, wurde es ihr weggenommen und in ein Heim gesteckt. Die Verhaftung stand im Zusammenhang mit den Säuberungswellen, bei denen in verheerenden Schauprozessen in Ungarn, Polen, Bulgarien, der DDR → 96 und der Tschechoslowakei auch viele ranghohe Parteimitglieder oft jüdischer Abstammung verurteilt wurden. Einige der Betroffenen wurden hingerichtet oder kamen im Gefängnis um. Toni Drittenbass erkrankte an Diabetes, wurde zu acht Jahren Haft verurteilt und starb im Januar 1954 im Gefängnis, nach offizieller Darstellung an «Herzschwäche». Dies geschah kurz nachdem ihr ein Gefängnisoffizier angedeutet hatte, ihr Sohn sei nicht mehr am Leben. In Wirklichkeit überlebte ihr Sohn sie jedoch um Jahrzehnte, ebenso ihr Mann, der im Gefängnis von ihrem Tod erfahren hatte und bald darauf freigelassen wurde.

Die Säuberungen orientierten sich am Prinzip der «Kontaktschuld»: Wer missliebige Personen kannte, galt als schuldig. Bei vielen Opfern der Säuberung in den Jahren um 1950 handelte es sich um Kommunisten, die die Zeit des Kriegs nicht in der Sowjetunion überstanden hatten, sondern in der Schweiz und anderen Ländern. Die «Schweizer» hatten im Exil Kontakt zu Noel Field, der wiederum Unterstützung erhielt von Allen Dulles, dem damaligen OSS-Leiter → 11 148. Field, ein in Zürich aufgewachsener Amerikaner kommunistischer Gesinnung, hatte zuerst in Frankreich, dann ab November 1942 in der Schweiz für eine amerikanische kirchliche Hilfsorganisation gearbeitet, die Flüchtlinge unterstützte, die in der Illegalität oder in Internierungslagern lebten. Field kannte dementsprechend viele Emigranten, was diesen wenige Jahre später zum Verhängnis wurde. Der zum imperialistischen Meisterspion und zur Schlüsselfigur eines Agentennetzwerks hochstilisierte Noel Field wurde von 1949 bis 1954 in Budapest festgehalten und gefoltert und gab unzählige Namen von Bekannten preis. Nicht nur Field selber, auch seine Frau, sein Bruder und seine Pflegetochter kamen für Jahre in die brutalen Mühlen der stalinistischen Verfolgung, nachdem sie sich in Osteuropa auf die Suche nach ihrem verschwundenen Verwandten gemacht hatten, dessen tragische Geschichte 1997 in Werner Schweizers Dokumentarfilm *Noel Field – der erfundene Spion* aufgearbeitet wurde.

Die Buchhandlung Oprecht wurde 2003 aufgegeben.

› 19 Rämistrasse 5, ehemals Buchhandlung Oprecht.
› 19A Germaniastrasse 53.

AUTOMETRO

In den Zwanzigerjahren begann das Auto das Bild der Stadt zu prägen. In der City und auf den Ausfallstrassen wuchs der Verkehr innerhalb eines Jahrzehnts um das Zwanzigfache, die Strassen erhielten staubfreie Asphaltbeläge, Stadtplanung und Architektur nahmen begeistert die Dynamik des motorisierten Verkehrs auf. 1930 waren im Kanton Zürich insgesamt 23 100 Motorfahrzeuge angemeldet, darunter 10 600 Personenwagen, wovon knapp die Hälfte in der Stadt immatrikuliert war. Trotz des im Vergleich zu heute lächerlich geringen Fahrzeugbestandes (2005: 817 000 Motorfahrzeuge im Kanton, davon 651 000 Personenwagen; in der Stadt 191 000 bzw. 153 000) starben 1930 33 Menschen als Opfer des Verkehrs auf den Strassen der Stadt – deutlich mehr als heute. Bis zur Aufhebung der Geschwindigkeitsbeschränkung durch das erste Bundesgesetz über den Motorfahrzeugverkehr von 1932 galten zwar Höchstgeschwindigkeiten von 18 km/h innerorts und 40 km/h ausserorts, diese wurden aber kaum eingehalten. Viele Fahrzeuglenker fuhren in angetrunkenem Zustand, nicht nur die zahlreichen «Automobilstrolche», die parkierte Wagen für Vergnügungstouren entwendeten und in kurviger Fahrt von Wirtschaft zu Wirtschaft rasten. Auf den Strassen herrschte ein ungeordnetes Durcheinander von Autos, Fuhrwerken, Fahrrädern, Trams und Leuten, die zu Fuss unterwegs waren sich noch nicht daran gewöhnt hatten, dass die Strasse, auf der sie sich früher mehr oder weniger frei bewegen konnten, zur lebensgefährlichen Piste geworden war. Mit der Zunahme des Verkehrs und seiner Probleme wuchs das Bedürfnis nach entsprechender Regelung und Erziehung. 1927 bekamen alle Zürcher Schulkinder eine anschauliche «Verkehrsfibel», seit 1928 gab es an stark frequentierten Plätzen Polizisten, die den Verkehr regelten, 1929 wurde im Kanton Zürich eine eigentliche Verkehrspolizei eingerichtet, 1932 schrieb das Bundesgesetz fest, dass Fussgänger «die Trottoirs oder Fussgängerstreifen zu benützen und die Strassen vorsichtig zu überschreiten» hatten, und 1933 wurde die noch heute gültige kantonale Lichtsignalregelung mit rot-gelb-grünen Ampeln eingeführt. In der Stadt wurden 1934 an der Bahnhofstrasse und der Kreuzung Pelikan-/Talstrasse die ersten beiden automatischen Lichtsignalanlagen installiert.

In den Dreissigerjahren entwickelte sich der Strassenverkehr krisenbedingt weniger stürmisch als im Jahrzehnt zuvor. Landesweit nahm die Zahl der Personenwagen zwischen 1930 und 1939 von 61 000 auf bloss 78 000 →141 zu. Städtische Verkehrsplanung →86 94 und Bautätigkeit blieben autoorientiert. An befahrenen Strassen konzentrierten sich – wie an der Badenerstrasse – Firmen, die sich mit Verkauf und Reparatur von Motorfahrzeugen beschäftigten, entlang der wichtigsten Verkehrsachsen entstanden neue Geschäftshäuser. An der Ecke Stadelhoferstrasse/Rämistrasse baute der Architekt Karl Knell, der in den Zwanzigerjahren schon die Geschäftshäuser Sihlporte und Schmidhof →51 entworfen hatte, an Stelle der Villa Zum Schönenhof 1935 bis 1936 das Wohn- und Geschäftshaus Autometro. Mit Tiefgarage, Tankstelle und Reparaturwerkstätte bot Autometro mitten im Stadtzentrum «ALLES FÜR IHR AUTO», wie die Firma in grossen Lettern bereits am Vorgängerbau, einer Villa aus dem frühen 19. Jahrhundert, versprochen hatte. Wurde der

Abbruch der Villa Schönenhof von vielen Zeitgenossen bedauert und noch 1975 von Fred Rihner in seiner *Geschichte der Zürcher Altstadt* beklagt, so wird das sorgfältig in Gelände und Gebäudelandschaft eingefügte Bauwerk in den Neunzigerjahren vom Kanton als kulturhistorisches Baudenkmal gewertet. Die von der Stadelhoferstrasse her zugängliche, seit Eröffnung mit Leuchtschrift versehene Bellevue-Garage besteht noch heute, Tankstelle und Autoreparatur mussten unterdessen einem Modegeschäft weichen, wodurch an der Rämistrasse die Form des Erdgeschosses ihre Funktion verloren hat.

Mit seinen verkürzten Obergeschossen erinnert das abgerundete Gebäude an das Mosse-Haus des Berliner Architekten Erich Mendelsohn, der mit Wladimir Rosenbaum befreundet war. Rosenbaum wohnte ganz in der Nähe im Baumwollhof ebenfalls an der Stadelhoferstrasse → [21] und hatte mit Karl Knell am Corso-Umbau zusammengearbeitet → [4]. Was Mendelsohn zu seinem für ein grosses Medienunternehmen 1923 in Berlin gestalteten Mosse-Haus schrieb, trifft auch für das zwölf Jahre später von Knell in Zürich gebaute, kleinere Autometro-Haus zu: «Hier ist das Haus kein unbeteiligter Zuschauer der sausenden Autos, des hin und her flutenden Verkehrs, sondern es ist zum aufnehmenden, mitwirkenden Bewegungselement geworden.»

[20] Autometro, Stadelhofer- 42/Rämistrasse 14.

BERUFSVERBOT FÜR STARANWALT [21]

1923 mietete das Ehepaar Wladimir und Aline Rosenbaum-Ducommun die Wohnung im Erdgeschoss des Baumwollhofes an der Stadelhoferstrasse 26. Rosenbaum, 1894 in Minsk geboren, war mit seiner Mutter und zwei Schwestern in die Schweiz gekommen, um Pogromen und antisemitischen Umtrieben auszuweichen, hatte während des Ersten Weltkrieges über 800 Tage in der Schweizer Armee gedient, in Zürich und Bern Jus studiert und 1923 das Anwaltspatent erlangt. Aline Ducommun hatte Wladimir Rosenbaum 1916 auf einer Bergtour kennengelernt, im Jahr darauf heirateten die beiden in Zürich. Als Rosenbaum seine Anwaltskanzlei an der Stadelhoferstrasse eröffnete, arbeitete seine als Pianistin ausgebildete Frau als Sekretärin mit, führte den Haushalt und nähte sich ihre Kleider selbst. Doch bald lief die Kanzlei gut. 1926 konnten sie das Haus kaufen, zogen in den ersten Stock, leisteten sich Bedienstete und richteten die Anwaltskanzlei im Erdgeschoss ein. Spätestens als Rosenbaum 1931 den Aufsehen erregenden Giftmordprozess Riedel-Guala gewann, war er zum Staranwalt geworden. Er arbeitete fast rund um die Uhr, engagierte eine Tag- und eine Nachtsekretärin, war ein ausgezeichneter Redner und verlor kaum einen Prozess. Wladimir und Aline Rosenbaum-Ducommun, die unter dem Eindruck der Aufbruchstimmung der Zwanzigerjahre eine offene Beziehung führten, empfingen Künstler und Freunde in ihrem Haus, Rosenbaum setzte sich als Anwalt für Friedrich Glauser → [134] und Karl Geiser → [30] ein, wenn sie mit dem Gesetz in Konflikt gera-

Autometro und Bellevue Garage (1936).

ten waren, und vertrat die Interessen des Corso-Theaters → [4], des Wohnbedarfs → [46] und der Genossenschaft Neubühl → [151], die er zu Beginn präsidierte.

«Dann aber kam der Januar 33», erinnerte sich Aline, die später als Schriftstellerin unter dem Namen Valangin bekannt wurde. «Wir sassen eine Schar um den Radioapparat, der sonst nur Tanzmusik von sich zu geben hatte, und lauschten auf die Nachrichten aus Deutschland. Als der Bericht durchgegeben wurde, dass Hitler obenaufgeschwungen hatte, wurden alle still, verliessen dann rasch unser Haus, auch mein Mann ging weg, und ich sass ganz allein vor dem Apparat, die Etagentür blieb offen, ich hatte Mühe aufzustehen, so

Aline Valangin in Italien am Strand (1934).

beladen kam ich mir vor. Von da an wurde es ernst.» Der Baumwollhof und das 1929 erworbene Sommerhaus in Comologno im Onsernone-Tal wurden zum Treffpunkt für Emigranten. Viele wohnten zeitweise auch bei ihnen, Aline Valangin hatte trotz Bediensteter alle Hände voll zu tun. Die Schrifsteller Kurt Tucholsky, Thomas Mann und Robert Musil verkehrten im Baumwollhof, Elias Canetti las im offenen Haus an der Stadelhoferstrasse 26 aus seinen Werken vor, im Publikum neben anderen James Joyce. Der Berliner Architekt Erich Mendelsohn → [20] und seine Frau, die Cellistin Louise, machten auf ihrem Weg ins Exil bei Wladimir Rosenbaum und Aline Valangin Station, Max Bill zählte zum Freundeskreis und verbrachte ebenso wie Max Ernst → [4] und Meret Oppenheim Ferientage im Haus im Tessin, wo Aline Valangin bis zur Erschöpfung oft für ein Dutzend Gäste zu sorgen hatte. Und im Zürcher Haus, wo Lötschentaler Holzmasken an den Wänden hingen, pflegte sie Ignazio Silone → [19] gesund, mit dem sie zeitweise eine Liebesbeziehung verband. 1935 gelang es Rosenbaum, die Auslieferung des ehemaligen kommunistischen Reichstagsabgeordneten Heinz Neumann an Deutschland zu verhindern. Neumann konnte dann in die Sowjetunion ausreisen, wo er 1937 dem stalinistischen Terror zum Opfer fiel. Sowohl Rosenbaum wie Valangin holten einige Male in gefährlichen Missionen Wertgegenstände aus dem Besitz von Flüchtlingen und Dokumente, die für die Widerstandsbewegung von Bedeutung waren, aus Deutschland und Italien in die Schweiz. Als Jude und Antifaschist wurde Wladimir Rosenbaum zur Zielscheibe der frontistischen Propaganda → [1]. Sein Auto wurde als Toilette benutzt, das Messingschild an der Haustür mit Hakenkreuzen verschmiert

Wladimir Rosenbaum (rechts) spielt Schach mit Max Ernst (1934).

und gelegentlich konnte sich das Paar vor tätlichen Angriffen rechtsextremer Horden nur mit knapper Not hinter das Gittertor des Baumwollhofes retten. Damit die Kundschaft der Anwaltskanzlei von der Strasse aus nicht mehr so leicht beobachtet werden konnte, räumte Aline Valangin ihr Musikzimmer in der ersten Etage und verlegte das Konsultationszimmer in den frei gewordenen Raum. Über die «Front» hinaus hatte sich der erfolgreiche Anwalt gewichtige Feinde geschaffen in den Kreisen bürgerlicher Juristen und bei Grossbanken, deren buchhalterische Tricks er kenntnisreich als gravierender entlarvte als diejenigen eines seiner Klienten, eines Privatbankiers, den er durch den Vergleich mit der Praxis einer Grossbank vom Vorwurf der Bilanzfrisierung entlasten konnte.

Im Herbst 1936 begann Rosenbaum als Anwalt und Treuhänder für ein Netzwerk zu operieren, das unter Beteiligung sowjetischer Agenten die demokratisch gewählte Volksfrontregierung im spanischen Bürgerkrieg mit Waffenlieferungen unterstützte. Er vermittelte ausrangierte Swissair-Flugzeuge über Umwege nach Spanien und traf sich mit Direktor Bührle → 129 mehrmals in Oerlikon und in der Anwaltskanzlei an der Stadelhoferstrasse, um die Bedingungen für die Lieferung von Maschinenkanonen und Munition auszuhandeln, die angeblich für Uruguay bestimmt waren. Waffengeschäfte mit Spanien waren verboten. Die Sache flog auf, im März 1937 wurde Rosenbaum verhaftet, das Haus durchsucht. Rosenbaum wurde verurteilt und kam ins Gefängnis.

Wegen eines andern Verfahrens, das längst eingestellt worden war, entzog das Obergericht unter Präsident Dr. Hermann Balsiger → 102 Ende 1937 Wladimir Rosenbaum das Anwaltspatent. «Die Auseinandersetzung fand gar nicht mehr auf einer nachvollziehbaren juristischen Ebene statt», stellt Peter Kamber in seiner *Geschichte zweier Leben* fest, die die Biografien von Rosenbaum und Valangin sorgfältig nachzeichnet.

Nach seiner Entlassung im März 1939 war Rosenbaum gezwungen, sich beruflich völlig neu zu orientieren. Er arbeitete als Fahrlehrer, machte juristische Beratungen und führte in Ascona ein Antiquitätengeschäft. Aline Valangin und Wladimir Rosenbaum, die sich schon länger auseinandergelebt hatten, trennten sich. Rosenbaum lernte bei einem Aufenthalt in Zürich beim Schachspiel im Café Select → **13** seine zweite Frau kennen. Valangin, die das Haus in Comologno halten konnte und noch während des Krieges einen ihrer Romane bei der Büchergilde → **58** herausbrachte, zog mit ihrem Freund, dem Komponisten Wladimir Vogel, ebenfalls nach Ascona.

> **21** Stadelhoferstrasse 26, seit den Siebzigerjahren im Besitz der Stadt. Um 1980 Abbruch der Nebengebäude und Einbezug des Baumwollhofs ins Umfeld des Bahnhofs Stadelhofen (Stadelhofer Passage).
>
> **21A** gegenüber: Stadelhoferstrasse 25, 1941 für die Krankenkasse Helvetia erbautes Verwaltungsgebäude.

22 LILI MARLEEN

Liselotte Wilke landete am 16. August 1933 auf dem Flughafen Dübendorf. Die aus Bremerhaven stammende Schauspielerin, Sängerin und geschiedene Mutter von drei Kindern, die an verschiedenen Orten untergebracht waren, hatte sich seit 1931 bereits mehrmals in Zürich aufgehalten, war in Revuen und Cabarets aufgetreten → **18** und versuchte in den folgenden Monaten erneut, in der Schweiz Fuss zu fassen. Mitte November gelang es ihr, ein Engagement am Zürcher Schauspielhaus → **23** zu erhalten. Gleichzeitig mit ihr begann Ernst Ginsberg dort zu arbeiten. Beide wurden auf «Stückdauer» angestellt, wussten also nie, wann sie die Arbeit und damit die Aufenthaltsbewilligung verlieren würden. Während Ginsberg dem Zürcher Theater und der Stadt bis zu seinem Tod 1964 verbunden blieb, erlosch die Beschäftigung von Wilke nach ein paar Nebenrollen schon im Frühjahr 1934. Beide suchten eine Wohnung. «Wissen Sie», sagte Ginsberg zu ihr, «dass in der Promenadenallee, ganz nah beim Schauspielhaus, ein neuer Wohnblock mit wunderhübschen Appartements entsteht? Meine Frau hat sie entdeckt. Etwas mehr Sicherheit und Erspartes – und ich hätte ihr so gern den Gefallen getan und dort etwas gemietet. Aber –.»

«Dieses Aber gilt auch für mich», antwortete die Schauspielerin in ihrem 1972 erschienenen autobiographischen Roman *Der Himmel hat viele Farben. Leben mit einem Lied*.

Doch Liselotte Wilke hatte Glück, sie hatte einen reichen Freund. Rolf Liebermann → **122** mietete für sie eines der Appartements an der Promenadengasse 18 – heute ein Ärztehaus – und trug sie am 23. März 1934, ihrem 26. Geburtstag, über die Schwelle. Die Freundschaft der vorerst eher positiv beurteilten «Sportsdame», wie es in den Akten heisst, mit dem Jura- und Musikstudenten aus reichem Haus wurde auch von der Fremdenpolizei registriert: «Immerhin ist die Bekanntschaft mit dem Juden Liebermann etwas zweideutiger Natur. Es ist kaum anzunehmen, dass sie von diesem jungen Mann geheiratet wird.» Die Polizei behielt Recht, sie wurde nicht geheiratet. Nach dem Ablauf ihres Engagements am Schauspielhaus brachten gemeinsame Projekte der Sängerin und des komponierenden und Klavier spielenden Freundes mehr Schulden als Erfolg. Liebermanns finanzielle Ressourcen versiegten. Liselotte Wilke wurde ausgewiesen und sah sich gezwungen, nach Deutschland zurückzukehren. Sie beschloss, nach München zu fahren. Zu Besuch an der Promenadengasse zeigte sich Kurt Hirschfeld, Dramaturg und späterer Direktor des Schauspielhauses, entsetzt: «Aber was glaubst du», wandte er sich mit finsterem Gesicht an sie, «was glaubst du, was sie mit dir machen, wenn sie herausbekommen, dass du seit zwei Jahren zwischen Emigranten und Kommunisten in Zürich Stücke gespielt hast, die man drüben als antifaschistisch bezeichnet? Ganz abgesehen von der Ungeheuerlichkeit, dass du mit einem Nichtarier zusammenlebst.» Er schlug ihr vor, wenigstens unter einem Pseudonym aufzutreten, «das im Ernstfall jeden Verdacht ausschliesst, sie könnte mit der für die Nazis politisch verdächtigen Wilke aus Zürich identisch sein». Nicht nur die Fremdenpolizei beobachtete sie nämlich genau, auch vom Club der Auslanddeutschen war sie per Post mit der Einladung zum Adventsempfang aufgefordert worden, in eigenem Interesse die Beziehungen zu ihrem nichtarischen Freund abzubrechen. Als Pseudonym kreierten Wilke, Liebermann und Hirschfeld den Namen Lale Andersen – weil sie als Kind Lala genannt worden war und Andersen nach Nordsee klingt. Hirschfeld war begeistert: «Grossartig! Andersen. Lale Andersen. Ein

Lili Marleen, Notenheft (1940).

Name wie ein Massanzug. Wie konntest du dich überhaupt jemals anders nennen, Menschenskind!» Mitte 1934 gab Andersen die schöne Dreizimmerwohnung bereits wieder auf und verliess die Schweiz. Die Fremdenpolizei der Stadt empfahl derjenigen des Kantons Zürich auch zwei Jahre später noch, die Grenzsperre gegen «Wilke, Liselotte (Lale)» nicht aufzuheben, da sie eine «zügellose Person» sei, an der Promenadengasse zwei Monatsmieten im Gesamtbetrag von Fr. 250.– schuldig geblieben war und auch beim Modegeschäft F. Goldschmidt an der Bahnhofstrasse 65 mit Fr. 154.– in der Kreide stand. Erst in den späten Vierzigerjahren sollte sie wieder die Erlaubnis erhalten, in die Schweiz einzureisen → 60.

Es gelang Lale Andersen, sich in Deutschland durchzuschlagen. 1939 nahm sie in Berlin *Lili Marleen* auf, die aus dem Ersten

Weltkrieg stammende Ballade vom Soldaten, der sich «vor der Kaserne, vor dem grossen Tor» unter der Laterne von seiner Freundin verabschieden muss, vertont von Norbert Schultze, der sich auch durch Kompositionen wie den Marsch *Führer befiehl, wir folgen dir* und *Bomben auf Engeland* bemerkbar machte. *Lili Marleen* fand vorerst wenig Beachtung. 1941 nahm Andersen mit ihrem Begleiter, einem Pianisten, der dadurch vorläufig vom Kriegsdienst befreit war, an einer Wehrmachts-Tournee teil, die sie zu deutschen Truppen nach Norwegen und Frankreich führte. Unterdessen hatten die Achsenmächte Jugoslawien überfallen und die Belgrader Radiostation wurde zum deutschen Soldatensender umfunktioniert, der von Narwick bis Nordafrika gehört werden konnte und zufälligerweise an eine Kopie der Einspielung von *Lili Marleen* gelangt war. Als das Lied im August 1941 in Belgrad zum ersten Mal über den Äther ging, schlug es ein wie eine Bombe. *Lili Marleen* wurde zum Erkennungszeichen des Senders und regelmässig zum Sendeschluss ausgestrahlt. Auf Kriegsschauplätzen rund um Europa und ums Mittelmeer schwiegen kurz vor 22 Uhr die Waffen, und die Soldaten auf beiden Seiten der Front träumten ein Lied lang traurig von einer Welt, wo die Liebe wichtiger ist als der Krieg. Auch in Zürich hasteten die Leute durch die verdunkelte Stadt nach Hause, um rechtzeitig *Radio Belgrad* einzuschalten, verzückt zuzuhören oder mitzusummen. Lale Andersen wurde zum deutschen Superstar, ihr Lied, in unzählige Sprachen übersetzt, ein internationaler Grosserfolg. Doch im Reich fielen *Lili Marleen*, für Joseph Goebbels ein wehrkraftzersetzendes «Lied mit Leichengeruch», und Lale Andersen, deren Zürcher Kontakte mit Nichtariern und Kommunisten längst aufgeflogen waren, in Ungnade. Hans Hinkel, ein hoher Kulturfunktionär im Reichsministerium für Volksaufklärung und Propaganda, lud sie vor und machte ihr Ende 1942 klar, was auf sie wartete: «Halten Sie sich in Ihrer Wohnung bereit und richten Sie sich auf eine längere Abwesenheit ein. Wir werden Sie abholen und dahin bringen, wo Sie viel Zeit haben, über die Opfer und Pflichten einer deutschen Frau nachzudenken.» Um dem Abtransport ins Konzentrationslager zu entgehen, schluckte sie zwanzig Schlaftabletten Veronal. Als die Gestapo nachts um zwei ihre Schlafzimmertüre aufbrach, war sie fast tot. Ein Arzt wurde gerufen, wie Lale Andersen in ihrer Autobiographie schreibt, «der Wiederbelebungsversuche anstellen muss, Abtransport unter ein Sauerstoffzelt und dann ein Gerücht, das sich in wenigen Tagen in Berlin herumsprach: *BBC London* habe durchgegeben, dass Lili Marleen von den Nazis in ein KZ gebracht worden und dort umgekommen sei. Statt des *Senders Belgrad* bringe nun der *Soldatensender Calais* jeden Abend ihre Stimme und ihr Lied. Triumphierendes Dementi von Goebbels: Eine weitere Lüge, wie alles, was von der BBC und dem *Feindsender Calais* kommt. Die Sängerin sei in Freiheit, es gehe ihr gut, und nur eine Erkrankung fessle sie für einige Wochen ans Bett.» Lale Andersen wurde freigelassen und überlebte den Krieg zurückgezogen auf der Nordseeinsel Langeoog.

In einem Interview im Rahmen des Projektes *Archimob* berichtet der 1923 geborene Zeitzeuge Franz Schmidbauer, der während des Krieges an der aargauischen Grenze Aktivdienst leistete und später Kondukteur wurde: «Während des Krieges herrschte dauernd eine dumpfe Angst. Man konnte sie nie richtig fassen, aber sie drückte immer. Bis heute kommt mir dieses Gefühl manchmal wieder hoch, zum Beispiel wenn ich im Fernsehen einen Film sehe, in dem man das Gebrumme der Flieger hört. Dann beginnt es. Irgendwie hockt das so tief, dass man es nicht mehr wegkriegt. Umgekehrt geht es mir, wenn ich den Schlager *Lili Marleen* höre. Dann kommt ein Schimmer von Hoffnung auf, wie damals, als das Lied jeden Tag vom *Soldatensender Belgrad* gesendet wurde. Das wirkt heute noch nach.»

→ **22** Promenadengasse 18.
→ **22A** Schauspielhaus.

SCHAUSPIELHAUS 23

Das Zürcher Schauspielhaus der Jahre 1933 bis 1945 ist zur Legende geworden: als einzige freie deutschsprachige Bühne, als rettende Insel für verfolgte Künstler und im Dritten Reich verbotene Ideen und Dramen, als Stätte des schweizerischen Widerstandes und der Geistigen Landesverteidigung, wo das Publikum in Schillers *Tell* ergriffen den Rütlischwur mitsprach und anschliessend die Nationalhymne intonierte.

Die Zeit zwischen 1933 und Kriegsende zerfällt in zwei Phasen: In den ersten Jahren war das Theater am Pfauen – zu Beginn des 20. Jahrhunderts noch eine Dépendance des Stadttheaters, des heutigen Opernhauses – ein Privattheater, das seit 1926 unter der Leitung des Weinhändlers Ferdinand Rieser stand, der zusammen mit seinem Bruder die Aktienmehrheit der Theater AG erworben hatte und das Schauspielhaus aufwändig umbauen liess. Das Theater erhielt keinerlei Subventionen und musste seine Kosten durch den Verkauf von Theaterkarten einspielen. In der Pause zeigte Rieser Reklamelichtbilder. 1933 nahm der Theaterdirektor sofort die Chance wahr, ausgezeichnete Leute, die in Deutschland nicht mehr geduldet wurden, zu günstigen Bedingungen zu engagieren. Kurt Hirschfeld → **22**, Leopold Lindtberg → **29 134** und andere kamen, führten Regie und empfahlen Rieser frühere Kollegen und Kolleginnen, die in ihrer Heimat nicht mehr auftreten konnten. Der Umstand, dass das Schauspielhaus ein Privatunternehmen war, erwies sich für die Flüchtlinge wie für die Bühne als Glücksfall: Keine öffentliche Institution hätte es sich damals leisten können, Emigranten und Kommunisten in solcher Zahl einzustellen. Rieser, Jude und mit Franz Werfels Schwester verheiratet, brachte neben Klassikern und leichter Unterhaltung auch antifaschistische Stücke wie Friedrich Wolfs *Professor Mannheim* → **108** und Ferdinand Bruckners *Die Rassen* zur Aufführung: «Es war der Einbruch der Zeit ins Theater», schrieb Ernst Ginsberg → **22**, einer der ans Schauspielhaus emigrierten deutschen Schauspieler. Beide Stücke hatten Erfolg, nicht zuletzt wegen frontistischen Störaktionen, die den nazi-kritischen Stücken zusätzliche Publizität verschafften. Als der Bestseller *Die Moorsoldaten* → **24** des Schauspielers Wolfgang Langhoff erschienen war, wurden grosse Kreise auch der Arbeiter und Angestellten, die sich bisher wenig fürs Theater – wenn schon, eher für Opern – interessiert hatten, auf das Schauspielhaus aufmerksam.

Über internationale Organisationen versuchten die nationalsozialistischen Institutionen nach der Gleichschaltung österreichischer und tschechoslowakischer Verbände auch auf die in der Schweiz beschäftigten Theaterleute Einfluss zu nehmen, ein Unterfangen, das am Bühnenkünstlerverband, der dem VPOD angegliedert war, scheiterte. Die Gewerkschaft VPOD – der Verband des Personals Öffentlicher Dienste – stand seit 1927 unter der Leitung von Hans Oprecht, dem Bruder des Buchhändlers Emil → 19. Als Ferdinand Rieser 1938 beschloss, sich nach Amerika abzusetzen, und das Theater zum Verkauf anbot, begannen reichsdeutsche Stellen eine Übernahme durch Karl Schmid-Bloss → 8 in die Wege zu leiten, der kein Nazi war, jedoch gute Beziehungen zum offiziellen Deutschland pflegte und als Leiter der Zürcher Oper mehr noch als das Sprechtheater auf Sänger und Sängerinnen aus Deutschland angewiesen war. Schmid-Bloss gab sich optimistisch. Doch das Pfauentheater wurde von der Neuen Schauspielhaus AG gekauft, die, lanciert von Emil Oprecht und Kurt Hirschfeld, mit Unterstützung der Stadt das notwendige Kapital zusammenbrachte.

So konnte das engagierte Theater, dessen Ensemble aus vielen Flüchtlingen und Schweizern und Schweizerinnen wie Heinrich Gretler und Anne-Marie Blanc bestand, in den folgenden Jahren unter der Direktion des Schweizers Oskar Wälterlin, der bis 1938 als Oberspielleiter an der Frankfurter Oper beschäftigt war, weitergeführt werden. Auch unter Wälterlin wurden nicht nur im Deutschen Reich verbotene Stücke gespielt – neben mehreren Uraufführungen von Bertolt Brecht brachte das Schauspielhaus zwischen 1938 und 1945 beispielsweise alle zehn grossen Schillerdramen auf die Bühne und sechzehn Dramen von Shakespeare. Einzigartig in der deutschsprachigen Theaterlandschaft waren nicht bloss Ensemble und Programm, sondern auch der Stil der legendären Pfauenbühne. Der ebenfalls emigrierte Literaturwissenschaftler Hans Mayer charakterisierte das Theater im Dritten Reich so: «Dort wurde nicht mehr gesprochen, nur noch geschrien, wurde das übermenschliche, also das unmenschliche Theater gespielt: mit schwingendem Pathos, übergreifender und daher hohler Geste, einem sinnlosen Prunk der Dekorationen. Das alles war in Zürich nicht mehr zu finden. Man konnte dieses Spiel in wesentlichen Punkten als Rückkehr zum Menschen bezeichnen. Es wurde weder geflüstert noch geschrien, sondern gesprochen. Verse wurden nicht zelebriert, sondern vom Inhalt und vom Geist her verstanden.»

Es gelang der Neuen Schauspielhaus AG schon bald, das Zürcher Theater breit abzustützen und ein Publikum anzuziehen, das aus ganz unterschiedlichen Kreisen stammte. Gewerkschaften und Büchergilde Gutenberg → 58 boten in geschlossenen Vorstellungen unter dem Motto «Theater zu Kinopreisen» Arbeitern und Angestellten die Gelegenheit zu günstigen Theaterbesuchen, mit Erfolg, und die neu gegründete Gesellschaft der Freunde des Schauspielhauses verhalf dem Theater nicht nur zu Sponsoren, sondern auch zu einer bürgerlichen Lobby gegen die von rechtsaussen betriebene Verteufelung der «jüdisch-marxistischen Tendenzbühne».

Das Schauspielhaus versuchte auch einheimisches Schaffen zu fördern, ein Anliegen, das dem Zürcher Gemeinderat erklärtermassen am Herzen lag. Eines der bemerkenswertesten Dramen aus inländischer Produktion war das in Zusammenarbeit mit dem Theater der Landesausstellung erarbeitete Mundartstück *Steibruch* von Albert J. Welti. Es handelt von einem fälschlicherweise des Mordes verdächtigten Mann namens Murer, der aus Amerika in sein Heimatdorf zurückkehrt und sich in seinen Steinbruch zurückzieht, den er mit Stacheldraht einzäunt. Dorf und Bewohner taugen, eher untypisch für die damalige Zeit, kaum als Projektionsfläche für eine heile Welt. Der Dorftrottel wird schikaniert, Murer ebenfalls, und dem «Meiti» genannten intelligenten Mädchen wird verschwiegen, dass es Murers Tochter und die Halbschwester des Dorftrottels ist. Der Lehrer spricht «i däm affektierten und gliich halbe ggurglete Hochtüütsch, wie's d'Schwiizer gern vürechnorzed, sobald sie in eren Umgäbig reded, wo nu es Bitzeli nach Öffentlichkeit usgseht» und sagt dann beispielsweise in der Dorfbeiz angesichts des Dorftrottels, dass unterwertige Individuen bei der Geburt unterdrückt werden sollten, statt die Gemeindekasse zu belasten. Im Steinbruch fragt der Dorftrottel: «Wo simmer?» – «Deheime», antwortet Murer. – «Was isch das?» – Dank der nahe an der Vorlage gehaltenen hervorragenden Verfilmung → 29 lässt sich das melodramatisch endende Schauspiel noch heute verfolgen. Wie in den Aufführungen des Landi-Theaters 1939, wo *Steibruch* länger lief als alle folgenden Produktionen, und des Schauspielhauses 1940 verkörperte Heinrich Gretler auch im Film von 1942 den Murer. Die Rolle des Meiti wurde von Jungschauspielerinnen gegeben wie Margrit Rainer an der Landi, Anne-Marie Blanc im Schauspielhaus, Trudi Gerster im St. Galler Theater und Maria Schell in ihrem ersten Filmauftritt → 114.

Kurz vor Kriegsende fand mit *Nun singen sie wieder* eine erste Uraufführung von Max Frisch statt, der zusammen mit Friedrich Dürrenmatt in der Nachkriegszeit zu Ruhm und Erfolg des Hauses beitrug. Nach 1945 verliessen einige der bekannten Mitglieder des Ensembles das Schauspielhaus und zogen weiter, darunter Wolfgang Langhoff, viele andere wie Therese Giehse arbeiteten weiterhin in Zürich. Oskar Wälterlin leitete das Schauspielhaus bis 1961, darauf ging die Direktion jeweils für ein paar Jahre an Kurt Hirschfeld und Leopold Lindtberg über.

→ 23 Schauspielhaus.

Heinrich Gretler und Anne-Marie Blanc (mit Gewehr) in *Steibruch* von Albert J. Welti, Schauspielhaus 1940.

24 WOLFGANG LANGHOFFS ZÄHNE

1936 machte die Zürcher KV-Bibliothek eine Umfrage unter fast 250 kaufmännischen Lehrlingen, um sich ein Bild über deren bevorzugte Lektüre zu verschaffen. Das wichtigste Buch für die KV-Lehrlinge war mit 56 Nennungen *Die Moorsoldaten* von Wolfgang Langhoff, gefolgt von J. C. Heers *An heiligen Wassern* (42). *Mein Kampf*, 20 mal gewünscht, erreichte den sechsten Platz. Wolfgang Langhoffs «unpolitischer Tatsachenbericht» erschien 1935 beim Schweizer Spiegel Verlag in Zürich und war eines der ersten Bücher, die der Weltöffentlichkeit Brutalität und Willkür des nationalsozialistischen Regimes vor Augen führten und bezeugten, was in den neu errichteten Konzentrationslagern vor sich ging. Wenige Wochen nach der Publikation lagen bereits Übersetzungen in sieben Sprachen vor, die deutsche Originalausgabe des Schweizer Spiegel Verlags erschien nach acht Monaten in der 27. Auflage.

Wolfgang Langhoff war es gelungen, seine unglaubliche Geschichte nüchtern und glaubhaft zu erzählen. Zur Glaubwürdigkeit seines Berichts trägt bei, dass er weder freundliche Züge einzelner SA- und SS-Männer auslässt noch Gemeinheiten, die Gefangene mit andern Häftlingen anstellten. Langhoff war ein bekannter Schauspieler am Düsseldorfer Stadttheater, Mitglied der KPD und engagierte sich für die Arbeiterkultur. In der Nacht auf den 28. Februar 1933, einen knappen Monat nach der Machtergreifung, brannte in Berlin der Reichstag, am Tag darauf setzte der Erlass des Reichspräsidenten zum Schutz von Volk und Staat die Grundrechte praktisch ausser Kraft, und noch am selben Tag wurde Langhoff in seiner Wohnung, die er mit seiner kranken, bettlägerigen Frau Renate und dem alten Vater teilte, verhaftet. Er kam ins Gefängnis und dann in das neu erstellte Konzentrationslager Börgermoor an der holländischen Grenze, wo die Häftlinge, zum überwiegenden Teil kommunistische Arbeiter, in den umliegenden Mooren eingesetzt wurden. Börgermoor und Lichtenburg, wo Langhoff später inhaftiert war, waren noch keine Vernichtungslager in der Art der Vierzigerjahre. Unzählige der Gefangenen wurden schwer misshandelt, verletzt, erniedrigt, in den Wahnsinn oder Selbstmord getrieben oder einfach übers Moor gejagt und erschossen, «auf der Flucht». Wolfgang Langhoff selbst wurden die schlimmsten Verletzungen zugefügt, als er von einer Gruppe von SS-Männern, deren Dienstzeit als Wärter abgelaufen war, in einen Bunker geführt und fast zu Tode geprügelt wurde. Dabei wurden ihm die vorderen Zähne herausgeschlagen. Wie bei dieser Abschiedsparty der Wachmannschaft gehörte es zum fast allabendlichen Unterhaltungsprogramm angetrunkener SS- und SA-Männer, nach Polizeistunde willkürlich herausgegriffene «Schutzhäftlinge» zu misshandeln. «Damals, im Bunker unten, in dieser Nacht, die kein Ende nehmen wollte, ahnte ich noch nicht, dass mein Fall eigentlich einer der leichten Fälle war. Ich konnte von Glück sagen, dass mir nur meine Zähne ausgeschlagen wurden. Das war wenig im Verhältnis zu dem, was mir später mancher Kamerad erzählte.» Nach vier Wochen hatte Langhoff sich so weit erholt, dass er wieder aufstehen und am normalen Gefängnisalltag teilnehmen konnte.

Nach dreizehn Monaten wurde Wolfgang Langhoff am 31. März 1934 entlassen. In Deutschland bekam er Berufsverbot. Ein Engagement des Zürcher Schauspielhauses,

Moorarbeiten im Konzentrationslager: Illustration von Jean Kralik in *Die Moorsoldaten* von Wolfgang Langhoff, erschienen in Zürich 1935.

das sich schon bald nach seiner Verhaftung bemüht hatte, ihn durch eine Anstellung freizukriegen, konnte er nicht antreten, da ihm kein Reisepass ausgestellt wurde. Im Sommer gelang ihm zusammen mit seiner Frau vom Schwarzwald die Flucht in die Schweiz. Einer seiner Fluchthelfer war C. F. Vaucher → 37. Nach seiner Ankunft in Zürich erhielt er auf Kosten des Schauspielhausdirektors Ferdinand Rieser ein neues Gebiss. Bis zum Kriegsende war Wolfgang Langhoff eine der tragenden Figuren im Ensemble des Zürcher Theaters, ein ausgesprochener Publikumsliebling, später leitete er das Deutsche Theater in Ostberlin.

Elisabeth Pletscher, von 1930 bis 1970 Cheflaborantin in der Frauenklinik des Universitätsspitals Zürich und später befragt im Rahmen des Projekts *Archimob*, diskutierte Mitte der Dreissigerjahre nach der Lektüre von Langhoffs *Moorsoldaten* mit einer Kollegin über die Glaubwürdigkeit des schrecklichen Berichts. Die Kollegin meinte, man müsste herausfinden, ob Langhoffs Zähne künstlich oder echt wären. So stürzten sich die beiden Frauen in Unkosten, kauften Theaterkarten für Plätze in den vordersten Reihen, nahmen Operngucker mit und schauten dem Schauspieler auf den Mund. Pletscher bekundete Mühe, die Echtheit der Zähne zu beurteilen, ihre Kollegin jedoch meinte: «Das sind Jacketkronen, da nehme ich Gift darauf. Was er schreibt, ist wahr.»

→ 24 Schauspielhaus.

ZÜRCHER STUDENT

25

1933, im Jahr ihres hundertjährigen Bestehens, zählte die Universität Zürich 2033 Studierende – nicht nur «Herren», sondern auch «Fräulein», wie es vorgedruckt im Adressfeld des *Zürcher Student* hiess, des offiziellen Organs der Studentenschaft der Universität Zürich und des Verbandes der Studierenden an der ETH. In der Ausgabe vom März 1933 zeichnet Ernst Kappeler, phil. I, ein zeitloses Bild eines Hörsaals während der Vorlesung, die der Autor von der hintersten Reihe aus über dem «Abhang, der in gleichmässiger Neigung vor mir zum Katheder abfällt», verfolgt: «Vor mir gähnt einer und schaut nach der Uhr. Rechts neben mir blättert einer in einem kleinen Buch. Links vor mir prüft eine Dame das gelbe Leder des Handtäschchens. Einer kratzt sich im Haar, einer streicht es glatt; vorn steht jemand auf und geht hinaus. Ein glattgescheiteltes Fräulein liegt in der vordersten Bank und schreibt emsig auf. Der Herr Professor redet. Und die Sonne scheint.»

Weiter hinten im gleichen, mit orangem Umschlag versehenen Heft berichtet ein anderer Student von seinen Ski-Touren im Engadin und seinem Aufenthalt im «Weltsportplatz» Davos, wo «die Ski-Spur unfehlbar zu Jazz und zur Tanzbar führt». Weniger belanglos kommen die Erinnerungen von Bruno Meyer, phil., an Wien daher, wo er zwei Auslandsemester verbracht hatte. Das alte Wien wird seiner Meinung nach ausgelaugt und umgebracht vom «Schmarotzertum» der «privilegierten roten Arbeitermasse», die sich in der städtischen Wohnsiedlung Karl-Marx-Hof verschanzt: «In Wien ist es so, dass das Geld des Staates in

Langhoff als Hektor in *Troilus und Cressida* auf der Bühne des Schauspielhauses (1938/39), mit Eleonore Hirt als Cressida.

mehr oder weniger klarer Weise nur dem einen Teil der Bevölkerung zugute kommt: den roten Kindern. Daher ist das Innere Wiens tot, daher ist der Arbeiter in Wien viel besser gekleidet als der Mittelstand.» Zwei weitere Beiträge im *Zürcher Student* vom März 1933 setzen sich kontrovers mit dem Liberalismus und den Jugendbewegungen im Umfeld der Fronten auseinander. Der eine Artikel nimmt Stellung für den Liberalismus und gegen die Fröntler: «Nationale Front und Neue Front, Jungkonservative und Jungbauern versuchen mit mehr oder weniger demagogischen Schlagworten, die liberale Wirtschaftsordnung zu bekämpfen, um an ihrer Stelle eine neue Gesellschaft aufzurichten, in der es weder liberalen Erwerbssinn noch ‹marxistischen› Zersetzungsgeist gibt, wo durch das allerdings noch nirgends erprobte Mittel der ständischen Gliederung des Volkes die Klassengegensätze durch die enge Kameradschaft aller Volksgenossen ersetzt werden soll.» Sätze, die der Redaktor des ZS und spätere Nationalrat der «Nationalen Front» Robert Tobler nicht unwidersprochen lassen kann, tritt er doch für einen Abbau der direkten Demokratie und eine Verlagerung der Macht vom Parlament zu Berufsverbänden ein, für ein Modell, das sich während der herrschenden Wirtschaftskrise als dritten Weg zwischen Sozialismus und «kapitalistischer Profitwirtschaft» präsentiert und Anklänge an die Staatsform des faschistischen Italien aufweist.

Schon Hans Vonwyl, der 1929 Redaktor des *Zürcher Student* wurde, schlug in die gleiche Kerbe. Vonwyl und Tobler repräsentieren zwei Strömungen der frontistischen Jugendbewegung. Vonwyl war als Halbwaise im Luzerner Hinterland aufgewachsen, hatte hautnah erlebt, wie die Ärmsten von der Oberschicht übers Ohr gehauen wurden, und gründete als Jus-Student 1930 die «Nationale Front», die ihre Anhänger eher im proletarischen Milieu suchte. Tobler, ebenfalls Jurist, kam mit seinen Gesinnungskameraden aus dem Jungfreisinn, wo sie zuerst eine interne Oppositionsgruppe bildeten und sich dann als «Neue Front» selbständig formierten. Vonwyls «Nationale Front» grenzte sich vorerst von dieser «Neuen Front» ab: «Die Neue Front ist insofern von uns verschieden, als etliche ihrer Mitglieder gegenwärtige oder zukünftige Besitzer schöner Villen auf dem Zürichberg sind.» Doch schon 1933 schlossen sich die beiden Bewegungen zusammen und traten als «Nationale Front» auf.

Im Sommer 1933 gelang es mit Hilfe des «Kampfbundes gegen geistigen Terror» → 57, einer antifaschistischen Studentenorganisation, Tobler als Redaktor des *Zürcher Student* abzusetzen. 1936, als Bundesrat Philipp Etter im Rahmen einer «Hochschulwoche für Landesverteidigung» im Auditorium Maximum der ETH erstmals von einer Geistigen Landesverteidigung sprach, widmete der *Zürcher Student* dieser eine Sondernummer.

Hans Vonwyl ging nach Deutschland, arbeitete dort als Redaktor, kam mit dem nationalsozialistischen System in Konflikt und veröffentlichte 1938, zurück in der Schweiz, eine vielbeachtete Abrechnung mit dem deutschen Faschismus: «Ein Schweizer erlebt Deutschland. Tatsachenbericht eines Schweizers, der als Redakteur einer nationalsozialistischen Zeitung restlos hinter die Kulissen der nationalsozialistischen Presse sah und später, seines Freimutes wegen, mit knapper Not dem Volksgericht entging.» Tobler jedoch blieb der Frontenbewegung erhalten → 7 143 146.

› 25 Universität.

› 25A ETH.

KANTONSSPITAL

«Das Ende des Monats Januar war so mild, dass man um die Mittagszeit herum bereits Patienten mit weissen Verbänden und in Filzpantoffeln auf den Kieswegen des Spitalgartens einherwandeln sehen konnte. Aller Schnee war geschmolzen. Auf der geschützten Bank, hinter der Notbaracke, sass ein Krausköpfiger in der Sonne und spielte auf der Handharmonika; andere standen vor den kahlen Spalierbäumen und stellten ihre Betrachtungen an. Uneingestanden entfaltete sich um diese Stunde hinter dem Zaungitter eine heitere Seite der Krankheit, der Anhauch einer Ferienstimmung, etwas Sonntägliches, während draussen auf der asphaltierten Strasse die Gesunden es eilig hatten und die Kette der Motorfahrzeuge lückenlos vorbeirasselte.» In den frühen Dreissigerjahren, als ein junger Arzt in Kurt Guggenheims Roman *Wir waren unser vier* → 12 die Vorfrühlingsstimmung im Park des Kantonsspitals beobachtete, war die Grünanlage noch auf die Rämistrasse ausgerichtet. Die aus der Mitte des 19. Jahrhunderts stammenden Spitalbauten bildeten in der Verlängerung des heute noch stehenden ehemaligen Anatomiegebäudes (heute Schulungszentrum) einen etwa dreihundert Meter langen Riegel zwischen Gloria- und Schmelzbergstrasse, der an der Stelle des Pavillons und der Pergola quer durch den heutigen Park lief.

Da die engen, alten Gebäude modernen Ansprüchen nicht mehr zu genügen vermochten, begann der Kanton mit der Planung eines Neubaus, der zuerst bei der Heil- und Pflegeanstalt Burghölzli zu stehen kommen sollte. 1937 wurde jedoch das zentral gelegene bestehende Spitalgelände in unmittelbarer Nachbarschaft zur Universität als Bauplatz festgelegt. In der Architektengemeinschaft für das Kantonsspitalprojekt Zürich (AKZ) arbeiteten zahlreiche Architekten, darunter auch Haefeli Moser Steiger → 107, zusammen, handelte es sich doch beim 100 Millionen-Projekt hinsichtlich Bau- wie auch Finanzvolumen um das grösste Bauvorhaben der Schweiz während der Kriegszeit. Zur Finanzierung trugen staatliche Mittel zur Arbeitsbeschaffung bei. Einer der AKZ-Architekten hatte vorgerechnet, dass beim Spitalneubau der unmittelbare Rückfluss der entsprechenden Beiträge in Form ersparter Arbeitslosenunterstützungen, Steuern und Abgaben etwa vierzig Prozent betrug, zusätzlich konnten mittelbare volkswirtschaftliche Vorteile durch die Förderung von Lieferanten und Produzenten erreicht werden.

Die Architekten orientierten sich bei der Planung des 1400-Betten-Baus an modernen amerikanischen und nordeuropäischen Kliniken und entwickelten eine funktionale Raumorganisation. Sie legten zugleich grossen Wert darauf, durch die Inneneinrichtung die Stimmung eines «gemütlichen Hotels» zu schaffen, wie sich Rudolf Steiger ausdrückte, was die Gesundung fördern sollte. Da der Betrieb während der Bauzeit aufrechterhalten blieb, wurde der Neubau etappenweise um den Altbau entwickelt, der dann nach und nach abgebrochen werden konnte. Kriegsbedingt verteuerte und verzögerte sich der Bau. Der Spatenstich für das Eingangsgebäude an der Rämistrasse (Polykliniktrakt) erfolgte im November 1942, knapp vier Jahre später ging diese erste Etappe in Betrieb. Otto Bänningers → 149 kurz darauf vor dem Haupteingang platzierte Bronzefigur *Der Genesende* wurde später vergoldet. Holzbänke vor den mit Terrakotta-Reliefplatten

Kurhausstimmung: Polykliniktrakt (1942 bis 1946) des Kantonsspitals mit Verbindungstrakt zum Bettenhaus West.

dekorierten Aussenwänden, die Innenausstattung der Eingangshalle und die grosszügige Parkanlage zwischen dem Eingangsgebäude, dem anschliessenden zehnstöckigen Bettenhaus Ost und dem langgezogenen, winkelförmig davon abgesetzten Bettenhaus West vermitteln Kurhausatmosphäre. Landschaftsarchitekt Gustav Ammann → 123 129 145 151 bezog den alten Baumbestand in die Gestaltung des nun von der Rämistrasse abgekehrten Parks ein.

Als 1951 in Zürich mit Hans Aeschbachers zweieinhalb Meter hoher Granitplastik *Harfe* im Spitalpark zum ersten Mal ein abstraktes Kunstwerk auf öffentlichem Grund aufgestellt wurde, löste dies einen Skandal aus. 1953 fanden die Bauarbeiten des vor dem Krieg geplanten Neubaus ihren Abschluss.

> 26 Kantonsspital, heute Universitätsspital, Rämistrasse 100.

DIE ERLEUCHTUNG DES SS-GENERALS AN DER SONNEGGSTRASSE 80

1900 kam der zwölfjährige Meer Husmann mit seiner Mutter als ostjüdischer Emigrant aus der Ukraine nach Zürich. Er studierte Mathematik, doktorierte, gründete eine Privatschule, die 1918 mit dem Institut Minerva an der Scheuchzerstrasse 2 fusionierte, wurde zum Schulleiter und erhielt als Max Husmann 1919 im zweiten Anlauf das Bürgerrecht der Stadt Zürich. Husmann verfolgte das Weltgeschehen aufmerksam, analysierte Nachrichten und Reden besonders während des Zweiten Weltkriegs sehr genau und war mit dem aus Basel stammenden Major Max Waibel und dem italienischen Baron Luigi Parrilli befreundet. Anfang 1945 entschlossen sich die drei Freunde, sich als Privatleute aktiv dafür einzusetzen, dass der Krieg in Oberitalien ein schnelles Ende findet. Als Luigi Parrilli zu vorbereitenden Gesprächen in die Schweiz kommen wollte, musste er jedoch wochenlang auf sein Einreisevisum warten, das dann erteilt wurde, nachdem Max Husmann eine Kaution von 10 000 Franken gestellt hatte. Am 21. Februar schliesslich traf Parrilli in Zürich ein und berichtete Husmann von den «umfangreichen Zerstörungsvorbereitungen, welche die Deutschen in Italien getroffen hatten, um im Falle einer Räumung des Landes durch die Wehrmacht nichts dem Feinde zu überlassen, was von militärischem oder kriegswirtschaftlichem Nutzen sein konnte. Praktisch bedeutete dies die wirtschaftliche Vernichtung Oberitaliens und die Schaffung eines Elendsgebietes zwischen Alpen und Mittelmeer mit unabsehbaren wirtschaftlichen, politischen und kulturellen Folgen», wie Max Waibel 1946 festhielt. Husmann rief nach Parrillis Bericht sofort Major Waibel an, der an diesem Tag gerade nach St. Moritz in die Winterferien gefahren war. Waibel brach seine Ferien ab, bevor sie richtig begonnen hatten, und reiste am nächsten Morgen nach Zürich. Parrilli, Waibel und Husmann beschlossen, Führungskräfte der Wehrmacht, die Parrilli bekannt waren, mit alliierten Vertretern, mit denen Waibel in Kontakt stand, zu Verhandlungen zusammenzubringen.

Schon am 8. März kamen Standartenführer Eugen Dollmann und General Karl Wolff zu Unterhandlungen in die Schweiz → 148. Husmann stand auf der Zugsfahrt vom Tessin nach Zürich die Aufgabe zu, Wolff zur Einsicht zu bringen, dass die Lage der Wehrmacht, auch wenn diese besonders südlich der Alpen noch eine starke Position innehatte, aussichtslos war, dass sich die Alliierten trotz bestehender Spannungen zwischen der Sowjetunion einerseits und den Briten und Amerikanern andererseits nicht auseinanderdividieren liessen und dass durch eine baldige Kapitulation der deutschen Verbände in Italien ungeheuer viel Leid und Zerstörung vermieden werden konnte. Es gelang Husmann wirklich, den SS-General im Gespräch unter vier Augen im Zugsabteil auf der Fahrt von Chiasso nach Zürich Enge für ihre Sache zu gewinnen. «Als hervorragender Pädagoge», schrieb Waibel, «verfügt er nicht nur über eine seltene Fähigkeit, sich in die Psyche seiner Gesprächspartner einzufühlen, sondern darüber hinaus auch über eine ausserordentliche Gewandtheit und Schlagfertigkeit im Debattieren. Ohne Übertreibung kann gesagt werden, dass die entscheidende geistige Beeinflussung der SS-Führer, die an den Unterhandlungen teilnahmen, fast

Max Waibel (mit Zigarre), Max Husmann und Baron Luigi Parrilli (rechts) beraten sich Anfang 1945 in Zürich.

ausschliesslich Dr. Husmanns Verdienst war. Dieser Schweizer Pädagoge bewältigte seine Aufgabe mit einem geradezu erstaunlichen Erfolg. Ihm, dem Zivilisten, gelang es, höhere und höchste SS-Führer davon zu überzeugen, dass ihre Gedankenwelt und damit ihre Machtposition auf einem Trugschluss ruhten und für den Zusammenbruch reif waren.» Nachdem der Zug verspätet in Zürich Enge ankam – bei Göschenen hatte eine Lawine das Bahngleis blockiert –, begab sich die deutsche Delegation mit bereitstehenden Autos zur Wohnung von Max Husmann an die Sonneggstrasse 80. «Das Mittagessen brachte eine weitere Entspannung. Die deutsche Delegation war durch den freundlichen und aufmerksamen Empfang sehr beeindruckt.»

Dollmann und Wolff bleiben über Nacht in Zürich. Als die Lichter angingen – im September 1944 war die Verdunklung aufgehoben worden – sagte General Wolff staunend: «Nach fünf Jahren endlich wieder eine erleuchtete Stadt! Aber der Besuch in der Schweiz gab mir auch eine ideelle Erleuchtung. Ich weiss nun, was ich zu tun habe.»

Im weiteren Verlauf erwiesen sich die Verhandlungen, die hauptsächlich in Luzern, im Tessin und in Italien geführt wurden, als sehr schwierig und gefährlich. Als Armeeangehöriger hätte Waibel für sein Vorgehen die Erlaubnis seiner Vorgesetzten und der Landesregierung einholen müssen, was er jedoch nicht tun konnte, da die «Operation Sunrise» mit Sicherheit nicht toleriert worden wäre. Parrilli musste bei seinen Fahrten durch Italien dauernd dem Beschuss durch alliierte Flugzeuge ausweichen, und seine Frau wurde, als die Kontakte des Barons zu Wehrmachtsangehörigen bekannt wurden, von italienischen Partisanen gefangen genommen. Für General Wolff und seine Mitarbeiter war der Alleingang ohnehin lebensgefährlich, zudem legten Politiker und Militärstrategen aus allen Lagern und verschiedenen Gründen der geheimen Operation fast unüberwindliche Hindernisse in den Weg. Doch in Italien endete der Krieg dank dem unermüdlichen Einsatz der drei Freunde und ihrer Verbündeten bereits am Mittag des 2. Mai. Damit beschleunigte sich auch der Zusammenbruch des deutschen Widerstandes im Norden, wo die Kapitulation am 8. Mai unterzeichnet wurde.

Der Bundesrat verzichtete auf ein Strafverfahren gegen Max Waibel, teilte jedoch 1946 mit, dass er Waibels eigenmächtiges Vorgehen «schärfstens missbillige». 1947 wurde Waibel zum Militärattaché in Washington ernannt, 1948 zum Oberst befördert. Sein Geheimbericht zur «Operation Sunrise» wurde erst 1981 von Georges-André Chevallaz, dem Vorsteher des Eidgenössischen Militärdepartements, zur Veröffentlichung freigegeben. Max Husmann blieb Leiter des Instituts Minerva und starb 1965.

› **27** Sonneggstrasse 80.
› **27A** Minerva, Scheuchzerstrasse 2.

10. MAI 1940: KOLONNEN AUF DER WEINBERGSTRASSE **28**

Um Pfingsten 1940 beobachtete die fünfzehnjährige Franca Schiavetti → **76**, die mit ihrer Familie jetzt an der Obstgartenstrasse 31 wohnte, den tage- und nächtelang stockenden Kolonnenverkehr auf der Weinbergstrasse. Unzählige Leute verliessen fluchtartig Stadt und Region, um vor dem erwarteten Angriff der deutschen Armee in der West- und Zentralschweiz oder im Berner Oberland Zuflucht zu finden: «Von den Fenstern unserer Wohnung in der Obstgartenstrasse aus sahen wir schon frühmorgens auf der Weinbergstrasse lange Autoschlangen, die sich Richtung Schaffhauserplatz bewegten. In der Nachbarschaft ging das Gerücht um, es handle sich um die Familien hoher Offiziere. Die Autos waren vollbepackt mit allem Möglichen: Koffern, Kisten und Matratzen.» Francas Familie blieb vorerst in der Stadt. Doch auch Franca hatte neben dem Bett solide Bergschuhe bereit gestellt und stets einen Rucksack mit dem Nötigsten griffbereit. Ihre Eltern missbilligten die Massenflucht: «Sie meinten, so etwas untergrabe die Widerstandskraft der Menschen. Papa breitete eine Landkarte der Schweiz auf dem Tisch aus und erklärte uns, dass es darauf ankäme, die Limmat zu überqueren, bevor die Schweizer alle Brücken in die Luft sprengten. Falls eine Invasion stattfinden sollte, sei unsere erste Aufgabe, entweder den Drahtschmidli-Steg oder die Platzspitz-Brücke zu überqueren, und dann weiter ins Innere der Schweiz zu flüchten.»

Der Überfall der deutschen Wehrmacht auf die neutralen Länder Belgien, Niederlande und Luxemburg am 10. Mai, dem Freitag vor Pfingsten, bildete den Auslöser für die «Welle von Panik», die laut General Guisans nach Kriegsende abgelegtem Rechenschaftsbericht durch das Land wogte. Der Start der deutschen Westoffensive demonstrierte der Schweiz, dass ihre Neutralität keinen Schutz bot, und brachte den offenen Krieg in unmittelbare Nähe der Landesgrenze. Besonders für den Fall, dass die Offensive im Norden der deutsch-französischen Grenze ins Stocken geraten sollte, drohte eine südliche Umgehung der Grenzbefestigung Frankreichs über schweizerisches Gebiet. Die Fluchtwelle erreichte in der Nacht auf den 15. Mai ihren Höhepunkt, allgemein wurde ein deutscher Angriff im Morgengrauen des Mittwochs nach Pfingsten erwartet. Die Fluchtbewegung, die besonders Grenzstädte wie Basel und Schaffhausen erfasste sowie die Landesteile nördlich und östlich der Limmatlinie → 83, wurde im Nachhinein von vielen Zurückgebliebenen kritisch beurteilt. Wer ein Auto hatte, floh mit dem Auto, die andern nahmen die Bahn. Auch aus der Stadt Zürich müssen zigtausende geflohen sein. Viele Schulen schlossen. Das Schauspielhaus blieb offen. Wolfgang Langhoff → 24 allerdings war im Welschland versteckt worden. Die andern Mitglieder des Ensembles sollten bei einem Einmarsch der Deutschen von Heinrich Gretler in die Innerschweiz geführt werden. Als Jean-Rudolf von Salis, der als Kommentator des Weltgeschehens mit seiner Freitagabend-Sendung *Weltchronik* auf *Radio Beromünster* während des Kriegs über die Landesgrenzen hinaus bekannt wurde, um Pfingsten 1940 nach Zürich kam, fand er «die Häuser des Zürichbergs verschlossen vor, in wilder Flucht waren ihre Bewohner mit vollbepackten Limousinen an den Genfersee oder ins Tessin gefahren. Eine Panik war ausgebrochen.» Von Salis besuchte im Schauspielhaus Goethes *Faust II,* der in der Inszenierung von Leopold Lindtberg am 18. Mai Premiere hatte. Nach Ernst Ginsbergs → 23 Lebenserinnerungen wurde die *Faust-II*-Premiere «trotz unbeschreiblichen technischen Schwierigkeiten durchgeführt, während draussen, unter der panischen Angst vor dem stündlich erwarteten Einmarsch der Deutschen, die vollbepackten Autos der Evakuierenden durch die Strassen davonrasten.»

Im Gegensatz zur fliehenden Zivilbevölkerung bewegten sich die wehrpflichtigen Männer der Stadt Zürich nicht von der nördlichen Landesgrenze weg, sondern auf die Grenze zu. Karl Furrer, ein damals 22-jähriger, an der ETH beschäftigter Feinmechaniker, berichtet im Interview für *Archimob*: «Es hiess, die Deutschen marschierten an der Grenze auf. Das stimmte auch, die Deutschen marschierten tatsächlich auf, aber es waren nur Reserveeinheiten, die gar nicht kriegstüchtig gewesen wären. Doch das realisierte man damals nicht. Es hiess, in den nächsten zwölf Stunden gehe es los. Wir lagen drei Tage lang mit durchgeladenem Karabiner in unseren Stellungen. Nachts blieben wir angezogen, damit wir einsatzbereit gewesen wären. Man wusste nie: Kommt der Alarm, kommt er nicht? Es baute sich eine gewaltige Spannung auf. Wir wussten: Wenn der Angriff erfolgt, geht es ans Sterben. Ich erinnere mich noch gut: Am dritten Tag, an dem wir in Alarmbereitschaft waren, sassen wir in Andelfingen auf der Treppe vor einem Hauseingang. In dieser angespannten Stimmung nahm ein Kollege seine Handorgel hervor und spielte ein paar Melodien. Das beruhigte uns. Irgendwie versüssten uns die Töne den Gedanken an den Tod.»

Hans Wymann, der sein Sekundarlehrerstudium an der Universität Zürich abbrach, um einzurücken, erzählt als weiterer *Archimob*-Zeitzeuge vom eindrücklichen Aufmarsch der Soldaten, die am 11. Mai in der zweiten und grössten Generalmobilmachung eingezogen wurden, die 450 000 Soldaten und 200 000 Mitglieder des Hilfsdienstes betraf: «Ich sah damals, wie eine ganze Division aus der Westschweiz in den Aargauer Jura verschoben wurde. Wenn

Panik im Mai 1940: Schlange am Schalter im Hauptbahnhof, Flucht im Auto Richtung Zentral- und Westschweiz.

man sah, wie diese Eisenbahnzüge einer nach dem andern anrollten und wie dann die Soldaten kolonnenweise den Bözberg hinaufmarschierten, wurde einem klar: Jetzt wird es heiss.

Damals mussten wir mit dem Leben abrechnen. Die Deutschen feuerten auf der andern Rheinseite Leuchtraketen ab. Heute weiss man, dass das nur Täuschungsmanöver waren, aber wir nahmen es für bare Münze und sagten uns: Jetzt chlöpfts! Wir bezogen auf dem Geissberg unsere Stellungen und begann uns einzubuddeln.»

Auch in Zürich waren die Wehrmänner streckenweise zu Fuss unterwegs. In Kurt Guggenheims dokumentarischem Roman *Alles in allem* beobachten drei ältere Männer aus einer Wohnung an der oberen Weinbergstrasse den nächtlichen Zug der vorbeimarschierenden Soldaten: «Durch die Weinbergstrasse zogen militärische Kolonnen; sie erhoben sich, durchquerten die Wohnung, stellten sich an das Gartentor, und dann sahen sie sie herankommen, vorüberziehen, ein ununterbrochenes Wellen von gebuckelten Stahlhelmen, unter denen im Lichte der Laternen die jungen Gesichter aufschimmerten, Reihe um Reihe, unförmige Tornister auf dem Buckel, Leutnants mit aufblitzenden Taschenlampen in der Hand, liefen den Kolonnen entlang; es wurde nicht mehr viel gesprochen. Eintönig widerhallten die Schritte auf dem Pflaster, Leder ächzte, Metallteile klirrten. Unter der Kirche Unterstrass war offenbar Marschhalt, die drei Mannen sahen, wie die Soldaten dort die Strassen räumten, in die Anlagen hineintraten und den Lastwagen Platz machten, die mit den von Blachen bedeckten Obergestellen als eine unabsehbare Reihe schwarzer Ungetüme vorbeirasselten.»

Die Armee sah die Flucht der Zivilbevölkerung ungern, da sie die Strassen blockierte und die militärischen Bewegungen behinderte. Der Angriff auf die Schweiz blieb bekanntlich aus. Wenige Tage nach Beginn des Westfeldzugs gelang der Wehrmacht der Durchbruch in den Ardennen, am 15. Mai kapitulierten die Niederlande, zwei Tage darauf war Brüssel besetzt und ein Monat später Frankreich besiegt.

Etwa zwei Wochen nach Pfingsten kehrten die geflohenen Schweizer zurück. Der 10. Mai blieb als Datum in der Erinnerung der Zeitgenossen haften und gab den Titel für Franz Schnyders Film ab, der sich mit den Ereignissen um die für die Schweiz bedrohlichste Phase des Krieges beschäftigt und 1957 in die Kinos kam. Trotz guter Kritiken fiel *Der 10. Mai* beim Publikum durch. In der Zeit des Kalten Krieges, dem Jahr des Sputnikschocks und der Gründung der EU-Vorläuferin EWG hatte die Schweiz keine grosse Lust, sich mit der eigenen Vergangenheit zu beschäftigen. Schnyder, der Regisseur von *Gilberte de Courgenay* (1941) → **2** und *Heidi und Peter* (1955), wandte sich in den folgenden Jahren erfolgversprechenderen Gotthelf-Verfilmungen zu.

› **28** Weinbergstrasse: Mündung Obstgartenstrasse.
› **28A** Kirche Unterstrass.
› **28B** Schauspielhaus.

PRAESENS FILM

Die Schweizer Filmindustrie, die erst in den Dreissigerjahren überhaupt Spielfilme zu produzieren begann, erreichte schon nach wenigen Jahren eine grosse Bedeutung. Ihr Anteil an den in den Kinos gezeigten Filmen blieb zwar bescheiden: 1938 wurden in der Schweiz 8 Spielfilme produziert, während 709 importiert wurden (darunter 350 aus den USA, 155 aus Frankreich, 109 aus dem Deutschen Reich, 28 aus Grossbritannien, 22 aus Italien und 10 aus Österreich), und auch 1943, als ebenfalls 8 in der Schweiz gedrehte Spielfilme in die Kinos kamen, wurden noch 283 eingeführt (davon 99 aus den USA, 63 aus Italien, 60 aus dem Deutschen Reich inklusive Österreich, 13 aus Frankreich und 3 aus Grossbritannien). Politisch jedoch erwies sich die Schweizer Filmproduktion als äusserst bedeutsam: In den späten Dreissigerjahren stellte sich der Film in den Dienst der Geistigen Landesverteidigung, wirkte gegen innen und trug zur Bildung einer nationalen Identität bei, zeigte eine eigenständige, vielfältige, geschichtsbewusste und freiheitlich orientierte Schweiz mit viel Bodenhaftung und einem Volk, das über alle sozialen und regionalen Unterschiede hinweg bereit war, sich zu verteidigen. Und gegen Ende des Krieges leistete der Schweizer Film – besonders im Ausland – einen nicht zu unterschätzenden Beitrag zur Etablierung eines für die Schweiz günstigen Images des kleinen Landes, das auch unter widrigen Umständen seine humanitäre Tradition aufrechterhielt.

Weinbergstrasse: Firmensitz der Praesens AG und später des Filmstudios Rosenhof (1928).

Dominiert wurde die Schweizer Filmproduktion während der Dreissiger- und Vierzigerjahre von der Praesens-Film AG, die 1924 von Lazar Wechsler und dem populären Flugpionier Walter Mittelholzer gegründet wurde, der sieben Jahre später die Swissair mitbegründete und 1937 bei einer Bergtour im Tirol tödlich verunglückte. Nachdem Wechsler die Filmgesellschaft zuerst von seiner Privatwohnung an der Moussonstrasse 22 aus geleitet hatte, bezog die Firma 1926 Büroräume im neu gebauten Kino- und Geschäftshaus (Capitol) an der Weinbergstrasse 11 und richtete sich später im 1928 erstellten Nachbargebäude Weinbergstrasse 15 ein.

Praesens produzierte vorerst Werbe- und Flugfilme, so 1934 Mittelholzers *Abessinienflug*, der durch den italienischen Überfall auf Äthiopien im Jahr darauf unerwartete Aktualität erhielt, und stieg 1933 ins Spielfilmgeschäft ein. «Aufstieg und dann unerwarteter Erfolg der Praesens», stellt der Filmhistoriker Hervé Dumont fest, «fussen in erster Linie auf der Hartnäckigkeit und dem ausserordentlichen Spürsinn ihres Gründers Lazar Wechsler – den man heute als den einzigen Schweizer Produzenten ‹amerikanischen› Kalibers bezeichnen kann, in seinen Fehlern wie Qualitäten. In den USA wäre er wahrscheinlich ein Hollywood-Magnat geworden; das Schicksal wollte, dass er sich mit der kleinen Eidgenossenschaft begnügte.» Lazar Wechsler, 1896 in der Nähe von Warschau geboren, war kurz nach Ausbruch des Ersten Weltkriegs mit seiner Mutter und einem seiner beiden Brüder in die Schweiz gekommen, hatte an der ETH ein Studium als Brückeningenieur absolviert, 1919 die Glarnerin Amalie Tschudi geheiratet und bald darauf das Schweizer Bürgerrecht erhalten.

Füsilier Wipf, der erste der grossen filmischen Beiträge zur Geistigen Landesverteidigung, kam im September 1938 in die Kinos und ist bis heute der erfolgreichste Schweizer Film geblieben. Allein in Zürich sahen ihn während achtzehn Wochen 210 000 Menschen. *Füsilier Wipf*, gedreht unter der Regie von Leopold Lindtberg → 23 134, spielt wie später *Gilberte de Courgenay* → 2 in der Zeit der Grenzbesetzung von 1914 bis 1918. Nach der Premiere schrieb der *Tages-Anzeiger:* «Im *Füsilier Wipf* hat die einheimische Filmproduktion mit relativ sehr bescheidenen finanziellen und technischen Mitteln, ohne staatliche geldliche Unterstützung, wohl aber dank der wertvollen Mithilfe des Eidgenössischen Militärdepartementes, einen zeitnahen Film geschaffen, der in der schweizerischen Produktion einen sehr erfreulichen Fortschritt bedeutet.»

Ein Teil der Aufnahmen wurde im Studio an der Sihlporte → 51 gedreht, das Lazar Wechsler nach dem Auszug des Radios Zürich an die Brunnenhofstrasse → 121 1933 in den Räumen des alten Radiostudios im Geschäftshaus an der Löwenstrasse 1 und 3 einrichten konnte. Doch die engen Räume im obersten Stock der Sihlporte erwiesen sich bei den Dreharbeiten von *Füsilier Wipf* als für die schweizerische Filmproduktion nur bedingt geeignet. Es gelang zwar, Kühe im Warenlift ins Sudio zu fahren, doch die durch die Kuhfladen verursachten geruchlichen Emissionen machten die Firma im Haus an der Sihlporte unbeliebt. Daher liess Wechsler 1938 an der Weinbergstrasse das Studio Rosenhof einrichten mit einem 7,5 m hohen Aufnahmeraum von 11x20 m Grundfläche, Büros, Garderobe, Lagerräumen, Schreinerei und Nachsynchronisations-Studios. Auch die Geschäftsadresse wurde an die Weinbergstrasse 15 verlegt.

Golden Globe für *Die letzte Chance* (1945): Schweizer Film am Broadway.

1940 löste sich der mit Anne-Marie Blanc → 2 134 verheiratete Produktionsleiter Heinrich Fueter von der Praesens AG und gründete die Gloriafilm AG, die in den folgenden Jahren neben Praesens die wichtigste Schweizer Produktionsgesellschaft bildete. Gloriafilm produzierte unter anderem 1942 die Theaterverfilmung *Steibruch* → 23 und erzählte im gleichen Jahr in *Menschen, die vorüberziehen* die Liebesgeschichte zwischen einer fahrenden Tochter eines Zirkusdirektors und einem sesshaften Jungbauern. Gloria baute eigene, grosszügige Filmstudios im Gebäude des Hotels Bellerive au Lac, wo die Firma zwei ehemalige Indoor-Tennishallen übernehmen konnte. Die beiden im November 1941 in den Seitenflügeln des Bellerive-Blocks eingeweihten Bühnen waren höher und etwas grösser als das Studio Rosenhof und wurden auch für Dreharbeiten von Praesens-Filmen verwendet.

Die Praesens-Film AG unternahm 1942 und 1943 Kapitalerhöhungen durch die Ausgabe weiterer Aktien, die nun zu über einem Viertel im Besitz von Gottlieb Duttweiler beziehungsweise des Migros-Genossenschafts-Bundes → 81 waren. In weiser Voraussicht bestellte Lazar Wechsler einen breit abgestützten, überparteilichen Verwaltungsrat, dem neben Wechsler selbst und seinem Drehbuchautor Richard Schweizer auch Gottlieb Duttweiler, der Grossindustrielle Walter Boveri, Emil Oprecht → 19, Mario Gridazzi → 54, Ralph Scotoni → 60 und der katholisch-konservative Luzerner Nationalrat und *Vaterland*-Redaktor Karl Wick angehörten.

Mit *Marie-Louise* wandte sich die Praesens AG im zweitletzten Kriegsjahr der humanitären Tradition der Schweiz zu. Der nach einem französischen Kriegskind, das zu einem Ferienaufenthalt in die Schweiz kommt, benannte Film wurde im Februar 1944 im Kino Apollo → 60 uraufgeführt und lief schlecht an. Auch der Verwaltungsrat der Praesens zeigte sich wenig überzeugt von *Marie-Louise* – ausser Gottlieb Duttweiler, der der Meinung war, der Film verdiene einen Oscar. Duttweiler liess in den Migros-Läden 10 000 Gratiskarten an Frauen verteilen, die statt am Nachmittag am Vormittag einkauften. Eine Woche später waren sämtliche Aufführungen ausverkauft, nach drei Wochen hatten in Zürich 50 000 Personen *Marie-Louise* gesehen. Auch im Ausland, sowohl im von Deutschland bestimmten Europa wie in den Vereinigten Staaten, lief *Marie-Louise* mit Erfolg. 1945 erhielt der Film den Oscar für das beste Drehbuch.

Den 1944 aufgenommenen Dreharbeiten zum Flüchtlingsfilm *Die letzte Chance*, der kein unfreundliches, aber ein etwas durchzogenes und damit glaubwürdiges Bild der Schweiz zeigt, wurden von Seiten der Behörden und der Armee grosse Widerstände entgegengebracht. «Was wir an Schikanen durch die schweizerische Beamtenschaft und das Militär erlebten, sollte während der nächsten Wochen die wildeste Phantasie weit überbieten», erinnert sich Walter Boveri. Boveri, seit 1938 Verwaltungsratspräsident der BBC, führte als Praesens-Verwaltungsrat aufreibende Verhandlungen mit mehreren Bundesräten, bis die nötigen Bewilligungen im allerletzten Moment doch noch erteilt wurden. Auch *The Last Chance* wurde 1945 im In- und Ausland zum Grosserfolg. In einer Phase, als die Schweiz bei den Siegernationen einen bedenklichen Ruf genoss, gelang es den Praesens-Filmen, Verständnis für das vom Krieg verschonte Land zu schaffen und Sympathien zu gewinnen. Boveri berichtet 1966 in seinem Rückblick auf die Tätigkeit als Praesens-Verwaltungsrat, wie ihn Bundespräsident von Steiger schliesslich an einem Fest in Bern am Arm packte und sagte: «‹Ich nehme alles zurück, was ich gegen den Film geäussert habe. Von allen unseren Aussenposten erhalten wir laufend Berichte, die uns erklären, endlich habe die Schweiz den geeigneten Ton für ihre Propaganda gefunden. Man möge ja nicht versäumen, weiterhin ähnliches Material zu senden.› Auch bestätigte er mir, dass dieser Film einen wesentlichen Beitrag zur Hebung des Ansehens unseres Landes im Ausland geleistet habe. Wie notwendig das war, davon vermag man sich heute nur eine geringe Vorstellung zu machen. Sind wir Schweizer doch ohnehin geneigt zu glauben, in anderen Ländern einen ungewöhnlich guten Ruf zu geniessen; ja wir meinen sogar, darauf einen besonderen Anspruch zu haben.»

1945 wurde *Die letzte Chance* in Hollywood mit dem Golden Globe ausgezeichnet. Mit der im Nachkriegsdeutschland spielenden Praesens-Metro-Goldwyn-Mayr-Koproduktion *Die Gezeichneten/The Search* (1948) unter der Regie von Fred Zinnemann wurde Lazar Wechsler doch noch fast so etwas wie ein Hollywood-Grösse.

▸ 29 Weinbergstrasse 15: ehemals Sitz der heute nur noch als Vertriebs- und Verleihgesellschaft aktiven Praesens AG und des Filmstudios Rosenhof.

▸ 29A Bellerive, Utoquai: Die Studios liegen in den Gebäudeteilen an der Kreuzstrasse und der Färberstrasse, beherbergten nach 1955 das erste Schweizer Fernsehstudio und wurden 1971 von der aus der Gloria hervorgegangen Condor-Film AG übernommen, die sie heute noch betreibt → Planausschnitt Utoquai-Zürichhorn 116–120

WALCHE: KANTONSVERWALTUNG UND STAATSKUNST

Auch nachdem der Kanton 1920 das Kaspar-Escher-Haus →31 erworben hatte, mussten einige Ämter in provisorischen Büros anderswo untergebracht werden. Um die Verwaltung zu konzentrieren, wurde 1927 ein Wettbewerb für einen Gebäudekomplex zwischen Stampfenbachstrasse und Neumühlequai veranstaltet, aus welchem schliesslich das Projekt von Werner und Otto Pfister als Sieger hervorging. Sie schlugen zwei Längsbauten parallel zur Limmat vor und ein turmartiges Minihochhaus am Walcheplatz. In der Überarbeitung des Projekts verschoben sie den Walcheturm zum Stampfenbachplatz, wo er heute steht, und verbanden das Kaspar-Escher-Haus über einen Durchgang mit dem Neubau Walchetor. «Der Mehrheit des Kantonsrates», schreibt Dominique von Burg in ihrer Monographie über die Gebrüder Pfister, missfielen am von den Architekten überarbeiteten Entwurf «ausgerechnet die Elemente des Neuen Bauens, nämlich die ‹zu gross› bemessenen Fenster, die durch die Eisenbeton-Ständerkonstruktion bedingte Ringhörigkeit und das Flachdach, weshalb sie ihn als unpassend im Vergleich zum benachbarten Kaspar-Escher-Haus be-

Karl Geisers Löwe: von der Landesaustellung zum Verwaltungsgebäude Neumühle. Hinten Mosaik von Paul Bodmer.

fanden. Die Frage nach der Art des Daches entfesselte zudem eine politisch gefärbte Polemik, indem die konservativen Politiker für das Walmdach und die Vertreter der Linksparteien für das Flachdach eintraten. In diese Diskussion griffen die Architektenverbände BSA und SIA ein. Sie erreichten die Durchführung des modernisierten Projekts, mussten jedoch in der Flachdachfrage Kompromisse eingehen.»

Welch weiten Weg die Gebrüder Pfister als Architekten vom Heimatstil zum Neuen Bauen zurückgelegt hatten, zeigt der Vergleich mit ihrem Kioskgebäude von 1913 am Eingang zum Platzspitz am andern Ende der Walchebrücke. Ungefähr zur selben Zeit wie diesen Kleinbau bauten sie das Warenhaus St. Annahof und den Seiden-Grieder am Paradeplatz, in den Zwanzigerjahren dann die Nationalbank beim Bürkliplatz und den Bahnhof Enge. Auch die Rentenanstalt (1940) am Guisan-Quai ist ein Werk des Brüderpaars.

Ebenso bemerkenswert wie die das Bild des Stadtzentrums prägenden Verwaltungsgebäude Neumühle, Walchetor und Walcheturm und die räumliche Stimmung, die sie schaffen, ist die künstlerische Ausstattung der 1935 fertiggestellten Neubauten. Vor dem limmatseitig gelegenen Trakt Neumühle steht Karl Geisers Löwe. Der Bildhauer – vor kurzem als ausgezeichneter Fotograf wiederentdeckt – arbeitete fünf Jahre an seinem Löwen. Geiser stammte aus Bern und lebte seit 1922 in Zürich. «Der Löwe im kantonalen Amtsbezirk», schreibt Hanspeter Rebsamen, sammelt im Vergleich zu den benachbarten Bauplastiken «am stärksten die aufbrechenden Kräfte in angriffiger Spannung. In den gefährlichen Dreissigerjahren wird ‹Wachsamkeit› zum allegorischen Bild des Staates.» Bevor die Grosskatze definitiv an ihren Platz bei der Walchebrücke kam, bewachte sie 1939 an der Landi hinter dem Hafen Enge den Zugang zur Höhenstrasse → 110.

Die Skulptur löste heftige Diskussionen darüber aus, ob sich Löwen im Passgang oder im Kreuzgang bewegen. Während der Jahre, die Karl Geiser mit seinem Löwen kämpfte, war er mehrmals im Ausland. In Paris bejubelte er 1936 den Wahlsieg der sozialistisch-kommunistischen Volksfront. An der Pariser Weltausstellung im Jahr darauf konnte Geiser eine Figurengruppe vor dem Schweizer Pavillon zeigen. Beim Besuch der Ausstellung stand er begeistert vor der Riesenskulptur *Arbeiter und Kolchosebäuerin,* die vor dem Pavillon der Sowjetunion kühn vorwärtsschreitend Hammer und Sichel in die Höhe hielten. Dem sowjetischen gegenüber wuchs der wuchtige deutsche Pavillon in die Höhe, gekrönt von Reichsadler und gigantischem Hakenkreuz. 1937 reiste der Bildhauer nach München, um die Ausstellung *Entartete Kunst* zu besuchen, wo die Nationalsozialisten die moderne Kunst zur perversen Ausgeburt kranker Gehirne jüdisch-bolschewistischer Nichtskönner erklärten. Geiser, überzeugter Realist, hielt die Absicht der Nazis, moderne Strömungen zu unterdrücken, für «berechtigt». Für Picasso und andere Avantgardisten hatte auch Karl Geiser kein Verständnis.

In der Vorhalle des Neumühle-Trakts flankieren zwei über fünf Meter hohe feierliche Steinmosaike des Malers Paul Bodmer den Haupteingang. Schlange und Frosch unter dem Getier am Boden des linken Bildes erinnern daran, dass Bodmer 1939 mit der Legende von Karl dem Grossen und der Schlange seinen Freskenzyklus im Fraumünster-Kreuzgang beendete, den er 1921 begonnen hatte. Als Bodmer seine Arbeit nach Ausbruch des Weltkriegs abschloss,

Eingang Walchetor mit dem für die Landi gemalten Wandbild von Viktor Surbek und kariertem Fussboden.

war der Stadthausquai im Drahtverhau bereits Teil der Verteidigungsstellung Limmat geworden → 83.

Im Entree der Neumühle befindet sich die Bronzefigur *Aphrodite* von Hermann Hubacher, eine Schenkung der Stadt an den Kanton zur Eröffnung des neuen Verwaltungsgebäudes, dessen Böden in Korridoren und Treppenhäusern mit grosszügigen beige-dunklen Gummikarrees belegt sind.

Vor der Treppe zum Trakt auf der andern Seite der Walchestrasse wacht noch verschlafen Walter Scheuermanns 1934 bis 1936 geschaffene, mächtige Skulptur *Das Erwachen*. Hanspeter Rebsamen bemerkt in seinen Anmerkungen zur Stadtzürcher Bauplastik: «*Das Erwachen* im Regierungs- und Verwaltungsbezirk ist die weibliche Vorausnahme von Hans Brandenbergers *Wehrbereitschaft* von 1939.» → 110 Das grosse Relief *Pferde* an der Walchestrasse stammt ebenfalls von Scheuermann.

Auch beim Haupteingang zum Walchetor ist die Wand im Durchgang zwischen den Verwaltungsbauten von einem grossen Mosaik geschmückt. Es stammt ebenfalls aus der Entstehungszeit des Gebäudes und ist ein Werk von Karl Hügin. In fünf Feldern stellt *Der Staat* alternierend auf dunklem (grünem) und hellem Hintergrund die Herren, die das Sagen haben, dar (über der Tür), die produktiven Bereiche der Land- (oben rechts) und der Bauwirtschaft (oben links) sowie unten Schule und Bildung (links) und schliesslich Männer an der Urne und in Uniform (rechts). Der Staat präsentiert sich weitgehend als Männersache. Im Bildungsbereich finden sich Jugendliche und ein paar Frauen, auch in der Landwirtschaft hilft eine Frau. Am Bildrand Richtung Stampfenbachstrasse läuft über den Köpfen der drei Soldaten ein Tiger weg – ein Bild der Bedrohung oder ein entfernter Verwandter von Karl Geisers Löwe?

In der Eingangshalle des Gebäudes Walchetor zeigt ein Wandbild *Holzhauer im Winterwald*, gemalt von Victor Surbek für den Pavillon *Unser Holz* an der Landi und nach der Ausstellung hierher gebracht. Der Pavillon, zwischen Strandbad Mythenquai und Bahnlinie hinter einem eigens gepflanzten Mischwäldchen gelegen und vom Schifflibach durchquert → [110], hatte neben konventionellen Nutzungsformen auch schon Holzvergasung → [141] und Holzverzuckerung → [47] gezeigt.

Die im Landijahr 1939 aufgestellte Brunnenanlage auf dem Stampfenbachplatz beim Walcheturm am Ende des leicht geschwungenen Gebäudes Walchetor schliesslich ist das Ergebnis eines Wettbewerbs, den Ernst Dallmann mit seinen spielenden Seelöwen gewann.

→ [30] Kantonale Verwaltung Neumühle, Walchetor, Walcheturm zwischen Walchebrücke und Stampfenbachplatz.

ROBERT BRINER: POLIZEIDIREKTOR UND FLÜCHTLINGSPOLITIKER [31]

Robert Briner, 1933 als Vertreter der Demokratischen Partei zwar in den Stadtrat gewählt, nicht aber zum Stadtpräsidenten, verzichtete nach Aussage seiner Tochter → [143] deshalb auf den Sitz in der städtischen Exekutive, weil er damit rechnete, bei den nächsten kantonalen Wahlen Regierungsrat zu werden. Nach der tatsächlich erfolgten Wahl übernahm er 1935 die Polizei- und Militärdirektion. Der Jurist Briner galt als korrekt und sozial denkend, hatte von 1919 bis 1935 das kantonale Jugendamt geleitet und seit 1917 als Dozent an der Schule für Soziale Arbeit gewirkt, die er von 1930 bis 1958 auch präsidierte. Der Behinderten-Hilfsvereinigung Pro Infirmis stand er ebenfalls von 1932 bis 1960 als Präsident vor.

1938 übernahm der Zürcher Polizeidirektor auch das Präsidium der zwei Jahre zuvor von den Hilfswerken – darunter SAH → [65] und die jüdische Hilfsorganisation für Flüchtlinge → [115] – zur Koordination ihrer Arbeit gegründeten Schweizerischen Zentralstelle für Flüchtlingshilfe. Briner vertrat durchaus die offizielle Flüchtlingspolitik des Bundes und meinte etwa 1938, als Österreich zur Ostmark des Deutschen Reiches wurde und eine Welle von jüdischen Flüchtlingen auf die Schweiz zukam: «Können wir unsere Grenzen nicht besser verschliessen? Die Entfernung der Flüchtlinge

Regierungspräsident Robert Briner (rechts) begleitet General Henri Guisan bei seinem Besuch in Zürich (20. Oktober 1939).

ist schwieriger als ihre Fernhaltung.» Flüchtlingshelferinnen und -helfer berichten jedoch auch, wie der Polizeichef wiederholt zur Rettung einzelner gefährdeter Emigranten verhalf. So Regina Kägi-Fuchsmann → 65 in ihrer Autobiografie *Das gute Herz genügt nicht:* «Das Telefon schrillt morgens um sieben Uhr. Eine zitternde Männerstimme: ‹Retten Sie mich, retten Sie mich! Ich traue mich nicht zu Ihnen hinauf, die Polizei wird mich dort verhaften.›

Nach einigem Hin und Her ergibt sich Folgendes: Der Mann, Protestant, ist vor noch nicht allzu langer Zeit mit seiner jüdischen Lebensgefährtin auf krummen Wegen in die Schweiz gelangt, wurde liebevoll im evangelischen Flüchtlingsheim ‹Sonnenberg› → 133 bei Walzenhausen aufgenommen, wo er fleissig seine Auswanderung nach Kolumbien betrieb. Bereits hatte er Visum und Fahrkarten in der Tasche; er wartete nur noch auf die Mitteilung, dass das Schiff, mit dem das Paar fahren sollte, in Genua eingelaufen sei. Da entdeckte einer der Pfarrer des Aufsichtsausschusses des Heimes – er ist schon lange gestorben –, dass das Paar nicht standesamtlich getraut war. Das war ihnen in jener Zeit in Österreich gar nicht möglich gewesen, weil sie Jüdin war. Der Pfarrer regte sich über diese Unsittlichkeit furchtbar auf → 95 und wies die Leute mit sofortiger Wirkung aus dem Heim und gab sie der Polizei zur Fahndung auf; Anklage: Konkubinat. Wäre der Mann nun tatsächlich gefasst und bis zur Abklärung des Falles eingesperrt worden, so hätte er riskiert, dass das Schiff inzwischen abgefahren wäre und er das mühsam erkämpfte

Visum verloren hätte; damit wäre die Aussicht auf den Wiederaufbau seiner Existenz vernichtet gewesen.

Ich rief Regierungsrat Dr. Robert Briner an. Er war damals der Chef der kantonalen Polizei, daneben aber auch Präsident der Zentralstelle für Flüchtlingshilfe und als solcher oft der gute Geist, der über den Flüchtlingen wachte und sie tapfer gegen allzu harte Massnahmen von Bern schützte. Seine Sekretärin richtete mir aus, der Herr Regierungsrat könne niemanden empfangen, da er in einer wichtigen Sitzung sei; der Mann solle im Vorzimmer des Regierungsrates, also beim höchsten Polizeier des Kantons, warten, damit er nicht inzwischen von einem Fahnder geschnappt werde. Ich hatte einige Mühe, meinen Schützling zu überzeugen, dass er im Polizeiamt am sichersten sei. Er musste sich dann bis abends gedulden, bis Dr. Briner, der ihm inzwischen durch einen Weibel etwas zu essen hatte bringen lassen, frei war und nach Abklärung des Falles die Verfügung durchgab, der Haftbefehl sei aufgehoben. Nach einigen Tagen konnte das Paar ausreisen, und die tugendhafte Schweiz war damit von diesen schwarzen Sündern befreit.»

Robert Briner wechselte 1943 in die Erziehungsdirektion, die er bis zu seinem Austritt aus dem Regierungsrat 1951 leitete.

→ 31 Kaspar-Escher-Haus, Direktion der Polizei und des Militärs im ersten und zweiten Stock.

32–39 ALTSTADT

32 ZÄHRINGERSTRASSE
32 Zähringerstrasse bis Zähringerplatz

33 AUSKERNUNG DER LEUENGASSE
33 Leuengasse

34 GROSSMÜNSTER
34 Grossmünster

35 SCHWARZHANDEL IM PRONTO
35 Limmatquai 72, früher Pronto, heute Bodum

36 GUGGERZYTLI IM STUNDENHOTEL
36 Hotel Rose (Splendid) Rosengasse 5

37 HOTEL HIRSCHEN: PFEFFERMÜHLE UND CORNICHON
37 Hotel Hirschen, Niederdorfstrasse 13

38 LÄNDLERKÖNIGE IM NIEDERDORF
38 Konkordia, früher an Niederdorfstrasse 52
38A Goldenes Schäfli, Badergassse 6
38B Wolf, Limmatquai 132

39 BAUERNKAPELLE FLIEGT NACH PARIS
39 Gans, früher an Niederdorfstrasse 88
39A Hirschengraben 74

SCHAUPLÄTZE, AUF DIE IN ANDEREN ABSCHNITTEN VERWIESEN WIRD
11A Hirschengraben 20: Wohnung E. und E. Oprecht
11B Kirchgasse 48: ehemals Deutsches Generalkonsulat
52B Rathaus (mit Wärmepumpe)
69A früher Sitz der Pro Juventute, Seilergraben 1
85A Central: Eingang ehemaliger Schutzbunker

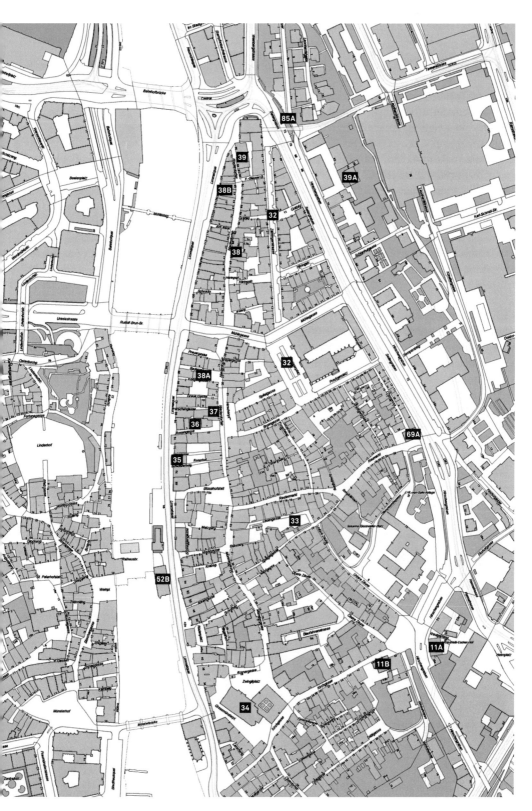

32 ZÄHRINGERSTRASSE

Die Zähringerstrasse entstand Ende des 19. Jahrhunderts, nachdem der Stadtrat 1877 beschlossen hatte, einen geradlinigen Durchbruch vom Central – bis 1950 Leonhardsplatz genannt – zum Zähringerplatz zu schaffen. Zur Umsetzung dieses von Stadtingenieur Arnold Bürkli, der auch den Bau der Quaianlagen organisierte, betreuten Projektes mussten zahlreiche alte Häuser entlang verwinkelter Gassen enteignet und abgebrochen werden. Die Aushubmassen fanden Verwendung für die Quaiauffüllungen in der Enge.

In Kurt Guggenheims Roman *Alles in allem* schlendert 1933 ein Spaziergänger vom Seilergraben die Treppe in der Gräbligasse hinunter: «Er stieg die Treppe hinab und wanderte in die Zähringerstrasse hinein. Vor dem Landessitz der ‹Nationalen Front› standen Gruppen junger Leute, Arbeitslose zumeist, und betrachteten die Photographien, die in den an der Hausmauer angeschlagenen Schaukästen ausgestellt waren, Bilder von Treffen der Parteigenossen, die in den Gauen stattgefunden hatten, in kleidsamen Hemden von gleicher Farbe und gleichen Zuschnitts, mit Trommeln und Fahnen. Auch die Porträts der Führer der Erneuerungsbewegung waren zu sehen, Entschlossenheit in den Zügen und fernab jener Biederkeit, die den Konterfeien anderer Politiker eignete.» Obwohl sich die Gauleitung der Front während des Schweizer Frontenfrühlings, als die extreme Rechte im Kielwasser der nationalsozialistischen Machtergreifung Auftrieb erhielt, an der Zähringerstrasse 25 befand, konnten Zähringerstrasse und Altstadt in Zürichs politischem Stadtplan nicht einfach der Rechten zugewiesen werden. Waren die Wohnquartiere jenseits der Sihl klar in den Händen der Linken, so bezeich-

Lektüre des kommunistischen *Kämpfers* im Lesesaal der Pestalozzi-Bibliothek (1940).

nete Guggenheim das Stadtzentrum von Sihlporte über Bahnhofstrasse bis und mit Altstadt als «eine Art politischen Niemandslandes», während die Anhänger der extremen Rechtspartei zerstreut «über das ganze rechtsseitige See- und Limmatufer bis an die Hänge des Zürichberges hinauf beheimatet waren».

Wenige Häuser von der «Nationalen Front» entfernt führte der Zürcher Frauenverein seit 1897 das Restaurant Rütli, welches die Frauen von den Grütlianern in Pacht genommen hatten. Dem Grütliverein, einer sozialdemokratischen Organisation patriotischer Färbung – Grütli heisst Rütli – diente die Wirtschaft an der Zähringerstrasse 43 als Vereinslokal. Wie andere Betriebe des Frauenvereins wurde das Rütli als günstige, ordentliche und alkoholfreie Verpflegungsstätte geschätzt, so auch von Guggenheims Romanfigur Aaron Reiss, der mit seinem letzten Geld das Lokal des Frauenvereins aufsucht: «Am Abend zuvor war er im ‹Rütli› an der Zähringerstrasse gewesen, und es hatte noch zum kleinen Menu gereicht: Habersuppe, Rösti mit Ei und drei Stück Schwarzbrot. Allerdings hätte er noch mit einem Zuschlag von sechzig Rappen einen Schüblig dazu haben können – aber er wollte auf das Päcklein Parisienne nicht verzichten.» Das heutige Hotel Rütli wird von den ZFV-Unternehmungen geführt, die aus dem Frauenverein hervorgegangen sind.

Schräg gegenüber des Rütli befand sich schon damals – allerdings im Vorgänger des heutigen Baus aus den Fünfzigerjahren – die Mädchenpension Marthahaus, geführt vom Verein der Freundinnen junger Mädchen (heute Compagna), der auch die Bahnhofhilfe betrieb, die ankommenden jungen Frauen Hilfe anbot, um sich in der Grossstadt zurechtzufinden.

Weiter vorne wurde 1932 die Öffentliche Bibliothek der Pestalozzigesellschaft eröffnet. Der von Hermann Herter → 94 für die Bibliothek geplante Neubau beherbergte bis zum Umbau von 2007 im Erdgeschoss das städtische Gantlokal und im Untergeschoss Räume für die Feuerwehr.

Im Film *Bergführer Lorenz*, der 1943 im Kino Apollo → 60 zur Uraufführung kam, kommt Stephan Lorenz an der Pestalozzi-Bibliothek vorbei die Häringstrasse hinauf und biegt in die Zähringerstrasse ein. *Bergführer Lorenz* wurde von Eduard Probst produziert, der bei der Terra-Verfilmung des Tellstoffs → 60 als Aufnahmeleiter gewirkt hatte. Der Film erzählt die Geschichte eines jungen Bergführers, der in seinem Walliser Heimatdorf, wo alle Frauen Kopftücher tragen, von der jungen Zürcher Touristin Rita für eine zweitägige Tour gebucht wird und im Heulager dem Charme der Zürcherin erliegt. Am nächsten Tag umarmen sich die beiden vor dem Aletschgletscher, und sie lädt ihn zu sich in die Stadt ein, wo es schöner sei als auf dem Land, weil es Arbeit, Dancings und Kinos gibt. In Zürich angekommen, besucht Lorenz als Erstes den Walliser Keller an der Zähringerstrasse 21 und trifft dort einen Bekannten, der schon früher aus den Bergen in die Stadt gezogen ist, als Kellner arbeitet und von Karl Meier → 48 gespielt wird. Die Zürcherin lässt sich vom Bergler ins Kino einladen und will bald nichts mehr mit ihm zu tun haben, da sie einen anderen hat. Auf dem Arbeitsamt → 54 wird dem Walliser geraten, Arbeit auf dem Land zu suchen. Seine Mutter hatte es schon immer gewusst: «Die Fremde sind üseres Unglück.» Dem über weite Strecken in der Art eines dörflichen Laientheaters gespielten Film blieb der Erfolg verwehrt. Probsts Produktionsfirma → 114 ging 1944 in Konkurs.

Am Zähringerplatz wurden 1935 zwei

alte Häuser an der Spitalgasse 5 und 9 abgebrochen, die teilweise noch zum Spital des Predigerklosters gehört hatten. Die Baugrube füllte sich mit Wasser und entwickelte sich zu einer Mischung von Lagerplatz, Abfallgrube und Amphibienbiotop: Frösche und Molche wanderten ein und vermehrten sich. Heute wäre eine spontane Besiedlung eines Tümpels in der Innenstadt durch Lurche äusserst unwahrscheinlich – geeignete Lebensräume liegen zu fern, die Strassen im Zentrum sind durch den vervielfachten Verkehr zu unüberwindlichen Barrieren geworden. Die Baulücke wurde erst 1951/52 geschlossen.

Eigentlich hätte die Zähringerstrasse nach dem Platz noch weiter gehen sollen: Die von Gemeinde- und Stadtrat kurz nach Kriegsbeginn genehmigte Bau- und Zonenordnung sah vor, etwa in der Mitte zwischen Froschau- und Predigergasse eine Schneise, fast so breit wie der Platz, in die Altstadt zu schlagen, die den Neumarkt überquert hätte, dort oberhalb des Hauses zum Rech (Stadtarchiv und Baugeschichtliches Archiv) weitergeführt worden wäre bis zum Heimplatz und dabei noch einen Teil des Obergerichts abgeschnitten hätte. Wegen des beabsichtigten Abbruchs des kantonalen Gerichtsgebäudes verweigerte der Regierungsrat 1943 die Zustimmung zum sogenannten Zähringerdurchstich. Im Verlauf der Jahre wurde das Projekt auch von städtischer Seite aufgegeben.

▸ **32** Zähringerstrasse bis Zähringerplatz.

AUSKERNUNG DER LEUENGASSE **33**

Während sich die Stadt in allen Himmelsrichtungen ausdehnte und überall moderne, praktische Neubauquartiere entstanden, erwies sich das historische Zentrum, jahrhundertelang das eigentliche Zürich, immer mehr als «unbrauchbar». Die Altstadt mochte, wie in den Dreissigerjahren festgestellt wurde, den Touristen zwar pittoresk vorkommen, stand aber dem grossstädtischen Verkehrsfluss im Weg und bot weitgehend unattraktiven Wohnraum in engen, verwinkelten, düsteren und modrigen Räumen ohne jeden zeitgemässen Komfort. Daher wundert es nicht, dass wie für das Langstrassenquartier →**79** auch für die Altstadt radikale Sanierungspläne entwickelt wurden, die teilweise vorsahen, das ganze Quartier mit Ausnahme einiger markanter Gebäude wie Rathaus oder Grossmünster abzubrechen und durch Neubaukomplexe zu ersetzen. Während die Totalsanierung 1943 abgelehnt wurde durch den Regierungsrat, verfolgte die Stadt schon seit den Dreissigerjahren eine Strategie der punktuellen Sanierung durch Auskernungen. 1930 begann die Arbeit an einem Auskernungsplan, der vorsah, dass die Stadt Häuser oder Häuserzeilen auf der einen Seite enger Gassen kaufen und beseitigen sollte, um Licht und Luft in die Altstadt zu bringen. Ein bekanntes Ergebnis dieser noch jahrzehntelang verfolgten Strategie ist der 1967 geschaffene Rosenhof.

Die Leuengasse zwischen Marktgasse und Spiegelgasse war stellenweise so eng, dass, «wer die Hände in die Hüften stützt, mit den Ellenbogen beinahe die beidseitigen Häuser berührt», wie die *Zürcher Chronik*

Baulücke für Abfälle und Amphibien an der Spitalgasse (1942).

um die Jahrhundertwende schrieb. An dieser düsteren Gasse, in die kaum je ein Sonnenstrahl fiel, wohnten unterprivilegierte Leute, zum Beispiel jene aus Österreich zugezogene Familie Kink, die 1912 als 3. Klasse-Passagiere auf der «Titanic» nach Amerika auswandern wollte. Mehrere Familienmitglieder fanden dabei den Tod. Im Dezember 1937 wurde durch den Abbruch der Häuserzeile an der Ostseite der Leuengasse ein Plätzchen geschaffen, das 1959 durch den vom Pelikanhof, einer andern innenstädtischen Baustelle, hergebrachten Brunnen komplettiert wurde. «Mit Wonne wird das Abbruchmonster nächstens seine wuchtige Kinnlade in mürbes, jahrhundertealtes Gemäuer schlagen», heisst es in der NZZ vom 27. November 1937. «Verschwunden sind die mehr als zweihundert Bewohner, und mit ihnen die ungezählten Katzen. Kein dramatischer Auszug mit Kolonnen von Möbelwagen – wie kämen die in die enge Gasse? –, nein, unauffällig ist das Völklein weggezogen. Nur dass man hie und da einen Handwagen vor einer Türe stehen sah, auf dem ein Sofa oder eine Matratze geladen war. Gemächlich, Stück um Stück, trugen sie ihre Habe fort. Einem älteren Mann begegnete ich abends, der unter der Fracht seines Rucksacks, eines geflochtenen Reisekorbs und einer Schachtel langsam, mit gesenktem Kopf die Gasse hinabschritt. Ein kummervoller Auswanderer! Das Merkwürdige an dem Auszug der Leuengässler war, dass er zögernd, ja mit ausgesprochenem Widerstand erfolgte. Dem menschenfreundlichen Sanierungswerk der Stadtbehörden haben viele offenbar zähen Widerstand entgegengesetzt. ‹Wir mussten ihnen das Wasser und das Elektrisch abstellen, sonst wären sie jetzt noch da›, sagte ein Arbeiter. Seine Meinung: ‹Am besten den ganzen verwanzten

Leuengasse, Blick abwärts, kurz bevor die Häuserzeile links abgetragen wurde (1937).

Bruch anzünden›, und er machte eine umfassende Gebärde über die ganze Gegend hin.»

1938 beschloss der Stadtrat, im freigewordenen Gelände neben einer kleinen Grünanlage auch einen Schutzraum für hundert Feuerwehrleute der Luftschutztruppen zu erstellen. Die dreistöckige Anlage verfügte über einen Haupt- und einen Nebeneingang, war mit Gasschleuse und Duschen zur Entgiftung ausgestattet, umfasste unterirdische Aufenthalts- und ebenerdige Geräteräume und sollte dem Schutz der durch Brandbomben besonders gefährdeten Altstadt dienen.

› 33 Leuengasse. Ehemaliger Schutzraum: Leuengasse 10.

Leuengasse, Blick aufwärts, nach dem Abbruch (1939).

34 GROSSMÜNSTER

Die Altstadt wurde in den Dreissiger- und Vierzigerjahren nicht sehr liebevoll behandelt. Sie stand mit ihren engen Gassen dem zunehmenden Verkehr im Weg, und die historische Bausubstanz widersprach sämtlichen Vorstellungen von zeitgemässen licht- und luftdurchfluteten Wohnstätten. So wurden markante Zeugen des mittelalterlichen und frühneuzeitlichen Zürich abgetragen → 40, Strassenschneisen geplant → 32 86 und offen über den Abbruch fast der ganzen Altstadt diskutiert. Hervorragende Baudenkmäler wie Grossmünster, Wasserkirche und Helmhaus → 14 dagegen wurden zur gleichen Zeit sorgfältig herausgeputzt und erneuert. Das spätromanische Grossmünster, gemäss Legende von Karl dem Grossen begründet an der Stelle, wo die Stadtheiligen Felix, Regula und Exuperantius starben, erfuhr zwischen 1931 und 1940 eine gründliche Renovation, in deren Verlauf etwa ein Drittel der Hausteine ersetzt wurde. Auch die verwitterte spätmittelalterliche Sitzfigur Karls des Grossen am Karlsturm (Richtung Wasserkirche) musste durch eine Kopie ersetzt werden, die 1935 vom Bildhauer Otto Münch → 131 hergestellt wurde. Die Originalskulptur befindet sich nun in der Krypta.

Die aus dem späten 18. Jahrhundert stammenden steinernen Geländer der Aussichtsplattform auf den beiden Türmen zeigten vor der Renovation auf jeder der vier Turmfassaden fünf nebeneinander liegende Windrosen, die aus einem von einem Kreis umgebenen geschwungenen Kreuz bestanden, welches für die damaligen Betrachter aussah wie ein abgerundetes Hakenkreuz. Um das Bild der von Hakenkreuzkränzen gekrönten Türme an Zürichs wichtigster Kirche zu beseitigen, wurden die Galeriebrüstungen durch langweilige, von Spitzbögen verbundene Pfostenreihen ersetzt. Erst um 1990 wurde dieser Eingriff wieder rückgängig gemacht.

Die Restauration der Dreissigerjahre umfasste nicht nur eine dem Verständnis der Zeit gemässe Wiederherstellung des Grossmünsters, sondern auch die Ausschmückung der Kirche mit neuen Kunstwerken. Augusto Giacometti → 14 entwarf für den Chor die dreiteiligen Glasmalereien (1933), die Christi Geburt darstellen: Im mittleren Fenster sind Maria und das Jesuskind zu sehen, links und rechts davon zwei der Drei Könige, darüber ein Lebensbaum mit Vögeln und sechs Engelsfiguren mit blumengeschmückten Geschenkkörben und über allem der Stern von Bethlehem.

Otto Münch wiederum bekam auch den Auftrag, für das Südportal (neben dem Karlsturm), welches im Verlauf der Renovation aus barocker Verstellung rekonstruiert wurde, eine Bronzetür zu schaffen, wo er auf 24 Feldern Szenen aus dem Leben des Reformators Ulrich Zwingli darstellte, der ab Neujahr 1519 im Grossmünster gepredigt hatte (zweitunterstes Feld ganz links). Die am Neujahrstag 1939 eingeweihte Türe mit den Löwengriffen und den sechs aus den Türflügeln herausragenden Köpfen, die verschiedene Stände symbolisieren, gefielen so gut, dass Münch in der Folge mit der Gestaltung der Bibeltüre am Hauptportal beauftragt wurde, die 42 Felder umfasst und 1950 vollendet wurde.

Am Fuss des Glockenturms (Nordturms) erhielt Heinrich Bullinger, Zwinglis Nachfolger als Leiter der Zürcher Kirche, ein Denkmal in Form eines Reliefs von Otto Charles Bänninger (1941) → 26 149. Zwischen den beiden Türmen erinnert eine

Grossmünstertürme. Während der Karlsturm (links) bereits renoviert ist, trägt der Nordturm noch die Galeriebrüstung mit den an Hakenkreuze erinnernden Windrosen (1935).

«Nüt isch kostlicher dann d´Lieby»: Detail von Otto Münchs Bronzetür am Südportal.

Schrifttafel an den Polier Alessio Balbiani, der seit 1931 an der Renovation mitgewirkt hatte und 1934 vom Dach stürzte und starb. Eine weitere Inschrift ist dem 1937 verstorbenen Kantonsbaumeister gewidmet, der für die Sanierung verantwortlich war. Kantonsbaumeister Wiesmann hatte sich auch dafür eingesetzt, dass die Turmdohlen, die vor der Renovation in Gerüstlöchern genistet hatten, 35 speziell geschaffene Nischen erhielten, die auf der Innenseite durch Holztürchen abgeschlossen sind. Die Dohlen – kleine krähenartige Vögel mit grauem Nacken – haben in Zürich dank dieser Nistplätze überlebt. So flattern sie noch heute um die beiden Türme und lassen gelegentlich Moospolsterfetzen und anderes Nestbaumaterial auf den Platz vor dem Wahrzeichen der Stadt fallen. Andere Brutnischen des nach dem Ersten Weltkrieg in der Altstadt noch recht häufigen Vogels sind im Zuge von Renovations- und Umbauarbeiten verschwunden, so am Fraumünster und am Gebäude bei der Uraniabrücke, das seit den späten Dreissigern vom Heimatwerk benutzt wird. Den Grossmünsterdohlen machte unterdessen allerdings trotz gutem Nistplatzangebot die im Zuge der Urbanisierung der Landschaft immer grösser werdende Distanz zu insektenreichen Jagdgebieten zu schaffen. Immerhin begannen die Zürcher Dohlen in den letzten Jahren an weiteren Gebäuden wie am Turm der Predigerkirche zu brüten. Doch es gelingt ihnen kaum mehr, ihren Nachwuchs durchzubringen.

› **34** Grossmünster.

35 SCHWARZHANDEL IM PRONTO

«Das Café Pronto am Limmatquai war ein Umschlagplatz für Rationierungsmarken. Dort waren so Typen aus dem Kreis vier oder fünf, die machten Lebensmittelkartentausch. Das war ein richtiger Handel und wurde auch toleriert. Das gehörte richtiggehend zur Infrastruktur: Die armen Leute tauschten dort die Marken, die sie entbehren konnten, gegen solche ein, die sie brauchen konnten. Die Reichen hingegen sagten: ‹Milch und Brot bekommen wir sowieso irgendwo, die können das Brot haben.› Die Zwischenhändler tauschten das und verkauften den Reichen die gewünschten Marken.» Wie weit sich die Händler im Pronto am Limmatquai 72, von denen Othmar Hauser – im Projekt *Archimob* als Zeitzeuge befragt – berichtet, bei ihren Geschäften an die gesetzlichen Vorschriften gehalten haben, bleibt unklar. Gemäss dem 1949 nach Abschluss der Rationierung publizierten Tätigkeitsbericht der städtischen Stelle für Kriegswirtschaft wurden eindeutig illegale Schwarzhandelsgeschäfte «in gewissen Bars und Cafés in der Umgebung des Bahnhofs vermittelt. Bei den berufsmässigen Schwarzhändlern handelte es sich oft um arbeitsscheue Leute, die im wirtschaftlichen Leben Schiffbruch gelitten hatten.» Die Aufdeckung des Schwarzhandels war nicht einfach, oft blieb nur der «sicherlich nicht sehr sympathische Weg der sogenannten ‹maskierten Fahndung›. Der Fahndungsbeamte musste als solventer Interessent für Schwarzkäufe auftreten, selbstverständlich ohne Hand dafür zu bieten, Drittpersonen zu Schwarzkäufen zu verleiten. Doch hatte es nicht sehr viel Sinn, einzelne Schwarzhändler zu bestrafen, solange die Bezugsquelle nicht erfasst und ausgeschaltet werden konnte.»

Eines der Cafés, wo es der Kantonspolizei mehrmals gelang, Schwarzhändler festzunehmen, die mit rationierten Waren ohne Rationierungskarten handelten, war das exotisch eingerichtete Java an der Oetenbachgasse. Der zuständige Fahndungsbeamte, der das Lokal zeitweise mehrmals täglich aufsuchte, konnte dabei auf die Unterstützung der Serviertöchter zählen, über deren Esstisch die Fahndungsbilder hingen.

Der Schwarzhandel umfasste nicht nur Waren, die ausserhalb der Rationierung verschoben wurden → 106, sondern auch Rationierungskarten und Coupons, die in Ämtern oder Firmen veruntreut oder von

Café Pronto am Limmatquai.

Privaten gestohlen wurden → 45. In seinem Mitteilungsblatt warnte die Zentralstelle für Kriegswirtschaft im September 1943 vor einer starken Zunahme der Diebstähle von Rationierungsausweisen in Badeanstalten ebenso wie bei der Arbeit, in Restaurants und Lebensmittelgeschäften und wies darauf hin, dass die Rationierungskarten nicht ersetzt würden und deshalb wie Geld oder Wertpapiere sorgfältig verwahrt werden müssten. Die auf dem Schwarzmarkt erzielten Preise für Rationierungsmarken konnten den Kaufpreis des Produktes, dessen Erwerb sie erlaubten, deutlich übersteigen: Für einen Coupon, der zum Kauf eines Liters Benzin à 75 Rappen berechtigte → 47, bezahlten Interessenten ohne weiteres 1.60 Franken, für eine Marke zu einem Kilo Teigwaren 1 Franken und für einen Kilocoupon Fett und Öl bis zu 4 Franken.

Waren begüterte Käufer an Luxusprodukten wie Fleisch und Benzin interessiert, so tauschten die Kinder aus ärmeren Familien auf dem Pausenplatz in toleriertem Rahmen Coupons für Haferflocken und Teigwaren: «Die Verteilung der ‹Rationierungskarten› war perfekt geregelt», berichtete Franca Magnani → 76 in ihrer Autobiografie. «Nie gab es Schwierigkeiten. Für uns Italiener war es einfach. Mit meinen Schulkameraden tauschte ich Märkchen im gros-sen Stil: Siebenhundertfünfzig Gramm Haferflocken oder Gerste pro Person und Monat im Tausch gegen die gleiche Menge

Café Java an der Oetenbachgasse (1940).

Teigwaren. Im Lauf der Jahre wurde die Rationierung strenger, aber es fehlte nie am Notwendigsten.

Als auch der Kaffee rationiert wurde, waren die häuslichen Gewohnheiten bedroht. Die ständig dampfende ‹neapolitanische› Kaffeemaschine galt als Symbol unserer Gastfreundlichkeit auch im Exil. Aber die Gier der Schweizer nach Haferflocken und Gerste rettete stets die traditionellen italienischen Ess- und Trinkgewohnheiten.»

→ **35** Limmatquai 72, früher Pronto, heute Bodum.

→ **35A** Oetenbachgasse 24, Café Java, bestand bis zum Umbau der Liegenschaft in den Achtzigerjahren, in den Siebzigern beliebter Jugendtreffpunkt. Heute Pub The Lion → Planausschnitt Bahnhofstrasse **40-50**

GUGGERZYTLI IM STUNDENHOTEL **36**

Als der Krieg ausbrach, mussten auch die Berufsmusiker der Länderformation «Alphüttli» einrücken. «In der oft langweiligen Aktivdienstzeit», erinnert sich Paul Weber, «war es aber doch wieder meine Handorgel, die meinen Kameraden und mir Trost und Freude spendete. Ein ganzes Jahr musste vergehen, bis die ‹Alphüttli-Musikanten›, vom Dienst entlassen, wieder ein Engagement antreten durften. Also trafen wir uns in Zürich, im Niederdorf, im Hotel Rose, wo wir unsere Konzerttätigkeit erneut aufnahmen.» Dort zeigte der Gitarrist und Texter Sigi Meier am Morgen des 11. Septembers 1940 dem Handörgeler einen neuen Liedtext, welchen Weber umgehend vertonte, worauf sie das Polkalied ihren Kollegen vorstellten, und noch am selben Abend erklang s'*Guggerzytli* auf dem Podium des Hotels an der Rosengasse 5. 1941 erschien das *Guggerzytli* zum ersten Mal auf einer 78-tourigen Schallplatte aus Schellack, seither wurde es unzählige Male neu eingespielt.

Vor dem Krieg hatten Meier und Weber, bekannt unter den Namen «Bumm» und «Schrumm», in Zermatt vor internationalem Hotelpublikum aufgespielt. Paul Weber war 1915 als Sohn eines Deutschen und einer Schweizerin in Sachsen auf die Welt gekommen. Nach dem Tod des Vaters im Ersten Weltkrieg zogen Mutter und Sohn in die Schweiz. Paul lernte von seinem Pflegevater singen, einem Emmentaler, der beim Melken im Stall seines Bauernhofs bei Finstersee im Kanton Zug wunderschön jodelte. Nach der Rekrutenschule lernte er in Luzern den 1896 geborenen Siegfried Meier kennen. Meier, Sohn eines Stallmeisters der Luzerner Brauerei Eichhof, war schon vor dem Ersten Weltkrieg als Globetrotter in Europa herumgereist, hatte in Monte Carlo, Nizza, Altdorf und Genua gearbeitet, sprach fliessend Italienisch und Französisch, und war nach dem (ersten) Krieg nach Kanada gefahren, wo er sich als Matrose, Holzfäller, Melker und Goldminenkumpel betätigte. Ihre grosse Zeit hatten Bumm und Schrumm während der frühen Vierzigerjahre. Schon die Titel, die sie zwischen 1940 und 1945 komponierten, zeigen, dass ihr Programm genau den Ton der Geistigen Landesverteidigung traf: *I han es Schwyzerörgeli ghört, Swiss Air, Wänn d'Soldate z'Abig zäme singed, Tschau, Schätzeli, tschau, Saluti, ciaò, ciaò, Mit em Späck isch*

Bumm (links) und Schrumm.

‹Muh-muh›, der Bäri bällt ‹Wau, wau›, und de ganz fin ‹Guggu-guggu› chunnt's Guggerzytli au. Es het mer kündet Freud und Leid, vill Schtunde schön und bang. Drum han i Sorg, dass nid verheit, i läbti nümme lang.» In ihren Instrumentalstücken tönen Bumm und Schrumm für heutige Ohren erstaunlich modern, da Schrumms schnelle Akkordeonmelodien mit Bumms Gitarrenbegleitung im Off Beat an die Musik aus dem texanisch-mexikanischen Grenzgebiet erinnern.

Auch wenn s'Guggerzytli zu einem Dauerbrenner wurde, erlahmte nach dem Krieg das Interesse des Publikums an Weber und Meier. Sigi Meier trank zu viel und starb enttäuscht, Paul Weber wirkte nach 1950 als Versicherungsbeamter in Hedingen.

Margrit Brügger aus Bümpliz berichtete im Rahmen des Projektes *Archimob*, wie sie 1939 zusammen mit einer Freundin die Landi besuchte: «Am Bahnhof war uns ein Zimmer im Hotel Rose am Limmatquai vermittelt worden. Das war ein Stundenhotel, gopfriedstutz! Die ganze Nacht lang schlu-

es knapp und *Erinnerig a d'Landi 1939:* Lieder voller Sehnsucht nach einer ländlichen Heimat, nach dem Müetti und dem Grosi, das mit zittriger Hand auf das Guggerzytli zeigt: «Am Morge ghöri d'Chue

gen Türen auf und zu, wir taten kein Auge zu. Langsam realisierten wir dann, wo wir gelandet waren.»

› **36** Hotel Rose (Splendid) Rosengasse 5.

37 HOTEL HIRSCHEN: PFEFFERMÜHLE UND CORNICHON

Am 1. Januar 1933 fand in München die Premiere des literarischen Cabarets Pfeffermühle statt, als dessen Direktorin die Schauspielerin und Kinderbuchautorin Erika Mann, die Tochter von Thomas Mann, auftrat. Mit von der Partie waren unter anderem ihr Bruder Klaus und ihre Freundin

Therese Giehse, später eine der wichtigsten Figuren im Ensemble des Zürcher Schauspielhauses → **23**. Die Pfeffermühle verfolgte eine klar antifaschistische Linie und spielte vorerst erfolgreich und unbehelligt weiter, als Ende Januar die NSDAP die Macht ergriffen hatte. Erika Mann war seit ihrer Teilnahme an einem Frauen-Friedenskongress in München im Jahr zuvor ein rotes Tuch für die braune Partei und als «pazifistische Friedenshyäne» verschrien.

Nach dem Reichstagbrand setzten Ende Februar 1933 Massenverhaftungen und Deportationen ein. Um der «Schutzhaft» zu entgehen, flohen Erika und Klaus im März in die Schweiz und überzeugten ihre Eltern, die in Arosa ihre Ferien verbrachten, nicht nach Deutschland zurückzukehren. Die meisten der Mitglieder des Pfeffermühle-Ensembles folgten den Geschwistern Mann nach. Am 1. Oktober 1933 nahm das Cabaret im Hotel Hirschen seine Vorstellungen wieder auf. Für die Auftrittserlaubnis in Zürich mussten Schweizer ins Ensemble aufgenommen werden. Einer der einheimischen Pfeffermühle-Darsteller war der Schauspieler Robert Trösch, der später in zahlreichen Praesens-Filmen →29 spielte und nach dem Krieg in die DDR zog.

Die Pfeffermühle hatte erklärtermassen Vorbildfunktion für des Cabaret Cornichon, das am 1. Mai 1934 im Hirschen zu spielen begann, zuerst durchfiel, dann zwei Wochen später mit einem neuen Programm reüssierte und bald so beliebt war, dass die Hirschenbühne für längere Zeit besetzt blieb und die Pfeffermühle für ihre Zürcher Auftritte in den Kursaal ausweichen musste →108. Die Pfeffermühle ging zwischendurch auf Tournee durch die Schweiz und verschiedene europäische Länder und hatte bis 1936 auf dem Kontinent über tausend Vorstellungen gegeben. «Wir waren Fremde überall», schrieb Erika Mann, «nur zur Not geduldet von Behörden, die sich gehalten sahen, uns jede direkt politische Betätigung zu untersagen. Zu nah und zu mächtig war rundum das Nazireich. Die Machthaber zu reizen, sie gar von flüchtigen deutschen Aufwieglern reizen zu lassen, das verbot

Plakat zum Programm «Gradus!» (1935).

sich durchaus. ‹Immer indirekt!› hiess also unsere Losung.» Der Versuch, die «Peppermill» 1937 in den USA weiterzuführen, scheiterte am Desinteresse des amerikanischen Publikums.

Im Gegensatz zum primär antifaschistischen Exilcabaret beschäftigte sich das Cornichon, dessen Sketches durchwegs in Mundart vorgetragen wurden, mehrheitlich mit schweizerischen Themen. Die überleitenden Ansagen zwischen den einzelnen Stücken wurden nicht wie in der Pfeffermühle, wo Erika Mann diese Rolle übernahm, von einer einzelnen Conferencière gesprochen, sondern abwechselnd von verschiedenen Mitgliedern des Ensembles, das im Verlauf der Zeit zu einer schweizerischen All-Star-Formation wurde: Unter der Geschäftsführung von Otto Weissert wirkten im Cornichon unter anderen Walter Lesch, Max Werner Lenz und C.F. Vaucher als Texter mit, Alois Carigiet als Bühnenbildner, Elsie Attenhofer, Zarli Carigiet, Voli Geiler, Heinrich Gretler → 134, Emil Hegetschweiler → 14, Karl Meier → 48, Margrit Rainer, Alfred Rasser und Schaggi Streuli als Darsteller und Darstellerinnen. Das Cornichon beschäftigte sich mit weit verbreiteten Schweizer Tugenden wie Angst, Feigheit und Anpassertum und schon 1935 im von

Cabaret Cornichon: Programm «Teure Heimat» (1942) mit Margrit Rainer, Karl Meier, Voli Geiler, Schaggi Streuli, Zarli Carigiet, Otto Wiesler und Trudi Schoop.

Max Werner Lenz verfassten *Mensch ohne Pass* mit der hoffnungslosen Lage der Emigranten:

Ich bin aus aller Ordnung ausgetreten.
Sie nennen mich ein Emigrantenschwein.
Sie sagen, wärst du doch zu Haus geblieben!
Ich aber wollte ein Charakter sein.
Ich sagte «Guten Tag», statt «Heil» zu rufen.
Da hat man mir die Schutzhaft angedroht.
Doch ich bin nicht zum Märtyrer berufen!
Ich floh – aus einer Not in andre Not.

Doch dem Cornichon ging es mindestens so sehr um Unterhaltung, wofür sich etwa die Parodie des schweizerischen Bünzlitums anbot. Im Sketch *Erotik in der Schweiz*, der so erfolgreich war, dass er 1935 von der Praesens im ihrem Studio an der Sihlporte → 51 verfilmt wurde, versuchte Elsie Attenhofer als amerikanische Journalistin herauszufinden, ob es in der Schweiz Erotik gäbe. Sie befragte einen biederen Schweizer Ehemann, gespielt von Emil Hegetschweiler, und erfuhr, dass bei verheirateten Paaren eigentlich keine häusliche Erotik existiere. Dafür gebe es Maskenbälle mit Ventilfunktion und schliesslich könne man mit einer Kellnerin, einem Schreibmaschinen-Fräulein oder irgend einer anderen untergebenen weiblichen Angestellten «umegfätterle». Doch ein bisschen nachdenklich geworden wandte sich der Befragte nach dem Interview an seine Frau: «Mues es si, dass d'Erotik in eusem Läbe kei Rolle meh spillt?» – «Jä – was meinsch eigetlich – mit Erotik?» – «Aber Mame – tänk doch zrugg an eusi erste, glückliche Ehejahr, hätt d'Erotik nöd e gwüssi Rolle gspillt in eusem Läbe?» Darauf meinte die Frau träumerisch: «Aha – das isch Erotik gsi?»

In der politischen Satire wagte sich das Cabaret Cornichon, das 1937 als Schweizer Beitrag an die Pariser Weltausstellung geschickt wurde, so weit hinaus wie irgendwie möglich und noch ein bisschen weiter. Die Vertreter Deutschlands und Italiens beobachteten das Geschehen scharf und intervenierten wiederholt bei den Schweizer Behörden. «Das Cornichon», klagte Bundesrat Pilet-Golaz 1943, «hat unser Departement so oft beschäftigt, dass es nicht übertrieben scheint, von einer eigentlichen Belastung zu sprechen.» Die Tänzerin Trudi Schoop, die mit ihren Pantomimen wichtige Akzente im Programm des Cornichon setzte, stellte einmal Hitler tänzerisch als «sterbenden Schwan» dar: «Ein schwarzes Ballettröckchen deutete die SS-Uniform an und mein Gesicht war verziert mit einem Schnurrbart gleich dem des Führers. Die letzten Bewegungen meines verendenden Schwans waren ekstatische Grussgesten: der ‹Flügel› erhob sich steif wieder und wieder zum Gruss, bis dieser makabre Vogel tot zusammenbrach. Diese Satire trug ich nur einmal vor.»

Ein ander Mal hantierten zwei Darsteller auf der Hirschenbühne mit dem *Signal*, einer zwischen 1940 und 1945 fürs Ausland produzierten, grossformatigen deutschen Propagandazeitschrift, die sich mit teilweise farbigen Fotoreportagen formal am *Life Magazine* orientierte, die Leistungen der Wehrmacht verherrlichte, den Krieg Deutschlands und seiner Verbündeten als Kampf um ein neues Europa darstellte und fotogene deutsche Mädels in zweiteiligen Badeanzügen präsentierte. In der Schweiz, wo das *Signal* für 50 Rappen zu haben war, beeindruckte das europaweit in einer Auflage von zweieinhalb Millionen Exemplaren abgesetzte Magazin vor allem junge Männer. Im Sketch von Walter Lesch wurde nun aus der «neutralscht Zytig i dr Schwyz» ein Bild offenbar von Hitler ausgeschnitten. Auf die Frage, was er nun mit «IHM» machen wolle, antwortete der Schauspieler mit dem Bild in der Hand: «Aufhängen oder an die Wand stellen!» Der deutsche Attaché und NSDAP-Gruppenleiter Schweiz Freiherr von Bibra → 129 139 tobte: «Ich habe gehört, da soll ein unerhörter Saustall in Zürich sein, da soll man in frechster und unverschämtester Weise den Führer beleidigt haben, und das in einem sogenannt neutralen Land.»

Das Cabaret Cornichon spielte, wenn es nicht gerade auf Schweizertournee war, bis 1949 regelmässig im Hotel Hirschen. 1951 löst sich das erfolgreichste Schweizer Cabaret auf. Schon vorher hatte sich ein Teil der Mitglieder vom Cornichon getrennt und das Cabaret Fédéral gegründet. Das Auseinanderbrechen des populären Ensembles in der schon bald vom Kalten Krieg geprägten Nachkriegszeit steht symptomatisch für die Auflösung des unter dem Druck der äusseren Bedrohung gelebten Konsenses, der während des Kriegs nicht nur in der Cabaretszene, sondern in weiten Kreisen der schweizerischen Bevölkerung bestanden hatte.

> 37 Hotel Hirschen, Niederdorfstrasse 13. Das ursprünglich aus dem Mittelalter stammende, immer wieder umgebaute Gebäude ist nach einer gründlichen Renovation 2002 als Hotel wiedereröffnet worden.

38 LÄNDLERKÖNIGE IM NIEDERDORF

Die Stadt Zürich war von 1920 bis 1945, während der «goldenen 25 Jahre», wie sie der Ländlermusikexperte Rico Peter bezeichnet, die Hochburg der Schweizer Volksmusik. Dazu haben nicht nur das Bedürfnis nach Unterhaltung in der wachsenden Grossstadt und das organisatorische Talent von Schlüsselfiguren wie Alois Amgwerd → 92 und Joseph Stocker → 39 beigetragen, sondern während des Zweiten Weltkriegs auch der Ausfall von Unterhaltungskünstlern aus dem Ausland. Die Schweizer Volksmusik etablierte sich als nationales Aushängeschild, geeignet für Werbeflüge der Swissair nach Paris → 39 genauso wie als lebendiges Beispiel eigenständigen Kulturschaffens im Rahmen der Geistigen Landesverteidigung.

Die Musik wurde in Gastwirtschaften der ganzen Stadt gespielt, vor allem aber in den Arbeiterquartieren, an der Langstrassse oder in Wiedikon sowie im Niederdorf, wo sich die Bevölkerung rechts der Limmat vergnügte. In der Altstadt gab es neben Stocker Sepps Bierhalle Gans → 39 zahlreiche Restaurationsbetriebe, die mindestens zeitweise ländlermusikalische Darbietungen boten. Auf den Varietébühnen im Niederdorf waren auch diejenigen Virtuosen zu hören, die vom Publikum als Ländlerkönige besonders geschätzt wurden. Kasimir Geisser, der als Genie angesehene Klarinettist aus Arth und Komponist von über tausend Tänzen, welcher nach seiner Ausbildung als Glasbläser in der Goldauer Glühlampenfabrik lange Zeit als Wandermusikant am Rand des Existenzminimums von der Hand in den Mund lebte, liess sich

1936 in Zürich nieder und spielte gerne im Goldenen Schäfli und in der Bierhalle Wolf. Kasi Geisser heiratete, wurde 1940 Vater und starb 1943 in Zürich im Alter von erst 44 Jahren an Speiseröhrenkrebs.

In der Konkordia an der Niederdorfstrasse 52 wirkte der Bergbauernsohn Jost Ribary aus Oberägeri. Jöstl hatte verschiedene Berufe ausgeübt, auf dem Bau, in der Fabrik und als Kleinbauer gearbeitet, bevor er 1933 in der Harmonikafabrik Bachenbülach eine Stelle als Instrumentenstimmer bekam. Seit diesem Jahr spielte er auch regelmässig in der «Konki». Er verkörperte einen neuen Musikertyp, sesshaft, ordentlich und alkoholfrei, nahm als Klarinettist und Saxophonist Unterricht am Zürcher Konservatorium und verfasste – wie Geisser – hunderte von Stücken, darunter den Schottisch *Steiner Chilbi*, wohl die bekannteste Ländlerkomposition überhaupt. 1942 machte er sich selbstständig und eröffnete im Haus seines Stammlokals an der Niederdorfstrasse eine Handharmonika-Reparaturwerkstätte.

«Im Zusammenhang mit der Geistigen Landesverteidigung und der Anbauschlacht», schrieb Dieter Ringli 2006, «die aus den zuvor als rückständig belächelten Bauern die neuen Nationalhelden machten, überwand die Ländlermusik endlich ihren Ruf als etwas primitive, alkoholselige Unterhaltung und wurde zum Ausdruck nationaler Einheit emporstilisiert. Dieser Beiklang wurde nach dem Krieg aber zunehmend zum Hemmschuh. Man war des Schweizertums überdrüssig und wollte sich der modernen Zeit zuwenden.»

Die Wirtschaften im Niederdorf mutierten in der Nachkriegszeit zu Stimmungslokalen und Animierschuppen. Jost Ribary zog als Ausnahmekönner noch einige Jahre genügend Publikum an, um die Konkordia als letzte Ländlermusikbeiz zu erhalten, 1962 musste auch er aufgeben. Er zog zurück nach Oberägeri, wo er 1971 beim Schneeräumen vor dem Haus starb.

> [38] Konkordia, früher an der Niederdorfstrasse 52.
> [38A] Goldenes Schäfli, Badergasse 6.
> [38B] Wolf, Limmatquai 132.

BAUERNKAPELLE FLIEGT NACH PARIS

Die Bierhalle Gans am Eingang des Niederdorfs war lange Zeit die erste Adresse für Ländlermusik in Zürichs Altstadt. Im wenige Schritte vom Central gelegenen «Schinkenbrot-Kasino» an der Niederdorfstrasse 88 spielte, wie es in der von Joseph Stocker gegründeten *Schweizer Musik-Revue* hiess, «jeden Samstag von 6 Uhr und Sonntag von 3 Uhr an Stocker Sepp's 1. Unterwaldner Bauernkapelle». Kapellmeister Stocker Sepp war weder Unterwaldner noch Bauer, aber er wusste, wie man Ländlermusik verkaufte: als Folklore, die tut als ob. Stocker wurde 1898 in Wollerau geboren, lernte Schriftsetzer, arbeitete bei der Völkerbunds-druckerei in Genf und ab 1921 beim *Tages-Anzeiger* in Zürich, später, bevor er ins Profilager wechselte, bei der Jean Frey AG. Die «Unterwaldner Bauernkapelle» um den umtriebigen Klarinettisten war weniger eine feste Formation als ein Pool von fähigen Musikern, die in wechselnder Besetzung aufspielten. Oft fanden am gleichen Abend mehrere Auftritte von Sepp Stockers in Nidwaldner Trachtenblusen gesteckten «1. Unterwaldner Bauernkapelle» statt, und Stocker selbst fuhr von einer Wirtschaft zur andern, um sich überall zu zeigen. Und wenn Stocker Sepps Musik nicht live anwesend war, so konnte sie dank zahlreicher ab 1922 produzierter Grammophonplatten in den Wirtschaften der ganzen Schweiz auch aus dem Schalltrichter ertönen. Bis 1936 wohnte Stocker ganz in der Nähe der Gans am Hirschengraben 74 unterhalb der Polyterrasse. Dort richtete er auch seinen Schallplattenversand ein, der die Aufnahmen der «Unterwaldner Bauernkapelle» vertrieb, die er als «Beste Ländlerkapelle der Schweiz» anpries.

Einer der wichtigsten Musiker und Komponisten in Stocker Sepps Umfeld war der Klarinettist und Saxophonist Heiri Meier aus Udligenswil. Meier, der als junger Klarinettist in der sozialdemokratisch gesinnten Zürcher Stadtmusik «Eintracht» spielte, war einer der Ersten, die das Sopransaxophon in die Ländlerkapelle einbrachten. Mit Foxtrott-Kompositionen liess er ein weiteres Element aus dem Jazz in die Volksmusik einfliessen. Heiri Meier spielte in Stocker Sepps Formation an der Landesausstellung 1939 und war schon dabei, als sich 1932 die ein Jahr zuvor gegründete Swissair auf den Vorschlag von Stocker einliess, die Unterwaldner Bauernkapelle auf Promotionsflüge nach Paris und London mitzunehmen. Heiri Meier erinnerte sich, wie es dem Handörgeler Ernst Inglin auf dem Flug nach Paris kotzübel wurde. Als Inglin mit «etwas grauem Gesicht» nach der Papiertüte mit der Aufschrift «Für Luftkranke» griff, kamen dem Saxophonisten die damals aktuellen Schlagwörter einer zeitgemässen Stadtentwicklung in den Sinn: «Dieses Wort irritierte mich etwas, denn ich glaubte, von Luft könne man nicht krank werden. Es heisst doch immer: Sonne, Licht und Luft.»

Bierhalle Gans neben der Conditorei (1943).

Heiri Meier, Stocker Sepp, Ernst Inglin und zwei weitere Musikanten auf dem Flugplatz von Paris (1932).

In Paris schaute sich das Quartett an, «was eben in Paris zu sehen ist», machte Plattenaufnahmen, gab Konzerte und spielte in einem Hotel zum Tanz auf, das von einem echten Unterwaldner geführt wurde, und staunte im Kino über die Filmwochenschau, die zeigte, wie die Unterwaldner Bauernkapelle nach der Landung auf dem Pariser Flughafen Le Bourget vor der Swissair-Maschine musizierte. Auf dem Heimflug Mitte September 1932 sah Heiri Meier in der Nähe der Vogesen Landschaften, die noch vom vergangenen Krieg geprägt waren: «Viele grosse Granattrichter und Schützengräben zeigen sich uns, natürlich alles voll Wasser», notierte Meier und dachte: «Hoffentlich gibt es nie mehr Krieg. Die Jahre 1914–18 haben die Menschen zur Vernunft gebracht, und Kriege sind ganz sicher ein für alle Male überwunden.»

Stocker Sepp zog 1937 nach Schlieren. Er starb 1949, nachdem er betrunken die Treppe vor seinem Haus hinuntergefallen war und einen Schädelbruch erlitten hatte. Heiri Meier lebte nach dem Krieg bis zu seinem Tod im Alter von 84 Jahren (1985) in Siebnen.

> 39 Gans, früher an Niederdorfstrasse 88.
> 39A Hirschengraben 74.

40–50 BAHNHOFSTRASSE

40 GLOBUS-INSEL
40 Globus-Provisorium

41 HAUPTBAHNHOF
41 Hauptbahnhof

42 STARTENOR IM SCHWEIZERHOF
42 Schweizerhof, Bahnhofplatz 7

43 ZWEI ERKER: KRISE, KRIEG UND KÄSE
43 Victoriahaus, Bahnhofplatz 9
43A Löwenstrasse 66: früher Goldener Löwe und Chässtube, heute Helvetic Tours
43B Bahnhofplatz 12: in den Dreissigerjahren Reisebüro, heute The Phone House

44 SPRENGSTOFFANSCHLAG AUF DIE SYNAGOGE
44 Synagoge Löwenstrasse (Nüschelerstrasse 36), Hof zwischen Löwenstrasse, Nüschelerstrasse und Uraniastrasse

45 NÜSCHELERSTRASSE 30: LEBENSMITTELABTEILUNG
45 Nüschelerstrasse 30: Sitz der Lebensmittelabteilung der Zentralstelle für Kriegswirtschaft

46 MODERN SEIT 1933
46 Wohnbedarf Talstrasse 11–15
46A Baumuster-Centrale Talstrasse 9

47 HOLZVERZUCKERUNG
47 Bahnhofstrasse 12

48 MARYS OLD TIMERS BAR: SCHWULE UND GIS
48 Augustinergasse 14, Ecke Augustinergasse/Glockengasse, heute Uhren und Schmuck

49 AM 8. MAI 1945 VOR DEM DEUTSCHEN REISEBÜRO
49 Deutsches Reisebüro, Bahnhofstrasse 70 (heute englische Buchhandlung)

50 AMTSHAUS V
50 Amtshaus V, Werdmühleplatz und Werdmühlestrasse

SCHAUPLÄTZE, AUF DIE IN ANDEREN ABSCHNITTEN VERWIESEN WIRD
12C Löwenstrasse 33: Pfandleihkasse der Zürcher Kantonalbank, abgetragen
18A Werdmühleplatz 1: ehemaliger Sitz der Schweizerischen Bodenkreditanstalt
35A Oetenbachgasse 24, Café Java, heute Pub The Lion
54C Steinmühlegasse 1: früher Städtisches Frauenarbeitsamt
55C Victoriahaus: Demonstration 23. September 1933
62A Uraniastrasse 9: Hauswirtschaftszentrale, Beratung und Ausstellung
67A Sihlstrasse 7/9, erbaut 1911/12. Früher Hotel City-Excelsior, heute Hotel Seidenhof
67B Schützengasse 16: Hotel Simplon, heute Bar Rex
71B Commercio, Schützengasse 6 (heute Neubau)
98A Löwenstrasse 24: damals Pension Karmel
143A Kaufleuten

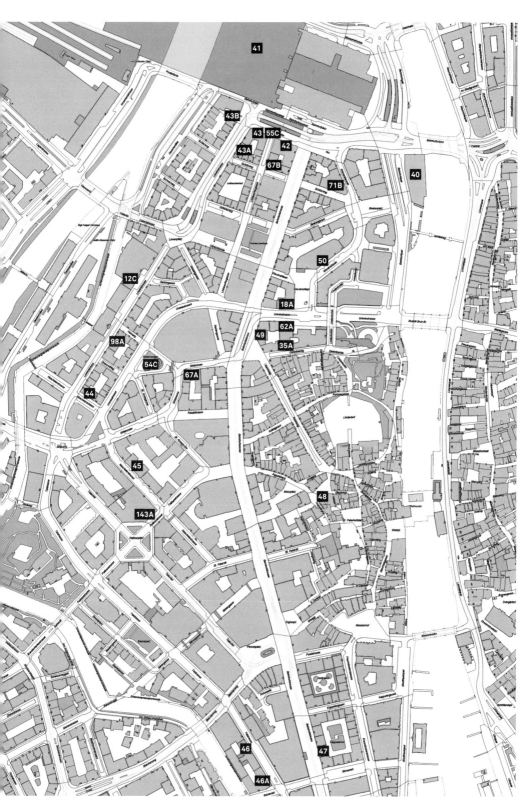

40 GLOBUS-INSEL

Wer sich in den Dreissigerjahren vom Bahnhofplatz über die Brücke zum Central bewegte, gelangte zuerst auf eine Insel, die Papierwerd – Papierinsel – genannt wurde, weil sich dort jahrhundertelang Papiermühlen befunden hatten. Diese Insel nahm flussaufwärts etwa die Fläche des heutigen Globus-Provisoriums ein und setzte sich unterhalb der damals noch schmaleren Bahnhofbrücke in einem baumbestandenen Spitz fort, der in den freien Limmatraum ragte und seit 1936 von einer Bronzeplastik *Junges Mädchen mit Gans,* allgemein bekannt als *Gänseliesel,* geschmückt war. Zwischen dem Bahnhofquai und der durch die Bahnhofbrücke mit dem Festland verbundenen Papierwerdinsel floss ein wilder Arm der Limmat, dessen Strudel eine Herausforderung für Wassersportler bildeten. Am oberen Ende der Insel befand sich wieder ein spitzes Plätzchen, von welchem aus flussaufwärts die Limmatmühlen betrachtet werden konnten, mehrere grosse Gebäude, die unterhalb der Rudolf-Brun-Brücke im Wasser standen und 1943 abgebrochen wurden. Von diesem oberen Ende der Papierwerdinsel führte eine gedeckte Holzbrücke aus dem 17. Jahrhundert über den Limmatarm in Richtung Ecke Amtshaus II.

Beim Eingang zum gedeckten Brüggli hatte sich auf dem Papierwerd Giovanni Lorenzi ein Kioskhäuschen gebaut, das längs des Dachfirsts ein Schild mit der Aufschrift «Tabak-Hüsli» trug und im Innern mit Bildern von Heiligen geschmückt war. Loren-

Globus und gedeckte Brücke, Postkarte (um 1930).

zi, ein ehemaliger Scherenschleifer, der aus einem Dorf in der Gegend von Trient 1910 nach Zürich gekommen war, hatte einen schwarzen Schnauz und trug bei der Arbeit einen schwarzen Hut, einen schwarzen Frack, eine weisse Schürze und weisse Handschuhe. Er galt als äusserst freundlich und freigiebig und beschenkte die Kinder mit Nüssen und Süssigkeiten.

Den grössten Teil der Insel bedeckten die Gebäude des Warenhauses Globus, das 1932 seinen 25. Geburtstag feiern konnte. Im gleichen Jahr wurden der Slogan «Wer rechnet, kauft im Globus!» und die kinderfreundliche Symbolfigur Globi entwickelt. Das zentral gelegene Warenhaus zeichnete sich in den Dreissigerjahren durch moderne, «amerikanische» Betriebs- und Personalführung und fortschrittliche Sozialleistungen aus. Die Angstellten waren mehrheitlich weiblich, das Kader männlich. Nachdem das Unternehmen in mehreren Schweizer Städten Filialen gegründet hatte, schloss das 1933 auf Bundesebene erlassene Filialverbot → 81 für die nächsten zwölf Jahre jede weitere Expansion aus und verunmöglichte selbst den Ausbau der bestehenden Häuser. Globus überstand Filialverbot, Wirtschaftskrise und Kriegswirtschaft. Ab 1939 standen einheimische Produkte im Vordergrund. Ging Globi 1935 in seinem ersten Buch noch auf Weltreise, so besuchte er im Band von 1939 die Landesausstellung, und wenige Jahre später erschien Globi als Soldat.

Die Möbelstücke in der «gediegenen und interessanten Heim-Ausstellung» im Haus und in den Schaufenstern erlaubten in den frühen Vierzigern ebenso wie die Globus-Möbelwerbung in den Tageszeitungen einen Einblick in die Traumwohnung der Kriegszeit. Angesagt waren auch bei Globus Möbel im sogenannten Heimatstil: Couchsofas

Gänseliesel aus Bronze, 1936 in der Papierwerd-Anlage unterhalb der Bahnhofbrücke aufgestellt (Foto 1938).

mit Bettzeugraum und herabklappbaren Seitenteilen, dazu passende Fauteuils in solider Ausführung mit Kirschbaumgestell, losem Sitzkissen und tadelloser Polsterung, Stehlampen mit breiten Lampenschirmen, bezogen mit gewelltem Stoff, die auch in formschöner und zweckmässiger Kombination mit Servierwagen und Glasschränkchen auf Rädchen erhältlich waren, Klub-Tischchen mit zusätzlicher Ablagefläche unter dem Tischblatt, welche gemäss Annonce in keiner Wohnung fehlen sollten, Wohn-Buffets in Nussbaum-Maserfront mit Schreibabteil, Vitrine und Barnische, heimelige Eckbänke und Auszugstische, massive Doppelbetten, Frisierschränke und -spiegel mit kunstvoll eingebuchteten Rändern – düstere, heute muffig wirkende Möbel mit geschwungenen Beinen und geboge-

Möbel im Heimatstil: Globus-Inserat 1941.

nen Füssen, meilenweit entfernt von den klaren Formen und Farben, den modernen Materialien des Mobiliars der Design-Avantgarde, der es in den frühen Dreissigerjahren gelungen war, in Zürich Fuss zu fassen → 46 und Tausende von Interessierten in Wohnausstellungen im Neubühl zu locken → 151. Rückzug statt Aufbruch – im Globusinserat der frühen Vierzigerjahre sass das Ehepaar am Abend typischerweise im (verdunkelten) Wohnzimmer auf seinen Fauteuils, beide mit Schuhen an den Füssen, wobei sich der Hausherr in dunkler Kleidung rauchend bei der Lektüre eines Buches entspannte, während sich die Hausfrau in Jupe und Bluse im Schein der mit Blumenmuster verzierten Stehlampe mit Stickarbeiten beschäftigte. Auf dem Klubtisch eine Früchteschale mit Äpfeln, Birnen und Trauben, im Hintergrund ein Gummibaum auf einem kunstvoll gedrechselten Schemel.

Im Erdgeschoss des Warenhauses betrieb Globus in der Front gegenüber dem Bahnhofquai ein geräumiges Restaurant, welches im Sommer allein auf der gedeckten Terrasse entlang dem Limmatkanal zwischen Holz- und Bahnhofbrücke 400 Sitzplätze anbot. Das Rauschen der Limmat hinter der mit Geranien geschmückten Brüstung vermischte sich nachmittags und abends mit den Klängen der Hauskapelle, die die Gäste unterhielt.

Um 1950 wurden die gedeckte Holzbrücke und der alte Globus abgebrochen. Der eigentlich vorgesehene Neubau wurde durch eine Abstimmung unter dem Motto «Freie Limmat» verhindert, das Warenhaus zog in ein ehemaliges Schulhaus am Löwenplatz, wo in den Sechzigerjahren der Neubau entstand, in welchem sich Globus noch heute befindet. Globus, längst wieder weltoffen und bewusst modernem Design verpflichtet, war während der Bauarbeiten zwischen 1961 und 1967 erneut auf dem Papierwerdareal zu finden, und zwar im heute an Coop vermieteten Globus-Provisorium, das wie das aktuelle Globusgebäude zwischen Pestalozzi-Wiese und Löwenplatz von Karl Egender → 80 126 entworfen wurde. Vor dem leer stehenden Globus-Provisorium, wo nach Ansicht der Demonstranten ein schon lange in Aussicht gestelltes Jugenhaus eingerichtet werden sollte, kam es im Sommer 1968 zum Globus-Krawall.

Auch der Kiosk und Marronistand von Giovanni Lorenzi wurde um 1950 abgebrochen. Lorenzi erhielt einen Ersatzkiosk an der Beatengasse, wo es ihm aber weniger gut gefiel. Er starb 1954.

Die Befreiung der Limmat von Mühlen und anderen Gebäuden, die noch in der ersten Hälfte des 20. Jahrhunderts mitten im ursprünglich breiteren Fluss standen, muss als Reaktion auf die immer deutlicher spürbare Verengung des Limmatraumes durch die grosszügigen Aufschüttungen am Limmatquai einerseits und die ständige Zunahme des Individualverkehrs andererseits verstanden werden. Nach dem Abbruch von Warenhaus, Terrasse und gedeckter Brücke wurde auch der schäumende und rauschende Limmatkanal aufgehoben. An seiner Stelle liegt nun eine verkehrsreiche Strasse, die die Bahnhofbrücke unterquert.

▸ 40 Globus-Provisorium.

HAUPTBAHNHOF

41

In den Zwanzigerjahren fuhren die Züge im Zürcher Hauptbahnhof noch bis in die Bahnhofshalle, wo die Geleise vor einem Kopfperron endeten, das in der Verlängerung der Bahnhofstrasse lag. Der Hauptausgang zum Bahnhofplatz befand sich am Ende dieses Kopfperrons hinter dem Alfred-Escher-Denkmal. Für Reisende aus der Provinz wirkte der Hauptbahnhof riesig und verwirrend. Als Zarli Carigiet →37 im Alter von 19 Jahren aus dem Bündnerland nach Zürich kam, wo ihn sein älterer Bruder, der Maler Alois, auf dem Perron erwartete, stieg er auf der falschen Seite aus dem Zug, stolperte über die Geleise, verirrte sich und verpasste Alois. Dieser kehrte unverrichteter Dinge in sein Atelier heim, telefonierte nach Chur und fand, zurück auf dem Bahn-

Hauptbahnhof: der neue «Landiausgang», Extrabusse für die Landesausstellung 1939.

hof, den verzweifelten kleinen Bruder schliesslich im Wartsaal. Leuten, die sich an grossstädtische Verhältnisse gewöhnt waren wie Franca Schiavetti → 76, die als Kind mit ihrer Familie in den frühen Dreissigerjahren aus Marseille nach Zürich emigrierte, kam der Hauptbahnhof ordentlich, ruhig und klein vor: «Ich hatte noch die fröhliche Unordnung des Bahnhofs von Marseille in Erinnerung, das Gewimmel der verschiedenfarbigen Menschen, den verwirrenden Lärm und das Getöse der abfahrenden und ankommenden Züge, das von den Stimmen der Menschen übertönt wurde, die umherrannten, sich drängten und aufeinanderprallten. Nichts davon auf dem Hauptbahnhof von Zürich. Die Ordnung war eindrucksvoll, und es war so still, dass ich ein Geräusch hören konnte, das mir noch nie zuvor aufgefallen war: das Tack-tack-tack der Absätze beim Laufen.»

Die Zugbewegungen im Hauptbahnhof nahmen kontinuierlich zu. Waren es 1925 noch etwa 300, so wurden 1936, als im Vorbahnhof ein erstes elektromechanisches Weichenstellwerk über die Geleise gebaut wurde, schon 440 Ein- und Ausfahrten gezählt. Die schon lange diskutierte Bahnhofserweiterung wurde 1929 im Hinblick auf die ursprünglich auf 1933 angesetzte Landesausstellung in Angriff genommen. Nach dem 1933 abgeschlossenen Umbau führten die Geleise nicht mehr in die Bahnhofshalle, die etwas verkürzt wurde, um der neuen Querhalle zwischen Landesmuseum und Löwenstrasse Platz zu machen, sondern endeten wie noch heute vor dieser Querhalle auf einer Brückenkonstruktion über der Sihl. Sowohl bei der gut hundert Meter langen Querhalle wie bei der knapp dreihundert Meter langen sechsschiffigen Perronhalle handelt es sich um Glas-Stahl-Bauten. Der Hauptausgang befand sich nun am Ende der Querhalle auf der Höhe der Löwenstrasse. Dieser «Landi 39-Ausgang» prägte bis ins späte 20. Jahrhunderts das Bild des Bahnhofs vom Bahnhofsplatz aus mit einer in rechteckige Felder aufgeteilten Metall-Glaswand und einer grossen Uhr. Während der Landesausstellung hielten die Autobusse vor diesem Ausgang, die das Publikum für 20 Rappen direkt zum Haupteingang Riesbach → 119 brachten. Dank der Einführung der ersten Trolleybusse → 79 konnten Omnibusse der St.St.Z. für die Pendelfahrten zur Landi freigestellt werden. Den Haupteingang Enge → 110 erreichte man vom Bahnhof aus bequem mit den Strassenbahnen der Linien 7 und 22.

Als noch während der Landesausstellung die Generalmobilmachung am 1. September 1939 rund 430 000 Männer unter die Waffen rief, änderte sich das Bild des Bahnhofs. Dietikon, das innerhalb der Limmatstellung → 83 zu einer Festung ausgebaut wurde, wo bis zu 6000 Soldaten stationiert waren, wurde zu einer wichtigen Destination der feldgrauen Passagiere, die in Züge mit Schildern wie «Zürich–Dietikon–Olten–Bern–Genf» stiegen. Doch auch die Beförderung von Zivilpersonen und der Ausflugsverkehr wurden während des Kriegs weitergeführt. Über Ostern 1941 etwa setzten die SBB ausser Doppelführungen von fahrplanmässigen Zügen Entlastungszüge nach Basel, Chur, Genf und ins Tessin ein. Während im Ersten Weltkrieg der auf Kohle angewiesene Zugsverkehr zeitweise beinahe völlig zusammengebrochen war, konnte er zwischen 1939 und 1945 dank der unterdessen auf fast allen Strecken erfolgten Elektrifizierung weitgehend aufrechterhalten werden.

→ 41 Hauptbahnhof.

Bahnhofplatz 1934. Schweizerhof und Victoriahaus.

STARTENOR IM SCHWEIZERHOF

1924, ein Jahr nach Beginn der Ausstrahlung von regelmässigen Radioprogrammen, fragte die Zeitschrift *Der deutsche Rundfunk* ihre Leserschaft in einer Umfrage, was sie am Radio – damals noch per Kopfhörer – am liebsten hören möchte, und bekam zur Antwort: Operetten. Auf Rang zwei folgten Tagesneuigkeiten und an achter Stelle Opern, die somit immer noch beliebter waren als Sportnachrichten, humoristische Beiträge, politische Reden und Predigten. Der Rundfunk der Zwanzigerjahre brauchte Sängerinnen und Sänger. Die Karriere des Tenors Joseph Schmidt, geboren 1904 im damals zu Österreich, heute zur Ukraine zählenden Czernowitz, war eng mit dem Berliner Rundfunk verbunden. «Den Radiohörern war es vorbehalten», bemerkte im April 1929 eine Berliner Zeitung kurz nach Schmidts erster Sendung, «das Debüt eines Tenors zu erleben, dessen ungewöhnlicher Stimmglanz, dessen besonderes Timbre sofort aufhorchen liess.» Für Schmidt war das neue Medium auch insofern ein Glücksfall, als beim Rundfunk seine geringe Körpergrösse von gut anderthalb Metern im Gegensatz zur Bühne kein Handicap darstellte.

Schmidts Karriere verlief kometenhaft. Zu regelmässigen Rundfunksendungen kamen bald Dutzende von Schallplattenaufnahmen, Live-Auftritte in Konzertsälen und schliesslich auch auf Opernbühnen sowie Hauptrollen in Musikfilmen. Im Mai 1932 wurde Joseph Schmidt in einer vielbeachteten Umfrage in Berlin zum beliebtes-

Joseph Schmidt (rechts) mit dem Pianisten Walter Lang in der Tonhalle 1940.

ten Künstler des Monats gewählt und bekam anlässlich einer Feier im Funkhaus eine goldene Uhr überreicht, in deren Deckel eingraviert war: «Herrn Joseph Schmidt, für die beste Monatsgesamtleistung im Funk-Toto des 8-Uhr-Abendblattes. Berlin, Mai 1932.» Ein Jahr später hatte die NSDAP die Macht ergriffen, und Schmidt durfte als Jude nicht mehr am Rundfunk beschäftigt werden. Sein Film *Ein Lied geht um die Welt* konnte jedoch am 9. Mai 1933, einen Tag vor der Bücherverbrennung, noch im UFA-Palast am Zoo zur Uraufführung gelangen. Schmidt wurde frenetisch gefeiert. Mit im Publikum sass Reichspropagandaminister Goebbels, der vorschlug, den populären Sänger zum «Ehrenarier» zu ernennen.

Ende 1933 zog Schmidt nach Wien. Konzerttourneen führten ihn in den folgenden Jahren nach Amerika, wo der «tiny man with the great voice» in der Carnegie Hall vom General Motors Symphony Orchestra begleitet wurde, nach Palästina und quer durch Europa. Im Sommer 1936 sang Schmidt an einem Open Air in Holland über eine riesige Verstärkeranlage vor 100 000 Menschen.

Doch sein Spielraum in Europa wurde immer enger. 1938 wich er ein paar Tage vor dem «Anschluss» Österreichs an Deutschland nach Brüssel aus, 1940 nach Frankreich. Schmidt verlor innert weniger Jahren Auftrittsgelegenheiten und Absatzmärkte ebenso wie seine Präsenz in Radio und Tonfilm, wo er auch als Schauspieler überzeugt hatte. Zudem wurde ihm von den Hütern der ernsten Musik nicht verziehen, dass er sein Massenpublikum über populäre Medien, Schlager und Film, erreicht hatte. Schon bei seinem Zürcher Auftritt vom 8. Februar 1934 vor ausverkauftem grossen Saal in der damals noch türmchenbewehrten, altehrwürdigen Tonhalle rümpfte die NZZ die Nase darüber, dass das Publikum nach dem Vortrag seriöser Arien als Zugabe «Filmschlager» forderte und auch bekam. 1940, wieder am 8. Februar, reichte dann der kleine Saal in der unterdessen in den Kongresshausneubau integrierten Tonhalle für Schmidts vom Piano begleiteten Gesangsvortrag. Die NZZ bemerkte, dass «im Verlaufe des Konzertes einiges Gute mit vielem weniger Gutem» wechselte. Nach dem Konzert übernachtete Joseph Schmidt wie üblich, wenn er sich in Zürich aufhielt, im noblen Schweizerhof am Bahnhofplatz → 98.

› 42 Schweizerhof.
› 42A Tonhalle Planausschnitt Seeufer Enge 107–115

ZWEI ERKER: KRISE, KRIEG UND KÄSE

Am Anfang der Löwenstrasse – oder am Ende – ragen zwei Erker aus den Fassaden benachbarter Häuser, die aus völlig unterschiedlichen Welten zu stammen scheinen, obwohl sie am gleichen Ort im Abstand von nur wenigen Jahren gebaut wurden. Der langgestreckte Erkerausbau im ersten Stock des Eckhauses Bahnhofplatz/Löwenstrasse gehört zu einem Geschäftshaus, das 1933 bis 1934 an Stelle des früheren Hotels Victoria errichtet wurde. Der um die Hausecke gebaute Erker lässt mit seiner grossflächigen Verglasung Licht und Sonne in das Obergeschoss des zweistöckigen Restaurants, das ursprünglich als Braustube Hürlimann betrieben wurde und heute asiatische Küche anbietet. Den Gästen bot sich in den Dreissigerjahren an weiss gedeckten Tischen aus dem verglasten Erker über den Bahnhofplatz die Aussicht auf den neuen Landi-39-Ausgang des Hauptbahnhofs → 41 und übers Eck der Blick auf die gegenüberliegende Seite der Löwenstrasse, wo sich, typisch für das Bahnhofsquartier, ein internationales Reisebüro befand, das unter anderem die grosse englische Transatlantik-Reederei Cunard Line vertrat. Die Architekten des Victoriahauses, die Gebrüder Adolf und Heinrich Bräm, deren bekanntestes Werk die einige Jahre zuvor entstandene Sihlpost ist, schufen in Zusammenarbeit mit ihren Ingenieuren ein Gebäude im Skelettbau mit Fassadenverkleidung aus grauen, zwei Zentimeter dicken Quarzitplatten. «Von besonderer Bedeutung war» laut *Schweizerischer Bauzeitung* «angesichts des hohen Grundstückswertes das Erzielen maximaler Nutzfläche, wofür

Modern in den Dreissigerjahren, traditionell während des Kriegs: Erker an der Löwenstrasse (1941).

Etwas verblasst und verraucht: Ernst Morgenthalers Wandbilder (1934) im Bierlokal an der Lintheschergasse.

der Stahlbau mit seinen geringsten Konstruktionsstärken der Fassaden, Säulen und Decken berufen ist. Der Gewinn von einigen Prozent an nutzbarer Grundfläche kapitalisiert eine namhafte Wertsteigerung des Objektes.» Wegen der zentralen Lage wurde bei der Konstruktion darauf geachtet, dass sich das Geschäftshaus leicht umbauen lässt. Die Anordnung der Fensterachsen ermöglicht eine flexible Raumeinteilung.

Ganz anders als der extrovertierte, auf das grossstädtische Leben ausgerichtete, moderne und klar gegliederte Victoriaerker wirkt der düstere Erker der Chässtube am Nachbarhaus Löwenstrasse 66. Die Chässtube wurde 1941 im Obergeschoss des Goldenen Löwen eingerichtet, mit Balkendecke, ungedeckten Holztischen, dunklen Aschenbechern (mit in der Mitte aufgepflanzten Zündholzschachtelhaltern) und Wandgemälden, die Szenen rund um den Käse darstellten: wie die Kuh gemolken wird, der Käser im Kessel rührt und der Käse schliesslich bei Tisch verteilt wird. Auch Schwyzerörgeli und Bassgeige fehlten nicht. Vor dem Umbau zur Chässtube befand sich über dem Goldenen Löwen ein separater Saal. Dort hatte sich seit August 1931 wöchentlich der «Damen-Club Amititia» getroffen, der sich zu einer Vereinigung von Freundinnen gleichgeschlechtlicher Liebe entwickelte und 1933 mit dem homosexuellen Herrenclub «Excentric» fusionierte → 48.

«trotz Chrieg und Not. dr : goldig Leu : doch wieder schtoht!» steht im Balken der Längsfront des von den Jahreszahlen 1939 und 1941 flankierten Erkers eingekerbt, der mit seinem Weinrankenfries trotz Zürcher Löwen ans Wallis erinnert und durch sein dunkles Braun und die vergleichsweise kleinen, durch Sprossen unterteilten Fenster etwas Abweisendes, in sich Gekehrtes ausstrahlt. Das Holz verkörpert nicht nur ein Baumaterial aus inländischer Produktion, sondern auch eine im Rahmen der Geistigen Landesverteidigung hochgeschätzte Ländlichkeit.

Bei aller Gegensätzlichkeit der beiden in einem Abstand von sieben Jahren entstandenen Erker besteht eine innere Verwandtschaft zwischen dem Gebäude aus den frühen Dreissigerjahren und dem während des Kriegs erfolgten Umbau des Nachbarhauses. Auch beim Bau des Victoriahauses diskutierte die *Bauzeitung* die Verwendung inländischer Baumaterialien und verglich die Auslandanteile von Stahlbau und Eisenbeton: «In einer Zeit wirtschaftlicher Not, die in dauernd verschärfendem Mass die Schweiz erfasst hat, heisst Bauen mit einheimischen Baustoffen volkswirtschaftliche Forderung.» Und wie die Chässtube, ausgebaut nach der Überwindung der Wirtschaftskrise, erhielt auch das Grossrestaurant über dem Buffet im Erdgeschoss des Victoriahauses ein Wandbild, welches über mehrere Meter Breite eine Gartenwirtschaft am Waldrand zeigte, mit Bier, Schweizerfahne und Ländlerkapelle. Während dieses Bild unterdessen entfernt wurde, sind Ernst Morgenthalers Fresken im Hürlimann-Bierlokal im gleichen Gebäude an der Lintheschergasse erhalten geblieben. Die 1934 in Kaseinfarben gemalten grossen Bilder im ursprünglich mit Klinker ausgekleideten Stehbierlokal sind zwar etwas vergilbt und verraucht, erlauben jedoch immer noch einen unverstellten Blick in die Dreissigerjahre: Kräftige Männer bringen mit kräftigen Brauereipferden Bierfässer, die gutmütigen Apfelschimmel werden umringt von barfüssigen Kindern, Soldaten und weiss gekleidete Turner lassen sich von einer schwarzweiss gekleideten Kellnerin Bier bringen, und über dem Buffet vergnügen sich die Jasskarten-Under. Ernst Morgenthaler galt damals als einer der besten Schweizer Maler. 1931 war er mit seiner Familie von Paris nach Höngg gezogen. 1938 widmete ihm das Zürcher Kunsthaus eine grosse Einzelausstellung. Sein Frau Sasha arbeitete seit den Zwanzigerjahren an Puppen, vorerst Einzelanfertigungen, und wurde mit der Aufnahme der industriellen Herstellung von «Sasha-Puppen» in den Sechzigerjahren international bekannt. Im Haus der Morgenthalers verkehrten Künstler wie Hermann Haller, Karl Geiser und Hermann Hesse, der ein Buch über den befreundeten Maler verfasste.

> **43** Victoriahaus Bahnhofplatz 9. Eingang zum Hürlimann-Bierlokal Zum Höck. Tradition und Gemütlichkeit an der Lintheschergasse.
> **43A** Löwenstrasse 66: früher Goldener Löwe und Chässtube, heute Helvetic Tours.
> **43B** Bahnhofplatz 12: in den Dreissigerjahren Reisebüro, heute The Phone House.

SPRENGSTOFFANSCHLAG AUF DIE SYNAGOGE — 44

Am Dienstag, dem 8. Dezember 1936 versammelte sich in Salomon Kornfeins Pension Ivria an der Löwenstrasse 12 eine Gesellschaft zur Feier des ersten Abends des jüdischen Chanukka-Festes, des mehrtägigen Lichterfestes in der dunklen Jahreszeit, bei welchem jeden Abend eine weitere Kerze eines siebenarmigen Leuchters angezündet wird. Um halb elf erschütterte ein Knall den Innenhof, an welchem auch die Synagoge liegt, und die Fensterscheiben gingen im Hause Löwenstrasse 12 bis in den dritten Stock in Brüche. Wenig später erschien die Polizei am Tatort. Der Sprengkörper war vor dem Fenster des an die Synagoge angebauten Gemeindehauses der Israelitischen Cultusgemeinde (ICZ) → 115 explodiert, hatte das Gitter gekrümmt, die Scheiben zertrümmert und den hinter dem Fenster liegenden Raum beschädigt. Die Anwohner kamen mit dem Schrecken davon, eine Frau erlitt einen Nervenschock. Die Synagoge selbst, 1884 im maurischen Stil erbaut, nahm kaum Schaden. Sie war 1936 eben erst renoviert worden, dabei musste die üppige orientalische Innenausstattung einer purifizierten, schlichten Einrichtung weichen, die als zeitlos empfunden wurde.

Seit der Zeit des Ersten Weltkriegs kam es in Zürich immer wieder zu antisemitischen Aktionen. Die Synagoge an der Löwenstrasse war bereits 1925 mit Hakenkreuzen verschmiert worden. Seit dem Erstarken der Frontisten im Windschatten des Nationalsozialismus häuften sich antisemitische Attacken auf Personen und Gebäude. Das Parteiprogramm der «Nationalen Front» forderte: «Die Einbürgerung und Niederlassung volksfremder Elemente, besonders der Juden, wird verboten. Die seit 1914 erfolgten Einbürgerungen werden revidiert.» Mehrmals wurden in den Dreissigerjahren Juden und vermeintliche Juden in Zürich auf offener Strasse angegriffen und zusammengeschlagen, 1934 erfolgte ein Anschlag mit Sprengstoff und Kot auf die Synagoge an der Freigutstrasse, 1935 wurden während des Weihnachtsverkaufs im «Judenwarenhaus Epa» → 51 Tränengas und in Herrensocken verpackte Stinkbomben zwischen die Kundschaft geworfen, die das Haus fluchtartig verliess, während einige der Verkäuferinnen in Ohnmacht fielen. «Der bodenständige Schweizer kauft nichts beim Juden!», stand auf mit Hakenkreuzen versehenen Klebern, die in Zürich im Umlauf waren.

Unmittelbar nach dem Anschlag auf die Synagoge an der Löwenstrasse suchte die Polizei die Umgebung mit Scheinwerfern ab. Noch in der Nacht versammelten sich Neugierige am Tatort. Die Polizei nahm Verdächtige fest, durchsuchte Häuser, konnte die Täterschaft jedoch nicht ermitteln. Ein Augenzeuge, der im heute nicht mehr bestehenden Durchgang an der Uraniastrasse 32 ein Viertelstunde vor dem Anschlag noch sein Fahrrad repariert hatte, konnte nichts Verdächtiges berichten. Ein anderer Zeuge beobachtete drei Männer, die sich gerade nach der Explosion schnell von diesem Durchgang entfernt hatten, zwei Richtung Sihlporte, ein dritter in hellem Regenmantel Richtung Löwenplatz. «Im übrigen», kommentierte das *Volksrecht*, «haben die Zürcher Nazi – in deren Reihen zweifellos die Täter zu suchen sind – durch diesen Auftakt zum Frankfurter Prozess ihre niederträchtige Gesinnung bezeugt und ihrer Sache einen schlechten Dienst erwiesen.» Der jüdische Medizinstudent David Frankfurter hatte am 4. Februar des gleichen Jahres in Davos den schweizerischen Landesgruppenleiter der NSDAP-Auslandorganisation erschossen und wurde in einem international scharf beobachteten Prozess in Chur am 14. Dezember 1936 zu achtzehn Jahren Haft verurteilt.

› 44 Synagoge Löwenstrasse (Nüschelerstrasse 36), Hof zwischen Löwenstrasse, Nüschelerstrasse und Uraniastrasse.

NÜSCHELERSTRASSE 30: LEBENSMITTELABTEILUNG

Am 30. Oktober 1939 trat die Rationierung für Lebensmittel wie Zucker, Mehl, Griess, Hafer, Gerste, Mais, Teigwaren, Hülsefrüchte, Speisefette und -öle in Kraft. Im Lauf des Krieges wurden weitere Produkte der Rationierung unterstellt. Als 1942 auch Milch und Brot → 66 rationiert wurden, waren mit Ausnahme von Gemüse, Obst, Fisch und Kartoffeln alle wichtigen Nahrungsmittel nur gegen Abgabe der entsprechenden Coupons käuflich.

Die Organisation des Mangels erwies sich als aufwendig. In Zürich war die städtische Zentralstelle für Kriegswirtschaft dafür zuständig, mit deren Aufbau und Leitung der Stadtrat im Mai 1939 Willy Spühler → 54 beauftragt hatte. Allein von Mitte Oktober bis Ende Dezember 1939 hatte die städtische Zentralstelle 100 000 Briefe und Drucksachen an die Zürcher Haushalte zu versenden. Der Aufbau des kriegswirtschaftlichen Verteilsystems musste von vielen neuen Angestellten und nicht eingewöhntem Hilfspersonal bewältigt werden, «dazu kam eine starke Behinderung in der geringeren Leistungsfähigkeit der Druckereien und Kuvertfabriken infolge der Mobilisation», wie der ausführliche Tätigkeitsbericht der Zentralstelle für Kriegswirtschaft 1949, ein Jahr nach der endgültigen Aufhebung der Lebensmittelrationierung, feststellte.

Die Lebensmittelabteilung beschäftigte zeitweise über 300 Personen und war die grösste Abteilung der kriegswirtschaftlichen Zentralstelle, die dem Gesundheits-

Eingang zur Zentralstelle für Kriegswirtschaft der Stadt Zürich (bei Auto). Anschliessend rechts Café Bali mit Palme (1944).

amt zugeordnet war. Leitung, Sekretariat und zahlreiche Büros der Lebensmittelabteilung befanden sich ab Mitte 1940 im Geschäftshaus Nüschelerstrasse 30. Die Ausgabe der Lebensmittelkarten erfolgte jedoch, nachdem sich das System der Zuteilung im Verlauf des Jahres 1942 weitgehend konsolidiert hatte, meist an festen Ausgabestellen in den Quartieren. Die bezugsberechtigten Personen hatten sich an einem bestimmten Tag während der letzten beiden Wochen des Vormonats an ihrem Quartierschalter einzufinden, wo sie sich ausweisen mussten und die in der ersten Monatshälfte für sie vorbereiteten Karten in Empfang nehmen konnten. Die Karten von Familienangehörigen des gleichen Namens steckten jeweils in Familienumschlägen. Jede Person über sechs Jahren hatte Anrecht auf eine ganze Lebensmittelkarte, Wehrmänner auf eine halbe, für Kleinkinder gab es spezielle Kinderkarten mit mehr Milch, Reis und Zucker. Für Erwachsene betrug die Monatsration an Zucker im September 1943 500 g, an Teigwaren maximal 250 g, weiter 350 g Butter, 2 Stück Schaleneier, 200 g Volleipulver, 300 g Käse, 6750 g Brot usf. Die monatliche Brotration beispielsweise war aufgeteilt in Coupons à 500, 100 und 25 g. Zusätzlich bekam jede Person Mahlzeitencoupons (Mc) für die Verpflegung in Gaststätten, wo ein Frühstück nur gegen Abgabe eines Coupons erhältlich war und ein Mittag- oder Nachtessen gegen zwei Mc. Mit der Einführung der abgestuften Rationierung im Sommer 1942 wurden Zusatzkarten herausgegeben für Mittelschwer-, Schwer- und Schwerstarbeiter. Die von den Arbeitgebern unterschriebenen Gesuche um Zusatzkarten mussten im Erdgeschoss am Sitz der Lebensmittelabteilung an der Nüschelerstrasse abgegeben werden. Ab Sommer 1945 waren auch berufstätige Mütter, die ihren Haushalt ohne Haushalthilfe bewältigten, als Mittelschwerarbeiterinnen berechtigt, entsprechende Zusatzkarten zu beziehen.

Auch für die seit Ende 1940 ebenfalls rationierten Schuhe und Textilien gab es Zusatzscheine. Zusatzscheine für Schuhe wurden bei besonderen Anlässen wie Konfirmation und Hochzeit ausgestellt, ebenso für «Berufstätige mit erhöhtem Schuhbedarf wie Weichen- und Streckenwärter, Briefträger, Ausläufer, Landwirte, Balletttänzerinnen usf.».

Schalterbeamte und kriegswirtschaftliche Funktionäre verkörperten – laut Tätigkeitsbericht der Zentralstelle – im unmittelbaren Kontakt mit dem Bürger den Zwang und die Macht des Staates: «Um unnötige Konflikte so weit als möglich auszuschalten, wurden in Verbindung mit dem Institut für angewandte Psychologie in Zürich Kurse für Personalschulung durchgeführt, in denen die Probleme ‹Personal und Publikum›, ‹Vorgesetzte und Untergebene› und ‹Verhalten des Personals unter sich› besprochen wurden. Dabei wurde das Hauptgewicht nicht auf einseitige Vortragstätigkeit gelegt, vielmehr wurde versucht, die Kurse in aufgelockerter Form als Erfahrungsaustausch unter sachkundiger Leitung zu gestalten. Beispielsweise wurden in gespielten Szenen ‹Am Schalter› die möglichen Konfliktstoffe erörtert und die Kenntnisse in den manchmal komplizierten Rationierungsvorschriften durch eine Sammlung typischer Fragen und Antworten gefestigt. Für die Arbeit am Schalter wurden die Leitworte geprägt: Rasch – richtig – freundlich.»

Wer wollte, konnte sich die Lebensmittelkarten auch per Post zustellen lassen. Ein Jahresabonnement kostete sechs Franken, im eingeschriebenen Brief kamen dann jeweils auch gerade die Karten für Schuhe

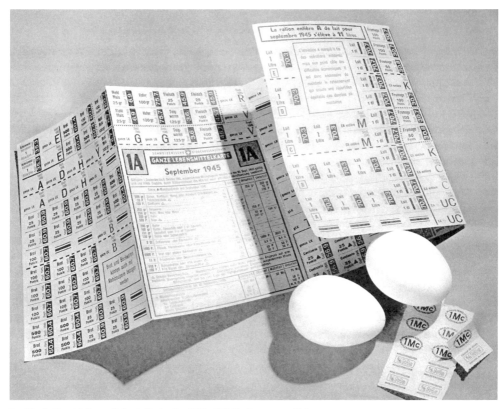

Zwei Eier im Monat: Lebensmittelkarte (September 1945) mit Mahlzeitencoupons (Mc).

und Textilien sowie für die ebenfalls rationierte Seife. Die Anträge auf Postversand wurden in einem ehemaligen Ladengeschäft am Hauptsitz an der Nüschelerstrasse 30 entgegengenommen, dort befanden sich auch eine Auskunftsstelle und verschiedene Schalter für Spezialfälle, etwa für die Aufenthalter aus dem Ausland. Ursprünglich wurden Grossbezüger – Bäckereien, Gastgewerbebetriebe, Spitäler, Anstalten, Handelsbetriebe – ebenfalls dort bedient, doch die Räume erwiesen sich als zu klein: «So mussten im Jahre 1940 für vorübergehenden Massenandrang und zur Durchführung grösserer interner Serienarbeiten mehrmals die Säle des Gesellschaftshauses zur Kaufleuten benützt werden, obschon der grosse Laden im Erdgeschoss des Hauses Nüschelerstrasse 30 sich sonst für die Publikumsbedienung sehr gut eignete.» 1942 wurden die Schalter für die Grossbezüger dann von der Nüschelerstrasse in geräumigere Parterreräumlichkeiten in der Börse verlegt.

Wem die Rationierungskarten durch Diebstahl oder aus anderen Gründen abhanden gekommen waren, hatte bestenfalls Anrecht auf einen Vorschuss auf Kosten des folgenden Monats. Die Vorschussgesuche waren im Büro 14 im ersten Stock der Lebensmittelabteilung einzureichen. Im Büro 314 im dritten Stock wurden «Differenzen wegen Rationierungsausweisen: Arbeitgeber/Arbeitnehmer, Gaststätten, Pensionen usw.» behandelt.

Die kriegswirtschaftliche Lebensmittelabteilung belegte nur einen Teil des Geschäftshauses an der Nüschelerstrasse. Andere Räume wurden von verschiedenen Firmen als Büros und Läden genutzt, unter dem Erkerturm rechts stellte im Sommer das Café Bali seine Rohrstühle auf das Trottoir, flankiert von Kübelpalmen und überdacht von Sonnenstoren.

Im zusammen mit dem Geschäftshaus 1930 erbauten Nachbarhaus Nüschelerstrasse 24 befanden sich mehrere Dutzend Appartements. In den städtischen Adressbüchern der Vierzigerjahre finden sich unter den Mietern und Mieterinnen Zahnärzte, Kaufleute – teils jüdischen Namens –, eine Chemikerin, eine Geschäftsleiterin und eine Directrice, mehrere Witwen, aber auch ein ungarischer Presseattaché, ein bulgarischer Handelsattaché sowie ab 1941 der deutsche Vizekonsul Dr. Hs. Gisevius → **11**. Vor dem Haus hielt gelegentlich ein Taxi. Baron von der Heydt → **114** stieg aus, begab sich in die Privatwohnung des Vizekonsuls, der sowohl für die Spionageabteilung der Wehrmacht wie für die Widerstandsbewegung agierte, und brachte oder holte einen Koffer voll Gold oder Devisen.

Während des Kriegs war die Nüschelerstrasse jenseits der Pelikanstrasse noch unterbrochen, da dort bis zum Abbruch Ende der Vierzigerjahre ein altes Patrizierhaus in der Strasse stand.

> **45** Nüschelerstrasse 30: Sitz der Lebensmittelabteilung der Zentralstelle für Kriegswirtschaft. Ausgabestellen für Rationierungskarten in den Quartieren (Stand September 1943):
> Kreis 1, Enge: Stadthausquai Metropol → **18**
> Wollishofen: Albisstrasse 8
> Leimbach: Leimbacherstrasse 34
> Kreis 3: Zentralstrasse 105 → **91**
> Albisgüetli, Friesenberg, Binz: Bachtobelstrasse 20
> Kreis 4: Stauffacherstrasse 20
> Kreis 5: Limmathaus, Limmatstrasse 118 → **80**
> Kreis 6: Schaffhauserstrasse 35
> Kreis 7: Kreisgebäude Hottingen, Gemeindestrasse 54
> Eierbrecht, Witikon: Neues Schulhaus Witikon, Heilighüsli 19
> Kreis 8: Dufourstrasse 29
> Albisrieden: Albisriederhaus, Albisriederstrasse 328
> Altstetten: Kreisgebäude, Feldblumenstrasse 12
> Wipkingen: Hönggerstrasse 42
> Höngg: Limmattalstrasse 86
> Oerlikon, Schwamendingen, Seebach: Schwamendingerstrasse 3
> Affoltern: Quartierbüro Wehntalerstrasse 440.

46 MODERN SEIT 1933

«1931 war die rationale seite des sich einrichtens, der wohn-bedarf, fast nicht zu befriedigen, wenn ansprüche gestellt wurden, die über das damals konventionelle hinausgingen, eine einfacher, zweckmässiger stuhl, ein normaler tisch – wo waren sie zu kaufen?», fragte sich Max Bill. Gemeinsam mit Bewohnern der Werkbundsiedlung Neubühl → **151**, die nicht wussten, wo sie passende Möbel für ihre neuartigen Wohnungen finden konnten, gründete eine Gruppe aufgeschlossener Architekten und Designer daher 1931 die Aktiengesellschaft für Wohnbedarf mit Wladimir Rosenbaum → **21** als Verwaltungsratspräsidenten, die an der Claridenstrasse 47 ein erstes Geschäft eröffne-

Wohnbedarf: Esszimmergruppe 1933 mit Stahlrohrstühlen (entworfen von Marcel Breuer), Anrichte (Rudolf Gerber), Servierboy (Alfred Roth) und Liege (Le Corbusier).

te. Dieses hatte eine «vermittlerfunktion zu erfüllen zwischen den wenigen herstellern – die sich nicht scheuen, etwas gutes zu machen – und den wenigen konsumenten, die etwas vernünftiges in ihrer wohnung benützen wollten.» Logo, Beschriftung und Werbung gestaltete Max Bill, der sich im Verlauf der Jahre im Ausland wie in der Schweiz einen Namen machte als Architekt, Designer, Typograph, Lehrer, Maler und Vorkämpfer der konkreten Kunst, die, wie er 1936 formulierte, Werke schaffen wollte, die «auf grund ihrer ureigenen mittel und gesetzmässigkeiten – ohne äusserliche anlehnung an naturerscheinungen oder deren transformierung, also nicht durch abstraktion – entstanden sind.»

Vorerst ging alles gut. Wohnbedarf eröffnete Filialen in Basel, Genf und Bern und bezog im Januar 1933 neue Geschäftsräume im Schanzenhof an der Talstrasse 11. Den Umbau besorgte Marcel Breuer, ein später in die USA emigrierter Architekt und Gestalter, den Max Bill aus seiner Studienzeit als Leiter der Möbelwerkstatt des Bauhauses in Dessau → 80 kennengelernt hatte. 1939 zeigte Wohnbedarf in der Abteilung «Wohnen» der Landesausstellung zwischen Schifflibach und Schneeligut die «Einzimmerwohnung eines Intellektuellen mit Kochnische, Bad samt Dusche und W. C. und kleinem Vorplatz». Für Wohnbedarf kamen schwere Zeiten. Die Geschäftschronik notiert zu 1939: «Der grosse Rückschlag durch das Aufkommen des Heimatstils → 40 an der Landesausstellung. Befestigung dieser Bewegung durch den Weltkrieg.» Wohnbedarf hielt durch. «Nach dem Krieg begann der Abstieg des Heimatstiles. Wir wurden wieder salonfähig. Wir wurden wieder geschätzt und gefragt.» Wohnbedarf befindet sich immer noch an der Talstrasse 11. 1996 kamen die Räume Talstrasse 15 dazu.

An der Talstrasse 9 wurde 1935, mitten in der Wirtschaftskrise, die Baumuster-Centrale gegründet, die sich ebenfalls noch am gleichen Ort befindet und sich als Bindeglied zwischen Produzenten, Architekten, Planern, Bauherren und Bauinteressierten versteht. Promotor der Baumuster-Centrale und Präsident während der ersten drei Jahrzehnte ihres Bestehens war der Architekt Walter Henauer, der zusammen mit Ernst Witschi → 79 149 1928–1931 den Geschäftshauskomplex Schanzenhof und die Börse baute, die mit ihrem Rundturm schnell zum Postkartensujet und zum Wahrzeichen des modernen Zürich geworden war.

› 46 Wohnbedarf Talstrasse 11–15.
› 46A Baumuster-Centrale Talstrasse 9.

47 HOLZVERZUCKERUNG

Der 1904 in Luzern geborene Werner Oswald dissertierte als Agraringenieur an der ETH und schloss ein zweites Studium an der Universität Zürich mit einer Doktorarbeit über Wirtschaft und Siedlung im bündnerischen Rheinwald ab. Bei seiner Beschäftigung mit der Ökonomie der Bündner Täler wurde er mit den aktuellen Problemen des Bergkantons konfrontiert: der einseitigen Ausrichtung auf den Tourismus, der in den Krisenjahren zusammenbrach, dem fast völligen Fehlen von industriellen

Arbeitsplätzen, der Verdrängung von Brennholz durch Kohle, der abnehmenden Bewirtschaftung der Wälder, die eine der wichtigsten Ressourcen der Berggebiete darstellten, und der Abwanderung der Arbeitskräfte. Oswald verfolgte zielstrebig eine Vision, die Abhilfe bringen sollte: die Errichtung einer Holzverzuckerungsfabrik. 1933 gründete er zusammen mit seinem Bruder, dem Juristen Rudolf Oswald, die PATVAG, Aktiengesellschaft für Patente und Verwaltungen, und nahm mit dem deutschen Chemiker Heinrich Scholler Kontakt auf, der ein Verfahren zur Gewinnung von Ethanol aus Holz patentiert hatte. 1936 erwarb Oswald von Scholler die Fabrikationslizenz und gründete im Mai die HOVAG, Holzverzuckerungs-AG, mit Geschäftsadresse Bahnhofstrasse 12, wo sich auch die PATVAG befand. In Kreisen der Politik, Wirtschaft, Industrie und Finanz betrieb er eine intensive Lobbyarbeit für sein Projekt, baute in einem Lagerraum an der Mühlebachstrasse eine funktionstüchtige Probe- und Demonstrationsanlage, arbeitete an der Verbesserung des Verfahrens, wandte sich an die Öffentlichkeit und stellte die Holzverzuckerung an der Landi → 110 vor. Armin Meili, der Direktor der Landesausstellung, übernahm später das Präsidium der HOVAG.

Der Durchbruch gelang Werner Oswald und der HOVAG im Krieg: Die Schweiz brauchte Ersatztreibstoffe aus einheimischen Rohstoffen → 141. 1941 schlossen der Bund und die HOVAG einen Vertrag ab, der für den Bund eine Abnahmegarantie und für Oswalds Firma eine Lieferpflicht über fast 100 000 Tonnen Treibstoff bis zum Jahr 1955 vorsah. Im Sommer 1941 begann der Bau der Fabrik in Domat-Ems. Die Holzverzuckerungs-AG verlegte ihren Sitz von Zürich an den Produktionsstandort. Bereits im Herbst 1942 war die erste Bauetappe von insgesamt zwanzig Gebäuden so weit gediehen, dass die Produktion aufgenommen werden konnte. In der – noch heute – einzigen grossen Industrieanlage des Kantons wurde Holz – das konnte ohne Weiteres Abfallholz sein – zuerst verzuckert, das heisst, die Cellulose wurde durch Hydrolyse in Zucker gespalten, der herausgelöste Zucker wurde dann weiter durch Hefe in Ethanol (Alkohol) vergärt. In einer zweiten, energieintensiven Produktionskette wurde Methanol hergestellt, welches gemischt mit Ethanol im Verhältnis 60:40 als Treibstoffzusatz diente. Dieses «Emser Wasser» konnte im gegen Ende des Krieges verwendeten Treibstoffgemisch fast die Hälfte ausmachen. 1944 produzierte die HOVAG 6,5 Millionen Liter Ethanol und 5,4 Millionen Liter Methanol. «Die Produktion von Ems trug zu rund 27 Prozent des Bedarfs des zivilen und militärischen Motorfahrzeugverkehrs bei, soweit er sich flüssiger Treibstoffe bediente. Der Anteil des Emser Produkts im Flugbenzin unserer Luftwaffe betrug rund 30 Prozent», heisst es in der Publikation über Werner Oswald in der Reihe *Schweizer Pioniere der Wirtschaft und Technik*. Neben Sprit und Methanol wurden in Ems grosse Mengen von Futterhefe und schon während dem Krieg zahlreiche weitere chemische Produkte hergestellt.

Auch in Deutschland wurden damals im grossen Stil Ethanol, Methanol und andere Treibstoffzusätze produziert. Für die Methanolproduktion des Reiches und den Betrieb der Methanolfabrik im gigantischen Chemiekomplex der IG Farben in Auschwitz, bei dessen Bau Tausende von Häftlingen starben, war seit 1944 laut den Recherchen der beiden Historiker Lukas Straumann und Florian Schmaltz Johann Giesen zuständig, der später in leitender Position in

141

Ems beschäftigt war und 1952 in den Verwaltungsrat der HOVAG gewählt wurde. In der Nachkriegszeit erweiterte die HOVAG, seit 1962 Ems-Chemie, ihre Produktepalette um Fasern, Kunststoffe und andere Chemikalien und Fabrikate. Das Volk lehnte 1956 die «Emser Vorlage», die für eine fünfjährige Übergangsperiode eine Fortführung der Bundeshilfe für die Holzverzuckerungs-AG vorsah, ab.

→ **47** Bahnhofstrasse 12.

48 MARYS OLD TIMERS BAR: SCHWULE UND GIS

Im Eckhaus Augustinergasse/Glockengasse, wo heute Uhren und Schmuck verkauft werden, führte Maria Lang, in Anlehnung an die Zigarettenmarke Mary Long genannt, eine Bar, die in den frühen Vierzigerjahren ein beliebter Schwulentreffpunkt war. Dies hatte seine Gründe: In Marys Bar gelangte nur, wer anklopfte und hereingelassen wurde. Obwohl die Homosexualität mit dem eidgenössischen Strafgesetz 1942 entkriminalisiert wurde – einzigartig im damaligen Europa, – riskierten Schwule Wohnung und Arbeitsplatz zu verlieren und aus der Armee ausgeschlossen zu werden. Marys Bar am Glockenplatz bot Schutz vor Spitzeln aller Art, ebenso vor Strichern und Erpressern, denen der Einlass verwehrt blieb.

Das eidgenössische Strafgesetz, das 1942 in Kraft trat, hatte eine lange Geschichte hinter sich. Es hatte den Nationalrat bereits 1929 passiert, zwei Jahre später den Ständerat und war, nachdem das Referendum ergriffen worden war, 1938 in einer Volksabstimmung knapp angenommen worden. Umstritten waren Neuerungen wie die Entkriminalisierung der männlichen Homosexualität mit Schutzalter zwanzig oder die Legalisierung der Prostitution – nur der weiblichen, nicht der männlichen. Doch dem Strafgesetzbuch war weniger deswegen Widerstand erwachsen, sondern weil es die Zuständigkeit für das Strafgesetz von den Kantonen auf den Bund verlagerte.

In den Zwanzigerjahren waren in Deutschland mit dem Freundschafts-Verband und dem Bund für Menschenrechte kraftvolle homosexuelle Organisationen entstanden, die jedoch nach der nationalsozialistischen Machtergreifung schnell zerschlagen wurden. Einer, der mit der deutschen Bewegung in Kontakt gekommen war, war der jahrelang an deutschen Bühnen beschäftigte Schauspieler Karl Meier, der 1932 wie Heinrich Gretler und andere in Deutschland tätige Kulturschaffende nach dem Aufzug der braunen Wolken in die Schweiz zurückkehrte. Karl Meier wirkte von 1934 bis 1947 als Darsteller und Conférencier in Tausenden von Aufführungen des Cabarets Cornichon → **37** mit. Dass er im Gegensatz zu seinen Kollegen und Kolleginnen weitgehend in Vergessenheit geraten ist, hängt nicht zuletzt damit zusammen, dass er eine Doppelexistenz führte. Unter dem Namen Rolf steckte er einen Grossteil seiner Energie in seine zweite Existenz als Promoter homosexueller Anliegen. 1934 wurde er Mitglied des Schweizerischen Freundschafts-Verbandes, der in Zürich aus der lesbisch-schwulen Zusammenarbeit eines Damen- und eines Herrenclubs hervorgegangen war → **43**. 1935

GIs an der Limmat: Erinnerungsbuch an den «Leave in Switzerland», herausgegeben von Arnold Kübler, Gottlieb Duttweiler und Werner Bischof (1946).

Our leave in Switzerland

benannte sich dieser Verband in Liga für Menschenrecht um. Sowohl die Organisation, aus der sich die Frauen bereits in den Dreissigerjahren zurückzogen, als auch die Vereinszeitschrift änderten ihren Namen noch mehrmals. Ab 1943 hiess die von Karl Meier herausgegebene Zeitschrift *Der Kreis*. Nach dem Krieg wurden der *Kreis*, der bis 1967 erschien, und die dahinter stehende Vereinigung in zahlreichen Ländern zum Vorbild für die wieder aufkeimende Schwulenbewegung.

In den späten Vierzigerjahren wurde Marys kleine Bar, in welcher Mary unter der Theke durchkriechen musste, um auf die andere Seite zu gelangen, zum Treffpunkt amerikanischer Soldaten auf Schweizer Urlaub → 6. Als GI-Bar blieb das später «Marys Old Timers Bar» genannte Lokal lange in Erinnerung, so bei Hugo Loetscher, der 1966 schrieb: «Gegen Abend öffnete auch ‹Mary's old Timer's› Bar. In ihr hangen Bilder von Churchill und Eisenhower in Erinnerung an die Zeit, als die amerikanischen Urlauber nach 1945 hier ihre Zürcher Tankstelle hatten; die Armeezeichen schmücken die Bar, und im Gästebuch sind die meisten Staaten der Vereinigten vertreten, und es macht sich heute noch gut, wenn man nicht ‹danke› sagt, sondern ‹o. k.›. Und diese Bar liegt im verzaubertsten Haus des Rennwegquartiers. Vor jedem Fenster wachsen Blumen, und es sind Blumen, die sich hochranken, und ich glaubte jeweils, die Blumen wachsen zu sehen, und wäre nicht überrascht gewesen, wenn eines Tages eine Hecke dagestanden hätte, hinter der als alte Fee Mary gewohnt und ihre Kleider gestrickt hätte. Aber dann wäre es nicht mehr möglich gewesen, in die ‹Old Timer's› zu gehen, selbst wenn man gewusst hätte, wo der Auslöser ist, der überflüssig macht, den Klopfer fallen zu lassen, und der eine Tür zu Speak-easy-Bekanntschaften öffnete.»

→ 48 Augustinergasse 14, Ecke Augustinergasse/Glockengasse, heute Uhren und Schmuck.

49 AM 8. MAI 1945 VOR DEM DEUTSCHEN REISEBÜRO

Nach der bedingungslosen Kapitulation der deutschen Truppen wurde in Europa am 8. Mai 1945 das Ende des Kriegs gefeiert. «Es war ein Tag von unendlicher Schönheit … und von unendlicher Bitterkeit», schrieb Edwin Arnet in der NZZ. «Fahnen, Gesang, feierndes und festendes Volk, Glocken, ein See voller Schiffe, Schulklassen, die sangen und Fahnen schwenkten, Kirchen mit ergriffenen Gemeinden, all das ein Ausdruck der Freude über den Abschluss des grössten Welttrauerspiels.»

Schon am Morgen des sonnigen, hochsommerlich warmen 8. Mai begannen Kinder und Jugendliche im Namen der Schweizer Spende mit Büchsen, Schweizerfahnen und blumengeschmückten Leiterwagen Geld für die Kriegsopferhilfe zu sammeln. Um elf Uhr läuteten alle Kirchenglocken der Stadt. Viele Läden waren «Wegen Friedens heute geschlossen». Am Nachmittag fanden in Aussersihl und Oerlikon von Tausenden besuchte Versammlungen statt, zu denen die Sozialdemokraten aufgerufen hatten. Auf dem Helvetiaplatz sprach Stadtpräsident Lüchinger, der betonte, es sei der

Armee zu verdanken, dass die Schweiz von einer Invasion der braunen Horden verschont geblieben war. Er forderte die baldige Einführung einer Altersversicherung auf Bundesebene, eine Forderung, die schon beim Landesstreik 1918 gestellt worden war und mit der Einrichtung der AHV 1948 erfüllt wurde. Weiter wünschte sich Stadtpräsident Lüchinger, dass auch die Frauen ein politisches Mitspracherecht erhalten sollten. Während Frankreich und Italien bei Kriegsende das Frauenstimmrecht einführten, musste die Schweiz bekanntlich bis 1971 darauf warten. Adolf Lüchinger schloss seine in Mundart gehaltene Rede mit den Worten: «Wämir zämeschtönd und einig sind, dänn muess es und wird's glinge, us dem Chaos e neui, schöneri, besseri und grächteri Wält ufzboue.»

An der Parallelveranstaltung auf dem Marktplatz in Oerlikon empörte sich einer der Redner nach einleitenden Klängen der Arbeitermusik Oerlikon-Seebach darüber, dass die Gegner des Nazisystems, die in die Schweiz hatten fliehen können, in Arbeitslagern leben mussten und zum Strassenbau «auf den Sustenpass geschickt» wurden, «während Nazi in den Strassen Zürichs frei herumlaufen».

«Der Tag riss alle mit, Geschäfte gaben plötzlich ihren Angestellten frei, Privatleute und Firmen hingen die Fahnen hinaus,

Bahnhofstrasse 70: «Führerfenster» anlässlich Adolf Hitlers Geburtstag.

nicht um eine Siegesfeier zu begehen, sondern ganz einfach um ein Freudentuch flattern zu lassen. Auch alle Konsulate hatten beflaggt, nur ein einziges → 11 nicht, dem dafür die graue Rauchfahne als letzter Rest verbrannter Akten aus dem Kamin stieg», schrieb Arnet in seinem NZZ-Bericht. Die deutsche Gesandtschaft wurde um 14 Uhr durch die Polizei geschlossen. Der Bundesrat hatte per 7. Mai beschlossen, die NSDAP-Landesgruppe Schweiz und die damit verbundenen Organisationen aufzulösen. «Es braucht heute keinen besonderen Heldenmut mehr, diese Organisationen aufzulösen! Aber besser ihr kommt spät, als gar nicht», kommentierte das *Volksrecht*.

Acht Uhr abends läuteten die Zürcher Glocken noch einmal eine Viertelstunde lang. In der Tonhalle wurde – passend, aber unabhängig vom Kriegsende angesetzt – Beethovens *Neunte Symphonie* gegeben. Die Strassen der Stadt waren voll von jubelnden und tanzenden Menschen, Musikanten spielten, die Gaststätten waren bis auf den letzten Platz besetzt. Gegen 23 Uhr versammelten sich einige hundert Personen, vor allem Jugendliche, vor dem deutschen Reisebüro an der Bahnhofstrasse 70.

Das prominent am Eingang des Rennwegs gelegene deutsche Verkehrsbüro hatte über Jahre mitten in Zürich als Schaufenster des nationalsozialistischen Deutschland gedient, als Propagandazentrale nicht nur für deutsche Reiseziele, sondern auch für UFA-Filme, synthetischen BUNA-Kautschuk, die Erfolge der Wehrmacht, deutsche Sturzkampfbomber und für den Führer, anlässlich dessen Geburtstag das Reisebüro an der Bahnhofstrasse jeweils ein blumengeschmücktes «Führerfenster» mit Hitlerporträt und Hakenkreuz präsentierte. Als die Polizei 1940 nach Protesten von Passanten gegen die Verherrlichung des deutschen Sieges über Frankreich einschritt und die Räumung der Auslagen veranlasste, erklärte der Geschäftsführer und Zürcher NSDAP-Ortsgruppenleiter: «Die hiesige Bevölkerung muss sich nun einmal damit abfinden, dass wir kein Reisebüro sind. Wir werben für Deutschland, und wir zeigen nur Tatsachen; denn wir sind nun einmal in Frankreich, Holland, Belgien, in Dänemark und Norwegen. Ob das den Schweizern passt oder nicht.» Mehrmals wurden die Scheiben des Reisebüros mit Farbe beschmiert oder eingeschlagen. Als kurz vor Kriegsende Fotografien an der Bahnhofstrasse 70 für Weimar geworben hatten, klebte jemand einen Zettel neben das Städtebild auf die Fensterscheibe: «Bei Buchenwald».

In der Nacht des 8. Mai brachten Demonstranten englische und amerikanische Flaggen und Bilder aus deutschen Konzentrationslagern am Gitterportal des Reisebüros an. Die jungen Leute, darunter zahlreiche Romands, sangen Lieder auf Deutsch und Französisch, einige machten sich an den heruntergezogenen Rollläden zu schaffen und schoben sie hoch. Die Menge drängte zu den Fenstern, pochte an die Scheiben und schlug sie ein. Bretterwände der Auslage und Bilder deutscher Städte wurden aus den Schaufenstern gezerrt und auf die Strasse geworfen, zertrampelt und zerfetzt. Darauf erschienen zwei uniformierte Polizisten und versuchten aus der tausendköpfigen Menge zwei Personen festzunehmen und auf die Urania-Hauptwache zu bringen, was nicht ganz einfach war. Nun rückten fünfzig Polizisten aus und schützten das Gebäude vor weiteren Beschädigungen. Die Demonstranten riefen «Gestapo» und «Schweizer SS», sangen erneut Lieder und wurden unruhig. Als sich

Deutsches Reisebüro an der Bahnhofstrasse.

ein Feuerwehrauto den Weg durch die Menge bahnte, befürchteten die jungen Leute, abgespritzt zu werden, doch die Feuerwehrmänner stellten eine Leiter auf, kletterten hoch und deckten den Schriftzug «Deutschland» über dem Eingang des Reisebüros mit einem schwarzen Tuch ab. «Man hatte dafür zufällig», schrieb der *Tages-Anzeiger*, «Resten von schwarzem Verdunkelungsstoff bereit.» Ein Polizeiadjunkt stieg auf das Feuerwehrauto und bat die Leute heimzugehen. Um zwei Uhr nachts löste sich die Menge auf.

▸ **49** Deutsches Reisebüro, Bahnhofstrasse 70 (heute englische Buchhandlung).

50 AMTSHAUS V

Wo jetzt die Uraniastrasse vom Werdmühleplatz zur Rudolf-Brun-Brücke führt, befand bis um 1900 ein Moränenhügel. Auf diesem Hügel stand ein grosses altes Kloster, das als Strafanstalt genutzt wurde. Von der Bahnhofstrasse her flossen der Fröschengraben und ein Sihlkanal, der mehrere Mühlen betrieb, entlang der heutigen Werdmühlestrasse und über den Baugrund des zukünftigen Amtshauses V limmatwärts in Richtung Beatenplatz. Zu Beginn des 20. Jahrhunderts wurden die Gefangenen aus dem ehemaligen Oetenbachkloster in die neue Strafanstalt Regensdorf gebracht, das Klostergebäude geschleift und der Hügel für den Bau der Uraniastrasse durchstochen. Das abgetragene Material fand Verwendung zur Seeaufschüttung in der Enge. Im neu gewonnenen Bauland zwischen Bahnhofstrasse und Limmat begann die Stadt eine Landschaft von Amtshäusern zu errichten, die das Stadthaus neben dem Fraumünster ergänzen sollten. Das Amtshaus I (Polizei) wurde im ehemaligen Waisenhaus eingerichtet, die Neubauten der Amtshäuser II, III und IV entstanden noch vor dem Ersten Weltkrieg. Für das Amtshaus V, das nach dem Krieg in Angriff genommen werden sollte, veranstaltete die Stadt 1918 einen eingeladenen Wettbewerb, den Hermann Herter → **94**, damals noch nicht Stadtbaumeister, gewann. Doch der Bau liess auf sich warten, denn nach dem Ersten Weltkrieg befand sich die Stadt Zürich in einer jahrelangen Finanzkrise.

1934 endlich bewilligten die Stimmberechtigten, die wegen der hohen Arbeitslosigkeit Bauprojekte grundsätzlich positiv aufnahmen, für das Amtshaus V einen Kredit über fast sechs Millionen Franken. Das Bauprogramm des Wettbewerbsbeitrages von 1918 konnte im Wesentlichen beibehalten werden, neu hinzu kamen eine Grossgarage als Hofunterkellerung und ein Garagengebäude gegen den Hinterhof. Vor dem Bau des fünften Amtshauses hatte auf dem Beatenplatz zwischen den bestehenden Amtshäusern und dem Gebäudekomplex des Du Pont der Zürcher Automobilmarkt stattgefunden, der die Zeitgenossen mit seinen reihenweise aufgestellten Fahrzeugen an einen Viehmarkt erinnerte. Infolge der Wirtschaftskrise stieg das Angebot an gebrauchten Automobilen. Die zum Verkauf bereitgestellten geschlossenen Limousinen, offenen Wagen mit abnehmbarem Leinwandverdeck, Lastwagen und Motorräder

Beatenplatz mit Automarkt, hinten Gedeckte Brücke, Marronihäuschen und Globus (1931).

nahmen auch den für das Amtshaus vorgesehenen Baugrund und die angrenzenden Strassen in Anspruch.

Der 1936 eröffnete sechsstöckige Zweckbau aus Eisenbeton mit Läden im Erdgeschoss erhielt wie so viele Bauten aus dieser Epoche eine Verkleidung aus Muschelkalkplatten, die verwitterungsbeständiger sind als Sandstein. Die Anordnung der Fenster erlaubt eine flexible Einteilung der Büroräume, deren Innenausstattung mit Linoleumböden und mit Ölfarbe bestrichenen Wänden einfach gehalten wurde. Nur der Bauamtsvorstand bekam einen Parkettboden und eine Wandkastenfront aus Nussbaumholz. Beim Haupteingang am Werdmühleplatz, wo sich links das Restaurant Troika und rechts ein Coiffeur einrichteten, brachte Franz Fischer 1935 zum Thema *Die Arbeit* Muschelkalkreliefs von Arbeitern und Arbeiterinnen an. Seine Relieffiguren sind freier gestaltet als der *Geher* in Oerlikon → 124. Im zweiten Stock des Haupttreppenhauses malte Augusto Giacometti → 14 34 ein wandfüllendes Fresko *Stadt und Land* an die Wand, gestiftet vom Kanton, ein in wenigen Farben gehaltenes Bild, dessen grössten Teil die Segel eines Zürichseebootes einnehmen. Im fünften Stock des Treppenhauses zeigen zwei detaillierte Stadtansichten, wie Zürich in den Jahren 1775 und 1936 vom Seeende her ausgesehen hat. Die Ansicht von 1936

unterscheidet sich auf den ersten Blick nur wenig vom heutigen Bild, das die Stadt vom Schiff aus bietet. Auf den zweiten Blick fällt auf, dass der Verkehr bescheiden ist, die Trams des damals modernen Typs Elefant →147 mit Mitteleinstieg klein und alt wirken, die Wasserkirche strassenseitig noch nicht freigestellt →14 und die Quaibrücke weniger breit ist als heute. Sie wurde erst im Vorfeld der Landi 1939 verbreitert, auch der Fussgängersteg unter der Quaibrücke und entlang des Seeufers am Utoquai fehlte 1936. Eugen Hartung, der die beiden Stadtansichten im Jahr 1936 schuf, trat sonst vornehmlich als Schöpfer von dekorativen Wandmalereien in städtischen Kindergärten in Erscheinung.

Dank des Neubaus konnten nun erstmals alle Dienstabteilungen des Bauamtes I unter einem Dach vereinigt werden. Zuvor waren die Büros auf andere Amts- und Privathäuser verteilt gewesen und unter anderem in der Börse →46 und im Sihlwald (Stadtforstamt) untergebracht. In den Jahren nach dem Krieg wurde das Amtshaus V in einer zweiten Etappe in einem gleichartigen, bogenförmigen Bau, der an der Werdmühlestrasse bei der Einfahrt in die Tiefgarage beginnt, fortgesetzt und mit dem EWZ-Verwaltungsgebäude – heute Haus der Industriellen Betriebe – ergänzt.

→50 Amtshaus V, Werdmühleplatz und Werdmühlestrasse.

Amtshaus V: *Die Arbeit* von Franz Fischer (1935).

51–59 SIHLPORTE – STAUFFACHER

51 LANIGIRO HOT PLAYERS IM GRAND CAFÉ SIHLPORTE
51 Sihlporte, Löwenstrasse 1/Sihlstrasse 46
51A Sihlstrasse 34, früher Kino Scala
51B Geschäftshäuser Schmiedhof, Handelshof
51C EPA
51D Ober
51E Ecke Sihlstrasse/Gessnerallee: Kalksteinfiguren *Zwei Mädchen*

52 HALLENBAD MIT WÄRMEPUMPE
52 Hallenbad City, Sihlstrasse 71
52A Haus Konstruktiv (im ehemaligen EWZ-Unterwerk), Selnaustrasse 25

53 WARTEN AUF DIE GROSSELTERN
53 Gerechtigkeitsgasse 4

54 ARBEITSAMT AN DER FLÖSSERGASSE
54 Flössergasse 15: ehemaliger Sitz des städtischen Arbeitsamtes
54A Stauffacherquai 46 (Ecke Webernstrasse): während der Wirtschaftskrise der Dreissigerjahre städtische Stellenvermittlung für Metallarbeiter

55 FACKELZUG DER FRONTEN IN AUSSERSIHL
55 Stauffacherbrücke

56 VOLKSRECHT
56 Stauffacherstrasse 1, 3 und 5: früher *Volksrecht*
56A Ernst-Nobs-Platz

57 STADTHALLENKRAWALL
57 Ehemalige Stadthalle, Morgartenstrasse 5

58 BÜCHERGILDE GUTENBERG
58 Morgartenstrasse 13

59 SMUV
59 Gewerkschaftsgebäude Werdstrasse 36

SCHAUPLÄTZE, AUF DIE IN ANDEREN ABSCHNITTEN VERWIESEN WIRD
61A Ernst-Nobs-Platz: Demonstration 24. September 1933
74A Flössergasse 8: Walter Wild

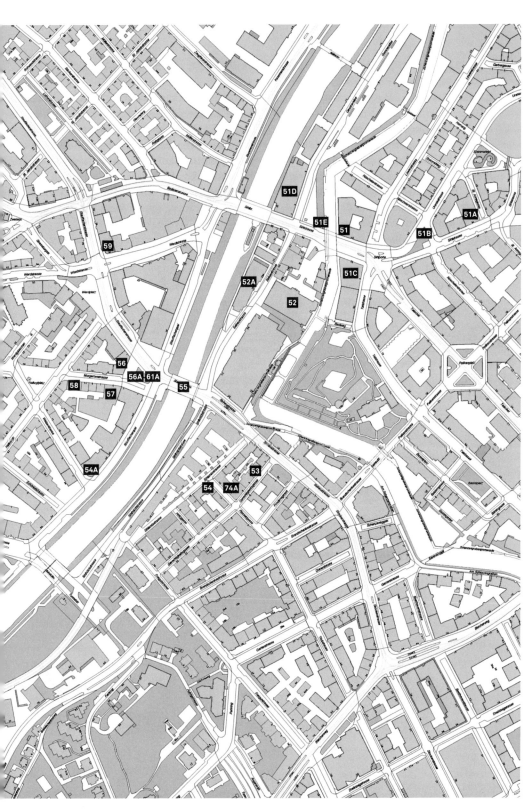

51 LANIGIRO HOT PLAYERS IM GRAND CAFÉ SIHLPORTE

In den Zwanziger- und Dreissigerjahren dehnte sich die City von der Bahnhofstrasse mit ihren grossen Warenhäusern – Jelmoli, Brann (heute Manor) und St. Annahof –, den Kinos, Reisebüros und Geschäften aller Art in Richtung Sihlporte aus. Jelmoli wurde 1936 bis 1938 durch grosse Neubauten an der Sihlstrasse, dem Steinmühleplatz und an der Uraniastrasse erweitert, schräg gegenüber des St. Annhofes entstand 1927 das Grosskino Scala, das in den Sechzigerjahren geschlossen und abgebrochen wurde, um einem Gebäude des Modehauses Spengler Platz zu machen, das unterdessen von Interdiscount genutzt wird, und näher bei der Sihl wurden um 1930 die in metropolitaner Dynamik abgerundeten Geschäftshäuser Schmiedhof und Handelshof gebaut. Am Schanzengraben eröffnete die Einheitspreis AG (EPA) 1930 ihr günstiges Kaufhaus, schon recht nahe bei Aussersihl, und gerade an der Sihl, wo die Brücke 1932 verbreitert werden musste, errichtete Robert Ober von 1928 bis 1932 in mehreren Etappen sein Textil- und Modehaus, dessen neuartigen Rolltreppen stadtbekannt waren.

Die Sihl bildete vorerst die Grenze zwischen City und Wohnquartier. Hugo Loetscher, geboren 1929 und aufgewachsen in Aussersihl, war als Kind beeindruckt von der fremden Welt, die sich im Zürich jenseits des «minderen» Flusses eröffnete: «Kauften meine Grossmutter und Mutter sonst ein, taten sie dies in der Schürze. Gingen sie über die Sihl, setzten sie einen Hut

Grand Café Sihlporte, Bleistiftzeichnung von Oscar Zimmermann (1929).

«Lanigiro»: eines der besten Schweizer Jazzformationen (links). Am Mikrofon René Bertschy. Jazzorchester «Embassy» in Arosa Anfang 1941 (rechts).

auf. Ich musste mich ein zweites Mal waschen, weil in Zürich alle Leute saubere Ohren hatten. Das erste Gebäude am jenseitigen Ufer war der ‹Ober›. Dort schauten wir nur in die Auslagen. Wir gingen weiter bis zur ‹EPA›, einem Warenhaus mit Einheitspreisen. Zwar lockte mich der ‹Ober›: ein Schulkamerad hatte mir verraten, dass es dort Rolltreppen gab. Aber die Grossmutter fand, das sei viel zu gefährlich.» Das 1998 ausser Betrieb gesetzte EWZ-Unterwerk Selnau am Flussufer – heute Event-Raum und Kunstmuseum Haus Konstruktiv – bekam seine moderne Gestalt um 1930 durch den Umbau des bestehenden Gebäudes nach Plänen des Stadtbaumeisters Hermann Herter, der auch für das etwas später gebaute, in den Hintergrund gerückte Hallenbad City → 52 verantwortlich zeichnete. Nur an der Stelle des zwar schon geplanten, jedoch erst in den Fünfzigerjahren fertiggestellten Hochhauses an der Ecke Talacker-Sihlstrasse passten ein paar alte, kleine Häuser nicht so recht ins Bild der modernen Grossstadt.

Nachdem Ober und EPA ihre Tore geschlossen haben, wirkt die Sihlporte heute längst nicht mehr so geschäftig wie damals. Zum bunten Treiben der «Modern Times» um befahrene Strassen, Kaufhäuser und Bürogebäude trugen Stätten der Erholung und Unterhaltung bei wie das Grand Café Sihlporte im 1927 zwischen Löwenstrasse, Sihlstrasse und Schanzengraben errichteten Geschäftshaus → 29. Entlang der Hausfassade boten schattige Terrassenplätze Ausblick auf den Schanzengraben, und im Innern spielten Jazzorchester, nicht nur am Abend, sondern schon am Nachmittag: «In den dreissiger Jahren durfte eine wohlerzogene Tochter aus so genannt gutem Hause nur in Begleitung tanzen gehen. Beim Einkaufen mit meiner Mutter trafen wir zufälligerweise meinen Cousin, der ein guter Tänzer war. Er lud uns zum Thé-dansant ins Grand Café Sihlporte ein. Dort tanzten wir zu den Rhythmen der «Lanigiro»-Band Foxtrott, Tango und English Waltz. Wir amüsierten uns köstlich über den Schlagzeuger der Band, der immer wieder für humorvolle Einlagen sorgte», berichtet Fernande Meyer, die wohlerzogene Tochter, welche Jahrzehnte später ihren Lebensabend mit Roger Beuret, dem ehemaligen Schlagzeuger der Lanigiro-Orchesters, verbrachte. Entstanden aus einem Trio von jazzbegeisterten Basler Jugendlichen entwickelten sich die «Lanigiro Hot Players», seit 1933 Profis, zu einer der beliebtesten Bigbands der Schweiz. Sie waren stolz, dass sie 1935 während des Monats Mai in der Sihlporte, wo normalerweise nur ausländische Topformationen engagiert wurden, auftreten durften, und sie machten das Beste da-

raus: «Diese neun versierten Hot-Spieler verdanken ihren internationalen Ruf wohl vor allem ihrer technisch virtuosen Perfektion, die an die besten amerikanischen Bands erinnert. Der hot style dominiert, daneben sind die Lanigiro Hot Players aber auch sehr amüsant in ihrer Bühnenschau», schrieb der *Tages-Anzeiger* am 10. Mai. Auch die Direktion des Grand Cafés war begeistert und engagierte Lanigiro, was die Umkehrung von Original darstellt, in den folgenden Jahren wieder: «Es ist nach meiner Ansicht unbedingt das beste Schweizer Orchester und jedem ausländischen Orchester in der gleichen Besetzung ebenbürtig. Ich werde nicht verfehlen, die Lanigiro Hot Players bei in- und ausländischen Kollegen wärmstens zu empfehlen. 31. Mai 1935, sign. Fritz Willers i.V. Dir. Keller.» Die «Hot Players» spielten nicht nur heissen Jazz, sondern verfügten wie viele Unterhaltungsorchester über ein breites Repertoire, das auch konzertante Musik, Tango, Walzer und Ländler umfasste. In der Sihlporte bekamen sie das Angebot, in Berlin zu spielen, ebenso traten sie regelmässig in Hamburg und Belgien auf. Auf den Vorschlag, eine mehrmonatige Tournee durch die Sowjetunion zu unternehmen, gingen sie nicht ein, da sie von einem Kollegen wussten, dass sie dort nicht mit Geld, sondern mit Pelzmänteln und Brillanten bezahlt würden. Stattdessen spielten sie im Winter im Kursaal von Arosa – zur Freude der wohlerzogenen Fernande Meyer, die dort mit ihren Eltern die Winterferien verbrachte.

> 51 Sihlporte, Löwenstrasse 1/Sihlstrasse 46.
> 51A Sihlstrasse 34, früher Kino Scala.
> 51B Geschäftshäuser Schmiedhof, Handelshof.
> 51C EPA.
> 51D Ober.
> 51E Ecke Sihlstrasse/Gessneralle: *Zwei Mädchen*, barfuss, Kalksteinfiguren des Bildhauers Alfred Huber (1944).

HALLENBAD MIT WÄRMEPUMPE 52

Als im Mai 1941 das Hallenschwimmbad der Stadt Zürich nach knapp dreijähriger Bauzeit eröffnet wurde, war es das erste und einzige Hallenbad der Schweiz. Mit Besuchergalerie, Sprungbrettern und Startsockeln am fünfzig Meter langen, mit Unterwasserbeleuchtung versehenen Becken durchaus auch für Sportveranstaltungen eingerichtet, war die städtische Schwimmhalle in erster Linie als Volksbad konzipiert. Schon im ersten Betriebsjahr besuchten 318 000 Personen das neue Hallenbad, wegen des grossen Andrangs musste die Badedauer auf zwei Stunden beschränkt werden.

Das von Stadtbaumeister Hermann Herter und dem Ingenieur Robert Maillart entworfene Gebäude besteht aus der grossen Schwimmhalle und dem vorgelagerten Garderobenbau, in welchem neben Umkleidekabinen, Garderobeschränken, Duschen, Haartrocknungsapparaten und Telefonkabinen die Eingangshalle mit Kasse im Parterre, ein Erfrischungsraum für 120 Personen im ersten Stock und darüber ein 44 Meter langer, unterteilbarer Gymnastikraum untergebracht wurden. Bei den Treppenaufgängen zum mit Buffet, Tischchen und Stühlen ausgestatteten Erfrischungs-

Sihlporte mit Handelshof (links): Fussverkehr während des Kriegs.

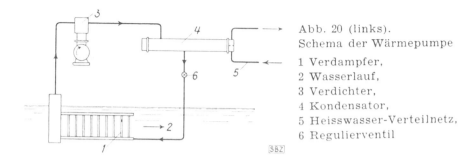

Abb. 20 (links).
Schema der Wärmepumpe
1 Verdampfer,
2 Wasserlauf,
3 Verdichter,
4 Kondensator,
5 Heisswasser-Verteilnetz,
6 Regulierventil

Schema der Wärmepumpe: Hallenschwimmbad in der «Schweizerischen Bauzeitung» (1941).

raum brachte Karl Walser, der ältere Bruder des Dichters Robert, Wandmalereien an, die Badende darstellen.

Die über zehn Meter hohe Schwimmhalle wirkt dank der drei Fensterfronten sehr hell. «Die Halle ist so orientiert, dass sie vermittelst der vielen Fenster sozusagen des ersten und letzten Sonnenstrahles teilhaftig wird», stellte die *Schweizerische Bauzeitung* nach der Eröffnung fest. Und die NZZ berichtete ehrfürchtig: «In stummer Bewunderung blickt man über das Schwimmbecken, dessen Ausdehnung nur von wenigen Bassins ausländischer Hallenbäder erreicht wird, auf die langen Reihen von bis ans Dach reichenden Fenstern, die den unmittelbaren Kontakt mit dem Freien herstellen, und man übersieht auch nicht die Bequemlichkeiten, die den Besuchern in Gestalt von rings um das Becken angeordneten heizbaren Bänken geboten werden.» Die Raumheizung ist in Wänden, Pfeilern, Fussböden, Decken und Liegebänken in Form von knapp unter der Oberfläche durchgeführten Heizungsrohren mit einer Gesamtlänge von 18 000 Metern versteckt.

Die eigentliche Sensation des auch als Bauwerk eindrücklichen Hallenschwimmbads stellt das Energiesystem dar: Die Heizung von Raum und Wasser erfolgt mit elektrisch betriebenen Wärmepumpen. «Den Ingenieuren der Maschinenfabrik Escher Wyss AG ist hier ein technisches Glanzstück gelungen, das der Schweiz die Einfuhr von schätzungsweise 800 Tonnen Kohle erspart», staunte die NZZ weiter. Obwohl schon im 19. Jahrhundert entwickelt, riefen Wärmepumpen bis in die Dreissigerjahre höchstens verständnisloses Kopfschütteln hervor. Seit 1938 war im frisch renovierten Zürcher Rathaus eine Musteranlage in Betrieb, welche die Wärme aus der unter dem Haus durchfliessenden Limmat bezog.

In der zum damaligen Zeitpunkt einzigartigen Grossheizanlage des Hallenschwimmbades entziehen in den Schanzengraben getauchte Rohre dem vorbeistreichenden Wasser Wärme, die zum Verdampfen des im geschlossenen Rohrsystem zirkulierenden Wärmetransportmediums ausreicht, worauf der Dampf in Kompressoren im Maschinenraum unter der Terrasse beim Badweg verdichtet und auf ein höheres Temperaturniveau «gepumpt» wird (z.B. auf 45°C). Im Kondensator gibt der Dampf Wärme an das zu heizende Wasser ab, kondensiert wieder und fliesst schliesslich über ein Regulierventil zurück zum Verdampfer im Schanzengraben. Zusätzlich zu den

Wärmepumpen wurde das Kühlwasser der Transformatoren des benachbarten, 1929 bis 1932 ebenfalls von Hermann Herter im Stil des Neuen Bauens umgestalteten EWZ-Unterwerkes Selnau zu Heizzwecken genutzt. Die zur Kühlung der elektrischen Anlagen aufgenommene Wärme wurde dem zwischen Hallenbad und Unterwerk geförderten Grundwasser zugeführt, das dann von einem Grundwasserspeicher unter der Schwimmhalle ins Becken gelangte. Betrug in den Vierzigerjahren die Wassertemperatur im Schwimmbecken noch 23 °C, so liegt sie heute 5 °C höher.

Seit dem Umbau von 1980 besitzt das Hallenbad ein Nichtschwimmerbecken anstelle von Garderoberäumen im Parterre; Restaurant – heute im Erdgeschoss – und Kasse haben die Etagen getauscht. Im Zuge der Gesamterneuerung des Hallenbads wird die Kasse wieder ins Parterre verlegt.

› **52** Hallenbad City, Sihlstrasse 71, geöffnet täglich ab 7.00 Uhr. Während den Erneuerungsarbeiten ab Mai 2010 für zwei jahre geschlossen.
› **52A** Haus Konstruktiv (im ehemaligen EWZ-Unterwerk), Selnaustrasse 25.
› **52B** Rathaus → Planausschnitt Altstadt **32–39**

53 WARTEN AUF DIE GROSSELTERN

Moses Paucker, aus Rumänien eingewandert und 1909 in Zürich eingebürgert, führte im Erdgeschoss seines Hauses an der Gerechtigkeitsgasse 4 ein Malergeschäft. Während des Sechseläutens flatterte auf dem mit Geranien geschmückten Balkon eine altehrwürdige Schweizerfahne mit gewellten rotweissen Strahlen, die vom Kreuz ausgingen, auf welche der Malermeister ebenso stolz war wie auf sein Amt als Stimmenzähler bei Wahlen und Abstimmungen. Sein Sohn Arnold, der im selben Haus wohnte und mit der Zeit das Geschäft übernahm, hängte am Sechseläuten «je eine Leiter aus dem Malergeschäft längs an beide Seiten seines Velos, schnallte noch ein Brett dazu, und dann ging's los Richtung Bellevue. Dort stellte er die beiden Leitern auf und legte das Brett quer oben drüber, und wir Kinder konnten von unserem prächtigen Sitz aus fähnchenschwingend das aufregend bunte Treiben der Zünfte und der Pferde verfolgen», erinnert sich Henri, der 1940 geborene Sohn von Arnold Paucker und dessen Frau Irene, die sich 1937 in Belgien kennengelernt hatten, wohin die deutsche Jüdin Irene Andorn mit ihren Geschwistern geflohen war.

Der kleine Henri wusste schon während des Krieges, dass seine in Deutschland lebenden Grosseltern, die er nur aus dem Fotoalbum und den Erzählungen seiner Verwandten kannte, bedroht waren, und hoffte, dass sie zu ihnen nach Zürich ausreisen durften. Henri eilte nach dem Kindergarten immer sofort nach Hause, obwohl er oft gerne noch mit den andern Kindern geschwatzt oder gespielt hätte, denn er stellte sich vor, dass die Eltern seiner Mutter, wenn sie es doch bis an die Gerechtigkeitsgasse geschafft hätten, den Hauseingang nicht finden würden. «Der war nämlich der erste, wenn man in die beginnende Gerechtigkeitsgasse einbog, aber die Hausnummer war aus unerfindlichen Gründen eine 4 und nicht eine 1.»

Henris Grosseltern kamen nicht. Sie waren deportiert und umgebracht worden. Der Vater erzählte Henri später, wie es war, als er seinen Schwiegervater zum letzten Mal sah: «Mein Vater berichtete», schreibt Henri Paucker, «wie er in wachsender Verzweiflung versucht hatte, das schwierige Leben der Grosseltern zu erleichtern; er hatte wenig Geld, und immer wieder scheiterte er an den antijüdischen Bestimmungen in Deutschland und an der restriktiven Flüchtlingspolitik der Schweiz. Schliesslich gelang es ihm, seinem Schwiegervater eine Bewilligung und eine Fahrkarte in den Badischen Bahnhof in Basel zukommen zu lassen. Als Schweizer konnte mein Vater diese deutsche Enklave betreten, sein Besucher konnte sie freilich nicht verlassen.

Einen ganzen Tag verbrachten die beiden im Bahnhofsrestaurant, ohne meine Mutter, die als ehemalige Deutsche zu gefährdet schien. Was alles geredet wurde unter der bedrohlichen Wahrscheinlichkeit, dass dies ihre letzte Begegnung sein würde, weiss ich nicht. Aber dass am Schluss die beiden unter dem Tisch heimlich ihre Schuhe tauschten, mein Vater hatte extra für diesen Zweck neue gekauft, und dass jeder mit den Schuhen des andern heimkehrte, das brannte sich in mein Gedächtnis ein.»

Nach dem Krieg wird Henri versuchen, zu verstehen, was «in diesen schlimmen Zeiten» geschah, und auf Fotografien von Schuhbergen von KZ-Opfern die Schuhe seines Grossvaters suchen. Seine romanhafte Autobiografie *Das mindere Leid* (2006) handelt vom Schatten, den der Holocaust auf seine Kindheit warf, und vom Schicksal derjenigen Juden, die der Vernichtung entrinnen, mit dem sprachlosen Grauen aber nie fertig werden konnten. Henri R. Paucker, der als Journalist, Dozent und Rektor eines Gymnasiums in der Schweiz und in den USA wirkte, erzählt von Verwandten und Bekannten, die den Krieg in Belgien, Amerika und in Zürich überlebt haben.

So von Ruth, die als Kind in Deutschland erlebt hatte, wie SS-Männer in der «Kristallnacht» Bänke, Bücher, Lampen, Reagenzgläser und ausgestopfte Tiere aus der jüdischen Schule warfen und die Lehrer und den Hauswart abführten, dann mit dem letzten Kindertransport aus Frankfurt in die Schweiz gebracht wurde und nach einem Aufenthalt im jüdischen Kinderheim in Heiden zur Familie Paucker gelangte, wo sie als Kindermädchen dem kleinen Henri ans Herz wuchs. Als der Platz in der Wohnung an der Gerechtigkeitsgasse knapp wurde, musste Ruth anderswo untergebracht werden, worüber das Mädchen, das schon wieder «ihre» Familie verlor, sehr traurig war.

Oder von Kurt, der in Ruth verliebt war und als Teenager von Berlin nach Südfrankreich geflohen war und die Schweizer Grenze illegal über verschneite Berge passierte. Er begleitete eine vierköpfige Familie auf der Flucht, die, während er sich versteckt hielt, von Schweizer Grenzsoldaten aufgegriffen und vorschriftsgemäss den Deutschen überstellt wurde. Kurt hatte mehr Glück: Wie die ebenfalls über die Schneeberge einreisenden Flüchtlinge im Film *Die letzte Chance* → 29 durfte er schliesslich in der Schweiz bleiben.

→ 53 Gerechtigkeitsgasse 4.

54 ARBEITSAMT AN DER FLÖSSERGASSE

Als die weltweite Rezession auch die Schweiz erreichte, setzte 1931 auch in Zürich ein Anstieg der Arbeitslosenzahlen ein. Arbeitslose begannen das Stadtbild zu prägen: «Am Volkshaus beim Helvetiaplatz», schreibt Kurt Guggenheim, «standen Arbeitslose herum, die Hände in den Hosentaschen, ordentlich gekleidet, und vielen von ihnen sah man an, dass sie sich in der Haltung des Wartens zurechtgefunden hatten und es bereits methodisch und mit Ernst betrieben. Natürlich wurde über den Zustand diskutiert, doch ohne grosse Gesten, Drohung und Aufruhr, mehr so wie über ein Landesunglück, das wohl nachdenklich stimmte, aber von dem man annehmen konnte, man werde es bewältigen.» Auch in den Restaurants des Frauenvereins und in anderen Räumen, wo sie geduldet wurden, hielten sich viele Erwerbslose auf, so im Volkshaus: «In dem grossen Lokal klapperten Geschirr und Bestecke. Die Serviertöchter in ihren blauen Waschkleidern hantierten hinter den Tischen. Die Wärme trug den Tabakrauch zur Decke empor. Es sassen viele Arbeitslose herum, lesend über zerschlissene Hefte gebeugt, manche ohne etwas bestellt zu haben.»

Um die Vorstellung zu korrigieren, Beschäftigungslose hätten ein durch Unterstützungsbeiträge abgefedertes «Flohnerleben», folgte das *Volksrecht* am 16. November 1934 einem arbeitsuchenden Metallarbeiter auf seinen täglichen Wegen durch die Stadt: «Begleiten wir also unseren Arbeitslosen auf seinem Rundgang. Er wohnt da irgendwo an der Zürcherstrasse in Höngg. Um 8 Uhr verlässt er seine Wohnung, steigt den bekannten Berg hinunter, landet an der Limmat und so gegen 9 Uhr im Arbeitsamt in Altstetten. Dort lässt er seine Karte abstempeln. Dann kann er wieder umkehren, das heisst, er könnte das tun. Der gesetzlichen Pflicht wäre Genüge getan. Sicher wäre aber, dass er auf diese Art seiner Lebtag keine Stelle mehr erhalten würde. Handelt es sich um einen gelernten Holz- oder Metallarbeiter, so wird er noch seinen respektiven Berufsnachweis aufsuchen. Die Holzarbeiter sind an der Flössergasse; die Metallarbeiter in der Nähe des ‹Stauffacher›.

Unser Metallarbeiter geht also weiter. So um 10.30 Uhr ist er auf seiner Berufsstempelstelle. Dort besieht er sich das schwarze Brett mit den bekanntgegebenen offenen Stellen. Gesucht: ‹Ein junger Bauschlosser, nicht über 20 Jahre. Kost und Logis beim Meister.› Ferner: ‹Ein Sanitäts-Monteur. Alter: 28 bis 32 Jahre.› ‹Ein Registrierkassen-Mechaniker.› (Letzterer steht schon monatelang dort.) Mahnung an die heranwachsende Jugend: ‹Werdet Registrierkassenmechaniker; sonst nichts!›

Unser Mann geht nach Hause. In Höngg angekommen, stellt er fest, dass er die ersten 12 Kilometer zurückgelegt hat. Das war vormittags.

Am Nachmittag verlässt er seine Wohnung um 14 Uhr. Um 14.30 Uhr ist er im Lesesaal Wipkingen im Kirchgemeindehaus → 86. Dort sichtet er die Zeitungen. Gesucht: Vertreter – Reisende –. Halt, hier, ein Mechaniker für Garage auf dem Lande. Interesseeinlage 10 000 Fr. Hol dich der Teufel! Ferner: Mechaniker nach Genf. Gut, ich will mir die Adresse notieren. In einer Stunde ist er mit seinem Studium fertig. Erinnert sich, dass er bei seinem letzten Meister im Seefeld wieder mal vorsprechen könnte. Dort sagt man ihm: Bedaure, kommen Sie in 14 Tagen wieder.»

Zürich war eine der am meisten von der Arbeitslosigkeit betroffenen Städte des Landes. Im Januar 1936, als die höchsten Zahlen von Stellensuchenden registriert wurden, waren in der Stadt 14 428 Männer und 1435 Frauen als arbeitslos gemeldet. Etwa ein Zehntel der Unselbständigen war auf Stellensuche. Durch den Rückgang der Wohnbautätigkeit war die Baubranche unterdessen besonders stark von der Krise betroffen, in der Metallindustrie hatte die Beschäftigungskrise zu diesem Zeitpunkt bereits die Talsohle durchschritten. Frankenabwertung, Arbeitsbeschaffungsprogramme und die Ankurbelung der Rüstungsindustrie trugen dazu bei, dass sich der Arbeitsmarkt ab 1936 wieder zu erholen begann.

Das rote Zürich engagierte sich innovativ und vergleichsweise grosszügig für die Arbeitslosen. Die Stadt subventionierte die damals meist von Gewerkschaften geführten Arbeitslosenversicherungskassen mit Millionenbeträgen und führte als eine der ersten Städte 1931 die allgemeine Versicherungspflicht ein, sieben Jahre vor dem Kanton. Die Versicherungskassen bezahlten üblicherweise während neunzig Tagen im Kalenderjahr sechzig Prozent des zuletzt be-

Arbeitslose vor der Stellenvermittlung für Berufe der Metallindustrie, Eingang Weberstrasse (1936).

Schlange vor dem Städtischen Arbeitsamt (1931).

zogenen Einkommens, falls Angehörige unterstützt werden mussten, Ledige erhielten bloss fünfzig Prozent des letzten Lohnes.

Das städtische Arbeitsamt hatte seinen Sitz an der Flössergasse 15 und wurde seit 1935 von Willy Spühler geleitet, der nach Amtsantritt sofort eine Reorganisation in Angriff nahm. Spühler, aufgewachsen an der Langstrasse, übernahm 1939 zusätzlich die Leitung der Zentralstelle für Kriegswirtschaft → 45 und wurde 1942 sozialdemokratischer Stadtrat. Später sass der «Lord von Aussersihl» im Bundesrat (1960–1970). Spühlers Nachfolger im Arbeitsamt, Mario Gridazzi, blieb auch der Emigrantenszene am Schauspielhaus → 23 29 in bester Erinnerung. Rolf Liebermann → 18 122 betonte 1997 in einem Interview, dass erst die Hilfestellung aus dem Arbeitsamt die notwendigen fremdenpolizeilichen Bewilligungen ermöglichte: «Diese Hilfe war – der Name soll gelobt werden – Herr Dr. Mario Gridazzi, der Chef des Arbeitsamtes von Zürich. Der musste nämlich die Arbeitsbewilligungen geben. Das war lebenswichtig, denn nur wenn man eine Arbeitsbewilligung hatte, durfte man bleiben. Gridazzi war fabelhaft, der hat wahnsinnig geholfen.»

1936, zur Zeit der grössten Arbeitslosigkeit, bestand das von Spühler geführte Arbeitsamt aus fünf Abteilungen: Der Männerarbeitsnachweis kümmerte sich um die Stempelkontrolle am Hauptsitz an der Flössergasse 15 sowie an den Zweigstelle Altstetten und Oerlikon und führte ebenfalls an der Flössergasse eine Stellenvermittlung für diverse Branchen, während sich die Stellenvermittlung für Berufe der Metallindustrie am Stauffacherquai 46 (Ecke Webernstrasse) befand und Stellen in der Landwirtschaft und für Ungelernte im Limmathaus vermittelt wurden. 1936 kamen immerhin gut 10 000 Dauervermittlungen zustande.

Die Abteilung für Frauenarbeitsnachweis befand sich 1936 an der Steinmühlegasse 1, einem Gebäude, das 1937 im Zusammenhang mit dem Um- und Neubau des Warenhauses Jelmoli abgebrochen wurde, um dem Steinmühleplatz mit 33 Parkplätzen Platz zu machen. Das städtische Frauenarbeitsamt, das zugleich als kantonaler Arbeitsnachweis für Frauen diente, stand unter der Leitung einer Frau. 1936 gelangen gegen 4000 Dauervermittlungen in Haushalten, in der Bekleidungs- und Reinigungsindustrie, in Handel und Verwaltung und in Hotels, zusätzlich konnten über 6000 kurzfristige Beschäftigungen vermittelt werden.

Die städtische Arbeitsbeschaffung beschäftigte sich, meist gemeinsam mit Bund und Kanton, mit der Schaffung neuer befristeter oder dauerhafter Arbeitsgelegenheiten. So zahlten etwa Stadt und Kanton zur Belebung des Baugewerbes je fünf Prozent an Umbau- und Renovationskosten. Auch die Kontrolle subventionierter Bauten und Betriebe sowie das Kurswesen für Arbeitslose unterstand dieser Abteilung. Schneiderinnen konnten in Kursen Motornähen lernen und Musiker Jazz: «Die Weiterbildung der arbeitslosen Musiker ist versuchsweise erfolgt, indem bereits ein Jazzkurs durchgeführt wurde, der zur Erweiterung der beruflichen Kenntnisse beitrug und eine bessere Verwendbarkeit dieser Musiker in sogenannten Bar- und Dancingkapellen ermöglicht.»

Die städtische Versicherungskasse gegen Arbeitslosigkeit hatte ihren Sitz 1936 noch im Helmhaus → **14**. Die Krisenhilfe, die von ausgesteuerten Arbeitslosen beantragt werden konnte, wurde im Verlauf des Jahres der höchsten Arbeitslosigkeit in der Stadt Zürich von mehr als 12 000 Erwerbslosen in Anspruch genommen. 463 Gesuche um Krisenhilfe wurden wegen Betrugsversuch abgewiesen, 62 wegen Unwürdigkeit und Trunksucht. Trotz Krisen- und Winterhilfe gerieten viele Arbeitslose und ihre Angehörigen in bittere Armut und litten Hunger → **137**.

→ **54** Flössergasse 15: ehemaliger Sitz des Städtischen Arbeitsamtes. Seit 2001 werden die Arbeitslosen vom Kanton betreut.

→ **54A** Stauffacherquai 46 (Ecke Webernstrasse): während der Wirtschaftskrise der Dreissigerjahre städtische Stellenvermittlung für Metallarbeiter.

→ **54B** Limmathaus: Stellenvermittlung für Landwirtschaft und Ungelernte
→ Planausschnitt Limmat abwärts **80–88**

→ **54C** Steinmühlegasse 1: Städtisches Frauenarbeitsamt
→ Planausschnitt Bahnhofstrasse **40–50**
Die im *Volksrecht*-Bericht erwähnte Zürcherstrasse heisst seit der Eingemeindung von Höngg (1934) Limmattalstrasse.

FACKELZUG DER FRONTEN IN AUSSERSIHL **55**

Im Herbst 1933 war Zürich politisch tief gespalten in zwei fast gleich grosse Lager. Die unterschiedlichen Positionen werden deutlich in der Berichterstattung der NZZ, des führenden bürgerlichen Blattes, und des sozialdemokratischen *Volksrechts* zu den Ereignissen um den Fackelzug am Vorabend der schicksalhaften städtischen Wahlen vom Sonntag, dem 24. September 1933 → **143 61**. In den Tagen vor den Wahlen spitzte sich die Lage zu. Am Freitagabend veranstalteten die Linken einen Fackelzug durch die Altstadt, in der Nacht kam es zu gewalttätigen Auseinandersetzungen zwischen Mitgliedern der «Nationalen Front», die in Unterstrass, Oerlikon und am Limmatquai die Wahlplakate der Linken überklebten, und den sozialdemokratischen Plakatwachen, die aufgestellt worden waren, um dies zu verhindern. Einer der sozialdemokratischen Plakatwächter wurde dabei schwer verletzt. Die Polizei verhaftete elf Fröntler und stellte Stahlruten, Gummiknüppel und eine Pistole sicher. Die Fröntler waren in Autos unterwegs, die Plakatschutzgruppen auf Fahrrädern. Auf den Aufklebern, die die Frontisten über den gegnerischen Plakaten anbrachten, stand: «Die Nationale Front kämpft allein gegen den zersetzenden Geist der Juden, Freimaurer und Bonzen. Wählt am 24. September nur Nationale Front.»

Am Abend vor dem Wahlsonntag fand eine grosser Fackelzug der bürgerlich-frontistischen Koalition statt. Bei den Demonstrationsteilnehmern, die sich am Utoquai versammelten, handelte es sich allerdings mehrheitlich um Anhänger der «Nationalen Front», die aus der halben Schweiz dem Ruf der Zürcher Ortsgruppe gefolgt waren. In ordentlichen Viererkolonnen schritt der Zug um 20.15 Uhr los, von Trommeln begleitet, vorne ein paar Hundert Vertreter der Christlichsozialen, der Freisinnigen und anderer bürgerlicher Parteien, dann folgten über 800 meist junge Männer, die im paramilitärischen Harst der «Nationalen Front» → 57 organisiert waren, ihre bekannten Fahnen mit den langschenkligen Schweizerkreuzen trugen und «Harus» und «Heil» riefen. Die Demonstranten marschierten über Quaibrücke, Paradeplatz, Bleicherweg und Selnaustrasse zur Stauffacherbrücke. Dort wurden sie laut NZZ «von einer dichtgedrängten Menschenmasse empfangen, die mit Huronengebrüll und Pfiffen, Beschimpfungen und Unflätigkeiten widriger Art den Kampf einleitete, der sich wenige Minuten später am Stauffacherquai in der Gegend des alten Sihlhölzli entspann. Unter diesem Strassenpöbel waren Gestalten zu bemerken, wie man sie am Abend vorher unter den roten Fahnen und Transparenten gesehen hatte; viele Frauen und Kinder waren dabei und kreischten fanatisch mit.» Noch heute geht die Legende um, dass der Fackelzug von der empörten Bevölkerung Aussersihls vor dem damaligen Volksrechtsgebäude → 56 am Betreten ihres Quartiers gehindert worden waren – doch die Route, welche mit der Stadtpolizei abgesprochen war, führte nach der Brücke ohnehin nach links über den Stauffacherquai zur Schimmelstrasse. Auf der nach der Tieflegung der Bahnlinie zwischen Wiedikon und Enge noch unbebauten Strasse → 94 kam es zu ersten Handgemengen zwischen den verfeindeten Gruppierungen. Sofort kamen drei Camions der Stadtpolizei, deren Mannschaften absprungbereit auf der Ladefläche standen, und setzten sich an die Spitze, in die Mitte und an den Schluss des Zuges. Beim Bahnhof Wiedikon zogen die Demonstranten über die Seebahnstrasse bis zur Kalkbreitebrücke, wo im Schutz der Dunkelheit weitere Störaktionen unternommen wurden, dann weiter via Kalkbreitestrasse in die Badenerstrasse. Dieser sollte die Kundgebung folgen, da die ursprünglich vorgesehene riskante Marschroute durch die Langstrasse in Absprache mit der Stadtpolizei im Verlauf des Tages gestrichen worden war. Beim Kino Kosmos – heute Plaza – wurde der Zug durch die Massen der Aussersihler Bevölkerung, die dem missliebigen Treiben beiwohnten, auseinandergedrängt und in zwei Teile gerissen. Spätestens hier verliessen die Bürgerlichen, deren Reihen sich bereits stark gelichtet hatten, den «vaterländischen» Fackelzug.

Diejenigen Fröntler, die über die Badenerstrasse und die Sihlbrücke als vom Rest des Zuges abgeschnittene Vorhut voranmarschierten, kehrten auf Befehl beim Café Sihlporte →51 um, worauf sie die nachdrängenden Marschkolonnen aufstauten. Als dann wieder alle in die gleiche Richtung vorwärtsschritten, zogen sie über die Sihlstrasse und die Bahnhofstrasse zum Bahnhofplatz, wo es beim Victoriahaus →43 zu weiteren Auseinandersetzungen kam, um schliesslich über den Limmatquai zur Tonhalle zu gelangen, wo sie kurz nach zehn Uhr eintrafen.

Die gewaltsamen Auseinandersetzungen werden von NZZ und *Volksrecht* widersprüchlich geschildert. Im bürgerlichen Blatt hiess es etwa: «Als der Schluss des Zuges dann beim Restaurant ‹Victoria› anlangte, überfiel die marxistische Meute in hinterhältiger Weise die letzten Glieder des Zuges. Die Fackeln wurden den jungen Patrioten entrissen und in die Marschkolonnen geworfen; andere Fackelträger wurden zu Boden geworfen, eine wüste Schlägerei war die Folge.» Und den Demonstranten werden laut NZZ nicht nur die Fahnen der «Nationalen Front» entrissen, sondern auch Zürcher- und Schweizerfahnen. Im *Volksrecht* dagegen berichteten Augenzeugen, wie einzelne der frontistischen Demonstrationsteilnehmer aus dem Zug traten und ihre brennenden Fackeln Arbeitern ins Gesicht schlugen, herumkommandiert von «behornbrillten Harstführern», nicht zuletzt auch von Stadtratskandidat Dr. Tobler → 143, und wie vor dem Kino Kosmos bei der Mündung der Lang- in die Badenerstrasse brennende Fackeln ins Publikum geworfen wurden.

Die NZZ titelte am Montag nach der äusserst knapp verlorenen Wahl: «Marxistischer Terror in Zürich – Überfall auf den Fackelzug der vaterländischen Parteien» und bezeichnete den «Überfall als wohlvorbereitete und organisierte Aktion». Der Schriftsteller Jakob Bührer dagegen kommentierte die Ereignisse um den Fackelzug, die mindestens zwanzig Verletzte vorab aus den Kreisen der Frontisten forderte, im *Volksrecht* differenzierter: «Hier stand nicht Bürgerlich gegen Nichtbürgerlich. Sondern hier stand einfach Recht gegen Gewalt. Man machte sich von der Unerträglichkeit dieser Provokation keine Vorstellung. Seit einem halben Jahr kommen Tag um Tag die ungeheuerlichsten Nachrichten über die grauenvollsten Misshandlungen, Morde, Entrechtungen, Unterdrückungen der Arbeiterschaft in Deutschland zu uns. Das alles speichert ein Unmass von gerechter Empörung in uns auf, und nun leistet es sich eine schweizerische Partei, die sich zum System der verruchten Gewalt bekennt, und zieht am Tage der grössten politischen Erregung in die Arbeiterquartiere und verkündet ihnen mit ihren Fackeln: Wartet nur, binnen kurzem werden wir euch gerade so dem Terrorismus ausliefern, wie es die Hitlerhorden mit den Arbeitern getan haben!»

> 55 Stauffacherbrücke.
> Marschroute und Schlägereien unter anderem bei
> 55A Schimmelstrasse → Planausschnitt Wiedikon 89–94
> 55B Kino Kosmos → Planausschnitt Langstrasse 72–79 und 55C Victoriahaus → Planausschnitt Bahnhofstrasse 40–50

56 VOLKSRECHT

Das sozialdemokratische Parteiorgan *Volksrecht* und die Genossenschaftsdruckerei Zürich wurden 1898 gegründet und zogen 1906 von der Waldmannstrasse im Kreis 1 in ein neu erstelltes Doppelhaus an der Stauffacherstrasse 3 und 5. «In diesen beiden Gebäuden», heisst es in einer Denkschrift zum fünfzigjährigen Jubiläum des *Volksrecht*, «dehnten sich unsere technischen Betriebe wie unsere Büros allmählich vertikal und horizontal mehr und mehr aus.» 1929 konnte zusätzlich zum Doppelhaus die angrenzende Liegenschaft Ecke Stauffacherstrasse/Morgartenstrasse eworben werden, wo 1933 mit dem Bau eines modernen Betriebsgebäudes begonnen wurde. Dieses war «im Juni 1934 gänzlich vollendet, ebenso die Dislokation des Betriebes und die Neumontagen der angeschafften Schnellpressen, Druckautomaten und Setzmaschinen, die von neun auf sechzehn vermehrt wurden. Die Montage einer zweiten achtundvierzigseitigen Rotationsmaschine, eines tausend Kilo Metall fassenden Giesswerkes nebst diversen Hilfsapparaten und -maschinen in der Stereotypie und der Buchbinderei vervollständigten den Maschinenpark. In der damals noch herrschenden scharfen Krise, von der auch unser Unternehmen betroffen wurde, wollte es fast scheinen, als sei des Guten zuviel getan worden. Die Genossenschaftsdruckerei kam aber wieder zur Vollbeschäftigung, und die vermehrte Mechanisierung erwies sich als sehr nützlich und vorteilhaft.»

Das neue Gebäude von *Volksrecht* und Genossenschaftsdruckerei verlieh dem Gewicht der stärksten Partei der Stadt am damals noch Stauffacherplatz genannten Brückenkopf zum roten Ausssersihl Ausdruck. Den Frontisten war es ein Dorn im Auge. Tobler bezeichnete das *Volksrecht*-Gebäude als neues «Zwing-Uri», Anhänger der «Nationalen Front» bewarfen es mit Feuerwerkskörpern. In der Nacht auf den 29. Januar 1934 warf ein Frontist von der Strasse her einen Sprengkörper in die Wohnung des *Volksrecht*-Redaktors Jakob Grau, der an der Sihlfeldstrasse 156 im ersten Stock wohnte. Da niemand zu Hause war, ent-

Jakob Grau, langjähriger Redaktor des *Volksrecht* (links), und Ernst Nobs, «Landesverräter», *Volksrecht*-Redaktor, Stadtpräsident und Bundesrat (beim Wettschiessen am Waldumgang 1942).

168

Volksrecht.

Genossenschaftsdruckerei (1944).

stand nur Sachschaden. Nach der Detonation rannte der Täter die Sihlfeldstrasse hinunter und bog in die Ernastrasse, wo gerade um die Ecke beim Haus Nummer 35 eine grosse, gelbliche Limousine auf ihn wartete, die sich dann schnell Richtung Zypressenstrasse entfernte.

Grau war 1918 bis 1943 Mitglied der Redaktion der sozialdemokratischen Tageszeitung. Etwas weniger lang arbeitete Ernst Nobs in der *Volksrecht*-Redaktion, nämlich von 1915 bis zu seiner Wahl als Regierungsrat im Jahr 1935. 1942 wurde Nobs Emil Klötis Nachfolger als Stadtpräsident, um schon ein Jahr später, im Dezember 1943, zum ersten sozialdemokratischen Bundesrat gewählt zu werden. Sein Weg vom Mitorganisator des Landesstreiks von 1918, der von einem Militärgericht wegen Meuterei zu vier Wochen Gefängnis verurteilt worden war, zum eidgenössischen Finanzvorsteher widerspiegelt die Entwicklung, die die Sozialdemokratie und die politische Schweiz in der Zeit vom Ersten zum Zweiten Weltkrieg durchlief. 2003 wurde der Platz, der eigentlich Stauffacherplatz hiess, was aber niemand zur Kenntnis nahm, da unter Stauffacher allgemein die entsprechende Tramhaltestelle vor der Jakobskirche verstanden wird, in Ernst-Nobs-Platz umgetauft. Das einst so stolze und auflagenstarke *Volksrecht* stellte sein Erscheinen 1992 ein, fünf Jahre später ging auch das Nachfolgeprojekt DAZ in Konkurs. Die Genossenschaftsdruckerei zog als gdz AG in Richtung Leimbach (Manegg), die ehemaligen Druckerei- und Zeitungsgebäude sind von der Coutts Bank von Ernst AG, die zur Royal Bank of Scotland Group gehört, übernommen und umgebaut worden.

→ 56 Stauffacherstrasse 1, 3 und 5: früher Volksrecht.
→ 56A Ernst-Nobs-Platz.
→ 56B Sihlfeldstrasse 156: Wohnung Jakob Grau, Redaktor, in Wohnkolonie ABZ Sihlfeld I/II, erbaut 1927–29 → Planausschnitt Helvetiaplatz–Casa d'Italia 60–71

STADTHALLENKRAWALL

Im 1906 erbauten Saal der Stadthalle fanden jahrzehntelang Vereinsanlässe, Versammlungen und Grossveranstaltungen aller Art statt. Im Dezember 1934 organisierte etwa die Scuola Libera Italiana → 70 eine Benefizveranstaltung mit «concerto, canto, varietà, ballo e tombola» in der Stadthalle, 1938 fand dort das «Erste Schweizer Ländlermusik-Wettspiel Zürich» statt mit der «Studenten-Ländlerkapelle Zürich» unter den Wettbewerbsteilnehmern, im März 1941 lud der Zürcher Jodlerclub zum Jubiläumskonzert und ein paar Wochen später das zehnköpfige Tanzorchester Rex zum Ostermontag-Tanz von drei Uhr nachmittags bis elf Uhr nachts. Das Inserat im *Tagblatt* zeigt festlich gekleidete Herren – Eintritt Fr. 1.10 – und Damen – Damen und Militär Fr. –.55 – unter einer grossen, helle Strahlen reflektierenden Discokugel, auf welche ein Pfeil «Spiegelkugelbeleuchtung» speziell hinweist.

Auch politische Gruppierungen mieteten die Stadthalle. «Geist oder Knebel?», fragte die Studentische Kampfgruppe gegen geistigen Terror, die sich an der Universität als Gegenbewegung zu den Fronten, die zeitweise im *Zürcher Student* → 25 federführend waren, gebildet hatte und am Mittwoch, dem 12. Dezember 1934, drei Tage nach dem Unterhaltungsabend der Scuola Libera, zu einer «Kundgebung für die demokratischen Freiheitsrechte! gegen den unschweizerischen Geist der Fronten!» aufrief. Als Rezitator wirkte Heinrich Gretler → 134 mit, als Referenten traten unter anderm der Sozialdemokrat Alfred Traber auf – als früherer Chef der Strassenbahnergewerkschaft «Trämlergeneral» genannt – und Walter Lesch vom frisch gegründeten Cabaret Cornichon → 37.

Besonders attraktiv war die Stadthalle für die frontistischen Veranstalter. Sie konnten mit der Belegung des grossen Saals nicht nur ihre Stärke unter Beweis stellen, sondern bloss einen Steinwurf vom *Volksrecht*-Gebäude entfernt Präsenz im roten Aussersihl markieren. Am 29. Mai 1934 mobilisierte die «Nationale Front» ihre Anhängerschaft für eine Kundgebung in der Zürcher Stadthalle unter dem Motto «Der jüdische Marxismus muss ausgerottet werden». In Flugblättern wurden die «Lügen- und Phrasendrescher der ‹Sowjetschweizer› und SP-Scheindemokraten» als «Heuchler und Terroristen» bezeichnet. Aus der halben Deutschschweiz brachten Autobusse und Lastwagen Sympathisanten an die Morgartenstrasse, die die Veranstaltung aus Interesse besuchten oder weil sie zur Absol-

Tanz mit Spiegelkugelbeleuchtung. Inserat im Tagblatt, 12. April 1941.

Morgenstern vor Schweizerkreuz: Dienstbüchlein der «Nationalen Front», Gau Zürich.

vierung des Dienstes an der Partei zur Teilnahme verpflichtet wurden. Die teilweise mit Stahlruten, Gummiknüppel und Schlagringen ausgerüsteten Mitglieder der paramilitärischen Parteiorganisation «Harst» hatten ein Dienstbüchlein und mussten jährlich eine bestimmte Anzahl Diensttage absolvieren. Wie ihr nationalsozialistisches Pendant, die SA, wurde der Harst als Saalschutz ausgegeben. Trugen die Mitglieder der Sturmabteilung braune Hemden, so waren es beim Harst graue. Dazu trugen sie schwarze Krawatten. Auch die Fröntler grüssten mit erhobenem Arm und ausgestreckter Hand, sagten jedoch «Harus» in Anlehnung an den alteidgenössischen Kampfruf. Auf dem Parteiabzeichen der «Nationalen Front» liegt ein stachliger Morgenstern diagonal über dem Schweizer Kreuz, welches auf den Fahnen, die bei Kundgebungen mitgeführt wurden, in seiner langschenkligen Variante dargestellt war. Der Auftritt der Fröntler in Aussersihl sollte provozieren. Landesgauleiter Rolf Henne erklärte in seiner Rede in der Stadthalle: «Am Ende dieses Kampfes wird entweder die Fahne der Sowjets auf unseren höchsten Bergen flattern oder das Banner der Nationalen Front.»

Die Linken nahmen die Herausforderung zum Kampf an. Der Parteivorstand der SP Zürich rief zum Besuch der Veranstaltung auf, um sie «in die Hände zu bekommen», und der aus Kommunisten und Linkssozialisten zusammengesetzte Kampfbund gegen den Faschismus reagierte «mit Herzenslust auf die frontistische Aufforderung zum Tanz». Der Stadtrat befürchtete das Schlimmste und verbot kurzerhand die Demonstration gegen die Fröntlerversammlung, nicht aber diese selbst. Die Genossen waren konsterniert. Es kam trotz Verbot zur Gegendemonstration und zu gewalttätigen Auseinandersetzungen, die Stadtpolizei griff ein und nahm zahlreiche Verhaftungen vor. Der sozialdemokratische Polizeiinspektor Albert Wiesendanger soll eigenhändig seinen Parteikollegen Ernst Walter, den Sekretär der Kantonalpartei, festgenommen haben.

Im Roten Zürich befand sich die Stadtzürcher SP im klassischen Dilemma sozialdemokratischer Regierungen, die unter Beweis stellen müssen, dass sie mindestens so gut wie bürgerliche Machthaber dazu fähig sind, die rechtsstaatliche Ordnung aufrechtzuerhalten, und sich dabei gezwungen sehen, gegen fortschrittliche Kräfte aus ihren eigenen Reihen vorzugehen. «Trämlergeneral» Alfred Traber, unterdessen Parteipräsident der Zürcher SP, hatte sich fünfzehn Jahre vor dem Stadthallenkrawall als sozialdemokratischer Polizeivorstand 1919 entgegen dem Willen des damals noch bürgerlich dominierten Gesamtstadtrates geweigert, eine unerlaubte Demonstration aufzulösen. Er wurde wegen Amtspflichtverletzung zu sechs Tagen Gefängnis verurteilt, trat der Kommunistischen Partei bei und wurde bei der nächsten Stadtratswahl nicht wiedergewählt. Nach ein paar Jahren wurde er wieder Mitglied der SP. Zwei Jahre vor dem Stadthallenkrawall hatte ein Polizeieinsatz beim Helvetiaplatz und vor dem Restaurant Sonne gegen eine von der sozialdemokratischen Stadtregierung verbotene Demonstration im Zusammenhang mit dem Streik der Heizungsmonteure ein Todesopfer und dreissig Schwerverletzte gefordert.

Der Stadthallenkrawall führte zu parteiinternen Auseinandersetzungen. Mit Genossengruss wandte sich ein Parteimitglied aus dem Kreis 4 an den Stadtpräsidenten: «Werter Genosse Klöti!, es ist ein gefährliches Spiel, das da getrieben wird, und wundern Sie sich nicht, wenn bei den nächsten Stadt- und Gemeinderatswahlen das rote Zürich auffliegt. Es ist nicht getan mit schönen sozialen Einrichtungen, nicht minder wichtig ist, dass auch unsere Parteiziele in ideeller Hinsicht gewahrt und verfolgt werden.»

In der Folge der parteiinternen Aufarbeitung des Stadthallenkrawalls verlor Ernst Walter seine Position als Parteisekretär. 1935 trat er der KP bei, die er 1938 jedoch wieder verliess. Auch Polizeiinspektor Wiesendanger nahm seinen Austritt aus der Partei und kandidierte 1938 erfolglos als Stadtrat für den Landesring. Einige Wochen nach dem Stadthallenkrawall verbot der Kanton sowohl den Harst der Front wie auch den Kampfbund gegen den Faschismus, die beide als militärische Parteiorganisationen betrachtet wurden, welche, wie Erfahrungen aus dem Ausland zeigen würden, grundsätzlich für staatsgefährdend gehalten werden müssten.

Knapp drei Jahre nach dem Stadthallenkrawall fand am 19. Januar 1937 in der Stadthalle eine weitere denkwürdige Kundgebung der «Nationalen Front» statt, deren Landesführer immer noch Rolf Henne war. Jakob Schaffner sprach «über Volksgemeinschaft – warum ich zur Front ging», Eintritt 50 Rp. Der 1930 mit dem Grossen Schillerpreis, dem bedeutendsten Schweizer Literaturpreis, ausgezeichnete Schaffner lebte seit langer Zeit in Deutschland. Mit der Schweiz verbanden ihn Erinnerungen an eine schlimme Kindheit und Jugend, die er als Halbwaise unter repressiven Verhältnissen in Anstalten und bei einer Basler Pfarrersfamilie verbringen musste, nachdem seine Mutter ohne ihn nach Amerika ausgewandert war. Der Titel einer seiner Schriften bezeichnete schon 1920, was der Faschismus versprach: «Die Erlösung vom Klassenkampf». Nach seinem Bekenntnis zum Nationalsozialismus während der Dreissigerjahre wurde der vom offiziellen Deutschland geschätzte Schaffner zum auch von der «Nationalen Front» auf Vortragsreisen gerne eingesetzten Botschafter für die Verbreitung faschistischen Gedankengutes in der Schweiz. Als sich im Sommer 1940 nach den Erfolgen der Wehrmacht in Frankreich eine Neuordnung Europas unter nationalsozialistischer Führung abzeichnete → 17 28, empfing Bundespräsident Pilet-Golaz Vertreter frontistischer Organisationen im Bundeshaus. Mit dabei war Jakob Schaffner. Noch vor dem Schweizer Radio brachte der deutsche Rundfunk die folgende Meldung: «Am 10. September 1940 empfing Herr Bundespräsident Pilet-Golaz die bevollmächtigten Vertreter der ‹Nationalen Bewegung› der Schweiz, Ernst Hofmann und Dr. Max Leo Keller, in offizieller Audienz. Der Unterredung wohnte auch der Dichter Jakob Schaffner bei. Die Vertreter der NBS unterrichteten den Bundespräsidenten über ihre politische Zielgebung als der Trägerin des neuen politischen und sozialen Gedankens. Die Unterredung, welche 1 ½ Stunden dauerte, stelllt einen ersten Schritt zur Befriedung der politischen Verhältnisse der Schweiz dar.» Das *Volksrecht* forderte darauf ebenso wie Gottlieb Duttweiler → 81 den Rücktritt des Bundespräsidenten.

Jakob Schaffner kam im September 1944 bei einem alliierten Bombenangriff auf Strassburg ums Leben. Rolf Henne zog sich nach und nach aus der Politik zurück und übernahm 1944 die Geschäftsleitung des Presseausschnittdienstes Zeitlupe, der vier Jahre später mit dem Internationalen Argus der Presse fusionierte. Zusammen mit seinem Bruder leitete er dieses Unternehmen bis zu seinem Tod 1966. Die Stadthalle wurde 1949 in eine Parkgarage umgewandelt.

→ 57 Ehemalige Stadthalle, Morgartenstrasse 5.

58 BÜCHERGILDE GUTENBERG

1924 wurde in Leipzig die Büchergilde Gutenberg gegründet mit dem «Ziel, kritische und aufklärerische Literatur in buchhandwerklich und typographisch sorgfältig ausgestatteten Ausgaben zu verlegen». Wer Mitglied wurde, verpflichtete sich, vierteljährlich ein Werk aus dem Buchprogramm zu erwerben. Die Bücher konnten günstig abgegeben werden, da die meist aus Arbeiter- und Gewerkschaftskreisen stammenden Gildenmitglieder über ein eigenes Vertriebssystem durch ehrenamtliche Vertrauensleute direkt beliefert wurden. Am 2. Mai 1933 überfielen SA-Männer das Haus der Buchdruckergewerkschaft in Berlin, wo sich der Geschäftssitz der Büchergilde Gutenberg befand. Die Gewerkschaft wurde enteignet, der Verlagsleiter Bruno Dressler verhaftet. Acht Tage später fanden in vielen deutschen Städten Bücherverbrennungen statt, wo auch zahlreiche Werke von Gildenautoren ins Feuer geworfen wurden. Am 16. Mai beschlossen Zürcher Freunde der Büchergilde, die auch in der Schweiz 6000 Mitglieder zählte, die Gründung einer selbstständigen Genossenschaft Büchergilde Zürich. «Warum eine neue Büchergilde Gutenberg?», fragten die Initianten um Nationlrat und VPOD-Sekretär Hans Oprecht, dem Bruder des Buchhändlers an der Rämistrasse → 19: «Die Hakenkreuzfahne weht über dem Buchdruckerhaus zu Berlin, in dem die Büchergilde Gutenberg ihr Heim hat. Der Geist, der darin lebte, jener Geist, dem wir uns tiefinnerlich verbunden fühlten, musste aus dem Haus weichen. Die Freiheit des Gedankens, des Wortes, der unabhängigen Weltanschauung, die der alten Büchergilde Kennzeichen waren, machte den einseitigen Parolen, der offenen und versteckten Propaganda für ein nationalsozialistisches Diktat Platz. Unsere bisherige Büchergilde wollte dem nach Kultur und Bildung dürstenden Volke der Geistes- und Handarbeiter über die deutschen Grenzen hinaus ihre Werke, inhaltlich den strengsten künstlerischen und sozialen Forderungen entsprechend, in der Ausstattung in vollendeter Form und vor allem ohne Gewinn vermitteln.»

5000 der Schweizer Gildenmitglieder traten darauf aus der gleichgeschalteten Berliner Büchergilde aus und schlossen sich der schweizerischen Neugründung an. Die Zürcher Genossenschaft nahm ihre Tätigkeit in einer Dreizimmerwohnung an der Morgartenstrasse 13 auf. Der Lektor des Verlags, der schon in der Berliner Gilde für das Lektorat zuständig gewesen war und dem wie dem nach sechs Wochen aus der Haft entlassenen Bruno Dressler die Flucht in die Schweiz gelungen war, arbeitete am Küchentisch. Wie die alte Berliner Organisation veröffentlichte auch die neue Büchergilde eine breite Palette von zeitgenössischer, engagierter Literatur, guten Unterhaltungsromanen von Jack London und B. Traven, von Sachbüchern und Werken altbewährter Autoren wie Gotthelf, Balzac und Zola. Der Verlag entwickelte sich schnell. 1936 entstand mit der von C. F. Ramuz geleiteten Gilde de Livre in Lausanne ein welscher Ableger. Nach anfänglicher Skepsis von bürgerlicher Seite konnten 1938 neben Stadtpräsident Emil Klöti auch freisinnige Exponenten wie Altbundesrat Robert Haab und Landi-Direktor Armin Meili für das Patronatskomitee gewonnen werden. 1943 – die Büchergilde war unterdessen von der Dreizimmerwohnung in das neue Volksrechthaus → 56 gezogen – erreichte der Jah-

Wohnung an der Morgartenstrasse als Zentrale der Büchergilde.

resumsatz fast zwei Millionen Franken. 1945 zählte die Schweizer Büchergilde über 100 000 Mitglieder – mehr als die Berliner Gilde im Jahr der nationalsozialistischen Machtübernahme. Die Büchergilde war nicht nur für die zahlreiche Leserschaft von grossem Wert, sondern ebenso für Schweizer Autoren und Illustratoren, die vom internationalen Markt weitgehend ausgeschlossen waren. Sie bot nicht nur die Möglichkeit, zu publizieren und ein Publikum zu finden, sondern schrieb auch Wettbewerbe aus und vergab Literaturpreise. Die «Gildenbibliothek der Schweizer Autoren» war ausschliesslich einheimischem Schaffen gewidmet. C. A. Loosli etwa gelang es, 1943 über die Büchergilde innert Jahresfrist 7500 Exemplare seiner *Schattmattbauern* abzusetzen, nachdem dieser erste moderne Kriminalroman aus der Deutschschweiz bei der Erstveröffentlichung im Selbstverlag 1932 ohne Beachtung geblieben war.

Nach dem Krieg erfuhr die Büchergilde Gutenberg in Deutschland eine Neugründung, erreichte um 1960 mit 300 000 ihre höchste Mitgliederzahl, wurde 1998 von einer Gewerkschaftsholding an ehemalige Mitarbeiter verkauft und existiert heute noch. Die Schweizer Büchergilde stellte ihre Aktivität 1987 ein.

› [58] Morgartenstrasse 13.

[59] SMUV

Der 1915 durch die Fusion zweier Gewerkschaften entstandene Schweizer Metall- und Uhrenarbeiterverband SMUV verfolgte schon in den Zwanzigerjahren eine zurückhaltende Politik, vermied extreme Forderungen und Kampfmassnahmen und bemühte sich, von den Unternehmern als Sozialpartner anerkannt zu werden. Dem «wilden» Streik der Heizungsmonteure gegen Lohnabbau versagte der SMUV im Sommer 1932 im Gegensatz zur kleinen kommunistischen Gewerkschaft RGO seine Unterstützung → [64]. Auch als in Folge der Weltwirtschaftskrise viele der SMUV-Mitglieder nicht nur einen Lohnabbau hinnehmen mussten, sondern ihre Arbeit verloren – 1934 waren fast drei Viertel der Gewerkschaftsmitglieder mindestens zeitweise als ganz oder teilarbeitslos gemeldet –, hielt der SMUV an seiner Stillhaltepolitik fest und wollte damit einen Beitrag zu Verbesserung der internationalen Konkurrenzfähigkeit der Maschinenindustrie leisten. Nach 1936 führte nicht zuletzt die Aufrüstung zu einer Ankurbelung der Wirtschaft. «Mit der Abwertung des Schweizerfrankens am 26. September 1936 trat endlich der Umschwung ein», stellt eine 1948 erschienene Publikation zur Geschichte der Zürcher Arbeiterbewegung fest. «Die beispiellose Arbeitslosigkeit versickerte langsam, und die eintretende Teuerung führte zu neuen, nun wiederum erfolgreichen Lohnkämpfen. In der Industrie wurde 1937 das in die Geschichte eingegangene «Friedensabkommen», abgeschlossen, der erste eigentliche Vertrag für die Maschinen- und Metallindustrie.» Dieses Abkommen zwischen vier Gewerkschaften unter der Führung des SMUV und dem Arbeitgeberverband der Maschinen- und Metallindustrie war kein eigentlicher Arbeitsvertrag mit verbindlichen Regelungen der Arbeits- und Lohnbedingungen, sondern legte die Art und Weise fest, wie gegenseitige Forderungen unter Ausschluss von Kampfhandlungen nach «Treu und Glauben» behandelt werden sollten. Es gilt als Meilenstein in der Schweizer Wirtschafts- und Sozialgeschichte. Das Zusammengehen von Arbeitnehmern und Arbeitgebern wurde schon damals als Beitrag zur nationalen Einheit verstanden. 1944 erneuerten die Sozialpartner die auf fünf Jahre befristete Vereinbarung eine erstes Mal.

Neubau der Sektion Zürich des SMUV: «Sinnbild der Kraft und Entschlossenheit» (um 1942).

Nachdem die Zürcher Sektion des Metall- und Uhrenarbeiterverbandes ihre Büroräume mehrmals hatte verlegen müssen, zeitweise bei der Spengler-, Sanitär- und Dachdecker-Genossenschaft (SADA), einer Gewerkschaftsgründung an der Zeughausstrasse, untergekommen war und dann beim *Volksrecht* an der Stauffacherstrasse, konnte sie sich noch während des Weltkriegs in einem eigenen Haus einrichten: «Im Sommer 1940 wurde an der Ecke Stauffacher-/Werdstrasse eine eigenes Verbandsgebäude errichtet, das im Herbst 1942 bezogen werden konnte. Der stolze Bau ist ein Sinnbild der Kraft und Entschlossenheit der Metallarbeitergewerkschaft, allen Stürmen der Zeit zu trotzen und sich immer und überall für die Interessen der angeschlossenen Mitglieder einzusetzen.»

Während des Kriegs kaufte die Sektion Zürich des SMUV einige hundert Aren landwirtschaftlich nutzbaren Boden, um in Gemeinschaftsarbeit Kartoffeln und Gemüse anzubauen. Als nach dem Krieg solche Anbauaktionen überflüssig geworden waren, wurde die Gewerkschaftliche Wohn- und Baugenossenschaft GEWOBAG gegründet, welche «das erworbene Land mit gesunden und schönen Arbeiterwohnungen überbaute».

1946 zählte das Gewerkschaftskartell der Stadt Zürich etwa 40 000 Mitglieder, knapp ein Viertel davon gehörten dem SMUV an. Auf Anfang 2005 fusionierte der SMUV mit den Gewerkschaften Verkauf Handel Transport Lebensmittel VHTL und Bau und Industrie GBI zur Grossgewerkschaft Unia.

› 59 Gewerkschaftsgebäude Werdstrasse 36.

60–71 HELVETIAPLATZ – CASA D'ITALIA

60 RALPH BENATZKY TRÄUMT IM KINO APOLLO
60 Stauffacherstrasse 41, Geschäftshaus Apollo

61 ZWANZIGTAUSEND JUBELN DEM GENOSSEN STADTPRÄSIDENT DR. KLÖTI ZU
61 Helvetiaplatz

62 KORBBLÜTLER IM VOLKSHAUS
62 Volkshaus

63 VOLKSHAUS 1944: LINKSEXTREM
63 Volkshaus

64 HELVETIAPLATZ, HERZ DES LANGSTRASSENQUARTIERS
64 Helvetiaplatz

65 CAMIONS FÜR SPANIEN
65 Helvetiaplatz, Volkshaus

66 INDISKRETION VOR DEM POSTBÜRO
66 Stauffacherstrasse 94: alte Post am Helvetiaplatz, heute Credit Suisse

67 MILITÄR IM SCHULHAUS
67 Schulhaus Kern, Kernstrasse 45, mit Turnhallengebäude an der Stauffacherstrasse
67C Schulhausplatz Wengi

68 BÄCKERANLAGE
68 Bäckeranlage

69 KIND DER LANDSTRASSE AN DER FELDSTRASSE
69 Feldstrasse 108

70 CASA D'ITALIA
70 Casa d'Italia, Ernastrasse 2, Ehrismannstrasse 6
70A Kanzleischulhaus

71 COOPERATIVO
71 Cooperativo, 1912–1970 an der Militärstrasse 36, seit 2008 an der St. Jakobstrasse 6
71C Falkenburg, Schreinerstrasse 64, heute Bar-Club Le Royal

SCHAUPLÄTZE, AUF DIE IN ANDEREN ABSCHNITTEN VERWIESEN WIRD
56B Sihlfeldstrasse 156: Wohnung Jakob Grau, Redaktor
85B Wengi-Schulhaus: Unfall bei Luftschutzübung
92A Müllerstrasse 63: «Landidörfli»
96B Erismannstrasse 45: Wohnung Lydia Hug
96C Hohlstrasse 176: Werkstatt Jakob Hug (heute Neubau)

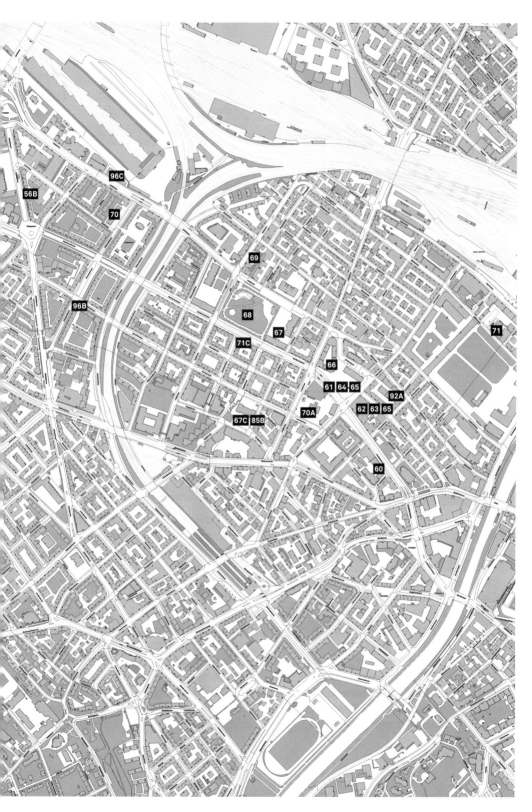

RALPH BENATZKY TRÄUMT IM KINO APOLLO

Nach dem Krieg kehrte Ralph Benatzky von Amerika nach Europa zurück und lebte wieder einige Jahre in der Schweiz. In Zürich besuchte er oft die Nachmittagsvorstellungen des Kinos Apollo an der Stauffacherstrasse. An der Kinokasse kannte man den gut sechzigjährigen Herrn, den Komponisten des *Weissen Rössl*, zahlreicher weiterer Operetten, Singspiele und Chansons, der auch die Musik zu vielen Filmen und die Hits geschrieben hatte, mit denen Zarah Leander der Durchbruch gelungen war. Man liess ihn gratis ein und informierte per Haustelefon den Kinoorganisten vom Eintreffen des weltberühmten Gastes: «Herr Benatzky kommt!» Artur Beul → 6, der Kinoorganist, legte das Telefon sofort auf, machte einen schnellen Übergang und begann aus allen Pfeifen *Im weissen Rössl am Wolfgangsee* zu spielen. Benatzky setzte sich in die vorderste Reihe, grüsste den Organisten, der für das Publikum zu hören, aber nicht zu sehen war, und rief: «Herrlich, danke, das haben Sie prima gemacht!»

Artur Beul spielte in der Zeit von 1946 bis 1949 jeweils eine halbe Stunde vor den Filmen auf der grossen Kinoorgel im Apollo. Damals waren noch in drei Zürcher Kinos Orgeln in Betrieb, die ursprünglich zur musikalischen Begleitung von Stummfilmen in die Säle eingebaut worden waren und über allerlei Effektregister verfügten, um Telefonklingeln, Eisenbahnpfiffe, Schiffsirenen, Donner, Hufgetrappel, Vogelgesang oder Windgeräusche zu imitieren. Das 1928 vom Bauunternehmer Scotoni errichtete und 1988 abgebrochene Apollo war mit 2000 Plätzen das grösste Kino der Stadt und wurde seit 1938 von Ralph Scotoni geführt. Dieser war aus Berlin zurückgekehrt, wo er seit den frühen Dreissigerjahren die Terra-Filmgesellschaft geführt hatte, welche mit Geld aus dem Familienunternehmen Scotoni deutsch-schweizerische Koproduktionen realisierte, etwa den an Originalschauplätzen gedrehten *Willhelm Tell*, der 1934 einen Monat lang im Apollo gezeigt wurde. Die Schauspielerin Emmy Sonnemann, die 1935 Hermann Göring heiratete und damit gewissermassen zur First Lady des Deutschen Reichs avancierte, verkörperte in dieser Terra-Produktion Hedwig, Willhelm Tells Frau. Ralph Scotoni war in Berlin Mitglied der NSDAP geworden, trat gerne in seiner SA-Uniform auf und war der Meinung, dass der Filmexport für Deutschland zwei wichtige Aufgaben erfüllt, «indem er einerseits Devisen einbringt und andererseits eine hervorragende Propaganda für das Deutschtum in der Welt betreibt». Scotonis *Tell* wurde 1945 von der alliierten Militärregierung in Deutschland verboten.

Ralph Benatzky schlief während der Vorstellung in Scotonis Kino. An der Kasse im Apollo wunderte sich längst niemand mehr, dass er oft mehrmals denselben Film besuchte, denn man wusste, dass er gerne ins Kino kam, um Musik zu hören und sich auszuruhen. Benatzky hatte schon vor dem Zweiten Weltkrieg einige Jahre in der Schweiz gelebt, in Thun und in Zürich. In seinem Tagebuch hält er am 28. August 1939, wenige Tage vor dem deutschen Überfall auf Polen, die Stimmung fest, die nicht nur ihn bedrückte: «Ich kann es niemandem schildern und ich darf es auch keinem sagen, wie namenlos verzweifelt, zermürbt, zerschlagen, müde, mutlos ich bin, wie zwecklos mir das Leben erscheint, und wie oft ich mit dem Gedanken spiele,

Kino Apollo (um 1928).

die Veronaltabletten aufzulösen, die ich mir vorsorglich besorgte, den Brei auszutrinken und endlich Ruhe zu haben von dem Irrsinn, Grauen und Abscheu dieser Tage. Jedes Land starrt bis zu den letzten Fingernägeln und Haarbüscheln vor Waffen, Fluglinien sind eingestellt, Züge verkehren nur mehr beschränkt, Lebensmittel werden rationiert und man lebt in der unerträglichen Spannung, ob nicht diese Sekunde oder jene das Pulverfass in die Luft flog.» In Zürich war Benatzky beeindruckt von der Landesausstellung, die er mehrmals besuchte, ein letztes Mal am 28. Oktober 1939: «Zum letzten Mal auf der ‹Landi› gewesen, die morgen schliesst. Die Höhenstrasse → 110 erschütterte und bewegte, wie am ersten Tag. Wieder kann man nur ergriffen vor dem fast Unbegreifbaren stehen, wie ein kleines, armes Gebirgsvolk, ohne Bodenschätze, ohne Kolonien, mit dem kärglichsten ‹Lebensraum›, wie das so misshandelte Schlagwort der Zeit heisst, wie kaum vier Millionen Menschen so Universales, Grosses, Menschheitsförderndes, im Gesamtbild der Erde einschneidend, Epochales leisten können.» Eine Woche später traf er den Chef der Eidgenössischen Fremdenpolizei: «Lange Unterredung mit Dr. Rothmund wegen unserer Einbürgerung – Einreichung der Identitätsausweise.» Doch die Bemühungen, für sich und seine jüdische Frau das Schweizer Bürgerrecht zu erlangen, zerschlugen sich im Frühjahr 1940, gerade als sich die Bedrohungslage auch für die Schweiz zuspitzte. Es gelang dem Ehepaar Benatzky noch, nach New York zu entkommen, wo ihr Schiff Ende Mai einlief.

Artur Beul pflegte nach dem Film den schlafenden Benatzky zu wecken und freute sich, mit ihm nach der Arbeit zu fachsim-

Artur Beul und Lale Andersen zuhause in Zollikon.

peln: «Das waren noch Zeiten», schreibt Beul in seinen 1994 unter dem Titel *Nach Regen scheint Sonne (Nach em Räge schiint Sunne)* veröffentlichten Lebenserinnerungen, «als die grossen Komponisten der Unterhaltungsmusik noch lebten und mich als einen der ihren akzeptierten. Ich war ja gerade etwas über dreissig Jahre alt, sie jedoch schon ältere, erfolgreiche Männer.»

Der Komponist des *Weissen Rössl* war nicht der einzige Unterhaltungsmusiker, der nach dem Krieg nach Zürich kam. Auch sein Kollege Franz Lehár *(Das Land des Lächelns)* lebte ab 1946 einige Jahre in Zürich, bewohnte ein Appartement im Hotel Baur au Lac und profitierte von der intakten Infrastruktur – im Gegensatz zu vielen andern Städten Europas verfügte Zürich über Konzertsäle, Orchesterbetrieb, Aufnahmestudios und Schallplattenproduktionsfirmen wie die Musikvertrieb AG →6. Auch Lale Andersen →22, die Sängerin der *Lili Marleen*, erhielt nach Kriegsende wieder die Erlaubnis, in die Schweiz einzureisen, um Schallplatten aufzunehmen. Die Plattenfirma quartierte sie bei Artur Beul ein, der sich 1945 in Zollikon ein kleines Haus gebaut hatte. 1949 heirateten Lale Andersen und Artur Beul. «Lili Marleen» erhielt den Schweizerpass.

Wenn die Sängerin in Zollikon war, musste Artur Beul seine zwei Boas, die sich sonst frei im Haus bewegten, einsperren, denn Andersen mochte es nicht, wenn die Wärme liebenden Tiere zu ihr ins Bett krochen.

> 60 Stauffacherstrasse 41, Geschäftshaus Apollo. Die Kinoorgel aus dem Apollo ist heute im Variété-Theater Café Barnabé in Servion nördlich von Lausanne im Einsatz.

ZWANZIGTAUSEND JUBELN DEM GENOSSEN STADTPRÄSIDENT DR. KLÖTI ZU 61

Bei den Gemeindewahlen vom 24. September 1933 → 55 143 wurden alle fünf sozialdemokratischen Stadträte mit einem Vorsprung von über 6000 Stimmen vor ihren bürgerlichen Gegenkandidaten gewählt. Emil Klöti blieb Stadtpräsident. Robert Briner, den die bürgerlich-frontistische Wahlallianz als Kandidaten für das Stadtpräsidium portiert hatten, wurde zwar als Mitglied des neunköpfigen Stadtrats gewählt, verzichtete aber auf sein Mandat, da es nicht zur Wahl als Stadtpräsident gereicht hatte → 31. Im Gemeinderat konnten die Sozialdemokraten mit 63 von insgesamt 125 Sitzen die absolute Mehrheit verteidigen. Die Kommunisten verloren vier ihrer sechs bisherigen Sitze. Die «Nationale Front», deren Stadtratskandidat es nicht in die Exekutive schaffte, eroberte auf Anhieb zehn Sitze, die Freisinnige und die Demokratische Partei büssten zusammen gleich viele Mandate ein.

Der Misserfolg der bürgerlich-frontistischen Wahlgemeinschaft trug dazu bei, dass die bürgerlichen Parteien Distanz zur frontistischen Bewegung suchten. Die Linken waren unbeschreiblich erleichtert. Euphorisch beschrieb das *Volksrecht* am Tag nach der schicksalhaften Wahl unter dem Titel «Zwanzigtausend feiern den Sieg des roten Zürich», was sich am Abend des Wahlsonntags in den Kreisen 3, 4 und 5 abspielte: «Wie aus dem Boden gestampft, sammelten sich gestern abend riesige Menschenmassen um das Volkshaus in Zürich 4, auf dem Helvetiaplatz, bei der ‹Sonne› und in den anschliessenden Strassen, bis hinauf zum ‹Volksrecht›, wo Tausende mit heller Begeisterung den Wahlausgang, den prächtigen Erfolg zur Kenntnis nahmen.›

Ein Demonstrationszug, ein Siegeszug durch die Strassen Aussersihls, Wiedikons ins Industriequartier wird formiert. Voran die Jugend mit ihren leuchtenden Sturmfahnen und ein wackeres Trommlerkorps. Fackeln waren auch noch da, die entzündet wurden – damit es weithin leuchte. In den Zug eingeordnet wurde die Stadtmusik ‹Eintracht›, die in der vergangenen Woche an Wahlpropaganda das menschenmögliche geleistet. Und dann kam ganz weit hinten die Arbeitermusik mit den Demonstranten aus dem Industriequartier. Das soll keine Zurücksetzung sein, sondern ein

Emil Klöti (1939), Stadtrat, Stadtpräsident und Ständerat.

Hinweis darauf, dass der riesige Demonstrationszug kein Ende nehmen wollte. Etwa eine halbe Stunde dauerte der Vorbeimarsch der dichtgedrängten, oft die ganze Strassenbreite füllenden Massen, der Männer und Frauen, die sich mitfreuen wollten an der Rettung des roten Zürich. Man versicherte, dass noch keine Zürcher Maidemonstration eine solche Beteiligung aufgewiesen hätte.

Aber nicht allein die Marschierenden, deren Kolonnen sich ständig vermehrten, haben demonstriert. Zu ihnen zählen wir auch die Tausende und Tausende, die Spalier bildeten und begeisterte Zurufe ausstiessen, die aus den Häusern Tücher schwenkten, die tosenden Beifall klatschten, die auf irgendeine Art ihrer Freude über den Erfolg der sozialdemokratischen Arbeiterschaft Ausdruck geben wollten.

Die Arbeiterquartiere waren mit einem Wort voller Jubel.

Auf dem Röntgenplatz im Industriequartier suchte sich zu postieren, was Platz fand, während die roten Sturmfahnen in der Glut der zusammengeworfenen Fackeln leuchteten. Genosse Parteisekretär Walter →57 würdigte in kurzer Ansprache die Bedeutung des Wahlerfolges, den die Sozialdemokraten ganz allein errungen, und er dankte allen, den Jungen und den Alten, den Frauen und den Männern, allen, allen, die gegenüber der anstürmenden Reaktion die rote Fahne hochhielten. Vorwärts, vorwärts, auch fürderhin!

Wie der Genosse Stadtpräsident Dr. Klöti unter dem Fenster erschien, da brach die Menge in frenetischen Jubel aus. Arme reckten sich zu Tausenden empor, Hüte flogen in die Luft, die Sturmfahnen flatterten und die beiden Musiken intonierten die Internationale, die von der Menge mitgesungen wurde. Eine prächtige, spontane Ovation für den Stadtpräsidenten und die anderen Genossen, die in den letzten Wochen der bürgerlichen Schmähungen genug über sich ergehen lassen mussten. Und Genosse Dr. Klöti dankte nicht nur, er gelobte auch im Namen seiner Kollegen-Genossen im Stadtrat, nach bestem Wissen und Gewissen im Sinne unseres Programms zu wirken, das rote Zürich weiterhin zu einem sozialen Zürich auszubauen, was im Interesse aller, der Volksgemeinschaft liegt.»

→ 61 Helvetiaplatz.
→ 61A Ernst-Nobs-Platz → Planausschnitt Sihlporte-Stauffacher 51–59
→ 61B Röntgenplatz → Planausschnitt Limmat abwärts 80–88

KORBBLÜTLER IM VOLKSHAUS

«Hilfsmittel der Heimat für gesunde und kranke Tage» lautete der Titel eines Vortrags, den der Quartierverein zusammen mit dem Samariterbund Aussersihl nach dem Bericht von Kurt Guggenheim im Roman Alles in allem zu Beginn des Krieges im Volkshaus veranstaltete. «An der hintern Wand des rotgetünchten Saales war eine Reihe von grossen Abbildungen nützlicher Pflanzen befestigt», und ein referierender Drogist erklärte die «Verwendbarkeit einiger Korbblütler». Fachmännisch «legte er die Wirkung des Rainfarns, Tanacetum vulgare, dar, der an Wegen, Feldrainen und Eisenbahndämmen in grossen Gesellschaften anzutreffen sei und dessen duftende, farnähnliche Blätter und gelben Blütenköpfe ein bewährtes Hausmittel gegen Spulwürmer, Magenkrämpfe und Blasenkrankheiten seien. Ebenfalls bei Magenbeschwerden, Nieren- und Blasenleiden bewähre sich der aus dem Kraut oder den Blütenköpfen der Schafgarbe, Achillea millefolium, hergestellte Tee, während das in den Äckern so unbeliebte Unkraut des Huflattichs ein altes Mittel gegen Husten und Heiserkeit darstelle.» Der Heilkräutervortrag war kein Einzelfall: «Bei dem Anlass in einem der kleinen Säle im Volkshaus am Helvetiaplatz handelte es sich um eine der Versammlungen von Anwohnern, wie sie in diesen Tagen in allen Quartieren gebräuchlich waren. Manchmal von amtlicher Seite einberufen, von Parteileitungen oder Berufsverbänden, dienten sie der Aufklärung zum rationellen Kochen mit Kochkisten, der Anpflanzung von Gemüse, der Ausnützung gebrauchter Textilien, der richtigen Einkellerung von Kartoffeln und der hygienischen Aufbewahrung von Vorräten, der sachgemässen Lagerung von Seife und Mehl, der Vermeidung und Bekämpfung von Erkältungskrankheiten, der Vorsicht in den Gesprächen – ‹Wer nicht schweigen kann, schadet der Heimat› –, der Organisation von Hausfeuerwehren, des Landdienstes für Jugendliche und was dergleichen Dinge mehr waren. Sie erfreuten sich alle eines guten Besuches; und manchmal wurde es offensichtlich, dass sie für viele Leute den Vorwand darstellten, einem Bedürfnis nach Zusammenschluss zu genügen.»

Von städtischer Seite trat seit 1942 die im November des Vorjahres per Stadtratsbeschluss geschaffene Hauswirtschaftszentrale als Veranstalterin von Informationsabenden, Vorträgen, Kochdemonstrationen und Kurzkursen hervor. 1942 führte die Hauswirtschaftszentrale der Stadt Zürich 262 Veranstaltungen in allen Quartieren durch, die von insgesamt 11 600 Personen besucht wurden. Im von der Sternwarte überragten Gebäude an der Uraniastrasse 9, wo die Zentrale im ersten Stock auch ihre permanente Ausstellung «Mir pflanzed» eingerichtet hatte, unterhielt sie einen täglich geöffneten Auskunfts- und Beratungsdienst, der nach dem Tätigkeitsbericht der städtischen Zentralstelle für Kriegswirtschaft sehr rege benützt wurde: «Für viele weniger geübte und durch die kriegswirtschaftlichen Einschränkungen doppelt geplagte Hausfrauen bedeutete es eine grosse Annehmlichkeit, dass bei der Hauswirtschaftszentrale jederzeit die verschiedensten Auskünfte – wenn der kleine Buttervorrat ranzig, das Mehl ‹läbig›, die Linsen nicht gar geworden, die Gläser nach dem Einmachen von Früchten oder Gemüsen wieder aufsprangen, das Zellwollgewebe sich unter zu heissem Bügeleisen widerspenstig gezeigt, das Haushaltungsgeld nicht reichen

HELEN GUGGENBÜHL

HAUSHALTEN IN DER KRIEGSZEIT

SCHWEIZER SPIEGEL VERLAG

sollte – ohne Formalitäten und ohne Teilnahme an Schulkursen eingeholt werden konnten.»

Im Schweizer Spiegel Verlag → 24 erschien 1942 das praktische Handbuch *Haushalten in der Kriegszeit,* verfasst von Helen Guggenbühl, der Frau eines der beiden Verlagsleiter. Herausgegeben in Zusammenarbeit mit dem Kriegs-Ernährungsamt und der Zentralstelle für Kriegswirtschaft des Bundes enthält das damals weit verbreitete Buch nicht nur Rezepte für Brotsuppe, Gerstenbrei, paniertes Euter und natürlich Kartoffelgerichte – «Kartoffeln sind unsere Nationalspeise!» –, sondern auch Tipps zum Einmachen und Dörren, zur Schonung von Kleidern durch Tragen von Schürzen und Überärmeln und erklärt, wie sparsam geheizt und richtig gelüftet wird, wie zu eng gewordene Wollsachen ohne Materialaufwand erweitert werden und wie aus Holzasche, Kartoffelschalen, Efeu, Brennnesseln und Seifenwurzel, Saponaria officinalis, Ersatzmittel für Seife hergestellt werden können.

▸ 62 Volkshaus.
▸ 62A Uraniastrasse 9: Hauswirtschaftszentrale, Beratung und Ausstellung → Planausschnitt Bahnhofstrasse 40–50

VOLKSHAUS 1944: LINKSEXTREM 63

Nach der Wende von Stalingrad wuchs in der Schweiz der Respekt vor der Sowjetunion. Es zeichnete sich ab, dass die UdSSR bald zu einem gewichtigen Machtfaktor im neuen Europa werden sollte und damit auch zu einem attraktiven Handelspartner für Schweizer Firmen. Unter dem Eindruck der Erfolge der Roten Armee, aber auch auf Grund der Erfahrungen mit den kriegsbedingten staatlichen Eingriffen in die Wirtschaft, sahen viele Schweizer für die Nachkriegszeit eine rote Zukunft vor sich. In den Wahlen vom 31. Oktober 1943 gewann die Sozialdemokratische Partei zehn zusätzliche Sitze im Nationalrat, erreichte damit ihr Allzeithoch und wurde mit 56 Vertretern zur stärksten Fraktion im Bundesparlament. Im Dezember erhielt sie mit Ernst Nobs einen ersten Bundesrat → 56.

Nicht alle Mitglieder waren mit der offiziellen Parteilinie einverstanden. Am 19. April 1944 protestierten SP-Vertreter im Volkshaus vor den 2000 Teilnehmern einer vom Komitee gegen Lohn- und Steuerdruck einberufenen Versammlung gegen den Kurs ihrer Partei, die den Ausgleich mit den Bürgerlichen suchte. Die Versammlung fasste den Beschluss, eine neue, radikale Arbeiterpartei zu gründen. Einige Wochen später schloss die Sozialdemokratische Partei der Schweiz mehrere Genossen des linken Flügels aus, die eine stärkere Abgrenzung gegen das Bürgertum gefordert hatten. Im Sommer 1944 konstituierten sich fünf der ausgeschlossenen Parlamentarier im Zürcher Kantonsrat als Fraktion der Partei der Arbeit (PdA).

Am 14. und 15. Oktober trafen sich im Volkshaus die Delegierten der unterdessen in verschiedenen Kantonen formierten Arbeiterparteien links der SP und gründeten die gesamtschweizerische Partei der Arbeit.

«Kartoffeln sind unsere Nationalspeise!»: Handbuch mit praktischen Tipps für den Alltag (1942).

Obwohl das 1940 vom Bund verhängte Verbot kommunistischer Parteien noch in Kraft war, liessen die Behörden die neue PdA stillschweigend gewähren.

Am Freitag, dem 3. November 1944 lud die Sozialdemokratische Partei der Stadt Zürich wiederum im Volkshaus zu einer «Feier zum Jahrestag der russischen Revolution» von 1917 und begründete den von etwa 1000 Personen besuchten Festakt mit der entscheidenden Rolle der Roten Armee im Kampf gegen den Faschismus: «Von der ganzen Welt bewundert, haben die Völker der Sowjetunion und die Soldaten der Roten Armee dem Angriff der faschistischen Kriegs- und Unterdrückungsmaschine standgehalten, die Wendung von Stalingrad erzwungen und schliesslich die Angreifer in ihre eigenen Landesgrenzen zurückgetrieben.» Der Erlös der Veranstaltung – Eintritt 1 Fr. – floss zugunsten russischer Flüchtlinge in die Kasse des Schweizerischen Arbeiterhilfswerks → 65. Auf der Volkshausbühne verkündeten weisse Lettern auf rotem Grund «Der Freiheit entgegen», geschmückt mit Lorbeerpflanzen und flankiert von «blutroten Sturmfahnen», wie sich das *Volksrecht* ausdrückte. Nach der Vorführung eines «Films aus der kämpfenden Sowjetunion» trug Wolfgang Langhoff → 24 dem Publikum im Theatersaal Freiheitsgedichte aus der Feder Gottfried Kellers vor und rezitierte einen Aufsatz, den Maxim Gorki zum zehnten Jahrestag der Oktoberrevolution verfasst hatte.

Am nächsten Tag meldete *Radio Moskau,* dass Molotow, der Aussenminister der Sowjetunion, dem schweizerischen Bundesrat, der die Wiederaufnahme der wenige Jahre nach der Revolution abgebrochenen diplomatischen Beziehungen beantragt hatte, eine Abfuhr erteilte. «Denn es ist eine wohlbekannte Tatsache, dass die schweizerische Regierung in Verletzung ihrer alten demokratischen Tradition während zahlreichen Jahren gegenüber der Sowjetregierung, welche mit anderen demokratischen Ländern im Interesse der friedliebenden Nationen Krieg gegen Hitler-Deutschland führt, eine feindliche und profaschistische Politik verfolgt hat», begründete Aussenminister Molotow seinen Entscheid.

Am 7. November, drei Tage später, teilte Marcel Pilet-Golaz, der schweizerische Aussenminister, der den Antrag an die Sowjetunion gestellt hatte, dem Bundesrat seinen Rücktritt mit. Die sozialdemokratische Presse hatte schon lange vorgeschlagen, man müsse den «Pilet goh la», besonders im Herbst 1940 nach dem Empfang schweizerischer Frontenführer durch den freisinnigen Bundesrat, der zur Symbolfigur einer anpasserischen Politik geworden war → 17.

An Dienstag, dem 14. November fand erneut eine Grosskundgebung im Volkshaus statt, diesmal organisiert vom Zürcher Gewerkschaftskartell, das die Forderung stellte, «die Anpasser von der politischen Bildfläche rasch verschwinden» zu lassen, und die «Aufhebung der Verbote linksextremer Parteien» verlangte. Erst am 1. März des folgenden Jahres, kurz vor Kriegsende, entschloss sich der Bundesrat, das Parteienverbot tatsächlich aufzuheben.

Die Partei der Arbeit entwickelte sich vorerst prächtig. Im Kanton Genf erreichte sie in den Wahlen von 1945 mehr als ein Drittel der Sitze, in Basel-Stadt zwei Jahre später fast ein Viertel. In der Stadt Zürich errang die PdA 1946 auf Anhieb mehr als ein Siebtel der Stimmen und 19 Sitze im Gemeinderat und wurde hinter SP und LdU noch vor den Freisinnigen zur drittgrössten Partei. Mit Edgar Woog gewann sie einen Sitz im Stadtrat. Woog, zum Vorsteher des Bauam-

Plakat von Hans Erni für die Gesellschaft Schweiz-Sowjetunion.

tes I → 17 50 ernannt, verdrängte einen der bürgerlichen Vertreter in der Exekutive, der somit neben den fünf bestätigten Sozialdemokraten und dem kommunistischen Neuling gerade noch zwei Freisinnige – darunter der spätere Stadtpräsident Emil Landolt – und ein Mitglied des Landesringes angehörten. Doch der Stern der PdA sank schnell: Korruptionsaffären, Richtungskämpfe, Mangel an überzeugenden Führungskräften, Moskauhörigkeit und die Polarisierung im schon in den späten Vierzigern einsetzenden Kalten Krieg brachen der Zürcher Partei nach kurzer Zeit das Genick. Edgar Woog verlor sein Amt schon 1947 nach einem Prozess wegen der kurzfristigen Verschiebung von Spendengeldern einer Hilfsorganisation in die Kasse der parteieigenen Tageszeitung *Vorwärts*, die ihre Liquidität verloren hatte, und verbüsste eine sechsmonatige Gefängnisstrafe. 1953 nahm er am Begräbnis Stalins teil. Woog, Nationalrat von 1947 bis 1955, war bis 1968 Zentralsekretär der PdA der Schweiz.

› 63 Volkshaus.

64 HELVETIAPLATZ, HERZ DES LANGSTRASSENQUARTIERS

Der Helvetiaplatz, der 1898 zu seinem Namen kam, entstand nicht als Ergebnis einer Platzgestaltung, die in einem Guss umgesetzt wurde, sondern war eine in sich zunehmend verdichtenden Arbeiterquartier bewusst unbebaut gehaltene Freifläche in städtischem Besitz. An der Ostseite erhielt der Platz mit dem Bau des Volkshauses → 62 63 1911 einen klaren Abschluss. Das Volkshaus bildete das Indoor-Pendant zum Helvetiaplatz, der seit dem frühen 20. Jahrhundert als Aussersihler Freiluft-Versammlungsplatz für Kundgebungen, Demonstrationen und als Treffpunkt für Arbeiter und Arbeitslose → 54 diente. Gegen Süden findet der Freiraum jenseits der Stauffacherstrasse eine Fortsetzung in der Anlage um das aus dem 19. Jahrhundert stammende Ensemble von Kanzleischulhaus und Turnhalle. 1939 wurde zwischen Stauffacherstrasse und diesen beiden Gebäuden ein zweistöckiger, unterirdischer Luftschutzraum erstellt, gebaut als volltreffersichere Mehrzweckanlage mit einer fast anderthalb Meter dicken Decke und einem Tragpfeiler mit einem Durchmesser von knapp fünf Metern. Neben der Eingangsrampe in der Nähe der Turnhalle erhielt der öffentliche Schutzbunker eine unterirdische Verbindung zum Kanzleischulhaus. In der 1904 als Provisorium errichteten Schulbaracke – heute Kino Xenix – fanden in den Dreissigerjahren Filmvorführungen der Arbeiterjugend statt. Am Westende des Helvetiaplatzes lag das Aussersihler Postbüro → 66, in nördlicher Richtung öffnete sich der Platz entlang der zum Kollerhof → 77 führenden Strasse, die in den Dreissigerjahren Turnhallenstrasse hiess, weil sie auf die Kanzleiturnhalle zielte, und die den Blick freigab auf das Restaurant Sonne, das bis zu seinem Abbruch 1974 Vereinslokal zahlreicher Gruppierungen war. In der Sonne sassen die Organisatoren des blutig beendeten Streiks der Heizungsmonteure 1932, in der Sonne versammelten sich ein paar Jahre später engagierte Frauen, um während des Spanischen Bürgerkriegs zur Unterstützung der schlecht ausgerüsteten Republikaner Socken zu stricken.

Auf dem Helvetiaplatz, der bis zu seiner Umgestaltung in den Fünfzigerjahren noch von der Bäckerstrasse überquert wurde, befand sich vor dem Volkshaus eine parkartige Gehölzgruppe, an der Stauffacherstrasse gegenüber dem Kanzleiareal standen schon damals ein paar weitere Bäume, zusätzlich ein Brunnen mit einer Frauenstatue, eine mit Plakaten beklebte Telefonkabine und Sitzbänke. Dorthin spazieren 1933 in Kurt Guggenheims historischem Roman *Alles in allem* die in Aussersihl aufgewachsene und praktizierende Ärztin Jacqueline Fries und der Schriftsteller Aaron Reiss und unterhalten sich über Aussersihl.

«‹Ein Städtchen ist dieses Aussersihl›, plauderte Jacqueline weiter, während sie sich unter den paar Bäumchen der Anlage am Helvetiaplatz auf ein Bänkchen setzten, ‹aber nicht Kleinstadt, im Gegenteil. Was drüben an der Bahnhofstrasse sich grossstädtisch gibt im Spiegelglas vor den Schaufenstern und bunten Lichtern, mit dem Savoy, den Banken und Bijouterien, fremden Gästen und leisen Limousinen, ist hier an der Langstrasse, die wie durch ein Tor unter den Schienensträngen in unser Quartier einmündet und es frech von Norden nach Süden durchquert, längst übertroffen›, meuterte die schmächtige Lokalpatriotin, ‹nur ist es natürlich von proletarischer Qualität. Unsere Fremden, die Italiener, die Juden, die Tschechen, sie leben nicht im Hotel und lassen sich nicht von Schweizern bedienen. Hier sind sie aufgenommen, nicht als zahlende Gäste, sondern als arbeitendes Volk, Schulter an Schulter mit unseren Proleten. Und wenn sie Streit bekommen miteinander, so nicht ihrer Herkunft, ihrer Rasse wegen, sondern deshalb, weil hie und da einer mit List und Schläue sich über die andern erheben und hinaus will, über die Sihl und die Limmat, ins andere Lager und die proletarische Heimat verlassen.›»

Helvetiaplatz, vorne die Langstrasse.

Die Zerstörung dieses Quartiers war erklärtes Ziel der Frontenbewegung. Beim Fackelmarsch vor den städtischen Wahlen im September 1933 → 55 verlangte die Polizei im letzten Moment eine Änderung der Route, die ursprünglich durch die Langstrasse führen sollte. Die Bewohner des Langstrassenquartiers konnten sich nach den Gräueln, die in vergleichbaren Quartieren deutscher Städte nach der Machtübernahme der Nazis zum Alltag gehörten, gut vorstellen, was ihnen beim politischen Durchbruch der «Nationalen Front» blühen würde. Der ab 1934 als Tageszeitung erscheinende frontistische *Grenzbote* erklärte: «Wir ruhen nicht, bis wir mit flatternden Fahnen durch die Langstrasse marschieren werden.»

› 64 Helvetiaplatz.

65 CAMIONS FÜR SPANIEN

«Im Herbst 1933 fragte mich der Präsident der städtischen sozialdemokratischen Partei, Dr. A. Lüchinger → 49, ob ich bereit wäre, das Sekretariat der ‹Proletarischen Kinderhilfe› zu übernehmen», beginnt Regina Kägi-Fuchsmann ihre Erinnerungen an die Zeit ihres Engagements als Hilfswerksleiterin. Die Proletarische Kinderhilfe kümmerte sich zu Beginn um Kinder aus Schweizer Arbeitslosenfamilien und betreute bald auch Ferienkinder aus Österreich und Frankreich. 1935 kam es zur Gründung eines Schweizerischen Hilfswerks für Emigrantenkinder unter der Leitung von Nettie Sutro-Katzenstein → 19, 1936 gründeten Gewerkschaftsbund und SP das Schweizerische Arbeiterhilfswerk (SAH), das Kägi dann bis 1952 sechzehn Jahre lang als Zentralsekretärin führte.

In ihrer Lebensgeschichte *Das gute Herz genügt nicht* beschreibt Regina Kägi, wie mit der Arbeitsgemeinschaft für Spanienhilfe (SAS) schon bald nach dem Ausbruch des Spanischen Bürgerkriegs im Sommer 1936 um eine breite Zusammenarbeit im Rahmen einer grossen schweizerischen Hilfsaktion gerungen wurde: «Während des ganzen Winters bemühten wir uns darum, ein überparteiliches Spanienhilfswerk zu gründen; dies erwies sich als ausserordentlich schwierig.» Neben dem SAH, dem Hilfswerk für Emigrantenkinder und den Sozialistischen Frauen der Schweiz machten unter anderem die Quäker, die Caritas, der schweizerische Lehrerverein, die Lehrerinnenvereine und der Zivildienst – der schweizerische Zweig des Service Civil International – mit. «Das Präsidium übernahm der Sekretär der Pro Juventute, Dr. A. Siegfried → 69. Seiner Ruhe, seiner Sachlichkeit bei aller Wärme des Herzens gelang es, die sehr verschiedenartigen Verbände im Dienst der gemeinsamen Sache zusammenzuhalten und zu einem beispielhaften Einsatz zu bewegen», erzählt Regina Kägi.

Eine der Schwierigkeiten der entstehenden Arbeitsgemeinschaft bestand darin, dass einerseits die in der Flüchtlingshilfe besonders engagierten linken Kreise zu den Republikanern hielten und nicht gewillt waren, auch die von General Franco geführten Putschisten zu unterstützen, für eine breit abgestützte Zusammenarbeit aber andererseits die betont neutrale Haltung

Erholungsaufenthalt in der Schweiz für 60000 Kinder aus Kriegsgebieten: Hollandkinder am Hauptbahnhof 1944.

der offiziellen Schweiz berücksichtigt werden musste. Daher entschied sich die Ayuda Suiza par los ninos espagnoles für eine vordergründig unparteiische Ausrichtung: «Wir geben als Hauptziel unserer Aktion die Evakuierung der Kinder aus den von Bomben bedrohten Städten an», schreibt Regina Kägi. «Dann erledigt sich die Frage der Neutralität von selbst, denn wir wussten bestimmt, dass die Republikaner niemals so unmenschlich waren und die Zivilbevölkerung bombardierten.»

Für die Evakuierung von Kindern und Müttern aus bombardierten Städten und die Lieferung von Hilfsgütern beschloss die Ayuda Suiza, nicht auf pannenanfällige Altwagen mit hohem Treibstoffverbrauch zu setzen, sondern vier leichte, stabile Lastwagen anzuschaffen, die über grosse Benzinreserven verfügten. Zwei davon sollte das Arbeiterhilfswerk finanzieren – sie kosteten je 4500 Franken, mehr als das SAH überhaupt in der Kasse hatte. Kägi berichtet: «Plötzlich kam mir eine Idee: Ich musste versuchen, nicht einfach Geld zu sammeln, sondern den Spendern für ihren Beitrag einen Gegenwert zu geben, der in einem innern Zusammenhang mit dem Zweck der Sammlung stand. Und plötzlich wusste ich es: Bei den vielen Vorträgen im ganzen Land herum hatte ich die Erfahrung gemacht, dass im Schweizervolk die Kenntnis Spaniens und des spanischen Volkes sehr, sehr bescheiden war.

Also geben wir eine geographische Karte von Spanien heraus, auf deren Rückseite

Ayuda Suiza, Hilfsgüter aus der Schweiz (1937): Lastwagen und Verpflegung von Kindern in Spanien.

das Notwendigste über das Volk, seine Wirtschaft, seine Religion, seine Geschichte zusammengefasst ist.»

Auch im Zürcher Volkshaus hielt die Leiterin des SAH Vorträge, bei denen es ihr nicht nur gelang, Spenden zu sammeln, sondern auch Helfer und Helferinnen zu finden, die sich in der Schweiz und im Ausland an den Hilfsarbeiten beteiligten. «Und als in etwa zehn Wochen die vier Camions fix und fertig auf dem Helvetiaplatz in Zürich standen, um die freiwilligen Spenden der Zürcher aufzunehmen – Kondensmilchbüchsen, Seife, Verbandstoff, Schokolade usw. –, da liefen bereits die Bestellungen der Karten im Sekretariat in solchen Massen ein, dass die Rechnungen für die Camions damit bezahlt waren.» Die Lastwagen, «die die schönen Namen Pestalozzi, Nansen, Dufour usw. führten», rollten kurz vor Pfingsten 1937 mit vier Zivildienstlern als Chauffeur-Magazinern nach Spanien. «Einige Wochen später stiftete der Gewerkschaftsbund einen fünften Camion als Lastwagen für Warentransporte; und wenige Wochen später einen komplett ausgestatteten Autochir, einen fahrbaren Operationssaal, der zunächst auf der Aragonfront eingesetzt wurde und äusserst wertvolle Dienste leistete.»

Die Ayuda Suiza war wegweisend für die spätere Arbeit der schweizerischen Flüchtlings-, Kinder- und Kriegsopferhilfe: «Diese Arbeitsgemeinschaft war der erste umfassende Zusammenschluss vieler schweizerischer Organisationen, mit Ausschluss der Kommunisten und Fröntler, für ein Hilfswerk zugunsten leidender Menschen im Ausland; sie entstand ungefähr zur gleichen Zeit wie die schweizerische Zentralstelle für Flüchtlingshilfe → [31] und war damit die Grundlage für eine schweizerische Methode der Auslandhilfe, die gleichzeitig föderalistisch und zentralistisch war und sich in den nächsten dreissig Jahren in immer klarerer Form herauskristallisieren sollte.»

1940 wurde als Nachfolgeprojekt der Spanienhilfe die Schweizerische Arbeitsgemeinschaft für kriegsgeschädigte Kinder gegründet. Die Erlaubnis, für einen dreimonatigen Ferienaufenthalt in die Schweiz einzureisen, erhielten die französischen Kinder gegen die Zusicherung von Transitvisa für in der Schweiz festsitzende Flüchtlinge: «In der Schweiz leben eine Anzahl Flüchtlinge, die bereits ein Visum nach den USA besitzen. Einschiffungsort: Marseille. Der Polizeiabteilung liegt es sehr daran, dass sie bald reisen. Sie ist froh um jeden Flüchtling, der die Schweiz verlässt. Aber sie können nicht reisen, weil ihnen Frankreich kein Durchreisevisum erteilen will, wahrscheinlich aus Angst, sie könnten, einmal in Frankreich, hierbleiben und nicht weiterreisen, wie wenn es damals so verlockend gewesen wäre, in Frankreich zu bleiben! Angebot der schweizerischen Polizeiabteilung: Für jedes Transitvisum, das Frankreich erteilt, nimmt die Schweiz zwei hungernde oder kranke Französenkinder für drei Monate zur Erholung auf.»

1941 begann das Schweizerische Arbeiterhilfswerk mit der Betreuung von Flüchtlingen, im gleichen Jahr lancierte das innovative Hilfswerk die Aktion Colis Suisse – Pakete aus der Schweiz. Das SAH organisierte die Zusammenstellung und Lieferung von Lebensmittelpaketen, die an Insassen von Flüchtlingslagern und an frei lebende Emigranten versandt wurden – nicht gerade einfach im besetzten Frankreich, wo die Aktion begann. Die Kosten übernahmen Paketpaten, die die Lebensmittel ihnen persönlich bekannten Menschen im Ausland zukommen liessen oder auch Patenschaften eingingen, ohne einen

Adressaten zu bestimmen. 1943 spedierte das SAH monatlich 4000 Colis, 1947 waren es 60 000.

Als mit einem Appell des Bundesrates im Dezember 1944 die «Schweizer Spende an die Kriegsgeschädigten», die grösste Schweizer Sammelaktion während des Krieges, eingeleitet wurde, konnte auf ein Netz von Fachleuten aus kirchlichen und linken Hilfsorganisationen zurückgegriffen werden, die nach den vergangenen, schwierigen Jahr über grosse praktische Erfahrungen verfügten. In der Positionierung der Schweiz in der Nachkriegsordnung → 16 29 erwies sich der langjährige Einsatz der Hilfsorganisationen als ein wichtiger Trumpf.

→ 65 Helvetiaplatz, Volkshaus.

Schweizerisches Arbeiterhilfswerk: verschiedene Adressen, u. a. Zollstrasse 14 und Germaniastrasse 49 (Colis Suiss), ab 1949 in eigenem Neubau an der Quellenstrasse 31.

66 INDISKRETION VOR DEM POSTBÜRO

1939 lag der schweizerische Selbstversorgungsgrad beim Brotgetreide bei gerade 32 Prozent. Im Verlauf des Krieges ging die Getreidemenge, die eingeführt werden konnte, von Jahr zu Jahr zurück, betrug 1942 noch weniger als die Hälfte der Vorkriegsimporte und sank zwei Jahre später auf einen Siebtel. Durch die Forcierung des Getreidebaus auf Kosten der Viehwirtschaft im Rahmen des Plans Wahlen → 130 gelang es, einen Teil der Importeinbussen wettzumachen. Getreide benötigte jedoch auch die zunehmende Zahl der Pferde, die in der Landwirtschaft zum Einsatz kamen. Um die drohende Rationierung des Brotes hinauszuzögern, wurde angeordnet, das Getreide stärker auszumahlen und mit Roggen-, Gersten- und schliesslich Kartoffelmehl zu strecken. Im Juni 1942 musste der Preis für ein Kilogramm Brot um fünf Rappen erhöht werden und betrug nun 57 Rappen gegenüber einem Vorkriegspreis von 43 Rappen. «Neben den Kriegsereignissen», stellt der Tätigkeitsbericht der Zentralstelle für Kriegswirtschaft der Stadt Zürich fest, «stand das Preisproblem im Mittelpunkt des öffentlichen Interesses.» Als sich eine Rationierung auch des Brotes als unausweichlich abzeichnete, wurde die Ausgabe entsprechender Informationsschriften in aller Heimlichkeit vorbereitet, um Panik und Hamsterkäufe zu vermeiden, was jedoch gemäss Tätigkeitsbericht «infolge einer Indiskretion auf einem Postbüro» gründlich misslang.

Der Schriftsetzer Robert Bächtold berichtete dazu in der Befragung von Zeitzeugen im Projekt *Archimob*: «Nach der Lehre arbeitete ich als Maschinensetzer beim *Tages-Anzeiger*. Eines Tages wurde ich aufs Druckereibüro zitiert. Dort erwarteten mich zwei Herren von der Bundespolizei: ‹Wir bereiten landesweit die Brotrationierung vor. Ihre Druckerei muss Broschüren mit den nötigen Anweisungen drucken, aber das muss streng geheim bleiben.› Meine Setzmaschine stand in einem separaten, abschliessbaren Abteil, und das hatten sie für günstig befunden. Hoch und heilig musste ich versprechen, niemandem etwas zu sagen. Als guter Patriot hielt ich mich daran. Während ich mit dieser Broschüre beschäftigt war, durfte sich niemand in meiner Nähe aufhalten, und abends schloss das Bürofräulein das Manuskript in den Tresor ein. Die fertig gedruckten Broschüren sollten im Keller der Post beim Helvetiaplatz aufbewahrt werden, bis zum Tag X, an dem die Brotrationierung befohlen werden sollte. Leider passierte beim Transport dorthin ein penibles Missgeschick: Beim Abladen fiel ein Ballot vom Auto auf den Boden und zerplatzte dabei, und schon lagen die Broschüren alle da, direkt neben den Passanten. Die halfen natürlich auflesen, und da war der Zapfen ab.» Wegen dieses Missgeschicks vor der Post, die sich damals noch an der Stauffacherstrasse 94, dem Nachbarhaus zum ehemaligen Volksbankgebäude an der Ecke Langstrasse/Stauffacherstrasse, befand, musste die Rationierung vorzeitig angekündigt werden, was «durch teilweise unvernünftige Brothamsterei zu einem regelrechten Ansturm auf die Bäckereien führte» (Tätigkeitsbericht). Als die Brotrationierung am 16. Oktober 1942 dann in Kraft trat, betrug die tägliche Ration für Erwachsene 225 Gramm, also ein knappes halbes Pfund, für Kinder 150 Gramm. Mit der im gleichen Jahr erfolgten Rationierung der Milch waren bis auf Kartoffeln, Gemüse und Obst praktisch alle Nahrungsmittel rationiert → 45.

› 66 Stauffacherstrasse 94: alte Post am Helvetiaplatz, heute Credit Suisse.

Helvetiaplatz 1941, in der Mitte das Postgebäude.

67 MILITÄR IM SCHULHAUS

Als am 1. September 1939 der Krieg ausbrach, wurden die Schulen in Zürich geschlossen. Einige der Schüler wurden als Pfadfinder aufgeboten, um auf den Bahnhöfen vor den Tafeln, welche die Besammlungsplätze der Einheiten anzeigten, den heranströmenden Soldaten den Weg zu erklären. Viele der Sammelplätze befanden sich in Schularealen.

Zehn Tage nach Kriegsbeginn wurde der Schulunterricht wieder aufgenommen. Während der folgenden Jahre gehörten die Uniformierten für die Schulkinder auch in Zürich zum Alltag. In einzelnen Schulhäusern waren Truppenteile für längere Zeit einquartiert, oft richteten sich die einrückenden Wehrmänner jedoch nur für einen oder zwei Tage im Schulhaus ein. So etwa an der Kernstrasse anlässlich der Mobilmachung am 16. September 1940, als sich in zehn städtischen Schulhäusern Soldaten der 6. Division besammelten und auf den Spielwiesen Aegerten, Fritschi- und Josefstrasse militärpflichtige Pferde eingeschätzt wurden. Der Schul- und Turnunterricht musste in den betroffenen Gebäuden während einiger Tage eingestellt werden. Die 6. Division stand unter dem Kommando von Oberstdivisionär Herbert Constam. Der in Zürich-Enge aufgewachsene Constam galt als enger Vertrauter des Generals und war der ranghöchste Offizier jüdischer Herkunft in der Schweizer Armee. Sein in New York unter dem Namen Kohnstamm geborener Vater war Bürger von Zürich geworden, zum reformierten Glauben konvertiert und hatte seinen Namen geändert.

Die Soldaten, die Mitte September 1940 einrückten, waren schon bei der ersten Generalmobilmachung zu Beginn des Krieges aufgeboten worden und hatten auch die Weihnacht im Dienst verbracht. In einer Waldlichtung wurden unter dem Weihnachtsbaum Soldatenpäckchen verteilt, die

Turnhalle Kernstrasse vor dem Umbau in den Fünfzigerjahren.

Schlafen im Stroh: Kantonnement im Schulzimmer.

Schokolade, Rauchwaren und den Brief eines Schulkindes enthielten, der beispielsweise so lautete:
«Lieber Soldat!
Ich danke Dir, dass Du an der Grenze bist. Wünsche Dir weiter gesunden Dienst.
Viele Grüsse sendet Dir Margrit S.»
Ältere Mädchen, etwa die Gymnasiastinnen der Töchterschule, strickten während des Unterrichts Wollsocken für die Soldaten.

Im August 1940 entlassen, wurden viele der Wehrmänner der 6. Division nach fünfwöchigem Urlaub Mitte September erneut mobilisiert. Im Schulhaus Kern rückte der Stab des Infanterie-Regiments 27 ein, das sich aus Männern aus Zürich und Umgebung rekrutierte. Das Abwartszimmer des Kernschulhauses wurde zum Kommandobüro umfunktioniert, das Schulzimmer 2 zum Wachtlokal, in Zimmer 7 quartierte sich der Quartiermeister ein, der für Verpflegung von Leuten und Pferden, für Buchhaltung und Sold zuständig war, in Zimmer 4 war der Regimentsarzt zu finden, nebenan in Nummer 5 befand sich das Krankenzimmer. In den Kellerräumen wurden Magazine untergebracht, die Mannschaft richtete sich in den Korridoren im ersten und zweiten Stock ein, wo die Soldaten auf Stroh schliefen, das bereits zwei Tage zuvor am Nachmittag des 14. Septembers angeliefert worden war. Die Offiziere schliefen nicht im Kernschulhaus. Sie hatten richtige Betten im Hotel City-Excelsior an der Sihlstrasse beim Jelmoli, welches ein Jahr später zum Hotel Seidenhof umgebaut wurde. Für die Pferde des Stabs war Platz im Stall 11 der Kasernenstallung reserviert.

Im Turnhallengebäude des kurz nach 1900 erstellten und nach dem zweiten Krieg umgebauten Schulhauskomplexes Kern befanden sich die Mobilmachungskantonnemente der Bäcker-Kompanie 6, welcher der Knabenhortraum als Büro und der Mädchenhortraum als Magazin-Büro diente.

Zimmer 8 wurde als Krankenzimmer genutzt, Zimmer 7 und die Knabenturnhalle als Mannschaftsraum, während das Brotmagazin in die Mädchenturnhalle kam. Die Offiziere der Bäcker-Kompanie logierten im Hotel Simplon beim Hauptbahnhof an der Schützengasse 16. Ihre Küche stellte die Bäcker-Kompanie auf dem Schulhausplatz an der Wengistrasse auf. Die Bäcker verfügten über mobile Öfen und buken zu Beginn des Krieges 500 Gramm Brot pro Mann, bei fortschreitender Rationierung sank die Tagesportion bis Kriegsende auf 375 Gramm.

Schon am Tag nach der Mobilmachung vom 16. September 1940 verliessen die eingerückten Einheiten der 6. Division den Korpssammelplatz Zürich, gleichen Tags begann auch die Strohabfuhr aus den Schulgebäuden. Die Soldaten marschierten zum Etzel, wo in dreitägigen Manövern die rote 6. Division gegen die blaue 7. Division antrat. Mit den Manövern «wollte man durch den Angriff auf die neue Réduitstellung Erfahrungen sammeln, um diese für den weiteren Ausbau der Befestigungen zu verwerten», wie es in einem 1947 publizierten Erinnerungsbuch des Regiments an den Aktivdienst heisst, an welchem unter anderem auch Major Ernst Brandenberger → **7** mitwirkte.

Nur die Bäcker blieben noch einen Tag länger, bevor auch sie am 18. September nach Zug disloziert wurden.

Die Schulkinder waren nicht unglücklich über die Abwechslung, die das Militär während des Aktivdienstes in ihren Alltag brachte. Sie bewunderten die Soldaten, erhielten Militärbisquits, bekamen schulfrei, wurden mit andern Lehrkräften konfrontiert und bewegten sich teilweise, bedingt durch die Verlegung des Unterrichts in andere Häuser, auf interessanten neuen Schulwegen. Für das Schulamt war es schwierig, den Unterricht aufrechtzuerhalten, besonders wenn mehr als die Hälfte der Lehrkräfte eingezogen wurde. Der Ausfall der dienstpflichtigen Lehrer wurde mit vergrösserten Klassen, der Einstellung von Vikaren und Vikarinnen sowie verringerter Stundenzahl kompensiert. Um Heizmaterial zu sparen, blieben die Schulhäuser ab Herbst 1940 an Samstagen geschlossen.

Schon im Oktober 1939 stellte der städtische Schulvorstand in einem Schreiben an die Erziehungsdirektion fest, dass die Zuweisung von zwei Klassen an eine Lehrkraft «zu einer Überlastung führt, die auf die Dauer nicht angängig ist». Zudem werde «den Kindern zu viel freie Zeit verschafft», was nicht unproblematisch sei, denn «schon in normalen Zeiten bietet die Erziehung der Stadtjugend besondere Schwierigkeiten. Die Kinder werden auf der Strasse und oft auch vom Milieu nachteilig beeinflusst, abgelenkt und in Versuchung geführt. Die Schule allein vermag diesen Einfluss nicht zu wehren, wenn das Elternhaus nicht mit ihr zusammenarbeitet und sie unterstützt.

Durch die Mobilisation aber wurde der Einfluss des Elternhauses sehr geschwächt. Die führende Hand der Väter fehlt und die Güte und Nachsicht der Mütter wird von der Jugend missbraucht.»

→ **67** Schulhaus Kern, Kernstrasse 45, mit Turnhallengebäude an der Stauffacherstrasse.

→ **67A** Sihlstrasse 7/9, erbaut 1911/12. Zu Beginn des Zweiten Weltkriegs noch Hotel City-Excelsior, heute Hotel Seidenhof → Planausschnitt Bahnhofstrasse **40–50**

→ **67B** Schützengasse 16: Hotel Simplon, heute Bar Rex → Planausschnitt Bahnhofstrasse **40–50**

→ **67C** Schulhausplatz Wengi.

BÄCKERANLAGE

«Die öffentlichen Parkanlagen der grösseren Städte haben im wesentlichen drei ineinandergreifende Aufgaben zu erfüllen, eine städtebauliche, eine hygienische und eine ästhetische», heisst es in einer von Roland von Wyss → 17, seit 1931 Leiter des städtischen Gartenbauamtes, mitverfassten Schrift zu Zürichs Parkanlagen und Grünflächen.

Die Bäckeranlage, die 1900 auf einem Teil der noch unbebauten Grundstücke, die sich die Stadt nach der Eingemeindung von Aussersihl (1893) für öffentliche Aufgaben gesichert hatte, entstanden war, erfüllte diese drei Funktionen in den Dreissigerjahren nur noch sehr beschränkt. Sie gliederte zwar nach wie vor als grüne Oase das Häusermeer, vermochte aber kaum mehr als «Stätte der Erholung und Ruheplatz im rastlosen Getriebe des modernen Erwerbslebens» oder als Tummel- und Sportplatz für Kinder und Jugendliche zu dienen, denn sie war zu einem verwilderten, waldartigen Gelände verkommen, wo es im dunklen Schatten der Bäume so feucht und kalt war, dass die Blumen, die das Auge hätten erfreuen sollen, nicht mehr gedeihen konnten.

Daher beantragte der Stadtrat im Januar 1938 einen Kredit über 250 000 Franken zur Sanierung der Anlage zwischen Hohl- und Stauffacherstrasse, die damals in diesem Abschnitt noch Bäckerstrasse hiess. Als einzige grössere Freifläche im Quartier sollte sie wieder für die Jugend nutzbar werden, «die zum Spielen heute zum grössten Teil auf die verkehrsgefährlichen Strassen oder auf schlechtbesonnte und -belüftete Innenhöfe angewiesen ist». Mit der Sanierung wurden die Gebrüder Mertens beauftragt, deren Vater Evariste Mertens die Bäckeranlage um die Jahrhundertwende im Auftrag des städtischen «Promenadenwesens» als bürgerlichen Flanierpark mit grossen Kiesflächen, Springbrunnen und von niedrigen

Bäckeranlage verwildert, im Vordergrund die Feldstrasse (Februar 1938).

Einfassungen umzäunten Grüninseln konzipiert hatte. Bei der radikalen Umgestaltung von 1938/39 entstand eine offene Spielwiese mit einzelnen Bäumen, die von der ursprünglichen Bepflanzung stehen gelassen wurden, umgeben von einem Kiesweg mit vielen Bänken und einem Strauchgürtel. Zusätzlich erhielt die Anlage ein Planschbecken, ein Wasserpflanzenbassin, eine für die damalige Zeit typische Pergola mit Granitstelen →97 und einen Sandplatz für kleine Kinder. In die ruhigste Ecke kam neben dem Pausenplatz des Kernschulhauses ein in Zusammenarbeit mit dem akustischen Institut der Eidgenössischen Technischen Hochschule entworfener neuer Musikpavillon aus armiertem Beton zu stehen, der etwa neunzig Musikern mit Instrumenten und Notenpulten Platz bieten sollte und über ein unterkellertes Untergeschoss für die Magazinierung von Stühlen und Notenpulten verfügte. Im Zug der Sanierungsarbeiten von 1997 stürzte der Musikpavillon ein.

1942 bekam die kurz vor dem Ausbruch des Zweiten Weltkriegs neu gestaltete Anlage einen plastischen Schmuck in der bronzenen *Zebragruppe* von Rudolf Wening, von welchem auch der 1935 geschaffene Tiger auf dem Brunnen beim Zooeingang stammt. Bevor Wening 1929 in die Schweiz zurückkehrte und ein Atelier in Zürich bezog, war er sechs Jahre als Hofbildhauer des Königs von Siam (Thailand) tätig gewesen. Später verfasste er ein Silva-Buch über das *Wunderland Siam*.

→ 68 Bäckeranlage.

69 KIND DER LANDSTRASSE AN DER FELDSTRASSE

«Es gibt in der Schweiz eine ganze Anzahl von nomadisierenden Familien, die, in irgendeinem Graubündner oder Tessiner Dorfe heimatberechtigt, jahraus, jahrein das Land durchstreifen, Kessel und Körbe flickend, bettelnd und wohl auch stehlend, wie es gerade kommt; daneben zahlreiche Kinder erzeugend, um sie wiederum zu Vaganten, Trinkern und Dirnen heranwachsen zu lassen», schrieb Dr. Alfred Siegfried → 65 1926. Als leitender Mitarbeiter der Stiftung Pro Juventute, deren einflussreiche Stiftungskommission 1912 bis 1959 von Oberstkorpskommandant Ulrich Wille →114 präsidiert wurde, begann Siegfried 1926 im Rahmen des Hilfswerks für die Kinder der Landstrasse fahrenden Familien ihre Kinder wegzunehmen, um sie in bürgerlichen Pflegefamilien oder in Heimen und Anstalten unterzubringen. Der studierte Romanist Siegfried, als Gymnasiallehrer 1923 in Basel wegen sexuellen Missbrauchs eines Schülers verurteilt, amtete dabei oft gleich als Vormund der entwurzelten Kinder. Erklärtes Ziel des lange Zeit vom Bund finanziell unterstützten Hilfswerks war es, die Lebensweise der Fahrenden, die als Übel betrachtete «Vagantität», zu bekämpfen. «Wer die Vagantität erfolgreich bekämpfen will, muss versuchen, den Verband des fahrenden Volkes zu sprengen, er muss, so hart das klingen mag, die Familiengemeinschaft auseinanderreissen. Einen andern Weg gibt es nicht.» Siegfried hielt nicht viel von der schon damals in Fachkreisen dominierenden Meinung, dass gerade die Trennung des Kleinkindes von der Mutter häufig später auftretende Erziehungs- und Anpassungsschwierigkeiten verursacht. Würde dies zutreffen, so Siegfried, «so wäre unsere Methode der Um- und Nacherziehung von Kindern des fahrenden Volkes von vornherein verfehlt, ja naturwidrig».

Eines der über 600 Kinder, die zwischen 1926 und 1972 ihren Eltern weggenommen wurden, war der 1937 in Chur geborene Andreas Waser. Zusammen mit seinem ein Jahr älteren Schwesterchen wurde das wenige Monate alte Kind den Eltern, die sich später trennten, entzogen und vorerst mal in Deitingen bei Solothurn in ein Heim gesteckt, wo insgesamt 160 vorwiegend jenische Kindern untergebracht waren. Aus praktischen Gründen verbrachten die Kleinkinder ihre Zeit meist auf dem Töpfchen sitzend – Windeln waren rar. Die Mutter war untröstlich, schrieb an Dr. Siegfried, erkundigte sich nach ihren Kindern und bat, mit beigelegtem Rückporto, wenigstens um Fotografien: «Und ich zwar nicht zweifle, dass meine Kinder gut versorgt sind. Jedoch Mutterherz ist Mutterherz und der daran verbundene Schmerz gar nicht zu vergleichen ist. Darum darf ich Sie gütigst und aus meinem ganzen Herzen bitten, mir baldmöglichst eine Photo von meinen beiden Kindern zu übermachen, da ich gar keine habe.»

Statt Fotos bekam Frau Waser zur Antwort, sie könne die Liebe zu ihren Kindern am besten ausdrücken, indem sie den beiliegenden Einzahlungsschein verwende. Da sie kein Geld für die Bahn hatte, kam sie zu Fuss vom Tessin, wo sie unterdessen lebte, über den Gotthard nach Zürich und wollte Siegfried im Büro des Pro Juventute-Zentralsekretariat am Seilergraben 1 aufsuchen, wurde jedoch nicht zu ihm vorgelassen. Das Mädchen, Maria Margareta Graziella, wurde 1939 in Zürich bei einer Pflegefamilie untergebracht, ihr Bruder Andreas, zu dem sie keinen Kontakt haben durfte, gelangte 1940 ebenfalls zu Stadtzürcher Pflegeeltern, zum Kaminfeger und Dachdecker Frech und seiner Frau an der Feldstrasse 108.

Andreas entwickelte ein herzliches Verhältnis zu seiner Pflegemutter, war im Quartier, bekannt als Kind von Korbflickern, wenig beliebt und galt als schwieriger Junge, der die Nachbarskinder zu dummen Streichen verleitete, worauf ihn Dr. Siegfried, dessen Büro sich nun an der Seefeldstrasse 8 befand, 1947 in ein Erziehungsheim in Quarten einwies. Eine Rückgabe an die leibliche Mutter wurde nie in Erwägung gezogen, obwohl die unterdessen wieder verheiratete Frau auch in den Augen des Hilfswerksleiters keineswegs als verwahrlost gelten konnte: «Die Mutter ist eine anständige und ordentliche Frau. Sie stammt zwar auch vom fahrenden Volk ab, hausiert auch gelegentlich, ist aber eine tüchtige Hausfrau und hat ihre Kinder, die später zur Welt kamen, in guter Ordnung.» Alfred Siegfried liess sein Mündel im Glauben, seine eigentliche Mutter habe ihn im Stich gelassen und wünsche keinerlei Kontakt zu ihm. Andreas Waser durchlief in der Folge eine der üblichen Heimkarrieren, die ihn durch verschiedene Erziehungsanstalten und Arbeiterkolonien führte, bis er schliesslich bei seinem Pflegevater im Kreis 4, der als Alkoholiker für Frau und Pflegesohn eine starke Belastung darstellte, eine Kaminfegerlehre machen durfte.

Die Schwester, die die Geschichte ihres Bruders später veröffentlichte, erfuhr erst nach seinem Tod von Andreas, als sie und ihre Mutter 1984 bei der Testamenteröffnung kontaktiert wurden.

Das bis 1959 von Siegfried geleitete Hilfswerk für die Kinder der Landstrasse wurde 1973 aufgelöst, als eine viel beachtete Reportage im *Schweizerischen Beobachter* auf die jahrzehntelang verübte haarsträubende Praxis des sogenannten Hilfswerks hingewiesen hatte. 1986 entschuldigte sich der Bundesrat bei den Opfern, 1987 die Stiftung Pro Juventute.

> 69 Feldstrasse 108.
> 69A Seilergraben 1 → Planausschnitt Altstadt 32–39
> 69B Seefeldstrasse 8 → Planausschnitt Bellevue-Opernhaus 1–10

70 CASA D'ITALIA

Die 1932 erstellte Casa d'Italia war vom Italienischen Konsulat als kulturelles und gesellschaftliches Zentrum für die in Zürich lebenden Italiener und Italienerinnen konzipiert worden. Das noch in den Dreissigerjahren durch einen Anbau Richtung Ernastrasse, die Erhöhung um ein Stockwerk und den Ausbau des Dachgeschosses erweiterte Gebäude bot nicht nur dem nach dem Ersten Weltkrieg für Kriegswaisen gegründeten italienischen Waisenhaus Obdach, sondern verfügte über Schulräume, Theater- und Billardsaal, eine Bar, verschiedene Sitzungszimmer und eine Hauswartswohnung. Zur Finanzierung des neuen Zentrums waren die italienischen Geschäftsleute in Zürich angegangen worden, die sich im Allgemeinen mit einer Spende beteiligten, da sie andernfalls Schwierigkeiten im Handelsverkehr mit Italien oder den Entzug des Passes zu befürchten hatten. Bei der Protestkundgebung anlässlich der Einweihung der Casa d'Italia im April 1932, in der sich auch der Sitz des Fascios, der lokalen Sektion der Faschistischen Partei, befand, musste das frisch eröffnete Haus von der Polizei geschützt werden. Als die Casa d'Italia ihren Betrieb aufgenom-

Casa d'Italia 1937.

men hatte, gelang es den Vertretern des offiziellen Italien, zahlreiche Vereine, denen kostenlos Räumlichkeiten angeboten wurden, auf ihre Seite zu ziehen. Bisher unpolitische Vereinigungen, etwa von Radfahrern, wurden dadurch zu staatstreuen Institutionen, da alle dezidiert antifaschistischen Mitglieder austraten, um sich nicht durch den Besuch der Casa d'Italia zu kompromittieren.

Die Italienische Schule in der Casa d'Italia wurde 1933 vom Erziehungsrat als Privatschule anerkannt und gab den Schulbehörden der Stadt Zürich keinerlei Anlass zur Beanstandung. In einem Inspektionsbericht von 1938 heisst es: «Die Schulzimmer, die zum grössten Teil mit neuzeitlicher freier Bestuhlung ausgestattet sind, machen durchwegs einen freundlichen Eindruck. Die kurzen Unterrichtsproben zeigen, dass hier mit grosser Liebe zur Jugend sowohl von den Lehrern wie auch von der Schulleitung gearbeitet wird. Zum Unterschied zu den meisten übrigen Privatschulen steht den Kindern der Schweizerisch-Italienischen Schule eine geräumige Turnhalle zur Verfügung.»

Vielen der italienischen Eltern war es jedoch ein Gräuel, wenn ihre Kinder aus dem italienischen Unterricht nach Hause kamen und «Viva il Duce» riefen. Enrico Dezza, der Gerant des Cooperativo → 71, stellt in seinen Lebenserinnerungen fest: «Die Schule und das Waisenhaus wurden von katholischen Schwestern geleitet und entwickelten sich zu einer Hochburg klerikalfaschistischer Erziehung. Schon mit sechs Jahren mussten die Kinder den Schwur ablegen: Dem Duce treu bis in den Tod!»

Die antifaschistischen Kreise entschlossen sich schon vor dem Umzug der offiziellen italienischen Schule in die neue Casa d'Italia, eine eigene Schule zu gründen, die sich soziale Gerechtigkeit, internationale Brüderlichkeit und die Förderung des Friedens auf die Fahne schrieb. Als Leiter konnte Professor Fernando Schiavetti → 78 gewonnen werden, der in Marseille im Exil lebte. Er erhielt Einreise- und Arbeitsbewilligung und begann 1930 mit dem Unterricht im obern Stock der Cooperativa → 71 an der Militärstrasse. Schiavettis Ergänzungsschule erfreute sich eines regen Zulaufs und wurde bald von viermal so vielen Schülern und Schülerinnen besucht wie die staatliche Scuola Italiana. Als der Platz knapp wurde, wandte sich der Trägerverein an Stadtpräsident Emil Klöti und bekam für eine Jahresmiete von 472 Franken Räume im Kanzleischulhaus zugewiesen, wo auch Schiavettis Frau Giulia am Unterricht beteiligt war. Die überparteiliche Scuola popolare, 1932 in Scuola Libera italiana di emancipazione proletaria umbenannt, kreierte ihr eigenes Lesebuch und organisierte zur Kostendeckung Feste, Konzerte und Theateraufführungen.

1943 bildeten nach dem Sturz Mussolinis Vertreter verschiedener antifaschistischer Parteien die Colonia Libera Italiana. Der Wind begann sich zu drehen. Die Zürcher Faschisten trugen ihr Parteiabzeichen, das wegen seiner ovalen Form «Wanze» genannt wurde → 71, nur noch unter dem Revers und steckten es erst an, wenn sie sich dem Konsulat oder der Casa d'Italia näherten. Schliesslich wies der italienische Konsul die faschistische Partei aus der Casa weg und übergab des Schlüssel der Colonia libera, die das Haus übernahm und weiterführte.

› 70 Casa d'Italia, Ernastrasse 2, Ehrismannstrasse 6.
› 70A Kanzleischulhaus.

71 COOPERATIVO

1905 gründete eine Gruppe von italienischen Emigranten die Società Cooperativa Italiana Zurigo mit dem Ziel, die «sozialistische Zusammenarbeit zu fördern», und eröffnete an der Zwinglistrasse 35 das Restaurant Cooperativo, welches Kutteln, Minestrone, Pasta und Pollo auf der Speisekarte führte. Von 1912 bis 1970 befand sich das Cooperativo, auch «Coopi», «Copi» oder «Copè» genannt, in einem unterdessen abgebrochenen Haus an der Militärstrasse 36. Zwischen 1935 und 1952 wurde das sozialistische Lokal von Enrico Dezza und Erminia Cella geführt, die im Konkubinat lebten, was verboten war, und deren Sohn Ettore Cella als Regisseur und Schauspieler Berühmtheit erlangte, in *Bäckerei Zürrer* den italienischen Gemüsehändler verkörperte und noch in hohem Alter Rollen in *Lüthi und Blanc* und *Sternenberg* übernahm.

Das Cooperativo war eine Anlaufstelle für alle, die eine warme Mahlzeit brauchten, ein Treffpunkt für vornehmlich Italienischsprachige, die sich bei Wein, Bier und Kaffee unterhalten wollten, ein Lokal auch, wo sich politisch Engagierte in die Haare gerieten und Gewerkschafter Kellnerinnen nachstellten. Im Obergeschoss verfügte das Copi zudem über eine kleine Bibliothek, welche von der Scuola Libera →70 als Schulraum genutzt wurde und sozialistischen Exilzeitungen wie dem *Avanti* als Redaktionsadresse diente. Im geräumigen, spärlich beleuchteten Restaurationsraum sassen Sozialisten, Kommunisten, Anarchisten und Republikaner an getrennten Tischen, von einem grossen Ofen in der Mitte des Raumes gleichmässig erwärmt. Im Cooperativo, das sich zu einem wichtigen Informationszentrum für antifaschistische Flüchtlinge entwickelte, liefen politische Nachrichten aus Italien, der Schweiz, Frankreich und Spanien zusammen. Das italienische Konsulat versuchte immer wieder Spitzel einzuschleusen und bezahlte hohe Beträge für Informationen aus der Società Cooperativa. Auch schweizerische Polizisten liessen sich im Copi blicken, wurden aber meist schnell identifiziert. Das Lokal besass einen Hinterausgang auf die Jägergasse, wo sich unauffällig entfernen konnte, wer nichts mit der Polizei zu tun haben durfte.

Der Maurer und Aktivist Pietro Bianchi, der jahrzehntelang an der Jägergasse wohnte und fast täglich im Copi verkehrte, kümmerte sich oft um Flüchtlinge, die er am Bahnhof abholte oder für die er ein Nachtlager finden musste: «Die Cooperativa war eine Art Zentrale des Antifaschismus geworden. Die Antifaschisten, die aus Italien flüchten mussten, kamen meist irgendwo im Tessin heimlich über die Grenze, von wo sie die Tessiner Genossen zu uns nach Zürich weiterschickten. Hier wurden sie ein paar Tage oder Wochen gepflegt, denn viele kamen in einem erbärmlichen Zustand, waren krank, völlig mittellos und hatten keine Papiere. Man musste ihnen andere

«Wanze»: Parteiabzeichen der italienischen Faschisten.

Das Cooperativo an der Militärstrasse.

Kleider besorgen, weil sie oft so miserabel aussahen, dass jeder Polizist misstrauisch geworden wäre.» Solange dies möglich war, wurden die Flüchtlinge dann weitergeschickt und an die französische Grenze gebracht. Die Hilfsorganisationen der Kommunistischen – die Rote Hilfe – und der Sozialistischen Partei hatten zeitweise allein in Zürich an die hundert Flüchtlinge zu betreuen.

Ein weiterer Treffpunkt der Antifaschisten befand sich an der Badenerstrasse 139: das International, geführt von Curzio Bertozzi, einem Republikaner und Freund von Fernando Schiavetti. Das International, weniger ideologisiert als das Copi, wurde auch von vielen Schweizern besucht, die einfach gerne italienisch assen. Im Winter 1943 entstand im International ein Kulturverein, der sich wöchentlich zu Vorträgen und Diskussionen versammelte, welche sich mit sozialen und kulturellen Strömungen in Italien und in andern Ländern beschäftigten.

Auch die italienischen Faschisten bewegten sich im Kreis 4. Genauso wie die Antifaschisten die Casa d'Italia → **70** mieden, so wichen die Mussolini-Treuen den Treffpunkten ihrer Gegner aus und umgingen das Cooperativo an der Militärstrasse grossräumig, um sich nicht verdächtig zu machen. In Aussersihl liefen die Angehörigen des Zürcher «Fascios» Gefahr, verprügelt oder mehr oder weniger unsanft ihres Parteiabzeichens → **70** beraubt zu werden, welches unter dem Rutenbündel einen Totenkopf zeigte. Lag ihr Stammlokal Commercio – vor der Verlegung in die Casa d'Italia auch Sitz der Partei – im Bahnhofstrassenquartier an der Schützengasse 6, so befanden sich weitere Lokale der Faschisten im Kreis 4: etwa die Falkenburg an der Ecke Stauffacherstrasse/Schreinerstrasse. Der Wirt der Falkenburg verdiente sich laut den Erinnerungen von Pietro Bianchi eine goldene Nase, indem er mit seinem Lastwagen den Schulbus für die Zürcher Mitglieder der faschistischen Jugendorganisation Figli della Lupa machte.

› **71** Cooperativo, 1912–1970 an der Militärstrasse 36, seit 2008 an der St. Jakobstrasse 6.
› **71A** International, früher an der Badenerstrasse 139
  → Planausschnitt Langstrasse **72–79**
› **71B** Commercio, Schützengasse 6 (heute Neubau)
  → Planausschnitt Bahnhofstrasse **40–50**
› **71C** Falkenburg, Schreinerstrasse 64, heute Bar-Club Le Royal.

72-79 LANGSTRASSE

72 DAMENMÄNTEL ZWISCHEN KOSMOS UND FORUM
72 Kosmos-Haus (heute Kino Plaza und Fust), Badenerstrasse 109
72A Langstrasse 10
72B Forum-Haus, Badenerstrasse 120
72C Badenerstrasse 134

73 FREDY SCHEIM ALS FÜSILIER GRÖGLI
73 Forum-Haus, Badenerstrasse 120

74 HEIMAT DES SCHWEIZER SCHLAGERS
74 Langstrasse 11 (China-Restaurant Suan-Long)

75 HYÄNEN BEI MOJSCHE RUBINFELD
75 Rubinfeld: damals Langstrasse 93 und 18, heute Langstrasse 21

76 TSCHINGGEGOOF HILFT BEI DER RETTUNG DER HOHLEN GASSE
76 Langstrasse 61

77 EHE- UND SEXUALBERATUNG IM KOLLERHOF
77 Kollerhof (Kreisbüro 4), Hohlstrasse 35

78 GESPROCHENE ZEITSCHRIFT
78 Sonnenblick, Brauerstrasse 45 (früher Langstrasse 85), heute Kleidergeschäft Soho

79 NEUBAUTEN AN DER LANGSTRASSE
79 Langstrasse 133/135
79A Langstrasse 149

SCHAUPLÄTZE, AUF DIE IN ANDEREN ABSCHNITTEN VERWIESEN WIRD
55B Kino Kosmos: Demonstration 23. September 1933
71A International (italienisches Restaurant), früher an der Badenerstrasse 139

DAMENMÄNTEL ZWISCHEN KOSMOS UND FORUM

«Als Edwin Braunschweig, der Gründer der Firma E. Braunschweig & Co. AG., im vierten Stock des Hauses Langstrasse 10, in einem kleinen Zimmer, seine Geschäftstätigkeit im Jahre 1921 aufnahm und somit den Grundstein zu dem in Fachkreisen bekannten und angesehenen Unternehmen legte, bestand noch keine schweizerische Damenmäntelindustrie», stellt Paul Nussbaumer fest, der für die *Zürcher Quartierchronik* (1952) zahlreiche Firmenporträts verfasste. Im Gegensatz zu andern Kleidungsstücken, für die Mass genommen werden musste, liessen sich Mäntel wie Schürzen, Blusen oder Unterröcke durchaus als Stapelware herstellen. Geschützt durch Handelsbeschränkungen, Zolltarife und Einfuhrkontingentierungen zwischen 1920 und 1923 sowie im Jahr 1932, als deutsches Exportdumping den Schweizer Markt zu überschwemmen drohte, entwickelte sich die inländische Konfektionsindustrie so prächtig, dass sie Ende der Dreissigerjahre den Binnenmarkt fast vollständig aus eigener Produktion versorgen konnte. Braunschweigs Geschäft, das mit einem einzigen Angestellten begonnen hatte, musste bald neue Arbeitskräfte einstellen. Eine der ersten war Marie Bollag, die spätere Frau des Geschäftsinhabers, die für die Zusammenstellung der Kollektionen zuständig war. 1924 fand die Firma im Neubau des Lichtspiel- und Geschäftshauses Kosmos (heute Plaza) an der Badenerstrasse 109 dringend benötigte grössere Räumlichkeiten.

Im Erdgeschoss des Kosmos-Hauses führte Samuel Goldmann bis 1936 ein Damenkonfektionsgeschäft, das in den folgenden Jahren mehrmals den Besitzer wechselte, auf Herrenkleider umstellte und dermassen schlecht lief, dass es von den Aussersihlern als «Leichenhalle» bezeichnet wurde. 1937 wurde im zweiten Stock des Kosmos mit DAMACO eine weitere Damenmäntel- und Kostümfabrik gegründet.

Braunschweig & Co. war unterdessen bereits ein Haus weitergezogen und hatte sich

Kino Kosmos.

Damenkleiderproduktion im Forumhaus (1945).

1929 im grosszügigen neuen Forum-Haus → 73 an der Badenerstrasse 120 eingerichtet. Im Jahr 1935 begann die Firma Braunschweig mit dem Export ihrer Erzeugnisse, vorerst nach England und Südafrika, dann nach Skandinavien, und bis Kriegsausbruch fanden die an der Badenerstrasse hergestellten Mäntel bereits Absatz in fünfzehn Ländern. Im Gebäude des noch als Stummfilmtheater eröffneten Kinos befand sich seit 1930 auch die Pelzwarenfabrik Becker & Wolf, die mit der Herstellung von Pelzgarnituren für Damenmäntelfabriken und Warenhäuser begonnen hatte und später Pelzmäntel, Pelzjacken und Boleros produzierte.

Ein paar Häuser weiter an der Badenerstrasse 134 verkaufte und fabrizierte J. M. Herz Strick-, Wirkwaren und Damenkleider. Wie die Pelzwarenfabrik Becker & Wolf beschäftigte der 1884 in Polen geborene J. M. Herz rund zwanzig Personen. Die Aussersihler Bekleidungsindustrie, die mit mittelgrossen Betrieben um die obere Badenerstrasse konzentriert war, war nicht nur auf Angestellte in eigenen Fabrikationsräumen und Nähateliers angewiesen, sondern mindestens so sehr auf Heimarbeiterinnen, die im Akkord die zugeschnittenen Stoffe zusammennähten. Im Gegensatz zu andern Branchen, wo die Heimarbeit im 20. Jahrhundert praktisch verschwunden war, weist die Statistik für die Konfektionsindustrie 1939 landesweit über 50 000 Heimarbeiterinnen aus. Im Umfeld der Badenerstrasse, in Wiedikon und Aussersihl, lebten viele Frauen, die auf die oft schlecht bezahlte Akkordarbeit angewiesen waren.

Während des Zweiten Weltkriegs profitierte die Schweiz vom hohen Selbstversorgungsgrad und dem Entwicklungsstand der einheimischen Kleiderfabrikation. Das Konfektionsgewerbe hatte jedoch mit vielfältigen Problemen zu kämpfen. «Da im letzten Weltkrieg alle Informationsquellen aus den Modezentren Paris, New York und

London versiegten, war die Firma in dieser Hinsicht ganz auf sich allein gestellt», bemerkt die *Zürcher Quartierchronik* im Porträt von Braunschweig & Co. Nachdem bei der Mobilmachung 1939 sämtliche männlichen Mitarbeiter der Firma einrücken mussten, übernahm Marie Braunschweig-Bollag mit der Unterstützung von einigen weiblichen Hilfskräften die Leitung des Betriebes. Die im November 1940 angeordnete Rationierung der Textilien aus Wolle, Baumwolle und Leinen machte nicht nur den Fabrikationsbetrieben zu schaffen, sondern auch den Verkaufsläden.

Wider Erwarten erwies sich 1941 die Übernahme der «Leichenhalle» im Kosmos-Haus durch Carl Sütterlin trotz Textilrationierung nicht als Trauerspiel, wie es in der *Quartierchronik* heisst: «Obwohl man in Branchenkreisen während langer Zeit fast stündlich auf den Zusammenbruch des Geschäftes wartete, nahmen über Erwarten der Umsatz und die Kundenzahl von Jahr zu Jahr zu. Schon 1943 wurden die Parterreräumlichkeiten nach modernen Grundsätzen sachlich und praktisch umgestaltet, was dem Geschäftsinhaber aus Kundenkreisen allgemeines Lob einbrachte. 1948 erfolgte auch der Ausbau des ersten Stockwerkes zu einem schönen Verkaufsraum mit einer kleinen Massabteilung, zwei neuen Kabinen zur Anprobe sowie einem Büro- und Atelierraum.»

1951 kaufte Sütterlin einen Grossteil des Gebäudes und begann mit «serienmässiger Selbstanfertigung nach ausschliesslich eigenen Entwürfen». DAMACO zog aus (an die Bäckerstrasse 40). In den ersten Jahren nach dem Krieg konnte sich die Bekleidungsindustrie an der Badenerstrasse behaupten, es siedelten sich sogar neue Firmen im Abschnitt zwischen Langstrasse und Kalkbreite an. Grössere Betriebe wie Braunschweig & Co. im Forum-Haus beschäftigten um 1950 80 Angestellte und über 300 Heimarbeiterinnen.

› 72 Kosmos-Haus (heute Kino Plaza und Fust), Badenerstrasse 109.
› 72A Langstrasse 10.
› 72B Forum-Haus, Badenerstrasse 120.
› 72C Badenerstrasse 134.

73 FREDY SCHEIM ALS FÜSILIER GRÖGLI

Während in den Kinos *Füsilier Wipf*, der erste Schweizerfilm im Zeichen der Geistigen Landesverteidigung, lief, wurde im Oktober 1938 im Forum-Theater am Eingang der Langstrasse Fredy Scheims Produktion *Füsilier Grögli* uraufgeführt. Neben dem in der ganzen Deutschschweiz bestens bekannten Komiker, der das «Kompaniechalb» Heiri Grögli verkörperte, standen «euse liebe Herr Lütnant, Marie, das Soldatenliebchen, s'Büsi, wo als Hasebrate serviert worde isch, de Korpis, de bös Maa, Boby, d'Humorkanone, Heiri, de Bubi, de Landsturmmaa – de Herr Drückeberger und de G'freiti Hasenfuss vom Schürzen-Bat 6» auf der Bühne des 1700 Personen fassenden Saales im 1928 eröffneten Lichtpalast → 72.

Fredy Scheim war auch im Quartier bestens bekannt. Noch in der Zeit um den Ersten Weltkrieg war er oft im «Krokodil» aufgetreten, wo den Gästen neben Speis und Trank wie in vielen andern Lokalen damals selbstverständlich auch Unterhaltung geboten wurde. Während die Gäste hitzig jassten, rauchten und Bier tranken, stand der «Zürcher-Fredy» auf dem Podium, sang lustige oder ergreifende Lieder, brachte als Alleinunterhalter oder in kleinen Ensembles seine Sketches zur Aufführung und machte nach jedem Beitrag mit einer Zigarrenkiste die Runde, um seinen Lohn in Form von Kleingeld in Empfang zu nehmen. Vom Wirt bekam er die Suppe von gestern und eine Rösti. Fredy Scheim verfolgte seine Karriere zielstrebig, besprach unzählige Schallplatten und nahm für sich in Anspruch, mit *Bünzli's Grossstadterlebnisse* 1931 den ersten Tonfilm in Schweizer Dialekt herausgebracht zu haben. In den frühen Dreissigern war er in Grossrestaurants im Duett mit Fredy Schulz unterwegs, der 1938, als Scheims *Füsilier Grögli* uraufgeführt wurde, wenige Meter vom Kino Forum entfernt in Walter Wilds Musikgeschäft → 74 beschäftigt war, im Laden bediente, Noten setzte und für Wilds Schlager Texte verfasste.

Nach der Premiere im Forum begab sich Scheims Truppe mit *Füsilier Grögli* auf Tournee. Am 1. September 1939 sollte ein zweiwöchiges Gastspiel in Bern beginnen. Um ein Uhr erreichte die Nachricht von der Mobilmachung das Ensemble im Schnellzug nach Bern. In Olten verliessen die Schauspieler, die Darstellerin des Soldatenliebchens und Susi, das Büsi, den Zug «mit eigenartigen Gefühlen», wie sich Scheim später erinnerte. Fast alle mussten ihre Theateruniformen mit echtem Militärgewand vertauschen. Fredy Scheim wurde nach 14 Tagen wegen «Disziplingefahr» entlassen, offiziell wegen «leichtem Plattfuss». Es gelang ihm, die andern Ensemblemitglieder ebenfalls vom Dienst dispensieren

Forumhaus.

zu lassen, um während der Grenzbesetzungszeit zwischen 1939 und 1942 den insgesamt 437 Mal aufgeführten *Füsilier Grögli* in unzähligen Gratisvorführungen unter dem Motto «Soldatenleben, ja das heisst lustig sein» vor mehr als 50 000 begeisterten Soldaten zu spielen.

Neben der Truppenunterhaltung widmete sich der Volksschauspieler mit schnell wechselnden Programmen auch dem Zivilpublikum in der ganzen deutschsprachigen Schweiz. In Zürich trat er gerne im Corso → 3–6 , im Casino Aussersihl beim Bezirksgebäude und im Kino Roxy (heute Metropol) im Zett-Haus auf. Der 1957 im Alter von 65 Jahren verstorbene Scheim schrieb in einem Rückblick auf seine jahrzehntelange Bühnentätigkeit: «Ich pflege den Volkshumor, verkörpere Typen aus dem Alltagsleben. Mein Prinzip ist: lachen, lachen, lachen, und das können meine Theaterbesucher. Ich appelliere nie an geistig Hochstehendes, das überlasse ich den staatlich subventionierten Kulturstätten.»

› 73 Forum-Haus, Badenerstrasse 120.

74 HEIMAT DES SCHWEIZER SCHLAGERS

Als Walter Wild, der an der Langstrasse 11 ein Handharmonikageschäft mit eigenem Musikverlag führte, 1936 seine Komposition *Vo hüt a mues es obsi gah!* veröffentlichte, ging es wieder aufwärts. Die Zahl der Arbeitslosen, die in der Stadt Zürich im Januar 1936 mit 15 863 ihren Spitzenwert erreicht hatte, begann zu sinken, die Schweizer Wirtschaft fing an, sich zu erholen, und auch mit Wilds Verlag ging es von nun an dank der Publikation erfolgreicher Schlager «obsi».

Walter Wild, geboren 1908, war als zwölftes und letztes Kind in einer mittellosen Familie in Schlieren aufgewachsen. Sein Vater arbeitete in der Waggonfabrik als Portier. Als Achtjähriger erhielt Walter sein erstes Schwyzerörgeli, und schon bald spielte er in den Gasthöfen der Region auf. Nachdem er die Schule wegen eines Engagements während der Badener Fasnacht geschwänzt hatte, verbot ihm die Schulpflege weitere öffentliche Auftritte. Nach einer Lehre beim Handharmonikabauer Heinrich Hess am Albisriederplatz in Zürich eröffnete Wild 1927 ein eigenes Geschäft in Altstetten, zog mehrmals um und gelangte in den frühen Dreissigerjahren schliesslich nach Aussersihl, wo sich zahlreiche Handorgelläden befanden. Walter Wild war selbst ein virtuoser Musiker, gewann Wettspiele, begleitete die berühmten Moser-Buebe, bevor sie sich als Vertreter der Schweizer Folklore in den USA niederliessen, und trat

Ländlerkapelle Walter Wild (ganz rechts) mit Kaspar Muther, Martha Wild und Rudolf Meyer.

oft in der Konkordia →38 auf, wo er die Wirtstochter Marta kennenlernte, seine spätere Frau.

Der Schweizer Schlager der Dreissiger- und Vierzigerjahre, wie ihn Wilds Verlag pflegte, vereinigte Elemente der instrumentalen Volksmusik, der musikalischen Heimat des Verlegers, des Jodelliedes und der internationalen Populärmusik. Mit eingängigen Melodien und prägnanten Texten animierten die dank der Veröffentlichung auf Noten und Schallplatten schnell verbreiteten Hits zum Mitsingen, Mitsummen und Mitschunkeln. Die Liste der von Wilds Verlag lancierten Titel drücken aus, was angesagt war: *Guete Sunntig mitenand* erzählt vom Sonntagsausflug über Land – *Hüt sind mir fidel und froh, Mäntig wird's ja sowieso –*, *Wir fahren mit der S.B.B.* und *Grüss mir Lugano,* zwei weitere Eigenkompositionen, berichten von Traumreisen in den Süden der Schweiz, lange Zeit die entfernteste Reisedestination überhaupt. *S isch s Landidörfli gsi* und *Landi-Dörfli* (beide von andern Verfassern) pflegen die Erinnerung an das schönste Dorf der Schweiz, welches für kurze Zeit in der grössten Stadt des Landes gestanden hatte. Als die Autos während des Krieges von den Strassen verschwanden, hiess es *Schatz, chauf mir es Velo,* und im Auftrag der Armee komponierte Walter Wild den Anbaumarsch *Mir pflanzed a.* Wilds Kompositionen *Euses Heer* und *Min Schatz dä isch bim Militär* nehmen Bezug auf den Aktivdienst. Einer der grössten Hits aus seinem Musikverlag wurde Artur Beuls →6 60 *Am Himmel stoht es Sternli.* *Swing in Switzerland,* ebenfalls von Beul, und Teddy Stauffers *Margritli* →112 zeigten, dass im Schweizer Schlager nicht nur Ländlermusik, sondern auch Swing steckte, was von volkstümlichen Puristen, die den Negerjazz als unschweizerisch ablehnten, bedauert wurde, während andere gerade in der Offenheit gegenüber dem im nationalsozialistischen Deutschland verpönten Jazz einen Beitrag zur Geistigen Landesverteidigung sahen.

1941 zügelte Wilds Geschäft erneut, diesmal an die Flössergasse 8 im Selnauquartier, in die Nähe des städtischen Arbeitsamtes. Später verliess die Walter Wild AG, die an der Langstrasse gross geworden war und heute noch existiert, die Stadt Zürich.

› 74 Langstrasse 11 (China-Restaurant Suan-Long).
› 74A Flössergasse 8 → Planausschnitt Sihlporte-Stauffacher 51–59

HYÄNEN BEI MOJSCHE RUBINFELD 75

Zürcher und Zürcherinnen aus anderen Quartieren fühlten sich an der Langstrasse – nach einer Schilderung im *Tages-Anzeiger* vom 16. Oktober 1943 – wie in Paris, Marseille oder sonst einer «fremden, grossen Stadt». In der «seltsam farbigen Strasse», wo sich durchaus auch «hochmoderne Ladengeschäfte» fanden, fielen Gemüse- und Fruchtstände auf, Bücherkisten und vor den Geschäften platzierte Auslagen mit Geschirr und Textilien: «Ja ganze Warenlager sind einfach in Verkaufsständen auf die Strasse gesetzt worden. Da liegen Hosenträger neben Wäschegarnituren, Hausfinken, Socken, Strümpfe, Pullover, Hemden und Blusen bilden ein buntes Durcheinander, dem sich noch Kleinwaren wie Zahnbürsten, Waschlappen, Seifen, Klebepasten, Stahlwolle und vieles andere zugesellen.» Einige dieser Läden, die die Langstrasse bunt machten, wurden von Ostjuden geführt. Bekanntestes Beispiel war schon damals das Textilwarengeschäft Rubinfeld, welches sich in den Vierzigerjahren noch an der Langstrasse 93 befand, wo sich laut Inseraten «sehr preiswert – al buon mercato» einkaufen liess.

Zwischen 1880 und dem Ausbruch des Zweiten Weltkriegs flohen mehr als drei Millionen Juden vor Elend, Krieg und Pogromen aus Osteuropa in den Westen, die meisten mit Amerika als Ziel. Einige blieben in Westeuropa. Nach Zürich kamen allein zwischen 1911 und 1917 etwa 8000 Ostjuden aus Russland, Polen und Galizien. Die meisten liessen sich in den heutigen Stadtkreisen 3 und 4 nieder. Nach Karin Huser-Bugmann lässt sich die Konzentration der ersten ostjüdischen Einwanderer und Einwanderinnen im *Schtetl an der Sihl* am ehesten «dadurch erklären, dass sich die Zuwanderer aus dem Osten, die mehrheitlich den unteren sozialen Schichten angehörten, durch die traditionellen Arbeiterquartiere angezogen fühlten. Hier gab es bereits viele Ausländer, allen voran Italiener.» Neu eintreffende Immigranten fanden oft eine vorläufige Bleibe bei Verwandten und suchten sich dann im Umfeld der bestehenden ostjüdischen Gemeinschaft eine eigene Wohnung. Nach einiger Zeit zog ein Teil der zu Wohlstand gelangten und vielleicht sogar eingebürgerten Ostjuden in «bessere» Wohnquartiere. Bei der Einbürgerung bestanden seit 1912 für Juden aus Osteuropa diskriminierende Bestimmungen: Sie mussten im Gegensatz zu andern Bewerbern nicht nur zwei, sondern zehn und ab 1920 sogar fünfzehn Jahre in Zürich niedergelassen sein. Viele der Zürcher Ostjuden arbeiteten als Schneider oder waren, wie Mojsche Rubinfeld, der neben seinem Geschäft an der Langstrasse eine Filiale in Oerlikon → 125 führte, im Textilhandel tätig. Rubinfeld führte als einer der Ersten die Fünf-Tage-Woche ein und schloss am Freitagnachmittag, um den Schabbes (Sabbat) freizubekommen, was sein ebenfalls ostjüdischer Konkurrent Fischel Reiss, Inhaber eines grossen Kurz- und Strumpfwarengeschäfts an der Stauffacherstrasse 57 mit angegliederter Hosennähfabrik, bald nachahmte.

Dessen Enkel Roger Reiss beschreibt in seinen *Szenen aus dem Zürcher Stetl,* wie es bei Rubinfeld zu- und hergehen konnte: Nachdem ein Posten Arbeitsschürzen auf dem Grabbeltisch, wo sie zu einem Sonderpreis verhökert werden sollten, gelandet war, stürzte sich eine Horde kreischender Hausfrauen in den Laden. «Die Damen stritten sich wie Hyänen im Knäuel und wühlten in Sekunden alles durcheinander. Des öftern stritten sie sich lauthals um Dreiviertel-Ärmel ein und derselben Schürze und rissen dabei die farbigen Knöpfe ab. Auch schreckten sie nicht davor zurück, einer Konkurrentin, die schon einen Artikel ergattert hatte, die Beute mit lautem Geschrei erneut zu entreissen. Es war eine unerhörte Szene, man hatte den Eindruck, dass sich hier das gesamte, über Jahrhunderte erfolgreich verdrängte Temperament der Eidgenossen in einem einzigen Augenblick feuerwerksartig entlud, von der sprichwörtlichen schweizerischen Gelassenheit keine Spur. Von Zeit zu Zeit sorgte Mojsche persönlich für Ruhe und schlichtete die sich wiederholenden Streitigkeiten vermöge seiner Autorität. Ohne richtig hinzuschauen, kam er aus seinem

Büro und machte sich mit seiner krächzenden Stimme bemerkbar: ‹Scha, a bissel Ruhe!›

Sein Akzent war unnachahmbar. Mit seinen fuchtelnden Händen unterstrich er das Gesagte und verlieh seinen Worten dadurch ein wenig Dramatik. Doch leider nützte es wenig, für maximal zwanzig Schamsekunden fingen sich die Damen, dann ging es mit umso grösserem Elan weiter. Mojsche war es eigentlich egal, Hauptsache, am Ende des Tages stimmten die Einnahmen, und die Kasse klingelte.»

→ 75 Rubinfeld: damals Langstrasse 93 und 18 (Perla, nach der verwitweten Perla Rubinfeld-Raps, die laut städtischem Adressbuch Manufakturwaren führte sowie eine Hosen- u. Wäschefabrikation), heute Langstrasse 21; Nansenstrasse 3, Oerlikon.

TSCHINGGEGOOF HILFT BEI DER RETTUNG DER HOHLEN GASSE 76

In ihrer Autobiografie *Eine italienische Familie* beschreibt die 1925 geborene Journalistin Franca Magnani die langen Jahre, die sie als Emigrantin in Zürich verbrachte. Franca Schiavetti, wie sie damals noch hiess, kam 1931 mit ihren Eltern → 28 70 78 35 138 und ihrer älteren Schwester nach Zürich. Die Familie fand eine Wohnung an der Nordstrasse. Ihren ersten Schultag erlebte Franca im Wipkingerschulhaus. Im hellen, geräumigen Schulzimmer hing kein Kruzifix, sondern ein grosses Bild von Wilhelm Tell mit Armbrust und Sohn. Weitere Bilder zeigten Schweizer Landschaften mit Bergen und Seen, Alpen und Vieh. «An jenem ersten Schultag betonte der Lehrer, dass die Bänke, in denen wir sassen, der Allgemeinheit gehörten und dass es deshalb unsere Pflicht sei, sie jeden Tag so zu verlassen, wie wir sie vorgefunden hätten: sauber. Dann verteilte er lauter Dinge, die mir wie Gottesgaben erschienen: Schulhefte, Bleistifte, Buntstifte, Radiergummis etc.» Ihre etwa vierzig Klassenkameraden und -kameradinnen waren brav und glaubten alles, was der Lehrer sagte. Franca langweilte sich. Die Kinder ihrer Klasse und deren Eltern wunderten sich, dass die Familie Schiavetti ihre Heimat verlassen hatte, ausgerechnet jetzt, wo dank dem Duce in Italien endlich Ordnung herrschte, die Züge pünktlich fuhren und die malariaverseuch-

Franca Schiavetti, später Magnani, 1939.

Elementarklasse einer Zürcher Schule (um 1933).

ten Pontinischen Sümpfe trockengelegt wurden.

Das änderte sich, als Francas Familie an der Langstrasse 61 zog. Sie wurde zwar immer noch als «Tschingg» bezeichnet, ihre Gspänli waren aber weniger brav als in Wipkingen, und der neue Lehrer verteilte gelegentlich so heftige Ohrfeigen, dass die Kinder umfielen. In Aussersihl löste die antifaschistische Haltung der Emigrantenfamilie kein Erstaunen aus, auf dem Helvetiaplatz riefen die Marktfrauen 1935 nach dem italienischen Überfall auf Abessinien (Äthiopien) zum Boykott italienischer Orangen auf, und an der Mai-Kundgebung traf Franca ihre Klassenkameraden in Begleitung ihrer Väter.

Eines Tages verteilte der Lehrer Briefumschläge und sagte: «Kinder, ihr könnt mithelfen, die ‹Hohle Gasse› zu retten.» Die historische Wegverbindung zwischen Küssnacht und Immensee, wo Wilhelm Tell 1307 Gessler erschossen haben soll, war durch ein Strassenprojekt bedroht. Dank der Spendensammlung der Schweizer Schuljugend konnte die Hohle Gasse gerettet und eine Umfahrungsstrasse finanziert werden. «Im Jahr 1934 passierten zwar nur etwa tausend Fahrzeuge in der Woche den Ort, aber es war vorhersehbar, dass ihre Zahl sich erhöhen würde. Es musste also verhindert werden, dass die Hohle Gasse zerstört und die Landschaft verunstaltet wurde. Um dies zu erreichen, musste die Gasse geschlossen und ein Umgehungsprojekt realisiert werden. Doch der zuständige Kanton Schwyz hatte kein Geld.» Auch Francas Eltern legten einen Betrag in den Umschlag, den ihre Tochter nach Hause brachte, nicht nur aus Respekt vor dem historischen Ort, sondern auch aus Solidarität mit den Schweizern.

«Und, sind die Schweizer auch solidarisch mit uns?», fragte Franca, die immer wieder zu hören bekam: «... ihr münd ja froh sii, dass ihr überhaupt i der Schwiiz dörfed sii.» Ihr Vater antwortete: «Sag deinen Schulkameraden, dass wir hier sind, um für die Freiheit zu kämpfen. Heute für die Freiheit Italiens, aber eines Tages könnte es auch die Freiheit der Schweiz sein. Viele Schweizer wissen das und sind mit uns solidarisch.»

▸ 76 Langstrasse 61.

EHE- UND SEXUALBERATUNG IM KOLLERHOF 77

Im Frühjahr 1930 sorgte in Zürich *Frauennot-Frauenglück* für Aufsehen, ein von Praesens → 29 produzierter Tonfilm, an welchem der sowjetische Regisseur Sergei Eisenstein mitgewirkt hatte. Er stellte das Schicksal unterprivilegierter Frauen, denen ein Schwangerschaftsabbruch verwehrt blieb oder die an den Folgen einer illegal und unprofessionell durchgeführten Abtreibung starben, dem Glück gutsituierter Frauen gegenüber, die sich Geburt, Kind und Kaiserschnitt im Frauenspital leisten konnten. Von bürgerlicher und kirchlicher Seite wurde dem in Zürich gedrehten Film vorgeworfen, dass er die «heilige Stunde» der Geburt pietätlos dem Kinopublikum «als neueste Sensation» präsentiere, während die linke Kritik die Überbetonung des medizinischen Aspekts auf Kosten sozialer und wirtschaftlicher Hintergründe bemängelte. Seit den späten Zwanzigerjahren setzten sich kommunistische und sozialdemokratische Frauengruppen sowie der Grosse Stadtrat (Gemeinderat) dafür ein, dass wie in Berlin und Wien auch in Zürich eine Beratungsstelle «zur Verhütung des Kindersegens» eingerichtet wurde. Treibende Kräfte waren das Ärztepaar Fritz und Paulette Brupbacher-Raygrodsky, die im Arbeiterquartier Aussersihl gemeinsam eine Praxis führten. Mit städtischer Unterstützung konnte schliesslich im Januar 1933 die Zentralstelle für Ehe- und Sexualberatung im Kollerhof eröffnet werden. Das eben erst fertiggestellte, damals noch von kleinen Altbauten flankierte dynamisch gerundete Gebäude mit Restaurant, Bar und grozügigen Verkaufsgeschäften im über fünf Meter hohen Untergeschoss, Schindler-Liften im Treppenhaus und Schiebefenstern in den oberen Stockwerken hatte die Architektur der Moderne ins Langstrassenquartier gebracht.

Die von einem Verein getragene Zentralstelle für Ehe- und Sexualberatung wurde zum grossen Teil von der Stadt finanziert. Laut Stadtratsprotokoll vom 21. Januar 1933 sollte es die Anlaufstelle auch «der breiten Schicht der Unterbemittelten», die sich privatärztliche Unterstützung nicht leisten konnten, ermöglichen, kompetente Auskunft und Beratung in Fragen zu Ehe, Sexualität und Geburtenkontrolle zu erhalten. Die Tätigkeit der Stelle umfasste die «psychologische und eugenetische Beratung der Ehekandidaten», die Beratung verheirateter Personen bei «psychischen Schwierigkeiten» und «Störungen des Geschlechtslebens» sowie «Hilfeleistung zur vernünftigen Geburtenregelung»: «Die illegale Schwangerschaftsunterbrechung und die gesundheitsschädlichen Pfuscheraborte können nur durch sichere und bequeme Schwangerschaftsverhütung bekämpft werden», stellte der Stadtrat in seiner Begründung für die Gewährung eines jährlichen Kredits von 15 000.– Franken fest. Verhütungsmittel – gängig waren damals neben der Ogino-Knaus-Methode vor allem Kondom und Diaphragma – durften empfohlen, aber nicht abgegeben werden. In der Sexualberatung vertrat die Zentralstelle zeitgemässe Auffassungen, wie sie die Sexualwissenschaft im ersten Drittel des 20. Jahrhunderts entwickelt hatte, und wehrte sich etwa gegen die Verteufelung der Onanie, wozu sich auch der Stadtrat in seinem Protokoll äusserte: «In unverständlicher Weise wird diese Erscheinung durch gewisse Leute zu einem verderblichen und den Wert des Menschen überhaupt in Frage stellenden Laster gestempelt, wodurch dem armen Opfer eine furchtbare Angst eingejagt wird.»

Schon im ersten Jahr führte die Zentralstelle im Kollerhof fast 1300 Beratungsgespräche, davon betrafen 35 Prozent juristische Fragen, 27 Prozent die Geburtenregelung und 21 Prozent psychologische Probleme. In vielen Fällen wurden die Ratsuchenden an Ärzte weiterverwiesen oder an amtliche Stellen, welche unterstützend eingreifen konnten. Zusätzlich zur Individualberatung bot die ZESEX gut besuchte, unentgeltliche Vortragsveranstaltungen an, die sich mit der Bekämpfung von Erbkrankheiten und Entartung, der Sexualerziehung oder den Folgen der Ehescheidung für die Kinder befassten. Im Verlauf der Jahre nahm die Belastung der angestellten Leiterin, ihrer Sekretärin und der weiteren Beraterinnen stark zu, 1944 wurden fast 2800 Beratungen durchgeführt. Die Sprechstunden dauerten oft bis 22 oder 23 Uhr, dazu kamen Sonntagsarbeit und Hausbesuche. Die Sekretärin war notgedrungen zunehmend zur Fürsorgerin geworden und vernachlässigte die eigentlichen Büroarbeiten. Auch die Einrichtung erwies sich als ungenügend, die abgelegten Akten stapelten sich in dafür ungeeigneten Küchenschränken, Geld für die Anschaffung von Schreibtischlampen und neuen Ordnern fehlte. 1945 beschloss der Stadtrat die Erhöhung des städtischen Beitrages auf 25 000 Franken, was auch die Einstellung einer Bürohilfskraft erlaubte.

Die Zentralstelle wurde bis in die Fünfzigerjahre weitergeführt.

▸ 77 Kollerhof (Kreisbüro 4), Hohlstrasse 35.

78 GESPROCHENE ZEITSCHRIFT

Das Restaurant Sonnenblick an der Langstrasse 85 befand sich von 1896 bis in die 1970er-Jahre in den Händen des Zürcher Frauenvereins, der seit Ende des 19. Jahrhunderts zahlreiche alkoholfreie Gaststätten führte, wo die Menüs gut und günstig waren, kein Konsumationszwang bestand und fortschrittliche Arbeitsbedingungen herrschten. Im Sonnenblick versammelten sich seit 1931 jeden zweiten Dienstag um 20.15 Uhr sechzig bis achtzig Personen, italienische Emigranten und politisch interessierte Tessiner, um am «Corso di Cultura» von Fernando Schiavetti → 76 teilzunehmen. Schiavetti hatte als Republikaner 1926 Italien verlassen müssen, einige Jahre in

Marseille verbracht und war dann mit seiner Frau und den beiden Töchtern nach Zürich gezogen, wo er zum Leiter der Freien Italienischen Schule → 70 berufen wurde. Schiavetti, einer der führenden Köpfe der italienischen antifaschistischen Bewegung in Zürich, verstand es, in seiner «gesprochenen Zeitschrift der politischen Ereignisse» anlässlich der Abendkurse an der Langstrasse seinem oft kaum lesegewohnten Publikum die Hintergründe aktueller Entwicklungen zu erklären. Zur Vorbereitung studierte er sorgfältig die verfügbaren italienischen und internationalen Presseerzeugnisse. Seine Tochter Franca → 76 beschrieb in ihren Lebenserinnerungen, wie er sich täglich durch die *Neue Zürcher Zeitung* arbeitete, mit dem Rotstift die politisch interessanten Aussagen unterstreichend, mit blauer Farbe markierend, was er für sprachlich bemerkenswert hielt. Schiavettis Kurs bestand aus einem Vortragsteil und anschliessender, ausgiebiger Diskussion. Während die Diskussionen in den ersten Jahren verhältnismässig ruhig verliefen, wurden die Kontroversen unter den Zuhörern unterschiedlicher politischer Herkunft 1939 zunehmend hitzig. Der Hitler-Stalin-Pakt im August 1939 kurz vor dem deutschen Überfall auf Polen und der sowjetische Angriff auf Finnland im Winterkrieg 1939/40 irritierten besonders die Kommunisten, auch wenn sie sich schliesslich in blindem Vertrauen auf Stalin verliessen und meinten: «Er weiss schon, was er tut.» Professore Schiavetti achtete darauf, wie der italienische Maurer und engagierte Sozialist Pietro Bianchi → 71 feststellte, der seit dem frühen 20. Jahrhundert in Zürich lebte und den «Corso di Cultura» regelmässig besuchte, «dass alle Parteien ihren Standpunkt vertreten konnten, ohne dass es zu Streitigkeiten gekommen wäre. Er gab sich wirklich Mühe, und man konnte dabei auch viel lernen.»

Auf Drängen der italienischen Regierung beschäftigten sich die Schweizerische Bundesanwaltschaft und die Zürcher Kantonspolizei mit Fernando Schiavetti, der im Verdacht stand, mit seinen Aktivitäten im antifaschistischen Widerstand das Verbot, sich als Ausländer politisch zu betätigen, zu übertreten. Anlässlich des 250. Kursabends führte die Polizei dann am 18. November 1941 im Sonnenblick eine Durchsuchung «wegen Übertretung des Bundesratsbeschlusses über die Kontrolle der politischen Versammlungen vom 9. Juli 1940» durch. Das Protokoll der Einvernahme zeigt, wie Schiavetti der Unterstellung, politisch zu agitieren, auswich: «In welchem Zusammenhang haben Sie heute abend Hitler und Stalin erwähnt?

Ich habe Äusserungen dieser beiden Staatsmänner aus der Zeit vor dem Krieg zitiert (übrigens nicht nur von Stalin und Hitler, sondern auch von Churchill etc.), um die Gründe ihrer Handlungsweise meinen Hörern verständlich zu machen.

Gehörte dazu auch das Problem der Judenverfolgungen in Deutschland?

Ich habe dieses Problem ebenfalls gestreift, aber lediglich vom Gesichtspunkt der Information meiner Schüler aus. Veranlassung gaben die Nachrichten aus Deutschland zu dieser Frage.

Man könnte also sagen, die freie italienische Schule bestehe ausschliesslich aus antifaschistischen Mitgliedern?

Das ist in dieser Form nicht richtig. Wir kümmern uns nicht um die politische Gesinnung unserer Mitglieder. Richtig ist aber, dass wir gewisse Ideen haben, die der Faschismus bekämpft, z. B. sind wir gegen die kriegerische Erziehung der Jugend oder für die Freiheit der Schule.

Also kurz gesagt doch etwa so: ‹Gegen Krieg und Faschismus›?
Gegen Krieg, ja. Dagegen steht die Frage Faschismus oder nicht, nicht zur Diskussion. (...)
Unter den Mitgliedern des Zirkels sind auch Kommunisten.
Ich weiss das nicht. Mich interessieren weder Gesinnung noch Parteizugehörigkeit. Ich selber bin Demokrat.»

Das Verfahren gegen Fernando Schiavetti und den Vorstand der Freien Italienischen Schule, die als Veranstalterin der Abendkurse verantwortlich zeichnete, wurde Anfang 1942 eingestellt. Schiavetti und seine Familie blieben bis zum Kriegsende in Zürich.

→ 78 Sonnenblick, Brauerstrasse 45 (früher Langstrasse 85), heute Kleidergeschäft Soho.

NEUBAUTEN AN DER LANGSTRASSE 79

In Aussersihl lebten um 1940 etwa 60 000 Menschen, ein Drittel davon im Langstrassenquartier zwischen Sihl, Bahnhof und Bahneinschnitt. Das bis an die Strassenränder mit Gebäuden besetzte Quartier, dessen Innenhöfe von Gewerbebauten verstellt waren, widersprach den Vorstellungen moderner Stadtplanung und der seit den Zwanzigerjahren erhobenen Forderung nach Licht, Luft und Sonne im Wohnumfeld. Zudem bekam das Langstrassenquartier durch seine Nähe zum Zentrum eine neue Bedeutung in der mit der Eingemeindung von 1934 stark vergrösserten Stadt. Daher befasste sich im Vorfeld des fünften Congrès International d'Architecture Moderne (CIAM), der 1937 in Paris stattfand, eine Gruppe von Zürcher Architekten, die teilweise schon beim Bau der Siedlung Neubühl → 151 zusammengearbeitet hatten, mit der Sanierung des Langstrassenquartiers, das eine Gestalt bekommen sollte, die der aktuellen Funktion des Stadtteils entsprach. Zur Vorbereitung der Studie wurden die bestehenden Strukturen in einer für damalige Verhältnisse ungewöhnlichen Genauigkeit erhoben und dokumentiert. In den Plänen der CIAM-Architekten wurde etwa quartierweit die Erdgeschossnutzung erfasst – an der Langstrasse befanden sich beispielsweise allein zwischen Hohlstrasse und Unterführung fünfzehn Restaurants. Als Ergebnis ihrer Studie stellten die Architekten einen Bau- und Nutzungszonenplan mit vier-, sechs- und achtgeschossigen Bauzonen, City-Zone entlang Sihl, Badener-, Stauffacher- und Langstrasse, Freiflächen sowie Lager- und Gewerbenutzung beim Bahnareal vor und legten als durchschnittliche Ausnützungsziffer 1,0 fest. Mit der Ausnützungsziffer – dem Verhältnis zwischen Bruttogeschossfläche und Grundstücksgrösse – setzten sie ein Planungsinstrument ein, das erst wenige Jahre zuvor entwickelt worden war und die Gestaltung der vorgesehenen Baukörper weitgehend offen lässt. In der Visualisierung einer der vielen Entwicklungsmöglichkeiten des sanierten Quartiers wird von den Verfassern der inoffiziellen Studie der Abbruch fast sämtlicher an der Langstrasse bestehender Gebäude vorgeschlagen, um für grosszügig durchgrünte, parallel und längs zur Strasse angeordnete Gebäudezeilen Platz zu schaffen.

Kreuzung Langstrasse/Schöneggstrasse 1940.

Die Entwicklung des Quartiers nahm einen anderen Verlauf. Heute wohnen zwar nur noch 10 000 Menschen im Langstrassenquartier, halb so viele wie 1940. Viele der Arbeiter- und Angestelltenfamilien sind seit den Vierzigerjahren in die neuen gartenstadtähnlichen Quartiere am Stadtrand gezogen und haben weiteren Generationen von wenig begüterten Zuwanderern Platz gemacht. Die Ideen der prominenten Architekten und Stadtplaner wurden in der Zeit um 1940 einzig zwischen Schöneggstrasse und Unterführung umgesetzt: mit den beiden Neubauten an der Langstrasse 133/135 und 149.

Bevor 1942 von den Architekten Ernst und Bruno Witschi → 149 das Gebäude Langstrasse 133/135 erstellt wurde, prägten die Storen des «guten und billigen» Kleidergeschäfts von Alfred Rottenberg das Bild der Ecke Schöneggstrasse/Langstrasse. Vor der grossen Uhr über der Tür zur Textilienhandlung fuhr damals die Strassenbahn Nummer 1 über die Kreuzung – 1954 durch den Vorläufer der heutigen Buslinie 31 ersetzt –, während auf der Langstrasse seit 1930 die Autobuslinie B verkehrte. Die Linie B wurde ab Ende Mai 1939 durch die ersten städtischen Trolleybusse bedient, was sich bald als vorteilhaft erwies, herrschte doch während des Krieges Mangel an Treibstoffen, Elektrizität stand dagegen in ausreichendem Mass zur Verfügung.

Neben Rottenbergs Kleidergeschäft befand sich im Haus Nr. 137, das ebenfalls für das Doppelhaus von Vater und Sohn Witschi abgetragen wurde, an der Ecke Langstrasse/Neufrankengasse die Polizeiwache.

Langstrasse 149, bei der Unterführung (1949).

Die Polizei zog schon ein paar Jahre vor dem Abbruch ein Haus weiter in das Erdgeschoss des 1938 bei der Unterführung errichteten massiven Wohngebäudes Nr. 149, des zweiten grossen Neubaus aus der Zeit um 1940, wo der Polizeiposten dann bis 1986 blieb. Diesem Neubau aus dem Jahr 1938 neben der Langstrassen-Unterführung wiederum musste der dort ansässige Altstoffbetrieb des aus Weissrussland zugewanderten Ch. Levin weichen. Levin fand für sein «Haus für Industrieabfälle» an der Hellmutstrasse 4–8 und am Letzigraben 136 neue Büros, Lager- und Sortierräume und führte mit Altpapier, Metall- und Textilabfällen einen während der Kriegszeit florierenden Betrieb mit rund fünfzig Angestellten.

› 79 Langstrasse 133/135.
› 79A Langstrasse 149.

80–88 LIMMAT ABWÄRTS

80 KUNSTGEWERBE
80 Museum für Gestaltung Zürich und Schule (ursprünglich Kunstgewerbemuseum und Gewerbeschule): Ausstellungsstrasse 60, Sihlquai 87
80A Klingenpark zwischen Limmatstrasse und Museum
80B Limmathaus (mit Post, x-tra Club, Hotel und Restaurant)

81 MIGROS LIMMATPLATZ
81 Limmatplatz, Migros
81A Limmatstrasse 176: Schulhaus Kornhausbrücke

82 SUPPENKÜCHE LÖWENBRÄU
82 Löwenbräu-Areal, Limmatstrasse 268

83 LIMMAT-STELLUNG
83 Wipkingerviadukt

84 ILLEGAL IN WIPKINGEN
84 Zeunerstrasse 17
84A Landenbergstrasse 8
84B Leutholdstrasse 8

85 RUNDBUNKER IM LANDENBERGPARK
85 Zivilschutz-Museum Stadt Zürich im Rundbunker Landenberg

86 ROSENGARTENSTRASSE UND KIRCHGEMEINDEHAUS
86 Rosengartenstrasse
86A Kirchgemeindehaus Wipkingen, Rosengartenstrasse 187

87 ESCHER WYSS
87 Schiffbauhalle, Schiffbaustrasse 4
87A Härterei Maag Areal, Hardstrasse 219

88 BOMBEN FÜR DIE MOTORENFABRIK MANNHEIM
88 Limmattalstrasse 23
88A Hinterhof bei Josefstrasse 194, 196 und 198, Garagengebäude an der Stelle des heutigen Wohnhauses Josefstrasse 200
88B Viadukt nach Oerlikon

SCHAUPLÄTZE, AUF DIE IN ANDEREN ABSCHNITTEN VERWIESEN WIRD
54B Limmathaus: Stellenvermittlung für Landwirtschaft und Ungelernte
61B Röntgenplatz: Demonstration 24. September 1933
138B Viadukt Kreis 5: Katzenragout

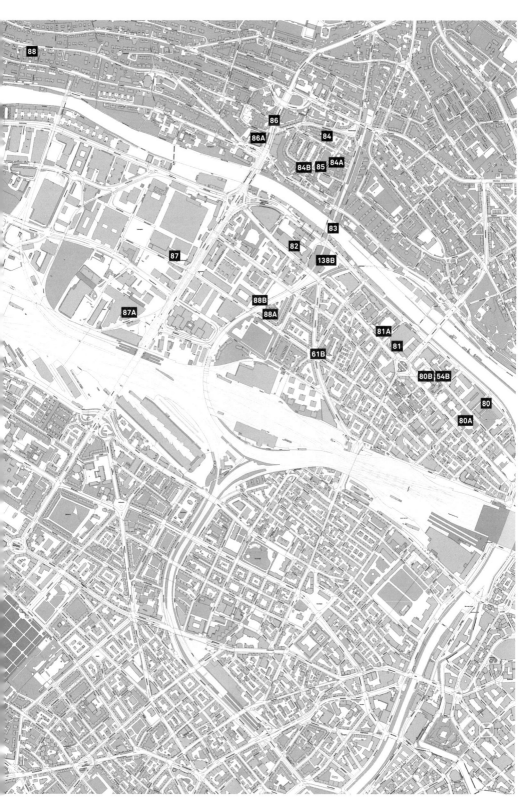

KUNSTGEWERBE

«Die Krönung der stadtzürcherischen Mittelschulen bildet zweifellos die Gewerbeschule», hielt der sozialdemokratische Lehrer und Erziehungsrat Karl Huber 1948 in einem Rückblick auf die Entwicklung der städtischen Schulen fest und bezeichnete die Gewerbeschule als «die Hochschule der Werktätigen»: «Das eindrücklichste äusserliche Zeichen des beruflichen und kulturellen Wertes der städtischen Gewerbeschule ist wohl der Neubau vom Jahre 1933 mit seinen vorbildlichen Schuleinrichtungen, Lehrerzimmern, Werkstätten und Laboratorien.»

Die stadtzürcherische Gewerbeschule bestand aus acht berufspezifischen Abteilungen, wovon die kunstgewerbliche Abteilung zusammen mit dem Kunstgewerbemuseum einer eigenen Direktion unterstand, während die übrigen Abteilungen von einem weiteren Direktor geleitet wurden. Vor dem Bezug des Neubaus waren die Räumlichkeiten der Schule auf verschiedene Gebäude verteilt, die kunstgewerbliche Abteilung und das Kunstgewerbemuseum waren seit 1898 im Ostflügel des Landesmuseums untergebracht.

Das 1930 bis 1933 gebaute, denkmalgeschützte Gebäude der Architekten Adolf Steger und Karl Egender → 126 gilt als «Ikone des Neuen Bauens» – zu Recht, findet der Design- und Kulturwissenschaftler Claude Lichtenstein, «handelt es sich doch um den ersten öffentlichen Bau in Zürich, der entsprechend den Ideen, Interessen und Überzeugungen des Neuen Bauens ausgeführt wurde. Dessen Parole lautete: vereinfachen, Überflüssiges weglassen und das

Kunstgewerbe-Museum (1937).

Notwendige zum Ausdruck erheben.» Gerade das Schmucklose wurde dem als «Schuhfabrik» und «Schuhschachtel» bezeichneten Bauwerk im Abstimmungskampf vorgeworfen. Der Gewerbeverband wies darauf hin, dass ausgerechnet am Schul- und Museumsgebäude des Kunstgewerbes jedes Ornament als Verbrechen betrachtet werde. Doch die Stimmbürger stimmten dem Bauprojekt im Januar 1930 mit einer Mehrheit von über 80 Prozent zu. Fast so klar sprachen sich die Stimmberechtigten am gleichen Abstimmungssonntag für die finanzielle Beteiligung der Stadt am Bau des Volkshauses Industriequartier aus, dem Limmathaus, welches ebenfalls von Steger und Egender entworfen und bereits 1931 fertiggestellt wurde.

Der Einfluss des Bauhauses, der ersten modernen Kunst-, Architektur- und Designschule in Deutschland, die 1933 von der nationalsozialistischen Regierung aufgehoben wurde, zeigte sich nicht nur im Zürcher Neubau, sondern auch im Schulbetrieb. Seit 1932 führte die Schule eine Fachklasse für Fotografie, als deren Lehrer der der Neuen Sachlichkeit verpflichtete Hans Finsler nach Zürich berufen wurde. Finsler, als Sohn eines Schweizers in Deutschland aufgewachsen, zog mit seiner Familie in die Siedlung Neubühl → 151, wo er zwei Wohnungen mietete, eine davon als Atelier. Da er kein Schweizerdeutsch sprach, belegte er einen Mundartkurs. 1938 kam als neuer Direktor der gebürtige Berner Johannes Itten an die Kunstgewerbeschule, der 1919 bis 1923 als Meister am Bauhaus gewirkt und den dortigen Vorkurs entwickelt hatte. Itten, der heute vor allem durch seine Farbenlehre bekannt ist, hatte vor seiner Berufung nach Zürich zwischen 1932 und 1938 die Textilfachschule in Krefeld geleitet. Unter Itten, der nach dem Krieg

Max Bill als Lehrer an der Kunstgewerbeschule (1944).

auch die Leitung des Museums Rietberg → 114 übernahm, bekam 1944 Max Bill → 4 einen Lehrauftrag für Formlehre. Bill, der einen Teil seiner Ausbildung am Bauhaus in Dessau absolviert hatte, geriet bei seiner Lehrtätigkeit an der Kunstgewerbeschule mit Direktor Itten in Konflikt und wurde trotz Protesten der Studierenden bereits nach einem Jahr wieder entlassen.

Der Krieg ging auch an der Kunstgewerbeschule nicht spurlos vorbei. Als Ersatz für die dienstpflichtigen Lehrer bekamen andere mehr Gewicht, so der Maler Max Gubler und sein ebenso renommierter Bruder Ernst. Von Ernst Gubler stammt die 1933 für den versenkten Garten neben der Museumshalle geschaffene Bronzefigur *Sitzende Frau*. Auch das Militär interessierte sich für die Räumlichkeiten der Gewerbe- und Kunstgewerbeschule. Ein Offizier, der das Gebäude inspizierte, «brachte an verschiedenen Orten mit starker roter Farbe oder Stift Zeichen an», wie der Vorstand des Schulamtes im November 1939 an das Platzkommando Zürich schrieb. Die Direktion hatte sich nämlich beschwert, dass «von militärischer Seite an verschiedenen Orten im Treppenhaus und in Korridoren Wände und Zimmertüren durch Aufmalen von Zeichen mit Farbe oder Farbstift in unverantwortlicher Weise verunziert worden sind».

Als im Mai 1940 ein Angriff der Wehrmacht in der Luft lag, wurde in der Schule das Verhalten im Falle einer deutschen Besetzung diskutiert. Der Fachlehrer für Fotografie, Hans Finsler, konnte sich wie viele Studierende einen Schulbetrieb unter nationalsozialistischer Kontrolle nicht vorstellen, während Direktor Itten für Anpassung plädierte.

▸ 80 Museum für Gestaltung Zürich und Schule (ursprünglich Kunstgewerbemuseum und Gewerbeschule): Ausstellungsstrasse 60, Sihlquai 87.

▸ 80A Klingenpark zwischen Limmatstrasse und Museum: Brunnenanlage mit vier Jünglingsfiguren von Otto Kappeler, 1932 im Zusammenhang mit dem Neubau erstellt. Die einfache Parkanlage beim Neubau von 1933 wurde von Gustav Ammann → 123 129 konzipiert.

▸ 80B Limmathaus (mit Post, x-tra Club, Hotel und Restaurant): beim Limmatplatz.

81 MIGROS LIMMATPLATZ

Gottlieb Duttweiler wuchs in Aussersihl auf und gründete 1925 im Industriequartier die Migros, ein Untenehmen, das noch heute seinen Sitz am Limmatplatz hat. Auf dem Weg zwischen Aussersihl und Industriequartier hatte es der Sohn eines Verwalters des Zürcher Lebensmittelvereins (LVZ) zum Mitinhaber einer florierenden Grosshandelsfirma, wo er schon in die Lehre gegangen war, gebracht, in der Wirtschaftskrise nach dem Ersten Weltkrieg seine Millionen jedoch wieder verloren und sich in Brasilien als Farmer versucht – froh darüber, der «europäischen Füdlibürgerei» entronnen zu sein. 1925 startete er das «Abenteuer Migros» mit fünf Verkaufswagen der Marke Ford T, die 178 Verkaufsstellen auf Stadtgebiet bedienten und gerade sechs Artikel anboten: Reis, Zucker, Teigwaren, Kokosfett, Kaffee und Seife. Ein Jahr später eröffnete er in einem alten Gewerbegebäude an der Ausstellungsstrasse 104, wo später neben der Rampe der Kornhausbrücke die Berufsschule errichtet wurde, ein erstes Ladengeschäft im Stil eines Wildwestladens mit rohen Verkaufsgestellen aus Kisten und Brettern und einem Zigarrenkistli als Kasse. Um 1930 übernahm die Migros AG das Fabrikgebäude einer ehemaligen Seidenfärberei an der Limmatstrasse 152, wo sich Lager und Verwaltung einquartierten.

In den ersten Jahren mussten die Verkaufswagen grosse Umwege fahren, wenn sie von der Ausstellungsstrasse auf die andere Seite der Limmat gelangen wollten. Die Kornhausbrücke wurde erst 1930 eröffnet, zuvor gab es zwischen der Walchebrücke beim Bahnhof und der Wipkingerbrücke beim Escher Wyss-Platz keinen befahrbaren Übergang. Im Zuge des Brückenbaus erfolgte auch eine Ausgestaltung und Bebauung des Limmatplatzes: 1930 bauten die Architekten Otto und Werner

Pfister → 30 die Gebäudegruppe links der Brückenzufahrt (auf der Seite des Migros-Hochhauses), 1931 entstand das Limmathaus → 80, 1934 folgten die Häuser rechts der Auffahrt, entworfen von Karl Knell → 4 20.

1933 war die Migros bereits mit 41 Wagen unterwegs und führte 98 Läden in 18 Kantonen. Sie hatte ihr Sortiment ausgebaut, Joghurt und andere gesunde Produkte sowie alkoholfreie Getränke wie Traubensaft und Süssmost populär gemacht und beim Schachtelkäse landesweit einen Marktanteil von einem Drittel erreicht. Mit günstigen Preisen und guter Qualität war es Duttweiler gelungen, das Vertrauen der Konsumentinnen zu gewinnen. Er hatte eine Brücke vom Grosshandel direkt zur Hausfrau geschaffen und damit die Warenverteilung umgekrempelt, die in Europa – später als in Amerika – im Gegensatz zur industriellen Produktion erst Mitte der Zwanzigerjahre von einem Rationalisierungsschub erfasst wurde.

Besonders in der Krisenzeit der frühen Dreissigerjahre erwuchsen der Migros wie den Warenhäusern jedoch grosse Widerstände, da sie als existentielle Bedrohung für den traditionellen Detailhandel und den Mittelstand generell dargestellt wurden. Bedroht durch nationalsozialistische Verordnungen und Schlägertruppen gab Duttweiler Ende 1933 die im Vorjahr in der deutschen Hauptstadt gestartete Miros Berlin, die mit 85 Verkaufswagen unterwegs war, auf. In der Schweiz wurden Migros, Einheitspreisgeschäfte und Warenhäuser durch einen dringlichen Bundesbeschluss vom 14. Oktober 1933, das sogenannte Filialverbot, empfindlich getroffen, das Grossbetrieben untersagte, weitere Filialen zu eröffnen.

Gottlieb Duttweiler, der in Kurt Guggenheims *Alles in allem* mit Hans Waldmann und Alfred Escher in eine Reihe von Jahrhunderterscheinungen gestellt wird, die weit über das Zürcher Mittelmass herausreichten und früher oder später dafür bestraft wurden, gab trotz Filialverbot nicht auf, führte die Migros mit ihren etwa hundert Läden weiter und widmete sich neuen Projekten.

1935, als die Konjunktur auf den Tiefpunkt und die Arbeitslosigkeit auf den Höchststand zusteuerten, stampfte er innerhalb weniger Wochen einen «Plan zur Sanierung der Schweizerischen Hotellerie» aus dem Boden. Der Hotelplan sollte nicht nur das durch den Einbruch des Fremdenverkehrs darniederliegende Hotelgewerbe beleben, sondern propagierte preiswerte Ferien für alle. Am 1. Juni reisten die ersten 126 «Hopla-Gäste» aus der Deutschschweiz nach Lugano. Das Pauschalarrangement umfasste für 65 Franken die Reisekosten, eine Woche Vollpension, ein Generalabonnement für Lokalbahnen und Schiffe sowie freien Eintritt ins Strandbad. Bald folgten weitere Reisen an den Vierwaldstättersee und ins Berner Oberland. Ende Jahr hatte Hotelplan bereits 53 000

Gottlieb Duttweiler 1935.

Wochenarrangements verkauft, im folgenden Jahr kamen die ersten Gäste aus England und Holland.

Ebenfalls 1935 stieg Duttweiler in die Politik ein – vorerst nicht mit einer eigentlichen Partei, sondern mit einer «Bewegung unabhängiger Männer», die im Kanton Zürich fünf Nationalratssitze gewann und zwei weitere in anderen Kantonen. Die sieben unabhängigen Nationalräte begannen noch im selben Jahr mit der Herausgabe der Wochenzeitung *Die Tat,* die vier Jahre später zur täglich erscheinenden Abendzeitung umgewandelt wurde. Ende 1936 formierte sich der Landesring der Unabhängigen, der sich als dritte Kraft zwischen den Blöcken verstand: «Der Ring», schrieb Duttweiler, «ist das Symbol, das dem der Front gegenübersteht, der Front mit dem Führer und den geradeaus gerichteten Gehorchenden. Der Ring will alle zusammenführen im Gegensatz zur Front von links und rechts, die immer eine zweite, gegnerische Front voraussetzt. Der Landesring der Unabhängigen will, weit gespannt, alle, welcher Gruppe und Richtung sie angehören mögen, im Geiste des Landsgemeinderinges zusammenführen zu eidgenössisch freier Willensbildung und Beschluss.» 1938 errang die neue Partei bei den ersten städtischen Wahlen, an welchen der Landesring teilnahm, auf Anhieb 20 der 125 Sitze im Gemeinderat, wo die Linke mit 60 Vertretern der Sozialdemokraten und 2 kommunistischen Abgeordneten die absolute Mehrheit, die sie 1933 gewonnen hatte → 61, nur knapp verfehlte. 1942 zählte die Fraktion des Landesrings im Gemeinderat bereits 37 Mitglieder und hatte hinter der auf 48 Vertreter zurückgefallenen SP den zweitgrössten Wähleranteil.

Duttweiler machte sich für eine eigenständige Schweiz stark, schlug für die Landesausstellung statt des sperrigen offiziellen Kürzels LA 39 die Abkürzung «Landi» vor, die sich durchsetzte, und gab 1940 das Landi-Erinnerungsbuch *Eines Volkes Sein und Schaffen* heraus → 119. Nach der Audienz der Frontenführer beim Bundesrat im Herbst 1940 → 57 forderte Nationalrat Duttweiler den Rücktritt des Bundespräsidenten Pilet-Golaz. Stattdessen wurde Duttweiler aus einer wichtigen Kommission, der Vollmachtenkommission, ausgeschlossen, woraufhin er aus dem Nationalrat zurücktrat. 1943 wurde er erneut ins Bundesparlament gewählt.

Während des Kriegs wurden die Migros-Verkaufswagen auf Holzvergaserantrieb → 141 umgerüstet. Hotelplan lancierte 1941 die Aktion «Ferien per Rad», die dann zwei Jahre später wegen des Mangels an Gummireifen zurückgefahren werden musste. Auch die spektakuläre Überführung der Migros AG in eine Volksgenossenschaft im Jahre 1941, bei welcher unter dem Schirm des Migros-Genossenschafts-Bundes MGB die regionalen Genossenschaften ihre Selbstständigkeit nach föderalistischem Vorbild behielten, ging nach Aussage von Gottlieb Duttweilers Frau Adele mindestens teilweise auf die Bedrohungslage während der ersten Kriegsjahre zurück: «Mein Mann befürchtete, dass die Nazis bei einer immerhin nicht auszuschliessenden Besetzung der Schweiz die Migros übernehmen und Leiter ihrer Gesinnung einsetzen würden. Bei einer Genossenschaft mit vielen Familien als Genossenschaftern wäre das schwieriger», schrieb Adele Duttweiler. «Er sah die Migros-Genossenschaft als Teil der demokratischen Schweiz, mit ihr auf Gedeih und Verderb verbunden.»

1941 entstand an der Limmatstrasse 152

Verwaltungsgebäude und Betriebszentrale der MGB am Limmatplatz.

ein sechsstöckiger, 120 Meter langer Neubau, ein Büro- und Lagerhaus, wo sich neben dem Hauptsitz des MGB, des Hotelplans und des Landesrings auch die Druckerei und Die Tat-Redaktion befanden. 1942 kam als weiteres Presseerzeugnis das *Wochenblatt des sozialen Kapitals* mit dem Namen *Wir Brückenbauer* heraus. *Die Tat, Wir Brückenbauer* und die Migros-Druckerei hatten ihren Sitz später im Pressehaus am Limmatplatz 4–6, einem 1934 erbauten Gebäude mit runden Ecken, zurückversetztem Dachgeschoss und zwei die Horizontale betonenden Treppenhausachsen, wo sich zeitweise auch die Büros des Hotelplans und ein Ladengeschäft der Migros befanden. Eine Zeitlang lebten Adele und Gottlieb Duttweiler in einer Wohnung im Mitteltrakt im 5. Stock.

1944 begann mit der Ausschreibung von günstigen Sprachkursen die Entwicklung der Migros-Klubschulen. Angeboten wurden Kurse in Italienisch, Französisch, Englisch, Spanisch und Russisch unter dem Motto: «Für die Nachkriegszeit von besonderer Aktualität!» Kaum war der Krieg vorbei, organisierte Hotelplan noch 1945 erste Reisen ins Ausland: nach Mailand, Venedig, Florenz und an die Riviera. Als am 1. Januar 1946 endlich das Filialverbot fiel, wuchs die Migros schnell weiter, 1948 eröffnete sie in Zürich das erste Geschäft mit Selbstbedienung. Nach dem Rücktritt von Friedrich Traugott Wahlen → 130 wurde Gottlieb Duttweiler in den Ständerat gewählt, wo er den Kanton Zürich gemeinsam mit Emil Klöti vertrat. *Die Tat* stellte ihr Erscheinen 1978 ein, der Landesring löste sich 1999 auf. Die Migros, immer noch genossenschaftlich organisiert, ist nach wie vor das grösste Einzelhandelsunternehmen der Schweiz, der Sitz des MGB blieb mit dem Bezug des Hochhauses im Jahr 1981 am Limmatplatz.

› **81** Limmatplatz: Im Entree des MGB-Hauses Limmatstrasse 152 ist ein Migros-Verkaufswagen von 1925 ausgestellt, im Erdgeschoss hinten beim Treppeneingang ins Untergeschoss Bronzebüste von Gottlieb Duttweiler mit abgegriffener Nase.

› **81A** Stadtauswärts folgt an der Limmatstrasse 176 das sehenswerte Schulhaus Kornhausbrücke, gebaut 1941–1943 von Albert Heinrich Steiner, der 1943 Hermann Herter als Stadtbaumeister ablöste. Bei aller architektonischen Qualität, die dem Bau zugeschrieben wird, erstaunt die Gegenüberstellung zum ein Jahrzehnt früher entstandenen Gebäude der Kunstgewerbeschule und des Museums für Gestaltung → **80**.

82 SUPPENKÜCHE LÖWENBRÄU

Seit 1898 braute die Aktienbrauerei Zürich an der Limmatstrasse Bier. Nach dem Ersten Weltkrieg übernahm die Firma mehrere andere Brauereien, benannte sich in Löwenbräu um und erweiterte den Betrieb durch verschiedene Neubauten. «Durch den Bau des stolzen Stahlsilogebäudes im Jahre 1936», berichtete die *Zürcher Quartierchronik*, «fand eine bedeutende Bauetappe zunächst ihren Abschluss. Der Ausbruch des Zweiten Weltkrieges, der die Rationierung wichtigster Nahrungsmittel und allgemeine Versorgungs- und Importschwierigkeiten der Brauereirohstoffe mit sich brachte, veranlasste die Löwenbräu Zürich AG., sich in den Dienst der Landesversorgung zu stellen. So stellte sie die gewaltigen Silos der eidgenössischen Getreideverwaltung zur Einlagerung von Brotgetreide zur Verfügung. Ferner traf die Firma Abkommen mit schweizerischen Mostereien über die Einlagerung und Abfüllung von Süssmost.»

Am Ende des Krieges wurde die Brauerei zur Suppenküche. In den letzten Kriegsmonaten hatte sich die Versorgungslage verschärft. Die Alliierten lieferten Rohstoffe und Nahrungsmittel prioritär in die befreiten Länder, die europäischen Verkehrsnetze waren zerstört und der Handel mit Deutschland zusammengebrochen. Da den Gaswerken die zur Herstellung von Gas benötigte Kohle fehlte, musste im Frühjahr 1945 landesweit das Kochgas rationiert werden. Die zugeteilten Rationen reichten nur noch knapp für zwei warme Mahlzeiten. In der Stadt Zürich kochten vier von fünf Haushalten mit Gas. Wie in anderen Städten (Basel und Luzern) wurde daher eine energiesparende, nahrhafte Gemeinschaftsverpflegung in Form einer zentral zubereiteten und in die Wohnquartiere ausgelieferten Suppe eingeführt. Am 28. Februar 1945 beschloss der Gemeinderat, dass ein Liter dieser Gemeinschaftssuppe, die ab folgendem Montag ausgegeben werden sollte, 40 Rappen kostete. «Es braucht 1 Mc», lautete ein Zwischentitel im *Volksrecht*-Bericht über die Gemeinderatssitzung – für einen Liter Suppe musste einer der Mahlzeitencoupons aus der Rationierungskarte eingesetzt werden, die für die auswärtige Verpflegung vorgesehen waren → 45. Nach der Festsetzung des Suppenpreises beschäftigte sich der Gemeinderat mit Willhelm Furtwängler, dessen Konzerte in der Tonhalle am 20. und 25. Februar auf Drängen des Stadtrates vom Regierungsrat in letzter Minute verboten worden waren, um angedrohte Grossdemonstrationen gegen den Stardirigenten zu verhindern. Furtwängler galt als kulturelles Aushängeschild Nazi-Deutschlands, hatte mit seinen Berliner Philharmonikern dem Führer zum Geburtstag und der NSDAP zum Parteitag aufgespielt und bezeichnete sich selbst als unpolitisch. Konzert und Krawall fanden darauf in Winterthur statt, wo Dr. Furtwängler am 23. Februar dirigierte.

Die erste städtische Gemeinschaftssuppe – eine Erbsensuppe – wurde am Montag, den 5. März ausgeliefert. Am Samstag zuvor war zentnerweise Gemüse gewaschen, gerüstet und in Kisten verpackt worden, die im Sudhaus der Brauerei dann zusammen mit Fett und Suppenwürze bereitstanden, als am Montagmorgen um drei Uhr früh die Suppenkocherei begann. Als Kochgeschirr diente eine der 10 000 Liter fassenden Mischpfannen, die eigentlich für die Herstellung von Bier gedacht waren. Die fertige Suppe wurde in mit Rührwerk ausgestattete Tankwagen gepumpt, welche sie über das ganze Stadtgebiet auf 86 Ausgabestellen in Lebensmittel- und Milchgeschäften, Metzgereien und Schulhäusern verteilten. Dort konnte die dicke Suppe kurz vor Mittag abgeholt werden. «Heiss muss sie sein und bleiben, diese Suppe: von der Ge-

Areal Löwenbräu und Swiss Mill: Silos aus Backstein (Türmchen 1925), Stahl (für Malz und Kohle, 1936) und Beton (ganz hinten, für Getreide, 1936).

meinschaftsküche weg über die Tankwagen, die grossen Kannen an den Ausgabestellen und die kleineren ‹Kesseli› der Fassmannschaften – bis zu dem Augenblick, da sie am Familientisch in die Teller geschöpft wird», schrieb das *Volksrecht* am Tag nach der ersten Suppenausgabe.

Im November 1945 hatte sich die Versorgungslage soweit entspannt, dass die Abgabe von Gemeinschaftssuppe eingestellt werden konnte. Die Brauerei widmete sich fortan wieder ihrem Kerngeschäft, bis Löwenbräu 1984 von Hürlimann übernommen und 1989 geschlossen wurde. In den Neunzigerjahren richteten sich Kunstmuseen und Galerien im ehemaligen Brauereigebäude ein, nach der Jahrhundertwende begann die Planung der Überbauung des Areals mit zwei Hochhäusern. Die Stahlsilos blieben erhalten.

› 82 Löwenbräu-Areal, Limmatstrasse 268.

83 LIMMAT-STELLUNG

Am 30. August 1939 wählte die Bundesversammlung Henri Guisan zum Oberbefehlshaber der Armee. «Die Armee von 1939», stellt Rolf Binder (KKdt a D) in einer Broschüre über die militärischen Baudenkmäler des Zweiten Weltkriegs im Kanton Zürich fest, «war eine reine Infanteriearmee, hatte nur ungenügend Panzer- und Fliegerabwehrmittel, eine veraltete Artillerie, eine – vorerst – kaum nennenswerte Flugwaffe und, vor allem, keine mechanisierten operativen Reserven. Das diktierte, im vorn-herein, einen statischen Verteidigungskampf. Daraus wiederum ergab sich die Notwendigkeit, sich im Gelände verankern zu müssen und das schliesslich verlangte nach Geländeverstärkungen, festen Waffenstellungen, Barrikaden, Hindernissen, vorbereiteten Sprengstellungen usf.» General Guisan und sein Stab stellten sich im Fall eines Angriffs der deutschen Wehrmacht («Fall Nord») darauf ein, den Vormarsch der feindlichen Verbände entlang einer Linie zu stoppen, die von Sargans entlang Walen- und Zürichsee, der Limmat nach zum Bözberg und Gempen führte. Diese Limmat-Stellung führte mitten durch Zürich. In Kurt Guggenheims Roman *Alles in allem* erklärt Henri Guisan auf dem Lindenhof noch vor seiner Wahl zum General einem Studen-

Verteidigungsdispositiv 1939: Aufhalten der deutschen Armee an der Limmatstellung. AK: Armeekorps, 6 und 8: Divisionen.

ten, der ihn durch Zürich führt, was den Angreifer in Zürich erwarten sollte: «‹Ruinen›, sagte Guisan, ‹einen enormen Block, einen dicht zusammengekneteten Kuchen von Ruinen, das ganze Ufer entlang, vom Zusammenfluss der Limmat und der Sihl bis hinauf an den See, keine Dächer, keine Fassaden, keine Kirchen, keine Bäume mehr, ein einziges Trümmerfeld, eine Mondlandschaft, um diesen Hügel herum gelagert, all die engen Strassen und Gassen verstopft vom Schutt der eingestürzten Gebäude, alle Brücken zerstört, auch die hier über den Schanzengraben, ja, auch die im Rücken, über die Sihl, und hier auf dieser Insel, eingeschlossen, abgeschlossen eine Besatzung von Territorialsoldaten, Hilfsdienstlern, F.H.D., Zivilisten, die zurückgeblieben sind, in den Kellern, in Löchern leben und schiessen und ausharren, selbst wenn unten im Limmattal und oben beim Ricken die Front durchstossen und überflügelt ist. Eine Stadt, eine Stadtruine, die sich hält, verteidigt, nicht kapituliert, verstehen Sie, das ist eine Festung, eine oder zwei Divisionen wert, die das Dreifache des Gegners bindet, aufhält und die Feldarmee schützt, damit sie sich wieder sammeln kann am Fusse der Alpen.›

Mit grossen, ernsten Augen sass der junge Mann neben dem Herrn, der, ohne die Stimme zu heben, in seinem welschen Akzent seine Vision erläuterte.

‹Wir Militärs müssen alles tun, damit Waffen, Munition, Essen und Wasser und Keller und Sanitätsmaterial bereit sind für den Ernstfall, wir können exerzieren, ausbilden, üben, aber nicht wahr, Sie verstehen, es ist alles nur Hilfsmittel, wichtig, aber im zweiten Rang. Die grösste Waffe, das ist der Geist, der diese im Dreck, im Staub, unter dem Bombardement, in der Verwüstung hausenden Leute belebt. Der Geist der Freiheit, der Patriotismus. Ohne das – c'est fini.›»

Entlang der Limmat, der Sihl und am Seeufer sind noch an verschiedenen Stellen Zeugen der Ende 1939 vorbereiteten und bis im darauffolgenden Sommer fertiggestellten Befestigungen vorhanden → 109. So auch auf der Aussersihler Seite des Wipkinger Eisenbahnviadukts, der im Ernstfall gesprengt worden wäre, wo beidseitig des Brückenkopfs am linken Flussufer betonierte Maschinengewehrstände angebracht wurden. Der Kreis 5 wäre also, entlang der Lim-

Betonierter Maschinengewehrstand am Wipkingerviadukt.

mat von Kampfstellungen, Drahtverhau und Ruinenwällen geschützt, solange wie möglich verteidigt worden, Wipkingen und Oerlikon dagegen, jenseits der gesprengten Brücken, aufgegeben. Stadt- und Kantonsregierung waren wenig begeistert von Guisans Verteidigungsdispositiv. Regierungsratspräsident Robert Briner und Stadtpräsident Emil Klöti – 1933 Konkurrenten bei der Wahl ins Stadtpräsidium → 143 – setzen sich für eine Verlegung der Hauptverteidigungslinie ein oder für eine «offene Stadt» Zürich. Die Erfahrung des Kriegsjahres 1940 zeigte, dass eine verteidigte Stadt wie Rotterdam weitgehend zerstört wurde, während «offene Städte» wie Brüssel und Paris in ihrer Gebäudesubstanz erhalten blieben. Auch im persönlichen Gespräch liess sich Henri Guisan vorerst nicht umstimmen. Erst nach dem Bezug der Reduitstellung seit Juli 1940 verlor die Verteidigungslinie an der Limmat ihre Bedeutung, und im Herbst 1940 erfuhr Klöti, dass bei der Heeresleitung unterdessen die öffentlich nicht bekanntgegebene Absicht bestand, Zürich im Kriegsfall zur offenen Stadt zu erklären.

› 83 Wipkingerviadukt.

84 ILLEGAL IN WIPKINGEN

In der Zeit vor dem Zweiten Weltkrieg gelangten Flüchtlinge aus den Nachbarländern in mehreren Schüben in die Schweiz. Die politisch Verfolgten, die seit der Machtergreifung Mussolinis 1922 aus Italien eintrafen, fanden Unterstützung bei ihren bereits in der Schweiz lebenden Landsleuten → 71. Im Januar 1933 löste die Machtübernahme durch die NSDAP eine Fluchtbewegung aus Deutschland aus, die verschärfte Verfolgung der Juden in der zweiten Hälfte der Dreissigerjahre und die Annexion Österreichs im März 1938 hatten weitere grössere Flüchtlingsströme aus den deutschsprachigen Nachbarländern zur Folge. Politisches Asyl wurde in der Schweiz im Zeitraum von 1933 bis 1945 nur 644 Personen gewährt, da als politische Flüchtlinge nach einer Weisung des Eidgenössischen Justiz- und Polizeidepartements nur «hohe Staatsbeamte, Führer von Linksparteien und bekannte Schriftsteller» akzeptiert wurden. Andere Flüchtlinge wurden nach dem 1934 in Kraft getretenen Bundesgesetz über den Aufenthalt und die Niederlassung von Ausländern einfach als Ausländer behandelt. Zuständig für Aufenthalts- und Niederlassungsbewilligungen sowie die auf wenige Monate beschränkten sogenannten Toleranzbewilligungen waren die kantonalen Polizeibehörden. Die Schweiz verstand sich als Transitland, von wo aus die Weiterreise in Drittländer wie Frankreich oder die USA organisiert werden konnte. Erwerbstätigkeit war den Flüchtlingen ebenso verboten wie politische Aktivität. Wer dabei ertappt wurde, musste mit der Ausweisung rechnen.

Viele Mitglieder der Kommunistischen Partei Deutschlands, die bei den Reichstagswahlen 1928 noch einen Stimmenanteil von 17 Prozent errungen hatte, hielten sich daher in den Dreissigerjahren illegal in der Schweiz auf. Kommunisten waren bei den kantonalen Polizeibehörden unbeliebt und hatten kaum Chancen, eine Aufenthaltsbewilligung zu bekommen, zudem neigten die linksgerichteten Flüchtlinge dazu, ihre politische Arbeit im Exil fortzusetzen → 90. Mit der Herausgabe von Zeitschriften und Informationsmaterial, das heimlich nach Deutschland geschleust wurde → 96, versuchten sie, der nationalsozialistischen Propaganda korrigierend entgegenzuwirken und zumindest ihre Vertrauensleute in Deutschland auf dem Laufenden zu halten. Eine der Organisationen, welche die politischen Flüchtlinge unterstützte, war die 1924 von Mitgliedern der schweizerischen Kommunistischen Partei gegründete Rote Hilfe, die zusammen mit der Partei dann 1940 verboten wurde.

Eine der Mitbegründerinnen war Berta Urech, wie ihr Mann, der bei den Städtischen Strassenbahnen (St.St.Z.) arbeitete, Parteimitglied. Das Ehepaar Urech wohnte bis 1936 an der Zeunerstrasse 17, dann an der Landenbergstrasse 8. Berta arbeitete als Putzfrau und Wäscherin und war zuständig für die Emigrantenversorgung in Wipkingen. Die Flüchtlinge, die sich bei der Roten Hilfe meldeten, wurden an sie verwiesen, und Urech suchte dann nach Wohnungen und Zimmern, wo sie schlafen konnten, organisierte Betten, Kissen und Decken und schaute, wo die Illegalen ein Frühstück oder ein warmes Essen bekamen. Im Film *Die unterbrochene Spur* von Mathias Knauer, der der antifaschistischen Emigration in der Schweiz vor und während dem Weltkrieg nachgeht → 90, berichtete Berta Urech wenige Jahre vor ihrem Tod: «Ich muss sagen, die Leute sind sehr nett gewesen im Quartier. Manchen konnten wir zuerst etwas zahlen: Viele waren ja Arbeiter und mussten selber sehen, wie sie durchkamen. Aber dann hatten wir kein Geld mehr. Da habe ich einfach angefangen, die Wirte abzusuchen; habe mit denen geredet, dass sie doch Emigranten nehmen sollen. Wir haben unter den Wirten viele gefunden, sehr viele! Die Emigranten haben am Mittag vielleicht etwas aufräumen geholfen, wenn es etwas zu tun gab.» Um nicht aufzufallen, mussten die Emigranten gepflegt aussehen. Berta Urech hatte mit Coiffeur Blattmann «eine Verabredung, dass er alle Monate eine gewisse Portion nimmt zum Rasieren und Haareschneiden – auch Frauen hat er die Haare geschnitten. Man hat damals ja illegal geschafft; ich habe den Leuten Zettel gemacht, habe den Namen draufgeschrieben und ihn entzweigerisssen; der Emigrant musste es dem Coiffeur geben, und wenn es zusammengepasst hat, hat er ihm eben die Haare geschnitten, nicht wahr.» Die Emigranten, die oft Hals über Kopf fliehen mussten und den Rhein durchschwammen, brauchten auch Kleider. «Und so bin ich eben in die oberen Kreise hinein, in den Kreis 7, wo die Sozialdemokraten hauptsächlich gesessen sind, die Sozialdemokratie hatte ja viele Mitglieder dort oben, so Lehrer, Realschullehrer, alles mögliche, so Wissenschaftler und Zeugs – und da bin ich eben dort hinaufgegangen und habe Kleider gesammelt.» Jeden Sonntagmorgen ging Berta Urech auf Tour, um Kleider und Geld zu sammeln. Sie überstand zwanzig Hausdurchsuchungen, ohne dass ihr etwas nachgewiesen werden konnte. Einmal waren die Polizeibeamten um fünf Uhr früh auf dem Weg zu ihr bereits im Landenbergpark – «da kam jemand vom Haus und sagte mir: Passen Sie auf, sie kommen jetzt, sie sind jetzt in der Anlage drüben, aber sie kommen gleich.» Es gelang der Emigrantenhelferin gerade noch, eine Liste mit zweihundert Adressen von Mitgliedern des Arbeitersportvereins Satus im Ofen zu verbrennen, die ihr immer wieder bei der Betreuung von Emigranten geholfen hatten.

Ein andermal hatte sie das Glück, es mit einem Polizisten zu tun zu haben, der Hinweise auf ihre strafbare Tätigkeit vor seinem «giftigen» Kollegen verschwieg.

Ihr Mann Werner, zuerst Kondukteur, dann Wagenführer bei der St.St.Z, unterstützte sie bei ihrer Arbeit. «Ich muss sagen: Mein Mann war kolossal solidarisch. Aber eben: In Sexsachen bin ich dann gar nichts gewesen. Er hat immer gesagt: Ich komme in der Sache zu kurz. Ich war müde, kaputt; ich wusste nicht mehr, dass ich auch hätte Frau sein sollen. Ich habe zu viel gearbeitet!» Nach einigen Jahren Flüchtlingsarbeit für die Rote Hilfe brach Frau Urech zusammen und musste sich in ärztliche Behandlung begeben. Später begannen ihr Genossen und Genossinnen auszuweichen, da es hiess, sie arbeite mit der Polizei zusammen. Sie starb 1985 mit über neunzig Jahren.

> **84** Zeunerstrasse 17.
> **84A** Landenbergstrasse 8.
> **84B** Leutholdstrasse 8: hier wirkte in den Dreissigerjahren Coiffeur Oswald Blattmann, der nach Berta Urech später das Restaurant Habsburg gegenüber übernahm (Habsburgstrasse 24). Sowohl Restaurant wie Coiffeurgeschäft sind vor einigen Jahren aufgegeben worden.

85 RUNDBUNKER IM LANDENBERGPARK

Unter dem Landenbergpark wurde 1941 ein Rundbunker von 25 Metern Durchmessern gebaut, der drei Stockwerke in die Tiefe reicht. Der Bunker sollte einerseits als öffentliche Sanitätshilfsstelle dienen, andererseits als Truppenunterkunft für den Luftschutz, die 1934 gegründete Vorgängerorganisation des Zivilschutzes. Die mit Wasser- und Nahrungsmittelvorräten, Luftfiltern und Notstromaggregaten für längeren autarken Betrieb ausgestattete Anlage umfasste auch Operationsräume und Krankenzimmer.

Der Bau des Rundbunkers wurde zum Anlass genommen, die 1922 erstellte Grünanlage Landenberg, die ähnlich der Bäckeranlage → **68** in den Dreissigerjahren verwildert war, neu zu gestalten. Dabei wurden die Kiesflächen durch Rasen und Granitplatten ersetzt, die ursprüngliche Terrassierung aufgehoben und die zentralen Freiflächen von einem Gehölzgürtel gefasst. «Auch hier», schrieb Garteninspektor Roland von Wyss → **17**, «wurde zunächst der zu dichte Baumbestand ausgelichtet, dann gewann man durch Ausplanierung inmit-

Hauswehr: ausgerüstet mit Mantel, Hut, Gasmaske, Löschsandeimer und Besen.

Verdunkelung: Exponate im Zivilschutz-Museum im Rundbunker Landenberg.

ten der rund 4560 m² messenden Anlage eine Zierrasenfläche von etwa 2000 m² und führte um diese herum einen drei Meter breiten Plattenweg. Ein grösserer ebenfalls mit Platten belegter Platz soll dem Spiel der Kleinkinder dienen und ausserdem die Durchführung von kleinen Promenadekonzerten ermöglichen.»

Neben dem Landenbergbunker entstanden während des Kriegs weitere grosse öffentliche Schutzanlagen, etwa unter dem Marktplatz Oerlikon → 125, beim Kanzleischulhaus → 64 und im Lindenhofhügel, wo 1940 der Bunker Oetenbach eröffnet wurde, der 1970 kurzzeitig als provisorisches Jugendhaus in die Schlagzeilen geriet. Der grösste öffentliche Schutzbunker der Stadt lag beim Central. Der unterdessen zu einem Parkhaus umgebaute Schutzraum mit Eingang unter der Polybahnbrücke reicht tief in den Berg hinein – bis unter das Pfrundhaus (Leonhardstrasse 18) – und konnte 1500 bis 2000 Personen fassen. Bis Kriegsende standen in kleinern und grössern öffentlichen Schutzräumen für die Stadtbevölkerung erst knapp 10000 Plätze bereit, auch der Bau von privaten Schutzräumen blieb trotz grosszügiger Subventionen eher bescheiden.

In Privathäusern beschränkten sich die baulichen Massnahmen oft auf das Einziehen schwerer Pfosten zur Stützung der Kellerdecken. Luftschutzoffiziere bildeten zivile Gebäudewarte und Hausfeuerwehren aus, die für die Entrümpelung der Estriche verantwortlich waren, Kurse und Übungen zur Brandbekämpfung belegten und dafür sorgen sollten, dass die Bewohner ihrer Häuser bei Fliegeralarm Schutz- und Kellerräume aufsuchten, was besonders gegen Ende des Krieges oft unterlassen wurde. Die Hausfeuerwehren hatten im Einsatz Gasmasken,

Hüte, dicke Mäntel und Handschuhe zu tragen und mit Löschsand, Eimerspritzen und allenfalls Feuerlöschgeräten zu hantieren. Zu ihrer Ausrüstung zählten auch mit grobem Stoff überzogene Besen zur Bekämpfung von Brandherden sowie Schaufeln, Pickel, Sägen und andere Werkzeuge zur Beseitigung von Bauschutt und Trümmern.

Nach den beiden Bombenangriffen, die in Zürich Tote und Verletzte gefordert hatten → 88 144, wurde das Vorgehen der städtischen Luftschutzorganisation als unspeditiv und ineffizient kritisiert. Am Tag bevor sich auch der Gemeinderat mit einer kritischen Interpellation zum Luftschutz befassen musste, kam es – kurz vor Kriegsende – im Rahmen einer Übung der Hausfeuerwehr zu mehreren Todesfällen. Die Übung fand am 25. April 1945 in einer zweistöckigen Holzbaracke statt, die auf dem Pausenplatz des Wengi-Schulhauses stand. Im selben Augenblick, als eine Gruppe der Hausfeuerwehr im ersten Stock einen vorsätzlich gelegten Brand zu löschen hatte, brach im Erdgeschoss Feuer aus. Von den siebzehn Angehörigen der Übungsgruppe kamen sieben in den Flammen um, zehn konnten sich retten.

› 85 Zivilschutz-Museum Stadt Zürich im Rundbunker Landenberg. Offen jeweils am ersten Samstag des Monats, öffentliche Führung 14 und 16 Uhr. Eingang an der Habsburgstrasse gegenüber Haus Nummer 17, Eintritt frei. Zahlreiche interessante Exponate in einer eindrücklichen Anlage. Der erste Teil der Führung ist der Zeit der Entstehung des Bunkers gewidmet, der zweite der späteren Entwicklung des Luft- bzw. Zivilschutzes.

› 85A Central: Eingang ehemaliger Schutzbunker → Planausschnitt Altstadt 32–39

› 85B Wengi-Schulhaus → Planausschnitt Helvetiaplatz–Casa d'Italia 60–71

86 ROSENGARTENSTRASSE UND KIRCHGEMEINDEHAUS

1932 wurde an der Rosengartenstrasse 1 das Wipkinger Kirchgemeindehaus eröffnet, dessen Eckturm als höchstes Gebäude der Stadt galt. Die Fortsetzung der Rosengartenstrasse führte hangaufwärts auf engen, verwinkelten Wegen durch den Kern des alten Dörfchens Wipkingen, um über der Nordstrasse in den breiten, modern ausgebauten oberen Teil der Rosengartenstrasse zu münden.

Das Dorfzentrum stand einer flüssigen Verkehrsführung im Weg. Schon in den Zwanzigerjahren entstand in der städtische Planung im Zusammenhang mit der Tieflegung der Seebahn → 94 das Konzept einer «westlichen Sammeltangente», die den Verkehr von der Enge über das Sihlfeld und Wipkingen zum Milchbuck führen sollte. Nach dem Geschäftsbericht des Stadtrates von 1930 bestand der Zweck dieser Strassenführung zum einen «darin, den Verkehr aus den Richtungen Schaffhausen und Winterthur nach dem linken Seeufer und dem Sihltal über die Hardbrücke und die Sihlfeldstrasse um den Stadtkern herum zu leiten, und zum andern darin, eine direkte und bequeme Verbindung zwischen Limmattal und Glattal herzustellen, ohne dass die stark belasteten Verkehrsplätze der inneren Stadt berührt werden müssen». Im Dezember 1933 bewilligte der Gemeinderat diskussionslos einen Kredit von einer knappen halben Mil-

Wipkingen vor und nach dem Bau der Rosengartenstrasse 1934.

4208. 5.Apr.1934.
Rosengartenstr. - Gärtnerweg.

lion Franken für den Abbruch von zehn alten Häusern, die teilweise aus dem 17. Jahrhundert stammten und zwischen der Abzweigung Röschibachstrasse und der Nordstrasse dem Verkehr auf der Rosengartenstrasse im Weg standen. Im Mai 1934 wurden die Überbleibsel des dörflichen Wipkingen in wenigen Tagen abgebrochen.

Die Sozialdemokraten gingen mit den Bürgerlichen einig, dass sich die Stadt verkehrsgerecht zu entwickeln hatte. In einer Wahlkampfbroschüre von 1938 präsentierte die SP stolz den vom Roten Zürich vorgenommenen «Kaiserschnitt des Bebauungsplanbüros», der mit dem Abbruch der alten Häuser aus der «kapitalistischen Wohnungsbau-Aera» nicht nur eine fortschrittliche und «saubere Verkehrsordnung» entlang der Rosengartenstrasse ermöglichte, sondern auch düstere, enge und rückständige Behausungen beseitigte.

Die Terrasse des vom Zürcher Frauenverein geführten Restaurants im Kirchgemeindehaus erlaubte einen Ausblick über die Stadt und die grosszügige, nun endlich flüssig befahrbare Verkehrsverbindung. Im alkoholfreien Restaurant an der Rosengartenstrasse verpflegten sich über Mittag Arbeiter und Angestellte aus dem nahen Industriequartier, denen in den Dreissigerjahren noch keine Betriebskantinen zur Verfügung standen – auch das Personalrestaurant im Wohlfahrtshaus der Escher Wyss an der Hardstrasse 305 stammt erst aus den späten Vierzigern. Das riesige Kirchgemeindehaus war von der Kirchenpflege und den sozial-religiös orientierten Wipkinger Pfarrern als eine Art kirchliches Volkshaus mit Post, Bank und Bibliothek konzipiert worden. Die Auslastung der Säle und Versammlungsräume blieb jedoch mässig, nicht zuletzt wegen absolutem Rauch- und Alkoholverbot im ganzen Haus, wo zudem spätestens um zehn Uhr Feierabend sein musste.

Im Kirchgemeindehaus fand am 5. Dezember 1938 die erste der jeweils von Hunderten von engagierten Pfarrern und weiteren Interessierten besuchten Wipkingertagungen statt. Der grosse Schweizer Theologe Karl Barth, der sich als Professor in Bonn 1934 geweigert hatte, den Beamteneid auf Hitler abzulegen und nach Basel zurückkehrt war, hielt das Hauptreferat über «Die Kirche und die politische Frage von heute». Darin bezeichnete er den Nationalsozialismus als «grundsätzlich antichristliche Gegenkirche» und betonte, wenige Wochen nach den Novemberpogromen («Kristallnacht») in Deutschland, die Unvereinbarkeit von Christentum und Antisemitismus: «Antisemitismus ist Sünde gegen den Heiligen Geist.» Die Schweiz warnte er davor, mit der Geistigen Landesverteidigung ein «Spottgebilde eines neuen helvetischen Nationalismus» zu schaffen. Treibende Kraft hinter den bis 1948 insgesamt achtmal durchgeführten Wipkingertagungen, die immer wieder zu aktuellen politischen Problemen Stellung bezogen, war Paul Vogt → 133. Im Turmgebäude des Kirchgemeindehauses, im «Kleiderturm», betrieb das Schweizerische Arbeiterhilfswerk ein Lager für Kleider und andere Waren, die als Hilfsgüter in Kriegsgebiete geliefert wurden → 65.

› 86 Rosengartenstrasse.
› 86A Kirchgemeindehaus Wipkingen, Rosengartenstrasse 1.

ESCHER WYSS

Am 1. März 1934 liess die Zürcher Dampfbootgesellschaft im Hafen Enge das neue Motorschiff «Etzel» ins Wasser, seitwärts, einen knapp 32 Meter langen Eindecker mit erhöhter Kabine. Das MS «Etzel» war zwar nicht das erste Motorschiff auf dem Zürichsee, jedoch das erste, welches nicht umgerüstet, sondern von Anfang an mit Dieselantrieb konzipiert wurde. Es war das erste Schiff der Schweiz mit geschweisstem Rumpf und weltweit das erste Boot, das über einen Verstellpropeller verfügte. Bei einem Verstellpropeller nehmen die Propellerblätter keine starre Position ein, sondern sind schwenkbar an der Nabe befestigt, die sich um eine Drehachse legt, die nur in einer Richtung rotiert. Durch die Veränderung des Einstellwinkels der Blätter kann ein stufenloser Übergang von Nullschub auf Voraus oder Zurück erreicht werden, ohne dass die Maschine gestoppt werden muss. Dadurch lässt sich das Schiff leichter manövrieren als mit einem Festpropeller.

Mit dem Bau des MS «Etzel» in der Schiffbauhalle bewies die Maschinenfabrik Escher Wyss einmal mehr, dass sie bei der Entwicklung zukunftsweisender Techniken an der Weltspitze lag. Doch der Maschinenfabrik drohte die Liquidation. Wirtschaftskrise und massive Verluste auf Guthaben im Ausland in der Folge des Zusammenbruchs der Währungen brachten die traditionsreiche Maschinenfabrik hochverschuldet in die Abhängigkeit zweier Banken, die 1935 beschlossen, den Betrieb aufzulösen. Nachdem Fusionsgespräche mit der Maschinenfabrik Oerlikon gescheitert waren, entwickelten die Direktoren zusammen mit Stadtpräsident Emil Klöti ein Modell zur Rettung des Unternehmens, das etwa 600 Arbeiter und 300 Angestellte beschäftigte. Gegen grossen Widerstand der Konkurrenz (Sulzer) und der Industrieverbände, die die Kantonsregierung und den Bund aufforderten, dem Eingriff der «machthungrigen roten Stadtväter» Einhalt zu gebieten, kam eine Lösung zustande, die zur Rettung von Fabrik und Arbeitsplätzen führte: 1936 kaufte die Stadt das Fabrikareal, die Werkstätten und Maschinen zum Preis von zwei

Escher Wyss Maschinenfabriken (um 1933).

Bau des Schiffs «Möwe» für die Landesausstellung 1939 in der Werfthalle der Escher Wyss.

Millionen Franken, verpachtete die Liegenschaft zu einem Zins von jährlich 100 000 Franken an die Betriebsgesellschaft und verpflichtete sich, unterstützt vom Kanton, drei Jahre lang allfällige Verluste bis zu einer Summe von maximal 1 250 000 Franken zu übernehmen. Die Rechnung ging auf: Allein für die Unterstützung der 900 Arbeitslosen hätte die Stadt jährlich über 600 000 Franken aufwenden müssen, und unter der Führung von Jacob Schmidheiny → 97, der 1937 einen Grossteil der Escher Wyss-Aktien übernahm, erholte sich die Maschinenfabrik schnell. 1941 konnte die Escher Wyss AG die Liegenschaft zurückkaufen – der Geniestreich zur Erhaltung von Betrieb und Arbeitsplätzen hatte die Stadt faktisch keinen Franken gekostet. «Der ‹rote› Stadtpräsident hatte sich nicht nur weitherziger, sondern auch weitsichtiger gezeigt als einige ‹grosse› Industrieführer des Kantons Zürich», resümiert Paul Schmid-Ammann in seiner Klöti-Biografie. Für die Landi baute Escher Wyss vier weitere Motorschwalben, die als Ausstellungsschiffe die Anlegestellen am Bürkliplatz, beim Hafen Enge, der Landiwiese, am Ende des Utoquais und am Zürichhorn bedienten. Während eines dieser etwa dreissig Meter langen, wieder mit Verstellpropeller ausgerüsteten Schiffe nach 1939 auf den Thunersee gebracht wurde, fuhren die drei andern, die MS «Möwe», «Schwan» (später «Halbinsel Au») und «Taucherli» (als «Speer») noch jahrzehntelang für die ZSG auf dem Zürichsee, bis sie Ende der Neunzigerjahre ausgemustert und nach Holland und Belgien verkauft wurden.

1940 legte die Maschinenfabrik am Escher-Wyss-Platz in der Ecke zwischen Hardturmstrasse und Hardstrasse, wo in den Fünfzigerjahren Verwaltungsgebäude errichtet wurden, einen Kartoffelacker an. Zu Beginn des Krieges wurden im Zusammenhang mit der Limmat-Stellung →83 Eisenbahnschwellen- und Höckerhindernisse gebaut, die vom Tramdepot via Kartoffelacker entlang der Hardstrasse bis über die Hardbrücke führten, bestückt mit mehreren Maschinengewehr- und Leichtmaschinengewehrständen sowie Infanteriekanonen.

Nicht weit von der Hardbrücke entfernt entstand auf dem Areal der Maschinen- und Zahnradfabrik Maag 1941 bis 1942 das abgewinkelte, mit einem runden Eckturm versehene Gebäude der Härterei, eines der schönsten Industriegebäude der Kriegszeit, wo bis 2003 Zahnräder gehärtet wurden. Heute dominieren im Areal der ehemaligen Zahnradfabrik die Maag Music & Event Hall, dahinter wird mit dem Prime Tower eines der höchsten Häuser der Schweiz gebaut. Auf dem Escher-Wyss-Areal hat der Umnutzungsprozess bereits früher eingesetzt. 1999 verkaufte der Industriekonzern Sulzer – seit 1969 Eigentümer der Escher Wyss – Teile der Maschinenfabrik an Nachfolgeunternehmen, die noch heute als Industriebetriebe (MAN Turbo AG und VA Tech Hydro) auf dem Areal tätig sind. In der Schiffbauhalle richteten sich das Schauspielhaus, ein Restaurant und der Jazzclub moods ein. Das Motorschiff «Etzel», das seinerzeit in der meist als Kesselschmiede bezeichneten Halle gebaut worden war, wurde 2001 von der Zürichsee-Schiffahrtsgesellschaft an einen Verein abgegeben, der das Verkehrs- und Industriedenkmal pflegt und für Charterfahrten vermietet.

▸ 87 Schiffbauhalle, Schiffbaustrasse 4.
Motorschiff Etzel: http://www.msetzel.ch
▸ 87A Härterei Maag Areal, Hardstrasse 219.

BOMBEN FÜR DIE MOTORENFABRIK MANNHEIM 88

Am Abend des 22. Dezembers, des letzten Adventssonntags des Jahres 1940, sassen ein junger Mann und seine Mutter in ihrer Wohnung im ersten Stock des Hauses Limmattalstrasse 23 und schrieben Neujahrskarten. Draussen lag Schnee. Die Mutter erhob sich und begab sich ins Badezimmer. In diesem Moment explodierte eine Sprengbombe im Garten, wenige Meter vor der Südostecke des Dreifamilienhauses. Die Druck- und Sogwirkung der Explosion riss die Ostseite des Hauses auseinander, der junge Mann stürzte in den Keller und wurde durch eine massive Tür, die auf ihn fiel, vor den Trümmern des einstürzenden Kamins geschützt. Ein betagtes Ehepaar, das sich wegen des Mangels an Heizmaterial bereits ins warme Bett begeben hatte, wurde zwischen zwei Matratzen eingeklemmt und im Schutt begraben.

Ein paar Minuten später meldeten die Luftschutzsirenen Fliegeralarm.

Die meisten der Bewohner und Bewohnerinnen des Hauses in Höngg hatten Glück, konnten aus den Trümmern geborgen werden und kamen mit Verletzungen davon. Im Verlauf des Montags wurde jedoch die Leiche einer 65-jährigen Frau gefunden, die im Parterre ein Zimmer gemietet hatte und erst Stunden nach der Explosion als vermisst gemeldet wurde.

Um 21.10 Uhr detonierte dann an jenem kalten Sonntagabend im Industriequartier eine weitere Spreng- oder Brisanzbombe im

dreieckigen Hof, den der L-förmige Genossenschaftswohnblock an Josefs- und Ottostrasse mit dem Eisenbahnviadukt bildet. Die Bombe durchschlug das Dach eines unbewohnten Garagengebäudes mit Reparaturwerkstätte. Mehrere Autos wurden verschüttet, einige fortgeschleudert. In den Häusern Josefstrasse 194, 196 und 198 wurden alle hofseitigen Türen, Fensterscheiben und -läden zertrümmert. Hof und Zimmer waren mit Glasscherben gespickt. Eine Frau erlitt Kopfverletzungen und verlor das Gehör. Bald froren in den betroffenen Häusern die Wasserleitungen ein, die Zimmer gegen den Hinterhof waren unbenutzbar.

Durch die Explosion wurde auch die Fahrleitung auf dem Eisenbahnviadukt beschädigt, der Zugsverkehr musste unterbrochen werden. Um 22 Uhr setzte die Verdunkelung ein, um 23.20 Uhr gab die Sirene Endalarm. Als nachts um halb eins ein Trupp von Bahnarbeitern daran war, den Fahrleitungsdefekt zu beheben, explodierte auf der Nordwestseite des Viadukts eine Zeitbombe, die sich drei Meter in den steinhart gefrorenen Boden eingegraben hatte, schleuderte aus einem sechs Meter breiten Trichter Bodenmaterial fort und riss eine klaffende Bresche in den Viadukt der Linie nach Oerlikon. Einer der Arbeiter stürzte von der Draisine hinunter auf die Strasse und brach sich die Beine, auch drei weitere Arbeiter, die von den Leitern fielen und fortgeblasen wurden, trugen schwere Verletzungen davon.

Ausser den Sprengbomben fielen in einer Reihe grün leuchtender Flammen Dutzende von kleineren Brandbomben auf das Industriequartier. Die meisten verlöschten, nachdem sich ihr Brennstoff verzehrt hatte, einige vermochten Kohlehaufen und Holzbeigen zu entzünden, die sie getroffen hatten, in der Zahnradfabrik Maag an der Hardstrasse drang eine der Bomben durch die Betondecke in ein Büro. Überall konnten die Brände schnell gelöscht werden. In einem der Schrebergärten hinter der Maag-Fabrik wurde ein Häuschen zerstört.

Schon am Montag meldeten die Zeitungen, dass die Bomben aus England stammten. Die schweizerische Gesandtschaft brachte in London energischen Protest gegen die schwerwiegenden Verletzungen der schweizerischen Neutralität vor. Die englischen Flieger hatten, wie der Historiker Thomas Bachmann 2004 nachwies, den Auftrag, die Motorenfabrik Mannheim zu bombardieren, suchten jedoch wegen des schlechten Wetters Ausweichziele, gerieten teilweise vom Kurs ab und hielten Zürich für ein geeignetes Ersatzziel. In Zürich kursierten schon an Weihnacht 1940 Gerüchte, die Bomben hätten als Warnung dem Eisenbahntransit zwischen Deutschland und Italien gegolten oder der schweizerischen Maschinenindustrie. Als im Mai 1943 nochmals britische Bomben bei der Werkzeugmaschinenfabrik Oerlikon und der Bahnlinie Seebach-Affoltern auf Zürich fielen, erhielten diese Gerüchte weitere Nahrung.

> 88 Limmattalstrasse 23.
> 88A Hinterhof bei Josefstrasse 194, 196 und 198, Garagengebäude an der Stelle des heutigen Wohnhauses Josefstrasse 200.
> 88B Viadukt nach Oerlikon. Beschädigt wurde der dritte Bogen an der Viaduktstrasse nordöstlich der Josefstrasse unmittelbar nach dem Fahrleitungsmast – die Stelle ist an den weissen Steinen oberhalb des Bogens zu erkennen, die von der Wiederherstellung nach dem Bombardement stammen.

Weihnacht 1940: Zerstörte Gebäude in Höngg (oben links) und Aussersihl.

89–94 WIEDIKON

89 SCHMIEDE WIEDIKON: VOM DORFKERN ZUM STÄDTISCHEN NEBENZENTRUM
89 Schmiede Wiedikon

90 KPD IM UNTERGRUND AN DER ZURLINDENSTRASSE
90 Bremgartnerstrasse 32/Zurlindenstrasse 118
90A Kalkbreitestrasse 78
90B Zurlindenstrasse 186
90C Zurlindenstrasse 191
90D Zurlindenstrasse 215
90E Zurlindenstrasse 218

91 EINHEITSKAMPFFRONT IM KINDERGARTEN
91 Kindergartenhaus, Zentralstrasse 105

92 VOM WÄGGITALERHOF INS LANDIDÖRFLI
92 Weststrasse 180

93 LIENERT-BRUNNEN
93 Meinrad-Lienert-Brunnen, Meinrad-Lienert-Strasse

94 HERMANN HERTER UND DIE MONDLANDSCHAFT
94 Bahnhof Wiedikon
94A Schimmelstrasse
94B Sihlhölzli
94C Brandwache, Manessestrasse 20

SCHAUPLÄTZE, AUF DIE IN ANDEREN ABSCHNITTEN VERWIESEN WIRD
55A Schimmelstrasse: Demonstration 23. September 1933

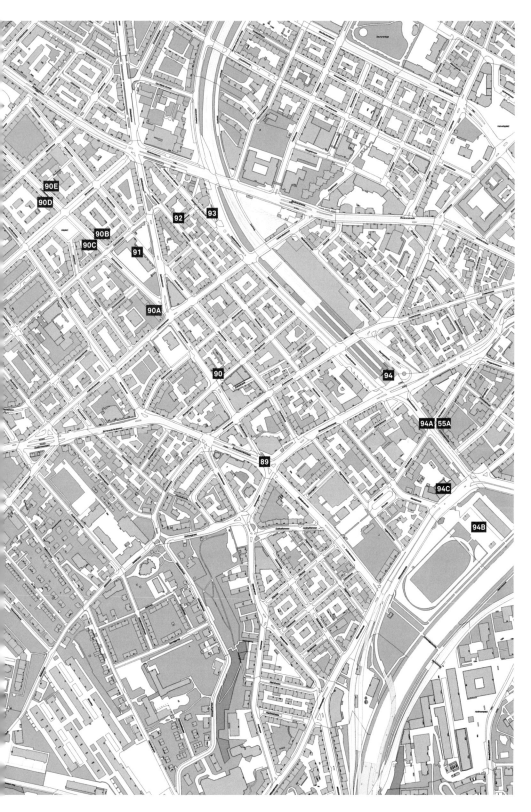

89 SCHMIEDE WIEDIKON: VOM DORFKERN ZUM STÄDTISCHEN NEBENZENTRUM

Zu Beginn der Dreissigerjahre war Wiedikon zwischen Aussersihl und den Ziegeleien am Üetliberghang → 97 weitgehend überbaut. Mit seinen zahlreichen Wohnsiedlungen in geschlossener Hofrandbebauung machte das von etwa 40 000 Menschen bewohnte Quartier einen städtischen Eindruck, bei der Schmiede jedoch erinnerten um 1930 noch zahlreiche Häuser mit teilweise jahrhundertelanger Geschichte an die Zeit, als Wiedikon ein Dorf war. Vor der Schmiede, einem stattlichen Riegelbau, dessen Front einige Meter vor dem heutigen Gebäude lag, plätscherte mitten in der Strasse ein Brunnen mit einem grossen, runden Becken. Gelegentlich fuhr eine Strassenbahn vorbei, entweder die Nummer 3, die bis zum Triemli führte, oder die 5, die im Heuried wendete. Der Busse der ersten städtischen Autobuslinie A, der Vorläuferin der 33, hielten seit 1927 ebenfalls vor der Schmiede.

Als bekannt wurde, dass das Riegelhaus über kurz oder lang einem Neubau weichen musste, hatte Johann Haas, der letzte Schmied, seine Werkstatt bereits 1921 an die Weststrasse verlegt. Im Sommer 1933 wurden das alte Haus und seine Nachbargebäude an der Birmensdorferstrasse abgebrochen. Die Architekten H. W. Moser und Max Kopp bauten bis zum folgenden April das mehrstöckige Gebäude mit Ladengeschoss und insgesamt 32 Zwei- und Dreizimmerwohnungen, das heute an der Stelle der Schmiede steht. «Alle Wohnungen sind mit Bad, Zentralheizung, zentraler Warmwasserversorgung, Telefonanschluss und Lift bedient», schrieb die *Schweizerische Bauzeitung* über den Neubau. «Sie haben nach der Sonnenseite hin geräumige Loggien, die mit Küche und Wohnraum in direkter Verbindung sehr praktikabel und zum Essen beliebt sind.» Im Erdgeschoss wurde das Restaurant Schmiede eingerich-

Neubau an der Schmiede mit Wohnungen, Restaurant, Migros und Tabakladen, davor der später an die Schimmel-/Hallwylstrasse versetzte Dorfbrunnen (1934).

tet mit Gartenwirtschaft und Sonnenstoren an der Schlossgasse. Im durch grosse Fenster erhellten, mit Ulmen- und Lärchenholz getäferten Wirtschaftsraum standen Tische mit Schieferplatten, an der Wand hing ein Ölbild, welches die Baugruppe um die alte Schmiede darstellte. Unter der Wirtschaft lag eine Kegelbahn, die wie die Restaurationsräume, Küche und WC mit einer Ventilation ausgestattet war. Neben dem Restaurant zog die Migros ein, die an der Schmiede eines ihrer damals landesweit bereits fast hundert Ladengeschäfte führte. Einige Jahrzehnte später übernahm die Migros auch die Räume der Wirtschaft.

Nach der Errichtung des Neubaus, an welchem ein Klinkermosaik im Aussenputz das hier über hundert Jahre ausgeübte Handwerk zeigt, wurde der Brunnen im Zuge einer Umgestaltung des nun verbreiterten Strassenraumes in die Mitte des Platzes versetzt. Als der Brunnen dann dem Verkehrsaufkommen der Nachkriegszeit im Weg stand, wurde er entfernt und an der Ecke Schimmel-/Hallwylstrasse → 94 deponiert.

Nach und nach wichen rund um die Kreuzung weitere Zeugen des alten Dorfes. 1938 wurde anstelle eines Hauses aus dem 19. Jahrhundert, das bis in die Mitte der heutigen Zurlindenstrasse reichte, das Eckhaus Schmiedegg an Birmensdorfer- und Zurlindenstrasse errichtet, ein Jahr später folgte die Überbauung Schlossgasse-Gotthelfstrasse der Genossenschaft Frohes Heim mit Ladenlokalen und 109 Ein- bis Vierzimmerwohnungen in einem massiven Wohnblock mit durchlaufenden Balkonen, der sich U-förmig um einen grossen grünen Innenhof legt. Bis 1939 hatten sich an der Schlossgasse kleine Häuschen mit Rosengärten, das Restaurant Schlosshof und die Werkstatt des Wagners Henry Meyer befunden. Die Familie Meyer hatte in ihrem Rosengärtchen einen Papagei gehalten, dessen Rufe von weitem zu hören gewesen waren.

So blieben Ende des Jahrzehnts von der alten dörflichen Bebauung um die Schmiede die noch heute vorhandenen Gebäude des türmchenbewehrten Bethauses und des Gasthofs Falken übrig, ein paar Magazine und Scheunen an der Stelle des zwölfstöckigen Hochhauses aus den Fünfzigerjahren sowie die in den Achtzigerjahren abgebrochene Häusergruppe gegenüber der Schmiede, wo sich seit wenigen Jahren auch die Migros befindet.

Aus dem Dorfkern war ein städtisches Nebenzentrum geworden, die Stimmung hatte sich in wenigen Jahren grundlegend verändert. Alteingesessene wie der Lehrer und Lokalhistoriker Arnold Schaufelberger bedauerten die Verdrängung der heimeligen dörflichen Gemütlichkeit durch die anonyme städtische Betriebsamkeit. 1941 stellte er fest: «In den Häusern Alt-Wiedikons gab es keine oder nur ganz bescheidene Ladenlokale für den notwendigen täglichen Bedarf; heute prangen des Nachts hellleuchtete Fensterauslagen mit Gebrauchs- und Luxusartikeln, die früher nur in der Stadt erhältlich waren. Auch die beruflichen Verhältnisse haben sich geändert. Das beweist der Strom von Männern und Frauen, die täglich im Eiltempo zu Fuss oder auf dem Velo an ihre Arbeitsplätze in den benachbarten Quartieren eilen.»

Max Kopp, der Architekt des Schmiede-Gebäudes von 1934, baute für die Landesausstellung von 1939 das Landi-Dörfli → 119.

→ 89 Schmiede Wiedikon.

90 KPD IM UNTERGRUND AN DER ZURLINDENSTRASSE

1933 gingen in Wiedikon bei den städtischen Wahlen zwei Drittel der Stimmen an die Linke, die meisten an die Sozialdemokraten, jede zehnte linke Stimme jedoch galt der Kommunistischen Partei. Nur in den Kreisen 4 und 5 hatten die Linksparteien höhere Stimmenanteile als im Kreis 3, wo seit 1933 viele illegale Emigranten aus Deutschland, oft politische Aktivisten, Unterschlupf fanden. Der Film *Die unterbrochene Spur* (1982) von Mathias Knauer und das gleichnamige Buch mit mehr Materialien und Dokumenten zeigen alleine an der Zurlindenstrasse ein Dutzend Wohnungen, wo Flüchtlinge unterstützt wurden:

An der Ecke zur Bremgartnerstrasse wohnten im Neubau Bremgartnerstrasse 32/Zurlindenstrasse 118 das Ehepaar Hüttenmoser, er Architekt, sie bei der *Zürcher Illustrierten* beschäftigt, und im gleichen Stock wohnte die Trotzkistin Marianne Kater. Hier machten Emigranten Station, die Leo Trotzki folgten, nicht die offizielle kommunistische Parteilinie vertraten und in der verbissenen Fixierung der moskautreuen KPD auf den Kampf gegen die als Sozialfaschisten bezeichneten Sozialdemokraten einen Hauptgrund für den Aufstieg der NSDAP sahen. Den dissidenten Linken wurden im abgerundeten Eckhaus nicht nur einfache Schlafgelegenheiten auf Matratzen am Boden geboten, sondern auch Schweizer Pässe beschafft und wenn nötig Scheinheiraten vermittelt.

Im vierten Stock an der Kalkbreitestrasse 78, dem mittleren Haus der einen der beiden Zeilen der 1932 gebauten ABZ-Wohnkolonie → 91, beherbergte die Arbeiterfamilie Mathis und Berti Margadant jahrelang kommunistische Flüchtlinge aus Österreich. «Der Sohn, damals noch Kind, erinnert sich an die Nachbarsfamilie im gleichen Stockwerk, Bummert, ein Schreiner, Trotzkist. Trotz der scharfen politischen Differenzen ist verabredet, dass die Tür des Balkonzimmers immer angelehnt bleibt. Wenn morgens früh die Polizei kommt, steigt der Emigrant über den Balkon in die Nachbarswohnung. Man legt dann das Kind auf die Couch des Emigranten, damit die Bettwärme keinen Verdacht weckt.»

An der Stelle des 2006 erbauten Wohnhauses Zurlindenstrasse 186 führte Hedwig Stähli in einem einstöckigen Garagengebäude ein Fischgeschäft. In der dahinter gelegenen Zweizimmerwohnung, die die parteilose Frau mit ihrem arbeitslosen Mann bewohnte, hielten sich immer wieder prominente deutsche Kommunisten auf, so auch Hans Beimler, dem 1933 die Flucht aus dem KZ Dachau gelang und der nach längeren Aufenthalten in Prag und Zürich 1936 in Spanien fiel. Noch heute tragen Strassen in vielen deutschen Städten Beimlers Namen. Wenn die Emigranten die Wohnung für eine geheime Sitzung brauchten, schickten sie die Fischhändlerin ins Kino.

Vis-à-vis wohnten in Nummer 191 Max und Berta Vögeli. Er trug Zeitschriften aus, sie kochte jeden Tag für fünf bis sechs Emigranten. «In ihrer Zweizimmerwohnung lebt über ein halbes Jahr ein Deutscher. Er darf die Wohnung nicht verlassen, weil er zu bekannt ist, aber sie weiss nicht, wer er ist. Er wickelt das anderthalbjährige Kind, während Berta Vögeli als Blumenbinderin arbeiten geht, um die Lebensmittel kaufen zu können. Sie weiss nicht, woher die Leute kommen, wenn sie nachts plötzlich vor der Tür stehen. Sie kennt nicht die Akten des deutschen Volksgerichtshofs, in denen ihr Name steht, preisgegeben vielleicht unter

ABZ-Wohnkolonie Kalkbreite-/Zurlindenstrasse, rechts Kindergarten.

Folter von einem, der sich im Lager eingeprägt hatte: Anlaufstelle Vögeli, Zürich.»

Im Hofgebäude hinter der Zurlindenstrasse 215 betrieb Josef Kirschbaum seit 1925 eine Schreinerei. Er hatte zwischen 1917 und 1921 lange Zeit in der revolutionären Sowjetunion gelebt. Bei ihm gingen deutsche Widerstandskämpfer und Rückkehrer aus dem Spanienkrieg ein und aus. Auch seine Tochter Sophie war eine engagierte Kommunistin und arbeitete seit 1933 für das Pressebüro der Kommunistischen Internationalen. Während der Periode der Moskauer Schauprozesse wurde sie 1938 in der sowjetischen Hauptstadt festgenommen. Ihr sollten trotzkistische Umtriebe vorgeworfen werden. Wenige Tage später entlassen kehrte sie nach Zürich zurück, wo sie die Genossen erstaunt begrüssten: «Was, du lebst noch?» Josef Kirschbaum weckte einmal um zwei Uhr Hedwig Stähli, da er eine Razzia erwartete. Bis um fünf Uhr verbrannten die Fischhändlerin und der Schreiner verdächtige Schriften und Dokumente.

Im Haus gegenüber (Zurlindenstrasse 218) wohnten Jost und Kreszenz Huber. Sie beherbergten ein halbes Jahr lang Fritz Sperling → [96]. Im Zusammenhang mit dem Prozess gegen den aufgeflogenen Sperling wurde Huber 1941 zu vierzehn Tagen Gefängnis verurteilt, weil er kommunistische Druckschriften aufbewahrt und weitergegeben hatte.

Auch die Gestapo interessierte sich für die kommunistische Untergrundszene an der Zurlindenstrasse. Das KPD-Mitglied Paul Meuter → [120] hatte, nachdem er 1935 über das Dach entkommen konnte, als drei Gestapo-Männer vor seiner Wohnungstür standen, ein Jahr illegal in Deutschland gelebt und war dann von der Partei in die Schweiz geschickt worden, wo er für die «Sicherung» zuständig war, die Abwehr von Spitzeln der Gestapo, die sich in die Organisationen der Partei einschlichen. Als er nach Zürich reiste, wurde er darauf aufmerksam gemacht, «dass die Emigranten, die sich bei der Roten Hilfe → [71] meldeten, als kommunistisch verdächtigt und von den Behörden nach drei Monaten über die französische Grenze gestellt würden, und es daher nicht zweckmässig sei, sich anzumelden». Dafür sollte er schnell Schweizerdeutsch lernen, damit er auf der Strasse, im Tram, im Café, im Wald und auf Spazierwegen, wo sich die Emigranten hauptsächlich aufhielten, nicht auffalle.

Nach der Verhaftung zweier Kuriere in Stuttgart trafen sich Paul Meuter und sein Freund Kurt Granzow in einer «Wohnung in der Nähe des Sihlfeld-Friedhofs, ich glaube an der Zurlindenstrasse» mit einem Boten aus Stuttgart, den sie verdächtigten, für die Gestapo zu arbeiten. «Er erzählte uns sehr harmlos, die beiden Leute seien verhaftet, sie hätten sich unvorsichtig benommen und so weiter. Wir fragten dann einiges, und er verwickelte sich in Widersprüche, und dann stellte ich ihm die Frage: Du hast doch einen Pass bekommen, warst früher Kommunist – das ist doch verdächtig, zeig' ihn mal her. Da hat er den Pass aus der Tasche genommen und hielt ihn mir von weitem hin. Ich riss ihn ihm aus den Händen, und wir stellten fest, dass der Pass zwei Tage vorher ausgestellt worden war. Dann die Frage: Wieso hast Du vor acht oder neun Tagen schon gewusst, dass Du mit einem neuen Pass in die Schweiz fahren kannst? Darauf wusste er keine Antwort, sondern sagte plötzlich, er wolle ein Glas Wasser trinken. Als Kurt ihm Wasser holen wollte, sprang er auf und sagte: Ich muss auch mal austreten. Und dann sah ich, wie er ein grosses, feststehendes Messer hatte und hinter dem Kurt herging. Es gab einen kurzen Ringkampf, und wir haben ihm das Messer entwunden. Er hat aber dem Kurt noch eine grosse Wunde am Oberschenkel beigebracht.» Der überwältigte Spitzel blieb bewusstlos liegen, Kurt Granzow und Paul Meuter verliessen die Wohnung. Mit Hilfe weiterer Gestapo-Leute gelang es dem enttarnten Informanten, noch am gleichen Tag nach Stuttgart zurückzukehren. Die beiden in Stuttgart Verhafteten wurden umgebracht, der Spitzel nach dem Krieg vor ein amerikanisches Militärgericht gestellt und laut Paul Meuter, der einen schriftliche Zeugenbericht abgab, «zu zehn Jahren Arbeitslager verurteilt, aber er lief schon nach drei, vier Monaten wieder in Stuttgart herum: Die Amerikaner konnten solche Leute nachher gebrauchen.»

- **90** Bremgartnerstrasse 32/Zurlindenstrasse 118.
- **90A** Kalkbreitestrasse 78.
- **90B** Zurlindenstrasse 186.
- **90C** Zurlindenstrasse 191.
- **90D** Zurlindenstrasse 215.
- **90E** Zurlindenstrasse 218.

91 EINHEITSKAMPFFRONT IM KINDERGARTEN

Das 1932 eröffnete Kindergartenhaus stellt das erste in Zürich realisierte Beispiel einer Pavillonschule dar, wie sie von der Reformpädagogik als «kindgemässes» Gegenmodell zur Schulkaserne propagiert wurde. «Man sucht nicht mehr den Ausdruck des Grossartigen, Massigen, steinern Monumentalen, sondern des Stillen und die unmittelbare Nachbarschaft zur Natur, zu Bäumen, Gärten und Wiesen. Das Ideal des Schulhauses ist nicht mehr der eindrucksvolle kolossale Baublock, dessen hochra-

gende Masse weithin die Finanzkraft der betreffenden Gemeinde manifestiert, sondern die Pavillon-Schule, deren anspruchslose Trakte sich unter den Bäumen der Grünanlagen hinziehen», schrieb der angesehene Zürcher Architekturjournalist Peter Meyer 1932.

Die acht Pavillons des Wiediker Kindergartenhauses öffnen sich dem Aussenraum, der hier eher aus Bäumen und Grünanlagen als aus Wiesen besteht, mit verglaster Südwestfront und Oberlichtfenstern, was ihnen schon während der Planung das Lob des Leiters des ETH-Hygieneinstituts eingetragen hatte: «Diese Lichtfülle, verbunden mit dem freien Ausblick durch die Glaswand erweckt den Eindruck des Aufenthaltes im Freien und muss sich auf die Kinder in günstiger Weise auswirken, besonders wenn die Verglasung aus ultraviolett-durchlässigem Glas vorgenommen wird.»

Die Pavillons des Kindergartenhauses sind mit farbigen Kreisen markiert, um die Kinder wie die Bienen am Bienenhaus zum richtigen Eingang zu führen. Neben den Pavillons umfasste das «Tupfehuus» eine Abwartswohnung und einen Saalbau mit Speise-, Liege-, Dusch- und Waschräumen im Erdgeschoss und einem Vortragssaal im ersten Stock. Das ockerfarben verputzte Gebäude gilt als Vertreter der funktionalistischen Architektur, unterscheidet sich jedoch von den schlichten weissen Flachdachklötzchen des Neuen Bauens im strengen Sinn durch ihre leicht geneigten Satteldächer, die erst noch über die Wände hinauskragen, und die Verkleidung der Aussenwand mit Spaliergittern, einem Element der ländlichen Architektur, das später im Landistil der Vierzigerjahre gerne eingesetzt wurde.

Gleichzeitig mit dem Kindergartenhaus bauten die Architekten Hans Hofmann und Adolf Kellermüller auf der andern Seite der Zurlindenstrasse die ABZ-Wohnkolonie zwischen Kalkbreite- und Gertrudstrasse → 90.

Im Vortragssaal, der 1946 zur Turnhalle umfunktioniert wurde, fanden auch politische Veranstaltungen statt. So rief die Rote Hilfe Zürich 3, eine Organisation aus dem Umfeld der Kommunistischen Partei, zu einer «öffentlichen Kundgebung gegen Faschismus und Reaktion – für die Schaffung der Einheitskampffront» im grossen Saal des Kindergartengebäudes auf. In der Einheitskampffront suchte die kommunistische Bewegung auch in der Schweiz gemäss der seit 1935 von Moskau diktierten Doktrin der Volksfront aller linken Kräfte die Kooperation mit der Sozialdemokratischen Partei, nachdem die Sozialdemokraten jahrelang auf Geheiss der sowjetischen Zentrale als Sozialfaschisten bekämpft worden waren, was in Deutschland den Durchbruch des Nationalsozialismus erleichtert hatte. Doch die Schweizer Sozialdemokratie war bereits auf dem Weg zur staatstragenden Kraft im Rahmen der Zusammenarbeit mit den demokratischen bürgerlichen Parteien.

Hans Hofmann wurde als Chefarchitekt zu einem der wichtigsten Köpfe der Landesausstellung 1939. Die Kommunistische Partei wurde 1940 gesamtschweizerisch verboten. Im Vortragssaal des Kindergartenhauses befand sich während der Rationierung die Ausgabestelle für Rationierungskarten → 45 für ganz Zürich 3 mit Ausnahme der Quartiere Albisgüetli, Friesenberg und Binz.

Nach kleineren Umbauten erfuhr das Kindergartenhaus zu Beginn des 21. Jahrhunderts eine denkmalpflegerisch sorgfältige Instandsetzung, die zugleich eine Anpassung an die aktuellen Bedürfnisse bedeutete. Neben Kindergärten befinden sich heute Mittags- und Tageshorte sowie Primarschulklassen in den frisch renovierten Räumen. Die Sanierung brachte auch das Windspiel und die Zifferblätter mit Farbakzenten in den Grundfarben rot, blau und gelb wieder zur Geltung.

› 91 Kindergartenhaus, Zentralstrasse 105.

VOM WÄGGITALERHOF INS LANDIDÖRFLI

Während der Zwanziger- und Dreissigerjahre führte Alois Amgwerd den Wäggitalerhof an der Weststrasse 180. Der Wirt bot den vielen Schwyzern, «Usserschwyzern» und Innerschweizern, die in die Grossstadt gezogen waren, im Wäggitalerhof nicht nur einen Treffpunkt, sondern auch eine «Badanstalt, täglich geöffnet» sowie einen «Autobetrieb mit modern. 8–12-plätzigen Gesellschaftswagen, vorzüglich für Hochzeiten, Familien und Gesellschaften». Vor allem aber fanden im Wäggitalerhof, wie es regelmässig in Zeitungsinseraten hiess, «tägl. gemütl. Konzerte» statt. Denn die Innerschweizer brachten ihre Musik nach Zürich, die Ländlermusik.

Wisel Amgwerd wurde 1877 in Steinen bei Schwyz geboren. Sein Vater, ein guter Musikant, starb schon vor seiner Geburt auf der Überfahrt nach Amerika. Wisel lernte Käser und von seinem Grossvater das Klarinettenspiel. Er kam um die Jahrhundertwende nach Zürich, arbeitete bei der Post und wurde Chauffeur. Als er mit seiner Kapelle aufzutreten begann, galt Ländlermusik in Zürich noch als exotisch. Der Begriff Ländlermusik hatte sich im späten 19. Jahrhundert für die Tanzmusik aus den «Ländern» herausgebildet, die vom ebenfalls erst damals entstandenen Schwyzerörgeli und der Klarinette geprägt wurde. Amgwerd hatte als Gründer der «Innerschweizer Sennen- und Ländlermusiken Zürich und Umgebung», einer Agentur, der bald Dutzende von Musikanten angehörten, schon vor dem Ersten Weltkrieg entscheidenden Anteil an der Verbreitung der Volksmusik in der Grossstadt, wo sie sich gegen Salonmusik und internationale Tanzmusik durchzusetzen begann. Zum Durchbruch als nationales Kulturgut verhalf ihr der Militärdienst: «Durch die lange Grenzbesetzung», schrieb Alfred Leonz Gassmann in seinem 1919 bei Musik Hug & Co. in Zürich erschienenen Notenbüchlein mit Ländlern und «Buuretänz», «hat die ‹Ländlermusik› einen gewaltigen Aufschwung genommen. Wieso? Die Truppen der Urkantone, Zug, Luzern, Bern u. a. kamen mit den andern Einheiten in Be-

Wäggitalerhof (1956).

Bauernstube im Restaurant zur Neuen Post, auch als «Landidörfli» bekannt (1941).

rührung, spielten ihre lustigen G'sätzlein und siehe da: auch diesen gefiel das ‹Ländlern› und sie wollten es lernen und koste es noch so viel Mühe. Gar mancher ‹Chüehdräckeler› oder ‹Bödeler› wurde so angelernt und zu Muttern heimgebracht.» In Amgwerds Wäggitalerhof an der Ecke West-/Marienstrasse spielten in der Zwischenkriegszeit alle bekannten Formationen und Musikanten auf, und dazwischen sangen und jodelten die «Geschwister Amgwerd», Emma, Meta und Rosa, die Töchter des Wirtepaares.

Im Alter von 65 Jahren wechselte Alois Amgwerd in den Kreis 4 und übernahm 1942 mit seiner damaligen Frau das Restaurant zur Neuen Post an der Müllerstrasse 63, auch bekannt unter dem Namen «Landidörfli». Amgwerd starb 1948. Im ehemaligen Wäggitalerhof befindet sich seit 2005 das japanische Restaurant Samurai, im Landidörfli die Ex4 Bar.

› 92 Weststrasse 180.
› 92A Müllerstrasse 63 → Planausschnitt Helvetiaplatz–Casa d'Italia 60–71

93 LIENERT-BRUNNEN

Als der Bahneinschnitt zwischen Güterbahnhof und Birmensdorferstrasse gebaut wurde → 94, musste auch die Seebahnstrasse neu gelegt werden. Statt nach der Einmündung der Marienstrasse weiterhin in geradem Lauf zur Badenerstrasse zu führen, folgte sie nun bogenförmig der Bahnlinie.

Zwischen der neuen und der alten Seebahnstrasse entstand ein Zwickel, den die Stadt durch eine kleine Anlage mit Brunnen aufwerten wollte. Mit der Gestaltung des Brunnens wurde Otto Münch → 34 131 beauftragt. Münch schuf die Figur eines Buddha-artig behäbigen Erzählers aus dunklem, polier-

Brunnen von Otto Münch mit Wassergedicht aus der Feder Meinrad Lienerts (1932).

tem Granit, der auf einer 3,7 Meter hohen Säule in der Mitte eines kreisrunden, von einem Eisengitter umfassten Bassins aufragt. «Auf die Säule», heisst es im Stadtratsprotokoll vom 14. Juni 1930, «sollen mit Gravurschrift einige bedeutende Ereignisse und Daten aufgezeichnet werden. Trinkgelegenheit wird durch den Einbau zweier Speier geschaffen.» Die Idee mit den bedeutenden Ereignissen wurde fallengelassen, und der mit Zürich eng verbundene Autor Meinrad Lienert bekam 1931 den Auftrag, für die Beschriftung der Säule ein Gedicht zu verfassen. Lienerts Gedicht besteht aus zwölf dreizeiligen Strophen und handelt vom Wasser, ohne das Wasser zu nennen.

Der 1865 in Einsiedeln geborene Meinrad Lienert zählte damals in Zürich zu den meistgelesenen Autoren. Seine Erzählungen behandeln Motive aus der Schweizer Geschichte oder spielen in der ländlichen Welt der Voralpenregion, in welcher er aufgewachsen war. Besonders als Lyriker drückte sich Lienert gerne in der Mundart aus und machte das so schön, dass der Literatur-Nobelpreisträger Carl Spitteler äusserte: «Man badet in dieser quellfrischen Sprache wie in einem Gesundbrunnen.» Lienert lebte von 1899 bis 1923 in Zürich, erhielt 1919 den Ehrendoktor der Universität und 1920 das Bürgerrecht der Stadt. In der Stadt fand er Publikum und Arbeit. Die Schulbi-bliothekare der Stadt erteilten ihm den Auftrag, ein Bändchen mit Zürcher Sagen zu verfassen. Hin- und hergerissen zwischen der Stadt, wo er von Heimweh geplagt wurde, und dem Land, wo er unerfüllt blieb, verbrachte er einige Jahre in Einsiedeln, um 1929 wieder in die Nähe der Stadt zu ziehen. Als er Ende 1933 in Küsnacht starb, schrieb die NZZ, das Schweizervolk habe allen Grund, betrübt zu sein. Wenige Wochen nach seinem Tod beschloss der Stadtrat im Februar 1934, das etwas unglücklich als Alte Seebahnstrasse bezeichnete Stras-senstück in Meinrad-Lienert-Strasse umzubenennen.

Als Dichter der Heimat und der Mundart, als Verfasser auch der seit 1914 in unzähligen Auflagen erschienenen *Schweizer Sagen und Heldengeschichten,* die das Bild, das sich die Schweiz von ihrer Vergangenheit macht, über Generationen mitprägte, wurde Meinrad Lienert zum Vorkämpfer der Geistigen Landesverteidigung. Zu seinen Schweizer Sagen schrieb er im Vorwort: «Ich trommle aber auch die alten Eidgenossen aus den Gräbern und lasse sie ihre wahrhaften Schlachten noch einmal vor euch durchkämpfen. Hört ihr's? Da rücken sie schon mit schwerem Berglerschritt heran. Hört ihr den Schlachtgesang?» 1939 wurde Lienerts Dialektstück *Schällechüng* mit Erfolg im Theater der Landesausstellung gespielt, im Gemeindehaus des Landidörfli war ein Lyrikabend seinen Gedichten gewidmet. Viele Schüler und Schülerinnen, die mit ihren Klassen die Ausstellung besuchten, kannten seine Gedichte auswendig und verstanden auf der Höhenstrasse → 110 die grossen Fresken zur Entstehung der Eidgenossenschaft nur dank Lienerts Sagenbüchern.

› 93 Meinrad-Lienert-Brunnen, Meinrad-Lienert-Strasse.

HERMANN HERTER UND DIE MONDLANDSCHAFT

In den Zwanzigerjahren wurde die Seebahn zwischen Hauptbahnhof und Wollishofen tiefgelegt, da der ebenerdige Bahnbetrieb den Querverkehr auf den Strassen empfindlich behindert hatte. Die Bahnlinie führt nun seit 1927 vom Güterbahnhof bis zum Bahnhof Wiedikon durch den neu gebauten Seebahneinschnitt und folgt dann einem Tunnel, der bis nach der Unterquerung der Sihl in einem offenen Graben und durch den Ulmberg weiter zum Bahnhof Enge im Bergbau erstellt wurde. Für die Tieflegung der Seebahn mussten 53 Wohnhäuser abgebrochen, der Volkspark Sihlhölzli aufgehoben und die Sihl über eine Länge von 900 Metern angehoben und in ein neues Bett geleitet werden. Die Anhebung der Sihl war notwendig geworden, damit der mit einem wasserdichten Bleimantel geschützte Eisenbahntunnel unter den Fluss, der sich heute als Wasserfall darüber ergiesst, zu liegen kam; die Verbauung sollte in Zukunft Schäden durch die wiederkehrenden Hochwasser des Voralpenflusses verhindern. Nach dem 1937 erfolgten Stau des Sihlsees hat sich die Hochwassergefahr jedoch stark vermindert, da nun ein Grossteil des Wassers aus dem Einzugsgebiet der Sihl zur Erzeugung von Elektrizität durch einen Stollen dem Kraftwerk in Altendorf und anschliessend dem Zürichsee zugeführt wird.

Nach der Fertigstellung der Seebahn glich das betroffene Gelände einer Mondlandschaft: eine traumhafte Situation für Stadtbaumeister Hermann Herter, der ausnahmsweise mitten in der Stadt auf einer Tabula rasa planen konnte. Herter hatte als freiberuflicher Architekt 1918 den Bebauungsplan-Wettbewerb für Gross-Zürich gewonnen und war 1919 zum Stadtbaumeister ernannt worden. Im Sihlhölzliquartier trägt nicht nur die Bauordnung seine Handschrift, viele der neuen Gebäude gestaltete der Stadtbaumeister als Architekt auch selber. So den 1927 eröffneten Bahnhof Wiedikon, in dessen Eingangshalle Otto Baumbergers Reklamefresken für das Warenhaus Jelmoli farbige Stimmungsbilder von Welthandel und Mode der Zwischenkriegszeit vermitteln.

Auch die auf dem neu modellierten Gelände angelegten Sport- und Grünanlagen Sihlhölzli stammen aus Herters Küche. Das Turnhallengebäude (1930–1931), vom Bahnhof Wiedikon aus am Ende der Schimmelstrasse sichtbar, sollte mit seinen zwei den Mittelbau flankierenden Hallen Grossveranstaltungen auch im Winter ermöglichen, zwei weitere Hallen im Kellergeschoss wurden teils mit Holzpflästerung, teils mit Asphaltparkettbelag ausgestattet. Das neue Sihlhölzli diente nicht nur Sportvereinen und dem Militär, welches die Hallen mitbenützte, sondern ebenso der Erholung suchenden Quartierbevölkerung. An der Manessestrasse entstand ein muschelförmiger Musikpavillon mit Platz für 120 Instrumentalmusiker, und am südwestlichen Ende des grossen Sportrasens schloss sich

Hermann Herter, Stadtbaumeister von 1919 bis 1942.

ein besonders für Mütter und Kinder gestalteter Parkbereich an mit Ruhebänken, Sandplätzen, Planschbecken und einem Häuschen mit Toiletten, Telefonkabine, Kiosk und einem Stillraum für Mütter. Seit 2005 erinnern Hertersteg und Herterbrücke, die Sihl und SZU-Trassee in der Verlängerung der Zurlindenstrasse überqueren und Wiedikon mit dem Hürlimann-Areal verbinden, an den langjährigen Stadtbaumeister, der 1942 zurücktrat und 1945 starb. Als Planer und Architekt hatte Hermann Herter Zürichs Stadtbild geprägt wie vor und nach ihm nur ganz wenige Einzelpersonen → 1 14 32 50 51 52 81.

Die Bebauung der Schimmelstrasse zwischen Bahnhof Wiedikon und Sihlhölzli erfolgte zwischen 1937 und 1943. Die für Zürich seltene, fast monumentale Breite der städtebaulichen Achse über der tiefgelegten Seebahn wurde schon beim Bau der ursprünglich mit Kopfsteinpflaster belegten Strasse mit dem für die Zukunft erwarteten Transitverkehr von der Enge über das Sihlfeld und via Wipkingen zum Milchbuck in Verbindung gebracht. Wie vielerorts verstellt heute das hohe Verkehrsaufkommen den Blick auf einen grossartigen Stadtraum. Die Kopfbauten Zum Korn und Zum Schimmeltor bilden eine Torsituation am Eingang der Schimmelstrasse und weisen beide eine durch Herters Bauordnung vorgegebene Arkade über zwei Stockwerke auf. Die Hauseingänge sind mit den Emblemen der beiden Büro- und Geschäftsgebäude geschmückt, einer Frau mit Sichel in einem Ährenkranz und einem Schimmel. Im von der Genossenschaft zum Korn erstellten Gebäude richteten sich die Zentralsekretariate zweier Gewerkschaften ein, des Verbandes der Handels-, Transport- und Lebensmittelarbeiter der Schweiz

Schimmelstrasse 1939, die Kopfbauten beim Bahnhof Wiedikon fehlen noch (Baugerüst).

Zierelement am Gebäude Zum Schimmeltor gegenüber Bahnhof Wiedikon.

(VHTL) sowie des Schweizerischen Verbandes des Personals öffentlicher Dienste (VPOD). Die Arkadengänge der Kopfbauten finden eine Fortsetzung in der Birkenallee entlang der Schimmelstrasse, die von Mehrfamilienhäusern gesäumt wird, an welchen teilweise noch die betonierten Fensterklappen der Luftschutzräume angebracht sind. Mirjam Brunner charakterisiert die Gebäude zwischen Bahnhof Wiedikon und Sihlhölzli in *Baukultur in Zürich* so: «Während die Wohnhäuser weitgehend das durch auskragende, massive Balkonbrüstungen gegliederte Fassadenbild der Zwischenkriegsmoderne zeigen, tragen die beiden Geschäftshäuser in ihrer vergleichsweisen Transparenz und Feingliedrigkeit die Stilmerkmale der 1940er-Jahre. Die französischen Fenster mit filigranen Brüstungen und das «Flugdach», begleitet von einem Kranz von Bullaugen, gehören zu den typischen architektonischen Elementen dieser Zeit.»

Während die Gebäude an der Schimmelstrasse von anderen Architekten stammen, ist die sich am Ende der Achse an das Haus mit der Bäckerei anschliessende Brandwache wieder ein Werk des Stadtbaumeisters Hermann Herter. Die zuvor an der Uraniastrasse im Haus, wo sich heute das Heimatwerk befindet, angesiedelte Feuerwehr, seit 1928 eine städtische Institution, brauchte nach der Stadterweiterung von 1934 ein grösseres, auf ihre Bedürfnisse zugeschnittenes Betriebsgebäude. Die unteren Geschosse der 1937 eröffneten neuen Brandwache wurden für die Feuerwehr konzipiert, die oberen für Büro- und Wohnzwecke. «Verdeutlicht wird dieses Nutzungskonzept durch den Formen- und Rhythmuswechsel der Fenster beim Garagenflügel» entlang der Manessestrasse, wie es in *Baukultur in*

Zürich heisst. «Die Skelettbauweise ermöglichte eine weite, stützenfreie Auto- und Gerätehalle, die von den darüber liegenden Mannschaftsräumen durch Rutschstangen in regelmässigen Abständen direkt erschlossen ist. Im Hof tritt der 18,5 Meter hohe Übungsturm mit Schlauchschacht als eigenständiges Volumen in Erscheinung.» Im Schlauchschacht konnten die Feuerwehrschläuche getrocknet werden. 1939 erhielt die städtische Berufsfeuerwehr einen neuen Löschzug, bestehend aus einer Autodrehleiter mit 32 Metern Steighöhe und einem Spritzenfahrzeug. Die beiden roten Saurerfahrzeuge, welche erhalten geblieben sind, wurden in der Abteilung «Verkehr und Transport» → 113 der Landesausstellung vorgestellt und als Landilöschzug bekannt. Während des Krieges wurde das Brandwachengebäude von Sandsäcken geschützt, die Feuerwehrmannschaft war vom Aktivdienst befreit.

Die zwischen Eingemeindung und Kriegsbeginn gebaute Brandwache beim Sihlhölzli liess auch die Vogelwelt nicht kalt. Der Ornithologe W. Epprecht, der die Verbreitung der Amsel in der Stadt Zürich untersuchte, schrieb 1946 zum Gesang des längst verstädterten Vogels: «Der Stadtlärm scheint auf ihn geradezu eine schlechte Einwirkung zu haben, denn mitten in der Stadt hört man anstelle der feinen und flötenden Töne oft schrille, unschöne Laute, die dem Verkehrslärm sehr ähnlich sind. So flechten z. B. mehrere Amselhähne in der Gegend der zürcherischen Brandwache die Sirenentöne der Feuerwehrautos in den Gesang ein.»

› 94 Bahnhof Wiedikon.
› 94A Schimmelstrasse.
› 94B Sihlhölzli.
› 94C Brandwache, Manessestrasse 20.

Stolze Körper dank Volkssport: Eine der beiden Figurengruppen des Bildhauers Max Soldenhoff (1936) vor der Turnhalle Sihlhölzli.

95–101 GOLDBRUNNENPLATZ – FRIESENBERG

95 LICHT IN DER FINSTERNIS
95 Haldenstrasse 115

96 CHICAGO AM HÖFLIWEG
96 Höfliweg
96A Café Üetli, Goldbrunnenplatz,

97 UMNUTZUNG VON INDUSTRIEAREALEN
97 Quartier um Im Küngenmatt, Im Heuried, Wasserschöpfi, Döltschiweg und Hanfrose
97A Ziegeleiweg
97B Lehmgrube Binz

98 EIN STAR STÜRZT AB
98 Friedhof Unterer Friesenberg

99 FAMILIENHEIM-GENOSSENSCHAFT AM FRIESENBERG
99 Schulhaus Friesenberg Schweighofstrasse 201
99A Etappe 12: Fassadenmalerei am Kindergarten Im Rossweidli 33
99B Anlage Bachtobel mit Murmelibrunnen an der Schweighofstrasse und Bocciabahn am Staudenweg
99C Etappe 13: Fassadenmalereien und Inschriften Ecke Bachtobel-/Schweighofstrasse und Im Arbental 121
99D Etappe 14: Wandbilder Bernhard-Jaeggi-Weg 35 und 2 (gegen Döltschiweg); bei Nr. 35 Bronze-Hirsch (Otto Müller)

100 ZWEIERLEI KIRCHEN IM FRIESENBERGDORF
100 Reformierte Kirche Zürich-Friesenberg
100A St. Theresia, Borrweg 80

101 FORCHBAHN AN DER ÜETLIBERGSTRASSE
101 Laubegg
101A Töpferstrasse

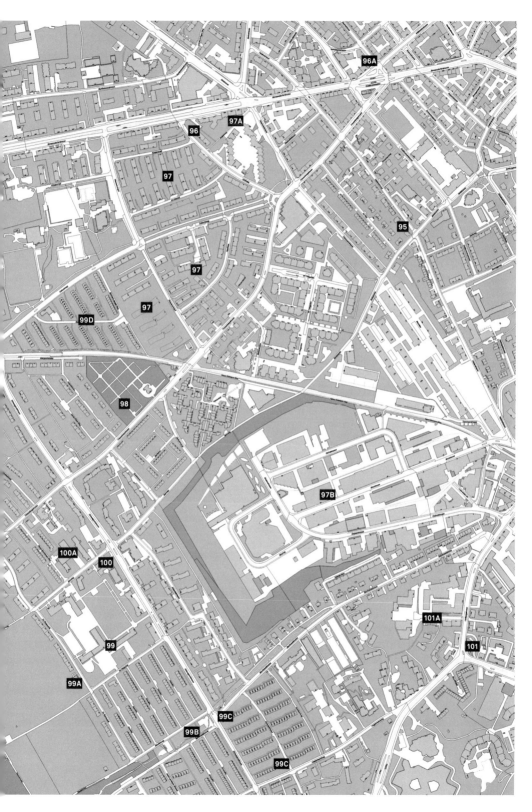

95 LICHT IN DER FINSTERNIS

Im selben Zeitraum, als Joseph Schmidt → 98 im Lager Girenbad untergebracht wurde, war auch Manès Sperber für drei Monate im berüchtigten Flüchtlingslager in der Nähe von Hinwil interniert. Sein Urteil über Lager im Stil von Girenbad fällt vernichtend aus: «In diesen Lagern, in denen die Internierten völlig rechtlos waren, wurde ihnen selbst der Versuch, sich zu beschweren, strengstens verboten, als ob die Beschwerde ein Akt der Meuterei wäre. Jene, die diese Lager so gewollt und geleitet haben, handelten im Sinne Adolf Hitlers.» Auch andere Flüchtlinge berichteten später von den Missständen im Girenbad, so Hans Michael Freisager: «In der Zeit meines Aufenthaltes vom Oktober 1942 bis zum April 1943 in Girenbad wurden sechs Fouriere verhaftet und in Handschellen abgeführt. Sie hatten unsere Essensrationen, die einen Handelswert hatten, auf dem schwarzen Markt verkauft. Dementsprechend war unser Essen → 115.»

Doch Sperber, der später als Romanautor und Essayist unter anderem mit dem Friedenspreis des deutschen Buchhandels und dem Grossen Österreichischen Staatspreis für Literatur ausgezeichnet wurde, hatte mehr Glück als Schmidt. Als Sperber im Lager erkrankte, wurde er durch Vermittlung von ihm aus seinen Berliner und Wiener Zeiten bekannten Künstlern, die nun am Zürcher Schauspielhaus wirkten, zur Familie des Pfarrers Adolf Maurer gebracht, wo er und bald auch seine Partnerin und ihr gemeinsamer, wenige Monate alter Sohn Unterkunft fanden. Manès Sperber war als Psychologe und Schriftsteller jüdischer Abstammung und kommunistischer Parteizugehörigkeit in Berlin einer der ersten gewesen, die im März 1933 in sogenannte Schutzhaft genommen worden waren. Im Gegensatz etwa zu Wolfgang Langhoff → 24 wurde Sperber jedoch nach einem Monat entlassen und konnte fliehen. Er lebte in Paris, trat unter dem Eindruck der sowjetischen Säuberungswellen und des Hitler-Stalin-Pakts aus der KP aus und hielt sich anschliessend in Südfrankreich auf, bevor ihm im September 1942 die Flucht in die Schweiz gelang. Ein paar Tage später konnten ihm seine Partnerin Jenka Zivçon und ihr Söhnchen Dan folgen.

Sperber fühlte sich in Zürich nicht wohl. Das lag nicht nur an Zürich, sondern auch an der Zeit. Fast ganz Europa befand sich damals unter Kontrolle des nationalsozialistischen Deutschland und seiner Verbündeten, der antifaschistische Kampf der Linken war längst verloren, die Sowjetunion als totalitär entlarvt, die Hoffnung verflogen. Der einzige grössere Gebietsverlust, den die Wehrmacht 1942 hinnehmen musste, lag in Nordafrika, führte jedoch im Sinne einer Absicherung der Südflanke Europas zur Besetzung des südlichen Teils von Frankreich durch die deutsche Armee. Damit wurden die Flüchtlinge ihrer letzte Chance auf ein Entrinnen via Marseille beraubt, und die Schweiz war entlang ihrer gesamten Landesgrenze von Territorien der Achsenmächte eingeschlossen. 1943 erfuhr Sperber in Zürich von einem Augenzeugen, der aus Treblinka entkommen war, von der systematischen Ausrottung der Juden.

Die Familie Maurer nahm Sperber an der Haldenstrasse 115 «vom ersten Augenblick wie einen lieben Gast» auf. Pfarrer Maurer und seine Frau lebten nach Sperbers Erinnerung wie Christen der Bergpredigt. Sperber hatte schon immer geglaubt, «dass es wohl solche Christen geben müsste, und nun entdeckte ich sie im Pfarrhaus in der Haldenstrasse. Solche Menschen rechtfertigen nicht nur ihr eigenes, sondern unser aller Dasein auf Erden; ihretwegen leuchtet das Licht selbst in der Finsternis.»

Adolf Maurer, wegen seiner schriftstellerischen Tätigkeit als Dichterpfarrer bekannt, war bis zu seiner Wahl ins fünfköpfige Pfarrerteam von Wiedikon von 1917 bis 1929 Pfarrer in Schwamendingen und Oerlikon gewesen, wo er sich unermüdlich für Armen-, Kranken- und Altenpflege, Ferienkolonien und Blaukreuzverein eingesetzt hatte. Seiner Initiative war es zu verdanken, dass in Oerlikon 1930 das Volkshaus Baumacker eröffnet worden war, das bis in die Siebzigerjahre vom Zürcher Frauenverein für alkoholfreie Wirtschaften geführt wurde und neben gesunder und günstiger Verpflegung auch Versammlungsräume bot. Seit 1979 dient es als Schulhaus der Evangelischen Schule Baumacker. Maurer erhielt 1931 den Ehrendoktor der theologischen Fakultät der Universität Zürich. Nach seinem Weggang in Wiedikon übernahm er 1948 die Redaktion des *Kirchenboten.*

1944 konnten Sperber, Zivçon und ihr Kind eine eigene Wohnung in Uitikon beziehen, Adolf Maurer übernahm die dazu notwendige finanzielle Garantie. Als der Pfarrer merkte, dass Manès und Jenka im Konkubinat lebten, kam es zum Streit. Das Konkubinat stand nicht nur im Widerspruch zur christlichen Moral, sondern war schlicht illegal und konnte als Ausweisungsgrund dienen, wenn bei einem frühmorgendlichen Polizeibesuch von den mit Thermometern bewaffneten Beamten festgestellt werden konnte, dass Mann und Frau auf Grund der gemessenen Betttemperaturen im gleichen Bett geschlafen haben mussten. Maurer liess sich beruhigen, als das Flüchtlingspaar versprach, gleich nach dem Krieg zu heiraten. Das taten sie dann auch.

→ 95 Haldenstrasse 115.

→ 95A Baumackerstrasse 15 → Planausschnitt Oerlikon und Umgebung 121–130

CHICAGO AM HÖFLIWEG

96

Lydia Hug, Tochter eines Zürcher Polsterers und Tapezierers, war Mitglied der Naturfreunde → 105 und des Kommunistischen Jugendverbandes und mit Fritz Sperling befreundet, einem deutschen Kommunisten, der seit 1937 meist illegal → 90 in Zürich lebte. In seiner Zeit als Illegaler musste Sperling seine Schlafplätze häufig wechseln, um nicht aufzufallen, und seine Freundin half ihm, neue Quartiere zu finden, bei Arbeiterfamilien ebenso wie in Villen am Zürichberg. Manchmal übernachtete er auch bei ihr im Erismannhof. Als sie einmal nachts nach Hause an die Erismannstrasse 45 kam, stand ein Polizist vor dem Haus. Sie erschrak und dachte: «O je! Soll ich jetzt hinein oder nicht?» Der Polizist kam auf sie zu und sagte: «Losed Si, Fräulein Hug, achten Sie darauf, dass Ihr Mann heute morgen früh weg ist, es kommt Polizei zu Ihnen», drehte sich um und verschwand.

Sperling nahm eine leitende Position in der «Abschnittsleitung Süd» ein, der Exilorganisation der KPD in der Schweiz, welche

eine fast monatlich in einer Auflage von 300 bis 500 Exemplaren erscheinende Zeitung produzierte. Diese *Süddeutsche Volksstimme* wurde von Fritz Sperling, Lydia Hug und anderen jeweils über die Grenze nach Deutschland gebracht und in einem ausgemauerten Loch deponiert, das von einem sorgfältig mit Gras getarnten Brett abgedeckt wurde. Dort konnten die mit Matrizen vervielfältigten Blätter dann abgeholt werden. Die Vervielfältigungsmaschine, auf welcher die *Süddeutsche Volksstimme* produziert wurde, war in Vater Hugs Werkstatt an der Hohlstrasse 176 stationiert und unter Polstermaterial so gut versteckt, dass sie nicht einmal von Hug selber bemerkt worden war. Nach dem Verbot der KPS Ende 1940 wurde der Polsterer Jakob Hug als Mitglied der Kommunistischen Partei im Frühjahr 1941 verhaftet. Bei der anschliessenden Hausdurchsuchung stiessen die Polizeibeamten auf einen Liebesbrief von Fritz Sperling an Hugs Tochter Lydia. Da Sperling gemäss Bundesratsentscheid als kommunistischer Agent, der die innere und äussere Sicherheit des Landes gefährdete, ausgewiesen werden sollte, begann die Polizei Lydia Hug zu beschatten.

Am 10. April 1941 waren Lydia und Fritz im Café Üetli am Goldbrunnenplatz verabredet. Als sie sich von Zivilpolizisten beobachtet fühlten, verliessen sie das Café getrennt und gingen die Birmensdorferstrasse hinauf Richtung Triemli. Fritz blieb stehen, nestelte an seinem Schuhbändel, und Lydia schloss zu ihm auf. Sie gingen zusammen weiter und hofften, auf den Üetliberg zu entkommen. Am Höfliweg wurden sie gestellt. «Hände hoch! Und wir wurden auseinandergerissen, der eine links, der andere rechts, und ich sagte nur noch: Jesses, wie die Gangster in Chicago», erinnerte sich Lydia Sperling-Hug später.

Lydia Hug wurde bald wieder entlassen, Fritz Sperling kam in Einzelhaft nach Regensdorf und sollte nach zwei Jahren ausgewiesen werden. Es gelang Lydia Hug, die zufällig davon erfahren hatte, den in der Flüchtlingshilfe engagierten Oerliker Pfarrer Willi Kobe zu bewegen, sich für ihren Freund einzusetzen, der dann nach Gordola bei Locarno in ein recht freundlich und liberal geführtes Lager speziell für Kommunisten gesteckt wurde. 1945 durfte er zurück nach Zürich. 1947 heirateten Lydia Hug und Fritz Sperling. Nach dem Krieg war Sperling als Funktionär der Westdeutschen Kommunisten tätig. 1951 wurde er in Ostberlin eingesperrt und sollte im Rahmen stalinistischer Schauprozesse als amerikanischer Spitzel und trotzkistischer oder titoistischer Verräter verurteilt werden → 19. Lydia wusste fünf Jahre lang nicht einmal, ob er noch lebte. 1956 kam er endlich frei und erfuhr, dass Stalin drei Jahre zuvor gestorben war. Fritz Sperling starb 1958 im Alter von 46 Jahren.

› 96 Höfliweg.
› 96A Café Üetli, Goldbrunnenplatz.
› 96B Erismannstrasse 45 → Planausschnitt Helvetiaplatz–Casa d'Italia 60–71
› 96C Hohlstrasse 176 → Planausschnitt Helvetiaplatz–Casa d'Italia 60–71

97 UMNUTZUNG VON INDUSTRIEAREALEN

In Folge der Wirtschaftskrise sank die Wohnbautätigkeit in der Stadt Zürich 1935 auf einen Tiefstand, der zuvor nur in den ebenfalls sehr kritischen Jahren um das Ende des Ersten Weltkriegs unterboten worden war. Dies wirkte sich auf den Geschäftsgang der Zürcher Ziegeleien aus, die seit 1912 mehrere Backstein- und Ziegelfabriken am Üetliberghang vereinigten, wo sich auch die dazugehörigen Lehmgruben befanden. Erschwerend kam hinzu, dass Ziegeleiprodukte als Baumaterial mehr und mehr von Beton verdrängt wurden. Als die Lager an Fertigwaren überquollen, schickten die Zürcher Ziegeleien im Jahr 1935 ältere Arbeiter und Angestellte frühzeitig in Pension, kürzten die Gehälter des übrigen Personals um zehn Prozent und legten sämtliche Betriebe vorübergehend still. Nachdem zur Förderung der Exportwirtschaft und des Tourismus der Franken im September 1936 durch Bundesratsbeschluss um dreissig Prozent abgewertet worden war, sanken die Bankzinsen, und allmählich setzte eine Belebung des Baumarktes ein, die durch den Ausbruch des Zweiten Weltkriegs vorerst wieder zum Stillstand kam. Während des Krieges brachten die fehlenden Arbeitskräfte, die zum Militärdienst eingezogen wurden, und die für die energieintensiven Ziegeleibetriebe besonders spürbare Rationierung der Kohle weitere Probleme. Positiv zu Buche schlugen dagegen der steigende Bedarf an Drainageröhren für die Gewinnung von neuem Kulturland → 101 130 und die Erholung der Bauwirtschaft, die schon während des Krieges einsetzte. Im Gegensatz zu Zement, der von 1942 bis 1946 rationiert war, unterlagen die Ziegeleiprodukte keinen Rationierungsvorschriften.

Der seit 1934 als Verwaltungsratspräsident der Zürcher Ziegeleien amtierende Jacob Schmidheiny → 87 verschmolz die Ostschweizer Ziegeleibetriebe aus dem Familienbesitz mit den Zürcher Werken zu einem die ganze Region dominierenden Unternehmen, übernahm bald auch Firmen in der Romandie und sicherte sich zusätzliche Tonlager. Dies erlaubte den Zürcher Ziegeleien, die Produktion auf geeignete Standorte zu konzentrieren und veraltete Betriebe sowie erschöpfte Lehmgruben aufzugeben und als Bauland zu verkaufen.

Im Tiergarten, dem wichtigsten Zürcher Werk, wurde 1939/40 die alte Fabrik aus dem 19. Jahrhundert durch einen modernen Neubau an der Talwiesenstrasse ersetzt, vor welchen eine mehrere Meter hohe stehende Frauenfigur aus Backstein platziert wurde, die während der Landesausstellung vor dem Keramikpavillon am Mythenquai gestanden hatte. 1946 wurde die Anlage Im Tiergarten durch einen Erweiterungsbau bei der Friesenbergstrasse ergänzt. Der im Tiergarten verarbeitete Lehm stammte aus der geräumigen Grube Binz und wurde mit einer Werkbahn unter der Üetlibergbahn und durch eine Unterführung unter der Bühlstrasse (oberhalb des EWZ Unterwerks Binz) zur Ziegelei gebracht, welche wiederum über ein Industriegleis an die Üetlibergbahn angeschlossen war. Bis um 1912 hatte gerade bei der Lehmgrube Binz auch eine Fabrik gestanden, die Backsteinfabrik Binz (Binzstrasse), deren Areal bereits in den Dreissigerjahren nach und nach mit Gewerbe- und Industriegebäuden überbaut wurde.

Ein weiteres gigantisches Werk nahm den grössten Teil des Strassengevierts zwischen Birmensdorferstrasse, Wasserschöpfi, Dölt-

Werk Heuried der Zürcher Ziegeleien. Oben Lehmgrube (heute GZ und Bad Heuried), rechts Birmensdorferstrasse (um 1933).

schi- und Höfliweg ein: das Werk Im Heurieth, 1875 als Dampfziegelei gegründet, längst elektrifiziert und um 1930 schon wieder veraltet. 1930 war die Wohnbebauung von Wiedikon her bis zur Ziegelei vorgestossen, die Fabrik selber und die darüber liegende grosse Lehmgrube lagen also am Stadtrand in der Ausdehnungsrichtung der städtischen Wohnquartiere. 1932 verkauften die Zürcher Ziegeleien das Grubenareal der Stadt Zürich, die es den Ziegeleien noch bis 1940 zum Abbau überliess. Die Ziegelei Heurieth, durch die Erweiterung des Werks Im Tiergarten überflüssig geworden, wurde 1939 stillgelegt und 1941 abgebrochen. Noch im gleichen Jahr setzte die Überbauung durch gleichförmige Wohngebäude ein, die in ihrer Anlage an die etwa zur selben Zeit errichteten lockeren Zeilenbebauungen in Schwamendingen, Affoltern und andern Zonen der Stadterweiterung erinnern. 1945 war die Bebauung des ganzen Gebietes zwischen Birmensdorfer- und Friesenbergstrasse, Höfliweg und Wasserschöpfi abgeschlossen und reichte bis an den untern Rand der zur selben Zeit ebenfalls weiterentwickelten Siedlung der Familienheim-Genossenschaft (FGZ) → 99, die damit ihre isolierte Lage als ländliche Vorstadtwohnsiedlung verlor. Während der Kriegszeit, als viele europäische Städte zu Schuttruinen bombardiert wurden, entstanden in Zürich grosse Wohnquartiere. Schon 1944 erreichte auch das Volumen des öffentlichen und unterstützten Wohnungsbaus wieder ein Niveau in der Grössenordnung der Hochblüte der Wohnbauförderung in den Jahren um 1930. Nach den Adressbüchern der Stadt Zürich, die nach Adressen geordnet neben den Bewohnern auch die Hauseigentümer vermerkten, befanden sich zwei Dutzend der auf dem Areal der Ziegelei Heurieth neugebauten Häuser im Besitz der florierenden Werkzeugmaschinenfabrik Oerlikon Bührle & Co. →129 beziehungsweise der Unterstützungskasse oder der Pensions-Kasse der Angestellten der W. M. F. O. Bührle.

Die Bebauung aus der Kriegszeit führt Elemente des modernen Bauens weiter. Die grosszügigen Grünräume lassen Licht, Luft und Sonne ins Neubauquartier, die Offenheit kommt im Verzicht auf Zäune und andere Begrenzungen zwischen den Häuserzeilen zum Ausdruck, die Öffnung des Innenraums gegen aussen durch die gros-sen Blumenfenster an den Stirnseiten der meist in Dreiergruppen zu Zeilen zusammengefassten Häuser. Auch die rationelle Bauweise atmet den Geist der Moderne. Auf der andern Seite wirken die aus Backsteinen gebauten und mit Ziegeln gedeckten Giebelhäuser so, wie man sich schon im Kindergarten Häuser vorstellt, und distanzieren sich damit von der kubischen Klarheit der Beton- und Flachdacharchitektur der Vorkriegszeit. Die Blumenfenster werden mit geschwungenen Holzrahmen im Laubsägestil verziert, die Balkone von Holzbrüstungen abgeschlossen. Granitstelen tragen die Pergola vor dem Hauseingang, erinnern an das gerade in der Landi- und Kriegszeit als Teil der vielfältigen Eidgenossenschaft und gleichzeitig als fremdartigste überhaupt noch zugängliche Feriendestination geschätzte Tessin. Die in den Grünräumen gepflanzten Föhren schliessen als Lichtbäume wie die

Bauboom während des Kriegs: Siedlung Neuried an der Wasserschöpfi (unten) und 14. Etappe der Wohnbaugenossenschaft FGZ. Links oben Üetlibergbahn und Israelitischer Friedhof.

Küche und Wohnzimmer in den neu errichteten Wohnhäusern Küngenmatt (1943).

hier ebenfalls viel verwendeten, unterdessen uralten oder bereits gefällten Birken an die Gartengestaltung der Moderne an, erlauben aber auch die Assoziation zur für das schweizerische Selbstverständnis zentralen Bergwelt, die mit dem Verteidigungskonzept des Reduits noch an Bedeutung gewonnen hat.

In der ehemaligen Lehmgrube Heuried oberhalb des Neubaugebietes quakten jahrzehntelang die Wasserfrösche so laut, dass sie noch einen halben Kilometer entfernt gehört werden konnten. Die Wildnis der Grube bot ideale Spielplätze für die Kinder und Jugendlichen des Quartiers. Unterdessen stehen auf dem nach und nach mit Bauschutt aufgefüllten Grubengelände Bad und Gemeinschaftszentrum Heuried.

Das Werk im Tiergarten wurde als letzte der Ziegeleien Zürichs 1974 geschlossen, als auch die Lehmgrube Binz erschöpft war. An Stelle der Ziegelei befindet sich nun die grossflächige Wohnsiedlung «Im Tiergarten», die sich im Besitz der Unternehmensgruppe befindet, die aus den Zürcher Ziegeleien hervorgegangen ist. Die ins Alter gekommene Siedlung auf dem Areal der Ziegelei Heuried, auf welche noch der in den Höfliweg mündende Ziegeleiweg hinweist, ist zu Beginn des 21. Jahrhunderts in den Sog sanfter und unsanfter Verdichtung geraten, einige der Zeilen mussten Neubauten weichen, andere sind in unterschiedlicher Weise renoviert worden, und wieder andere zeigen noch heute das von holzgerahmten Blumenfenstern und Balkonen, Tessiner Pergola und entsprechender Umgebungsbepflanzung geprägte Bild aus der Entstehungszeit.

> 97 Quartier um Im Küngenmatt, Im Heuried, Wasserschöpfi, Döltschiweg und Hanfrose.
> 97A Ziegeleiweg.
> 97B Lehmgrube Binz.

98 EIN STAR STÜRZT AB

1940 reihte sich der noch vor kurzem in der halben Welt gefeierte Tenor Joseph Schmidt → 42 in das Heer von Flüchtlingen ein, die im von der Wehrmacht nicht besetzten deutschen Marionettenstaat im südöstlichen Frankreich umherirrten, in der Hoffnung, den bald ganz unter Kontrolle der Achsenmächte liegenden Kontinent via Marseille auf dem Seeweg Richtung Neue Welt verlassen zu können. Schon 1940 begann das Vichy-Regime, erste Flüchtlinge nach Deutschland auszuliefern. Die im Restfrankreich vorerst geduldeten Fremden waren in ihrer Bewegungsfreiheit stark eingeschränkt, behördlicher Willkür ausgesetzt, durften nicht auffallen und waren meist mittellos, hungrig und deprimiert. Schmidt gelang es, eine Einreisegenehmigung nach Kuba zu erhalten, verabschiedete sich von Freunden und Bekannten und begab sich Ende 1941 erleichtert zum Hafen von Marseille. Doch das gebuchte Schiff fuhr nicht, Kuba war in der Nacht zuvor an der Seite der USA in den Krieg eingetreten und für das offizielle Frankreich zum Feind geworden.

Schmidt fand Unterschlupf bei Bekannten in einem Dorf in der Nähe von Clermont-Ferrand in der Auvergne. «Er war stets hungrig, wobei er sehr bescheiden im Essen war», erinnerte sich die Gastgeberin. Alle 48 Stunden hatte er sich bei der Gendarmerie zu melden. Im Verlauf des Jahres 1942 zog sich die Schlinge um Juden und andere unbeliebte fremde Gäste zu. Ende des Jahres wurde Vichy-Frankreich von deutschen und italienischen Truppen besetzt. Schmidt, der längst den Zugriff auf sein grosses Vermögen verloren hatte, lieh sich Geld und gelangte mit Zwischenstation bei Freunden in Lyon nach Annemasse östlich von Genf. Beim Versuch, die Schweizergrenze zu passieren, wurde er zweimal erwischt und zurückgewiesen. Schliesslich fand er einen Chauffeur, der ihn gegen Bezahlung in der Nacht auf den 8. Oktober in die Schweiz bringen konnte. Als Schmidt in Genf in den Zug nach Zürich gestiegen war, traf er zufälligerweise einen alten Bekannten, den Texter seiner Filmschlager. Schmidt reagierte apathisch. «Die grossen Augen im fahlen Rund ihres Antlitzes», erzählte Ernst Neubach später, «die mich durch die Scheiben der Abteiltür anblickten, verrieten innere Unruhe, Angst und eine Gehetztheit, die nur der kennt, der selber gehetzt ist. Der zwerghafte Mann mit dem beinahe hässlich zu nennenden Gesicht war der vergötterte Sänger Joseph Schmidt gewesen, dem Millionen begeistert gelauscht hatten. Wo war das Jahr 1933, da Joseph Schmidt nach der Uraufführung seines berühmt gewordenen Filmes *Ein Lied geht um die Welt* vor 3000 sich wie rasend gebärdenden Berlinerinnen und Berlinern auf der riesigen Bühne des Ufa-Palastes am Zoo sein ‹Lied, das um die Welt ging› immer wieder singen musste, während ihm gegenüber, in der Mittelloge, von niemandem beachtet, der Propagandachef Goebbels sass, der angesichts der jubelnden Menge giftig den auch auf ihn selbst anzuwendenden Satz zischte: ‹Was so ein Zwerg doch anrichten kann.› Da stand er nun, der verfemte Sänger, bleich und verängstigt auf der Flucht vor den gleichen Menschen, die ihm vor einigen Jahren zugejubelt hatten.»

In Zürich quartierte er sich in der günstigen Pension Karmel an der Löwenstrasse 24 ein. Er besuchte die nahe gelegene Synagoge, schrieb seinem Onkel in Belgien und seinen Helfern in der Auvergne, meldete sich bei der Polizei und hütete einige Zeit das Bett, nachdem Frau Kalligsztein, die Pensionswirtin, beunruhigt einen Arzt geholt hatte, der einen Zustand absoluter Erschöpfung feststellte. Als sich Schmidt wieder nach draussen begeben konnte, brach er am Bleicherweg auf offener Strasse zusammen und blieb liegen.

Kaum hatte er sich einigermassen erholt, hatte er sich im Auffanglager Girenbad bei Hinwil einzufinden. Zuvor versetzte er bei einem Zürcher Pfandleiher für hundert Franken den letzten Wertgegenstand, der ihm geblieben war: die goldene Uhr, die er im Mai 1932 als beliebtester Künstler erhalten hatte → 42. Das Girenbad, wie alle Flüchtlingslager unter militärischer Aufsicht, unterstand damals einem bald darauf abgelösten Kommandanten, der von den Insassen als verrückt angesehen wurde → 95. Da sich Schmidts Gesundheitszustand verschlechterte, wurde er jedoch bald wieder nach Zürich ins Kantonsspital gebracht. Mitte November galt er wieder als «lagerfähig». Darauf bestand die Lagerleitung auch, als festgestellt wurde, dass Schmidt kaum mehr gehen konnte. Am 16. November starb Joseph Schmidt in Girenbad. Zwei Tage später wurde er bei strömendem Regen auf dem Israelitischen Friedhof Friesenberg bestattet. Neun Personen hatten sich zur Beerdigung des Sängers versammelt, darunter Marko Rothmüller → 8, Ernst Ginsberg → 23 und Wolfgang Langhoff → 24. Eines seiner berühmtesten Lieder hiess *Ein Stern fällt vom Himmel*. Auf Schmidts Stein auf dem Grab 2231 des Israelitischen Friedhofs steht: «Ein Stern fällt ...».

› 98 Friedhof Unterer Friesenberg. Auch der *Bambi*-Autor und Emigrant Felix Salten, verstorben 1945 in Zürich, ist auf dem Israelitischen Friedhof beerdigt. An der Mauer des Friedhofsgebäudes im maurischen Stil (1891, hinterer Teil 1908) ist ein Verzeichnis mit den Grabnummern einsehbar.

› 98A Löwenstrasse 24: damals Pension Karmel → Planausschnitt Bahnhofstrasse 40–50

› 98B Bleicherweg → Planausschnitt Seeufer Enge 107–115

› 98C Kantonsspital → Planausschnitt Rämistrasse-Walche 19–31

FAMILIENHEIM-GENOSSENSCHAFT AM FRIESENBERG 99

Als 1924 die Familienheim-Genossenschaft Zürich (FGZ) gegründet wurde, war der Hang über den Lehmgruben und Ziegelfabriken → 97 bis zum Waldrand von Obstgärten mit Tausenden von Bäumen bedeckt. Schon 1925 hatte die FGZ ihre erste Siedlung um die Pappelstrasse gerade oberhalb des Israelitischen Friedhofs fertiggestellt. Bis 1934 errichtete die Genossenschaft fast im Jahrestakt neue Bauetappen in der Gartenstadt auf der von der Stadt noch abgeschiedenen «Lehmbodenalp».

Die Stadt nahm einerseits durch den seit Ende des 19. Jahrhunderts erfolgten Erwerb von Bauland, das sie an die FGZ und andere Genossenschaften abgeben konnte, Einfluss auf die Entwicklung des Friesenbergquartiers, andererseits durch eine Quartierplanung, die schon in den Dreissigerjahren eine streifenförmige Zonierung vorsah, bei der eine durch den Schatten-

Häuser im Licht, Sport im Halbschatten: Städtischer Quartierbebauungsplan Friesenberg von 1936.

wurf des Üetlibergs gegebene Obergrenze für den Wohnungsbau bestimmt wurde. «Die Stadt hielt es daher für richtig», schrieb Stadtpräsident Emil Klöti rückblickend, «die Bebauung etwa 200–300 m oberhalb der Schweighofstrasse ‹ausklingen› zu lassen und von da bis zum Waldrand einen 400–500 m breiten Wiesengürtel auf der ganzen Länge vom Albisgüetli bis zum Triemli zu schaffen, der sich im Landschaftsbild schön ausnimmt und zum Teil für Spiel- und Sportzwecke verwendet werden kann.» An die Wohnsiedlungen schloss sich bald ein heute noch bestehender Gürtel von Familiengärten an, die besonders während der Kriegszeit sehr begehrt waren. Zwischen den Gartenparzellen und den Wiesen am Waldrand liegen heute Tennisplätze und Friedhöfe.

Während der Wirtschaftskrise wurden der öffentliche und der unterstütze Wohnungsbau eingestellt. Der Leerwohnungsvorrat war angewachsen, und die Stadt sistierte 1934 die Unterstützung des Wohnungsbaus, die den Genossenschaften in Form von massvoll angesetzten Verkaufspreisen für städtisches Bauland, von Darlehen an die Anlagekosten und von Beiträgen an die Genossenschaftsanteile gewährt worden war.

Parallel zum Wohnungsbau entwickelte sich auch die Infrastruktur des Friesenbergquartiers. In den Dreissigerjahren wurden die reformierte Kirche geplant und die katholische realisiert → 100. 1936 und 1937 baute die Stadt im Lauf des Kolbenhofbaches oberhalb der Schweighofstrasse die kleine Grünanlage Bachtobel mit Murmelibrunnen und zwei Bocciabahnen, 1939 für die Trinkwasserversorgung das Reservoir Frauental. Die Üetlibergbahn eröffnete 1933 die Haltestelle Friesenberg und drei Jahre später die Station Schweighof, führte morgens und abends spezielle «Arbeiterzüge» ein und wurde von einer reinen Ausflugsbahn zunehmend zu einem städtischen Verkehrsmittel. Präsident des Verwaltungsrates der Bahngesellschaft wurde 1935 Emil Klöti, der dieses Amt bis 1960 ausübte.

1931 bauten die Architekten Henauer und Witschi → 46 149 das moderne Schulhaus Friesenberg mit grossen Schiebefenstern, die Licht und Luft in die Schulzimmer dringen liessen. In den Vierzigerjahren wurde es bereits erweitert. Lehrer Heinrich Frey beschrieb später in der *Quartierfibel Friesenberg* die Kinder, die die neue Schule besuchten: «Von einigen Bauernkindern aus den Höfen am Stadtrand abgesehen, stammten sie fast ausschliesslich aus Familien von Arbeitern und Angestellten. Häufig hatten sie viele Geschwister und lebten in recht bescheidenen Verhältnissen, besonders, als während Jahren Krise und Arbeitslosigkeit schwer auf den Haushaltungen lasteten. Ehre gebührt jenen Müttern, welche mit unermüdlicher Näh- und Flickarbeit dafür sorgten, dass ihre Buben und Mädchen in sauberer und unzerschlissener Kleidung den Weg zur Schule antreten konnten. Nun, diese Schüler waren dennoch ein frohes und, von wenigen Ausnahmen abgesehen, wohlerzogenes Völklein, unverwöhnt, naturverbunden und gewöhnt, sich selber zu helfen. Da wurde etwa ein im Garten gefangener Igel zur Schule gebracht, welcher dann den verwunderten Schülern zeigte, wie schnell er sich auf seinen kurzen Beinen durchs Zimmer bewegen konnte. Die Beschaffung von Kaulquappen, Molchen und anderem Getier für die in den Schulzimmern bereit gehaltenen Aquarien und Terrarien war für Friesenbergkinder mit keinen Schwierigkeiten verbunden.» Und zu den Eltern meinte Frey: «Ganz allgemein legten die Eltern der Friesenbergkinder grossen Wert auf einen erfolgreichen Schulbesuch ihrer Buben und Mädchen. Verständlicherweise wünschten sich Väter und Mütter, dass es ihre Kinder einmal ‹besser› haben sollten.»

Als der Leerwohnungsstand 1941 wieder zu sinken begann und sich eine neue Wohnungsnot abzeichnete, nahm die Stadt, unterstützt von Bund und Kanton, mit einer gewissen Verzögerung die Förderung des Wohnungsbaus wieder auf. Nach einer Unterbrechung von mehreren Jahren begann sich auch die FGZ erneut mit Bauprojekten zu beschäftigen. «Die ersten Besprechungen im Vorstand», berichtete das *Schweizer Baublatt*, «zeigten, dass zunächst eine gewisse Unlust zu überwinden war, angesichts der unsicheren Zeitverhältnisse und der Mangelwirtschaft mit ihren unzähligen behördlichen Vorschriften an die neue Aufgabe heranzutreten.» Die Bauetappen, die – wieder im Jahrestakt – noch während des Kriegs realisiert wurden, bestanden weitgehend aus Einfamilienhausreihen mit Gärten, die sowohl als Pflanzplatz wie auch als Wohngarten nutzbar sind. In ihrer zwölften Etappe baute die FGZ 1943 im Rossweidli oberhalb des Schulhauses Friesenberg und zwischen Schulhaus und Bachtobel sowie an der Langweid insgesamt 89 Drei- und Vierzimmer-Einfamilienhauswohnungen, im folgenden Jahr 142 Reihenhäuschen im Arbental und 1945 zwischen Üetlibergbahn und Döltschiweg am Bernhard-Jaeggi-Weg 129 weitere Drei- bis Fünfzimmerwohnungen.

Die am Siedlungsrand unterhalb der Familiengartenareale einstöckigen und in den weiter unten gelegenen Reihen zweistöckigen Häuschen der zwölften Etappe von 1943 waren folgendermassen ausgestattet: elektrischer Kochherd mit drei Platten und Backofen, im Wohnzimmer ein von der Küche aus heizbarer Kachelofen mit Wärme- und Kochrohr, Vorhangschienen, Wandkästen, Badewanne, Böden in Küche, Bad und Klosett aus roten Zürcher Tonplatten, Zimmerböden aus tannenen Langriemen, im Keller gestampfter Erdboden, Obsthurde mit Kartoffelbehälter, Waschküche (Betonboden) mit Waschherd für Holzfeuerung sowie zweiteiligem Waschtrog und Ausschwingmaschine.

Einzelne der Wohnhäuser und der Kindergärten der drei Kriegsetappen tragen Fassadenmalereien mit durchwegs ländlichen Motiven – Männer, Frauen und Kinder mit Spaten, Hacke und Körben voll geernteter Kartoffeln. Im Arbental nimmt eine Inschrift flankiert von Spaten und Gewehr Bezug auf die schwierigen Verhältnisse, unter denen die Siedlung gebaut wurde: «Im Chriegsjahr vierevierzg e Wohnig z'finde / ischt schweer gsii für en Maa mit Frau und Chinde!»

In der letzten der im Krieg gebauten Etappen um den Bernhard-Jaeggi-Weg wird die in den früheren Siedlungen eingehaltene streng parallele Führung der Häuserreihen durch die Versetzung der Endhäuschen und die Platzierung entlang des schräg hangaufwärts verlaufenden Weges gebrochen → 145.

> 99 Schulhaus Friesenberg Schweighofstrasse 201.
> 99A Etappe 12: Fassadenmalerei am Kindergarten Im Rossweidli 33.
> 99B Anlage Bachtobel mit Murmelibrunnen an der Schweighofstrasse und Bocciabahn am Staudenweg.
> 99C Etappe 13: Fassadenmalereien und Inschriften Ecke Bachtobel-/Schweighofstrasse und Im Arbental 121.
> 99D Etappe 14: Wandbilder Bernhard-Jaeggi-Weg 35 und 2 (gegen Döltschiweg); bei Nr. 35 Bronze-Hirsch, ein während des Kriegs entstandenes Frühwerk des Bildhauers Otto Müller.

100 ZWEIERLEI KIRCHEN IM FRIESENBERGDORF

«Binnen wenigen Jahren», stellte der Quartierverein Wiedikon in einem auf Weihnachten 1941 erschienen «Schriftchen» zur Geschichte des Quartiers fest, entstand «in dem einst stillen, abgelegenen Gebiet unmittelbar am Fuss des Uetliberges ein ganzes Dorf von aufgelockertem Siedlungscharakter, das Friesenbergdorf, vorzugsweise für kinderreiche Familien, das heute in seinen schmucken, von hübschen Zier- und Nutzgärten umrahmten Häusern gegen 4500 protestantische Einwohner beherbergt und damit an Zahl manches stattliche Dorf im Schweizerland übertrifft. Frü-

Katholische Kirche St. Theresia (Baubeginn März 1933). Architekt Fritz Metzger, Bilder Richard Seewald (1944 bis 1946).

he regte sich daher der Wunsch nach einem besonderen gottesdienstlichen Gebäude für jenes Gebiet.» Zum Zeitpunkt der Publikation des Wiediker Weihnachtsschriftchens lag bereits ein ausführungsreifes Projekt des Architekten Freytag aus dem Jahr 1937 vor, das sich «bescheiden, aber gefällig» in die dörfliche Siedlungslandschaft einfügen sollte. «Leider sind aber der Verwirklichung des Projektes durch die dazwischen eingetretene Kriegslage neuerdings Schwierigkeiten erwachsen.» Waren bis Ende 1941 immerhin Pfarrhaus und Kirchgemeindesaal erbaut, so konnte die Kirche erst 1948 fertiggestellt werden, mehr als anderthalb Jahrzehnte nach dem Kauf des Grundstücks und dem Beginn der Planung.

Wesentlich schneller wurde in wenigen Dutzend Metern Entfernung die katholische Theresienkirche realisiert. Die von Arbeiter- und Angestelltenfamilien bewohnte Gartenstadt Friesenberg wies wie andere Neubauviertel einen grossen Anteil an katholischen Zuzügern auf, die für ihr Kirchenprojekt zwar auf private Spenden angewiesen waren → 132, jedoch unabhängig vom komplizierten Instanzenweg der reformierten Kirchgemeinden agieren konnten. Ende März 1933 war die Grundsteinlegung vorgenommen worden, am 10. Dezember des gleichen Jahres wurde die der 1897 im Alter von 24 Jahren verstorbenen und bereits 1925 heilig gesprochenen Theresia von Lisieux geweihte Kirche bereits eingesegnet. Auch stilistisch waren die Friesenberger Katholiken mit dem wesentlich moderner wirkenden Bau des bedeutenden Kirchenarchitekten Fritz Metzger → 132 den Reformierten voraus. Metzger schuf ein schlichtes, streng gestaltetes weisses Gebäude mit kubischem Turm und offenem Glockenstuhl, welches durch eine Werktagskapelle betreten wird, an die sich das Hauptschiff seitlich anschliesst. Die Kirche, der die Gesellschaft für Schweizerische Kunstgeschichte einen vor Ort erhältlichen Kunstführer gewidmet hat, wurde Ende der Siebzigerjahre umgebaut, 2002 jedoch weitgehend in den ursprünglichen Zustand zurückgeführt. Für den Ausgestaltung des bildnerischen Schmucks war 1942 der umstrittene Künstler Ferdinand Gehr vorgesehen, konnte sich aber gegen den von der Pfarrei favorisierten Richard Seewald nicht durchsetzen. Seewald, der 1942 das Chorgemälde der Maria-Lourdes-Kirche → 132 vollendet hatte, entwarf das 1946 aufgetragene Bilderfries zwischen 1944 und 1945. Der zuvor in München und Berlin im Umfeld des Expressionismus aktive Seewald war 1929 zum Katholizismus konvertiert, 1931 nach Ronco ins Tessin gezogen, wo er mit der Szene um den Monte Verità → 114 verbunden war, und hatte 1939 das Schweizer Bürgerrecht erlangt. Seine Figurenkompositionen, die Szenen aus der Kindheit Jesu, die Muttergottes mit Kind und die kniende heilige Theresia darstellen, sind durch «klare Zeichnung und harte Kontraste geprägt», wie es im von Fabrizio Brentini verfassten Kunstführer heisst, und faszinieren durch ihr kalte Farbgebung und die metaphysisch wirkende Räumlichkeit. Richard Seewalds sehenswerter Bilderzyklus zeigt, was an Moderne um 1945 tolerierbar war, und erfüllte laut Brentini verschiedene Funktionen: Er «manifestierte einerseits den Unterschied zu den traditionell bilderlosen reformierten Gotteshäusern und diente andererseits dazu, die Aufmerksamkeit von einer als zu gewagt beurteilten modernen Architektursprache abzulenken».

▸ 100 Reformierte Kirche Zürich-Friesenberg, offen Dienstag bis Freitag 7-15 Uhr.
▸ 100A St. Theresia, Borrweg 80.

FORCHBAHN AN DER ÜETLIBERGSTRASSE

Die Anbauschlacht, das Programm zu Steigerung der einheimischen Nahrungsmittelproduktion, erschöpfte sich nicht in der Umwandlung von Wiesen, Grünflächen, Sportplätzen und Privatgärten in Felder und Gemüsegärten, sondern sah auch die Schaffung von neuem Kulturland vor. Neuland konnte durch Waldrodung oder durch die Entwässerung von Sumpf- und Riedland gewonnen werden. Die Möglichkeiten der Stadt Zürich waren in dieser Hinsicht sehr beschränkt. 1943 liess die Stadt für den Mehranbau auf dem Hönggerberg Wald roden und Kartoffeläcker anlegen → 140. Die Feuchtwiesen auf Stadtgebiet waren jedoch schon weitgehend drainiert, sofern sie nicht wie um den Katzensee bereits unter Naturschutz standen. Daher engagierten sich die Stadt und später auch die zur Beteiligung am Mehranbau verpflichteten Zürcher Firmen in Gebieten, die wie das Sumpfland in Kloten-Lufingen in Stadtnähe lagen, oder aber in ausserkantonalen Pflanzwerken wie in Ennetmoos (NW), wo die Stadt 1942 mit der Flurgenossenschaft Melioration Drachenried einen Pachtvertrag über fast einen Quadratkilometer meliorierten Landes abschloss.

Für die grossflächigen Meliorationen brauchte es Drainageröhren. Die Zürcher Ziegeleien → 97 steigerten deren Produktion nach Kriegsbeginn um ein Mehrfaches und boten in ihrem Hauptkatalog von 1943 gerade Röhren, Rohrbogen und Abzweiger in vielen Grössen und Ausführungen an: «Ton-Drainierröhren haben eine hohe Porosität und besitzen deshalb eine vorzügliche Saugwirkung. Eine altbekannte und für die lange Lebensdauer von Drainagen überaus wichtige Eigenschaft ist die fast unbeschränkte Widerstandsfähigkeit gegen die in Meliorationsböden besonders häufig

Forchbahn holt Tonröhren an der Üetlibergstrasse.

auftretenden aggressiven Torfsäuren. Glatte Innenwandungen und sauber geschliffene Stossfugen verbürgen auch bei kleinen Gefällen einwandfreien Wasserabfluss.»

Auch die 1873 gegründete Tonwarenfabrik Bodmer, die ihre Selbständigkeit im Umfeld der als Zürcher Ziegeleien zusammengeschlossenen Betriebe am Üetliberghang behaupten konnte, beteiligte sich am Geschäft mit den Drainierröhren. Die Tonwarenfabrik, die ihre Keramikproduktion 1964 endgültig einstellte, lag an der Üetlibergstrasse zwischen der Bachtobel- und der 1952 gebauten Töpferstrasse, hangaufwärts dahinter befand sich die fabrikeigene Lehmgrube. Bodmers Produktepalette umfasste unter anderem Backsteine, Kabelkanäle, Blumentöpfe, Blumenvasen und altgriechische Patina-Vasen. Drainageröhren lieferte die Tonwarenfabrik auch für die 1941 bis 1943 ausgeführte Melioration im Gossauer Ried, wo die Meliorationsgenossenschaft Gossau-Mönchaltorf 7,5 Quadratkilometer Riedland entwässerte. Dazu wurden hundert Kilometer Drainierröhren benötigt. Um die Röhren von Bodmers Fabrik abzuholen, fuhr die Forchbahn quer durch die Stadt bis zur Tramschleife Laubegg, wo die Tonröhren in den Anhänger geladen und dann auf den Pfannenstiel bis nach Esslingen geführt werden konnten, ganz in die Nähe ihres Einsatzgebietes im Gossauer Ried.

› **101** Laubegg.
› **101A** Töpferstrasse.

Verlegung von Drainageröhren, Bild aus dem Hauptkatalog der Zürcher Ziegeleien 1943.

102–106 ÜETLIBERG

102 ÜETLIBERG
102 Denzlerweg (Kolbenhof bis Uto Kulm)

103 FREILUFTSCHULE IM GRANDHOTEL
103 Üetliberg, Ägerten

104 POLENWEG
104 Polenweg, Station Ringlikon bis Arthur-Rohn-Strasse, Üetliberg

105 TEEHÜSLI: MARXISMUS IM NORWEGERPULLOVER
105 Teehüsli Hohenstein
105A Vereinshaus Eichbühl, Friedhofstrasse 112

106 TANKGRABEN WALDEGG
106 Tanksperre Waldegg
106A Beobachtungsstand Hohenstein

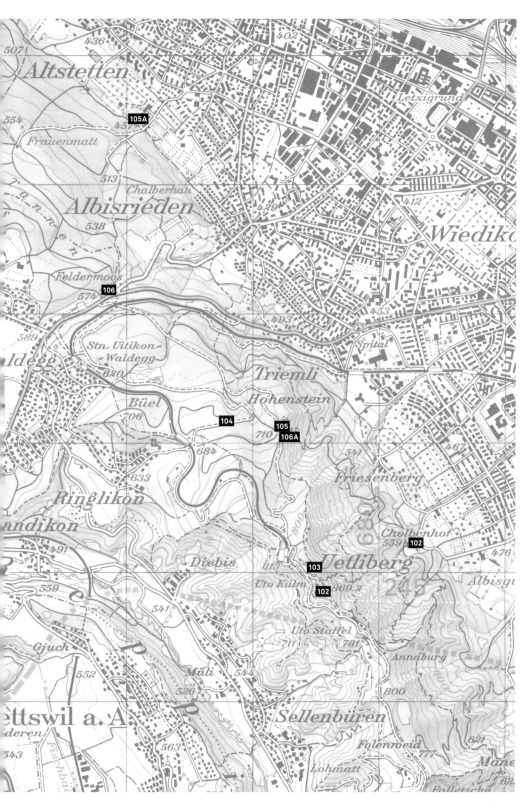

ÜETLIBERG

Auf dem Üetliberg suchten die Bewohner der wachsenden Grossstadt Erholung und Ruhe. «Diese wohltuende Ruhe wird umso dankbarer und nachhaltiger genossen und umso begieriger aufgesucht und ist für die Bevölkerung umso notwendiger, als unten die Stadt immer grösser und ihr Verkehr immer dichter, lärmender und aufreibender wird», schrieb 1934 der Sozialdemokrat Hermann Balsiger → 21, Präsident des Verbandes zum Schutz des Landschaftsbildes am Zürichsee. Auch für die Schuljugend bildete der Blick vom Üetliberg in die Welt hinaus laut *Volksrecht* vom November 1935 ein Schlüsselerlebnis: «Auf den Uetliberg wandern Jahr um Jahr die Schulen der engern und weitern Umgebung Zürichs, aus dem Kanton und seinen Grenzgebieten, um von seiner Höhe herab einen Blick zu werfen in die unbekannte Welt, die sich ganz besonders auf Utokulm dem Auge umfassend, reizvoll und eigenartig darbietet.» Doch die Freude blieb nicht ungetrübt: Auch auf dem Üetliberg begannen Motorfahrzeuge Lärm, Staub und Rauch zu verbreiten, die Wirte drängten auf eine Öffnung der Zugangsstrassen für den motorisierten Verkehr, und der Pächter des Uto-Kulm musste gemäss *Volksrecht* mehrfach wegen Übertretung des Fahrverbots gebüsst werden. Zudem breitete sich sein Betrieb auf den Terrassen aus und versperrte nichtkonsumierenden Gästen den Zugang zu beliebten Aussichtspunkten. Die Stadt war machtlos. Uto-Kulm war schon damals in Privatbesitz und gehörte zur Nachbargemeinde Stallikon. 1942, als sich die Situation offenbar etwas beruhigt hatte, meinte Stadtpräsident Emil Klöti in seiner gewohnt sachlichen Art: «Zu bedauern ist, dass der dominierende Aussichtsplatz auf dem Uto-Kulm zur privaten Liegenschaft des Restaurants gehört. Es haben sich daraus früher öfters Konflikte zwischen Wirt und Publikum ergeben. Unter dem heutigen Eigentümer haben sich wieder befriedigende Verhältnisse eingestellt. Immerhin sollte dieser hervorragende Aussichtsplatz gelegentlich in das Eigentum der Gesamtheit übergeführt werden.»

Die Liegenschaft des Kulmrestaurants und Teile von Uto-Staffel liegen hart an der Stadtgrenze auf Gebiet der Gemeinde Stallikon. Wenn die Stadt im Verlauf der letzten zwei Jahrzehnte Anstrengungen machte, mit Stallikon eine Grenzbereinigung vorzunehmen, durch die jenes Gelände der Stadtgemeinde zugeschieden worden wäre, so liess sie sich nicht von einem Machtstreben leiten, sondern vom praktischen Bedürfnis.» Doch die Verhandlungen scheiterten am Verkaufspreis, den Stallikon unter Hinweis auf entgehende Steuereinnahmen verlangte. Ohne die Ausgaben, die mit der Übernahme in den städtischen Unterhalt entstanden wären, einzukalkulieren, «forderte Stallikon trotzdem eine Entschädigung, die sogar noch grösser gewesen wäre als der kapitalisierte Betrag der fraglichen Steuereinnahmen».

Die Erholungsuchenden begnügten sich nicht mit der schönen Aussicht und der Freude an der Natur, sondern pflückten Blumen und gruben Pflanzen aus, um sie zu Hause in den Garten zu setzen. Auch Pflanzenschutzbestimmungen halfen vorerst nicht weiter. Schon in den Dreissigerjahren machten sich Pflanzenfreunde Sorgen um die Bestände von Frauenschuh-Orchideen und anderen Gewächsen. 1937 wurden bei vom S.A.C. Uto in Zusammenarbeit mit der Kantonspolizei durchgeführten Wochenendkontrollen während eines Monats bei 157 heimkehrenden Ausflüglern insgesamt 178 Frauenschuhe und 3700 Türkenbundlilien beschlagnahmt. Die Pflanzenvielfalt am Üetliberghang dürfte damals wesentlich grösser gewesen sein als heute, nicht zuletzt, weil sich an Stellen, die in der Nachkriegszeit dann aufgeforstet wurden, bis weit hinauf zungenartige Streuwiesen und Weiden erstreckten. Während solche artenreichen Hangwiesen heute in Leimbach und Adliswil noch bestehen, sind sie im Wiediker Wald fast völlig verschwunden. Noch bei Kriegsende ragten alleine zwischen Kolbenhof und Döltschi fünf lange Wiesenzungen mit Orchideen und Enzianen den Hang hinauf. Den Denzlerweg etwa begleitete, solange er vom Kolbenhof dem Bach nach in die Höhe führt, nordseitig bis weit hinauf eine Blumenwiese.

Ende der Neunzigerjahre hat das Stadtforstamt auf der Rossweidliegg wieder eine Lichtung geschaffen, die für Frauenschuh und Fettblatt, seltene Tagfalter, Heuschrecken und Glühwürmchen Lebensräume bietet, die früher weit verbreitet waren.

> 102 Denzlerweg (Kolbenhof bis Uto Kulm).

FREILUFTSCHULE IM GRANDHOTEL

103

Das sozialdemokratische *Volksrecht* berichtet im Juli 1933 von einer besonderen Errungenschaft des Roten Zürich, der Freiluftschule Üetliberg: «Diese Schule für gesundheitsgefährdete Kinder von völlig unbemittelten Eltern besteht seit 1928, seit fünf Jahren. Sie bietet vielen Kindern der ersten bis sechsten Elementarklassen Ersatz für den Aufenthalt in einer Erholungsstation. Zürich ist keine grosse Grossstadt, es ist ein Grossstädtchen. Es wohnen aber viele blasse, blutarme, krankheitsgekeimte, ge-

Üetliberg, links die Freiluftschule (1935).

Unterricht in der Freilichtschule Üetliberg (um 1933).

sundheitsgefährdete Kinder darin.» Im 1927 von der Stadt übernommenen Gebäude des ehemaligen Nobelhotels, wo sich in der Belle Epoque reiche Engländer und russische Fürsten zu Höhen- und Molkenkuren eingefunden hatten, wohnten nun während des Sommerhalbjahres von Montagmorgen bis Samstagmittag fünfzig bis sechzig blasse Unterschichtskinder, jeweils zu zweit in einem der früheren Gästezimmer, weitere «100 Kinder fahren jeden Morgen mit ihren Lehrerinnen im Uetlibergbähnli zur Freiluftschule hinauf und jeden Abend wieder hinab in die Stadt zu ihren Eltern».

Der Unterricht, wenn immer möglich im Wald draussen oder in der Parkanlage, begann um 8 Uhr, in der Znünipause zwischen 9 bis 10 bekamen die Kinder Brot und Milch, dann folgten wieder zwei Unterrichtsstunden mit anschliessendem «Mittagessen im grossen Saal des Hotels, nachher Schlafen, Spielen, Spazieren im Park». Am Nachmittag ging der Schulunterricht von 2 bis 4 weiter, und um 17.30 Uhr – am Samstag um 13.30 Uhr – begaben sich die Schüler und Schülerinnen mit der Bahn nach Hause. Der Bezirksvisitator, der diesen Tagesablauf zuhanden des Schulvorstandes rapportierte, war von seinem Schulbesuch begeistert. Er zeigte sich überzeugt, dass der Unterricht «in kräftiger, gesunder Höhenluft, bei genügender, nahrhafter Kost zur geistigen und körperlichen Gesundung der in irgend einer Weise zurückgebliebenen Kinder ein Erhebliches beigetragen hat. Dasselbe geht auch aus den Berichten der Leiter, sowie aus der Körperkontrolle der Schüler hervor.» Auch die Disziplin gab «zu keinen besonderen Aussetzungen Veranlassung. Wenn gelegentlich ein munteres Eichhörnchen, wie dies der Visitator beobachten konnte, sich ebenfalls für einige Augenblicke um den Unterricht zu interessieren schien, und die Blicke einiger Dutzend Augen auf sich lenkte, konnte das dem Unterrichtserfolg kaum erheblich Eintrag tun.»

Im Frühjahr 1938 wurden im Erdgeschoss des 1875 gleichzeitig mit der Üetlibergbahn erbauten Hotelkastens faule Balken entdeckt, worauf ein Gutachten der ETH Hausschwammbefall in einem Ausmass feststellte, dass eine weitere Benützung des Gebäudes nur noch für zwei bis drei Jahre zu verantworten war. Darauf befasste sich das Schulamt mit der Planung eines Neubaus, der einen Ganzjahresbetrieb erlaubt hätte. Doch es kam anders: Im Herbst 1939 musste das Schulgebäude dem Platzkommando Zürich als Truppenunterkunft überlassen werden → 106. Die Hoffnung der Schulbehörde, die Freiluftschule im folgenden Frühjahr wiedereröffnen zu können, zerschlug sich. Als Ersatz für die Üetlibergschule wurden daher die ausserkantonalen städtischen Kinderheime Rivapiana, Laret, St. Peter und Urnäsch in Anspruch genommen, zudem erfolgte eine intensivere Belegung der 1939 von einer Stiftung übernommenen Freiluftschule Zürichberg an der Biberlinstrasse, die sich heute noch in städtischem Besitz befindet.

1943 wurde das ehemalige Grandhotel abgebrochen. Die anfallenden 800 bis 900 Ster Brennholz wurden im folgenden Winter zur Beheizung städtischer Schulhäuser verwendet.

Auf dem Platz, wo sich früher Hotel, Park und Freiluftschule befanden und an dessen Rand seit 1968 der 132 Meter hohe Fernsehturm steht, wurde 1945 eine Katapultstartrampe für Segelflugzeuge betrieben, die an von Helfern gespannten Gummiseilen in die Luft über dem Berghang Richtung Zürich geschleudert wurden. Mit der verbesserten Brennstoffversorgung kam diese körperlich anstrengende Starttechnik in der Nachkriegszeit schnell wieder aus der Mode.

› 103 Üetliberg, Ägerten.

POLENWEG

104

Wenige Tage bevor die Niederlage Frankreichs im deutsch-französischen Waffenstillstand besiegelt wurde, überschritten im Juni 1940 über 42 000 Soldaten der geschlagenen Armee im Berner Jura die Schweizer Grenze, darunter 12 000 Polen, die an der Seite Frankreichs gekämpft hatten. Während die Franzosen Anfang 1941 nach Frankreich zurückkehren konnten, blieben die polnischen Soldaten, die aus einem Staat kamen, den es nicht mehr gab, in verschiedenen Lagern bis 1945 in der Schweiz interniert. «Die Polen lebten im Interniertenlager Pfäffikon ZH in Baracken und wurden pro forma durch ältere Soldaten bewacht. Die Bewachung war natürlich lächerlich, denn um das Lager hatte es keinen Stacheldraht, und sie konnten rein und raus, wie sie wollten. Worüber man eigentlich nicht reden durfte: Fast jeden Morgen beim Appell fehlten Leute. Die Polen flüchteten aus dem Lager ins unbesetzte Frankreich und von dort nach England. In Grossbritannien traten sie in die polnische Exilarmee ein, die dort aufgestellt worden war», erinnert sich der spätere Zollkreisdirektor

Max Bosshard, der an der Langstrasse und in Wipkingen aufgewachsen war und während des Aktivdienstes 1941/42 im Lager Pfäffikon eingesetzt wurde. «Meine Aufgabe war, die polnischen Internierten den Bauern als Arbeitskräfte zu vermitteln und bei den Bauern den Lohn einzuziehen, damit die Polen ihren Anteil bekamen.»

Bosshards Bericht im Rahmen des Oral-History-Projektes *Archimob* illustriert nicht nur das überwiegend positive Image der Polen, sondern gibt auch ein Bild von der grossen Belastung, welcher die zum Dienst eingezogenen Schweizer Soldaten und ihre zurückgelassenen Frauen ausgesetzt waren: «Die einzige Schwierigkeit war der Kontakt mit der Zivilbevölkerung, der verboten war. Da ging es in erster Linie um den Kontakt mit dem weiblichen Geschlecht. Die Polen schliefen oft bei den Bauern. Diese hatten keine Freude, wenn sie in der Innerschweiz im Dienst waren, und zu Hause lag ein Pole bei der Frau im Bett.

Für mich war das lästig, weil die Einstellungen ganz verschieden waren. Einmal kam ein Bauer wutentbrannt zu mir ins Büro. Seine Frau hatte etwas mit einem Polen. Die Heerespolizei war dahintergekommen, und der Pole musste vom Hof. Der Bauer beschwerte sich darüber, dass wir ihm den Polen weggenommen hatten. Was uns eigentlich einfalle, tobte er: Jetzt krepiere seine Frau fast vor Arbeit. Da sagte ich, es sei halt leider so gewesen, er wisse es ja. Worauf er sagte: ‹Es ist mir wurst, wenn der Pole mit der Frau im Bett liegt, während ich im Dienst bin.› Ihm sei wichtig, dass die Frau von der Schufterei auf dem Berghof nicht zum Krüppel werde.

Die Polen waren meist gut erzogen und mit den Frauen ein bisschen weniger hölzern als wir Schweizer.»

Auch in Ringlikon und im Wald westlich von Uitikon befanden sich Barackenlager, wo internierte Polen und später mehrere hundert Zivilflüchtlinge aus Italien und anderen Ländern untergebracht wurden. Das ehemalige Restaurant Waldhaus neben der «Waldesruh» (Station Uitikon Waldegg) diente als Essraum für die sechzig Männer.

Die Polen wurden nicht nur in der Landwirtschaft, sondern auch für Meliorationsarbeiten, im Strassenbau und in anderen Branchen eingesetzt. Landesweit sollen 450 Kilometer Strassen von polnischen Internierten gebaut worden sein, darunter auch ein etwa 600 Meter langes Strassenstück im ETH-Lehrwald am Üetliberg. Die 1941/42 erstellte Strasse führt von der Strassenkreuzung bei der SZU-Station Ringlikon nordwärts in den Wald, biegt dann nach rechts, geht schnurgerade weiter und mündet unterhalb des Hohensteins in die Arthur-Rohn-Strasse, die im Winter als Schlittelweg dient. Seit 1956 heisst die Strasse offiziell Polenweg.

Einige hundert Polen erhielten die Erlaubnis, eine Ausbildung zu machen, Schule und Gymnasium nachzuholen oder zu studieren. Zuerst wurden die polnischen Studenten im Hochschullager Winterthur unterrichtet, in den letzten Kriegsjahren durften sie dann nach Zürich pendeln, um an Universität und ETH reguläre Vorlesungen zu besuchen. «Am Ende des Krieges», berichtet Max Bosshard weiter, «wusste die Schweiz nichts Besseres, als die Polen wegzuschicken. Polen, die hier eine Familie und Kinder hatten. Die meisten Polen gingen nach Australien. Wir haben die Polen fortgejagt nach Australien! Gopfriedstuz noch mal, wie die Eltern geheult haben, als die Tochter und die Enkelkinder nach Australien mussten!»

▸ 104 Polenweg, Station Ringlikon bis Arthur-Rohn-Strasse, Üetliberg.

TEEHÜSLI: MARXISMUS IM NORWEGERPULLOVER

Nachdem die ETH 1927 für die Einrichtung eines hochschuleigenen Lehrwaldes den Korporationswald von Albisrieden erworben hatte, musste die Waldschenke schliessen, die der Sozialistische Abstinentenbund seit 1909 auf dem Hohenstein geführt hatte. Die neue Waldbesitzerin duldete keine fremden Hütten auf ihrem Gebiet. Der Abstinentenbund schenkte die Hütte 1930 den Naturfreunden Altstetten, die sie zu demontieren beabsichtigten, um sie als Jugendhaus am Altstetter Waldrand wieder aufzubauen. Doch bald merkte die Naturfreunde-Jugendgruppe, dass die Hütte sich nicht als Jugendhaus eignete, und arbeitete ein Alternativprojekt für eine Jugendstube aus. Um Landkauf und Baumaterial für ein Versammlungslokal im Eichbühl zu finanzieren, betrieb die Naturfreundejugend die Waldschenke, für die eine Abbruchfristverlängerung erwirkt werden konnte, vorerst weiter, mit Erfolg. 1932 erhielt der Vorstand der Altstetter Naturfreunde von der Stadt die Erlaubnis, das Teehüsli ein paar hundert Meter vom ursprünglichen Standort entfernt auf städtischem Boden am anderen Ende der Waldlichtung Hohenstein neu aufzubauen. Dort steht es noch heute.

Die Naturfreunde sind eine aus der Arbeiterbewegung hervorgegangene Vereinigung, die in Österreich entstand, Hochtouren durchführte und Wanderungen, Spaziergänge und Ferien für die Vereinsmitglieder organisierte. Auch der Wintersport gewann während der Dreissiger- und Vierzigerjahre zunehmend an Bedeutung. Als die Naturfreunde 1933 in Deutschland aufgelöst und ihre 231 Häuser konfisziert wurden und im Jahr darauf die faschistische Regierung in Österreich – Jahre vor dem «Anschluss» an Deutschland – die Vereinigung ebenfalls landesweit verbot, wurde die Zentrale der internationalen Naturfreundebewegung von Wien nach Zürich verlegt.

In Zürich, wo mehrere Sektionen bestanden, kam es innerhalb der Bewegung immer wieder zu Auseinandersetzungen zwischen kommunistisch und sozialdemokratisch orientierten Mitgliedern. Die Jungen engagierten sich eher auf der kommunistischen Seite. Othmar Hauser, einer der für *Archimob* befragten Zeitzeugen der Generation 1930 bis 1945, kam während des Krieges mit den jungen Naturfreunden in Kontakt: «Ich spielte Gitarre, deshalb konnten sie mich gut brauchen. Am Wochenende zogen wir in die Naturfreundehäuser. Am Üetliberg gab es eines, am Albis, am Walensee und in der Innerschweiz. Wir gingen Ski fahren und wandern; dann machten wir Suppe und Tee und sangen Lieder. Und dann gab es noch einen kleinen Kurs in Marxismus. Das Wandern und Singen war zwar schon wichtig, aber der politische Inhalt ebenfalls. Das war keine Pfadfinderbewegung.»

Der Altstetter Naturfreundejugend war es wirklich gelungen, sich am Waldrand in freiwilliger Arbeit und mit den im Teehüsli verdienten Mitteln ein richtiges Jugendhaus zu bauen, das 1934 eingeweiht wurde. Doch «als Reaktion auf die grosse Anstrengung» machte sich laut dem 1968 erschienenen Bericht zum fünfzigjährigen Vereinsjubiläum «eine allgemeine Vereinsmüdigkeit bemerkbar». Zudem wirkten die politischen Flügelkämpfe auch in Altstetten lähmend. «Die Jugendgruppe, der die Ortsgruppe sehr viel an Stosskraft, an ideellem Höhenflug, aber auch an praktischer, realer Leistung zu verdanken hat, ist in den späten Dreissiger Jahren mehr und mehr einer unfruchtbaren Debattiererei, einem unfruchtbaren Wortradikalismus verfallen.» Noch während des Zweiten Weltkriegs löste sich die Jugendgruppe auf. Während des Kriegs blieb auch das Teehüsli für viereinhalb Jahre geschlossen, denn ein Teil des Üetlibergwaldes wurde zum militärischen Sperrgebiet erklärt → 106.

Das verwaiste Jugendhaus wurde schliesslich als Vereinshaus weitergeführt, mehrmals renoviert, erweitert und um eine Hauswartswohnung ergänzt. In der Nachkriegszeit entstand ein Zeltplatz auf dem dazugehörigen Land, das jedoch um 1960 zum grossen Teil für den Bau des Friedhofs Eichbühl an die Stadt abgetreten werden musste. Im Kalten Krieg trennten sich die Naturfreunde von den Kommunisten. Um 1950 beschloss der Zentralvorstand, keine Mitglieder der PdA mehr in Führungspositionen zu dulden. Auch der Buchhändler Theo Pinkus, der sich in der Landesleitung für den Volkstourismus engagiert hatte, musste gehen. Die Politik geriet mehr und mehr in den Hintergrund, dafür rückten ökologische Fragen ins Zentrum. Weltweit zählt die Naturfreundebewegung unterdessen eine halbe Million Mitglieder. Das Vereinshaus der Naturfreunde Altstetten wird bis heute – mit Camping – weitergeführt, ebenso das Teehüsli Hohenstein, das jeweils am Sonntag geöffnet ist.

› 105 Teehüsli Hohenstein.

› 105A Vereinshaus Eichbühl, Friedhofstrasse 112.

106 TANKGRABEN WALDEGG

Die Hauptabwehrstellung der Verteidigungslinie entlang der Limmat → 83 wurde 1939/40 in Zürich nicht am Flussufer, sondern auf dem bewaldeten Hügelzug südwestlich der Stadt eingerichtet, der eine natürliche Barriere bildete. Die Waldegg, der passartige Übergang zwischen Limmat- und Reppischtal, wurde sorgfältig befestigt. Auffälligstes Zeugnis dieser Sperrstelle Waldegg ist der Tankgraben oberhalb der Einmündung der Albisrieder- in die Birmensdorferstrasse. Die Grabenmauer auf der Seite zur Waldegg ist kreneliert, besteht also aus schiessschartenartigen Erhöhungen. Diese sind heute mit Moos bewachsen. Im Graben tummeln sich Heuschrecken und wachsen Tännchen. Ausser dem Tankgraben wurden bei der Sperrstelle Waldegg weitere Strassenhindernisse, zahlreiche zum Teil geräumige Unterstände, ein Kommandoposten auf dem Buchhoger bei Uitikon und ein Beobachtungsstand auf dem Grat direkt über dem Teehüsli Hohenstein → 105 gebaut.

Die Soldaten waren zu Beginn des Krieges im ehemaligen Grandhotel untergebracht → 103, die Freiluftschule wurde geschlossen. Militärische Verbotstafeln bezeichneten das Gebiet, das nur mit besonderer Bewilligung betreten werden durfte und von der Station Üetliberg über Döltschi, die Waldränder südlich und westlich von Triemli, Albisrieden bis nach Dietikon und an die aargauische Kantonsgrenze reichte. Die Üetlibergbahn verkehrte – mit Einnahmenverlusten – auch während der Kriegszeit. Neben der Üetlibergbahn waren für die Erholungsuchenden auch die Wege vom Albisgüetli

Tanksperre Waldegg.

zum Utokulm freigegeben. Ebenso war die Strasse über die Waldegg für den Durchgangsverkehr geöffnet. Othmar Hauser, der als junger Naturfreund → 105 nach der Wiedereröffnung 1944 im Teehüsli verkehrte, arbeitete bei Kriegsbeginn eine Weile bei einem Bauern in Ringlikon und beobachtete am Wochenende die Autos, die von Zürich über die Waldegg aufs Land fuhren: «Am Sonntag sah man dann jeweils die Autos von Zürich her kommen, mit den Holzvergasern → 141 hinten angebunden, denn Benzin gab es damals kaum mehr. So kamen die Herren mit ihren grossen Autos aus der Stadt und besorgten sich auf dem Land Käse, Eier, Geschlachtetes, ganze Schinken und Schweinehälften. Die Bauern verkauften ihnen die Sachen schwarz, sie hatten natürlich nichts dagegen. Ich nahm auch immer wieder mal etwas in die Stadt, für meine Mutter, meine Grossmutter und meine Schwestern.»

Nachdem die Schweiz von den Achsenmächten eingekreist war, erfolgte im Juli 1940 eine Neuausrichtung der Verteidigungskonzeption. Die Sperrstelle Waldegg behielt ihre Bedeutung jedoch noch jahrelang bei und hatte als vorgeschobene Stellung die Aufgabe, den Zugang zum Zentralraum – «position des Alpes ou réduit national» – zu verzögern oder zu verhindern.

> 106 Tanksperre Waldegg.
> 106A Beobachtungsstand Hohenstein.

107–115 SEEUFER ENGE

107 KONGRESSHAUS
107 Kongresshaus, Tonhalle: Claridenstrasse, General-Guisan-Quai, Beethovenstrasse, Gotthardstrasse

108 KURSAAL: MAKABRER TANZ
108 Palais Henneberg, früher am General-Guisan-Quai zwischen Tödi- und Stockerstrasse

109 ARBORETUM: BÄUME, VÖGEL UND BUNKER
109 Arboretum
109A Voliere

110 LANDI ENGE: HÖHENSTRASSE UND SCHIFFLIBACH
110 Hafen Enge
110A Landiwiese
110B Belvoirpark

111 KINDERPARADIES
111 Belvoirpark, Flamingoteich und Abhang unterhalb Terrasse

112 TEDDY STAUFFER: BERLIN, LANDI UND ACAPULCO
112 Palais d´Attractions

113 LANDIPFEIL UND HOLZDEPOT
113 Lage Ausstellungsbahnhof: zwischen Bahnlinie und Mythenquai, zwischen Tankstelle und Tennisplatz
113A Brunnenfigur *Mädchen im Wind* (Otto Münch)
113B Landiwiese, *Mädchen mit erhobenen Armen* (Hermann Haller)

114 RIETERPARK UND SCHÖNBERG
114 Villa Schönberg, Gablerstrasse 14
114A Museum Rietberg, Gablerstrasse 15

115 FLÜCHTLINGSKÜCHE IM GEMEINDEHAUS DER ICZ
115 Lavaterstrasse 33–37, Gemeindehaus ICZ

SCHAUPLÄTZE, AUF DIE IN ANDEREN ABSCHNITTEN VERWIESEN WIRD
16B Bahnhof Enge: Winston Churchill trifft in Zürich ein
42A Tonhalle: Josef Schmidt
98B Bleicherweg: Josef Schmidt
138A Genferstrasse 6: *Edith (die Sinnende)* (Arnold d´Altri)

107 KONGRESSHAUS

Als Armin Meili zum Direktor der Landesausstellung ernannt wurde, setzte er sich mit Nachdruck für die Realisierung des Zürcher Kongresshauses auf dem seewärts vor der Tonhalle gelegenen Areal ein. Der Architekt Meili hatte 1933 das Luzerner Kongresshaus gebaut, den Vorgänger des KKL-Neubaus von Jean Nouvel. Das zweigeteilte Gelände der Zürcher Landesausstellung bekam mit dem Kongresshaus einen Angelpunkt am Ende des Sees und erfuhr eine bauliche Entlastung, zudem konnten die Mittel in einen auch nach 1939 nutzbaren Bau investiert werden. Die drei Architekten, die den Wettbewerb für das Kongresshaus gewannen, Max Ernst Haefeli, Werner M. Moser und Rudolf Steiger → 26 79 123 135 151 gründeten für den Grossauftrag eine Bürogemeinschaft, die jahrzehntelang bestehen blieb, und begannen nach der Volksabstimmung über die finanzielle Beteiligung der Stadt vom 24. Oktober 1937 sofort mit den Bauarbeiten. Die Türme der 1895 errichteten Tonhalle wurden abgebrochen, die Säle blieben bestehen. Nach achtzehnmonatiger Bauzeit konnte das Kongresshaus pünktlich zur Eröffnung der Landesausstellung vom 3. Mai 1939 vollendet werden.

«Haefeli Moser Steiger» bauten die Kongresshalle entlang der Beethovenstrasse und setzten zwischen Ton- und Kongresshalle die Foyers der beiden Räume, im Obergeschoss abgetrennt durch einen Wintergarten mit tropischen Pflanzen. Das Gebäude des Gartensaals, in dessen Fassade an der Claridenstrasse grosse runde Gitterfenster eingelassen sind, flankierten sie mit einem Gartenhof im Innern des Baukomplexes und einem Vorgarten Richtung Quai. Das neue Kongresshaus erntete bei den Kritikern grosses Lob und wurde zu einem Angelpunkt in der schweizerischen Architektur: Sigfried Giedion bezeichnete das Kongresshaus in der *Weltwoche* als «zugleich bescheiden und innerlich stark. Nach uns kommende werden erkennen, dass es erfreulich ‹schweizerisch› ist.» Und Peter Meyer schrieb 1939 im *Werk*: «Das Zürcher Kongresshaus atmet in allen Teilen den gleichen Geist, der die Landesausstellung auszeichnete: eine frische, wagemutige, aber keineswegs aufdringliche und freche Modernität, organisch verbunden mit echter Pietät vor guten alten Leistungen und mit einem starken Gefühl für die landschaftliche Situation.» Die Architekten entwickelten Grossformen, die sich von der zeitgenössischen Monumentalarchitektur faschistischer oder stalinistischer Prägung abhoben. Durch die Verwendung von ornamentalem Dekor, fliessenden Formen des Wandschmucks, wellenförmigen Galerien, verspielten Leuchtern und achteckigen schalldämpfenden Holzrosetten an den Decken der Foyers entfernten sie sich von der in der Öffentlichkeit wenig geschätzten Strenge des Neuen Bauens. Mit der Auflockerung durch Raster kam eine Fassadengestaltung zur Anwendung, die bei den temporären Ausstellungsbauten der Landi als stilbildend galt und in der Schweizer Architektur bis in die Fünfzigerjahre nachwirkte.

In den Achtzigerjahren wurde das Kongresshaus durch Aufbauten und die Umgestaltung der Inneneinrichtung entstellt und als Gesamtkunstwerk entwertet. Das zu Beginn des 21. Jahrhunderts lancierte Neubauprojekt fand 2008 in einer Volksabstimmung keine Mehrheit.

▸ 107 Kongresshaus, Tonhalle: Claridenstrasse, General-Guisan-Quai, Beethovenstrasse, Gotthardstrasse.

Kongresshaus, Fassade Claridenstrasse, hinten Tonhalle (oben).
Übungssaal im Kongresshaus (1939).

KURSAAL: MAKABRER TANZ

Im grosszügigen Neurenaissance-Palais, den sich der Seidenhändler und Kunstsammler Gustav Henneberg 1899 am einige Jahre zuvor aufgeschütteten Quai hatte bauen lassen, eröffnete 1926 der Kursaal, in welchem im November 1934 Erika Manns literarisches Cabaret Pfeffermühle auftrat. Eigentlich wäre der Kabarettdirektorin das Hotel Hirschen → 37, wo die Pfeffermühle im Vorjahr gespielt hatte, lieber gewesen, doch das Lokal im Niederdorf war bereits besetzt durch das unterdessen sehr populäre Cabaret Cornichon. Am 16. November kam es während der Vorstellung im Kursaal zum Krawall. Eine Trillerpfeife gab das Signal, dann flogen Stühle und Tische, Geschirr klirrte, Tränengas wurde geworfen und die Unruhestifter riefen «Pfui» und «Use mit de Jude!». Die Polizei – vor Ort, weil sich die frontistische Aktion schon an den Abenden zuvor abgezeichnet hatte – griff ein und nahm einige der Demonstranten fest. Die andern zogen in Richtung Schauspielhaus, wo gerade *Professor Mannheim, ein Schauspiel aus dem heutigen Deutschland* gegeben wurde, ein Stück, das sich mit der Verfolgung der Juden auseinandersetzte.

Im Verlauf der polizeilichen Untersuchung stellte sich heraus, dass hinter dem Krawall mehr steckte als politische Agitation. James Schwarzenbach, der Student, der mit der Trillerpfeife das Startzeichen gegeben hatte, war offenbar von seiner Tante, Renée Schwarzenbach → 114, angestiftet worden, die wusste, dass ihr Neffe als ehe-

Kursaal im 1898 erbauten Palais Henneberg (1947).

Palais Henneberg (1947), 1969 abgebrochen.

maliges Mitglied der «Nationalen Front» Kontakt zu rechtsextremen Kreisen hatte. Tante Renée konnte Erika Mann nicht ausstehen: Mann war eine gute Freundin ihrer Tochter Annemarie, bekannt als Schriftstellerin und Reisende, und in den Augen der Mutter dafür verantwortlich, dass Annemarie Schwarzenbach nicht nur antifaschistisch gesinnt, sondern auch lesbisch war. James bekam eine Busse, die einflussreiche Drahtzieherin blieb unbehelligt: «Es ist meines Erachtens nicht Aufgabe der Strafuntersuchung, diese Familiengeschichten breitzuschlagen», hiess es im Schlussbericht der Polizei.

Auch an den folgenden Abenden pendelten Demonstranten und Schlägertrupps zwischen dem Schauspielhaus und dem gut besuchten Kursaal hin und her. In verschiedenen Kantonen wurden darauf aus Angst vor frontistischen Ausschreitungen weitere Aufführungen des Cabarets Pfeffermühle verboten. Erika Mann wandte sich in einem offenen Brief an die Schweizer Presse und betonte: «Eine wirkliche Verbundenheit bestand zwischen uns und unserem Publikum – einem Publikum übrigens, das aus allen Schichten der Bevölkerung zu uns kam. Tippmädchen und Bauern sind in der ‹Pfeffermühle› gewesen, Arbeiter und Gäste in Packards.»

Der Kursaal machte wenig später Konkurs und musste seinen Betrieb vorübergehend einstellen. Am 29. Februar 1936 konnte dann die NZZ berichten: «Der Kursaal, der mehr als ein Jahr als Opfer der Krisenzeit geschlossen blieb, hat nunmehr seine Pforten wieder aufgetan und wird seinen Betrieb mit dem heutigen Schalttag und ersten Bauernfastnachts-Abend wieder aufnehmen.» Am Maskenball im Kursaal traf der Zürcher Anwalt Wladimir Rosenbaum → 21 zufällig mit Kurt Wiesinger zusammen, gegen den er einen Strafprozess wegen Wucher geführt und gewonnen hatte, bei welchem der angeklagte ETH-Professor Wiesinger vom Friedensrichter wegen rassistischen Äusserungen gerügt worden war.

«Nun fand kurz darauf», erzählte Rosenbaum später, «der erste Ball im neueröffneten Kursaal statt, wo natürlich ganz Zürich da war, und ich mit meiner Frau, die eine sehr schöne Frau war, ‹d'une sobre élégance›, von schlichter Eleganz. Bei einem der ersten Tänze tanzte ich mit meiner Frau, und der Professor Wiesinger, der ungefähr einen Kopf grösser war als ich, tanzte mit der Frau Regierungsrat Wettstein, einer sehr hübschen, aber ganz kleinen Frau, so dass dieser Riese Wiesinger ziemlich wie ein Haken neben der tanzte, um die Höhe zu halten. Wir tanzten aneinander vorbei, worauf der Wiesinger zu seiner Tänzerin, von oben herunter mich anblickend, sagte: ‹Diese Juden, die drängen sich doch überall herein!› Worauf ich stehenblieb und sagte: ‹Herr Professor, noch so eine Bemerkung, und Sie kriegen von mir eine Ohrfeige!› Worauf der Wiesinger antwortete: ‹Die können Sie gerade von mir haben!› Worauf ich die Wange hinhalte, und er haut mir eine Ohrfeige herunter, wirklich um einen Stier halb niederzuwerfen; worauf ich den innerhalb von Sekunden halb zu Tode geschlagen habe; ich hab ihm die Nase so zerbrochen, dass sie nie ganz wieder geflickt werden konnte.» Rosenbaum und seine Frau wurden angesichts des blutverschmierten Professors gebeten, den Saal zu verlassen.

Maschinenbau-Professor Wiesinger stellte 1939 in der Halle für Bahnverkehr an der Landi das Modell einer entgleisungssicheren «Ultraschnellbahn» vor. Der Kursaal wurde später als Klubhaus von der Migros übernommen, 1969 wurde der Palais jedoch abgebrochen, um einem IBM-Geschäftshaus Platz zu machen. Das grosse Marmorfries, welches das oberste Stockwerk der Fassade des Palais Henneberg geziert hatte, wurde abmontiert und am Seefeldquai aufgestellt, wo es noch heute steht. James Schwarzenbach lancierte als Nationalrat der «Nationalen Aktion» die unter seinem Namen bekannte Überfremdungsinitiative, die 1970 knapp abgelehnt wurde.

› 108 Der Palais Henneberg – in den Dreissigerjahren Kursaal – befand sich am General-Guisan-Quai zwischen Tödi- und Stockerstrasse. Vor dem Neubau steht Max Bills Granitskulptur *Einheit aus Kugel und endloser Spirale* (1983).

109 ARBORETUM: BÄUME, VÖGEL UND BUNKER

Im 1934 publizierten *Führer durch die Quaianlagen Zürichs* stellt Carl Schroeter die Bäume, Büsche und Gehölzgruppen des Arboretums vor. Der fast achtzigjährige Botaniker und Ökologe, lange Zeit Professor an der ETH und Mitglied nationaler und kantonaler Naturschutzkommissionen, hatte schon in den 1880er-Jahren bei der Anlage des Parks auf dem frisch aufgeschütteten Gelände am See mitgewirkt und damals angeregt, dass die Gehölze nicht nur nach ästhetischen Gesichtspunkten gruppiert,

Bunker im Arboretum.

sondern nach Herkunft, Verwandtschaft und pflanzengeschichtlicher Bedeutung zusammengesetzt wurden. Wenn Schroeter den Erholungsuchenden über die Kenntnis der Bäume «ein vertieftes Verständnis für das Grosse und Schöne der pflanzlichen Schöpfung erschliessen» wollte, so sah die Volieregesellschaft, die seit dem Beginn des 20. Jahrhunderts im Arboretum ein türmchenbewehrtes Vogelhaus betrieb, in den Vögeln Botschafter für ein vertieftes Naturverständnis. In den unterdessen einige Jahrzehnte alten Quaianlagen lebte in den Dreissigerjahren ein Vielzahl von Vögeln, darunter waren Arten wie Gelbspötter und Gartenrotschwanz zu finden, die heute in der ganzen Region fehlen oder nur noch vereinzelt auftreten. Doch die Parkvögel führten ein verstecktes Leben. «Es hat sich erwiesen, dass die Vögel dank ihrer Farbenpracht, ihres munteren Wesens oder auch dank ihrem Gesange sich der Zuneigung des gesamten Volkes erfreuen. Von der Schwanenkolonie → 14 abgesehen, war die Voliere ein Vierteljahrhundert hindurch die einzige gut erreichbare Möglichkeit in unserer Stadt, lebende Tiere ohne Mühe in ihrem Tun und Treiben beobachten zu können», schrieb die NZZ am 13. Mai 1934. 1937 wurde das kleine Vogelhaus aus der Belle Epoque durch einen funktionalen Eisenbetonbau von Ernst F. Burckhardt → 4 ersetzt – mit vergitterten Aussengehegen und einem von Oberlicht erhellten Innenraum, wo sich die Vögel wie im Zoo durch Glasscheiben beobachten lassen.

Carl Schroeter starb im Februar 1939. Von Mai bis Oktober des gleichen Jahres

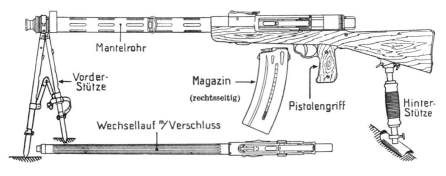

Leichtes Maschinengewehr (1940).

strömten Tausende von Landi-Besuchern durch das Arboretum auf dem Weg zum Ausstellungseingang beim Hafen Enge → 110 . Nach der ersten Generalmobilmachung bei Kriegsausbruch schloss die Landi für ein paar Tage. Die Armee bereitete sich im Herbst 1939 auf den «Fall Nord» vor, einen Angriff durch deutsche Truppen, deren Vormarsch unter Ausnützung natürlicher Hindernisse an einer befestigten Linie zwischen Sargans–Zürichsee–Limmat–Bözberg aufgehalten werden sollte → 83 . Im Mai 1940, als nach dem Einmarsch in Holland, Belgien und Luxemburg ein deutscher Überfall auch auf die Schweiz in der Luft lag → 28 , begannen Soldaten, die in der zweiten Generalmobilmachung eingerückt waren, mit dem Bau von bunkerartigen Kampfständen entlang der Limmat und am Zürichsee. Im Uferbereich des Sees wurden mehrere Reihen von zugespitzten Eisenpfählen eingerammt, welche, teilweise von vorgelagerten schwimmenden Spanischen Reitern ergänzt, mit einem Stacheldrahtgeflecht überzogen wurden. Auch die Quaimauer zwischen Schanzengraben und Arboretum wurde mit Eisenpfählen und Drahtgewirr bestückt, ein weiteres Drahthindernis lag auf der chaussierten Fläche zwischen Quaimauer und Alpenquai – heute General-Guisan-Quai – unter den Trompetenbäumen, die nach Carl Schroeter wegen der Ähnlichkeit ihrer Früchte mit den beliebten dünnen Stumpen aus dem Tessin scherzweise auch «Brissagobäumen» genannt wurden. Im Eingangshäuschen des schon damals bestehenden Yachtclubs wurde, wie sich der Militärhistoriker Walter Schaufelberger ausdrückt, «auf jeder Seite eine Leichtmaschinengewehr-Scharte zur Bestreichung der Ufer eingebaut». Ein weiterer Leichtmaschinengewehr-Kampfstand, heute noch sichtbar, kam zwischen die Gruppe der Gehölze Chinas zu stehen, überragt schon zu Schroeters Zeit vom fiederblättrigen chinesischen Surenbaum und halb verdeckt durch «ein kleines Bambus-‹Djungle›». Auf dem Alpengartenhügel befand sich ein (längst beseitigter) Kampfstand mit Infanteriekanone und zwei Maschinengewehren, und etwas weiter seeaufwärts sind zwei Betonbunker für Leichtmaschinengewehre erhalten, der eine am Ufer bei einer Gruppe von mehrstämmigen Bergföhren, die schon im Pflanzenführer von 1934 beschrieben werden, der andere am Wegrand nach der Badeanstalt vor dem Hafen Enge, umgeben von Eiben und Bambus. Als die Bunker fertiggestellt waren, war die Limmat-Stellung als Verteidigungsdispositiv zu Gunsten des Reduits bereits in den Hintergrund gerückt. Seit 1992 stehen die Bunker im Arboretum unter kantonalem Denkmalschutz.

▸ **109** Arboretum.

▸ **109A** Voliere: geöffnet Dienstag bis Sonntag 10 bis 12 Uhr und 14 bis 16 Uhr.

LANDI ENGE: HÖHENSTRASSE UND SCHIFFLIBACH **110**

Ursprünglich war die Landesausstellung bereits für das Jahr 1933 vorgesehen. Sie wurde jedoch mehrmals verschoben – nicht zuletzt weil in der Frage des Standorts keine Einigung gefunden werden konnte. Zürichs Kandidatur stiess auf Widerstand, da die rote Stadt keinen weiteren Auftrieb erhalten sollte. Als Zürich dann 1935 als Ausstellungsort endlich feststand, wurden auf Stadtgebiet verschiedene Standortvarianten studiert. Dabei setztes sich das untere Seebecken gegen Allmend, Altstetten-Limmattal, Kasernenareal, Oerlikon-Schwamendingen, Strickhof und Seeufer Wollishofen durch. So kam die Landesausstellung 1939 mitten «ins Herz der Stadt» zu liegen, wie es Kurt Guggenheim in seinem dokumentarischen Roman *Alles in allem* ausdrückte: «Eingebettet in die alten Baumbestände des unteren Seebeckens, des Zürichhorns und des Kollergutes auf der rechten, des Schneeligutes und des Belvoirparkes auf dem linken Ufer, unauffällig und ohne Monumentalität, eine lockere Ansammlung weissgestrichener Holzbauten, silberner Aluminiumgitter, flimmernder Glaswände, mit Blumenhöfen und viel lebendigem Wasser dazwischen, an den Kiesstränden von Wellen bespült und überflattert von tausend Fahnen im Sommerwind – so lag die Ausstellung im Herzen der Stadt.»

Ort und Zeitpunkt der Ausstellung erwiesen sich im Nachhinein als geradezu perfekt: Mit der Wahl Zürichs, der grössten Stadt des Landes, als Schauplatz nationaler Heimatverbundenheit und dem Engagement der linken Stadtregierung im Verein mit bürgerlichen Verbandsvertretern und Politikern von Bund und Kantonen demonstrierte die Landesausstellung, dass eine nationale Kooperation über weltanschauliche und politische Differenzen hinweg möglich war. Und im Jahr des Kriegsausbruchs verlieh die Landi '39 der seit 1938 vom Bundesrat propagierten Geistigen Landesverteidigung ein Gesicht und machte anschaulich, was die kleine Schweiz an kultureller Vielfalt, politischer Eigenständigkeit und wirtschaftlicher Leistung zu verteidigen hatte.

Das Ausstellungsgelände Enge erstreckte sich vom Hafen Enge bis fast zum Bahnhof Wollishofen und nahm den Streifen zwischen Seeufer und Bahnlinie beziehungsweise Seestrasse/Belvoirgut ein. Ausser der aufgeschütteten Landiwiese und der 1969 dort aufgestellten Bronzefigur des *Mädchens mit erhobenen Armen,* die einer für dieselbe Stelle an der Landi geschaffenen Statue des Bildhauers Hermann Haller → 15 118 entspricht, erinnert heute kaum mehr etwas an die legendäre Ausstellung, die auf dieser Seeseite über drei Eingänge verfügte. Beim Bahnhof Wollishofen befand sich der Zugang für die Bahnreisenden aus der Inner- und Südostschweiz, ein Nebeneingang an der Seestrasse führte zwischen den Doppelvillen 121–123 und 127–129 zum Belvoirpak, während der Haupteingang beim Hafen Enge lag, auf dem Parkplatz vor dem Swiss Re-Gebäude Mythenquai 50.

Beim Haupteingang begann, kurz nach der Einmündung der C.-F.-Meyer-Strasse in den Mythenquai, die Höhenstrasse, die räumlich wie ideell das Rückgrat der Ausstellung bildete und ungefähr dem heutigen Verlauf des Mythenquais folgte. Die Höhenstrasse, konzipiert von Meinrad Lienert, dem Direktor der Schweizerischen Zentrale für Handelsförderung und Sohn des gleichnamigen Dichters → 93, bestand aus einer langen Passerelle, die mehrere in der gleichen Achse angeordnete Pavillons verband, die den Themen «Unser Land», «Unser Volk», «Soziale Arbeit» (quergestellt), «Lebendiger Bund», «Wehrwille», «Arbeit und Wirtschaft», «Ehrung» und «Gelöbnis» gewidmet waren. Über der Höhenstrasse flatterten die Fahnen der 3000 Schweizer Gemeinden. Die Ausstellungsgäste pflegten das Wappen ihrer Heimatgemeinde zu suchen. In der Ehrenhalle des Pavillons «Wehrwille» – ungefähr dort, wo sich zwischen Mythenquai und Strandbad heute eine Stele mit der Inschrift «Landi 1939» befindet – stand die Plastik *Wehrbereitschaft* von Hans Brandenberger, die einen Soldaten zeigt, der kampfbereit seinen Waffenrock anzieht, den Stahlhelm zwischen den Füssen. Zur nicht erhaltenen 5,8 Meter hohen Gipsfigur schreibt Ottavio Clavuot (in *Siedlungs- und Baudenkmäler des Kantons Zürich):* «Die prämierte Figur – zur Staatskunst erklärtes Symbol der geistigen Landesverteidigung – beschwört mit den Mitteln eines helvetischen Realismus den eidgenössischen Wehrwillen.» Mit Höhenstrasse, Schifflibach, Landidörfli → 119 und Schwebebahn hat sie sich in der Erinnerung an die Landesausstellung festgesetzt. 1943 bis 1947 schuf Brandenberger in leicht abgeänderter Form eine Marmorausführung seiner Skulptur, die gegenüber der Universität an der Kantonsschulturnhalle Rämistrasse aufgestellt wurde. Die Höhenstrasse endete beim vom Palais d'Attractions → 112, dem Bierhaus und weiteren Restaurationsbetrieben gesäumten Festplatz, an dessen Stelle heute der grosse, mit Skatergeräten möblierte Asphaltplatz innerhalb der Grünanlagen liegt.

Ebenfalls in der Nähe des Haupteinganges beim Hafen Enge befand sich, auf der Höhe des damals noch nicht bestehenden Clubgebäudes des Seeclubs, die Einsteigstation des Schifflibachs. Der Schifflibach bestand aus einem langen Kanal, durch welchen Wasser gepumpt wurde, das die sechsplätzigen Schiffli fast geräuschlos durch die Ausstellungslandschaft bewegte, was besonders bei nächtlicher Beleuchtung eindrücklich war. Eine Runde kostete einen Franken, zum ermässigten Preis fünfzig Rappen – jeweils halb so viel wie eine Tageskarte für den Ausstellungsbesuch. Die Schiffli fuhren Richtung Süden zuerst an der Blumenhalle vorbei, den Gewächshäusern der ehemaligen Stadtgärtnerei, die aus Platzgründen be-

Landi Enge (1939): Übersicht (oben), vorne Landiwiese, hinten Strandbad Mythenquai (1939), Höhenstrasse (unten).

reits an ihren heutigen Standort (Sackzelg 25) umgezogen war und die alten Glashäuser nun für die Sukkulentensammlung zur Verfügung stellte. Ein einziges der Schauhäuser der Sukkulentensammlung, das 1931 erstellte Südamerika-Haus G4 links neben dem Museumseingang, stand schon zur Landizeit und war in die Ausstellung integriert – neben dem Belvoir-Restaurant eines der wenigen Gebäude innerhalb des Landi-Geländes, die noch erhalten sind. Die Chronik der Sukkulentensammlung notiert: «1939: Temporäre Integration der Sammlung in die Schweizerische Landesausstellung bringt PR, aber auch Probleme wie Pflegemängel und Diebstahl.»

Der Schifflibach führte weiter südwärts dem Verlauf des Mythenquais entlang zwischen Höhenstrasse und Strandbad Mythenquai, das als damals einziges Strandbad Zürichs einfach Strandbad hiess. Da die Bauten des 1922 eröffneten Bades 1950 teilweise einem Brand zum Opfer fielen, wurde die Anlage später neu gestaltet. Kurz vor dem Festplatz und dem Ende der Höhenstrasse zweigte der Schifflibach nach rechts ab in Richtung Bahnlinie und gelangte durch einen Tunnel in den nachts futuristisch beleuchteten Hof des Hauses der Elektrizität, wo in einem Landschaftsmodell im Massstab 1:50 verschiedene Typen von Wasserkraftwerken vorgestellt wurden. «Die Schweiz gilt heute», stand im Ausstellungsführer, «als das bestelektrifizierte Land der Welt» – während der folgenden Kriegsjahre stieg die Bedeutung von Elektrizität und Wasserkraft weiter an. Anschliessend führte der Schifflibach innerhalb der grossen Pavillons zwischen Mythenquai und Bahnlinie, wo sich heute Tennisplätze befinden, wieder stadtwärts zurück in Richtung Ausgangspunkt.

Durch die Halle der Schwerindustrie gelangten die lautlosen Schiffli in den Aluminiumpavillon. Die energieintensive Aluminiumherstellung galt als zukunftsträchtig: «Die Aluminiumindustrie dürfte eine der noch ausbaufähigsten Industrien unseres Landes sein», kommentierte der Ausstellungsführer. «Es gab überhaupt viel Aluminium an der Ausstellung. Auf allen Plätzen standen Stühle aus diesem Leichtmetall, welche trotz der vielen Löcher, die sie hatten, sehr solide waren», stellte die achtjährige Marie aus Wipkingen → 111 123 bei einem Landibesuch fest, wobei sie persönlich vor allem von den Aluminiumlöffelchen fasziniert war, die man zu den Eiscrèmebechern bekam: «Diese ‹Chübeli› gab es damals nur an der Landi. Sie waren halb mit

Wehrwille, Marmorfigur von Hans Brandenberger an der Rämistrasse 80 (1943 bis 1947). Leicht abgeänderte Kopie der Figur an der Landesausstellung 1939.

Schifflibach in der Elektrizitätshalle.

Vanille- und halb mit Erdbeerglace gefüllt.» An weiteren Höfen und Gartenanlagen vorbei, durch Pavillons und unter Brücken hindurch glitten die Schiffli schliesslich zum Kinderparadies → 111 und am Fuss des Belvoir-Hügels zur Ausstiegsstation am nördlichen Rand der freien Wiese bei der Einmündung der Alfred-Escher-Strasse in den Mythenquai – wenige Dutzend Meter von der Einsteigstation entfernt. Die ganze Fahrt dauerte achtzehn Minuten.

- 110 Hafen Enge.
- 110A Landiwiese.
- 110B Belvoirpark.
- 110C Rämistrasse bei 80: Marmorfigur *Wehrwille* von Hans Brandenberger → Planausschnitt Rämistrasse-Walche 19–31

111   KINDERPARADIES

«Im östlichen Auslauf des Belvoirparkes hat eine weltbekannte Firma der schweizerischen Ernährungsindustrie in grosszügiger Weise eine Art von Kinderreservat für Ausstellungsbesucher eingerichtet. Während die Eltern die Ausstellung durchwandern, können sie ihre Sprösslinge getrost der Obhut von 12 Kindergärtnerinnen anvertrauen, denen überdies eine Kinderärztin und eine diplomierte Krankenschwester beigegeben sind», heisst es im offiziellen Führer zur Schweizerischen Landesausstellung.

«Das ist aber ein lustiges Paradies», bemerkt der damals erfolgreiche Autor Jenö Marton in seiner phantastischen Erzählung *Ueli, Urs & Urseli im Kinderparadies* – «schon darum, weil es eine Eintrittskasse hat.» Über der Pforte zum Paradies schwebten zwei Schutzengel. Im Eintrittspreis von Fr. 1.– waren Beaufsichtigung, Verpflegung und Unterhaltung aller Art einbegriffen: Kasperlitheater, Betreuung in Blumenbinderei, Bastelwerkstatt und «Autofabrik», die Abfahrt auf der kurvenreichen, aus Brettern gezimmerten «Klausenstrasse» am Steilhang südlich der Belvoirterrasse in einem «Paradiesgöppel» genannten Kinderauto, ebenso der Besuch des «Bäbieinfamilienhauses, das mit allen Schikanen eines ausgewachsenen Hauses versehen ist. Auf elektrischen Herden wird gekocht, wobei dafür gesorgt ist, dass den kleinen Köchinnen die Hitze nicht gefährlich wird.» In einem weiteren Pavillon machte der «Fip-Fop-Götti» seine Spässe – der «Fip-Fop-Club» war eine 1936 von Nestlé gegründete Vereinigung für Kinder, die eine zeitweise in einer Auflage von über 100 000 Exemplaren verteilte Zeitschrift erhielten, in vielen Ortschaften der Schweiz an gut besuchten Filmvorführungen teilnehmen konnten und Einklebebilder für die von NPCK (Nestlé/Peter/Cailler/Kohler) herausgegebenen Alben sammelten. Der Kinderclub mit dem vernünftigen Mädchen Fip und dem Spitzbuben Fop im Logo bestand etwa zwei Jahrzehnte lang.

Mary Apafi-Fischer → 123 beschreibt in ihren Erinnerungen, wie sie als Achtjährige am Eingang des Kinderparadieses abgeliefert wurde und eine Karte mit ihrer Adresse umgehängt bekam. «Dann begann ich erwartungsvoll das Reich zu erforschen, von dem man mir so vieles verheissen hatte. Eine Rennbahn zog sofort meine Aufmerksamkeit auf sich. Mit kleinen Autos fuhren Buben und Mädchen eine sanft abfallende Bahn hinunter. Leider fand ich kein leeres Auto. Darauf zu warten oder darum zu kämpfen, schien mir eines Paradieses unwürdig. So schlenderte ich weiter. Da stand unversehens das Puppenhaus vor mir. Neugierig trat ich ein und überflog schnell die Bettchen und Wickeltische. Aber was sollte ich mit Puppen? In einem Paradies musste es doch noch etwas ganz Grossartiges für mich haben.

Ein Häuschen mit vielen Tischchen und Stühlchen erkannte ich als Wirtschaft für Kinder. Das war nun paradiesisch! Ich setzte mich hin und überlegte, was ich bestellen sollte. Dazu hatte ich reichlich Zeit. Als endlich ein Fräulein bei mir vorbeikam, forderte ich ein Glas Sirup und Meringues mit Schlagrahm.» Doch das Mädchen erhielt stattdessen wie alle andern Kinder kommentarlos eine Tasse Kakao und einen Wecken. Der heisse Kakao hatte eine ekelhafte Haut. Marie liess ihn stehen und den Wecken liegen und «geriet in eine Gegend

Trudi Gerster als Märchenfee an der Landi (1939).

mit schilfbewachsenem Goldfischteich und Felsengrotte. Da sass eine junge Frau, die mit bewegtem Hände- und Mienenspiel eine Schar Kinder in Bann hielt. Die Märchenfee! Auch von ihr hatte ich schon gehört. Leise setzte ich mich zu den mäuschenstill dasitzenden Kindern und wollte ebenfalls in dieser Zauberwelt versinken. Aber leider hatten der Prinz und die Prinzessin eben Hochzeit gefeiert, die böse Hexe war tot und das Märchen fertig. Die Fee stand auf, verabschiedete sich für heute und stellte uns den Fip-Fop-Götti vor.»

Die Märchenfee, die die Kinder in ihrem Häuschen beim Seerosenteich am südlichen Fuss des Belvoirhügels verzauberte, war niemand anders als Trudi Gerster: «Ich erfuhr», berichtete Gerster viele Jahre später, «dass eine Märchenfee gesucht wurde. Da marschierte ich bei Herrn Fischli, dem Architekten, ein. Ich war damals 20, sah aber viel jünger aus. Er schaute mich an, lachte und sagte, das Kinderparadies gehe erst in einem Monat auf. Item, ich wurde dann zum Probelesen eingeladen. Als er ‹Vom Säuli› hörte, wanderte ihm eine Träne die Wange herab. Ich hatte den Job.» Nach ihrem Engagement als Märchenfee liess sie sich als Schauspielerin ausbilden, 1968 wurde sie als eine der ersten Frauen ins Basler Kantonsparlament gewählt, wo sie sich besonders für soziale Probleme einsetzte und für den Baum- und Tierschutz. Als Schweizer Märchenerzählerin blieb sie unübertroffen. Seit der Landi begleitete sie die Kindheit sämtlicher Generationen, bespielte bis ins hohe Alter unzählige Tonträger und war eine der Attraktionen an der Expo.02 in Biel.

› 111 Belvoirpark, Flamingoteich und Abhang unterhalb Terrasse.

112 TEDDY STAUFFER: BERLIN, LANDI UND ACAPULCO

«Waren wir einst berühmt für unseren Kuhreihen, so werden wir bald berühmt sein für die meisterliche Jazzmusik, für die jene aberhundert Mädchen schwärmen, die das Corso-Theater → 3-6 bis auf den letzten Platz füllen halfen und die wir Teddy Stauffer zu verdanken haben, der Prominenz unter den schweizerischen Jazzdirigenten.» Der von der Presse hoch gelobte Teddy Stauffer war während der ersten Kriegsjahre derart populär, dass er 1941 in einer Umfrage der *Schweizer Illustrierten* zum hinter General Guisan zweitbeliebtesten Schweizer gewählt wurde. Stauffer, geboren 1909 in Murten, leitete eines der bekanntesten Swingorchester Europas. Mit dem Swing war, nicht zuletzt dank Benny Goodman, zum ersten Mal eine international mainstreamtaugliche Form der Jazzmusik entstanden, die sich durch Bigbandformationen auszeichnete, die in reproduzierbaren Arrangements eine elektrisierend wirkende, synkopische Tanzmusik lieferten, welche seit Mitte der Dreissigerjahre die Jugend der Neuen wie der Alten Welt begeisterte. *Swing, das isch Musik für d'Bei*, heisst ein Schlager Artur Beuls → 6 60: «S'ischt nümme meh uszhalte, säit d'Muetter Tag und Nacht, de Swing hät öisi Goofe total zum Huus us bracht.» Bevor Teddy Stauffer in die Schweiz zurückkehrte, hatte er jahrelang in Deutschland gewirkt. Mit seinen «Original Teddies» lieferte er den Soundtrack zur Berliner Olympiade von 1936, als das nationalsozialistische Regime die kulturellen Zügel lockerte, um dem Publikum aus aller Welt entgegenzukommen und Liberalität vorzugaukeln. Eigentlich war Swing den Nazis ein Greuel, Jazz wurde als entartete «Negermusik, gesehen durch die Augen von Juden» abqualifiziert, die wilden, ausgelassenen Tänze der Swingboys und -girls entsprachen keineswegs dem Idealbild militärischen Gleichschritts. Doch auch in Deutschland wurde der Swing bis zu einem gewissen Grad toleriert, da der Unterhaltungsmusik gerade während des Krieges eine gesellschaftlich stabilisierende Rolle zugestanden werden musste.

Stauffer, dessen 1937 von Telefunken produzierter Hit *Goody Goody* vier Millionen Mal verkauft wurde, nutzte in seiner Berliner Zeit eine gewisse Narrenfreiheit, die er als Ausländer genoss. Als eines Abends Polizisten und SS-Männer in den brodelnden Konzertsaal stürmten, auf das Swingverbot hinwiesen und den Bandleader fragten: «Spielen Sie keine deutsche Tanzmusik?», intonierten die «Teddies» *Bei mir bist du schön*. Die SS-Männer sahen auf den Notenblättern den deutschen Titel und schmunzelten vergnügt. «Sie hatten», erinnerte sich Teddy Stauffer, «keine Ahnung, dass *Bei mir bist du schön* so etwas wie eine jüdische Hymne war. Wir hatten noch nicht die Hälfte gespielt, als der Boss der SS-Leute wütend abwinkte. ‹Das klingt genau so amerikanisch wie der jüdische Dreck davor!› schrie er mich an. Ich knipste wieder mit dem Finger. ‹Buggle Call Rag, bitte.› Dabei gab ich Zeichen im Marschtempo zu spielen.

Unser Schlagzeuger begann im Schweizer Soldatenstil im Marschtempo zu trommeln. Nach drei Paukenschlägen setzten wir alle mit Volldampf ein, standen auf und marschierten auf der Stelle im Takt mit. Auch das Publikum marschierte. Sitzend. Alles klatschte und marschierte. Der Lärm war größer als bei einer Parade am Brandenburger Tor.

Dann kam das Trompetensolo. Und da übertat sich Riquet Schleiffer etwas und schmuggelte in den *Buggle Call Rag* Motive aus dem *Horst-Wessel-Lied* ein. Das war des Guten zu viel und der Anfang vom Ende meines Erfolges in Nazideutschland.»

Seine grosse Popularität in der Schweiz verdankte Teddy Stauffer nicht nur seinen wiederholten Engagements an der Landi, wo er im Palais d'Attractions (Vergnügungs-Palais) auftrat, der sich südlich der Badeanstalt Mythenquai zwischen den Industriepavillons befand, die die Errungenschaften der schweizerischen Technik und Wirtschaft präsentierten → 113. Die «Teddies» zeigten sich wie damals viele Unterhaltungsorchester in Stückwahl und Stil flexibel und undogmatisch, stimmten ohne weiteres auch volkstümliche Töne an und begleiteten 1941/42 die jodelnden Geschwister Schmid auf ihren Tourneen durch

Teddy Stauffer: Saxophonist, international bekannter Bandleader und zweitbeliebtester Schweizer.

das Land. Umgekehrt blieben trotz Anfeindungen von Seiten der Gegner des Negerjazz auch Schlagerkomponisten wie Artur Beul für musikalische Einflüsse aus dem Swing offen, und die Schweizer Volksmusikszene integrierte in den Zwanziger- und Dreissigerjahren noch ohne weiteres Elemente der modernen Tanzmusik, bevor sie in der Nachkriegszeit jeder Neuerung abhold in einem festgefrorenen Kanon erstarrte. Stocker Sepp → 39, der natürlich 1939 auch an der Landesausstellung aufspielte, nahm auch mal einen One Step auf, Heiri Meier → 39 schrieb den ersten auf Platte gepressten Foxtrott mit dem Titel *Zürcher Strandbadleben* – benannt nach dem Strandbad am Mythenquai → 110 – und verhalf dem Saxophon zum Durchbruch in der Ländlermusik. In den Dreissigerjahren nahmen viele volkstümliche Formationen das Schlagzeug, «Jazz» genannt, in ihr Instrumentarium auf und gaben sich englische Namen.

Nachdem die Landesausstellung bei Kriegsausbruch für ein paar Tage geschlossen wurde, ging am 6. September auch im Vergnügungs-Palais die Show wieder weiter – mit «Teddy Stauffer und seinem Orchester, bestehend aus Mitgliedern der ‹Teddies›, ‹Lanigiros› →51 und ‹Magnolians› →4 – Wirtschaftsschluss um Mitternacht – Freier Eintritt für Militär», wie in den Tageszeitungen inseriert wurde. Da auch viele Musiker Militärdienst leisten mussten, war es für den Leader nicht einfach, eine Bigband zusammenzustellen, die seinen Ansprüchen genügte. Der Jazzbassist René Bertschy war einer der Musiker, die einrücken mussten: «Nach der Wiedereröffnung der Landi in Zürich hatte ich Gelegenheit, die nationale Ausstellung mit unserer Kompanie zu besuchen. Dabei rannte ich auf dem Ausstellungsgelände geradewegs in Teddy Stauffer hinein. Er fragte mich: ‹Was machsch denn du im Dienscht?› Ich gab zur Antwort: ‹He, äs gliche, was alli andere mache, i ha au müesse yrücke.› Teddy dazu: ‹Ich hole Dich hier raus. Gib mir Deine Adresse, ich muss Dich haben.› Er suchte gerade einen Bassisten. Und tatsächlich, er erreichte für mich einen verlängerten Urlaub. Und so fing ich erstmals bei den Original Teddies an. Später bemühte er sich immer wieder, dass ich Urlaub bekam, sobald er mich dringend brauchte. Dies war beispielsweise der Fall, wenn die Original Teddies im Kongresshaus oder Kammermusiksaal in Zürich Schallplattenaufnahmen machten. Oder bei den Dreharbeiten für den Film s' *Margritli und d' Soldate.* →2 Schliesslich auch für die grosse Tournée mit den Geschwistern Schmid, die im Anschluss daran stattfand.»

1941 verliess Stauffer Europa, ging nach Hollywood und anschliessend in das damals noch wenig bekannte mexikanische Fischerdorf Acapulco, wo er bis zu seinem Tod 1991 lebte und heute eine Strasse nach ihm benannt ist. Er galt als Playboy, war fünfmal verheiratet, unter anderem ein Jahr lang mit der österreichischen Schauspielerin Hedy Lamarr, die 1933 mit dem Film *Ekstase* Aufsehen erregte, wo sie nach einem Bad in einem Waldweiher minutenlang nackt durch die Landschaft und über die Leinwand läuft, weil ihr Pferd mit ihren Kleidern durchgebrannt ist. Lamarr war sechsmal verheiratet.

› 112 Palais d'Attractions.
› 112A Corso → Planausschnitt Bellevue–Opernhaus 1–10

113 LANDIPFEIL UND HOLZDEPOT

In den Dreissigerjahren liessen die SBB eine Reihe schneller, moderner Leichttriebwagen bauen, die als Alleinfahrer im Ausflugsverkehr und auf schwach frequentierten Schnellzugsstrecken eingesetzt wurden. Die aerodynamischen, knallrot gestrichenen Wagen wurden schnell als «Rote Pfeile» bezeichnet. Gegen Ende des Jahrzehnts waren Ausflugs- und Gesellschaftsfahrten (etwa ins Tessin) bereits sehr beliebt →81, und die SBB spürten die Konkurrenz der Autocarhalter. Für die Landi 1939 gab die Bahn deshalb einen grösseren Pfeil in Auftrag, den Roten Doppelpfeil. Am Bau des Doppelpfeils waren die Schweizerische Lokomotiv- und Maschinenfabrik Société Ano-

«Landipfeil», später «Churchill-Pfeil» genannt, im Ausstellungsareal der Landi beim Bahnhof Wollishofen (1939).

nyme des Ateliers de Sécheron (SAAS) beteiligt, in deren Genfer Werk der Zug am 5. Mai, dem Tag vor der Eröffnung der Landesausstellung, abgeholt und nach Zürich gefahren wurde, wo er im Ausstellungsbahnhof hinter der Landiwiese zu bewundern war. «Um den LA-Bahnhof zum Ausgangspunkt von Ausflugsfahrten zu machen, wurde das längs der Haupthalle gelegte Geleise mit der Station Wollishofen verbunden. Diese Fahrten werden mit modernstem Zugsmaterial durchgeführt, das zugleich auch Ausstellungsgut ist.» Neben dem bald «Landi-Pfeil» genannten Hightech-Triebwagen, der bis zu 150 km/h erreichen konnte und über Bar und Küche verfügte, stand ein weiteres Prunkstück der Schweizer Verkehrsindustrie: «Auf dem zweiten Geleise, das vom ersten durch einen nach neuester Bauart überdachten Perron getrennt ist, sehen wir andere Neukonstruktionen des schweizerische Lokomotivbaus. Das Glanzstück bildet unbestreitbar eine Schnellzugslokomotive in Doppelanordnung für die Gotthardlinie, die mit 12 000 PS die stärkste Lokomotive der Welt darstellt und über eine maximale Geschwindigkeit von 110 km/h verfügt», führ-te der Ausstellungsführer aus.

Seewärts schloss die Halle «Verkehr und Transport» an den beim Eingang Wollishofen gelegenen Ausstellungsbahnhof an. Otto Münchs → 34 131 bereits 1936 platzierte Brunnenfigur *Mädchen im Wind,* die heute noch am Strassenrand steht, kam während der Landi zwischen die Verkehrshalle und den ausstellungseigenen Bahnhof zu stehen. Die dem Verkehr gewidmete Halle fiel baulich durch eine grosse, einer liegenden Acht entsprechende Strassenschleife im Obergeschoss auf und enthielt unter den Exponaten neben dem Landi-Löschzug → 94 auch eine Schneeschleudermaschine, die im Winter am Julierpass zum Einsatz kam. «An einem Modell wird die geplante Altstadtsanierung von Lugano erläutert, die hauptsächlich eine Verbesserung der dortigen Verkehrsverhältnisse bezweckt.» Und vor der Verkehrshalle befand sich die Grünanlage mit Hallers Mädchenfigur, die sich streckt und bei klarer Sicht die Alpen begrüsst → 110 118.

Nachdem die Landesaustellung ihre Tore Ende Oktober 1939 programmgemäss geschlossen hatte, wurde das Gelände schnell rückgebaut. Der Zweite Weltkrieg setzte dem Ausflugsbetrieb ein Ende, der «Landi-Pfeil» stand unbenutzt auf einem Gleis in Altstetten. Die Armee wollte ihn zu einem Gepäckwagen umbauen, scheiterte aber am Widerstand der SBB. Die kleineren Roten Pfeile benutzte General Guisan gelegentlich für Erkundungsfahrten. Auch in den Zügen war es kalt während des Kriegs: «Von allen kriegswirtschaftlichen Einschränkungen sind diejenigen in der Raumheizung wohl am einschneidendsten gewesen. War die Lebensmittelrationierung in den Mangeljahren recht fühlbar geworden, so haben wir doch nicht gehungert – aber wir haben regelrecht gefroren, und zwar nicht nur in den Wohnungen, sondern auch in den Büros, im Theater, in den Eisenbahnen», hielt die städtische Zentralstelle für Kriegswirtschaft in ihrem Tätigkeitsbericht rückblickend fest. Brennholz war von 1940 bis 1947 rationiert.

Nur Tannzapfen und für den Eigenbedarf gesammeltes Leseholz waren nicht rationiert, gesammelt werden durfte allerdings nicht in Privatwäldern, und auch im Stadtwald nur an bestimmten Tagen. Die Stadt war verpflichtet, riesige Holzlager anzulegen, die insgesamt bis zu 100 000 Ster umfassten. Diese Lagerung erfolgte auf dem ehemaligen Landi-Areal zwischen Bahnhof Wollishofen und Strandbad Mythenquai – wo 8000 m² der Spiel- und Liegewiesen für den Mehranbau verwendet wurden –, ebenso auf der Blatterwiese beim Zürichhorn → 119, wo die Landi-Festhalle gestanden hatte, weiter beim Bahnhof Giesshübel, in der Hardau und der Herdern → 137.

> 113 Lage Ausstellungsbahnhof: zwischen Bahnlinie und Mythenquai, zwischen Tankstelle und Tennisplatz.
> 113A Brunnenfigur *Mädchen im Wind* von Otto Münch (1936).
> 113B Landiwiese, *Mädchen mit erhobenen Armen* von Hermann Haller (1969 aufgestellt, entspricht einer für die Landi 1939 geschaffenen Skulptur).
> 113C Blatterwiese → Planausschnitt Utoquai–Zürichhorn 116–120

114 RIETERPARK UND SCHÖNBERG

In einer der schönsten Gegenden Zürichs, der Parklandschaft um die Villen Wesendonck und Schönberg, ist die Geschichte der Stadt besonders eng mit dem Schicksal Deutschlands verquickt. Um die Mitte des 19. Jahrhunderts kaufte Johannes Baur, der Gründer des Hotels Baur, verschiedene Liegenschaften zusammen und verkaufte sie dem rheinländischen Seidenhändler Otto Wesendonck, der eine grosszügige Villa mit Landschaftsgarten erbauen liess. Wesendonck und seine Frau Mathilde unterstützten Richard Wagner, der später als musikalischer Wegbereiter des Dritten Reiches gelten sollte, und stellten ihm und seiner Frau ein unterdessen abgebrochenes Haus auf dem Schönbergareal zur Verfügung. Als es in Zürich 1871 nach dem Deutsch-Französischen Krieg anlässlich einer Feier zum Sieg Deutschlands und zur Gründung des Deutschen Reiches zu gewalttätigen antideutschen Krawallen kam, die mehrere Todesopfer forderten, fürchteten die Wesendoncks, ihre Villa würde in Brand gesteckt. Sie verliessen die Stadt und verkauften ihre Liegenschaften an den Grosskaufmann Adolph Rieter.

Die Familie Rieter liess die Backsteinvilla Schönberg rechts der Gablerstrasse bauen und im von der alten Villa Wesendonck dominierten Landschaftsgarten ein weiteres Gebäude, die Parkvilla Rieter. Ines Rieter heiratete den späteren Oberstkorpskommandanten Ulrich Wille, den Sohn des gleichnamigen Schweizer Generals während des Ersten Weltkriegs. So kamen die Liegenschaften auf dem Engemer Moränenhügel in den Dunstkreis des von Niklaus Meienberg in *Die Welt als Wille & Wahn* (1987) genüsslich ausgebreiteten Clans, dem neben Ulrich Wille junior und senior und der Generalstochter Renée Schwarzenbach → 109 noch weitere rechtskonservative und deutschfreundliche Mitglieder angehörten. Als im September 1912 der deutsche Kaiser Wilhelm II. in die Schweiz kam, um Manövern beizuwohnen, konnte er durch Vermittlung der ihm persönlich bekannten Familie Wille in der Villa Wesendonck untergebracht werden.

1923 lud Ulrich Wille junior Adolf Hitler zu einem Treffen in seine Wohnung in der Villa Schönberg ein. Wille kannte Hitler bereits und hatte sich im Dezember 1922 in München mit ihm besprochen im Zusammenhang mit nationalkonservativen Umsturzplänen. Hitlers Besuch in Zürich am 30. August 1923 war von Ulrich Wille gemeinsam mit Rudolf Hess eingefädelt worden, dem späteren Stellvertreter des Führers. Hess, Mitglied der NSDAP seit 1920, studierte im Wintersemester 1922/23 an der ETH und nahm auf Willes Einladung am wöchentlichen Studentenstammtisch in der Villa Schönberg teil.

Hitler kam mit zwei Begleitern nach Zürich und übernachtete im bahnhofsnahen Hotel Gotthard. Ziel seines Besuches war die Sammlung von Spendengeldern für die Partei. Der NSDAP, die die Gehälter für mehrere tausend SA-Männer auszurichten hatte, drohten nämlich die Mittel auszugehen. Adolf Hitlers Argumentationslinie im Kreis der von Wille eingeladenen Gäste ging dahin, dass «die Bemühungen der NSDAP, den Marxismus zu bodigen» – wie sich Wille in einem Brief an Hess ausdrückte –, auch aus der Sicht des Schweizer Grossbürgertums Unterstützung verdienten. Hitler reiste mit einigen Zehntausend Franken nach München zurück, wo er im November einen Putsch anzettelte, der scheiterte.

In der Villa Wesendonck/Rieter lebte bis zu ihrem Tod im August 1938 die schon 1899 verwitwete Bertha Rieter-Bodmer. Nach der Räumung wurde die Villa für andere Nutzungen frei. 1941 richtete die Probst Film A.-G. Büro, Labor und Trickateliers an der Gablerstrasse 15 ein, produzierte Filme → 32, vermietete Schneidetische und übernahm Laborarbeiten, bis sie Ende 1944 in Konkurs ging. Ab 1942 verzeichnet das städtische Adressbuch zusätzlich den Schriftsteller Hermann Schell als Mieter an der Gablerstrasse 15. Schell, geboren in Schwyz, war als Dramatiker in München und Wien bekannt geworden und floh nach dem «Anschluss» Österreichs zusammen mit seiner Familie in die Schweiz. Die KV-Stiftin Gritli, eine der Töchter, bekam 1942 eine Hauptrolle im Film *Steibruch* → 23 und widmete sich fortan unter dem Namen Maria Schell der Schauspielerei. Ihr Bruder Maximilian begann seine Karriere als

Schauspieler und Regisseur erst nach dem Krieg.

Die Erbengemeinschaft Rieter-Bodmer diskutierte die Aufteilung des Grundstücks in einzeln bebaubare Parzellen, bot schliesslich jedoch die ganze Liegenschaft der Stadt an. Am 3. Juni 1945 stimmten die Stadtzürcher dem Kauf von Park und Villen für knapp drei Millionen Franken zu. Schon damals bestand die Absicht, in der grossen Villa im Rietbergpark ein Museum für aussereuropäische Kunst einzurichten, basierend auf der in Aussicht gestellten Schenkung des Kunstsammlers und Bankiers Eduard von der Heydt.

Baron von der Heydt hatte sich im Verlauf der Jahrzehnte eine hervorragende Sammlung von Gemälden vornehmlich französischer Meister sowie von aussereuropäischer Kunst (und Lötschentaler Holzmasken) aufgebaut. Nach dem Ersten Weltkrieg hatte er den abgedankten Kaiser Wilhelm II. im holländischen Exil mit Krediten versorgt, 1926 den berühmten Monte Verità in Ascona gekauft, wo sich seit Beginn des Jahrhunderts Aussteiger und Künstler tummelten, und einen noblen, modernen Hotelneubau errichten lassen, dessen Lift mit einem echten Picasso ausgestattet war. 1929, vier Jahre bevor er selber der Partei beigetreten war, hatte der Baron die NSDAP «vor der Finanzmisere gerettet, als er ausländische Grossgeldgeber im Berliner Hotel Adlon mit Hitler und Göring zusammenführte», wie der Historiker Peter Kamber unter Verweis auf entsprechende Untersuchungen schreibt. 1937 liess sich von der Heydt in Ascona einbürgern, im Jahr darauf kaufte er sich zusätzlich das Bürgerrecht einer Thurgauer Gemeinde. Darauf schloss ihn die NSDAP aus, da deren Mitgliedschaft deutschen Staatsangehörigen vorbehalten war. Von der Heydt rekurrierte gegen den Ausschluss, doch das Parteigericht in München hielt daran fest. So schloss er sich dem «Bund treuer Eid-genossen nationalsozialistischer Weltanschauung» an, der im Herbst 1940 mit der frontistischen «Nationalen Bewegung der Schweiz» fusionierte, deren Führer in dieser Zeit auf Vermittlung von Oberstkorpskommandant Ulrich Wille vom Bundesrat empfangen wurden →57. Der Baron pflegte beste Kontakte bis in die höchsten Kreise der Nationalsozialisten, korrespondierte mit Aussenminister Joachim von Ribbentrop ebenso wie mit Hermann Göring, der sich in Fragen des Kunsthandels vertrauensvoll an den «lieben Baron» wandte.

Ab 1940 betätigte sich Eduard von der Heydt, der zwar in Ascona wohnte, im Zürcher Hotel Baur au Lac aber ein ständiges Zimmer gemietet hatte, geschmückt mit französischen Bildern und exotischen Kunstgegenständen, als Bankier der Abwehr, der Spionageabteilung der Wehrmacht. Von Hans Bernd Gisevius →11 und andern Vertretern der Abwehr übernahm er etwa im Baur au Lac oder im neuen Hotel Storchen kofferweise Dollar- und andere Noten, wechselte diese in Gold um, platzierte das Gold in Banksafes, brachte Gold und Geld von der Bank im Taxi wieder zu Mittelsmännern, zum Deutschen Generalkonsulat an der Kirchgasse →19 und zur Zürcher Privatwohnung →45 von Gisevius und veranlasste Zahlungen von Konten, die als unverdächtig galten, an deutsche Geheimagenten von Shanghai bis Mexico-City. Auch die Widerstandsgruppe →11, der Gisevius angehörte, griff auf die Dienste des in den Augen des nationalsozialistischen Regimes absolut unverdächtigen von der Heydt zurück.

Während des Kriegs war seine Kunstsammlung auf Dutzende von Depotstellen verteilt, ausgeliehen an Museen in Europa und Amerika, unter anderem auch an das

Kunstgewerbemuseum →80 in Zürich. Im Dezember 1943 nahm der 1882 geborene, kinderlose Baron Kontakt mit dem Zürcher Stadtpräsidenten Ernst Nobs →56 auf, wenige Tage bevor dieser in den Bundesrat gewählt wurde, und bot der Stadt die Schenkung seiner einzigartigen Kunstsammlung an. Die Verhandlungen erwiesen sich als kompliziert und kamen erst 1955, drei Jahre nach der offiziellen Museumseröffnung, zum Abschluss. Im Januar 1946 regte die amerikanische Botschaft eine Untersuchung der Geschäftstätigkeit des Schweizer Barons während des Kriegs an. Im Mai darauf wurde Eduard von der Heydt in Haft genommen, wenige Tage, bevor sich die Schweiz dank geschickter Diplomatie mit der Unterzeichnung des Washingtoner Abkommens →16 gewissermassen vom Image des Schurkenstaats hatte lösen können. Während in Nürnberg der Prozess gegen die Hauptkriegsverbrecher lief, darunter Rudolf Hess, Joachim von Ribbentrop und Hermann Göring, legte Baron von der Heydt nach 23-tägigem Gefängnisaufenthalt ein umfassendes Geständnis über seine Agententätigkeit für die Abwehr ab und wurde gegen Kaution entlassen.

Johannes Itten →80, der nach der Eröffnung des Weltkunst-Museums im Rieterpark zum ersten Direktor werden sollte, verwandte sich in einem Schreiben an Bundesrat Nobs für den angeklagten Baron, dem auch noch der Entzug der Schweizer Staatsbürgerschaft drohte, und wies auf den enormen kulturellen und materiellen Wert seiner schon fast, aber noch nicht ganz geschenkten Sammlung hin. Nobs, der erst nach dem Krieg vom Verdacht der Agententätigkeit des Kunstsammlers vernommen hatte, pochte jedoch auf die Unabhängigkeit der Untersuchung von der in Aussicht gestellten Schenkung.

Nach einem Verfahren vor einem Militärgericht (im Gebäude des Zürcher Obergerichts) wegen «Vorschubleistung zu militärischem Nachrichtendienst», in dessen Verlauf sich der kunstsinnige Baron in haarsträubende Lügenkonstrukte verstrickte, wurde Eduard von der Heydt im Mai 1948 freigesprochen. Dieses Urteil kam nicht nur von der Heydt und Itten gelegen, sondern auch der offiziellen Schweiz, die nach der Annäherung an die Westalliierten und im Zeichen des Kalten Kriegs kein Interesse daran haben konnte, die Verstrickungen der vergangenen Jahre offenzulegen.

Nicht alle Länder waren ohne weiteres bereit, die bei ihnen deponierten Kunstwerke gemäss dem Willen des Barons an das Museum Rietberg auszuliefern. 1951 konnten zwei Lastwagen voll chinesischer Skulpturen Ostberlin erst dann in Richtung Zürich verlassen, als Itten auf die Idee gekommen war, Wilhelm Pieck, dem Staatspräsidenten der DDR, als Gegenleistung für die wertvollen asiatischen Figuren ein Teesieb, ein Teeglas und zwei Buttermesser mit Horngriff anzubieten, die Lenin 1917 in seinem Zürcher Zimmer vor der Rückkehr nach Russland zurückgelassen hatte. Die USA jedoch weigern sich bis heute, die in amerikanischen Depots eingestellten Objekte herauszugeben, da sie von der Heydts Tätigkeit als Bankier im Dienst der deutschen Spionage für unverzeihlich halten.

› 114 Villa Schönberg, Gablerstrasse 14. Seit 1976 ebenfalls in städtischem Besitz, 2000 bis 2003 Sanierung von Haus und Garten.

› 114A Museum Rietberg, Gablerstrasse 15. Marmorbüste des Gründungsdonators Eduard von der Heydt von Otto Charles Bänninger im Foyer. Geöffnet Dienstag bis Sonntag 10–17 Uhr, Mittwoch und Donnerstag 10–20 Uhr, Montag geschlossen.

FLÜCHTLINGSKÜCHE IM GEMEINDEHAUS DER ICZ

Am 13. November 1938, vier Tage nach der «Reichskristallnacht», als in ganz Deutschland und Österreich Synagogen verbrannt und Juden umgebracht wurden, legte die Israelitische Cultusgemeinde Zürich (ICZ) an der Lavaterstrasse den Grundstein für den Neubau ihres Gemeindehauses, das nach einjähriger Bauzeit im Dezember 1939 eingeweiht werden konnte. Der Neubau war dringend nötig. Das alte Gemeindehaus bei der Synagoge an der Nüschelerstrasse →44 war zu klein geworden, seit sich die ICZ um die zahlreichen jüdischen Flüchtlinge, die Zürich erreichten, kümmern musste.

Die Betreuung der jüdischen Flüchtlinge oblag nämlich offiziell den Schweizer Juden, genauso wie etwa der Unterhalt für katholische Flüchtlinge von katholischen Hilfsorganisationen bestritten werden musste oder sozialdemokratische Einrichtungen die Unkosten für sozialdemokratische Emigranten zu begleichen hatten. Für die jüdischen Gemeinden bedeutete diese Aufgabe eine gewaltige Herausforderung, hatten sie doch mit landesweit nur etwa 18 000 Mitgliedern, wovon ein Drittel in der Stadt Zürich lebte, den Haupharst an Flüchtlingen zu betreuen. Zudem hatten sich im Verlauf der Dreissigerjahre angesichts der bedrohlichen Lage in Europa einige begüterte Gemeindemitglieder nach Amerika abgesetzt, so der Besitzer des Warenhauses Brann an der Bahnhofstrasse (heute Manor) oder Ferdinand Rieser, der Direktor des Schauspielhauses →23. Andere waren in die vermeintlich sicherere Westschweiz ausgewichen. Laut dem Bericht der Unabhängigen Expertenkommission UEK wandten private Hilfsorganisationen von 1933 bis 1945 knapp 50 Millionen Franken für die Betreuung von Flüchtlingen auf, davon trug das jüdische Hilfswerk etwa 30 Millionen Franken. Der Verband Schweizerischer Jüdischer Fürsorgen (VSJF) war eines der Gründungsmitglieder der Zentralstelle für Flüchtlingshilfe →65, in der die grossen Hilfswerke ihre Aktivitäten seit 1936 koordinierten. Der Verband jüdischer Fürsorgen konnte seine Aufgabe nur dank des international tätigen American Jewish Joint Distribution Committee erfüllen, das über die Hälfte der Gesamtkosten des VSJF beisteuerte.

Das Gemeindehaus an der Lavaterstrasse 33–37 präsentierte sich bis zum Umbau in den frühen Siebzigerjahren als zweistöckiges, im rechten Flügel von einem dritten Stockwerk überragtes Gebäude, an welches sich links des Eingangs ein einstöckiger Trakt anschloss. Im Neubau fanden Schule, Verwaltung und Fürsorge Platz, eine Bibliothek wurde eingerichtet und ein grosser Saal, der auch heute noch für kulturelle Veranstaltungen genutzt wird. Besonders während des Aktivdienstes lag die Flüchtlingsarbeit vorwiegend in den Händen der Frauen. Sie versorgten die oft mittellos und traumatisiert eintreffenden Flüchtlinge mit dem Nötigsten, gaben Auskunft und vermittelten Unterkunft, sammelten und schneiderten Kleider und betrieben Näh- und Flickstuben. Die Frauengruppe der ICZ führte gemeinsam mit den Frauenorganisationen der beiden kleineren orthodoxen Gemeinschaften, der Israelitischen Religionsgemeinschaft (IRG) und der von Ostjuden gegründeten Agudas Achim, eine koschere Suppenküche, die in der Eingangshalle des Gemeindehauses Tag für Tag Hunderte von Mahlzeiten ausgab.

Marta Jurt, eine nichtjüdische junge Fabrikarbeiterin, die im Zürich der Kriegszeit

Gemeindehaus der Israelitischen Cultusgemeinde, erbaut 1938 bis 1939.

in jüdischen Kreisen verkehrte, erinnert sich bei der Befragung des *Archimob*-Projektes an den «Saal, wo sich die Juden trafen und wo man für fünfzig Rappen ein Mittagessen bekam. Wenn man dort hereinkam, konnte man sagen: eine Judenschule! Das war ein Lärm dort und ein Tohuwabohu, und einer redete lauter als der andere. Dort tauschten sie Erinnerungen aus, und irgendwie war das noch lustig. Aber man hörte da natürlich auch viele schreckliche Flüchtlingsschicksale.» Im September und Oktober 1942, als die Deportation der Juden aus Frankreich eine Flüchtlingswelle ausgelöst hatte, assen täglich bis zu 450 Personen an langen Tischreihen in der Eingangshalle des Gemeindehauses.

Das Essen war gut – besonders im Vergleich zur Verpflegung in den Lagern, in welche die meisten der Flüchtlinge früher oder später eingewiesen wurden. Felix Stössinger, der als Journalist in Berlin gearbeitet hatte, war wie so viele 1933 nach Prag und 1938 nach Frankreich geflohen. 1942 gelang ihm, seiner Frau und ihrem gemeinsamen Sohn in der Nähe von Genf der Grenzübertritt in die Schweiz. Stössinger verpflegte sich während eines aus medizinischen Gründen gewährten Urlaubs aus einem Ostschweizer Lager, wo er interniert war, in der Gemeindeküche, die er als «Luxuslokal» bezeichnete: «Es gab abends 2 Teller einer vollen, fetten, dicken Suppe, Kartoffel in der Schale, einen Teller mit 2 Sardinen, Butter, Brot, 2 Tassen Tee mit Zitronen – zum ersten Mal schmeckte ich wieder gesüssten Tee.» Stössinger hatte als Korrespondent des *Tages-Anzeiger*s gearbei-

Flüchtlingsküche im Gemeindehaus der ICZ.

tet und dank seinem Beziehungsnetz und der Hilfe von Regierungsrat Robert Briner → 31 143 die aussergewöhnliche Gelegenheit erhalten, mit seiner Frau zusammen im gleichen Lager zu leben, einem «Krankenlager» im Kanton St. Gallen. Ihr Sohn hatte weniger Glück und wurde im Lager Girenbad → 95 98 untergebracht. Laut den von Simon Erlanger auszugsweise veröffentlichten Tagebüchern des Journalisten beklagte sich Sohn Hansi über Hunger und Kälte im Girenbader Lager und bemerkte, die Verpflegung sei mies und «1/4 Lavaterstrasse».

Die Suppenküche wurde bis 1948 geführt.

→ 115 Lavaterstrasse 33–37, Gemeindehaus ICZ.

116–120 UTOQUAI – ZÜRICHHORN

116 UTOQUAI
116 Badeanstalt Utoquai, Utoquai bei 49

117 LINKS UND RECHTS AUF DEM SALONDAMPFER HELVETIA
117 See

118 HALLERS ATELIER
118 Atelier Hermann Haller, Bellerivestrasse/Höschgasse

119 HÖLLENBETRIEB IM LANDIDÖRFLI
119 Seefeldquai, Blatterwiese, Zürichhorn, Strandbad Tiefenbrunnen

120 FLÜCHTLINGSLAGER IM LANDGASTHOF
120 Umschulungslager Zürichhorn, abgebrochen, beim Kasino und teilweise im Strandbad Tiefenbrunnen

SCHAUPLÄTZE, AUF DIE IN ANDEREN ABSCHNITTEN VERWIESEN WIRD
29A Filmstudio Bellerive, Utoquai
113C Blatterwiese: Holzlager

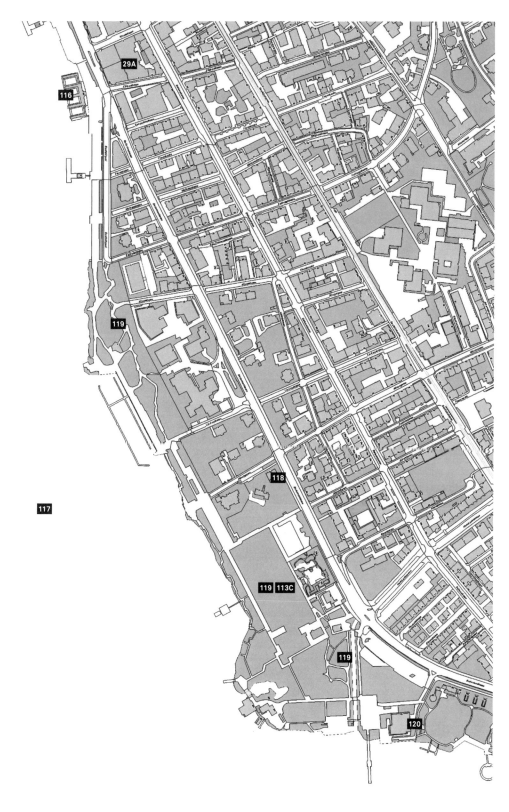

116 UTOQUAI

«Um diese Morgenstunde war die Badeanstalt am Utoquai noch nahezu menschenleer. Wellenlos, von den Strahlen der niedrig stehenden Sonne noch kaum gestreift, dehnte sich die sanfte Wölbung der Seefläche bis an das Wollishofer Ufer hinüber, wo die Flotte der weissen Dampfer und die kleinen Würfel der Siedlung Neubühl → 151 im Dunst aufzugleissen begannen. Olivengrau und smaragdgrün, nur durch die Schleisse [den Span] der Quaibrücke unterbrochen, umfing der Baumgürtel der Quaianlagen das malvenfarbene Becken, rosarot schimmerten die Brüste der Schwäne, und die Kiele der abgetakelten Segelschiffe waren nach Süden ausgerichtet.

Der Bademeister hatte die Holzplatten abgespritzt, aber wenn die Sonne sie erreichte, trockneten sie sogleich; unter ihnen, im grünen Raume zwischen den Pfählen, atmete der See mit leisem Plätschern.»

So beschrieb Kurt Guggenheim in *Alles in allem* die sommerliche Morgenstimmung im Utoquai der Dreissigerjahre. Das 1890 erbaute Kastenbad steht auf Pfählen im See und war das erste Bad der Stadt, das von beiden Geschlechtern besucht werden durfte. Waren Frauen, Mädchen, Knaben und Männer innerhalb des in Höfe gegliederten Bades jeweils in einem der vier Becken für sich, so bestand die Möglichkeit, sich draussen beim Floss zu treffen – wie jenes junge Paar in Guggenheims Roman: «Plötzlich horchten sie beide auf. Das Mädchen öffnete die Augen, stützte sich auf die Arme; sie lauschten.

Über den stillen, besonnten See hin, irgendwo aus einem Quartier an den Hügeln, aus Riesbach oder Hottingen, erklang klagend und misstönend, mechanisch erzeugt, heulend ein nicht abbrechender Laut, in immer gleicher Tonhöhe, ohne Unterbruch, wie eingerichtet für die Ewigkeit, man konnte sich gar nicht mehr vorstellen, dass er aufhören würde, ein Sausen, ein Surren. Die beiden sassen da, auf den Latten, fragend, er mit gerunzelten Brauen, sie mit offenem Munde. Die ganze strahlende Landschaft war zu einer Kulisse geworden. Hinter der, im Dunkel, sich etwas Furchtbares, Gefährliches zu ereignen schien, und es wollte besagen, es, das Aufheulende, sei nun die Wirklichkeit, und das, was man erblicke, nur mehr Schein, ein Trugbild, zum Verschwimmen bereit.

Endlich, mit schauerlichem Versummen endete es, und sie hörten in der Stille wieder die Wellen an die Tragfässer plätschern.

‹Was war das?› fragte das Mädchen bleich.

‹Eine Sirene, glaube ich. Sie probieren sie aus. Der Luftschutz.›»

Damals war das Utoquai noch eine schmucke, mit Türmchen verzierte Anlage. 1942, als sich Zürich längst an den Klang der Sirenen gewöhnt hatte, wurde die Badanstalt radikal umgebaut (nicht zum letzten Mal). Die malerischen Tellertürmchen wurden entfernt, neue, zeitgemässe Sonnenterrassen entstanden, der maurische Stil der Gründerzeit wich sachlicheren Formen.

› 116 Badeanstalt Utoquai, Utoquai bei 49.

LINKS UND RECHTS AUF DEM SALONDAMPFER HELVETIA

Im Rahmen der Hundertjahrfeier der Universität Zürich fuhr die Festgesellschaft am 29. April 1933 am Sonntagnachmittag auf dem grossen alten Raddampfer «Helvetia», gebaut 1875 und verschrottet 1964, auf den See hinaus, um am Abend «in sämtlichen Räumen der Tonhalle» zu feiern. «In der Mitte des Sees, gegenüber der Gemeinde Meilen, wendete der Salondampfer ‹Helvetia› und stampfte, festlich beleuchtet und voller Musik, wieder der Stadt zu. Allen Decks entlang und am Kreuz des Mastes hingen die Girlanden von Glühbirnen, in den Kajüten sassen die Professoren, die Vertreter der ausländischen Hochschulen, die Herren von der Regierung und die Stadträte mit ihren Damen vor den Flaschen einheimischer Weine aus den Staatskellereien. Auf dem oberen Deck, unter dem Sonnensegel, tanzte das Jungvolk, aber es gab schon viele Pärchen, die im Dunkel vorne am Bug, im Wehen des Fahrwindes standen, enganeinandergelehnt, versprochen und verstummt, den Blick dem glimmenden Lichthäufchen zugewendet, dem sie wieder entgegenfuhren.»

Kurt Guggenheim lässt in seinem Roman *Alles in allem,* der die Stimmung und Geschichte der Stadt Zürich über ein halbes Jahrhundert akribisch nachzeichnet, zwei Politiker unterschiedlicher Couleur auf dem Salondampfer ein Gespräch führen, das, kurz nach der Ankunft einer ersten Welle politischer Flüchtlinge aus Deutschland, zwei Tage vor den befürchteten Ausschreitungen an der Maifeier und wenige Monate vor den städtischen Wahlen im September 1933 → 55 61 143, wo der Zürcher Freisinn an der Seite der «Nationalen Front» gegen das Rote Zürich kämpft, bei einbrechender Dunkelheit die Hintergründe der Radikalisierung der Jugend erhellt. Der Stumpen rauchende Sozialdemokrat Emil Angst meint zu Walter Abt, seinem langjährigen politischen Gegenspieler der bürgerlichen Partei: «‹Dass ihr mit den Fröntlern zusammenspannt, um bei den Wahlen eine sogenannte bürgerliche Mehrheit zu bekommen, das ist – äch›, er beendete den Satz nicht, denn jetzt sagte Abt ‹Hören Sie auf!› gerade dies war sein Sorge. Immer dichter wurde die Saat der Lichter den Ufern entlang. In den Kajüten rüstete man sich zum Aufbruch, auf dem Sonnendeck wiederholte der Studenten-Chor von neuem sein ‹Gold und Silber lieb ich sehr ...›

Nach einer Weile sagte Abt: ‹Natürlich gefällt es mir auch nicht, aber wir wollen uns doch keine Flausen vormachen, unter uns Pfarrerstöchtern: unsere beiden Parteien laufen der Jugend nach, die nach links und nach rechts auszubrechen im Begriffe ist. Glauben Sie, es sei ein Zufall, dass wir hier so zusammen auf diesem Bänklein sitzen, an Bord der ‹Helvetia›?›

Als nehme er das Aufglühen des Stumpens im Munde des Nachbarn für eine zustimmende Antwort, fuhr er fort: ‹Es sind ja auch keine Halunken, weder die einen noch die andern, sondern Buben aus unserer Stadt, so um 1910 herum geboren, in der Kriegszeit herangewachsen, und das, was uns als ein stilles Jahrzehnt vorkam, der geruhsame Betrieb politischen Haderns, das ‹Nie wieder Krieg› und der Völkerbund, die Zusammenkünfte Briand-Stresemann – ach, sagens Sie es doch selbst, Herr Angst – kann man damit junge Leute begeistern?›

‹Da tönt es allerdings anders herüber aus dem Reiche –›

‹Und aus der Sowjetunion mit dem Panzerkreuzer Potemkin.›

‹Dem Horst-Wessel-Lied und dem Juda verreck!›

‹Merkst immer noch nichts›, rief Abt, und keinem der beiden fiel das Duzen auf, ‹wir ziehen am selben Strick, und jeder seinem Ende zugewandt, und versuchen unsere Jugend zu uns, in die Mitte, ins Land zurückzuziehen, bevor sie die andern Gängelbänder erhaschen, und sie den Molochen auf den Leim gehen!›»

Und etwas später fährt Abt fort: «‹Weißt du, wir machen manches falsch, in dieser Zeit. Am nächsten Freitag, am 1. Mai, feiern alle Betriebe der roten Stadtverwaltung, aber wenn wir, die bürgerliche Minderheit, im Grossen Stadtrat beantragen, es möchte am 1. August von vier Uhr an dem städtischen Personal freigegeben werden, dann lehnt ihr Sozialdemokraten das ab! Das ist doch purer Blödsinn! Um solches Zeug streiten wir bei uns! Das muss doch die Jungen abstossen! So etwas macht doch mehr böses Blut als irgend so ein durchgestierter Kredit für eure Ferien- und Freizeit-Aktion!›»

› **117** See.

118 HALLERS ATELIER

Als Hermann Haller, 1880 in Bern geboren als Sohn einer Lehrerin und des Direktors des Eidgenössischen Patentamtes für geistiges Eigentum, im Alter von vierzehn Jahren eine Ausstellung mit Gemälden von Ferdinand Hodler sah, entschied er sich, Maler zu werden. Auf Drängen der Eltern begann er jedoch Architektur zu studieren. Mit vierundzwanzig wandte er sich der Bildhauerei zu. Er arbeitete jahrelang in Deutschland, Rom und Paris und zählte, als er sich beim Ausbruch des Ersten Weltkrieges in Zürich niederliess, zu den bekanntesten europäischen Plastikern.

1932 bezog er ein nach seinen Ideen unter Mitwirkung des Stadtbaumeisters Herter → **94** gebautes Atelier auf städtischem Boden an der Höschgasse am Rande der Quaianlagen in Riesbach. Da die Stadt das Grundstück dem Bildhauer vorerst nur für fünf Jahre im Baurecht überliess, wurde das provisorisch gebaute Atelierhaus als nicht unterkellerte Holzkonstruktion auf Betonsockel gestellt und an der Aussenseite mit Eternitplatten verkleidet. Um die blendende Wirkung des direkten Sonnenlichts zu vermeiden, werden die beiden geräumigen Atelierräume durch nordseitige Oberlichter erhellt.

Im 1939 unmittelbar an das Landi-Gelände grenzenden Atelier schuf Haller seine in der Stadt bekanntesten Werke, das Waldmann-Denkmal → **15** und das *Mädchen mit erhobenen Armen* für die Landiwiese → **113** – zwei Skulpturen, die für die vorherrschende Verteilung der Geschlechterrollen im figürlichen Schaffen der damaligen Bildhauerei stehen: der für seine – wenn auch im Falle Waldmanns eher dubiosen – persönlichen Leistungen verehrte Mann wird als Individuum erkennbar und bekleidet dargestellt, die Frau, geschätzt wegen ihrer körperlichen Schönheit, bleibt namenlos und wird nackt präsentiert.

Eines seiner Modelle, Hedwig Braus, wurde seine Schülerin, Lebensgefährtin und 1945 seine dritte Ehefrau. Haller kannte viele Exponenten des Zürcher Kulturlebens, diskutierte mit Freunden und Kollegen auf der Terrasse vor dem Atelier, traf sie im Odeon → 11 und im Haus von Aline Valangin und Wladimir Rosenbaum → 21, wo auch Max Bill und Max Ernst → 4 verkehrten, die völlig andere Kunstauffassungen vertraten als Hermann Haller. 1933, im Jahr, als ihm die Universität Zürich die Ehrendoktorwürde verlieh, spendete er eine Terrakotta für die Tombola an einem Tanzabend zugunsten der deutschen Flüchtlinge aus dem Dritten Reich. Unberührt von avantgardistischen Anwandlungen arbeitete er bis zu seinem Tod 1950 hart an seinen in der Kunst der Jahrhundertwende fussenden Figuren, die eine unbeschwerte Leichtigkeit ausstrahlen. Hallers Atelier, 1982 von seiner Witwe der Stadt geschenkt, ist im Sommer von Donnerstag bis Sonntag nachmittags öffentlich zugänglich und bietet einen eindrücklichen, kaum veränderten Einblick in die Welt eines bedeutenden Künstlers der Dreissiger- und Vierzigerjahre, der mit seinen qualitativ hochstehenden, wenig innovativen Werken gut dem Geist entsprach, der damals in Zürich herrschte, dem zeitgleichen Schaffen ausländischer Staatskünstler nicht unverwandt, ohne jedoch in ideologisch überfrachtete, blutleere Sterilität oder protzige Monumentalität zu verfallen.

Modell des *Mädchens mit erhobenen Armen* (Landiwiese Wollishofen) im Atelier von Hermann Haller.

→ 118 Atelier Hermann Haller, Bellerivestrasse/Höschgasse. Juli bis September offen Donnerstag bis Sonntag 12–18 Uhr, Eintritt frei.

HÖLLENBETRIEB IM LANDIDÖRFLI 119

Wo das Seefeldquai vor dem Hafen Riesbach in eine breitere Grünanlage mündet, befand sich während der Landi 1939 der Haupteingang des Ausstellungsteils Riesbach und gleich dahinter am Ufer der 75 Meter hohe Turm der Schwebebahn, die den ländlich-traditionellen Riesbacher Teil über den See mit der industriell-modernen Landihälfte in der Enge → 110-113 verband und bereits 1940 wieder abgebrochen wurde. Anlässlich der Gartenbauausstellung «G59», die 1959 ebenfalls auf beiden See-

seiten stattfand, wurde die erfolgreiche Idee der seeüberquerenden Luftseilbahn übrigens wieder aufgenommen, diese neue Seilbahn bestand bis 1966.

Bis zur Blatterwiese nahm die Landesausstellung in Riesbach 1939 nur einen schmalen Streifen ein, entlang welchem sich landseitig mehrere längliche Pavillons reihten, die allesamt landwirtschaftlichen Themen gewidmet waren. Auf der Blatterwiese stand eine Festhalle mit Schönwetter-Gleitdach, die 5000 Personen fassen konnte und Schauplatz für Festspiele und Schwingertage war. Auf dem Zürichhorn befanden sich zahlreiche kleinere Pavillons, Themenkreisen wie Jagd oder Vogelschutz gewidmet, sowie Gaststätten mit dem Lokalkolorit verschiedener Landesteile. Nach dem Hornbach folgte das eigentliche Landidörfli, vom Architekten und langjährigen Berater des schweizerischen Heimatschutzes Max Kopp →[89] als vorbildliche Siedlung konzipiert: «Es soll wegweisend dafür sein, wie man auf dem Lande baut, sich einrichten, wie man dort wohnen und sich kleiden soll. Es verkörpert eine Abrechnung mit jenen Einflüssen, die unsere wirklichen Dörfer in den letzten Jahrzehnten verfalscht haben», hiess es im offiziellen Ausstellungsführer.

Im Landi-Buch, das Gottlieb Duttweiler →[81] 1940 zum Selbstkostenpreis von 1.50 Franken in 430 000 Exemplaren herausgab, wurde das in der grössten Stadt errichtete, vom ganzen Land heiss geliebte und in mehreren Schlagern →[74] wehmütig besungene künstliche Dorf so beschrieben: «S'Dörfli, liebevoll ‹Sümpfli› zubenannt, wo jeder Entspannung im heimatlichen Rahmen fand, wo der Föderalismus in einer Mischung aller Kantone Triumphe feierte. Hier suchte der Landi-Besucher Erholung von den Strapazen des jenseitigen Ufers der Technik und Erheiterung ob dem erdrückenden Ernst der Weltlage. Die schweren Weltstürme draussen liessen uns in der Geborgenheit unseres lieben Schweizerhauses näher zusammenrücken. Es war, wie wenn vorausgeahnte Gefahr die Herzen aufgeschlossen und die Zungen gelöst hätte in freundeidgenössischer Lebensfreude. – Das liebe bäuerliche Bild der landwirtschaftlichen Schau weckte in jedem rechten Schweizer Empfindungen uralter Schollentreue.»

Auch Hildegard Janser, die nach ihrer Kellnerinnenlehre an der Landesausstellung arbeitete, war begeistert von Landi und Dörfli. Im Rahmen des Projektes *Archimob* berichtete sie: «Die Landi schweisste die vier Landesteile so richtig zusammen: ‹Wir sind jemand, und wir haben etwas.› Wenn Hitler gekommen wäre, hätte jeder gesagt: ‹Dieses Land wird verteidigt. Fertig Schluss!›» Sie servierte im Landgasthof Schwanen, das beim heutigen Kasino am Ufer stand. Im offiziellen Ausstellungsführer wird der Landgasthof, den der Architekt Karl Knell →[20] entwarf, stichwortartig charakterisiert: «1200 Sitzplätze; Menu Fr. 3.– und 4.–. Bodenständige Stube und Laube; Gartensaal, Wirtschaftsgarten und prächtige Seeterrasse; währschafte Bauernküche.» Zum Dörfli erzählte Kellnerin Janser: «Da gab es ein Gemeindehaus, einen Bauernhof, das Restaurant Schwanen, eine Schaukäserei, die ‹Bündnerstube›, die ‹Fischerstube›, das ‹Grotto Ticinese› und ein Waadtländer Restaurant. Das waren richtige Häuser, die genau so aussahen wie die Häuser im Tessin oder im Waadtland. Das war wunderschön gemacht, wie ein richtiges Dorf. Aber ein schönes Dorf. Und wir servierten in den verschiedenen Trachten. Das Dörfli zog wahnsinnig bei den Besuchern, da lief verrückt viel. Alle gingen an

Landidörfli.

die Landi, das war ein Höllenbetrieb. Wir servierten jeweils bis zu 2500 Mittagessen am Tag – 2500! Da musste in der Küche und am Buffet etwas laufen!»

Seeaufwärts erstreckte sich die Ausstellung bis zum Ende des erst in den Fünfzigerjahren gebauten Strandbades Tiefenbrunnen. Als einziges Überbleibsel der Landi blieb die «Fischerstube» erhalten, ein Fischrestaurant, das allerdings ursprünglich mit Stroh gedeckt war und nach einem Brand 1956 ohne Strohdach wieder aufgebaut wurde. In der kleinen Fischerhütte gerade daneben wohnte während der Ausstellungsdauer ein Fischer, «der hier seinem gewohnten Berufe obliegt, also fischt und Netze flickt und damit dem Besucher einen Ausschnitt lebensnaher Thematik aus dem Dasein des Brotfischers vor Augen führt».

▸ 119 Seefeldquai, Blatterwiese, Zürichhorn, Strandbad Tiefenbrunnen.

120 FLÜCHTLINGSLAGER IM LANDGASTHOF

Fast alle Bauten der Landi wurden sofort nach der Ausstellung abgebrochen. Am 28. Oktober 1939, am vorletzten Ausstellungstag, beschloss der Stadtrat jedoch, den Landgasthof ▸ 119, die Hallen für Tierzucht und Milchwirtschaft beim Zürichhorn und den hinter dem Mythenquai gelegenen Teil der Halle «Elektrizität» zu kaufen, «um im Kriegsfalle Reserven für Notfälle, wie Epidemien, Evakuierung von Personen aus beschädigten Stadt- und Vorstadtgebieten oder für Rotkreuzwecke zur Verfügung zu haben». Vorderhand sollten die Gebäude als Magazin für städtische Unternehmen und vorübergehend zur Einlagerung von Ausstellungsobjekten genutzt werden.

Zwei Jahre später gelangte der Chef der Zentralleitung der Arbeitslager für Emigranten mit einem Gesuch an den Stadtpräsidenten, den Landgasthof im Zürichhorn für die Durchführung von Berufsbildungskursen zu überlassen. Dies war insofern bemerkenswert, als sich die Lager für die Flüchtlinge, die sich in der Schweiz aufhielten, normalerweise abseits der grossen Zentren befanden, da eine Integration der Emigranten und ein enger Kontakt mit der Bevölkerung vermieden werden sollte. Die Schweiz verstand sich ausdrücklich als Durchgangsland, auch wenn eine Weiterreise in vielen Fällen faktisch bald nicht mehr möglich war. Doch beim geplanten Lager am Zürichhorn handelte es sich um ein Umschulungslager, wo den Emigranten Berufskenntnisse vermittelt werden sollten, damit sie «allenfalls überseeisch vermittelt werden können». «Die Zentralleitung», wird im Stadtratsprotokoll festgehalten, «legt besonderen Wert darauf, diese Kurse in Zürich durchzuführen, weil sie hier ihren Sitz hat und über die nötigen Fachlehrer verfügen kann.» Unter der Bedingung, dass der Landgasthof der Stadt im Bedarfsfall bedingungslos zurückgegeben wird, entsprach der Stadtrat dem Gesuch der 1940 gebildeten gesamtschweizerischen Zentralleitung der Arbeitslager für Emigranten, deren Büro sich bei der Tonhalle an der Beethovenstrasse 11 und 9 befanden.

Für die Kulissen und Requisiten des Stadttheaters (Opernhauses), die im Gartensaal des Landgasthofs aufbewahrt wurden, konnte Platz in andern von der Landesausstellung übrig gebliebenen Gebäuden gefunden werden, und 1942 begannen am Zürichhorn Kurse für Schreiner, Schneider und Schuhmacher. Diese dienten nicht nur der Ausbildung und Beschäftigung der Internierten, sondern verhalfen der Zentralleitung für Arbeitslager auch zu einem günstigen Reparaturservice für ihr Material.

Zwischen 1942 und 1947 nahmen im Umschulungslager Zürichhorn und in anderen Schulungslagern gut 1500 Personen an den drei- bis sechsmonatigen Berufsbildungskursen teil, davon waren ein knappes Drittel Frauen. Dreihundert der Flüchtlinge belegten den Kurs für Metallarbeiter, andere liessen sich als Schneider, Näherinnen, Schreiner, Bauzeichner, Schuhmacher, im Haushalt, als medizinische Hilfslaborantinnen, Fotografen, Coiffeusen und in weiteren Berufen ausbilden. Im Frühjahr 1944 begann sich die Zentralleitung für Arbeitslager verstärkt um die Berufsausbildung Jugendlicher sowie die «Umschulung der ältern Emigranten auf einen für die Auswanderung besonders geeigneten Beruf» zu kümmern und schuf eine Abteilung Schulung und Freizeit, die gegen Ende des Kriegs Freizeitangebote und einen Vortragsdienst aufbaute. 1944 bis 1945 konnte die Flüchtlingszeitung *Über die Grenzen* erscheinen. Die Internierten erhielten mehr Bewegungsfreiheit. Das Lager Zürichhorn war nicht zuletzt deshalb beliebt, weil es bis zu einem gewissen Grad die Gelegenheit bot, am städtischen Leben teil-

Landgasthof Schwanen an der Landesausstellung 1939.

zuhaben und Kontakte zu Freunden, Bekannten und Gesinnungsgenossen zu pflegen. Im Frühjahr 1944 lebten und arbeiteten fünfzehn angehende Schuhmacher, zwanzig Metallarbeiter und vierzehn Schreiner im ehemaligen Landgasthof, der sich an der Stelle des heutigen Kasinos und der angrenzenden Rasenfläche des 1950 gebauten Strandbades Tiefenbrunnen befand. Einer der Flüchtlinge, die sich im Umschulungslager Zürichhorn zum Handwerker ausbilden liessen, war Paul Meuter → 90, der nach Jahren im Untergrund 1942 verhaftet und interniert wurde und sich in der Bewegung «Freies Deutschland» engagierte, die sich 1944/45 zuerst illegal, später legal mit dem Aufbau eines freien Nachkriegsdeutschland beschäftigte. Die erste legale Versammlung der von Kommunisten wie Wolfgang Langhoff → 24 initiierten Exilorganisation fand, mit Delegierten aus der ganzen Schweiz, am 27. Mai 1945 im Kongresshaus → 107 statt.

→ 120 Umschulungslager Zürichhorn, abgebrochen, beim Kasino und teilweise im Strandbad Tiefenbrunnen.

121–130 OERLIKON UND UMGEBUNG

121 BRUNNENHOFLIED
121 Radio Studio
121A Brunnenhofstrasse

122 DER EINZIGE JUDE IM SCHWEIZER RADIO
122 Radio Studio

123 BAD ALLENMOOS
123 Schwimmbad Allenmoos, Ringstrasse 79

124 OERLIKON UND NEW YORK
124 *Geher:* Spielwiese zwischen Föhren- und Venusstrasse
124A Allenmoosstrasse 91
124B Albin-Zollinger-Platz: Bernina-/Allenmoosstrasse

125 EINGEMEINDUNG: NEUE STRASSENNAMEN, NEUE HÄUSER
125 Kreisbüro
125A Schaffhauserstrasse
125B Ohmstrasse
125C Nansenstrasse
125D Marktplatz
125E Tramdepot Tramstrasse

126 HALLENSTADION
126 Hallenstadion

127 DAS VOLLE RETTUNGSBOOT
127 Hallenstadion
127A Leutschenpark

128 LOUIS HÄFLIGER
128 Louis-Häfliger-Park
128A Ringstrasse 15

129 BÜHRLE: WAFFEN, WOHLFAHRT, KUNST UND KIRCHE
129 Wohlfahrtshaus Langwiesstrasse 30
129A Gustav-Ammann-Park
129B Christuskirche, Dörflistrasse 17

130 PLAN WAHLEN
130 Birchstrasse 95, ehemalige Eidgenössische Landwirtschaftliche Versuchsanstalt

SCHAUPLÄTZE, AUF DIE IN ANDEREN ABSCHNITTEN VERWIESEN WIRD
95A Baumackerstrasse 15: Volkshaus Baumacker

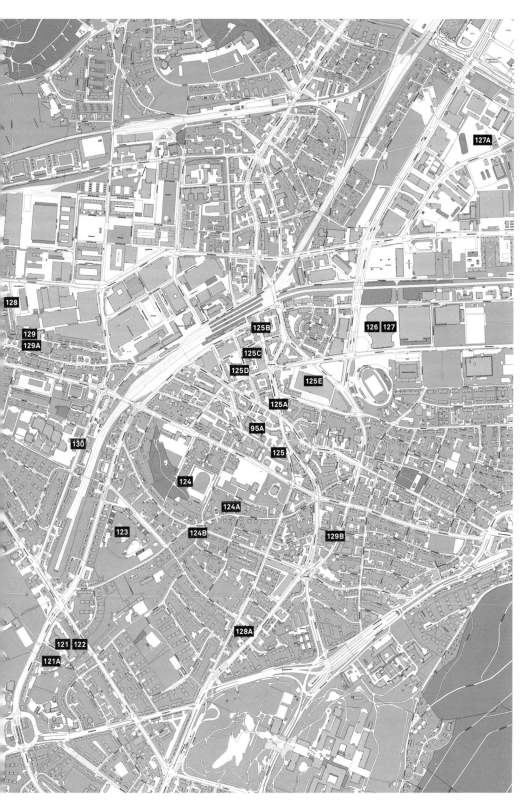

121 BRUNNENHOFLIED

Nachdem sich 1931 die regionalen Radioorganisationen zur Schweizerischen Rundspruchgesellschaft (SRG) zusammengeschlossen hatten und in Beromünster, Sottens und etwas später auf dem Monte Ceneri Mittelwellen-Landessender eingerichtet worden waren, wandte sich Jakob Job → 122 151, der 1932 ernannte Direktor des Radiostudios Zürich, an die Stadt, um eine Liegenschaft für den Bau eines Studiogebäudes zu finden. Job entschied sich für die Gegend des «Fallenden Brunnenhofs». «Nicht nur», berichtet er später, «weil es mit einer direkten Strassenbahnlinie vom Zürcher Hauptbahnhof, aber auch von der Station Oerlikon aus leicht zu erreichen war, sondern auch wegen seiner Lage inmitten einer bäuerlichen Welt.» Als 1932/33 an der Brunnenhofstrasse 20 das erste als Studio erbaute Gebäude der Schweiz entstand, musste die Scheune des Bauernhofs abgebrochen werden, das eigentliche Hofgebäude westlich des Studios zwischen Brunnenhofweg und Hofwiesenstrasse blieb vorerst erhalten. Wenn der Radiodirektor, der wie der Abwart eine Wohnung im Obergeschoss des Neubaus erhielt, von seinem Balkon in die Landschaft schaute, sah er eine «stille bäuerliche Welt, in der im Juni die Heumahden dufteten, im Oktober an der Hauswand des Brunnenhofs die dunkeln Trauben reiften. Vor ihr sass oft auf dem kleinen Bänklein, dem Brunnen gegenüber, der alte Herr Syfrig mit seiner Frau.»

Auf der andern Seite der Brunnenhofstrasse hatte die Stiftung Wohnungen für kinderreiche Familien bereits 1931 eine Reihe von dreistöckigen Wohnhäusern errichtet, die 2007 einem Ersatzneubau gewichen sind. Die Strasse, erinnert sich Jakob Job, war denn auch wirklich «ständig von einer Schar von Drei- bis Fünfzehnjährigen bevölkert. Das kam uns zustatten. Kinder braucht man im Radio immer, in Jugend- und Schulfunkstunden, im Hörspiel und so weiter.» Und wenn die Kinder nicht im Studio gebraucht wurden, konnten sie «in diesem in sich geschlossenen Quartier noch nach Herzenslust herumtollen, Räuberlis spielen, tschuten, Velorennen und Stelzenläufe veranstalten».

In den Dreissigerjahren gewann das Radio schnell an Bedeutung. Bezahlten 1931 in der ganzen Schweiz noch 150 000 Empfänger Konzessionsgebühren, waren es 1945 bereits 850 000. War früher Empfang nur über Kopfhörer möglich, so setzten sich

Brunnen des Brunnenhofs vor dem Radiostudio Zürich.

bald Lautsprecher durch, zuerst in Restaurants, Coiffeurläden und Vereinslokalen, dann auch in Privathäusern. Wie ein Leitmotiv zieht sich der Ton von Radiolautsprechern durch Friedrich Glausers ersten Wachtmeister-Studer-Roman → 134 von 1936: «Aus jedem Haus drang Musik; manchmal unangenehm laut aus einem geöffneten Fenster, manchmal dumpfer, wenn die Fenster geschlossen waren.» Im Vorfeld des Krieges wurde das Radio auch in der Schweiz als Informations- und Propagandamedium zunchmend ernst genommen. Das Studio Zürich wurde zu klein. 1937 bis 1940 entstand ein Erweiterungsbau (Brunnenhofstrasse 22) mit trapezförmigem Studiosaal. Nach Kriegsausbruch stand das Studio unter militärischer Bewachung. Wenn der Direktor nach Hause wollte, musste er seinen Ausweis vorweisen.

Der Brunnenhof stand, unterdessen etwas heruntergekommen, immer noch. Erst gegen Kriegsende musste er einer Wohnbebauung zwischen Hofwiesen-, Brunnenhofstrasse und Brunnenhofweg weichen. Jakob Job setzte sich für die Erhaltung des «fallenden Brunnens» ein, der eben im Gegensatz zu einem Sodbrunnen ein Röhrenbrunnen war, wo das Wasser in den Trog fällt, und bewirkte beim Abbruch des Bauernhauses die Versetzung des Brunnens in Richtung des Studios an seinen heutigen Platz. Zum Andenken an Hof und Brunnen veranstaltete Radio Zürich 1944 einen Wettbewerb für ein «Brunnenhoflied». Nach der Sendung *Sterbender Brunnenhof* beteiligten sich über tausend Personen auf dem Postweg am Voting. Unter den acht in der Sendung vorgespielten Kompositionen gewann das vom Gesangsduo Marthely Mumenthaler und Vrenely Pfyl → 6 vorgetragene Lied, wo der Brunnen zwischen Grillenkonzert, Brunnenhofkindern und Radiostudio im Refrain klagt:

«So war es einmal, und so ist es nicht mehr,

und so wird es auch nie wieder sein.

Die Stadt legt die steinernen Finger aufs Land,

von dem Alten da bleib ich allein.»

▸ 121 Radio Studio.
▸ 121A Brunnenhofstrasse.

DER EINZIGE JUDE IM SCHWEIZER RADIO   122

Im Dezember 1944 fusionierte das Radio-Orchester Beromünster mit den Tonhalle-Orchester und nannte sich fortan Radioorchester der Tonhalle. «Fünfundvierzig», erzählt Rolf Liebermann → 22 1997 in einem Interview, «kam ein Anruf von meinem Freund Hermann Scherchen, dem Dirigenten, in dem er mitteilte, dass er die Leitung des Orchesters von Radio Beromünster übernähme und wollte, dass ich als Tonmeister für ihn arbeiten sollte. Unser damaliger Direktor → 121 von Radio Zürich empfing mich zu Beginn meiner Tätigkeit mit den Worten: ‹Herr Liebermann, Sie sind der einzige Jude in der Schweizerischen Rundfunkgesellschaft. Das gibt Ihnen eine besondere Verantwortung.› In dem Moment, als er das gesagt hatte, konnte man entweder gleich wieder seinen Hut nehmen oder versuchen, das zu machen, was man musste. Und mir war der Scherchen wichtiger als der Direktor. Aber das war für mich ein nicht auszulöschendes Erlebnis mit Zürich.»

Rolf Liebermann hatte schon immer das Verständnis dafür gefehlt, wenn die Angehörigen der ganzen jüdischen Gemeinschaft für das Verhalten eines einzelnen Mitglieds verantwortlich gemacht wurden: 1942 wandte sich der Zürcher Sekretär des Schweizerischen Israelitischen Gemeindebundes (SIG) an den Musiker, weil ein Zürcher Coiffeur den SIG zur Begleichung einer Rechnung von 27 Franken aufgefordert hatte, die Liebermann schuldig geblieben war. In seiner Antwort an den SIG wehrte sich Liebermann nicht gegen den Anspruch des Coiffeurs, sondern gegen dessen «typische antisemitische Haltung», die darin besteht, «einen Juden für den andern verantwortlich zu machen» – und gegen den SIG-Sekretär, der sich überhaupt auf die Forderung des Coiffeurs einliess: «Glauben Sie, er wäre bei einem protestantischen Kunden zum protestantischen Kirchenbund gegangen, um sich zu beschweren? Nein. Aber die heute herrschende Panik der Juden auszunützen, liegt doch so nahe. Unsere Situation in der Welt ist verheerend und es ist nur logisch, dass die Psychologie des kleinen Mannes den offensichtlichen Druck für sich selbst auszu-werten sucht. Und diese Erkenntnis ist eigentlich zu primitiv, als dass ich sie dem Sekretariat des SIG auseinandersetzen müsste.»

Liebermann gefiel es beim Radio: «Bis 1950 war ich Tonmeister und ging immer nachmittags nach Hause zum Komponieren. Das war eine Zeit voller wunderbarer Geschichten. Wir hatten in diesen Jahren die gesamte Elite der deutschen Dirigenten, die in Deutschland nichts mehr verdienen konnte. Ich hatte sie alle: mindestens zweimal im Monat Klemperer, Bruno Walter. Für ganze 500 Franken im Sonntagmorgenkonzert.»

Scherchen wirkte 1950 in Prag als Gastdirigent und berichtete anschliessend in Basler PdA-Kreisen begeistert von den Wundern des Sozialismus. In der Zeit des Kalten Krieges machte er sich damit untragbar für das Schweizer Radio und wurde entlassen. Aufnahmeleiter Liebermann übernahm seine Stelle. Er hatte Scherchen vom Einsatz für den real existierenden Sozialismus abgeraten. Liebermann, der in den Dreissigerjahren noch Gesänge für kommunistische Chöre und Marschlieder für Spanienkämpfer komponiert hatte, waren schon 1939 nach dem Hitler-Stalin-Pakt und dem sowjetische Krieg gegen Finnland Zweifel an der Vorbildfunktion der Sowjetunion gekommen.

Als Komponist, der sich zwischen Barock, Jazz, Zwölftontechnik und Unterhaltungsmusik bewegte, sowie als Leiter der Opernhäuser von Hamburg und Paris wurde der 1999 verstorbene Rolf Liebermann zu einem der bedeutendsten Musiker des 20. Jahrhunderts.

› 122 Radio Studio.

BAD ALLENMOOS

«Es gibt überhaupt nichts Schöneres, als baden zu gehen. Früher fuhr man mit dem Tram ins Dolder-Wellenbad oder an den Zürichsee. Seit das Allenmoos besteht, können wir zu Fuss an den Ort der Seligkeiten gelangen», heisst es in den Kindheitserinnerungen der 1931 geborenen Mary Apafi-Fischer → 111, die in der damals neuen Genossenschaftssiedlung Hofgarten beim Bucheggplatz aufwuchs. Das im Landi-Jahr 1939 eröffnete und in den 1990er-Jahren renovierte Bad Allenmoos war das erste Zürcher Freibad, das fernab von Limmat und See mitten im Siedlungsgebiet angelegt wurde. Das Dolder-Bad – bis vor wenigen Jahren ein Wellenbad – stammt zwar schon aus dem Jahr 1934, steht aber nicht in einem Wohnquartier, sondern im Wald.

Die aus einem Wettbewerb hervorgegangene Anlage der Architekten Max Haefeli und Werner Moser → 107 135 und des Landschaftsarchitekten Gustav Ammann → 26 80 145 151 diente in der Nachkriegszeit als Anregung für viele der nun zahlreich entstehenden Freibäder, nicht nur in Zürich, wo für das nächste Schwimmbadprojekt, das während des Krieges geplante und 1949 fertiggestellte Freibad Letzigraben des Architekten Max Frisch, wiederum Gustav Ammann als Gartenarchitekt zugezogen wurde. Die einstöckigen Garderobe-, Restaurant- und Dienstgebäude sind im Allenmoos entlang des Grundstücksrandes aufgereiht, schirmen das Bad vom Quartier ab und lassen viel Raum für die beiden grossen, frei geformten Becken für Schwimmer und Nichtschwimmer sowie für die durch Gehölze gegliederten und über ein Wegnetz aus Granitplatten erschlossenen Bereiche unterschiedlicher Nutzung: Spiel- und Turnwiesen für Schulklassen, Kinderspielplatz mit Rundlauf, Schaukeln und Planschbecken, Ruhezonen, Rasen- und Sandliegeplätze. Wie später im Letzibad fasste Ammann die

Freibad Allenmoos.

Bassins mit breiten Blumenbändern, sommerblühenden Stauden und Kleingehölzen ein und machte damit eine Absicherung durch einen Zaun überflüssig. Für Gustav Ammann hatte die sorgfältige Gestaltung von Grünanlagen nicht nur eine ästhetische Funktion, sondern auch eine sozialhygienische: «Mit dem gesünderen Land, d. h. einer schöneren und sinngemäss gestalteten Landschaft (einschliesslich Dorf und Stadt) soll auch der Mensch Gesundung finden.»

Über zwanzig Festangestellte in langen weissen Hosen sorgten im neu eröffneten Freibad für Ordnung und Sicherheit. 1939 kostete ein Eintritt 30 Rappen für Erwachsene, 15 für Kinder. Auf ihrem Weg vom Bucheggplatz zum Allenmoos hörte die kleine Marie das Geschrei der Badenden schon an der Wehntalerstrasse. «Vor der Kasse muss man sich hinter einer langen Warteschlange anstellen. Dann schiebe ich meinen Zwanziger durchs Fensterchen. Den Fünfer, den ich zurückbekomme, darf ich behalten. In der Garderobe für Mädchen stelle ich die Zokkoli unter die Bank und hänge die Kleider an einen Haken. Ich suche mir ein Plätzchen auf der Wiese beim Nichtschwimmerbecken, wo ich das gelbe Wachstuchköfferchen hinlege und mit dem Frottiertuch zudecke. Jetzt kommt der Augenblick der Überwindung: ins kalte Wasser tauchen!»

Nachdem sich das Mädchen nach heftigem Spritzen und Zappeln an die Frische gewöhnt hatte, fiel ihm ein Bub mit einem luftgefüllten Schwimmring auf. «Das ist ja Rolfli, der mit mir im Kindergarten war. Er ist ein Jahr jünger als ich. Seine Eltern besitzen das Geschäft am Schaffhauserplatz, wo man vom Laufgitter bis zum Gampiross alles für Kinder kaufen kann. Dieser Gummiring ist natürlich auch aus dem Laden. Ich begrüsse den schmächtigen Buben und frage ihn, ob er mir den Ring einmal kurz gebe. Er schüttelt den Kopf und antwortet ängstlich, das dürfe er nicht. Seine Zaghaftigkeit lässt vermuten, dass mit hartnäckigem Bohren schon etwas zu machen wäre.» Für den Fünfer, mit dem der Junge am Kiosk ein Caramel-Bouchée kaufen konnte, erhielt Marie, die zum Ärger der Eltern noch nicht schwimmen konnte, den Ring dann wirklich für fünf Minuten, bis der grosse Zeiger von einem Strich auf den andern gerückt war, und genoss das Glück, auf dem Wasser schweben zu können.

> 123 Schwimmbad Allenmoos, Ringstrasse 79, geöffnet während der Sommermonate, normalerweise von 9.00 bis 19.00 oder 20.00 Uhr.

124 OERLIKON UND NEW YORK

Als die Stadt 1934 neben dem Garderobehäuschen der Spielwiese beim Schulhaus Liguster Franz Fischers Figur des *Gehers* aufstellen liess, wurde dies im eben erst eingemeindeten Oerlikon als Affront empfunden. Besonders die Lehrerschaft des benachbarten Schulhauses empörte sich über die Bronzeplastik, weil der Bildhauer die Figur des Sportlers in der Art eines antiken Athleten nackt gestaltet hatte. Albin Zollinger → 12, der von 1922 bis zu seinem Tod im Liguster als Lehrer wirkte, setzte die

Stimmungslage im Konvent, den er als «halbgewerkschaftliches Kollegium des Lehrkörpers» bezeichnete, in seinem 1940 erschienenen Roman *Pfannenstiel* um. Wie die Romanfiguren zeigten sich Zollingers Lehrerkollegen in ihrem Schamgefühl verletzt und «wiesen auf die Nachbarschaft eines etwas odiösen Waldbestandes und der Klosettanlage hin, mit Betonung auf die Nachteiligkeit für das Kunstwerk selber». Einzelne Vertreter der Lehrerschaft waren anderer Meinung: «Es kränkt nur die Prüderie, oder das Muckertum freut sich, einen Gegenstand seiner wollüstigen Anfeindung in ihm gefunden zu haben. Prüderie und Muckertum sind nicht die Tugenden, für die wir uns einsetzen.» Diese Minderheit sah die Freiheit der Kunst gefährdet und riet: «Lasst den Akt stehen, so verleidet ihr den Pornographen die Arbeit!»

Franz Fischer erinnerte sich später an Zollingers Engagement im Skandal um den *Geher*: «Als Lehrer wusste er von der Opposition seiner Kollegen, er informierte sich, und so lernte ich ihn persönlich kennen. Er erzählte mir von der geplanten Eingabe seiner Lehrer zur Entfernung der Figur und dass er und eine Arbeitslehrerin sich geweigert hätten, diese zu unterzeichnen. Ich schlug dann vor, dass eine Aussprache zwischen der Lehrerschaft und mir stattfinden sollte. Darauf gingen die Pädagogen nicht ein.» Die Eingabe an Stadtpräsident Emil Klöti blieb erfolglos, der *Geher* steht noch heute neben der Spielwiese.

Der 1900 in Prag, wo sein Vater, ein Zürcher Ingenieur, damals beschäftigt war, geborene Franz Fischer war in Oerlikon aufgewachsen und zog 1936 nach einem Aufenthalt im Tessin in sein Elternhaus an der Allenmoosstrasse 91, ganz in der Nähe des *Gehers*, des Liguster-Schulhauses und des 1980 nach Albin Zollinger benannten

Nackter Mann erregt Aufsehen: *Der Geher* von Franz Fischer.

Platzes, wo ein Gedenkstein an den früh verstorbenen Dichter erinnert. An der Landesausstellung konnte Fischer 1939 eine über sechs Meter hohe Gipsplastik mit dem Namen *Gäa* zeigen, die nicht mehr erhalten ist, und im gleichen Jahr vertrat er die Schweiz im internationalen Kunstwettbewerb an der Weltausstellung in New York, die Ende April ihre Tore öffnete und während ihrer zweijährigen Dauer fünfzig Millionen Besucher und Besucherinnen empfing, während die nationale Landi in einer Saison immerhin gut zehn Millionen Eintritte verzeichnete.

Wahrzeichen der Weltausstellung waren ein 212 Meter hoher weisser, dreiseitiger Obelisk und eine ebenfalls weisse Kugel von 65 Metern Durchmesser, die als Ausstellungshalle diente. Die New Yorker Ausstellung inszenierte mit ihren Firmenpavillons die Bedeutung der Grosskonzerne. General Motors etwa präsentierte in ihrem

Futurama die Stadt der Zukunft, die aus modernen Wolkenkratzern und unzähligen Highways bestand. Bescheidener nahmen sich die Pavillons der Nationen aus. Deutschland hatte nach anfänglicher Zusage auf eine Beteiligung verzichtet, um Devisen zu Gunsten der Rüstungsbeschaffung einzusparen. Die Schweiz setzte in ihrem Beitrag auf die bewährte Mischung von Folklore und modernem Design. Holländische und deutsche Reedereien mit Verkaufsstellen an der Zürcher Bahnhofstrasse warben in Schweizer Zeitungen für den Besuch der Weltausstellung: «Von der Schweizerischen Landesausstellung Zürich an die Weltausstellung New York. Warum nicht einmal nach Amerika?», schlug der Norddeutsche Lloyd vor und schrieb im Frühjahr 1939 besondere Gesellschaftsreisen für Schweizer aus, zwanzig Tage pauschal, alles inbegriffen, ab Franken 1474.–. Eine dieser Reisen hätte vom 22. August bis zum 12. September stattfinden sollen.

Die Dampfer, die laut Inseraten für den Lloyd und die Holland-Amerika-Linie Schweizer Gesellschaften nach New York zu bringen beabsichtigten, gingen teilweise schon kurz nach Kriegsbeginn unter: Die deutsche «Columbus» wurde nach einem britischen Angriff auf der Rückfahrt von Amerika im Dezember des ersten Kriegsjahres von der Besatzung in Brand gesteckt und versenkt, damit sie nicht in die Hände der Feinde fiel, den holländischen Transatlantikdampfer «Statendam» versenkte die deutsche Luftwaffe im Mai 1940 bei der Zerstörung Rotterdams.

Die Jury des Kunstwettbewerbs an der Weltausstellung zeichnete Franz Fischers in Oerlikon verpönten *Geher* mit einer Goldmedaille aus. Nach einem längeren Unterbruch durch den Aktivdienst arbeitete Fischer → 50 bis zu seinem Tod im Januar 1980 in seinem Atelier in Oerlikon und schuf unter anderem das Grabmal für die vierzig Todesopfer der Bombardierung Schaffhausens vom 1. April 1944 im dortigen Waldfriedhof und später das Relief am Neubau der Schweizerischen Bankgesellschaft am Paradeplatz (UBS).

› 124 *Geher:* Spielwiese zwischen Föhren- und Venusstrasse.
› 124A Allenmoosstrasse 91.
› 124B Albin Zollinger-Platz: Bernina-/Allenmoosstrasse.

125 EINGEMEINDUNG: NEUE STRASSENNAMEN, NEUE HÄUSER

Mit der Entwicklung der Oerliker Maschinenindustrie entstanden nicht nur in Oerlikon selbst, sondern auch in den angrenzenden Gebieten der Nachbargemeinden Affoltern, Seebach und Schwamendingen Wohnquartiere für Arbeiter- und Angestelltenfamilien. Die Dörfer um Oerlikon waren von der Zunahme einer Bevölkerung, die Schulen und andere Infrastrukturleistungen benötigte, aber nur wenig Steuern zu bezahlen imstande war, überfordert. In den Zwanzigerjahren wurde daher die Bildung eines Gross-Oerlikon diskutiert – und verworfen, da sich Oerlikon als einseitig von den Steuereinnahmen der Maschinenfabriken abhängige Gemeinde nicht in der Lage sah, die Finanzierung aller vier Glattalgemeinden zu garantieren. Zudem gerieten auch die Glatttalgemeinden in den Sog der Stadt Zürich, die viele der eingemeindeten Vororte schon vor 1934 mit Gas, Wasser und Strom versorgte, die Strassenbahnen nach Altstetten, Höngg und Oerlikon übernommen hatte und grosses Interesse zeigte, die baulich und infrastrukturell mit Zürich eng verbundenen Nachbargebiete in eine vernünftige Stadtplanung einzubeziehen. Nachdem 1929 sowohl eine Initiative zur Eingemeindung von zwölf Vororten als auch ein als Gegenmodell lancierter kantonaler Finanzausgleich abgelehnt worden war, kam es zwei Jahre später zu einer neuen kantonalen Abstimmung, in welcher eine Kompromisslösung mit einer reduzierten Variante von Eingemeindung und Finanzausgleich Zustimmung fand. So schlossen sich Affoltern, Albisrieden, Altstetten, Höngg, Oerlikon, Schwamendingen, Seebach und Witikon per 1. Januar 1934 der Stadt Zürich an.

Der Anschluss der acht Vororte an Zürich bedeutete eine Neuorganisation der Verwaltung, der Stadt- und Schulkreise, welche in einer Gemeindeordnung festgelegt wurde, die in der Gemeindeabstimmung vom 15. Januar 1933 eine hauchdünne Mehrheit gefunden hatte → 143. Aus dem Oerliker Gemeindehaus wurde das Kreisbüro für Zürich 11, den Stadtkreis, welcher die vier ehemaligen Glatttalgemeinden umfasste. Alfred Bollinger, der bisherige Chef der Oerliker Einwohnerkontrolle, wurde zum Leiter des Kreisbüros. Eine der Massnahmen, die die Eingemeindung mit sich brachte, war die Umbenennung von Strassen, welche die gleichen Namen führten wie Strassen im alten Stadtgebiet oder in anderen der 1934 eingemeindeten Vororte. In Oerlikon soll der Student Armin Bollinger, der Sohn des Kreisbürochefs und spätere Lateinamerikaspezialist, Geschichtsprofessor und Ver-

Schaffhauserstrasse 1948: links Kino Excelsior und Restaurant Traube (später Jelmoli), ganz rechts Metzgerhalle.

Einheitspreis A.G. (EPA) Schaffhauserstrasse/Wallisellenstrasse (1932).

fasser der Oerliker Gemeindegeschichte, die Anregung eingebracht haben, mit Bezug auf die dominante Maschinen- und Elektroindustrie bei der Vergabe von Strassennamen auf Physiker und Erfinder zurückzugreifen. Ein Spaziergang vom Kreisbüro zum Marktplatz zeigt, dass sich Oerlikons Stadtplan durch die Umbenennung der Strassen mit der Eingemeindung grundlegend verändert hat.

Auch das Strassenbild erfuhr zwischen 1933 und 1945 im Zentrum der Vorstadt ein deutliche Wandlung. War die Bebauung der beim Anschluss an Zürich etwa 15 000 Personen zählenden Gemeinde im zentralen Bereich weitgehend abgeschlossen, so mussten in den Jahren bis zum Kriegsende viele Altbauten modernen Gebäudekomplexen weichen, die zur Verbreiterung der Strassen im Vergleich zu den alten kleinen Häusern zurückversetzt gebaut wurden. Die alte Zürcherstrasse wurde im oberen Abschnitt in Schaffhauserstrasse umbenannt. Die Centralstrasse, die beim Sternen abzweigte, hiess nun nach dem Erfinder des Blitzableiters Franklinstrasse. Am

Eingang der Schwamendingerstrasse befand sich in einem nicht mehr bestehenden Gebäude mit der Hausnummer 3 von 1943 bis 1946 das Rationierungsbüro →45 für Oerlikon, Seebach und Schwamendingen. Zwischen Schwamendinger- und Tramstrasse entstand 1945 eine Wohnüberbauung mit Ladengeschoss im Parterre. Die Tramstrasse hiess schon immer Tramstrasse. An der Stelle des Depots der ZOS →131 bauten die städtischen Verkehrsbetriebe nach Plänen des Stadtbaumeisters Herter →94 1935 ein modernes Tramdepot mit Wagenhalle, Autobuswerkstatt, Dienstgebäude und turmartigem Sandsilo.

Auch im Abschnitt zwischen Tram- und Wallisellerstrasse ersetzten an der Schaffhauserstrasse Neubauten die kleinräumige, teils weit in den heutigen Strassenraum ragende Bebauung. Zuerst wurde 1933 die neue Metzgerhalle errichtet mit einem prominenten, in die Höhe strebenden Gebäudeteil, der den Neubau abschloss und in beiden Strassenrichtungen den vertikalen Frakturschriftzug «Tagblatt» trug. Dort befanden sich auch die Büros des *Tagblatts der Stadt Zürich*, das den früheren Gemeindeanzeiger *Echo vom Zürichberg* als amtliches Publikationsorgan ablöste. 1943 wurde der Neubau im Anschluss an den Eckturm weitergezogen.

Gerade der Metzgerhalle gegenüber war, wie sich die NZZ ausdrückte, 1927 «ein neuer Kino in Oerlikon» eröffnet worden, das Excelsior, welches für die Aufführung von Trick- und Naturfilmen auch als lokaler Treffpunkt des «Fip-Fop-Clubs» →111 diente und 1983 geschlossen wurde. Unterhalb des später nach dem letzten Gemeindepräsidenten von Oerlikon benannten Albert-Näf-Platzes wurde die ehemalige Zürcherstrasse Ohmstrasse getauft. In der Ecke zwischen Ohm- und Querstrasse befand sich zur Zeit der Eingemeindung ein Neubau von 1930, ein wie die meisten andern Eckbauten aus dieser Zeit metropolitan-dynamisch gerundetes Wohn- und Geschäftshaus mit dem Restaurant zur Traube, welches in den frühen Fünfzigerjahren zusammen mit den Nachbarhäusern abgebrochen wurde, um dem Warenhaus Jelmoli Platz zu machen. Die Einheitspreis AG (EPA) führte bereits seit 1931 ein Warenhaus im Rundbau zwischen Schaffhauser- und Wallisellerstrasse. Auch «Rubinfeld» →75 bot seine günstigen Textilien nicht nur in der alten Stadt an, sondern an der Nansenstrasse 3 – vormals Mittelstrasse – auch den Frauen der Oerliker Arbeiter- und Angestelltenfamilien. Regula Heusser, die in Oerlikon aufgewachsen war, erinnerte sich an den «Textilhändler Moses Rubinfeld, dessen ‹Wühltische› mit den ausgefallensten Stoffresten schon immer eine besondere Attraktion waren. ‹Ins Dorf gehen› hiess nicht nur, dem Markt und der längst verschwundenen Mercerie einen Besuch abstatten, es hiess auch: bei Rubinfeld vorbeischauen, ob etwas Verwertbares ausliegt.»

Im untersten Teil der Ohmstrasse wurde während des Krieges ebenfalls gebaut: die 1941 fertiggestellten Wohnhäuser 16–22 mit Garagen im Innenhof und der schon bei der Eröffnung als Tea-Room beschrifteten Casino-Stube, in deren hellem Innenraum allerhand immergrüne Zimmerpflanzen gediehen. Die Hofwiesenstrasse vor dem Bahnhof hatte vor der Eingemeindung Poststrasse geheissen, die Edisonstrasse, die zum Marktplatz führt, Bahnhofstrasse.

Auf dem in den späten Zwanzigerjahren gestalteten Marktplatz wurde schon damals jeweils mittwochs und samstags Markt abgehalten. Zuvor diente er als Pflanzblätz, während des Kriegs wurde wieder ein Teil als Produktionsfläche genutzt, im Untergrund wurde in der südlichen Platzhälfte (Querstrasse) 1943 eine grosse zweistöckige Luftschutzanlage gebaut mit Sanitätshilfsstelle im Obergeschoss und Mannschaftsräumen im Untergeschoss. In der Mitte des Platzes sind auf der Seite zur Edisonstrasse die Platten sichtbar, die den Zugang abdecken. Die Westseite des Marktplatzes bildete ein 1930 errichtetes Hallengebäude, in dessen Bögen Haushaltsartikel aller Art zu kaufen waren. Dieses Laden- und Lagergebäude wich in den Fünfzigerjahren einem Migros-Neubau. 1954 erklärte der Stadtrat das Zentrum von Oerlikon zur Sekundär-City, welche sich seither sichtlich entwickelt hat. Die aktuellen Entwicklungsräume Oerlikons liegen vornehmlich jenseits der Geleise im Bereich der ehemaligen Fabriken, dort wurde 1996 auch ein Weg nach Armin Bollinger benannt.

› **125** Kreisbüro.
› **125A** Schaffhauserstrasse.
› **125B** Ohmstrasse.
› **125C** Nansenstrasse.
› **125D** Marktplatz.
› **125E** Tramdepot Tramstrasse.

126 HALLENSTADION

Die Schweiz der Zwischenkriegszeit war ein Veloland: 1932 wurden landesweit zwei Millionen Velonummern eingelöst. Radrennsport war populär. 1933 fand die erste «Tour de Suisse» statt, von Zürich über Davos, Luzern, Genf und Basel nach Zürich. In der 1912 gebauten offenen Rennbahn Oerlikon versammelten sich Sonntag für Sonntag Tausende von Radsportfans. Da die Rennen immer wieder buchstäblich ins Wasser fielen, bildete sich eine AG, die eine geschlossene Halle bauen wollte, wo Rennsportveranstaltungen bei jedem Wetter möglich waren. Unterstützung erhielten die Initianten von Kanton, Bund und nicht zuletzt von der Stadt. Im Roten Zürich wurden zahlreiche Sportbauten realisiert → **52 94 123**, die der körperlichen Ertüchtigung und der Freizeitbeschäftigung für Werktätige und Arbeitslose ebenso dienten wie der Arbeitsbeschaffung für das Baugewerbe. Um die hohen Erstehungskosten einzuspielen, wurde das Hallenstadion nicht nur für den Rennsport, sondern als multifunktionale Halle konzipiert. Das Stadion, in unmittelbarer Nachbarschaft zur offenen Rennbahn errichtet, galt als die grösste stützenfreie Halle Europas. «Der Bau des Hallenstadions ist als reiner Zweckbau durchgeführt. Betongerippe mit Backsteinen ausgemauert, innen und aussen unverputzt», charakterisierte Armin Bolliger → **125** kurz und knapp die 1939 eröffnete Anlage in seiner Geschichte Oerlikons. «Die Konstruktion des Baus besteht aus zwei Teilen: der Tribünenbau in Eisenbeton und die Dachkonstruktion in Eisen und Holz.»

Das Hallenstadion, eine Koproduktion mehrerer Architekten und Ingenieure um Karl Egender, wurde in das Ried gebaut, das damals noch grosse Teile Oerlikons und Schwamendingens bedeckte. Im gereimten Prolog, den der Schriftsteller und Redaktor Arnold Kübler → **127** im Auftrag der AG Hallenstadion für die Eröffnungsfeier vom

4. November 1939 verfasste, erinnerte der Dichter an die ursprüngliche Landschaft:

«Ein Sumpf lag da, ein weites Moor
Draus stieg der Schilf, das Rohr empor,
Die Frösche quakten ungestört,
Am Milchbuck noch hat man's gehört.»

Das Publikum der Eröffnungsveranstaltung bekam allerdings nichts von Küblers Reimen mit, da die Lautsprecheranlage ihren Dienst versagte, als der Schauspieler Heinrich Gretler →134 das Eröffnungsgedicht vorlesen sollte.

Das Unternehmen Hallenstadion startete wenige Wochen nach Kriegsbeginn in der denkbar unglücklichsten Zeit. Die Auslastung der Arena war miserabel, neben ein paar Velorennen fanden nur ganz vereinzelt Veranstaltungen statt, etwa die Samichlausfeier der Migros Genossenschaft im Dezember 1939, ein «Lebendes Schach» oder die Wohltätigkeitsveranstaltung «Helft den Finnen» im März 1940 nach dem finnisch-sowjetischen Winterkrieg → 78. Obwohl die am Bau beteiligten Lieferanten und Handwerker auf einen Teil ihrer Forderungen verzichteten und Verwaltungsrat und Bauunternehmer Oscar Bonomo die schlimmsten Betreibungen mit eigenen Mitteln erledigte, wurde die AG Hallenstadion zum Sanierungsfall und beantragte 1942 einen städtischen Unterstützungskredit von 120 000 Franken.

Der Gemeinderat verweigerte diesen Zuschuss jedoch aus politischen Gründen, da im Hallenstadion am 4. Oktober 1942 das Erntedankfest der deutschen Kolonie stattfinden sollte. Bonomo wandte sich darauf an den Bundesrat: «Nachdem ich Bundes-

Besucher des Erntedankfestes im Hallenstadion am 4. Oktober 1942 auf dem Heimweg.

rat von Steiger die finanzielle Lage des Hallenstadions nochmals am Abend des 1. Oktobers 1942 dargelegt und betont hatte, dass es um das Schicksal des Unternehmens gehe, erklärte dieser, dass das Schicksal des Landes vor dem des Hallenstadions komme», erinnerte sich Oscar Bonomo in seinem Buch über das Hallenstadion. Die deutsche Botschaft hatte dem Bundesrat nämlich gedroht, im Falle einer Absage des Erntedankfestes den Kohlevertrag platzen zu lassen, und Kohle – grösstenteils deutscher Herkunft – war während des ganzen Krieges auch bei stark reduziertem Energieverbrauch vor Holz und Wasserkraft der wichtigste Primärenergieträger der Schweiz. Am herbstlichen Erntedankfest, das im damaligen Deutschland als nationaler Feiertag zu Ehren des Bauerntums begangen wurde, nahmen 12 000 Mitglieder der deutschen Kolonie → 139 teil, beobachtet und fotografiert von Hunderten von Polizisten.

In der Halle hingen eine Schweizer Fahne und zahlreiche lange rote Hakenkreuzbahnen. Gauleiter Wilhelm Bohle, Chef der Auslandsorganisation der NSDAP, war extra aus Berlin angereist, hielt die Festrede und überbrachte die Grüsse des Führers. Die Schweizer Presse wurde vom Bund angewiesen, die Massenveranstaltung der deutschen Kolonie totzuschweigen. An der Bande in der Steilkurve der Rennbahn war auch während des nationalsozialistischen Erntedankfestes die Werbung für das seinerzeit populäre kakao- und malzhaltige schweizerische Frühstücksgetränk zu lesen: «Forsanose stärkt den Körper – Forsanose stählt die Nerven – Forsanose».

Das Hallenstadion, seit 1950 auch für Eishockeyspiele eingerichtet, wurde 2005 renoviert und durch einen Erweiterungsbau an der Wallisellenstrasse ergänzt.

→ 126 Hallenstadion.

DAS VOLLE RETTUNGSBOOT

In den deutsch besetzten Ländern Westeuropas begann 1942 die systematische Deportation von Frauen, Männern und Kindern jüdischer Abstammung. Sie wurden nach Osteuropa verfrachtet, um umgebracht zu werden. Die Zahl der Flüchtlinge, die illegal die Schweizer Grenze überschritten, wuchs: Wurden im April 1942 noch 55 Personen, die unerlaubt in die Schweiz geflohen waren, von der Polizei interniert, waren es im Juli 243. Der Bundesrat, ausreichend informiert über das Schicksal, das den Abgewiesenen bevorstand, verfügte am 13. August, «dass Flüchtlinge nur aus Rassengründen, z. B. Juden, nicht als politische Flüchtlinge gelten» und daher zurückzuweisen seien – das erste Mal schwarz über die Grenze abzuschieben, im Wiederholungsfall jedoch den zuständigen Behörden im Nachbarland auszuliefern.

Zu den Kreisen, die wenig Verständnis für die harte Flüchtlingspolitik des Bundes hatten, zählte die Junge Kirche, die mitgliederstarke reformierte Jugendorganisation. Am 30. August führte sie im Hallenstadion eine «Landsgemeinde» durch, die von mindestens 6000 Personen besucht wurde und zu der der Vorsteher des Eidgenössischen Justiz- und Polizeidepartements, Bundesrat Eduard von Steiger (BGB), als Referent eingeladen worden war. Steiger rechtfertigte die Haltung des Bundesrats vor den jungen Christen in Oerlikon mit dem Bild des kleinen Rettungsbootes, das verkürzt auf die Formel «Das Boot ist voll» zum Inbegriff der damaligen Flüchtlingspolitik geworden ist: «Wer ein schon stark besetztes kleines Rettungsboot mit beschränktem Fassungsvermögen und ebenso beschränkten Vorräten zu kommandieren hat, indessen Tausende von Opfern einer Schiffskatastrophe nach Rettung schreien, muss hart scheinen, wenn er nicht alle aufnehmen kann. Und doch ist er noch menschlich, wenn er beizeiten vor falschen Hoffnungen warnt und wenigstens die schon Aufgenommenen zu retten sucht.» Bundesrat von Steiger vermochte die Junge Kirche nicht zu überzeugen. Der Basler Pfarrer Walther Lüthi widersprach der bundesrätlichen Haltung und wies darauf hin, dass die «beschränkten Vorräte» noch für Tausende von Flüchtlingen reichten, wenn das Land doch fähig war, trotz kritischer Lebensmittelversorgung schätzungsweise 100000 Hunde durchzufüttern. Proteste gegen die im Sommer 1942 verfügte faktische Grenzschliessung und die Schwierigkeit, die ganze Grenze zu überwachen, führten dazu, dass die vom Bundesrat festgelegte Praxis etwas gelockert wurde. Als Härtefälle, die nicht abgewiesen wurden, galten schwangere Frauen, Kranke, Alte über 65 und Kinder unter 16 Jahren sowie die Eltern von mitreisenden Kindern. Wer es schaffte, mehr als zwölf Kilometer weit ins Landesinnere zu gelangen, wurde in der Regel ebenfalls nicht mehr ausgeschafft.

Im August 1942, als Bundesrat von Steiger die restriktive Schweizer Flüchtlings-

Verpflegung von Flüchtlingen aus der Sowjetunion im Hallenstadion (April bis Mai 1945).

politik im Hallenstadion erklärte, hielten die Wehrmacht und ihre Verbündeten ein Gebiet besetzt, das vom Nordkap bis nach Nordafrika und von den Pyrenäen bis nach Kreta reichte, im Osten stand die deutsche Armee vor Leningrad und Stalingrad. Als sich in den folgenden Monaten und Jahren immer deutlicher abzeichnete, dass der Krieg durch die Alliierten gewonnen werden würde, begann sich auch die abweisende Haltung der Schweiz gegenüber Schutzsuchenden aufzuweichen. Am Ende des Krieges befanden sich über 115 000 Flüchtlinge im Land, so viele wie zu keinem früheren Zeitpunkt. Vom 22. April bis zum 25. Mai 1945 wurden im Hallenstadion Hunderte von Flüchtlingen aus der Sowjetunion einquartiert. Bei Kriegsende, berichtete Arnold Kübler, «überraschten uns die Russen, nicht die kämpfenden, sondern die flüchtigen, die aus den deutschen Arbeits- und Gefangenenlagern entwichenen. Man hatte sie an unserer Nordgrenze gesammelt und nach hinten geschafft. Die Ortswehr wurde aufgeboten, sie am Bahnhof Oerlikon aus dem Wagen zu holen und ins Hallenstadion überzuführen. Niegesehene Leute! Zerlumpt oft, oft mit weissen, aufgemalten Buchstaben bezeichnet, wie Werkstücke in Fabrikhöfen liegen; asiatisches Volk, vermischt mit kleinen Gruppen europäischer Nationen.»

Kübler, seit 1941 Chefredaktor der neu gegründeten Zeitschrift *Du*, war Zugführer der freiwilligen Ortswehr, einer Militärhilfsorganisation, die noch nicht und nicht mehr dienstpflichtige sowie dienstuntaugliche Männer vereinigte und ihre Schiessübungen im Ried nördlich der Andreasstrasse absolvierte. Der Kugelfang des in den Fünfzigerjahren geschlossenen Schiessplatzes ist heute in den «Baumtopf» des 2008 eröffneten Leutschenparks integriert. Die Oerliker Ortswehr war auch für die Betreuung der sowjetischen Flüchtlinge zuständig. «Wir bekamen grosse, volle Suppen- und Kartoffelkübel geliefert, die Ankömmlinge zu nähren. Sie hatten selber auf dem Fluchtweg auf den deutschen Feldern noch ausgegraben, was sie erwischen konnten. Ein hoher Kartoffelberg, aus dem Erbeuteten aufgeschichtet, lag in einer Ecke des Stadions. Wir schöpften, im Vollgefühl unserer Bewahrung und Bewährung, wie glückliche Götter den fremden Gestalten die Suppe mit grossen Kellen in ihre mitgebrachten Blechgefässe und rostigen, zerbeulten Konservenbüchsen. Manche assen das Geschöpfte schleunig auf und stellten sich mit dem leeren Gefäss wieder ans Ende der wartenden Schlange. Was ein richtiger Ortswehrmann war, sah und rügte das mittels seiner Gebärdensprache. Schöner war's, nicht zu rügen. Das ganze Stadioninnere lag voll Leute, war strohbelegt. Mongolische Typen, Kirgisen, Turkmenen, Tumbukten kauerten beisammen. Man konnte zwischen den Lagernden herumgehen; konnte in Gruppen sich hineinverlieren, allein, plötzlich dazwischenstecken, und dann war's, als habe man mit einem Schlag eine Reise in fernste Fernen gemacht.»

› **127** Hallenstadion.
› **127A** Leutschenpark.

LOUIS HÄFLIGER

Im März 1945 erhielt das Internationale Komitee vom Roten Kreuz die Erlaubnis, Häftlinge in deutschen Konzentrationslagern mit Hilfsgütern zu versorgen, unter der Bedingung, dass die Delegierten, die diese Konvois begleiteten, bis zum sich abzeichnenden Ende des Krieges die Lager nicht mehr verliessen. Einer der zehn Freiwilligen, die sich beim IKRK für diese Aufgabe meldeten, war der 41-jährige Bankangestellte Louis Häfliger, der an der Ringstrasse 15 in Oerlikon wohnte. Er wurde von seinem Arbeitgeber, der Bank Leu, beurlaubt und erreichte am 28. April in einem Konvoi aus neunzehn mit Nahrungsmitteln beladenen Lastwagen das Lager Mauthausen in Oberösterreich. Am 2. Mai erfuhr er von seinem Zimmergenossen SS-Obersturmführer Guido Reiner, im Zivilleben ebenfalls Banker, dass der Lagerkommandant fest entschlossen war, einem Befehl aus Berlin entsprechend die noch lebenden Lagerinsassen zusammen mit der Bevölkerung aus den umliegenden Ortschaften, die als unliebsame Zeugen beseitigt werden sollten, in für dem Lager angegliederte Rüstungsbetriebe geschaffene Stollen zu sperren und die Eingeschlossenen dann durch die Sprengung der unterirdischen Räume zu töten.

Häfliger konnte Reiner gewinnen, zusammen mit ihm in einem weiss bemalten und mit einer Rotkreuzfahne ausgestatteten Fahrzeug den Versuch zu wagen, jenseits der schon recht nahe verlaufenden Front nach amerikanischen Einheiten zu suchen, die in einem Überraschungsschlag die Ermordung weiterer mindestens 40 000 Menschen verhindern konnten. Nachdem sie sich auch die Unterstützung des zuständigen Vizebürgermeisters eines Nachbardorfs gesichert hatten, der sie passieren liess, stiessen sie am 5. Mai auf die Patrouille einer US-Panzerdivision, die Wege und Brücken für ein weiteres Vorrücken erkundete. Häfliger gelang es, den Kommandanten der 23 GIs zu überzeugen, auf direktem Weg zum KZ Mauthausen und seinen Nebenlagern zu fahren, was für die Amerikaner einen sehr gefährlichen Vorstoss über die Frontlinie hinaus bedeutete. In den Lagern traten die knapp zwei Dutzend amerikanischen Soldaten als unmittelbare Vorhut grösserer Verbände auf und wurden von den noch im Lager befindlichen SS-Männern und Lagerleitern nicht angegriffen, sondern als Vertreter der Siegermacht anerkannt. Die ersten regulären Truppen trafen zwei Tage später ein, am 7. Mai.

Da Louis Häfliger bei seiner Aktion, die ihn als «Retter von Mauthausen» berühmt machen sollte, eigenmächtig gehandelt und seine Kompetenzen als Vertreter des Roten Kreuzes überschritten hatte, wurde er vom IKRK verurteilt. Auch die Bank Leu wollte nichts mehr von ihm wissen. Er fand in der Schweiz keine Arbeit mehr und zog 1946 nach Wien. Zweimal wurde er für den Friedensnobelpreis nominiert, 1990, drei Jahre vor seinem Tod, vom damaligen IKRK-Präsidenten rehabilitiert. Seit 2003 heisst ein Park, der in Neu-Oerlikon auf früher zur Waffenfabrik Bührle gehörendem Gelände → [129] erstellt wurde, Louis-Häfliger-Park, und 2006 erhielt eine Strasse in Wien den Namen Louis-Häfliger-Gasse.

→ [128] Louis-Häfliger-Park.
→ [128A] Ringstrasse 15.

129 BÜHRLE: WAFFEN, WOHLFAHRT, KUNST UND KIRCHE

Die Magdeburger Werkzeugmaschinenfabrik, seit 1923 Besitzerin der Schweizerischen Werkzeugmaschinenfabrik Oerlikon (SWO), schickte 1924 Emil Georg Bührle als Leiter der SWO in die Zürcher Industriegemeinde. Bührle übernahm noch im selben Jahr die Patente und Fabrikationsrechte der 20-mm-Maschinenkanone von der Maschinenbau AG. Seebach, die sich in Liquidation befand. In den folgenden Jahren wurden die 20-mm-Kanone und die dazugehörige Munition von der SWO, die nach wie vor auch verschiedene Werkzeugmaschinen herstellte, weiterentwickelt. Bis 1940 konnte Oerlikon 34 Länder mit ihrer Kanone beliefern, die in der Fliegerabwehr ebenso eingesetzt wurde wie zur Bestückung von Flugzeugen.

Emil Bührle war seit 1929 Besitzer der Aktienmehrheit und 1937 zum Alleininhaber der Fabrik geworden, die in Werkzeugmaschinenfabrik Bührle Oerlikon & Co. umbenannt wurde. Im gleichen Jahr erhielt der Unternehmer die Schweizerische Staatsbürgerschaft. Die Fabrik florierte. Aus den 150 Mitarbeitern, die Bührle bei seiner Ankunft in Oerlikon vorgefunden hatte, waren bis 1940 3800 Arbeiter und Angestellte geworden. Zwischen 1937 und 1944 entstanden fast jährlich neue Werke und Gebäude. Das Fabrikgelände erstreckte sich nun von der Birchstrasse bis zum Chaletweg und von der Binzmühlestrasse bis hinter die Häuschen an der Langwiesstrasse. Bührles Vermögen wuchs von 1936 bis 1944 von 140 000 Franken auf 127 Millionen. Zwischen Juni 1940 und September 1944 gingen die Oerliker Waffenexporte ausschliesslich an Deutschland und seine Verbündeten. Bührle wurde schon während des Krieges zur Ikone der schweizerischen Kooperation mit Nazi-Deutschland – laut einem gängigen Witz arbeitete die Schweiz unter der Woche für Deutschland, am Sonntag betete sie für die Alliierten. Im Handel mit Deutschland «spielte die Oerli-

Selbstbedienungs-Buffet im Wohlfahrtshaus (1943). Wandbilder von Ernst Georg Rüegg mit ländlichen Motiven in der Kantine der Waffenfabrik.

kon-Kanone als Gegenlieferung von Rohstoffen und Nahrungsmitteln eine massgebende Rolle», heisst es im Firmenporträt in der *Zürcher Quartierchronik*. Die Bedeutung der Schweizer Rüstungsexporte, die zum grossen Teil aus 20-mm-Kanonen inklusive Munition und Ersatzteilen bestanden, für die deutsche Kriegsmaschine wurde jedoch schon damals massiv überschätzt, ihr Anteil am umgesetzten Kriegsmaterial war verschwindend klein.

Von grösserer Bedeutung scheint die Entwicklungsarbeit an Waffensystemen und der Rücktransfer von technischem Knowhow und Fabrikationsrechten aus der Schweiz nach Deutschland gewesen zu sein, wie dies im Fall der ursprünglich deutschen Maschinenkanone unter anderem via Seebach, Bührle und Magdeburger Werkzeugmaschinenfabrik geschah. Laut der 2004 veröffentlichten Arbeit zu Rüstungsindustrie und Kriegsmaterialhandel der Schweiz, die Peter Hug für die Unabhängige Expertenkommission verfasste, musste Bührle seine Kanone der Wehrmacht regelrecht aufdrängen: Oerlikon hatte in Deutschland Konkurrenten mit ausreichender Produktionskapazität, deren Kanonen den schweizerischen qualitativ eher überlegen waren, zudem sollten die knappen Devisen prioritär für andere Güter verwendet werden. «Bührle zahlte deshalb in den ersten drei Kriegsjahren höhere Beträge für Provisionen und Schmiergelder als Löhne für die gesamte Belegschaft von über 3000 Beschäftigten.»

1942 eröffnete Bührle am Südhang des Fabrikgeländes ein Wohlfahrtshaus mit einem schönen Garten und einem Speisesaal für Arbeiter, einem weiteren für Angestellte, Küche (mit Kartoffelschälmaschine), Duschen, Lesezimmer mit Bibliothek im Erdgeschoss, einem zweiten Speisesaal für Angestellte und dem Esszimmer für die Direktion im Obergeschoss sowie einem Raum für die Luftschutzmannschaft im Untergeschoss. Die Wände des grosses Saals für die Verpflegung der Arbeiter sind mit einfarbig gehaltenen ländlichen Szenen geschmückt, die Ernst Georg Rüegg malte, der sich schon in der Landwirtschaftshalle der Landi 1939 im 65 Meter langen Wandbild *Die vier Jahreszeiten* mit dem bäuerlichen Alltag beschäftigt hatte: Ein Hahn kräht und weckt einen bärtigen Mann auf, Frauen hacken im Kartoffelacker, die Kinder arbeiten ebenfalls, ein Knabe zieht eine Ziege hinter sich her, zwischendurch ruhen sich die Menschen aus, die Mädchen pflücken Blumen, die Knaben spielen mit Schiffchen, und in der weiten, offenen Landschaft stehen Riegelhäuser und Bäume. Arnold Kübler → 126 127 hat sich schon in den Sechzigerjahren gewundert, dass dieser einzigartige Bilderzyklus aus dem Geist der Geistigen Landesverteidigung und der Anbauschlacht nicht zu den touristischen Hauptattraktionen Zürichs zählt: «Gute Maler haben in der Kantine der Werkzeugmaschinenfabrik grosse Wandgemälde geschaffen; noch aber machen die Fremden-Sightseeing-Carfahrten Zürichs keinen Besichtigungshalt an der Stätte.»

Die *Schweizerische Bauzeitung* schrieb 1943 über Wohlfahrtshaus und -garten: «Die Speisesäle, die z.T. gegenüber dem Werk liegen, haben nach der Fabrikseite hin keine Fenster: der Gast im Wohlfahrtshaus wird von keinem Fabrikbetrieb abgelenkt. Weder Lärm, Geruch von Oel, noch die Sicht erinnern ihn an den Alltag. Der ansteigende Hang wurde von Gartenarchitekt Gustav Ammann → 123 in einen Ziergarten umgestaltet, der mit seinem Teich, den Laubengängen und Trockenmäuerchen, seinen z.T. vorhandenen Bäumen, Sträuchern, Büschen und Blumen unerwartet weiträumig

355

Christuskirche an der Dörflistrasse.

und weltabgeschieden wirkt. Ohne eine Beziehung zur Landschaft, wohl aber zur Geländeform zu suchen, ist bewusst versucht worden, eine ‹Tessiner-Atmosphäre› zu schaffen, was mit der Vorliebe des Zürchers für Tessinerferien begründet werden kann und ebenfalls der Absicht entspringt, dem Besucher eine Abwechslung zu bieten zum Milieu seines Arbeitsplatzes.»

Emil Bührle, der vor dem Ersten Weltkrieg Kunstgeschichte und Germanistik studiert hatte, begann in den Dreissigerjahren seine Kunstsammlung aufzubauen, die von seinen Nachkommen 1960 in eine Stiftung eingebracht und der Öffentlichkeit zugänglich gemacht wurde. Für die Sammlung mit Schwergewicht auf französischen Impressionisten kaufte Bührle eine Villa an der Zollikerstrasse 172, wo sich das Museum noch heute befindet, in fast unmittelbarer Nachbarschaft zu seinem Wohnhaus an der Zollikerstrasse 178. Dort empfing der Fabrikdirektor auch den deutschen Botschafter und NSDAP-Landesgruppenleiter Freiherr von Bibra zum Frühstück, besprach mit ihm die empörte Reaktion eines britischen Handelsattachés auf die Rüstungslieferungen an die deutsche Wehrmacht, um am gleichen Tag dann den weniger strengen englischen Generalkonsul zu einer Aussprache zu erwarten. Um seine Villa legte sich Bührle 1938 einen schönen Wohngarten an mit Schwimmbassin, Pergola, einem kleinen Bachlauf, einem Teich und etwas abseits einem Nutzgarten. Die hellen, grosszügigen Grünräume des Villengartens liessen die Landschaftsarchitekten Gebrüder Mertens → 68 durch eine dichte Randbepflanzung vor unerwünschten Einblicken schützen.

Als Kunstförderer zeigte sich Emil Bührle äusserst grosszügig. Schon während des Krieges begann er den Fonds für den Erweiterungsbau des Kunsthauses mit Millionenbeträgen zu alimentieren. Als der Neubau 1954 endlich in Angriff genommen wurde, übernahm der Spender die gesamten Baukosten. Andere seiner Engagements scheiterten. Direktion und Ensemble des Schauspielhauses lehnten den 1941 offerierten Zweimillionenbeitrag an einen Neubau ab, da die antifaschistische Linie des Theaters nicht zur Finanzicrung durch Kanonen- und Munitionsverkäufe an Deutschland passten, eine Meinung, die auch der Stadtrat teilte. Der Schriftstellerverband verzichtete 1942 aus ähnlichen Gründen auf die Errichtung eines angebotenen «Emil Bührle-Fonds des Schweizerischen Schriftstellervereins», obwohl die wirtschaftliche Situation vieler SSV-Mitglieder sehr prekär war → **12**.

Etwas anders lagen die Verhältnisse beim Scheitern der Unterstützung Karl Geisers → **30**: Nachdem Hermann Hesse und andere Freunde des notleidenden Bildhauers Emil Bührle hatten überzeugen können, dem Künstler monatlich 300 Franken zu spenden, wagte sich der Spender in Geisers Atelier am Spielweg 7 beim Letten, fand – nach Jan Morgenthalers Geiser-Biografie – Gefallen an der Plastik, welche gerade in Arbeit war, mehr noch aber an der nackten Frau, die für die Figur Modell stand. Dies missfiel dem Künstler, den eine erotische Beziehung mit dem Modell verband, sehr. Geiser schleifte darauf die Gipsfigur in den obersten Stock des Atelierhauses und warf sie zum Fenster hinaus. Bührle stellte seine Zahlungen ein.

Ein weiteres Gebäude, das wie das Wohlfahrtshaus heute unter Denkmalschutz steht, wurde durch Spenden von Emil Bührle ermöglicht: die 1941 errichtete Christuskirche an der damals noch ländlich-vorstädtischen Oerliker Dörflistrasse. Als Mitglied der christ- oder altkatholischen Kirche, die sich nach der Deklaration der Unfehlbarkeit des Papstes im ersten Vatikanischen Konzil 1870 von Rom gelöst hatte, stiftete der Unternehmer 1942 auch noch das Altarbild und die Orgel für die wie eine Berghütte aus Bruchsteinen gefügte, heimelige Kirche, deren Vordach zwei edle, runde Säulen tragen. In der Christuskirche heiratete Hortense, die Tochter des Firmengründers, 1964 den ungarischen Pianisten Géza Anda. Die beiden Generationen, die dem 1956 verstorbenen Emil Georg Bührle folgten, betrieben Fabrik und Kulturförderung weiter, fügten dem Konzern Unternehmen an, verkauften Teile des Konglomerats, bis die Firma 2005 von zwei österreichischen Investoren gekauft wurde. Ein Teil des ehemaligen Fabrikgeländes wurde zurückgebaut, so die grossflächigen Munitionslaboratorien, die auf zahlreiche kleine Giebelhäuschen in einem schützenden Raster von begrünten Wällen aufgeteilt waren, damit der Schaden von Explosionen und Unfällen begrenzt blieb. An ihrer Stelle befinden sich heute die ABZ-Wohnsiedlung Regina-Kägi-Hof → **65** und der Louis-Häfliger-Park → **128**.

- **129** Wohlfahrtshaus Langwiesstrasse 30, Personalrestaurant (mit Wandbilderzyklus) geöffnet werktags 11.30 bis 13.30.
- **129A** Gustav-Ammann-Park, seit 1996 städtisch und öffentlich, 2004/05 sanft saniert, geöffnet täglich 6.00 bis 21.00 Uhr. Bronzefigur von Hermann Hubacher.
- **129B** Christuskirche, Dörflistrasse 17.
- **129C** Stiftung Sammlung E. G. Bührle, Zollikerstrasse 172. Öffnungszeiten www.buehrle.ch.

130 PLAN WAHLEN

1929 wurde der Agronom Friedrich Traugott Wahlen zum Direktor der Eidgenössischen Landwirtschaftlichen Versuchsanstalt ernannt, die kurz vor dem Ersten Weltkrieg das 1912 bis 1914 erbaute Gebäude an der Birchstrasse 95 bezogen hatte. Östlich der Birchstrasse erstreckten sich in Richtung des Goldregenweges die dazugehörigen Versuchsflächen. Da die Organisation der Landesversorgung während des Ersten Weltkrieges alles andere als befriedigend verlief, begann sich der Bund in den Dreissigerjahren sorgfältig auf den sich abzeichnenden neuen Krieg vorzubereiten. 1938 trat das Bundesgesetz über die Sicherstellung der Landesversorgung in Kraft. Die Pflichten der neu geschaffenen Kriegswirtschaftsämter bestanden laut Wahlens 1946 veröffentlichtem Rückblick auf das schweizerische Anbauwerk «zur Hauptsache in der Anpassung und Hebung der Inlandproduktion und in der Erweiterung der Vorratshaltung, sowie in der Vorbereitung administrativer Massnahmen für den Kriegsfall».

An einem Vortrag vor der Gesellschaft Schweizerischer Landwirte in der Wipkinger Schmidstube lancierte Wahlen am 15. November 1940 ohne vorgängige Rücksprache mit seinen Vorgesetzten den Anbauplan, der von der Öffentlichkeit positiv aufgenommen wurde und als «Plan Wahlen» zur «Anbauschlacht» führte. Vorrangiges Ziel des Anbauplans war die Steigerung der Inlandproduktion, die vor dem Krieg nur 52 Prozent des Kalorienbedarfs deckte und für Kohlenhydrate – Brotgetreide und Zucker – gar nur einen Versorgungsgrad von 36 Prozent erreichte. «Der Anbauplan musste also», hielt Wahlen fest, «nicht nur eine grosse Steigerung der Erzeugung, sondern auch eine Umstellung der Produktionsrichtung vorsehen. Beides ist theoretisch auf kürzestem Wege durch eine massive Vermehrung des Ackerbaus auf Kosten der Graswirtschaft zu erzielen. Eine gegebene Fläche Land kann wesentlich mehr Menschen ernähren, wenn Kulturpflanzen angebaut werden, die direkt verwendbare Nahrungsmittel liefern, also solche, die nicht erst über den tierischen Körper veredelt werden müssen.» Wahlen rechnete vor, dass etwa ein Huhn «bei mittlerer Legeleistung nur ca. 12 Prozent des Futters in Form von Eiern zurückgibt»

Die Steigerung der Inlandproduktion bedeutete also eine Umstellung von Viehwirtschaft auf Ackerbau sowie einen Ausbau der Anbauflächen. Beides war nicht möglich ohne Einbezug der städtischen Bevölkerung. Ackerbau lieferte zwar mehr Kalorien pro Fläche, erforderte aber auch mehr Arbeitskräfte, die auf dem Land durch die Einberufung der Wehrmänner rar geworden waren. Die zurückgebliebenen Frauen taten ihr Möglichstes →[104], waren aber auf Hilfskräfte angewiesen. Im Verlauf des Krieges wurden grössere Industrie- und Gewerbebetriebe verpflichtet, sich durch eigene Pflanzwerke mit ihren Beschäftigten an der Anbauschlacht zu beteiligen. Schüler, Lehrlinge, Studenten und andere Jugendliche meldeten sich zum Landdienst. Aber auch in Zürich selber wurde angebaut: Die Stadt stellte 23 von 36 Schulspielwiesen →[133], Sportplätze und Teile der Park- und Quaianlagen vom Zürichhorn bis zum Mythenquai zur Verfügung und vergrösserte das Angebot an Familien- und eigentlichen Kriegsgärten, die je zur Hälfte mit Kartoffen und Dauergemüse bepflanzt werden mussten und vor allem an kinderreiche Familien vergeben wurden. Auch in privaten

Friedrich Traugott Wahlen, der Vater der Anbauschlacht (um 1940).

Gärten wuchsen Kartoffeln und Gemüse. Kurse, Vorträge und Ausstellungen brachten den Städtern bei, wie man erfolgreich pflanzt und erntet. Die Strassenbahnen trugen Werbebanner mit der Aufschrift «Anbauen Durchhalten».

Zürich wurde zu einer der grössten Landgemeinden der Schweiz. Die Ackerbaufläche auf Stadtgebiet konnte während des Kriegs mehr als verdoppelt werden. 1946 nahm die landwirtschaftliche Nutzfläche einen Zehntel der Grundfläche der Stadt ein. Die gut 3000 Stadtzürcher Schweine wurden dank der kommunalen Küchenabfallsammlung →136 durchgefüttert, die jährlich etwa elf Millionen Kilo Schweinefutter lieferte und zusätzlich fast so viele weitere Schweine in Mästereien ausserhalb der Stadt versorgte.

Der Anbauplan führte bis zum Kriegsende zu einer Steigerung des Selbstversorgungsgrades auf 59 Prozent. Autarkie konnte nie erreicht werden, zudem bestanden Abhängigkeiten beim Import von Saatgut und Dünger sowie Konflikte um die auch von der Armee beanspruchten Arbeitskräfte

Tram des Typs «Elefant» auf dem Paradeplatz mit Bannerwerbung für Mehranbau. Vorderlicht im Zeichen der Verdunkelung oben abgedeckt.

(Männer und Pferde), ebenso um Ressourcen wie Benzin oder Ersatztreibstoffe, die für Traktoren und Landwirtschaftmaschinen benötigt wurden. Die Bedeutung der Anbauschlacht reichte weit über die verbesserte Nahrungsmittelproduktion hinaus. Der Plan Wahlen bot jenseits von Angst, Sorge und dem Abhören von Radionachrichten endlich eine handfeste Aktivität, die einen sinnvollen Beitrag zur Bewältigung der bedrohlichen Situation versprach. Wahlen fasste den Erfolg seines Plans für Stadt und Land nachträglich so zusammen: «Das Anbauwerk war für den Bauer aber auch ein geistiges Erlebnis. Es bedeutete für ihn eine Genugtuung schönster Art, wieder im vollen Sinne des Wortes ein unentbehrliches Glied des Nährstandes seines Volkes zu sein, nachdem er sich jahrelang als volkswirtschaftlich unerwünschter Überschussproduzent fühlen musste. So sind die Bande, die ihn mit seiner Scholle und mit seiner Heimat verknüpfen, stärker geworden.

Stärker geworden sind aber auch die Fäden zwischen Stadt und Land. Der Landdienst schuf eine breite Berührungsfläche zwischen zwei Ständen, die sich immer mehr auseinander gelebt hatten.»

Schon in den ersten Jahren nach dem Krieg ging die landwirtschaftliche Nutzfläche auf Stadtgebiet schnell wieder zurück, sodass 1949 im Tätigkeitsbericht der städtischen Zentralstelle für Kriegswirtschaft festgestellt wurde: «Bei diesem Abbautempo wird in kurzer Zeit nichts mehr vom Mehranbau übrig bleiben als die Erinnerung an die weissen und violetten Kartoffelblüten in den Gärten und Anlagen, an die Kohlköpfe auf Schulspielwiesen und Sportplätzen, an die Sommerarbeitszeit mit frühem Arbeitsschluss (der auch der Bevölkerung zugute kam, die nicht am Mehranbau mitarbeitete) und vor allem das schöne Mohnfeld auf dem alten Tonhalleplatz → 1.»

Friedrich Traugott Wahlen wurde 1942 als Vertreter der Bauern-, Gewerbe- und Bürgerpartei, der Vorläuferin der SVP, in den Ständerat gewählt. 1949 verliess er die kleine Kammer und übernahm für zehn Jahre die Direktion der Abteilung Landwirtschaft der UNO-Welternährungsorganisation FAO. Von 1959 bis 1965 wirkte er als Bundesrat. In Neu-Oerlikon wurde 2005 der nach ihm benannte Wahlenpark eröffnet.

Die Eidgenössische Versuchsanstalt zog in den Sechzigerjahren in neue Gebäude auf dem Gelände des 1943 vom Bund erworbenen Gutes Reckenholz nördlich des Katzenbachs in Zürich-Affoltern und räumte die Versuchsflächen in Oerlikon zugunsten der in den Siebzigerjahren errichteten Kantonsschule. Das ehemalige Verwaltungsgebäude blieb erhalten und wird heute von der Pädagogischen Hochschule Zürich belegt.

→ 130 Birchstrasse 95, ehemalige Eidgenössische Landwirtschaftliche Versuchsanstalt.

131–134 SEEBACH

131 TRAMHÄUSCHEN, VORSTADTPARK UND FROSCHKÖNIG
131 Haltestelle Felsenrainstrasse Tram 14

132 MARIA LOURDES
132 Katholische Kirche Maria Lourdes, Seebacherstrassse 3

133 PAUL VOGT, FLÜCHTLINGSPFARRER VON SEEBACH
133 Niklauskirche, Seebacherstrasse 73
133A Markuskirche, Höhenring 54–58
133B Schulhaus Buhnrain, Buhnrain 40

134 WACHTMEISTER STUDER AM KATZENBACH
134 Hertensteinstrasse 25
134A Hertensteinstrasse 27: Neuapostolische Kirche an der Stelle des abgebrochenen Gasthauses Falken
134B Katzenbachstrasse: Wohnhäuser der Baugenossenschaft Glattal

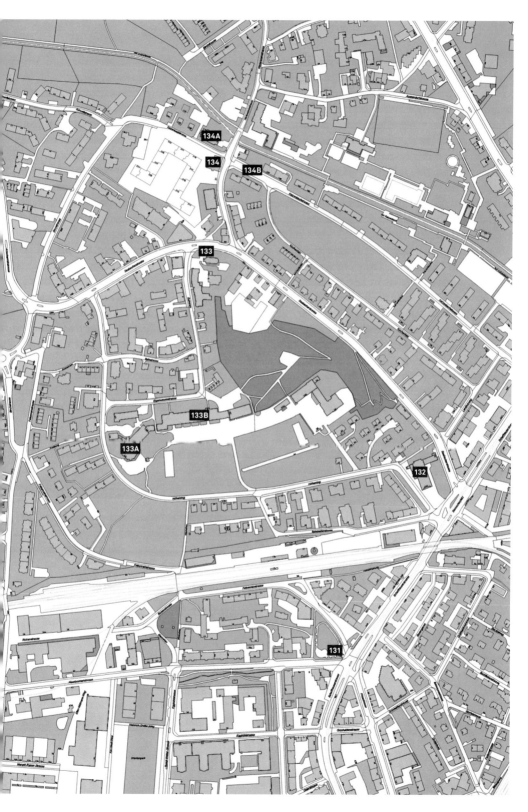

131 TRAMHÄUSCHEN, VORSTADTPARK UND FROSCHKÖNIG

Nach der Eingemeindung von 1934 bemühte sich die Stadt, auch in den neuen Quartieren eine urbane Infrastruktur zu schaffen. Dies betraf nicht nur Grossbauten wie Schulhäuser und Tramdepots → 125, sondern auch kleinere Eingriffe, welche die Vorstädte punktuell verschönern und besser nutzbar machen sollten. Bei der Tramhaltestelle Felsenrainstrasse baute der Architekt Roland Rohn 1934 im städtischen Auftrag ein Tramwartehäuschen mit Vordach über der die ganze Vorderfront einnehmenden Sitzbank. Die Tramlinie nach Seebach der privaten Tramgesellschaft Zürich-Oerlikon-Seebach (ZOS) war 1931 schon vor der Eingemeindung von den Städtischen Strassenbahnen Zürich (St. St.Z.) übernommen und als Linie 14 weitergeführt worden. Andere Zweige der privaten, 1897 von der Maschinenfabrik Oerlikon (MFO) nicht zuletzt zur Propagierung von Elektrotrams gegründeten Gesellschaft legte die Stadt nach der Übernahme still, so die Verbindung Oerlikon–Schwamendingen. Während des Baus der kleinen Wartehalle arbeitete der knapp dreissigjährige Roland Rohn ebenfalls im Auftrag der Stadt am Schulhaus Buhnrain → 133, später entwarf er Erweiterungsbauten für Jelmoli an der Bahnhofstrasse, den Neubau des Bankvereins (UBS) am Paradeplatz (1960) und unzählige Industriebauten im In- und Ausland, besonders für Hoffmann-La Roche.

1938 entstand an Stelle eines düsteren Tannenwäldchens hinter dem Tramwartehäuschen eine kleine Grünanlage mit Granitplattenweg um den zentralen Rasenplatz, eingefasst von Hecken und Bäumen, vergleichbar mit der Bäckeranlage → 68 oder dem Landenbergpark → 85, die als grössere Anlagen aus derselben Periode stammen. Auf einem erhöhten Platz in der heute et-

Brunnen mit Froschkönig (Otto Münch, 1938).

was verloren wirkenden Felsenrainanlage stehen Sitzbänke unter einer Gruppe von Silberpappeln.

Tramhäuschen und Vorstadtanlage werden ergänzt durch den Brunnen mit Otto Münchs *Froschkönig* von 1938. Der in der Porzellanstadt Meissen geborene Münch war 1911 nach Zürich gekommen und hatte ein Jahr lang als Architekt im Büro des späteren Stadtbaumeisters Hermann Herter → 94 gearbeitet. Seit er sich als Bildhauer 1913 selbstständig gemacht hatte, wurde er gerne von den Gebrüdern Pfister → 30 und anderen Architekten als Bauplastiker beigezogen. Für die Stadt schuf er zahlreiche Kleinskulpturen, oft für Brunnen – Möwen und Fische fürs Bellevue → 1, einen Erzähler im Sihlfeld → 93, eine Tänzerin auf dem Hegibachplatz, ein Mädchen im Wind am Mythenquai → 113 und eben den auf einer Kugel sitzenden Bronze-Frosch mit Krone und Ball für Seebach. Münchs stilisierten, einfachen Figuren sind keine Kraftakte wie Geisers Löwe → 30, eignen sich jedoch ausgezeichnet als Gebrauchsplastiken im städtischen Alltag, die oft nicht bewusst als Kunstwerke wahrgenommen werden. Der Bildhauer, dessen bekannteste Werke die Grossmünstertüren → 34 darstellen, arbeitete von 1913 bis zu seinem Tod 1965 im ursprünglich für Arnold Böcklin gebauten Atelier in der Nähe des Hegibachplatzes.

→ 131 Haltestelle Felsenrainstrasse Tram 14.
→ 131A Böcklin-Atelier Böcklinstrasse 17, nicht öffentlich zugänglich.

MARIA LOURDES 132

Seit dem späten 19. Jahrhundert hatte sich Seebach zu einem Arbeitervorort von Oerlikon und Zürich entwickelt. Viele der zugewanderten Industriearbeiter waren Katholiken aus der Ost- und der Innerschweiz, aus dem süddeutschen Raum und aus dem Süden. Bei der Eingemeindung im Jahr 1934 war bereits ein Viertel der etwa 6000 Seelen zählenden Bevölkerung Seebachs katholisch. Für die Errichtung einer eigenen Kirche im damals von der Pfarrei Herz-Jesu-Oerlikon betreuten Seebach konnte der Oerliker Pfarrer Fridolin Hauser 1930 ein Grundstück an der Seebacher-/Schaffhauserstrasse erwerben. Im Wettbewerb für den Kirchenbau ging der in Oerlikon wohnhafte Architekt Fritz Metzger als Sieger hervor, der in den Dreissigerjahren mit Kirchenbauten wie St. Karl in Luzern und St. Theresia im Friesenbergquartier → 100 den Grundstein für seine Karriere als international beachteter Vertreter des Neuen Bauens und der modernen Kirchenarchitektur legte. Da die römisch-katholischen Pfarreien bis 1963 keine Kirchgemeinden im Sinne des Zürcher Staatsrechtes, sondern privatrechtliche Institutionen ohne Anrecht auf Erhebung einer Kirchensteuer waren, musste die Seebacher Kirche mittels freiwilliger Spenden finanziert werden.

Nach knapp zweijähriger Bauzeit wurde die Sichtbetonkirche Mitte 1935 eingeweiht. 1942 vollendete der im Tessin lebende Maler Richard Seewald → 100 das grosse Wandbild beim Hochaltar mit Maria im Mittelpunkt, die wie in der plastischen Darstellung über dem Kircheneingang auf einer das Böse verkörpernden Schlange steht, die die Weltkugel umschlingt. Seewald hat das Mauerwerk der Stützwände, die den Altarraum abgrenzen, in illusionistischer Weise hinter den gemalten Figuren weitergezogen und gibt im Hintergrund den Blick auf das von Gebirgen gekrönte Panorama der Stadt Zürich mit von Kreuzen geschmückten Kirchtürmen wieder.

Wenige Monate nach der Einweihung der Kirche erfolgte im Oktober 1935 die Einsegnung der Lourdes-Grotte, die an die Marienerscheinung von Lourdes am nördlichen Fuss der Pyrenäen erinnert, wo die weiss gekleidete Madonna nach 1858 mehrmals der 1934 heiliggesprochenen Bernadette Soubirous erschienen war. Die Errichtung der vom Kirchenschiff zugänglichen Seitenkapelle mit Grotte, Figuren von Bernadette und Maria und brennenden Kerzen geht nicht auf ein in Seebach erfolgtes Wunder zurück, sondern ist ein bewusst geschaffener Wallfahrtsort für die Katholiken in der Region Zürich und soll vom Churer Bischof Georgius Schmid veranlasst worden sein, der bei einem Besuch in Lourdes 1928 gelobte, in Zürich eine Pilgerstätte einzurichten. Zahlreiche Votivtäfelchen einheitlicher Gestaltung bezeugen an der Wand der Seebacher Lourdes-Grotte, dass das Heiligtum seine Anziehungskraft bis heute nicht verloren hat.

Von 1936 bis 1981 waren Baldegger Schwestern in Seebach tätig, engagierten sich in der Krankenpflege und führten einen katholischen Kindergarten. Die 1939 an der Seebacherstrasse 15 gegründete Niederlassung der Kapuziner besteht noch heute. Seit 1991 weist die Statistik der Stadt Zürich mehr Katholiken aus als Protestanten.

> **132** Katholische Kirche Maria Lourdes, Seebacherstrassse 3.

Maria Lourdes in Seebach, Architekt Fritz Metzger (1935). Wie die Theresienkirche des gleichen Architekten in Friesenberg erhielt auch die katholische Kirche in Seebach Fresken des Malers Richard Seewald (1942).

PAUL VOGT, FLÜCHTLINGSPFARRER VON SEEBACH

Als die Seebacher Kirchenpflege in den Dreissigerjahren für die wachsende Gemeinde einen zweiten Pfarrer suchte, wünschte sich das Industriearbeiterquartier einen sozial engagierten Kirchenmann und bot die Stelle Paul Vogt an. Von Vogt war bekannt, dass er sich als Pfarrer von Ellikon mit den Patienten der Kantonalen Trinkerheilstätte beschäftigt hatte, später im appenzellischen Walzenhausen ein Hilfswerk für Arbeitslose gegründet und 1933 das evangelische Sozialheim Sonneblick eröffnet hatte. Doch Pfarrer Vogt lehnte ab. Die Kirchenpflege von Zürich-Seebach liess nicht locker, bis ihr Wunschkandidat nachgab: «Nach der dritten Anfrage konnte ich gewissenshalber nicht mehr ablehnen, gerade dorthin zu gehen, wohin zu gehen ich mich so sehr sträubte.»

Während die Seebacher Katholiken bereits über eine grosse neue Kirche verfügten → 132, musste sich die reformierte Kirchgemeinde Ende 1936 beim Amtsantritt von Paul Vogt noch mit der kleinen, barocken Niklauskirche begnügen, die im 17. Jahrhundert am Nordhang des Buhnhügels im Kern des Dörfchens errichtet worden war. 1938 begann die Planung für einen Neubau in markanter Lage auf dem Buhnhügel. Das Projekt von Albert Heinrich Steiner → 145, das aus einem zweistufigen Wettbewerb siegreich hervorging, stiess auf Widerstand, da der Architekt einen eher unkonventionellen Zentralbau vorschlug und den Glockenturm freistellte. «Warum muss es wiederum etwas ganz Extremes sein, das einfach nicht verstanden wird und nicht auf unseren Hügel passt?», fragte ein Leserbriefschreiber kurz vor der Abstimmung der Stadtzürcher Reformierten über den Anderthalb-Millionenkredit für den Bau der Markuskirche. Steiners Entwurf reagierte als architektonisches Gegengewicht auf das noch vor der Eingemeindung geplante und 1934 fertiggestellte Schulhaus Buhnrain des Architekten Roland Rohn → , das als konsequenter Vertreter des Neuen Bauens gilt. Im Januar 1942 bewilligten die reformierten Stimmbürger den Baukredit. Kriegsbedingt verzögerte sich der Kirchenbau jedoch um Jahre. Vorerst wurden auf dem Buhnhügel vor dem Schulhaus im Zeichen der Anbauschlacht grossflächig Gemüse und Kartoffeln angebaut.

Pfarrer Vogt kümmerte sich nicht nur um seine Seebacher Gemeinde. Als verantwortungsbewusste Kirchenleute im nationalsozialistischen Deutschland zunehmender Verfolgung ausgesetzt waren, setzte er sich als Leiter eines neu gegründeten Schweizerischen Evangelischen Hilfswerks für die Bekennende Kirche in Deutschland für die Verfolgten ein und lud, solange dies möglich war, oppositionelle Pfarrer und ihre Familien zu Besinnungswochen und Ferienaufenthalten in den «Sonneblick» nach Walzenhausen ein. Auf einer Reise

Paul Vogt, Flüchtlingspfarrer.

Gemüsebau vor dem Buhnschulhaus (1943).

nach Hamburg und Berlin im Januar 1938 zu Exponenten der Bekennenden Kirche begann Vogt zu realisieren, welche Katastrophe sich für Christen jüdischer Abstammung und Juden überhaupt abzeichnete. Schon vor dem Krieg war Paul Vogts Engagement für Flüchtlinge so bekannt, dass er in Seebach von einer aus Deutschland geflohenen Frau, die seine Hilfe suchte, auf der Strasse angesprochen wurde mit der Frage: «Können Sie mir sagen, wo der Pfarrer Vogt wohnt?»

Da seine Flüchtlingsarbeit viel Zeit beanspruchte, wurde Vogt 1942 von der Seebacher Kirchenpflege für ein halbes Jahr freigestellt. Als der Bundesrat im August desselben Jahres die Schweizer Flüchtlingspolitik verschärfte → 127, lancierte Vogt die «Freiplatzaktion», die für Flüchtlinge, denen das Leben im Lager nicht zumutbar war, eine Aufnahme in privaten Haushalten → 95 oder in speziellen Heimen ermöglichte. Die Organisation der Platzierung einiger Hundert vor allem jüdischer Flüchtlinge war dermassen aufwändig, dass der Schweizerische Evangelische Kirchenbund, die Reformierte Landeskirche des Kantons Zürich und das Schweizerische kirchliche Hilfskomitee für evangelische Flüchtlinge 1943 ein Flüchtlingspfarramt schufen, das von Paul Vogt betreut wurde. Im Mai dieses Jahres verliess Vogt deshalb die Pfarrei Seebach und übernahm seine neue Stelle an der Streulistrasse 54 in Hottingen. Zu

seinen Aufgaben zählte auch die Finanzierung der Flüchtlingshilfe. Pro Flüchtling wurde mit monatlichen Kosten von 120.– Franken gerechnet. Mit der regelmässigen Zahlung eines «Flüchtlingsbatzens» trugen vornehmlich Angehörige der evangelischen Kirche zur Deckung der Unterhaltskosten der privat untergebrachten Flüchtlinge bei. Vogt und seinen Gesinnungsgenossen gelang es, Monat für Monat um die 30 000.– Franken zusammenzubringen. Als Flüchtlingspfarrer betrieb Vogt unermüdliche Öffentlichkeitsarbeit. Schon 1942 und 1943 orientierte er detailliert über die systematische Ermordung der Juden, 1944 veröffentlichte er gemeinsam mit anderen engagierten Vertretern der evangelischen Kirche unter dem Titel «Soll ich meines Bruders Hüter sein?» Dokumente zur Ausrottung der Juden und den Vernichtungslagern.

1947 ernannte die Theologische Fakultät der Universität Zürich Paul Vogt zum Ehrendoktor. Sein Engagement stiess jedoch auch innerhalb der Kirche auf Unverständnis. «Die Anfeindungen von Kollegen der Zeit des Flüchtlingspfarramts waren nicht harmlos und werden merkwürdigerweise von Nachfahren heute wiederholt», schrieb Vogt wenige Jahre vor seinem Tod (1984). «Es sei nicht Sache eines evangelischen Pfarrers in der Schweiz, sich so in die Politik einzumischen und den deutschen Nachbar Hitler anzugreifen und gegen die

Klasse mit Lehrer Reinhard Ochsner vor Schulhaus Buhn (1936).

«Kristallnacht» zu protestieren und sich so offensichtlich für Menschen jüdischer Rasse einzusetzen.»

Im Mai 2000 fand in der Markuskirche zum hundertsten Geburtstag von Paul Vogt ein Gedenkgottesdienst statt. Die mittlere der fünf Glocken der 1948 geweihten Kirche trägt die Inschrift: «Zum zweiten Mal blieb unser Land während eines grossen Weltkrieges verschont. – Gebe Gott, dass die Glocken unserer Kirche stets im Frieden läuten!»

› **133** Niklauskirche, Seebacherstrasse 73.
› **133A** Markuskirche, Höhenring 54–58.
› **133B** Schulhaus Buhnrain, Buhnrain 40.

134 WACHTMEISTER STUDER AM KATZENBACH

Im Sommer 1939 begann die Praesens-Film AG → **29** mit den Dreharbeiten zu *Wachtmeister Studer*. Friedrich Glausers Krimi, ab Juli 1936 als Fortsetzungsroman in der *Zürcher Illustrierten* und im Herbst darauf in Buchform erschienen (kartoniert für 3 Franken), spielt im fiktiven Dorf Gerzenstein, wo nicht alles zum Besten steht. Die Produktionsfirma stand vor dem Problem, einen geeigneten Drehort für die Aussenaufnahmen zu finden und dabei den Ruf der entsprechenden Gemeinde nicht zu schädigen. «Man konnte ja nicht behaupten, der Gemeindepräsident von irgendeiner Schweizer Gemeinde sei ein Mörder!», erklärte später Regisseur Leopold Lindtberg, der wie viele der Darsteller am Schauspielhaus beschäftigt war, im Sommer jedoch für Filmproduktionen freigestellt wurde. «Wir haben dann aus verschiedenen Ortschaften eine Collage gemacht.» Die Aufnahmen fanden in Andelfingen und Frauenfeld, am Türlersee und am Greifensee statt.

Das Gasthaus Rössli jedoch, wo sich Wachtmeister Studer im Gerzenstein des Kriminalfilms einquartiert, stand in Zürich, genauer in Seebach an der Hertensteinstrasse 27 ganz in der Nähe des Katzenbachs. Die Wirtschaft, seit 1924 von der Familie Maag geführt, hiess in Wirklichkeit Falken und bot mit seiner Gartenbeiz auf dem von Rosskastanien bestandenen Kiesplatz an der Strasse, die über den Katzenbach Richtung Rümlang führt, eine ideale Kulisse für die Szenen, die im Landgasthof und seiner Festwirtschaft spielen. Während des Gartenfestes vor dem Rössli befragt Studer, schon arg erkältet, Zeugen des Mordfalls, während die «Mostbirre-Buebe» mit Handörgeli, Bläsern, Bass und Schlagzeug zum Tanz aufspielen. Auf dem mit Wimpeln und Girlanden geschmückten Platz besuchen die Gäste Würstlistand und Schiessbude, sitzen vor einem Glas oder bewegen sich auf der Tanzbühne zur Musik der Kapelle, die aus ehemaligen Strafgefangenen besteht, die in einer Baumschule im Dorf Arbeit gefunden haben. Im Hintergrund ist das 1848 erbaute Bauernhaus an der Hertensteinstrasse 25, das im Gegensatz zum Gasthaus heute noch besteht, zu sehen, einen Augenblick lang auch ein städtischer Autobus, der vermutlich in einer Extrafahrt Filmcrew und Statisten an den Katzenbach gebracht hatte, denn dort führte keine Buslinie durch. Die Dorfjugend, der die Ex-Sträflinge suspekt sind, zettelt eine Schlägerei an und schlägt mit Stühlen auf die Musikanten und ihre Instrumente ein.

Wachtmeister Studer, Ende August 1939 fertig gedreht und am 13. Oktober im Kino Urban → [1][2] uraufgeführt, wurde zu einem der erfolgreichsten Schweizer Kinofilme und soll bis zum folgenden Jahr von einer Million Menschen besucht worden sein. Der von Heinrich Gretler verkörperte Wachtmeister Studer wurde mit seiner Brissago Blauband im Mund als wortkarger, aufrichtiger, sturer, zupackender und herzensguter Schweizer zur nationalen Identifikationsfigur. Gretler und die Produktionsfirma konnten an den Vorjahreserfolg *Füsilier Wipf* anknüpfen, mit dem Lazar Wechslers Praesens und dem Schweizer Film überhaupt der Durchbruch zur kommerziellen Spielfilmproduktion gelungen war. Zugleich war die Geistige Landesverteidigung auf den Punkt gebracht worden «in jener Mischung aus nationaler Ernsthaftigkeit und komödiantischen Einlagen, die damals das breite Publikum anzusprechen vermochte», wie sich der Historiker Peter Neumann ausdrückt. Laut Neumann bedeutete Geistige Landesverteidigung unter anderem: «Die Schweiz ist wehrhaft, neutral und hilfsbereit. Land ist besser als Stadt. Ein echter Schweizer bebaut seinen eigenen Boden.»

Während der Dreharbeiten stand das schönste Dörfli der Schweiz in der Stadt Zürich → [119]. Bei der Eingemeindung von 1934 zählte Seebach nicht nur viele Arbeiter- und Angestelltenhaushalte, sondern etwa vierzig landwirtschaftliche Betriebe mit Grossviehhaltung. An der Ausserdorfstrasse jenseits des Katzenbachs wohnte bis nach dem Krieg ein Feldmauser, beauftragt von der Seebacher Mauserkorporation und entlöhnt nach der Zahl der gefangenen Mäuse. An der gleichen Strasse hatte 1936

371

Franz Hoeffleur eine kleine Fabrik erbaut, wo er (bis 1960) Schwyzerörgeli der bekannten Marke Nussbaumer herstellte und zunehmend auch andere Handharmonikas unter dem Namen Record. Lokalhistoriker Arnold Wirz bemerkt, dass die Handorgel «um 1940 *das* Instrument der Jugend war. Gitarre spielte nur die Heilsarmee, und das Klavier war Sache der ‹Besseren›, von denen es in Seebach nur wenige gab.» Das Stadtquartier vermochte als ländliches Ambiente des Wachtmeisters Studer zu überzeugen. «Welch echte Provinzluft weht über dieser Dorfwirtschaft», stellte die NZZ in ihrer Filmkritik fest.

Schon wenige Jahre später wurde die Dorfwirtschaft an der Landstrasse zur Quartierbeiz am Stadtrand: Die 1942 in einer Phase grosser Wohnungsnot gegründete Baugenossenschaft Glattal erstellte 1944/45 im Gebiet der Katzenbachstrasse zwischen Hertensteinstrasse und Schaffhauserstrasse zwanzig Mehrfamilienhäuser und 105 Reiheneinfamilienhäuser, 1946/47 folgten drei weitere Mehrfamilienhäuser am Ende der Katzenbachstrasse schräg gegenüber des Gasthauses sowie auf der andern Seite des Bachs 130 Reiheneinfamilienhäuser an der Buchwiesen. Viele der Genossenschaftshäuser an der Katzenbachstrasse aus der Zeit des Baubooms vor und nach Kriegsende sind in den letzten Jahren Ersatzneubauten gewichen.

Friedrich Glauser, der seinem Roman den Titel *Schlumpf Erwin Mord* gab, erlebte die Verfilmung nicht mehr. Er war bereits im Dezember 1938 in Nervi bei Genua gestorben. Der Darsteller des Wachtmeister Studer im gleichnamigen Film, der gebürtige Zürcher Heinrich Gretler, hatte von 1926 bis 1933 auf Bühnen in Deutschland gestanden und kam 1938 ans Schauspielhaus, wo er in den legendären *Tell*-Aufführungen → 23 die Hauptrolle spielen sollte. Nach dem Krieg festigte er als Alpöhi in Heidifilmen seinen ihm nicht immer geheuern Ruf als nationale Ikone. Gretler irritierte über seinen Tod hinaus, als seine Frau, die 1981 vier Jahre nach ihm gestorben war, ihr gemeinsames Vermögen der Jugendbewegung vererbte, die damals mit Unruhen für Aufsehen sorgte.

Am Schluss des kurz vor Kriegsausbruch gedrehten Films erklärt Studer dem lange als Hauptverdächtigen gehandelten Erwin Schlumpf und seiner von Anne-Marie Blanc gespielten Verlobten: «Lueg Schlumpfli, öbs mich öppis aaganga sei? Waisch, a so e Sach gaat alli e chli aa: 's hät da öppis nöd gschtimmt. Sicher, nur am a chliine Fläckli, wämmer denäbed die ganzi Wält aalueged. Aber uf di chliine Sache chunnts vilicht äbe grad a. Dänn det, wo die chliine Sache nöd schtimmed, det schtimmed au di grosse nöd.»

▸ **134** Hertensteinstrasse 25, 1848 erbautes Bauernhaus.
▸ **134A** Hertensteinstrasse 27: Neuapostolische Kirche an der Stelle des 1965 abgebrochenen Falken.
▸ **134B** Katzenbachstrasse: Wohnhäuser der Baugenossenschaft Glattal.

Heinrich Gretler als Wachtmeister Studer, mit Brissago. «Falken» an der Hertensteinstrasse 27 (Foto 1963, vor Abbruch) – in *Wachtmeister Studer* Drehort der Szenen beim Landgasthof Rössli.

135–152 WEITERE QUARTIERE

135 GLOGGEVÄRSLI
135 Kirche Altstetten

136 WERDHÖLZLI: ABWASSERPILZ UND TREIBGAS
136 Klärwerk Werdhölzli, Bändlistrasse 108
136A Werdinsel: Flussbad Au-Höngg und ehemaliges Fabrikgebäude

137 SCHUTTHYÄNEN STATT BLAUKEHLCHEN – KEHRICHTDEPONIE IM HERDERNRIED
137 Herdern, Pfingstweidstrasse, Höhe Engrosmarkt und Betriebszentrale Migros Zürich

138 KERAMIK STATT KATZENRAGOUT
138 Waidbadstrasse 151, heute Restaurant Jägerhaus

139 EIN STÜCK NAZIDEUTSCHLAND AM HÖNGGERBERG
139 Villa Wehrli, Regensdorferstrasse 196
139A Restaurant Grünwald, Regensdorferstrasse 237

140 WALDRODUNG UND STROHVERSORGUNG
140 ehemalige Rodungsfläche zwischen Grünwaldstrasse und Rodungsweg

141 HOLZVERGASER UND GRAPHITELEKTRODEN
141 Zehntenhausstrasse 15–19, ehemals Standort der HGZ
141A Ofenhalle der CeCe, Wehntalerstrasse 634

142 FLIEGERSTEIN – LUFTKAMPF ÜBER ZÜRICH
142 Fronwaldstrasse, nahe beim Bahnübergang
142A Schaffhauserplatz

143 TOBLER BESUCHT BRINER
143 Hadlaubstrasse 45

144 BOMBEN AM WALDRAND
144 Frohburgstrasse 174, 180, 184 und 186, In der Hub 12, 14 und 16

145 SCHWAMENDINGEN
145 Wohnsiedlung Au: Aemmerliweg 6–30, Opfikerstrasse 16, 18, 30, 32
145A Sunnige Hof 15–41, Probsteistrasse 126–150, Moosacker 1–31

146 SAALSCHLACHT IM OCHSEN
146 Geschäftshaus Ochsen, Forchstrasse 2

147 TRAMREVOLUTION: VOM HIRSCHGEWEIH-ELEFANTEN ZUM GEISSBOCK MIT FAHRGASTFLUSS
147 Trammuseum im alten Tramdepot Burgwies

148 PARTISANENGENERAL IN DER KLINIK HIRSLANDEN
148 Klinik Hirslanden, Witellikerstrasse 40

149 WOLLISHOFEN: KIRCHE UND GRÜNZUG
149 Reformierte Kirche Wollishofen
149A Reihenhäuser Auf der Egg 1–7
149B Grünraum Unter der Egg, Eggpromenade

150 GENERAL IM GÄRTLI
150 Eggpromenade, Widmerstrasse, Kalchbühlstrasse/Rolliweg
150A Entlisberg: Gstalderweg
150B Sihlufer: Bruchstrasse
150C Leimbach: Waldrand Manegg, Frymannstrasse

151 NEUBÜHL
151 Werkbundsiedlung Neubühl: Nidelbadstrasse, Ostbühlstrasse, Westbühlstrasse, Kalchbühlstrasse

152 ALLMEND
152 Allmend

SCHAUPLÄTZE, AUF DIE IN ANDEREN ABSCHNITTEN VERWIESEN WIRD
2A Bionstrasse 10: Wohnort Gilberte de Courgenay
6A Badenerstrasse 334: frühere Adresse der Musikvertrieb AG
12B Zeppelinstrasse 59: Albin Zollinger
16C Dolder: Übernachtung Winston Churchill
19A Germaniastrasse 53: Ignazio Silone bei Marcel Fleischmann
129C Stiftung Sammlung E.G. Bührle, Zollikerstrasse 172
131A Böcklin-Atelier, Böcklinstrasse 17 (Otto Münch)

135 GLOGGEVÄRSLI

Wie Wollishofen → 149, Seebach → 133 und Friesenberg → 100 brauchte auch Altstetten kurz nach der Eingemeindung eine neue reformierte Kirche. Nachdem die Kirchgemeindeversammlung die alte, zu klein gewordene Kirche auf dem Hügel südlich des Lindenplatzes zuerst hatte abbrechen wollen, beschloss sie im November 1937 nach Intervention des Zürcher Heimatschutzes, das gotische Kirchlein stehen zu lassen und den Neubau daneben zu stellen. Im Herbst 1938 begannen die Bauarbeiten unter der Leitung des Architekten Werner Moser (HMS) → 107, der während seiner Militärdienstzeit als Bauleiter dann von seinem Bürokollegen Max Ernst Haefeli vertreten wurde. Mitten im zunehmend verstädterten Altstetten entstand in der Landizeit ein eindrückliches Ensemble, das zeittypisch mit dem renovierten Altbau und den gemässigt modernen neuen Gebäuden einen Ausgleich sucht zwischen Tradition und Fortschritt. Flankiert vom Lindenplatz, der in den Fünfzigerjahren sein heutiges Gepräge erhielt, und dem von Rindern beweideten Obstgarten auf der Südseite der Anhöhe, vermittelt die Baugruppe zwischen Stadt und Land.

Im Geschoss unter dem mit einem Pultdach gedeckten Kirchenraum platzierte Moser den vom grünen Hügelfuss her zugänglichen Gemeindesaal, winkelförmig an den Hauptbau fügte er einen Trakt mit Wohn- und Unterrichtsräumen an. Der wie die Kirchenwände ornamental aufgelockerte Glockenturm steht frei. Im September 1940 fand der Glockenaufzug statt. Der Verfasser der beim Aufzugsfest von Kindern vorgetragenen *Gloggevärsli* beschrieb in der damals oft auch als Schriftsprache verwendeten Mundart → 12 «wie d'Altstettemer ihri Glogge ufzoge händ»: «Am sächste

Kirche Altstetten.

Septämber sind Glogge i aller Stilli uf em Bahnhof z'Altstette acho. Am andere Morge früe sind's uf feuf grossi Bruggewäge usglade worde. Uf em Platz vor em Bahnhof isch jung und alt i Schare zämmegloffe, und uf allne Gsichter hät mer chönne die grossi Freud abläse, wo si mit Stune die mächtige Glogge gseh händ. Nachher händ d'Fuhrhalter vo der Gmeind ihri glänzig putzte und gschmückte Ross bracht.»

Die schweren Glocken wurden durch alle Quartiere Altstettens gefahren. Am Nachmittag versammelten sich Kirchgemeinde und Schaulustige auf dem Kirchenhügel. «Punkt drü hät das Fäscht bi strahlend blauem Himmel sin Afang gnoh. Zu Tusige händ sich d'Lüt drängt.» Vier- und sechsspännig zogen die Pferde eine Glocke nach der andern zum Turm, wo sie im Verlauf einer dreistündigen Zeremonie hochgezogen wurden. Die Glocken heissen «Hoffnung», «Liebe», «Glaube», «Freude» und «Friede». Die grösste, die dreieinhalb Tonnen schwere Friedensglocke, trägt die Inschrift: «Friede sei mit euch! Joh. 20, 19. Gegossen in schwerer Kriegszeit, Gott erhalte uns den Frieden.» Am Bettag, eine Woche nach dem feierlichen Aufzug, läuteten die Glocken zum ersten Mal. Ende November 1941 fand die Einweihung der Kirche statt.

› **135** Kirche Altstetten.

WERDHÖLZLI: ABWASSERPILZ UND TREIBGAS **136**

1926 nahm die erste städtische Kläranlage im Werdhölzli auf dem Gebiet der Gemeinde Altstetten ihren Betrieb auf. Sie verfügte über eine mechanische Reinigungsstufe, die aus einem Sandfang, wo sich Kies und Sand absetzten, einem Rechen, der Papier, Lumpen und Holzreste zurückhielt, und einer Absetzanlage bestand, wo sich Schlamm ablagern konnte, der etwas eingedickt wurde und anschliessend in Faulkammern vergärte. Die Anlage erwies sich bald als zu klein, wurde 1932 erweitert und mit einem Greifbagger zur Ausräumung des Sandfanges ausgerüstet. Wenn es in der erweiterten Kläranlage auch gelang, einen Grossteil der Schwebestoffe, die als primäre Verunreinigung bezeichnet wurden, aus dem Abwasser zu entfernen, so führten die gelösten mineralischen und organischen Substanzen nach wie vor zu einer starken Belastung der Limmat: «Als sekundäre Verunreinigung», erklärte der Betriebsleiter, «ist vor allem das starke Auftreten des Abwasserpilzes Sphärotilus zu nennen, der sich unterhalb der Einleitungstelle der städtischen Abwasser auf einer gewissen Limmatstrecke bildet.»

Als das Elektrizitätswerk der Stadt Zürich in Wettingen ein Flusskraftwerk erstellte, bestückt mit Escher-Wyss-Turbinen → **87**, verschlechterte sich die Lage: «Solange die Limmat als schnellfliessender Vorfluter für das mechanisch gereinigte Abwasser aus der Werdhölzlianlage vorhanden war, ergaben sich keine solch grossen Schäden», berichtete der Betriebsleiter in der *Schweizerischen Bauzeitung*. «Mit dem Ausbau der Limmat bei der Erstellung des Kraftwerkes Wettingen im Jahre 1933 haben sich die Vorflutverhältnisse für die Abwasser aus der Stadt Zürich grundlegend geändert. Das schnell fliessende Gewässer ist nur wenige Kilometer nach der Abwassereinleitung erhalten geblieben und im übrigen in einen langsam durchflossenen Stausee verwandelt worden. Die im Limmatwasser vorhandenen feinen Schlammstoffe kommen jetzt im Wettinger Stau zur Ablagerung.»

Auf dem Werdhölzli-Gelände wurde daher 1935 eine Versuchsanlage eingerichtet, wo verschiedene Verfahren zur biologischen Reinigung – dem mikrobiellen Abbau gelöster organischer Substanzen – getestet werden sollten. Laut Geschäftsbericht des Stadtrates (1937) zeigte das auch biologisch geklärte Abwasser in den parallel verlaufenden Versuchsrinnen ein völlig anderes Bild als das nur mechanisch geklärte Wasser: «Hier der unästhetische, grauschwarze Pilzbehang an der Steinen, dort die erfrischenden Braun- und Grünalgen.» Experimente zur Beseitigung des sogenannten Abwasserpilzes durch Beigaben von aus dem nahen Gaswerk Schlieren bezogenem Phenol scheiterten, da die im nachgeschalteten Bassin eingesetzten Fische durch die zur Vergiftung von Sphaerotilus natans erforderliche Dosierung ebenfalls getötet wurden. Die in den Dreissigerjahren von einer Beratungsstelle der ETH betreuten Forschungsprojekte wurden auf dem Gelände der Kläranlage 1945 durch die neu gegründete Eidgenössische Anstalt für Wasserversorgung, Abwasserreinigung und Gewässerschutz (EAWAG) fortgesetzt, die 1951 dann eine eigene Versuchanlage in der Tüfenwies unmittelbar ausserhalb des Werdhölzli-Geländes in Betrieb nahm, die 1999 aufgegeben wurde. Nach Jahrzehnte langer Forschung erhielt die städtische Abwasserreinigungsanlage in den Sechzigerjahren endlich eine biologische Klärstufe.

Trotzdem verbesserte sich die Wasserqualität in der Limmat unterhalb der Abwassereinleitung schon 1940: Der stadträtliche Geschäftsbericht konstatierte «einen bemerkenswerten Rückgang des Verschmutzungsgrades des Abwassers, der sich damit erklären lässt, dass die Bevölkerung weniger Abgangsstoffe des Haushaltes dem Kanalnetz übergab. Einerseits wurden die Lebensmittel besser vor dem Verderb geschützt und andererseits gewisse Rückstände besonderen Abfallstoffsammlungen zugeführt». Im Zweitagesrhythmus gingen damals 45 Zweierteams mit einem einfachen, vierrädrigen Handwagen in der ganzen Stadt von Haus zu Haus und holten die Küchenabfälle für die «Söichübeli» ab → 130. Bis 1945 sank die Belastung des Limmatwassers von Jahr zu Jahr, dann begann sie wieder anzusteigen.

Die Abgabe des Faulschlamms, der in flüssiger Form als Dünger verwendet werden konnte, ging zu Beginn des Kriegs wegen der Mobilisierung von Arbeitskräften und Fahrzeugen für den Armeedienst und der Benzinrationierung stark zurück. In getrockneter Form fand der Schlamm bald wieder Abnehmer: Bauern, die den Klärschlamm mit Pferdezügen abholten oder Kleinbezüger, Familien- und Kriegsgartenbesitzer, die den Trockenschlamm unentgeltlich erhielten, wenn sie ihn mit dem Handwagen abholten. Im Verlauf des Krieges steigerte sich die Nachfrage nach Düngerschlamm, bis sie schliesslich für trockenen wie für flüssigen Klärschlamm das Angebot weit übertraf.

Trotz des Rückgangs der Schmutzfracht gelang es während des Krieges, die Ausbeute an Faulgas zu erhöhen. Vor dem Krieg nutzte die Kläranlage einen Teil der anfallenden Gasmengen zur Deckung des Eigenbedarfs und speiste den Rest in die städtische Gasversorgung ein. Seit 1942 betrieb die Stadt im Werdhölzli eine Gasreinigungsanlage zur Gewinnung von Methan, das in einer Fernleitung zur Kehrichtverbrennungsanla-

Tankstelle für Klärgas (1943).

ge an der Josefstrasse gelangte, wo sich eine Kompressoranlage mit Tankstelle befand. Vorerst tankten dort fünfzehn Grossraumwagen des Abfuhrwesens und zehn ebenfalls auf Gasbetrieb umgebaute Autobusse der St.St.Z., 1944 fuhren in Zürich bereits über hundert Fahrzeuge mit Methangas aus der Kläranlage. Zusätzlich konnte nach wie vor der Eigenbedarf der Kläranlage gedeckt und das Gaswerk weiter beliefert werden – 1945 entsprach die ins Gasnetz eingespeiste Menge etwa dem städtischen Kochgasverbrauch während einer Woche.

1942 beschlossen die städtischen Stimmbürger die Errichtung einer zweiten Kläranlage an der Glatt im Norden der Stadt. Der Bau wurde zurückgestellt und sollte erst nach Kriegsende in Angriff genommen werden, da für die Nachkriegszeit allgemein eine hohe Arbeitslosigkeit erwartet wurde. Die Beschäftigungskrise fiel aus, die Kläranlage an der Glatt wurde trotzdem gebaut, 1949 eröffnet und 2001 nach dem Bau des Glattstollens zum Werdhölzli wieder stillgelegt.

Am oberen Ende der nahen Werdinsel befand sich schon in den Dreissigerjahren eine einfache, öffentlich zugängliche Badeanlage auf privatem Grund (heute Flussbad Au-Höngg). In der alten Fabrikliegenschaft auf der Insel betrieb Viktor Tognazzo seit 1928 die grösste schweizerische Autoabbruchfirma. Tognazzo war als achtjähriger Knabe an der Hand seines Vaters aus dem Tessin zu Fuss über den Gotthard nach Zürich eingewandert und lagerte nun in seinem «Autofriedhof» auf der Werdinsel drinnen und draussen Occasionswagen und unzählige Bestandteile aller Marken. Tognazzos Firma erfreute sich besonders während des Kriegs, als Ersatzteile kaum mehr importiert werden konnte, grösster Beliebtheit.

> 136 Klärwerk Werdhölzli, Bändlistrasse 108. Die Anlage, landesweit die grösste ihrer Art, wurde im Verlauf der Zeit mehrfach erneuert und weist kaum mehr Zeugen aus der Anfangsphase auf.
> 136A Werdinsel: Flussbad Au-Höngg und ehemaliges Fabrikgebäude.

137 SCHUTTHYÄNEN STATT BLAUKEHLCHEN – KEHRICHTDEPONIE IM HERDERNRIED

Hinter der Zahnradfabrik Maag erstreckte sich in den Dreissigerjahren entlang des Bahnareals eine Schrebergartenlandschaft bis in den Bereich der heutigen Betriebszentrale der Migros Zürich. Dahinter befand sich eine städtische Mülldeponie. Zürich verfügte über ein modernes System der Kehrichtentsorgung, arbeitete stadtweit mit den seit 1926 vorgeschriebenen Kehrichtkübeln des Typs «Ochsner II», welche auf die mit speziellen Schiebeöffnungen ausgestatteten Behälter der Sammelfahrzeuge abgestimmt waren, die wiederum perfekt an die Eingänge der Verbrennungsöfen angedockt werden konnten. Während des Baus der neuen Kehrichtverbrennungsanstalt an der Josefstrasse musste 1926 in der Herdern eine provisorische Kehrichtablagerungsanlage eingerichtet werden. Diese Deponie wurde auch in den folgenden beiden Jahrzehnten sowohl bei Betriebsunterbrüchen der Verbrennungsanlage während Umbauarbeiten als auch zur Aufnahme von Sperrgut benutzt. Das Sperrgut wurde in einer 1932 eröffneten Sperrgutzerkleinerungsanlage bearbeitet, deren Gebäude sich auf der Höhe des Sportplatzes Hardturm im Gelände des damals noch nicht bestehenden Engrosmarktes befand.

«Auf Stadtgebiet ist die Herdern der einzige Ablagerungsplatz, der zurzeit für diejenigen Abfallstoffe, die in der Kehrichtverbrennungsanstalt nicht vernichtet werden können, in Frage kommt», stellte der Stadtrat 1936 in einer Antwort an Vogelschützer aus Altstetten fest, denen es um das Herdernried leid tat. Nach der Entwässerung senkte sich das früher mit Teichen durchsetzte Gelände in der untern Herdern, die sich bis nach Altstetten erstreckte, blieb aber ein mit Sumpfgräsern und Schilf bewachsenes Feuchtgebiet, das zahlreichen Vögeln als Brutplatz und auf dem Zug als Rastplatz diente. Bis in die frühen Vierzigerjahre forderten lokale, kantonale und nationale ornithologische Organisationen in zahlreichen Eingaben die Einrichtung eines Vogelschutzreservates im Herdernried. Doch die Stadt lehnte ab. Der Stadtrat bezeichnete die untere Herdern als «ausgiebigen Herd für Mücken, Fliegen und anderes Ungeziefer, weshalb es nicht zu bedauern ist, wenn dieser verschwindet. Im übrigen wird die Herdern ohnehin baureif gemacht.» So rückte die in einer zweieinhalb Meter hohen Schicht abgelagerte Kehrichtwand wie eine Lavamasse unerbittlich vor und begrub die Reste des von Schwalben, Blaukehlchen und anderen Vögeln gerne aufgesuchten Riedes schliesslich unter sich. Auf der «aufgelandeten» Fläche wurden Familiengärten angelegt, später sollten Gewerbebauten folgen.

In diese von Sportplätzen, Schrebergärten und Sperrgut geprägte Gegend konnte man via Förrlibuckstrasse und Sportweg gelangen – die Pfingstweidstrasse existierte noch nicht – oder aber vom Kreis 4 über die Bahngeleise. Diesen Weg nahm der Fotograf und Reporter Theo Frey, als er 1937 für die Märzausgabe der Zeitschrift *Föhn* seine *Reportage vom Rande der Stadt* verfasste: «Es regnet in Strömen, ausdauernd und so ergiebig, dass man in wenigen Minuten völlig durchnässt ist. Mich fröstelt. Beim städtischen Schlachthof biege ich in die nördliche Fortsetzung der Herdernstrasse ein, und dann stehe ich wartend vor den geschlossenen Bahnschranken.» Der Fotoreporter träumt von seiner Zeit als Vagabund

Müllwagen auf der Deponie Herdern.

und Schwarzfahrer, dann geht die Schranke auf: «Endlich wird die Passage frei, ich schlüpfe durch und strebe den Bahnlinien entlang, auf miserabler Strasse, wo Pfützen und knöcheltiefer Kot sich zum gleichen Dreck vereinigen, dem Herdernried zu. Ich kürze den Weg, indem ich mich dreckstampfend durch die rechter Hand liegenden Familiengärten meinem Ziel zuwende. Von Zeit zu Zeit stehe ich staunend vor einzelnen originell verzierten Gartenhäuschen und ihren sauberen Anlagen still. So komme ich zur Zerkleinerungsmühle der Kehrichtverbrennungsanstalt und werde auch hier schon von der pulsierenden Geschäftigkeit auf dem Ablagerungsareal Zürichs für Schutt und Abfälle in jeder Form, Geruch und Farbe, ergriffen. Wagen um Wagen fährt an mir vorbei, hochbeladen, infolge der Unebenheit der Fahrbahn bedenklich schwankend. Vor mir kippt soeben ein schwerer Lastwagen seine Fracht, und in die aufwallende Staubwolke stürzen sich junge und alte Männer, mit Kessel und Hacke bewaffnet. Sie reissen den ganzen Schlackenhaufen auseinander und lesen geschäftig und gewissenhaft die noch nicht ganz verbrannte Kohle heraus, um daheim die Stube heizen zu können. Der Wert dieser Kohle steht absolut in keinem Verhältnis zu der dazu verwendeten Mühe. Es ist eine leute- und gesundheitsschädigende Arbeit. Aber das Einkommen dieser armen Leute reicht kaum für die nötigsten Lebensbedürfnisse aus. Sie haben kein Geld, um Brennmaterialien zu kaufen.»

Auch Kehricht und Bauschutt, den die Fuhrwerke und Autos des Abfuhrwesens ankarren, werden von Arbeitslosen, Altstoff- und Lumpensammlern durchsucht: «Auch hier sind schon wieder auf Verdienst erpichte Leute bereit, das angeblich Wertlose einer gründlichen Prüfung zu unterziehen. Interessant ist, was alles in einer Stadt wie Zürich als nicht verwendbar weggeworfen wird. Mit einer staunenswerten Geschicklichkeit stöbern diese, im wahrsten Sinne zu Schutthyänen gewordenen Menschen Metalle, Holz und alles, was zu Versilbern noch in Frage kommt, aus dem Tohuwabohu von Unrat heraus.»

→ **137** Herdern, Pfingstweidstrasse, Höhe Engrosmarkt und Betriebszentrale Migros Zürich.

KERAMIK STATT KATZENRAGOUT   **138**

1936 kam Mario Mascarin nach Zürich, ein gelernter, aber wenig talentierter Buchhalter aus dem Veneto, der als Kunstkritiker und Journalist im Tessin und in Norwegen gearbeitet hatte. Er war Kommunist. In Zürich bewegte er sich im Umfeld der Freien Italienischen Schule →**70** und wirkte dort als «Mädchen für alles: Schauspieler und Dichter, Bühnenbildner und Regisseur», erinnert sich Franca Magnani →**76**, die Tochter des Schulleiters: «Für unsere Theatervorführungen war er unentbehrlich.»

Mascarin war mausarm und lebte mit einer Tessinerin zusammen, die ein Kind von ihm erwartete und sich meistens bei ihren Eltern im Tessin aufhielt, «während Mario», wie die damals elfjährige Franca später berichtete, «vor dem Problem stand, sein leibliches Überleben zu sichern und sich zu ernähren.»

Fayence von Mario Mascarin aus einer Zeit, als der Künstler nicht mehr Katzen zu essen brauchte.

Er wählte die Katzen. Seiner Meinung nach waren die schweizerischen Katzen die besten der Welt. Sie seien nicht nur gut im Futter, sondern auch qualitätsvoll ernährt; das heisst, nicht nur mengenmässig. Die Schweizer sind grosse Tierfreunde, und wenn sie ein Haustier halten, so pflegen sie es mit aller Sorgfalt. In der Abenddämmerung, wenn die Strassen gewisser Stadtviertel sich leerten, ging Mario auf die Jagd. ‹Wenn ihr wüsstet, wie gut sie als Ragout schmecken›, meinte er. Ich warf einen raschen Blick auf unseren Kater. Er wirkte nicht besonders rundlich, und vor allem fütterten wir ihn nicht nach ernährungswissenschaftlichen Grundsätzen wie die Schweizer.»

Mascarin war nicht der Einzige, der sich im Zürich der Krisenzeit von Katzen ernährte. Auch später mussten die Katzen ihren unfreiwilligen Beitrag zur Lebensmittelversorgung leisten. Kurt Guggenheim erzählt in *Alles in allem* von einem Altstoffhändler, der unter den Bögen des Eisenbahnviadukts im Kreis 5 in einer Baracke lebte – während des Kriegs geduldet von den städtischen Behörden, da er als «Altstoffhändler im Dienste der nationalen Aufgabe des Durchhaltens stand» – und sich zum Frühstück das Ragout einer Katze aufwärmte, «die er erlegt, enthäutet und in eine Beize gelegt hatte».

Doch Francas Mutter machte sich Sorgen um Mario Mascarins Ernährungsgewohnheiten: «‹Mario kann nicht ständig Katzen essen›, erklärte Mutter eines Tages mit Entschiedenheit, während wir bei Tisch sassen. ‹Ich habe ihn gefragt, was er alles kann ausser Buchhaltung, die er nicht kann›, fuhr sie fort, ‹und ich habe herausgefunden, dass er auf einer seiner Weltreisen in einer norwegischen Töpferei gearbeitet hat. Er hat mir versichert, dass er eine gewisse Geschicklichkeit im Umgang mit Öfen hat und Brennen und Glasieren kann. Ich werde ihn mit d'Altri bekannt machen.›

Mein Vater war skeptisch. d'Altri war ein bekannter Keramiker aus dem Tessin, der an der Waid, einem der Zürcher Wälder, eine kleine keramische Fabrik betrieb.»

Die Familie d'Altri war 1905 nach Zürich gekommen, Vater Giuseppe führte zusammen mit seinem 1904 geborenen Sohn Arnaldo – oder Arnold – die Keramische Werkstätte Waidberg, gelegen in einer Waldlichtung neben einem Tennisplatz und einem Speiserestaurant, welches in den Zwanzigerjahren aus einer Kneippkuranstalt hervorgegangen war. Der gelernte Bildhauer Arnaldo d'Altri verdiente seinen Lebensunterhalt im Keramikatelier, konnte jedoch schon in den Dreissigerjahren erste Aufträge für Skulpturen im öffentlichen Raum ausführen, so 1934 bis 1936 die Kalksteinfigur *Edith (die Sinnende)* an der Genferstrasse 6 in der Enge, die sich wie viele seiner Figuren kaum aus dem Stein, aus welchem sie geschaffen wurde, zu lösen vermag. Spätestens in den Fünfzigerjahren, als er die beiden männlich-weiblichen Doppelfiguren für das Hotel Du Théâtre am Eingang der Zähringerstrasse sowie im Strandbad Tiefenbrunnen schuf, gelang ihm der Durchbruch.

Francas Mutter brachte Mario Mascarin also zu Giuseppe d'Altri & Sohn und stellte ihn als «einen bekannten Keramiker vor, der aus Italien flüchten musste». Mascarin durfte von 1936 bis 1939 im Waidberg arbeiten, erwies sich als sehr talentiert und konnte 1940 die Leitung der Kramikabteilung der Ziegelei Thayngen übernehmen. Er wurde zu einem international bekannten Keramiker und erhielt in den frühen Fünfzigerjahren eine Lehrauftrag an der Zürcher Kunstgewerbeschule → 80.

> 138 Waidbadstrasse 151, heute Restaurant Jägerhaus.
> 138A Genferstrasse 6: *Edith (die Sinnende)* von Arnold d'Altri → Planausschnitt Seeufer Enge 107–115
> 138B Viadukt Kreis 5 → Planausschnitt Limmat abwärts 80–88

EIN STÜCK NAZIDEUTSCHLAND AM HÖNGGERBERG   139

Zu Beginn des Kriegs lebten rund 15 000 deutsche Staatsbürger in Zürich, die gut die Hälfte der ausländischen Stadtbevölkerung ausmachten. Die deutsche Kolonie versuchte – auch mit Drohungen – möglichst viele davon über den Zusammenschluss von reichsdeutschen Vereinen und Organisationen gleichzuschalten und auf den offiziellen Kurs der NSDAP auszurichten. Die Kolonie brauchte sich nicht zu verstecken. Nachdem 1936 der NSDAP-Landesgruppenleiter Wilhelm Gustloff → 44 erschossen worden war, verbot der Bundesrat zwar die Besetzung von Leitungsfunktionen innerhalb der nationalsozialistischen Auslandsorganisation, doch der nach Bern versetzte Berufsdiplomat Freiherr Sigismund von Bibra übernahm die Landesleitung unter diplomatischem Schutz, was bald stillschweigend toleriert wurde. Die deutsche Kolonie konnte ihre Veranstaltungen in Räumlichkeiten wie der Tonhalle und der Stadthalle → 57, im Kaufleuten oder im Hallenstadion → 126 abhalten, unter scharfer Beobachtung der Polizei. 1941 fand ein grosses Sportfest der Deutschen Kolonie im Letzigrundstadion statt, das in Folge der Wirtschaftskrise 1936 vom FC Zürich an die Stadt übergegangen war, im Jahr darauf eine ähnliche Veranstaltung der reichsdeutschen und italienischen Jugend im Förrlibuckstadion der Young Fellows, dessen Tribüne am Mühleweg stand, während das Spielfeld auf dem Gebiet der späteren Toni-Molkerei lag, jenseits des um 1970 gebauten Eisenbahnviadukts.

Besonders glücklich war die deutsche Kolonie, als sie 1941 an der heutigen Regensdorferstrasse 196 ihr Kameradschaftshaus einrichten konnte. Vermieter war der als Nazisympathisant bekannte Architekt Walter Wehrli, der 1933 in einer Wiese zwischen Regensdorferstrasse und dem Weg beim Heizenholz am Rand des Hönggerbergwaldes eine Villa gebaut hatte. «Wirklich, es könnte kaum hübscher gelegen sein!», schrieb die *Deutsche Zeitung in der Schweiz* (DZS). «Schön schon die Zufahrt von der Regensdorferstrasse her, die durch zahlreiche Obstbäume führt; im Rücken wird es von kräftigem Mischwalde umfasst. Das dazugehörige Gelände – nicht weniger als 60 000 Quadratmeter – teilt sich in Garten und Wiese und Acker auf ... das gleiche

Gelände übrigens, auf dem sich ein starker Arbeitstrupp Zürcher Volksgenossen und Volksgenossinnen seit geraumer Zeit schon im Zeichen der ‹Anbauschlacht› Tag für Tag und recht erfolgreich betätigt.» Als Mieter trat Parteigenosse (Pg) Dr. Erwin Lemberger auf, der die Reichsbahnzentrale und das damit verbundene deutsche Reisebüro → 49 führte. Das Haus stand den 55 Gemeinschaften der deutschen Kolonie zur Verfügung, sollte «die nationalsozialistische Gemeinschaft stärken» und diente der «Deutschen Arbeitsfront» (DAF) für Besprechungen, der Frauenschaft zur Mütterschulung und den Sportgruppen für militärische Übungen. Es umfasste in den oberen Geschossen vier Mannschaftsräume für Übernachtungen, wenn nötig im Massenlager, unten eine kleine Halle und einen Ess- und Vortragsraum mit Schmalfilmapparatur, weiter eine Bibliothek mit Büchern, Radio und Plattenspieler, Wohnungen für Hausverwalter und «die beiden weiblichen Hilfskräfte» sowie Wasch- und Baderäume, Wintergarten und Sonnenbalkone. «Ins Auge fallen ebenso zahlreiche Zeichnungen und Grossphotos, eindrucksvolle Aufnahmen des Führers unter ihnen. Keine geringere Augenweide sind die Blumen und Blattpflanzen überall.»

Die Polizei war beunruhigt. Das Polizei-Inspektorat informierte das für die Verteidigung der Stadt zuständige Territorialkommando 6 darüber, dass man von diesem Haus aus «eine prächtige Aussicht auf die Stadt und besonders auf die militärischen Anlagen in Dietikon und Umgebung» geniesse. Schon eine Woche nach der feierlichen Einweihung – in Anwesenheit des Freiherrn von Bibra – versammelten sich um die Mittagszeit des 22. Juni 1941 Besucher des Kameradschaftshauses in der Gartenwirtschaft des nahen Restaurants Grünwald, tranken Bier, hörten begeistert in den Radionachrichten des schweizerischen Nachrichtendienstes vom Überfall auf die Sowjetunion, johlten und riefen «Bravo!». «Glücklicherweise sollen keine Gäste anwesend gewesen sein, die an einem solchen Gebaren Anstoss genommen haben. Solches provokatorisches Benehmen ist aber unbedingt dazu angetan, dass es einmal zu einer schwerwiegenden Schlägerei kommen könnte», hielt die Stadtpolizei fest. Alte Höngger berichten noch zu Beginn des 21. Jahrhunderts davon, wie sich Gruppen oft angetrunkener Reichsdeutscher Marschlieder singend auf dem Heimweg im Stechschritt zur Tramstation nach Höngg hinunterbewegten.

1943 hatte die Stadt die Gelegenheit, die Liegenschaft zu kaufen, was sie umgehend tat. Das Wohlfahrtsamt richtete in der Villa am Waldrand ein Heim für Kinder zwischen vier und sieben Jahren ein, was über Zürich hinaus für Aufsehen sorgte. So schrieb die Basler *National-Zeitung:* «Nach nicht ganz zwei Jahren verschwindet nun diese ‹Denkmal nationalsozialistischen Geistes›, und künftig werden Zürcher Häfelischüler mit ihrem Lachen und Geschrei Heim, Garten und Wald erfüllen.»

Das Haus beim heute zahlreiche Gebäude umfassenden Wohn- und Tageszentrum Heizenholz, einer Institution der Stiftung Zürcher Kinder- und Jugendheime, wird gegenwärtig privat genutzt. Die Liegenschaft des Restaurants Grünwald wurde 1947 ebenfalls von der Stadt übernommen und ging 1985 im Baurecht an die Restaurant Grünwald AG.

> 139 Villa Wehrli, 1941–43 Kameradschaftshaus der Deutschen Kolonie, Regensdorferstrasse 196.

> 139A Restaurant Grünwald, Regensdorferstrasse 237.

140 WALDRODUNG UND STROHVERSORGUNG

Zur Gewinnung zusätzlicher Anbaufläche wurden zwischen 1941 und 1944 in der Schweiz fast 60 000 Hektaren Feuchtland entwässert und gut 10 000 Hektaren Wald gerodet. Die Rodungsarbeiten erfolgten zum grossen Teil von Hand. Die Holzarbeiter fällten die Bäume zu zweit mit langen Waldsägen und zerkleinerten das Holz mit Säge und Axt. Wurzelstöcke wurden manchmal gesprengt und dann in handliche Stücke zerlegt, die als wertvolles Brennmaterial Verwendung fanden. Vielerorts waren internierte Flüchtlinge mit Meliorations- und Rodungsarbeiten beschäftigt.

Der Kanton Zürich hatte mit 1000 Hektaren Rodungsfläche zum vom Bundesrat verordneten Mehranbau beizutragen. Auch auf Stadtgebiet mussten Waldbäume Kartoffelstauden und Runkelrüben weichen. Im November 1942 beschloss der Stadtrat, auf dem Hönggerberg Teile des städtischen Waldes zur Rodung freizugeben. Die grösste zusammenhängende Rodungsfläche befand sich im Heizenholz zwischen der Grünwaldstrasse und dem heute als Rodungsweg bezeichneten Strässchen. Fotografien, die den Zustand des etwa 300 Meter langen und 120 Meter breiten Waldstreifens vor dem Eingriff dokumentieren, zeigen einen lichten Mischwald, bestehend aus jungen Laubbäumen, die von mächtigen, alten Eichen überragt werden, und einen Waldboden, der, anders als heute üblich, von einer wiesenartigen Krautschicht bedeckt wird.

Der damalige Wald machte einen aufgeräumten Eindruck, der die intensive Nutzung widerspiegelte. Stockausschläge wurden als Brennholz geschnitten, Zweige aufgelesen und das Laub diente als Einstreu im Viehstall. Jakob Heusser, als Bauernsohn auf dem Hönggerberg aufgewachsen und noch im ersten Jahrzehnt des 21. Jahrhunderts in der Bewirtschaftung der familieneigenen Waldparzellen tätig, erinnert sich, dass in der Zwischenkriegszeit ein Mangel an Einstreu herrschte. Viele der damals noch etwa zwei Dutzend Höngger Bauern verfügten kaum über Ackerland, konnten daher nicht wie die Getreidebauern auf Stroh zurückgreifen und mussten sich mit Laub, zerhackten Fichtenästen oder mit Schwarzstreu behelfen, dem zur Verwendung im Stall begehrten Schnittgut von Riedwiesen. Die Strohversorgung bereitete auch Friedrich Traugott Wahlen → 130, dem Vater der Anbauschlacht, Kopfzerbrechen. «Der Krieg», hielt er rückblickend fest, «brachte durch die Bedürfnisse der Armee und durch das Wegfallen von Schwarzstreu (Melioration von Streueflächen) eine ausserordentliche Steigerung des Bedarfes. In den ersten Kriegsmonaten war das Aufbringen von Kantonnementsstroh für die Mannschaft → 67 und von Streuestroh für die Armeepferde eine der schwierigsten Aufgaben des Kriegsernährungsamtes.» Erst das durch die Ausdehnung des Getreideanbaus anfallende Stroh brachte im Rahmen des Plans Wahlen eine Entspannung der Lage auf dem Strohmarkt.

Die Bauern von Höngg nutzten zur Gewinnung von Schwarzstreu Streuwiesen am Katzensee und kleinere Riedflächen zwischen Kappenbühlstrasse und Waldrand auf dem Hönggerberg. Die Familie Heusser, die Land auf dem Gebiet des heutigen ETH-Geländes bewirtschaftete, hatte Streuwiesen in Altstetten und bei der Rennbahn in Oerlikon. Wenn die Kinder nach der Mahd der Oerliker Streuwiesen auf dem Fuder Platz nahmen, warnte sie der Vater, nicht aufzustehen, damit sie nicht mit den stromfüh-

Heizenholz: Waldpartie vor und nach der Rodung (1943). Einzelne Eichen wurden stehen gelassen.

renden Tramleitungen in Berührung kamen. Beim Aufstieg von Affoltern zum Hönggerberg musste ein zusätzliches Pferdepaar vor den Wagen gespannt werden. Keiner der Höngger Bauern hatte einen Traktor. Im Kanton Zürich standen 1939 nur bei knapp sieben Prozent der Landwirtschaftsbetriebe Traktoren im Einsatz, auf rund der Hälfte der Höfe dienten neben Pferden auch Ochsen oder Kühe als Zugtiere.

Für Holzschlag, Rodung und Herrichtung des Pflanzlandes im Heizenholz zeichnete die Schweizerische Vereinigung für Innenkolonisation und industrielle Landwirtschaft (SVIL) verantwortlich, die nach dem Generalstreik 1918 von Industriellen gegründet wurde, als der Freihandel und die Lebensmittelversorgung in der Folge des Ersten Weltkriegs zusammengebrochen war. Die Rodungsarbeiten wurden in den ersten Tagen des Jahres 1943 aufgenommen und. Die SVIL stellte Motorwinden und Traktoren zur Verfügung, um die schweren Wurzelstöcke auszureissen, ebenso die mit den Maschinen vertrauten Fachleute, den «Rodmeister» und das Rodungswerkzeug. Das Arbeitsamt vermittelte über hundert weitere Arbeitskräfte, die, abgestuft nach Leistung, zwischen 1.67 und 1.85 Franken Stundenlohn erhielten. Auch das Forstamt, lokale Fuhrhalter und Landwirte beteiligten sich, soweit sie nicht im Militärdienst waren, an der Rodung. Bis auf ein paar grosse Eichen, die stehen gelassen wurden, waren die Bäume schon im Februar gefällt. Das gewonnene Land wurde an Bauern verpachtet und, wie Jakob Heusser berichtet, mit Kartoffeln, Runkeln (Futterrüben) und Gerste bepflanzt. Der 1919 geborene Heusser selber arbeitete – wenn er nicht gerade mit seinem «Eidgenossen», dem Pferd «Pindar», bei der Kavallerie, wo auch sein Vater und seine Brüder eingeteilt waren, Aktivdienst leistete – seit 1939 im Keller der Höngger Mosterei Zweifel & Co. Sein erster Stundenlohn betrug 1.– Franken. Damit konnte er, rechnet er vor, drei Gläser Süssmost à 25 Rappen kaufen, jeweils mit 5 Rappen Trinkgeld, oder genau fünf Crèmeschnitten oder zwei Päckli Parisienne-Zigaretten.

Die gerodete Lichtung blieb bis in die späten Fünfzigerjahre bestehen, anschliessend wurde sie mit den Fichten aufgeforstet, die heute noch die ehemalige Rodungsfläche besetzen.

› 140 Ehemalige Rodungsfläche zwischen Grünwaldstrasse und Rodungsweg.

Holzvergaserfabrik in Affoltern (1943), vor kurzem abgebrochen.

141 HOLZVERGASER UND GRAPHITELEKTRODEN

Während der Kriegszeit boten Strassen und Plätze der Stadt ein Bild, das uns heute surrealistisch anmutet: Die Nächte waren dunkel → [9], bei Tag waren die Strassen leer und die Plätze weit, denn der motorisierte Verkehr war zusammengebrochen. Waren 1939 in der Schweiz noch 78 000 Personenwagen angemeldet → [20], so beschränkte sich die Anzahl Autos 1945 auf ganze 18 000. Strassenbahnen fuhren weiter, auch einige der Busse – 41 Fahrzeuge der Städtischen Verkehrsbetriebe waren allerdings zu Beginn des Zweiten Weltkrieges von der Armee requiriert worden. Wer nicht das Tram benutzte, war zu Fuss unterwegs oder auf dem Fahrrad. Waren wurden auf Veloanhängern, Handwagen und im Rucksack transportiert.

Benzin war von September 1939 bis Februar 1946 streng rationiert. Die jährliche Benzineinfuhr sank zwischen 1938 und 1945 von 200 000 auf 11 000 Tonnen. Auch Autobesitzer mit Fahrzeugen, «die für die Aufrechterhaltung des Geschäftsbetriebes und der persönlichen Existenz unentbehrlich sind», erhielten jahrelang monatlich nur zehn Liter zugeteilt. 1944 und 1945 galt ein allgemeines Sonntagsfahrverbot, Vergnügungsfahrten waren von 1941 bis nach Kriegsende generell untersagt. Auch dieser stark gedrosselte motorisierte Verkehr war auf eine Ergänzung des knappen Benzins durch Biotreibstoffe aus einheimischer Produktion angewiesen, einerseits auf den Treibstoffzusatz Holzalkohol → [47], andererseits auf Holzgas aus Generatoren, wie sie die Holzgasgeneratoren A.-G. Zürich (HGZ) an der Zehntenhausstrasse in Affoltern herstellte.

Holzgasgeneratoren wurden nachträglich an Fahrzeugen angebracht oder dann serienmässig in Lastwagen eingebaut. Sie bestanden aus einem meist auffälligen, etwa 1,8 Meter hohen Zylinder am Heck des Personenwagens oder zuvorderst auf der Lastwagenbrücke, in welchem Würfel aus Buchen- oder Eichenholz durch unvollkommene Verbrennung in ein Gasgemisch

Auto mit Holzvergaser an der Gessnerallee (1941).

Die Holzvergaserfabrik stellte Holzvergaser für in- und ausländische Abnehmer her.

umgewandelt wurden, das aus Stickstoff, Kohlenmonoxyd, Wasserstoff und Kohlendioxyd bestand. Das Gas durchlief einen Absitzbehälter zur Abtrennung von Verunreinigungen, dann einen Kühler und einen Feinpartikelfilter und wurde schliesslich in einem Mischventil im richtigen Verhältnis mit Luft versetzt und dem Motor zugeführt. 1940 rechnet die *Schweizerische Bauzeitung* vor, dass als Ersatz für einen Liter Benzin etwa 2,5 kg Holz benötigt wurde. Bei Preisen von 75 Rappen für einen Liter Benzin und 11 Rappen für ein Kilo Holz ergab sich für einen holzbetriebenen Fünf-Tonnen-Wagen bei 40 000 Kilometern Jahresleistung schnell eine jährliche Ersparnis von 7600 Franken, etwa so viel, wie die Umrüstung des Fahrzeugs auf Holzgasbetrieb gekostet hatte. Allerdings dauerten Fahrten mit dem Holzvergaser länger, da weniger hohe Geschwindigkeiten erreicht werden konnten, auch Reinigung und Unterhalt waren aufwändiger als bei benzinbetriebenen Autos. Bevor sich brennbares Holzgas entwickeln konnte, musste etwa eine Viertelstunde vor der Abfahrt vorgeheizt werden. Fahren mit Holzvergaser war keine Hexerei, erforderte aber nach *Bauzeitung* gewisse Kenntnisse: «Es ist allgemein erkannt worden, dass der Holzgas-Generator genau so gut sei wie der Fahrer!»

Nicht nur Last- und Personenwagen fuhren mit Holzvergasern, auch Traktoren und Busse. 1941 stellte die St.St.Z. zehn Autobusse auf Holzvergasung um, was die *Wochenschau* vom 14. Februar optimistisch kommentierte: «In den Strassen Zürichs verkehren die ersten Autobusse mit Holzvergaser. Und selbst wenn die Schweiz einmal ganz ohne Benzinimporte auskommen müsste, könnte sie dem Schlimmsten aus eigener Kraft entgehen.» Eine der Firmen, die Tausende von Lastwagen für Armee und Gewerbe mit Holzgasgeneratoren ausrüstete, war die 1937 von Heinrich Gertsch gegründete HGZ, die ihren Betrieb von Jahr zu Jahr vergrösserte, mehrmals umzog und schliesslich 1943 an der Zehntenhausstrasse eigene Fabrikationsräume baute, wo bis zu zweihundert Männer arbeiteten. Nach dem Krieg musste die Firma den Betrieb verkleinern und umstellen. Sie begann Kaffeemaschinen zu produzieren und zog nach Dällikon im Furttal, wo die HGZ heute noch besteht.

Die beiden schlichten Backsteinkuben von 1943 an der Zchntenhausstrasse 15 und 19 und die dahinterliegenden Gewerbegebäude wurden 2007 für den Abbruch freigegeben.

So bleibt die am anderen Ende der Gewerbezone zwischen Bahnlinie, Wehntaler- und Zehntenhausstrasse erhaltene Ofenhalle der CeCe-Graphitwerke der einzige bauliche Zeuge dieses während des Zweiten Weltkrieges blühenden Industriegebiets in Affoltern. Die CeCe-Werke stellten Graphitelektroden her, welche zur Fabrikation von Stahl und Eisen im Elektrodenofen unerlässlich waren und ebenso in der Aluminiumproduktion Verwendung fanden. Die Graphitfabrik im Norden Zürichs war seit 1923 im Besitz der in Röthenbach bei Nürnberg ansässigen Firma C. Conradty und bekam ihren Namen CeCe von den Initialen des Gründers des bayrischen Werkes. Die Schweizer Tochterfirma vergrösserte ihren Betrieb 1939 durch den Bau einer zweiten Ofenhalle. Staub und Rauch der CeCe liessen die Wäsche bis nach Unter-Affoltern schwarz werden. Als während des Weltkriegs noch eine dritte Ofenhalle gebaut werden sollte, wehrte sich die Bevölkerung von Affoltern. Doch Proteste und Rekurse wurden abgewiesen mit dem «Hinweis auf die für die Schweiz kriegswichtige Produktion von Graphit – als Brennstäbe für Elektrolytverfahren in der Stahlproduktion bzw. als Elektroden, Schleifmaterialien». Auch für Deutschland war die Schweizer Graphitproduktion kriegswichtig: 1944, im Baujahr der dritten Ofenhalle, machten die aus der Schweiz importierten Graphitelektroden immerhin zehn Prozent der deutschen Eigenproduktion aus und erreichten damit einen zehnmal höheren Anteil als das während des Zweiten Weltkriegs in

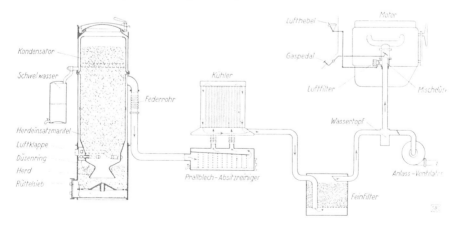

Schnittbild und Schema einer Holzgas-Generatoranlage für Lastwagen (1940).

CeCe-Graphitwerke, links grosse Ofenhalle von 1944, diagonal Wehntalerstrasse (1945). Unten erste Etappe der Siedlung Furttalstrasse (1945/46, Ersatzneubau 2012).

Deutschland eingeführte Kriegsmaterial schweizerischer Herkunft. 1942 errichtete die CeCe ein «weiterum als vorbildlich bekanntes Wohlfahrtshaus, in dem sich die eigenen und die Arbeiter anderer Fabriken billig verpflegen konnten», wie es in der Affoltemer Quartiergeschichte heisst. CeCe stellte ihren Betrieb 1990 ein. Um einer Wohnüberbauung Platz zu machen, wurden 2005 sämtliche Gebäude auf dem CeCe-Areal abgebrochen – mit Ausnahme der Ofenhalle von 1944, die unter Schutz gestellt, aufwändig renoviert und neuen Nutzungen zugeführt wurde.

> **141** Zehntenhausstrasse 15–19, ehemals Standort der HGZ.
> **141A** Ofenhalle der CeCe (Wehntalerstrasse 634), 1944 erbaut, nach 2005 renoviert und umgenutzt.

142 FLIEGERSTEIN – LUFTKAMPF ÜBER ZÜRICH

Am Dienstag, dem 5. September 1944, um 11.10 Uhr heulten in Zürich die Alarmsirenen. Wenige Minuten später war über der Stadt das Dröhnen einer «Fliegenden Festung» zu vernehmen, eines amerikanischen Langstreckenbombers, der Richtung Dübendorf flog. Statt in die Luftschutzräume zu verschwinden, begaben sich viele Menschen ins Freie, um das Geschehen zu beobachten. Ein Augen- und Ohrenzeuge berichtete am nächsten Tag in der NZZ: «Bei Beginn des Alarms öffne ich die Balkontür und warte, als ob ich wüsste, dass es so kommen werde, auf die Staffeln unserer

Überwachungsgeschwader. Richtig, ein paar Sekunden nach dem Verhallen des Sirenengeheuls brausen die Jäger auch schon über den Wald des Zürichbergs heran und flitzen gegen Westen. Ich mache mich wieder an die Arbeit. Kaum ist jedoch der helle, singende Ton unserer Jagdflugzeuge verhallt, reisst mich ein dunkler Donner von meinem Schreibtisch hoch. Ich fühle, dass es ernst gilt. Deutlich hört man einige Male hintereinander das dumpfe Grollen der Abschüsse unserer Abwehrbatterien und nachher die Explosionen schwerer Flabgranaten. Im Nu bin ich wieder auf dem Balkon. Plötzlich mischt sich in diesen Donner das helle, tackende Bellen von Maschinengewehren und der helle Ton der Bordkanonen. Ich sehe ziemlich hoch am Himmel, in nordöstlicher Richtung, vier Jagdflugzeuge, die miteinander in einen Luftkampf verwickelt sind, dabei im Sturzflug tiefstechen und zu kurven beginnen. Hoheitszeichen sind keine zu erkennen, denn alle Maschinen glänzen im Sonnenlicht silberhell.

Von Norden nach Süden zieht ein schwerer, fremder Bomber in ziemlicher Höhe langsam Richtung Dübendorf. Die stark herabgesetzte Geschwindigkeit des schweren Flugzeugs fällt auf. Ich erkenne nur schwach eine braun-gelbe Farbe. Aber meine Aufmerksamkeit wird sofort wieder auf die wie toll umherschwirrenden Jagdflugzeuge gerichtet. Denn ständig hört man das scharfe Tacken der Bordwaffen. Plötzlich blitzt es an der Nase eines silbern glänzenden Vogels auf. Getroffen? Atemlos schaue ich der im Sturzflug tiefgehenden Maschine nach. Richtig, schon zieht sie eine mächtige Rauchfahne hinter sich her und beginnt wie ein Blatt zu trudeln; immer breiter wird der Rauchstreifen. Unmittelbar darauf öffnen sich plötzlich etwas weiter südlich zwei Fallschirme, die langsam niedergehen und fast gleichzeitig mit dem Flugzeug hinter dem nächsten Haus meinem Blick entschwinden. Die zwei übrigen Jagdflugzeuge folgen in die Tiefe suchend nach.

Der Schaffhauserplatz ist im Nu schwarz von neugierigen Menschen, die entsetzt das Ereignis am Himmel verfolgen. Überall stehen gestikulierend die Menschen herum und schauen zum Himmel.»

Die «Fliegende Festung» und ein weiterer amerikanischer Bomber waren an jenem Morgen nach der Bombardierung Stuttgarts in den Schweizer Luftraum geraten und konnten schliesslich in Dübendorf landen. Der eine der Bomber kam in Begleitung von zwei Mustang-Jagdflugzeugen, die die beiden Messerschmitt-Maschinen der Schweizer Luftwaffe, welche die Bomber zur Landung aufforderten, angriffen, da sie sie für deutsche Flugzeuge hielten. Während der eine der Schweizer Piloten sein stark beschädigtes Flugzeug auf dem Flughafen Dübendorf notlanden konnte, stürzte Oberleutnant Paul Treu mit seiner Messerschmitt Bf 109 in Affoltern am Waldrand des Hürstholzes ab und starb. Ein weiterer Augenzeuge beschrieb die Situation an der Absturzstelle so: «Als Beobachter des Luftkampfes sah ich, wie ein Jagdflugzeug, eine Rauchfahne hinter sich herziehend, brennend in Richtung Affoltern abstürzte. Sofort fuhr ich mit dem Velo in der Richtung des Absturzes und traf, bevor die Unglücksstätte abgesperrt war, an der Absturzstelle am Waldrande neben der Fronwaldstrasse ein.

Zwischen den Stämmen der Bäume brannte ein fast unscheinbarer Haufen zerbrochener Flugzeugteile; vermutlich hat sich der Vorderteil des Flugzeugs mit dem schweren Motor tief in den Boden eingebohrt. Fetzen von rot und weiss gespritzter Bespannung zeigten deutlich, dass es sich um die Überreste eines Schweizer Flugzeugs

Fliegerstein im Unterholz.

handelt. Ein dabei liegendes Stück Blech wies eine ganze Reihe von Einschlägen auf, die vermutlich von Maschinengewehrmunition herrührten. Innert kürzester Zeit erschienen die Feuerwehr Zürich, die Kantonspolizei, Leute vom Luftschutz und zwei Sanitätsautomobile.»

Dem aus Balsthal stammenden Forstingenieur Paul Treu war die Tatsache zum Verhängnis geworden, dass die Schweizer Luftwaffe schon vor Kriegsausbruch knapp vierzig Stück der auch von der deutschen Armee verwendeten Messerschmitt Bf 109 erworben hatte. Dieses damals hochmoderne Propellerflugzeug in Ganzmetallkonstruktion und mit einziehbarem Fahrgestell hatte sich im Spanischen Bürgerkrieg bewährt und erregte Aufsehen, als es im Sommer 1937 beim internationalen Flugmeeting in Dübendorf sämtliche Wettbewerbe, an denen es teilnahm, für sich entschied. Jahrelang das wichtigste Jagdflugzeug der deutschen Luftwaffe, wurde die Bf 109 in einer Stückzahl von insgesamt über 30 000 Exemplaren hergestellt. Zu Beginn des Krieges stellten die vierzig Jagdeinsitzer das Kernstück der sehr bescheidenen schweizerischen Luftwaffe dar, die darüber hinaus gerade noch über achtzig eher altmodische Doppeldecker verfügte. Bis 1945 konnte der Bestand an Flugzeugen dann durch eigene Produktion immerhin auf 530 erhöht werden.

Paul Treu war nicht der einzige Schweizer Wehrmann, der während des Krieges in Luftkämpfen getötet wurde. In der Anfangsphase des Weltkriegs, besonders im Frühsommer 1940, kam es im Jura wiederholt zu Luftraumverletzungen durch deutsche Verbände, bei welchen zwei Angehörige der Schweizer Fliegertruppen starben. Nach 1943 waren es Flugzeuge der Alliierten, die mit der Schweizer Luftabwehr in Konflikt gerieten. Schweizerische Fliegertruppen und Flab schossen fünfzehn Flugzeuge der Alliierten ab, dabei kamen jeweils über ein Dutzend britische und amerikanische Soldaten um. 137 weitere alliierte Flugzeuge landeten in den letzten Kriegsjahren freiwillig oder gezwungenermassen in der Schweiz.

Erstaunlicherweise kamen beim Luftkampf über Zürich am Morgen des 5. Septembers 1944 keine weiteren Personen zu Schaden. Ein aus einem der amerikanischen Bomber abgeworfenes Maschinengewehr durchschlug das Dach eines Hauses in Embrach, in Zollikon geriet eine Schreinerei in Brand. Einschläge von Bordkanonen und Maschinengewehren konnten über das ganze Stadtgebiet festgestellt werden: auf den Friedhöfen Fluntern und Enzenbühl, auf der Traminsel beim Balgrist, in Hausdächern von der Forchstrasse bis zum Pappelweg und zur Schweighofstrasse im Friesenbergquartier und Maschinengewehrhülsen wurden sowohl auf der Schaffhauser- wie auf der Südstrasse in Zollikon aufgefunden.

An der Fronwaldstrasse zeigt, etwa fünfzig Meter vom Bahnübergang entfernt, ein handbemalter Pfeil zum «Fliegerstein 100m», dem Gedenkstein für Paul Treu. Der mit einer Tafel versehene Stein steht, nicht weit von der Bahnlinie zwischen Seebach und Affoltern, halb überwuchert im Wald, der seit 1944 die ganze Wiese bis zur Strasse erobert hat.

> 142 Fronwaldstrasse, nahe beim Bahnübergang.
> 142A Schaffhauserplatz.

TOBLER BESUCHT BRINER 143

Am 15. Januar 1933 wurde die Gemeindeordnung, welche ab dem folgenden Jahr die Verhältnisse im durch die Eingemeindung entstehenden Gross-Zürich regeln sollte, nur ganz knapp angenommen – mit 30436 Ja- gegen 30300 Nein-Stimmen. Da sich die bürgerlichen Parteien, die zur Ablehnung der von den Sozialdemokraten unterstützten Gemeindeordnung aufgerufen hatten, nur um 136 Stimmen geschlagen geben mussten, witterten sie Morgenluft. In den im Herbst des gleichen Jahres stattfindenden Wahlen → 55 61 für den Stadtrat und den Gemeinderat, der vor der Eingemeindung von 1934 noch Grosser Stadtrat geheissen hatte, wollten die bürgerlichen Parteien die Dominanz der Linken, die seit 1928 in der Exekutive wie auch in der Legislative die Mehrheit hatten, brechen.

Zwischen der Abstimmung in der Januarmitte und den Wahlen vom 24. September hatte sich einiges verändert. Ende Januar 1933 hatten in Deutschland die Nationalsozialisten die Macht übernommen, die Linksparteien ausgeschaltet und sich schon in den ersten Monaten ihrer Herrschaft mit äusserster Brutalität der politischen Opposition entledigt. Im Sog der Ereignisse in Deutschland bekam die Schweizer Frontenbewegung Auftrieb und spürte den Frontenfrühling. An einer Grosskundgebung im Kaufleuten sprach am 22. April neben dem Fröntler und früheren FDP-Mitglied Rolf Henne → 57 auch der ehemalige Oberstdivisionär Emil Sonderegger, der als Kommandant der anlässlich des Landesstreiks 1918 in Zürich eingesetzten Truppen zu den Hardlinern gezählt hatte. Unter dem Schutz der «Grauhemden des Harstes» → 57 hetzte dieser (laut eines kritischen Augenzeugen) in «einem sachlichen, offiziersmässigen Ton» gegen die Juden und forderte in seinem Vortrag unter dem Titel «Ordnung im Staat» die «Abschaffung des Parlaments». Gemeinsam mit der «Nationalen Front» gedachte nun der vaterländische Block, dem neben der Freisinnigen Partei auch die Christlichsoziale Partei, die Evangelische Volkspartei, die neugegründete Bauern-, Gewerbe- und Bürgerpartei und einige weitere Gruppierungen angehörten, dem Roten Zürich ein Ende zu setzen.

Die bürgerlich-frontistische Wahlallianz, die von vielen bürgerlichen Politikern besonders ausserhalb Zürichs nicht goutiert wurde, hatte Mühe, einen geeigneten Kandidaten für das Amt des Stadtpräsidenten zu finden. Die bisherigen bürgerlichen Stadträte waren nicht bereit, sich gegen Emil Klöti aufstellen zu lassen. Dann gelang es Robert Tobler, der als Vertreter der «Nationalen Front» für den Stadtrat kandidierte, Robert Briner → 31, Mitglied der später in der FDP aufgegangenen Demokratischen Partei, zu überzeugen, sich zur Verfügung zu stellen. Vreni Custer-Briner, die Tochter des bei den Gemeindewahlen im September 33 vom «antimarxistischen vaterländischen Block» als Stadtpräsidenten portierten Robert Briner, erzählt im Videofilm des Projektes *Archimob*, wie Tobler eines Abends zu Briners an die Hadlaubstrasse 45 kam: «Tobler wohnte etwas weiter oben, nicht weit von uns. Im bin am Zürichberg aufgewachsen. Den Fronten-Tobler hatte man zuerst ein bisschen geschätzt in unserer Familie, als vaterländisch, man wusste damals noch nicht – das ist später geschehen –, dass sich die Schweizer Nazis mit den deutschen Nazis identifizierten. Zuerst schätzte man Tobler als vaterländisch, und er kam einmal zu meinem Vater: Ein überparteiliches Komitee möchte ihn als Stadtpräsidenten vorschlagen, ihn, den Demokraten. Sie hatten keinen in ihren Reihen, der bekannt war, aber mein Vater war schon bekannt als Demokrat und so. Sie wollten ihn vorschlagen. An einem Sommerabend 1932 kam er nach dem Nachtessen, an einem schönen Sommerabend, und nachher ging er und dann sagte mein Vater: ‹Der will mich als Stadtpräsident vorschlagen und ich habe zugesagt.› Und dann waren wir sehr erstaunt.» Briners Tochter erklärte sich die Bereitschaft ihres Vaters zur Kandidatur so: «Papa hat nie mit diesen Nazis geliebäugelt, aber dass sie ihn als quasi neutralen Stadtrat zwischen den Fronten von links und rechts als Stadtpräsidenten aufstellten, das hat ihn soweit gelockt.»

› **143** Hadlaubstrasse 45.
› **143A** Kaufleuten → Planausschnitt Bahnhofstrasse **40–50**

144 BOMBEN AM WALDRAND

«Sonntag morgen – man freut sich der Sonntagsruhe oder benützt das schöne Wetter zu einem Morgenspaziergang. Das Heulen der Sirenen um 9.35 Uhr wird wohl gehört, aber von niemand ernstlich beachtet. Eine halbe Stunde später brausen nach Zeugenaussagen zwei Dreierstaffeln fremder Flugzeuge über die Stadt dahin. Von der letzten lösen sich kleine Punkte, die einen weissen Nebelstreifen hinter sich herziehend der Erde zustreben. Die Streifen vergrössern sich rasch, so dass sie den Anschein erwecken, als sei ein brennendes Flugzeug abgestürzt. Dann lassen sich Detonationen vernehmen», schrieb das *Volksrecht* am Tag nach dem Abwurf der Bomben auf Zürich. Die Bomben waren an jenem 4. März 1945 um 10.20 Uhr von amerikanische Piloten abgeworfen worden, die wegen der schlechten Sichtverhältnisse im nebligen Süddeutschland die Orientierung verloren hatten und Zürich für Pforzheim hielten. Sie trafen den Acker der Landwirtschaftlichen Schule Strickhof, den Zürich-

Zerstörtes Haus an der Frohburgstrasse 186 (NZZ 2. März 1945).

bergwald und beschädigten besonders an der Frohburgstrasse und In der Hub zahlreiche Häuser.

Vor der Garage Frohburgstrasse 174 klaffte ein Bombentrichter, ein Baum stürzte um und riss das Dach des Hauses auf, dessen sämtliche Fenster eingedrückt waren. Auch beim Nachbarhaus 180 lagen die Fenster in Scherben, laut Zeitungsbericht war das Dach von Erde bedeckt, wo es nicht aufgerissen war. Die linke Hälfte des nächsten Hauses mit der Nummer 184 war eingestürzt, ein Volltreffer hatte das Haus Frohburgstrasse 186, wo eine Lehrerfamilie gewohnt hatte, dem Erdboden gleichgemacht. Die Frau kam ums Leben, der Lehrer und die beiden Töchter kamen mit Verletzungen davon.

Auch das Haus In der Hub 16 wurde völlig zerstört. «Vom ganzen hübschen Bernerhaus ist wieder nur noch ein Trümmerfeld geblieben. Zerrissene Möbel, zerfetzte Bücher, Steine, Balken. Hier hat das Unglück vier Tote gefordert. Mit Leintüchern zugedeckt liegen drei Leichen aufgebahrt. Noch herrscht Unklarheit. Man weiss nicht, wer zu Hause war, beherbergte doch das Haus In der Hub 16 elf Personen.» Es blieb bei den insgesamt fünf Todesopfern. Im Haus Nummer 14 rissen die Bomben ein grosses Loch in die Mauer im ersten Stock, vor dem ebenfalls stark betroffenen, nicht mehr bewohnbaren Haus In der Hub 12 hatten sich nach einem Rohrbruch in zwei Bombentrichtern kleine Seen gebildet. «Einen schauerlichen Anblick bieten die Bäume des benachbarten Waldrandes. Bis zum Wipfel sind sie mit Kleidern, Stofffetzen und andern Dingen behängt.»

An der Trauerfeier für die fünf Toten in der Kirche Oberstrass nahmen gemäss *Volksrecht* auch Genosse Bundesrat Nobs und Stadtpräsident Dr. Lüchinger teil.

Bei aller Tragik war die versehentliche Bombardierung des Quartiers am Waldrand des Zürichbergs nicht zu vergleichen mit den Verheerungen, die die Luftangriffe in deutschen Städten anrichteten. Otto Zurbuchen, ein Auslandschweizer, dem mit seiner Frau im Februar 1945 die Flucht aus Deutschland in die Schweiz gelang, berichtete im *Archimob*-Interview, wie er auf dem Weg nach Zürich vom Bombenabwurf vernommen hatte: «Wänd Sie uf Züri? Das isch hüt bombardiert worde.» Die schweizerische Ausdrucksweise befremdete Zurbuchen: Unter Bombardierung verstand er etwas völlig anderes, nämlich die Zerstörung ganzer Städte durch einen sytematisch gelegten Bombenteppich. Im Oktober 1943 hatte er in Hannover Wohnung und Arbeitsplatz, Hab und Gut verloren, als in einer einzigen Nacht die ganze Innenstadt auf einer Fläche von zehn Quadratkilometern in eine Trümmerlandschaft verwandelt, viertausend Wohnungen zerstört und über Tausend Menschen getötet worden waren.

> 144 Frohburgstrasse 174, 180, 184 und 186, In der Hub 12, 14 und 16.

145 SCHWAMENDINGEN

1933, im Jahr vor der Eingemeindung, lebten weniger als dreitausend Menschen in Schwamendingen. Eine erste Welle der Verstädterung hatte die Gemeinde zwar vom benachbarten Industriestandort Oerlikon bereits erreicht, im Waldgarten und entlang der Winterthurerstrasse bis zum alten Dorfkern und der Saatlenstrasse waren vor allem seit den Zwanzigerjahren Wohnbauten entstanden, die 1930 zum Bau des modernen Schulhauses Friedrich (Friedrichstrasse 21) führten. In den Riedwiesen der Glatttalebene und an den von Obstgärten bedeckten Hängen des Zürichberges standen jedoch nur ganz vereinzelte Häuser. Eine Voraussetzung für die Besiedlung der Ebene bestand in der Entwässerung der früher periodisch überschwemmten Feuchtwiesen, die mit Meliorationen und Glattabsenkungen seit den 1880er-Jahren in mehreren Schritten erfolgten. 1936 stimmten die Stimmbürger des Kantons einer weiteren Absenkung der Glatt zwischen Herzogenmühle und Oberglatt zu, die eine Tieferlegung des Flusses um drei Meter bedeutete. Die Bauarbeiten sollten im Zeichen der Arbeitsbeschaffung gemäss Vorlage soweit wie möglich durch Handaushub vorgenommen werden und dauerten etwa zehn Jahre.

Zur Umfahrung des durch den Verkehr auf der Winterthurerstrasse belasteten Dorfkerns wurde 1937 die Überlandstrasse ausgebaut, die vom Waldgarten im Niemandsland zwischen Oerlikon und Schwamendingen in Richtung Aubrugg dem heutigen Autobahntrassee folgte, vor der alten, gedeckten Holzbrücke dann nach rechts bog, um parallel zum begradigten Flusslauf weiter nach Dübendorf zu führen. Bei der

Überlandstrasse in Schwamendingen: erste Betonstrasse im Kanton Zürich (1937).

von Alleebäumen gesäumten Überlandstrasse handelte es sich um die erste Betonlandstrasse des Kantons. Betonbeläge kamen später beim Nationalstrassenbau in Mode und werden unterdessen auf Siedlungsstrassen kaum mehr verwendet, da sie mehr Kosten und Lärm verursachen als Asphaltbeläge.

Jenseits der hölzernen Aubrugg, in deren Gebälk sich die Schwamendinger Jugend zu verstecken pflegte, um Passanten zu erschrecken, baute die Stadt allein auf weiter Flur zwischen 1937 und 1941 die Wohnsiedlung Au, die als Siedlung für Arbeitslose konzipiert wurde und in Zürich die einzige ihrer Art blieb. Die siebzehn freistehenden, zweigeschossigen Kleinhäuschen mit angebautem Schopf waren bei seit 1937 stark rückläufigen Arbeitslosenzahlen für kaum mehr vermittelbare Langzeitarbeitslose gedacht: «Im Laufe der Wirtschaftskrise hat sich gezeigt», begründete der Stadtrat, «dass gewisse Arbeitslose, besonders ungelernte, aber auch ältere oder zufolge Krankheit ver-

Grundriss und Schnitt der Häuser für Arbeitslose am Ämmerliweg (1942).

mindert arbeitsfähige Handwerker nur schwer wieder in den Arbeitsprozess eingereiht werden können.» Auf den Grundstücken, die mit zwölf bis siebzehn Aren die Fläche der meist zwei Aren messenden Familien- und Kriegsgärten um ein Mehrfaches übertrafen, konnte den Bewohnern der Au die Gelegenheit geboten werden, «durch Gemüseanpflanzung und Kleintierzucht einen Teil des Lebensmittelbedarfs selbst zu ziehen». Auf Zäune wurde verzichtet, um gemeinsames Pflügen zu ermöglichen. «Die grosszügige Bepflanzung (auch mit Obstbäumen) und intensive Bearbeitung hat», laut *Schweizerischer Bauzeitung,* «schon im ersten Jahr erfreuliche Erträge abgeworfen und erneut bewiesen, wie gesund das Prinzip solcher halblandwirtschaftlicher Stadtrandsiedlung ist.» Heute liegt die damals völlig isoliert gebaute Siedlung in unmittelbarer Nachbarschaft von Autobahnkreuz, Heizkraftwerk Aubrugg, weiteren Wohnsiedlungen sowie seit wenigen Jahren bei der Haltestelle Auzelg der verlängerten Tramlinie 11.

Ein paar Jahre nach der Arbeitslosensiedlung entstanden unweit von Stettbach am anderen Ende von Schwamendingen die beiden aus insgesamt 79 Häusern bestehenden Siedlungen Moosacker unterhalb und Sunnige Hof oberhalb der Dübendorferstrasse. Diese beiden 1943 von der gleichen Siedlungsgenossenschaft («Sunnige Hof») fernab vom Getümmel der Grossstadt gebauten Arbeitersiedlungen sind trotz ebenfalls gestaffelter Anordnung, guter Durchgrünung, isolierter Lage und Ausrichtung zur Sonne in ihrer Architektursprache meilenweit von den weissen Klötzchen der nur ein gutes Jahrzehnt früher erstellten Wohnkolonie Neubühl → 151 entfernt. Durch unterschiedliche Höhe der Giebeldächer und innerhalb der Reihen vor- und zurückversetzter Einzelhäuser entsteht der Eindruck eines organisch gewachsenen Dörfchens, eines um dorfplatzartig verbreitete Erschliessungssträsschen gruppierten heimeligen, bewohnbaren Landidörfchens. Das *Schweizer Baublatt* äusserte sich 1943 begeistert: «Die architektonische Gliederung ist durch die leichte Krümmung der Längsachsen ausserordentlich glücklich gelöst.» Die Umgebung der Genossenschaftshäuser wurde ebenfalls sorgfältig in die Planung einbezogen: «Die Gartenpartien und die Zugänge zu den Häusern werden von Gartenarchitekt Ammann → 123 129 in interessanter Weise gestaltet. Auf dem Bauplatz sind viele alte Bäume als Schattenspender schon vorhanden. Sie werden von der Bauleitung sorgfältig geschont, so dass nach Fertigstellung der Siedlung ein naturnaher Anblick entstehen wird. Östlich der Siedlung fliesst ein Bach, dessen Umgebung als Naturreservat später der Allgemeinheit zugänglich gemacht wird. Die Bewohner der Siedlung können städtisches Land, das an die Siedlung angrenzt, zusätzlich zu ihrem eigenen Pflanzland pachten.»

So waren also am Ende des Krieges in der Glatttallandschaft erst einzelne Vorboten des Baubooms vorhanden, der Schwamendingen in der zweiten Hälfte der Vierzigerjahre erfasste und zu einer Vermehrung der Wohnbevölkerung auf 14 000 im Jahre 1950 und 33 000 ein weiteres Jahrzehnt später führte. Doch die absehbare dramatische Urbanisierung der Landschaft beschäftigte die 1943 gegründete Schweizerische Vereinigung für Landesplanung schon an ihrer Tagung im Februar 1945, wo FDP-Nationalrat Dr. h. c. Armin Meili, Direktor der Landesausstellung von 1939, sein Modell eines Gürtels von Satelliten vorstellte, die als eigenständige Begleitstädte durch Freiräume klar von der Kernstadt abgetrennt werden sollten. Damit könnten «planlose klumpenförmige Ortsvergrösserungen» vermieden werden, die an den Stadträndern «stets die gleiche hässliche und unhygienische Zufälligkeit im Durcheinander von Wohnbauten, Industrie, Schrebergärten, verkümmernden Bauernhöfen, Bahnen und Strassen» hervorbringen würden. Für Zürich-Nord schlug Armin Meili Satelliten in Stettbach, Schwamendingen (unterhalb des Dorfkerns), Seebach, Schwandenholz, Reckenholz und Affoltern vor. Meilis Modell übertrug die Forderung nach Luft, Licht und Sonne, die für Wohnsiedlungen gestellt und umgesetzt wurde, auf

«Sunnige Hof», Modellbild (1943).

die grossräumige Verteilung der Ortschaften und Baugebiete in der Landschaft. Die isolierte Lage der Satelliten setzte gute Verkehrsverbindungen voraus, nach Meilis Ansicht etwa Tunnels durch den Zürichberg und – als Verbindung zu den Begleitstädten östlich der Stadt – den Üetliberg. Bei den Durchgangsstrassen allerdings musste seiner Meinung nach darauf geachtet werden, «dass sie nicht wieder von Bauten umsäumt werden, wie das z. B. an der Überlandstrasse in Schwamendingen bereits der Fall ist.»

Meilis Vorstellung wurde nicht umgesetzt.

Die Bebauungspläne, die der seit 1943 amtierende Stadtbaumeister Albert Heinrich Steiner für Schwamendingen und andere der 1934 eingemeindeten Quartiere entwickelte, setzten zwar auf eine gartenstadtartige Durchgrünung, verbanden aber die grossflächigen Wohngebiete ohne die für Satelliten typische Zäsur mit dem bereits bebauten Stadtraum.

› **145** Wohnsiedlung Au: Aemmerliweg 6–30, Opfikerstrasse 16, 18, 30, 32.

› **145A** Sunnige Hof 15–41, Probsteistrasse 126–150, Moosacker 1–31.

146 SAALSCHLACHT IM OCHSEN

Vor den Nationalratswahlen im Herbst 1935 störte die «Nationale Front» verschiedene Wahlveranstaltungen der Sozialdemokraten. So auch am Dienstag, dem 22. Oktober im Ochsen am Kreuzplatz. Um 19 Uhr fanden sich die ersten Fröntler vor Ort ein und versammelten sich hinter dem Tramhäuschen. Die aktiven Parteimitglieder waren schon Wochen zuvor in einem Aktionsprogramm für die Nationalrats-Wahl-Propaganda aufgeboten worden, sich am 22. Oktober in Aktionsbereitschaft zu halten. Eine Stunde später waren es etwa einhundert, die sich im heute nicht mehr bestehenden Ochsen-Haus teilweise direkt und teilweise via Restaurant in den Saal begaben, in welchem sich nach Angaben der *Neuen Zürcher Zeitung*, die nur kurz über die Ereignisse im Anschluss an die Wahlversammlung berichtete, etwa vierhundert Sympathisanten der SP befanden. Anders als bei den Stadtzürcher Gemeindewahlen → **55 61** zwei Jahre früher hielten NZZ und Freisinn im Wahlherbst 1935 nicht nur Distanz zu den Sozialdemokraten, die als moskautreu bezeichnet wurden, sondern auch zu den Frontisten.

Die eigentliche Wahlveranstaltung verlief erstaunlich ruhig. Nationalrat David Farbstein hielt ein Referat, der «Neue Chor» sang auf der Bühne seine Lieder und in der Diskussion liess man auch Frontenführer Robert Tobler zu Wort kommen. Zum Abschluss sangen die Genossen die *Internationale*, gestört durch die Frontisten, die lautstark *Ich hatt' einen Kameraden* anstimmten. Nach Beendigung der Veranstaltung befahl Tobler: «Frontisten hier bleiben, Frontisten absitzen», worauf sich seine Gefolgsleute weigerten, den Saal zu verlassen und den Weg freizugeben. Als sich einer der anwesenden Linken auf einen Tisch stellte und die Fröntler zum Gehen aufforderte, wurde er an den Beinen gerissen und rückwärts zu Boden geworfen. Das war laut dem sozialdemokratischen *Volksrecht*, welches ausführlich über den Vorfall berichtete, das Signal zur Saalschlacht. Bierflaschen flogen, Stühle krachten, Bilder klirrten, die Frontisten schlugen mit Schlagringen zu und schrien: «Elendes Proletariergesindel – ins Konzentrationslager mit euch!» Den unterdessen im Hausgang eingetroffenen Polizeibeamten gelang es nicht, in den Saal vorzudringen. Sie halfen den aus dem Saal Drängenden mit Gummiknüppeln nach, aus dem Ochsen hinauszukommen. Tobler verliess den Ort fluchtartig. Er blutete am Kopf. Die Frontisten machten darauf im Quartier Jagd auf Linke und schlugen mehrere Passanten spitalreif, darunter einen Strassenbahner. Tobler liess sich als Märtyrer mit Kopfverband von einem professionellen Fotografen ablichten. Ein paar Tage später wurde er in den Nationalrat gewählt, als landesweit einziger Vertreter der «Nationalen Front». Im Kanton Zürich fiel der Stimmenanteil der «Front» auf 3,7 Prozent zurück. Farbstein wurde wiedergewählt, doch die SP musste Federn lassen. Grosser Gewinner der Nationalratswahlen von 1935 war der Landesring, der im Kanton aus dem Stand 18,3 Stimmprozente erzielte und auf Anhieb fünf Nationalratssitze gewann → 81.

Tobler blieb dem frontistischen und nationalsozialistischen Gedankengut noch lange treu. Nach dem Krieg entzog ihm das Zürcher Obergericht das Rechtsanwaltpatent. Nicht wegen seiner Gesinnung, sondern wegen Geldbezügen aus dem Dritten Reich. Auch PdA-Mitglieder → 63 setzten sich gegen die juristische Beurteilung von Toblers Gesinnung, seinem Bekenntnis zu einer gegen den Staat gerichteten Ideologie, ein, da sie befürchteten, eine ideologische Begründung könnte auch gegen kommunistische Anwälte vorgebracht werden. Das Bundesgericht hob das Urteil des Obergerichts auf, da der ehemalige Zürcher Gauführer und Landesführer der «Nationalen Front» zuerst strafrechtlich verurteilt werden müsste, bevor ihm in der Folge dann das Anwaltspatent entzogen werden könnte. So konnte Tobler seine Anwaltspraxis weiterführen.

Der Ochsen und seine Nachbargebäude wichen einem 1946 bis 1947 gebauten Geschäftshaus, an dessen Ecke ein Relief des Tieres, das der Wirtschaft den Namen gegeben hatte, an den Vorgängerbau erinnert.

Nach der Saalschlacht im Ochsen lässt sich der Frontist Robert Tobler mit Kopfverband fotografieren (1935).

→ 146 Geschäftshaus Ochsen, Forchstrasse 2

147 TRAMREVOLUTION: VOM HIRSCHGEWEIH-ELEFANTEN ZUM GEISSBOCK MIT FAHRGASTFLUSS

«Es besteht heute die Tatsache», hiess es 1938 im *Tages-Anzeiger*, «dass die Strassenbahn in grossstädtischen Verhältnissen zu einem Verkehrshindernis geworden ist. Das gilt auch für Zürich. Kostspielige und teils monströse Umbauten (Bellevue!) haben diese Kalamität nur in beschränktem Mass zu beheben vermocht. Seit Jahren wird deshalb die Frage diskutiert, ob das Tram einmal durch den Autobus oder den Trolleybus zu ersetzen sei.» Doch die Verantwortlichen der Städtischen Strassenbahn Zürich (St.St.Z.) – später VBZ – hielten am Tram fest, das sie für geeignet hielten, die Durchmesserlinien zu bedienen, die meist auf breiten Ausfallstrassen via Zentrum quer durch die Stadt führten. Auf Ringlinien entlang etwas engeren Strassen setzten die Verkehrsbetriebe ab 1939 auf Trolleybusse, während auf peripheren Verbindungen stadtauswärts Autobusse zum Einsatz kommen sollten.

Als Vorteile der Schienenfahrzeuge wurden der geringe Rollwiderstand, die günstige Energieversorgung, die lange Lebensdauer der Fahrzeuge und die Möglichkeit zur Zugsbildung hervorgehoben. Die zwischen 1929 und 1931 gebauten vierachsigen St.St.Z.-Fahrzeuge des Typs «Elefant» konnten auch auf steilen Strecken Züge mit drei Anhängern ziehen. Während des Kriegs, als nicht nur die Stadtbevölkerung wuchs, sondern auch die Passagierzahlen stark anstiegen – von 81 Millionen im Jahr 1936 auf über 140 Millionen 1946 –, fuhren solche vierteiligen Tramzüge auch wirklich durch die Stadt. Die 27 Tonnen schweren Triebfahrzeuge bestanden aus einem Untergestell aus genieteten Stahlplatten und Gussteilen und einem Aufbau aus Holz. Sie trugen einen gebogenen Stromabnehmer, der als «Hirschgeweih» bezeichnet wurde, und verfügten über eine einzige Tür in der Mitte des Wagens, die während der Fahrt offen stand. Das Fahrzeug wurde eintürig konzipiert, um dem Kondukteur die Bekämpfung der Schwarzfahrer zu erleichtern. Die geräumige Mittelplattform beim Eingang, wo sich vor allem Männer aufhielten und wo auf einem der zahlreichen Messingschildchen «Nicht auf den Boden spucken» geschrieben stand, war durch Wändchen von den beiden Abteilen mit Holzbänken getrennt, die mehrheitlich von Frauen benutzt wurden. Der Kondukteur pendelte hin und her. Die Gebrüder Pfister, die als Architekten zahlreiche prominente Zürcher Bauten schufen → 30, gestalteten die durch die Verwendung von Holz geprägte Innenausstattung des «Elefanten».

Um gegenüber Trolley- und Autobus konkurrenzfähig zu bleiben, brauchte es Ende

Fahrgastfluss: hinten rein, vorne raus (1940).

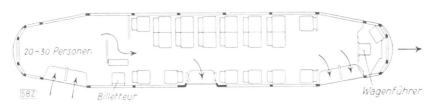

der Dreissigerjahre modernere Strassenbahnen als die schwerfälligen, eckigen Kästen aus Holz und Stahl. 1939 nahm Zürichs Strassenbahngesellschaft rechtzeitig auf die Landesausstellung einen für die Schweiz völlig neuen Tramtyp in Betrieb: einen vergleichsweise stromlinienförmigen Ganzmetallwagen, der in engen Kurven bockte, weshalb er vom Publikum «Geissbock» getauft wurde. Revolutionär am «Geissbock» war nicht nur die Konstruktion und die Geräuschdämpfung mit Gummiplatten und Bitumen-Asbestbelag, sondern vor allem der in Amerika entwickelte Fahrgastfluss. Im neuen zwischenwandlosen Grossraumfahrzeug hatten die Passagiere hinten einzusteigen, kamen dann in den Warteraum zu stehen, mussten sich an einer Schranke zum Billeteur vorbeischlängeln, der auf seinem festen Platz sass, und gelangten anschliessend in den Bereich mit den Sitzplätzen. Aussteigen mussten sie vorne. Während sich früher der Kondukteur durch das Publikum drängte, strömten die Fahrgäste nun am Billeteurstand vorbei, und zwar alle in der gleichen Flussrichtung. Die Türen blieben im Gegensatz zu früheren Tramgenerationen während der Fahrt geschlossen. Dadurch konnte die Zahl der Unfälle beim Ein- und Aussteigen vermindert und die Fahrgeschwindigkeit erhöht werden. Der dreiachsige «Geissbock» wurde nur in zwei Exemplaren gebaut, die ab 1940 gebauten Vierachser führten jedoch das erfolgreiche, auch im Trolleybus angewandte Fahrgastflusssystem im ungeteilten Grossraumfahrzeug weiter, ebenso die seit 1941 hergestellten Leichtbautypen, die sich, halb so schwer wie die zehn Jahre älteren «Elefanten», zum Standardwagen der städtischen Nahverkehrsunternehmen entwickelten und auch in Basel, Bern, Genf und Luzern eingesetzt wurden. In Zürich wurden die letzten dieser Leichtfahrzeuge, die mit Fahr- und Bremspedal betätigt wurden, erst 1987 ausrangiert.

> 147 Trammuseum im alten Tramdepot Burgwies, im Sommer geöffnet nachmittags Mittwoch bis Sonntag, im Winter nur Mittwoch und Sonntag (www.tram-museum.ch). Unter den Ausstellungsobjekten ein «Elefant» (1930), ein Vierachser des mittelschweren Typs (1950) und des leichten Typs (Pedaler, 1949).

PARTISANENGENERAL IN DER KLINIK HIRSLANDEN 148

Ferruccio Parri, bekannt als General Maurizio, und Major Usmiani, wurden am Abend des 7. März 1945 aus dem SS-Gefängnis in Verona geholt und in einen Wagen gesetzt. Beide waren führende Mitglieder der oberitalienischen Partisanenbewegung Comitato di Liberazione Nazionale dell'Alta Italia (CNLAI) und erwarteten, zur Exekution gebracht zu werden. Als die Fahrt länger dauerte, glaubten sie, sie würden nach Deutschland deportiert. Stattdessen wurden sie ins Tessin gebracht. «Völlig fassungslos überschritten sie am 8. März die Schweizergrenze, ohne zu wissen, was mit ihnen geplant war. Nun waren sie frei in einem freien Lande und konnten dies immer noch kaum fassen. Alles war so rasch gegangen und so unwahrscheinlich, dass sie befürchteten, nur aus einem schönen Traum aufzuwachen», hielt Major Max

Waibel ein Jahr später in seinem Bericht zur Vermittlungsoperation fest, welche den in Oberitalien kommandierenden SS-General Karl Wolff mit Führern der alliierten Kräfte ins Gespräch brachte → **27**. Bei einer Vorbesprechung hatten die Amerikaner den Wunsch – nicht die Forderung – geäussert, Wolff möge als Zeichen der Aufrichtigkeit die beiden Partisanenführer, die hingerichtet werden sollten, freilassen und in die Schweiz bringen.

Usmiani und Parri wurden nach Zürich gefahren und in der Klinik Hirslanden untergebracht, wo sie gepflegt wurden. Die Klinik Hirslanden war eine auf Initiative des Bauunternehmers und freisinnigen Gemeinde- und Kantonsrates Heinrich Hatt-Haller gegründete und nach dreijähriger Bauzeit 1932 eröffnete Privatklinik von Ärzten. Sie arbeitete jahrelang mit Verlust und war 1944 von der UBS übernommen worden, die sie erst 2002 wieder verkaufte.

Die beiden Partisanenführer, die gute Kontakte zu Allen W. Dulles → **11** hatten, dem Leiter des amerikanischen Geheimdienstes OSS in der Schweiz und späteren CIA-Direktor, wurden nach ihrer Entlassung von Zürich nach Luzern gebracht, was sie vorläufig niemandem mitteilen durften, um die geheimen Verhandlungen über die vorzeitige Kapitulation der deutschen Verbände in Italien nicht zu gefährden. Noch vor Kriegsende konnten sie in ihre Heimat zurückkehren, wo Ferruccio Parri als Vertreter einer kleinen Linkspartei im Juni 1945 zum ersten Ministerpräsidenten des befreiten Italien ernannt wurde und ein halbes Jahr lang eine breit abgestützte Koalitionsregierung führte.

→ **148** Klinik Hirslanden, Witellikerstrasse 40.

149 WOLLISHOFEN: KIRCHE UND GRÜNZUG

«Als Vertreterin einer gemässigten Moderne präsentiert sich die an ein gestrandetes Schiff erinnernde reformierte Kirche Wollishofen (1935–1936) von Henauer und Witschi», beschreibt Claudia Karrer (in *Siedlungs- und Baudenkmäler im Kanton Zürich*) das prominent platzierte Bauwerk auf der Egg. Die reformierte Kirche, wie der freistehende Uhren- und Glockenturm in Eisenbeton konstruiert und mit Muschelkalkplatten verkleidet, liegt ganz in der Nähe der alten Wollishofer Kirche und der 1928 errichteten rot gefärbten katholischen Franziskuskirche mit dem runden Turm. Ein Relief von Otto Bänninger → **26 34** in der Muschelkalkverkleidung an der Stirn-Fassade der reformierten Kirche illustriert, wie Jesus mit fünf Broten fünftausend Personen, die ihm gefolgt waren, speisen konnte. Während Ernst Witschi → **46 79** die neue Kirche und das sich anschliessende Pfarrhaus noch mit seinem alten Kompagnon Walter Henauer baute, arbeitete er 1937 beim Bau der Reihenhäuser, die den Aussichtsplatz vor der Kirche auf der Seite des Üetlibergs abschliessen, bereits mit seinem Sohn Bruno zusammen. Am Ende des langgezogenen Platzes blickt eine weibliche Standfigur, 1942 ebenfalls von Otto Charles Bänninger geschaffen, vom Eggweg zurück zur Kirche.

«Der Höhenzug der Zimmerbergkette, der sich von Kilchberg gegen Wollishofen zieht, endigt bei der Tannerauchstrasse ‹auf der Egg› in einem Aussichtsplatz, auf dem die neue protestantische Kirche Wollishofen steht. Der Punkt war schon seit langer Zeit als Kirchenbauplatz ins Auge gefasst worden und die Stadt wie die Kirchgemeinde sicherten sich daher seit 1900 durch gelegentliche Käufe das nötige Land. Der Stadtrat fand, dass man weitergehen und auch die prächtige Aussicht, die man weiter südlich von der gleichen Geländerippe aus (von der Kolonie Neubühl) geniesst, vor Verbauung schützen sollte. Ferner hielt er die Schaffung eines Spazierweges auf diesem Plateaurand von der Kirche südwärts bis zur Grenze von Kilchberg für erstrebenswert. Ohne von diesen Absichten etwas verlauten zu lassen, liess er in jener Gegend in den Jahren 1906 bis 1933 einzelne Grundstücke kaufen», schrieb Emil Klöti 1942, im Jahr seines Rücktritts als Stadtpräsident. Seit 1907 Stadtrat, 1910 bis 1928 Bauvorstand und anschliessend als Stadtpräsident hatte Klöti in der sich schnell entwickelnden Stadt eine Grünpolitik mitgeprägt, von der Zürich – nicht nur im internationalen Städte-Rating – noch heute profitiert. Auf der Eggpromenade, zwischen Kühen, Wiesen, Obstbäumen, Sportplätzen und Familiengärten mitten im Stadtgebiet, wird die Freiraumpolitik des Roten Zürich augenfällig: «Zu den städtebaulichen Aufgaben einer wachsenden Grossstadt gehört neben der Lösung der vielgestaltigen Verkehrsprobleme und der Regelung der Bebauung vor allem auch die Sicherung hinreichender Grünflächen. Dabei handelt es sich besonders um die Erhaltung der Wälder und um die Durchsetzung des Baugebietes mit Freiflächen für Erholung und körperliche Ertüchtigung der Bevölkerung sowie mit Familiengärten.»

› **149** Reformierte Kirche Wollishofen.
› **149A** Reihenhäuser Auf der Egg 1–7.
› **149B** Grünraum Unter der Egg, Eggpromenade.

GENERAL IM GÄRTLI

150

Bei der Einmündung der Eggpromenade in die Widmerstrasse wurde 1940 ein bunkerartiger Kampfstand für Maschinengewehrschützen gebaut, Teil der Sperre Wollishofen-Leimbach, welche vom Seeufer, wo ein betonierter Schild eine Infanteriekanone schützte, über die Egg zum Entlisbergwald und weiter über die Sihl und den Hang hinauf zum Waldrand Manegg führte, wo noch heute ein grosser Bunker steht, der im Ernstfall mit einer talwärts gerichteten Infanteriekanone bestückt worden wäre. Diese nach dem Krieg grösstenteils rückgebaute Befestigungslinie behielt ihre Bedeutung auch nach dem Abrücken vom Verteidigungskonzept «Fall Nord» → **83**, welches sich auf Limmat und See als panzersichere Hindernisse abstützte, und sollte im Rahmen der ab Sommer 1940 verfolgten Reduit-Idee den Zugang zum schweizerischen Zentralraum via Sihltal erschweren. Die Sperre nutzte die topografischen Vorteile des mit Egg, Entlisberg und Manegg markant modellierten Geländes in einem engen Abschnitt des Sihltales, wo auch das Seeufer nicht allzu weit war.

Besichtigung der Befestigung: General Guisan (ganz rechts) in Wollishofen. Blick von der Marchwartstrasse 58/60 in Richtung Entlisberg auf nicht mehr bestehende Wohnhäuser (1940).

Die Linie Wollishofen–Leimbach bestand aus verschiedenen Elementen: Im Wald auf dem Entlisberg wurden in einem von Drahtverhau umgebenen Bereich ein Maschinengewehr- und sechs Leichtmaschinengewehrstände eingerichtet, die teilweise noch erhalten sind (am Gstalderweg). Das Strässchen am rechten Sihlufer wurde durch zwei massive Betonblöcke gesperrt, zwischen die zwei schwere Doppel-T-Träger aus Stahl verschraubt werden konnten, und über die Sihl spannten sich vier an Betonsockeln fixierte Drahtseile. Dabei fand das ehemalige Tragseil der Landi-Schwebebahn → 110 119 eine neue Verwendung. Weitere Abschnitte waren mit Tankgräben, Mauern und Höckerhindernissen, die auch als «Toblerone» bezeichnet wurden, gesichert. Mit dem Bau der Sperre wurde noch im Spätjahr 1939 begonnen, bei der zweiten Generalmobilmachung im Mai 1940 eingerückte Soldaten stellten dann die permanenten Bauwerke (Bunker) innerhalb weniger Wochen fertig.

Auf der Egg führte hinter den Häusern Widmerstrasse 43 bis 61 ein Tankgraben über die Wiese zur Kalchbühlstrasse, der in einem Eisenbahnschienen-Hindernis fortgesetzt wurde, das quer über die Strasse an die Mauer des Hauses Widmerstrasse 60 anschloss. Die Kreuzung Kalchbühl-/Widmerstrasse lag im Schussfeld eines Maschinengewehrs, das im noch bestehenden Kampfstand zwischen Kalchbühlstrasse und

Rollweg positioniert war. Auf dem Dach des Kampfstandes befindet sich heute im Schatten einiger Bäume ein kanzelartiger, kleiner Ruheplatz mit Sitzbänken und Abfallkübel mit Hundekotbeuteln.

Auch die Zwischenräume in der Häuserzeile Widmerstrasse 60 bis 72 waren mit Eisenbahnschienen und Stacheldraht befestigt. Dass Wohnhäuser in eine Verteidigungslinie integriert wurden, war nichts Aussergewöhnliches: «Der Hinderniswert eines Hauses, auch eines zerstörten, ist beachtlich, also wurden Häuser in die Verteidigung einbezogen», stellt Walter Schaufelberger in seiner Arbeit über *Das bedrohte Zürich* fest. Am 14. Februar 1940 besichtete General Guisan die Baustelle des Festungsgürtels im verschneiten Wollishofen. Die *Zürcher Illustrierte* berichtete in einer Fotoreportage: «General Guisan inspiziert die Befestigungsanlagen im Gelände einer städtischen Wohnkolonie. Frau A. zu Frau B.: ‹Nei, lueg au da! Der Herr General lauft

Kampfstand zwischen Kalchbühlstrasse und Rolliweg (1940).

prezys dur eusers Gärtli. Wer hett au das dänkt?›»

- 150 Eggpromenade, Widmerstrasse, Kalchbühlstrasse/Rolliweg.
- 150A Entlisberg: Gstalderweg.
- 150B Sihlufer: Bruchstrasse.
- 150C Leimbach: Waldrand Manegg, Frymannstrasse.

NEUBÜHL 151

In den späten Zwanzigerjahren spazierten der Architekt Rudolf Steiger und seine Frau Flora, Bildhauerin und ebenfalls Architektin, von Kilchberg nach Zürich. Auf dem Hügel nach der Stadtgrenze genossen sie die Aussicht. «Wir fanden, es wäre doch schade», erinnerte sich Flora Steiger später, «wenn diese ganze wunderbare Hügellandschaft so programmlos ‹verhüslet› würde. ‹Da gehört ein Gesamtplan her, wirklich ein Plan, der Hand und Fuss hat und sozial ist.›» 1929 erfolgte die Gründung der Genossenschaft Neubühl und 1932 war der Bau der Werkbundsiedlung, die über die Landesgrenzen hinaus Aufsehen erregte, abgeschlossen. Am Neubühl-Projekt waren verschiedene Architekten beteiligt (Paul Artaria, Max Ernst Haefeli, Carl Hubacher, Werner Max Moser, Emil Roth, Hans Schmidt, Rudolf Steiger), die zum grossen Teil auch in der Zürcher Gruppe des CIAM → 79 mitwirkten. Erster Genossenschaftspräsident war Wladimir Rosenbaum → 21, der als Anwalt schon in der Planungsphase beigezogen worden war, um die notwendigen Spezialbewilligungen für die Flachdachbauweise und die Platzierung der Häuser quer zur Strasse einzuholen. Die Häuser der Neubühl-Siedlung orientieren sich nicht wie damals noch üblich am Strassenrand, sondern zur Sonne. Grosse Fenster erlauben den Blick in die Landschaft, die Gärten der einzelnen Wohneinheiten folgen gemäss der Beratung von Gustav Ammann → 123 129 einer Dreigliederung in einen von Sträuchern abgeschirmten Terrassenbereich, eine Rasenfläche und schliesslich den Wirtschaftgarten. Die Gartenbereiche wurden durch Trittplattenwege erschlossen und begrenzt, die Obstbäume in den Wirtschaftsgärten bildeten eine die individuell ausgeformten Gärten verbindende Reihe. Für die Inneneinrichtung arbeiteten viele Neubühler mit dem 1931 gegründeten Wohnbedarf → 46 zusammen. Wohnbedarf organisierte 1931 und 1933 Wohnausstellungen in der Siedlung, bei welchen zehn mustergültig möblierte Wohnungen besichtigt werden konnten. Eine dieser Ausstellungen wurde in neun Tage von 12 000 Neugierigen besucht.

Im Neubühl wohnten über kürzere oder längere Zeit viele Künstler und Intellektuelle, die das kulturelle Leben der Stadt während der Dreissiger- und Vierzigerjahre prägten: Die Architekten Max Ernst Haefeli → 107, Rudolf und Flora Steiger, die Tänzerin und Choreographin Trudi Schoop → 37, die Schriftsteller Rudolf Jakob Humm → 12 und Kurt Guggenheim → 12, der Regisseur Leopold Lindtberg → 134 und der Schauspieler Ernst Ginsberg → 23, Radiodirektor Jakob Job → 121, auch Emigranten wie Arthur Koestler und der als politischer Flüchtling anerkannte deutsche Sozialdemokrat Wilhelm Hoegner, nach dem Krieg bayrischer Ministerpräsident. Rudolf Jakob

Siedlung Neubühl im Bau (1932).

Humm berichtet in seinen Erinnerungen: «Und wie viele Emigranten es in jener Neubühler Siedlung gab, geht wohl am schönsten aus der folgenden kleinen Episode hervor. Das Neujahr 1934 feierten wir mit einer Gans. Diese sprach sich unter den deutschen Flüchtlingen des Neubühls herum, einer nach dem andern kam durch die Gartentür hereingewandert, und als die Gans auf dem Tisch erschien, sassen oder standen in unserer Stube ihrer dreiundzwanzig. Das war ungefähr die Hälfte derer, die im Neubühl Unterkunft gefunden hatten.»

So modern die Werkbundsiedlung war, sie hatte in ihrer Distanzierung zu Strasse und Stadt, ihrer isolierten Lage auf freiem Feld, erschlossen durch die noch nicht asphaltierte Nidelbadstrasse und akustisch eingebettet in Kuhglockengeläut und lautes nächtliches Froschgequake etwas klar Antiurbanes. Das Neubühl bildet in seiner Abkehr von der Stadt ein intellektuelles Gegenstück zum Landidörfli. Im Katalog der Landesausstellung, die sich bemühte, die Vielfalt der in der Schweiz spürbaren gesellschaftlichen Strömungen unter ein Dach zu bringen, wird die Siedlung zum Auftakt des Themas «Bauen» auf einer ganzseitigen Fotografie als «Städtische Wohnkolonie» vorgestellt. Die Abkehr von der Stadt kommt unter dem Titel «Ein Kurort – 10 Minuten vom Tram» auch in den Inseraten zur Mieterwerbung zum Ausdruck: «Über der sommerlichen Schwüle der Stadt oder den feuchten Winternebeln liegt auf aussichtsreicher Höhe eine Gartensiedlung. In sonniger Stille, inmitten gepflegter Gärten, zwischen Matten und Wald, lebt man das ganze Jahr wie in einem Ferienort. Die Frauen rühmen die arbeitssparende Einteilung der hellen Wohnungen, die reichliche Fernheizung und Warmwasserversorgung.

Laden, Kindergarten und Sportplatz fehlen nicht. Die gesunde Lage abseits des grossen Strassenverkehrs machen diesen Wohnort zu einem Kinderparadies.» Die Kinder in diesem Paradies fühlten sich jedoch ausgegrenzt: «Ich schämte mich, dass wir im Neubühl wohnten, denn es fiel auf. Wir wurden von Spaziergängern gefragt, ob man da auch im Winter wohnen könne. Überhaupt: alle meine Schulfreundinnen wohnten in Häusern mit richtigen Dächern.» Die weissen Wohnklötzchen auf dem Hügel wurden als «Kistenpass» bezeichnet.

Kurt Guggenheim dokumentiert in *Alles in allem* wie gewohnt bildhaft und präzis, wie im Neubühl nicht nur um neue Formen der Architektur, sondern auch um neue Lebensformen gerungen wurde: «Da wohnte er draussen in Wollishofen, auf dem Moränenhügel an der Grenze der Stadt, über dessen Kuppe und Osthang die Häuser der Siedlung in lockerer Ordnung wie die Steine eines Dominospiels sich staffelten, so frei und sauber hingestellt in den Raum und das Licht, dass sie selbst die Menschen zu wandeln schien, die sie bewohnten; dass die Männer anfingen die Hüte zu Hause zu lassen, entblössten Halses herumliefen, Schlipse und Westen vergessend, und die Frauen den Mut zu den Farben wieder fanden, kanariengelbe Pullover trugen, ziegelrote Schärpen, blaue Schürzen und Tessiner Zoccoli an den strumpflosen Beinen; dass sie aus den hellen Kuben der Zimmer die gedrechselten Möbel verbannten, die sie noch herausgebracht hatten, als sie einzogen, die tannenen Kästen, bunt bemalten Bücherregale, Tische und Truhen aus hellem Arvenholz hinstellten, Lampen und Stühle aus blankem Metall, jeden Tag duschten in den funkelnden Badezimmern und in winzigen, komfortablen Küchen neuartige Mahlzeiten bereiteten aus ungewöhnlichen Früchten, Zucchetti, Auberginen und Kürbissen, die Tomatensaucen mit Rosmarin würzten aus dem eigenen Gärtchen, aus verachteten Meerfischen fremdartige Suppen bereiteten; und selbst die Rösti und die Bassersdorfer Schüblinge bekamen in dem gebrannten und von Hand bemalten Geschirr ein anderes Ansehen und einen Geschmack, der den Durchbruch eines befreiten Lebensstils zu verkünden schien.»

▸ 151 Werkbundsiedlung Neubühl. Nidelbadstrasse, Ostbühlstrasse, Westbühlstrasse, Kalchbühlstrasse.

152 ALLMEND

Die Sozialdemokratie vermochte spätestens seit den Truppeneinsätzen zur Unterdrückung des Zürcher Generalstreiks von 1912 und des Landesstreiks 1918 wenig Verständnis für die Schweizer Armee aufzubringen. 1932 gab es in Genf mehrere Tote und Dutzende von Verletzten, als Soldaten mit Maschinengewehren auf Arbeiter schossen, die gegen eine frontistische Veranstaltung protestierten. Erst unter dem Eindruck des nahenden Kriegs bekannte sich die SP 1937 klar zur Landesverteidigung. Während Soldaten, Kasernen und Waffenplätze andernorts gern gesehen waren, nahm das Rote Zürich dem Militär gegenüber eine ablehnende Haltung ein. Um die Allmend, die seit dem 19. Jahrhundert zum Zürcher Waffenplatz gehörte, entzündeten sich in den Dreissigerjahren immer wieder Konflikte zwischen Militär und Stadt. Die Militärpräsenz wurde von der wachsenden Stadt als störend empfunden – nicht nur wenn im Friedhof Manegg, der 1935 bis 1938 in Richtung Waffenplatz auf die heutige Grösse erweitert wurde, «die Abdankungsrede im Geknatter der Maschinengewehre» unterging, wie sich das Bestattungsamt 1937 ausdrückte.

Falls keine militärischen Übungen stattfanden, stand die Allmend durchaus Freizeitnutzungen offen und war sowohl Austragungsort für Grossanlässe etwa von Hornussern wie auch ein spontan besuchter Erholungsraum. Während der Wirtschaftskrise der frühen Dreissigerjahre nahm der Erholungsdruck auf die Allmend zu. Arbeitslose und ihre Angehörigen trafen sich auf den Freiflächen im Süden der Stadt zum Spazieren, zum kostenlosen Fussballspiel ausserhalb der Klubgelände und zum unentgeltlichen Baden in der Sihl, sie lagen auf den Wiesen, veranstalteten Picknicks und liessen Segelflugzeuge steigen. Fliegende Händler fanden sich ein, einige eröffneten mit städtischer Bewilligung Verkaufsstände, und allerlei Müll bedeckte das Gelände.

Im Juni 1933 erliess das Waffenplatz-Kommando daher ein allgemeines Fahrverbot für die Allmenden I–III und untersagte, Material abzulagern, Waren feilzubieten, Patronenhülsen zu sammeln und Fussball zu spielen. An allen Eingängen zur Allmend und an der Sihl wurden grosse Verbotstafeln aufgestellt. Im Laufe des Sommers – laut Geschäftsbericht des Stadtrates ein eigentlicher «Biswindsommer» – übernahm die Stadt die Beaufsichtigung des Badebetriebs. «Es handelte sich vorläufig um provisorische Massnahmen durch Aufstellung von Aborten und Einrichtung einer Sama-

riterstation, das Anbringen von Rettungsmaterial und die Aufsicht durch einen Badmeister. Auf diese Weise hofft man, den Badebetrieb an einem Ort zu konzentrieren und nach und nach Ordnung hineinzubringen.» Das Militär zeigte sich nicht überzeugt von der städtischen Kooperationsbereitschaft und beklagte sich 1934: «Die Stadt Zürich hält sich nicht an die Abmachungen. Es wird an zwei Stellen, trotz der Freigabe der Allmend II, weiter Fussball gespielt.» Die Stadtpolizei hatte ein gewisses Verständnis für diese Übertretungen: «Wenn man bedenkt, dass vor Erlass des Verbotes während langen Jahren auf der Wollishofer Allmend Fussball gespielt wurde, kann es nicht wundern, dass im ersten Jahr des Verbots noch Übertretungen vorkommen.» Die «werktätigen Besucher der Allmend» wiederum, denen die kommunistische Zeitung *Kämpfer* ihre Stimme verlieh, waren unzufrieden mit der Stadtpolizei, die 1935 am Waldrand Velofahrer büsste: «Donnerstag, den 27. Juni nachmittags 2 Uhr war ich Zeuge einer wirklich einträgigen Jagd zweier Stadtpolizisten. Die beiden ‹erlegten› im Zeitraum von 10 Minuten nicht weniger als 6 Radfahrer, welche den Weg durch die Allmend befuhren. Die Polizisten hatten sich am Waldrand hinter Bäumen positioniert. Erblickten die beiden ein Opfer, so sprangen sie aus ihrem Versteck hervor. Der eine schnitt dem Fahrer den Weg ab, der andere hielt direkt auf den Radfahrer zu. Die abgefangenen Personen (alles Proletarier, die kein Geld haben, Schwimmbäder zu bezahlen) wurden alle mit einer Busse belegt.»

Auf der Allmend II (Brunau) legte die Stadt 1935 ein Fussballfeld an, wo neben dem F.C. Red Star noch andere Mannschaften spielten, so dass der Sportplatz dauernd belegt war und immer wieder planiert und angesät werden musste. Im gleichen Jahr ist auf der Allmend (in den Worten des städtischen Geschäftsberichtes) «ein gefälliger Bau entstanden, enthaltend einen Kiosk, die Abortanlagen und einen Unterkunftsraum für den Badmeister» – der heute noch bestehende Badekiosk zwischen Sihl und Fabrikkanal, nicht weit von der Gfellstrasse. Wie gross die Erholungslandschaft belastet wurde und wie nötig eine solche minimale Infrastruktur war, zeigt die Statistik, die für die Allmend mit insgesamt 164 000 Besuchen im Sommer 1935 von allen fünfzehn städtischen Badebetrieben die dritthöchste Frequenz ausweist, knapp hinter dem Utoquai → 116 mit 174 000, deutlich übertroffen nur vom grossen Strandbad am Mythenquai → 110 mit 290 000 Besuchen.

Im Vorfeld der Landesausstellung wurde auch die Allmend als Ausstellungsgelände in Erwägung gezogen. Doch das Eidgenössische Militärdepartement verweigerte 1935 seine Zustimmung. Am 1. August 1938 veranstaltete die «Nationale Front» ihre Bundesfeier auf der Allmend → 7. Anlässlich der Landi wurde 1939 bei der heutigen Saalsporthalle ein Teil der Allmend als Besucherparkplatz für Stosstage freigegeben, im Rahmen der Ausstellung fanden Wehrvorführungen statt. In den Wintern 1939/40 und besonders 1940/41 führte die Sihl gewaltige Massen von Treibeis mit, die gerade noch unter der Ganziloobrücke (wo sich seit 1968 das Eiswehr befindet) durchschlüpfen konnten. Ab 1942 wurden einige Flächen für den Mehranbau freigegeben, auch die Belegschaft der Brauerei Hürlimann baute auf der Allmend Wollishofen Kartoffeln und Gemüse an.

1987 gab das Militär die Allmend als Übungsgelände auf.

› 152 Allmend

ZEITTAFEL

1933

15. Januar
Knappe Annahme der Gemeindeordnung für die auf 1.1.1934 um acht Vorortgemeinden erweiterte Stadt in der Volksabstimmung. Im neuen Gross-Zürich leben 313 000 Menschen.

30. Januar
Adolf Hitler wird Reichskanzler.

28. Februar
Nach dem Reichstagsbrand werden in Deutschland Grundrechte ausser Kraft gesetzt. Verhaftungswelle, erster grosser Flüchtlingsschub.

24. September
Gemeinde- und Stadtratswahlen in Zürich: Allianz der bürgerlichen Parteien mit der «Nationalen Front». Am Vorabend «vaterländischer» Fackelzug durch Aussersihl, gewaltsame Auseinandersetzungen. Im neunköpfigen Stadtrat (wie schon seit 1928) 5 sozialdemokratische Vertreter, im Gemeinderat gewinnt die SP mit 63 (von 125) Sitzen die absolute Mehrheit (50 Bürgerliche, 10 Frontisten, 2 Kommunisten).

1. Oktober
Exil-Cabaret Pfeffermühle (Leitung Erika Mann) im Hotel Hirschen.

Rege Bautätigkeit: Einweihung der Kunstgewerbeschule, Fertigstellung des Radiostudios Zürich an der Brunnenhofstrasse, Hauptbahnhof erhält Querhalle und sechsschiffige Stahl-Glas-Perronhalle. Wohnungsbau krisenbedingt rückläufig.

1934

1. Januar
Zweite Eingemeindung (Affoltern, Albisrieden, Altstetten, Höngg, Oerlikon, Schwamendingen, Seebach, Witikon) wird vollzogen, die Stadtfläche ungefähr verdoppelt.

1. Mai
Cabaret Cornichon tritt zum ersten Mal im Hotel Hirschen auf.

Mai
Auf dem Weg zur autogerechten Stadt wird der Dorfkern von Wipkingen abgebrochen, um der Rosengartenstrasse Platz zu machen.

29. Mai
Stadthallenkrawall: Polizeieinsatz bei Protestdemonstration gegen Versammlung der «Nationalen Front» in der Stadthalle. Zerreissprobe für die SP, deren Vertreter der Stadtpolizei vorstehen.

30. November
Louis Armstrong tritt mit seinem Orchester in der Tonhalle auf.

1935

Frühjahr
Im Zürcher Schweizer Spiegel Verlag erscheint *Die Moorsoldaten*, einer der ersten Augenzeugenberichte aus deutschen Konzentrationslagern. Autor Wolfgang Langhoff zählt zum Ensemble des Schauspielhauses.

2. Oktober
Saalschlacht im Ochsen (Kreuzplatz): «Nationale Front» versucht gewaltsam SP-Wahlveranstaltung zu sprengen.

3. Oktober
Abessinienkrieg Italiens (bis 1936).

Neubauten für die Kantonsverwaltung (Neumühle, Walchetor, Walcheturm).

Entfernung der an Hakenkreuze erinnernden Windrosen im Geländer der Turmplattformen bei der Renovation des Grossmünsters (1931–1940).

1936

Januar
Höchststand der Arbeitslosenzahlen, in der Stadt sind über 14000 Männer und 1400 Frauen als erwerbslos gemeldet.

18. März
Um die vorgesehene Liquidation zu verhindern, beschliesst die Stadt Liegenschaften und Werkstätten der Escher Wyss AG zu erwerben und verpachtet sie an die Firma. 1941 hat sich der Betrieb erholt und kauft die Anlagen zurück.

4. Februar
David Frankfurter, ein jüdischer Student, erschiesst in Davos den NS-Landesführer Wilhelm Gustloff.

18. Juli
Beginn des Spanischen Bürgerkriegs (bis 1939) durch Militärrevolte in Marokko. Etwa 800 Schweizer kämpfen auf der Seite der Republikaner in Spanien. Mit der «Arbeitsgemeinschaft für Spanienhilfe» beginnt die koordinierte Zusammenarbeit der Schweizer Hilfswerke.

26. September
Abwertung des Schweizer Frankens um dreissig Prozent.

8. Dezember
Sprengstoffanschlag auf Synagoge an der Löwenstrasse.

1937

Mehrheitsaktionär Emil Georg Bührle wird Alleinbesitzer des Rüstungskonzerns Werkzeugmaschinenfabrik Oerlikon.

6. April
Einweihung Hans Waldmann-Denkmal (Hermann Haller).

19. Juli
«Friedensabkommen» zwischen Gewerkschaften und Arbeitgeberverband der Metall- und Maschinenindustrie.

10. Dezember
Nach der Verwicklung in Waffenlieferungen an die spanischen Republikaner wird Staranwalt Wladimir Rosenbaum das Patent entzogen.

Ende Jahr
Stadt bricht Häuserzeile an der Leuengasse ab, um Luft, Licht und Sonne in die Altstadt zu bringen.

1938

11.–13. März
Besetzung Österreichs, «Anschluss» ans Deutsche Reich. Flüchtlingswelle Richtung Schweiz, Frankreich. Schauspielhausdirektor Rieser beschliesst nach Amerika zu emigrieren, Gründung der Neuen Schauspielhaus AG.

20. März
Städtische Erneuerungswahlen: SP behält im Stadtrat 5 Sitze, im Gemeinderat fallen 20 Sitze an den neu gegründeten Landesring der Unabhängigen (Gottlieb Duttweiler). SP 60, Kommunisten 2, Bürgerliche 43. Die «Nationale Front» verliert alle ihre Sitze.

3. Juli
Annahme des neuen Schweizerischen Strafgesetzbuches (tritt 1942 in Kraft).

1. August
Bundesrat Rudolf Minger hält Ansprache auf dem Tonhallenplatz (Sechseläutenplatz).

8. September
Mit *Füsilier Wipf* (Regie Leopold Lindtberg) kommte der erste Spielfilm der Geistigen Landesverteidigung in die Kinos. In Zürich während 18 Wochen über 200000 Besucher.

29. September
Im Münchner Abkommen stimmen die europäischen Grossmächte der Gebietsabtretung des von vielen Deutschen bewohnten Grenzlandes (Sudeten) der Tschechoslowakei an Deutschland zu («Peace for our time»).

9./10. November
Novemberpogrome gegen Juden in Deutschland (Reichskristallnacht).

9. Dezember
Botschaft des Bundesrats zur Geistigen Landesverteidigung.

1939

Mitte März
Deutschland besetzt Böhmen und Mähren.

6. Mai
Eröffnung der Landesausstellung am Ufer des untern Seebeckens. Auch Kongresshaus wird fertig gestellt, im Vorfeld der Landesausstellung Neugestaltung des Bellevue-Platzes und Verbreiterung der Quaibrücke.

10. Mai
Einrichtung der Zentralstelle für Kriegswirtschaft der Stadt Zürich.

Mai
Linie B (heute Bus 33) wird als erste Linie von Trolleybussen bedient.

27. August
Stimmbürger entscheiden sich für Umbau und Renovation von Helmhaus und Wasserkirche (1940–1942).

30. August
Henri Guisan wird von der Bundesversammlung zum General gewählt.

1.–3. September
Beginn des Zweiten Weltkriegs: Deutschland überfällt Polen. Frankreich und Grossbritannien erklären Deutschland den Krieg. Schweiz: Generalmobilmachung (430000 Mann).

Herbst 1939 bis Frühjahr 1940
Verteidigungsdispositiv sieht vor, deutsche Truppen im Falle eines Angriffs entlang der Limmat-Stellung aufzuhalten. Befestigung des linken Limmat- und Seeufers.

1. November
Erste Rationierungen (Mehl, Mais, Reis, Teigwaren, Öl, Zucker).

30. November
Sowjetischer Überfall auf Finnland, Winterkrieg.

1940

9. April
Deutschland besetzt Dänemark und Norwegen.

7. Mai
Bundesrat beschliesst Aufstellung von Ortswehren.

10. Mai
Einmarsch Deutschlands in die Niederlande, Belgien und Frankreich.

Angriff auf die Schweiz wird erwartet. Panische Flucht von Zehntausenden aus der Stadt in Richtung Inner- und Westschweiz.

Grossbritannien: Winston Churchil wird Premierminister.

11. Mai
Zweite Generalmobilmachung (450000 Soldaten und 200000 HD).

20. Juni
Internierung französischer und polnischer Truppen an der Juragrenze (42000 Mann).

25. Juni
Radioansprache von Bundesrat Pilet-Golaz.

9. Juli
Der deutsche Presseattaché fordert die Entlassung der Chefredaktoren bei drei führenden bürgerlichen Zeitungen (NZZ, *Bund, Basler National-Zeitung*).

25. Juli
General Guisan verkündet Reduit-Strategie.

11. September
Komposition und Uraufführung des Liedes s'*Guggerzytli* im Hotel Rose.

24. Oktober
Beginn der Altstoff- und Abfallsammlungen in Zürich.

9. November
Verdunklung ab 22 Uhr wird Pflicht.

15. November
«Plan Wahlen» veröffentlicht, Beginn der Anbauschlacht.

Petition («Eingabe der Zweihundert») fordert den Bundesrat auf, sich besonders bezüglich Pressezensur den deutschen Wünschen anzupassen.

November
Verbot der rechtsextremen und der kommunistischen Parteien in der Schweiz.

22. Dezember
Britische Flugzeuge bombardieren Zürich (Industriequartier, Wipkingen, Höngg).

1941
24. März
Migros AG wird in Genossenschaft umgewandelt, Gründung der Migros-Genossenschaft Zürich.

17. April
Premiere *Gilberte de Courgenay* im Zürcher Kino Urban.

Mai
Eröffnung des städtischen Hallenschwimmbades, des ersten Hallenbades in der Schweiz, ausgestattet mit neuartigem Energiesystem (Wärmepumpe).

22. Juni
Trotz Nichtangriffspakt greift Deutschland die Sowjetunion an.

August
Soldatenradio Belgrad beginnt täglich *Lili Marleen* zu senden.

7. Dezember
Japanischer Überfall auf US-Flotte in Pearl Harbor, Kriegseintritt der USA.

1942
20. Januar
Wannseekonferenz: Massendeportation aller Juden aus dem Reich wird beschlossen. Auch Frankreich beginnt (jüdische) Flüchtlinge an Deutschland auszuliefern, weiterer Flüchtlingsschub in Richtung Schweiz.

22. März
Nach dem altersbedingten Rücktritt von Emil Klöti wird Ernst Nobs zum Stadtpräsidenten gewählt. Stadtpräsidium bleibt in den Händen der SP, die nach wie vor 5 Vertreter im Stadtrat stellt. Landesring wird im Stadtparlament mit 37 Sitzen hinter der SP (48) zweitstärkste Partei.

13. August
Totale Grenzsperre für Flüchtlinge, Ende August etwas gelockert.

30. August
Bundesrat von Steiger vergleicht die Schweiz im Hallenstadion mit einem (von Flüchtlingen) überfüllten Rettungsboot.

4. Oktober
Grosses Erntedankfest der Deutschen Kolonie im Hallenstadion.

16. Oktober
Rationierung des Brotes. Nach der ebenfalls 1942 erfolgten Milchrationierung sind nun ausser Kartoffeln, Obst und Gemüse praktisch alle Lebensmittel rationiert.

11. November
Deutschland besetzt Vichy-Frankreich. Die Schweiz ist vollständig von den Achsenmächten umzingelt.

November
Spatenstich für Eingangsgebäude des Kantonsspitals, des grössten Schweizer Bauvorhabens während des Kriegs.

1943
Anfang Jahr
Waldrodung auf dem Hönggerberg (Mehranbau).

2. Februar
Deutsche Niederlage in Stalingrad.

Mai
Paul Vogt übernimmt in Zürich das neu geschaffene reformierte Flüchtlingspfarramt.

25. Juli
Sturz Mussolinis, Anfang September Waffenstillstand Italiens mit Alliierten. Die Zürcher Casa d'Italia geht an die antifaschistische «Colonia libera» über.

26. September
Stimmbürger entscheiden sich für die Förderung des Wohnungsbaus durch finanzielle Beiträge der Stadt. Steigerung des unterstützten und privaten Wohnungsbaus bis Kriegsende.

15. Dezember
Der Zürcher Stadtpräsident Ernst Nobs wird erster SP-Bundesrat.

1944
6. Februar
Anstelle des in den Bundesrat gewählten Ernst Nobs wird Adolf Lüchinger (ebenfalls SP) zum Stadtpräsidenten gewählt.

6. Juni
Landung der Alliierten in der Normandie.

26. August
US-Truppen erreichen Schweizer Westgrenze.

5. September
Absturz eines Schweizer Militärflugzeugs in Affoltern nach Luftkampf mit amerikanischen Jagdfliegern.

12. September
Verdunklungspflicht wird aufgehoben.

Mitte Oktober
Gründung der Partei der Arbeit (PdA) als Nachfolgerin der Kommunistischen Partei.

Anfang November
Aussenminister Molotow lehnt die vom Schweizer Bundesrat beantragte Wiederaufnahme der diplomatischen Beziehungen ab, Rücktritt des Bundesrats Pilet-Golaz.

1945
Zürich zählt 357 000 Einwohner.

4. Februar
Jalta-Konferenz der Alliierten (Roosevelt, Churchill, Stalin) zur Weltordnung nach der Kapitulation Deutschlands.

Anfang März
In Folge des Ausfalls von Kohlelieferungen aus Deutschland herrscht Mangel an Kochgas. Ausgabe von städtischer Gemeinschaftssuppe (bis November 1945).

4. März
Amerikaner bombardieren Zürich (Oberstrass) und Basel.

8. März
Currie-Abkommen: nach Verhandlungen mit den Alliierten muss die Schweiz den Handel mit Deutschland aufgeben und die privaten deutschen Vermögenswerte in der Schweiz sperren.

Ende April bis Ende Mai
Flüchtlinge aus der Sowjetunion im Hallenstadion einquartiert.

2. Mai
Durch Vermittlung von Major Max Waibel können die deutschen Verbände in Norditalien zur Kapitulation bewegt werden.

5. Mai
Zusammen mit einer Patrouille der US Army gelingt es dem IKRK-Delegierten Louis Häfliger, die Ermordung von Zehntausenden von Häftlingen des Lagers Mauthausen zu verhindern.

7./8. Mai
Deutschland kapituliert.

Am 8. Mai wird in Zürich das Kriegsende gefeiert, Demonstration beim deutschen Verkehrsbüro an der Bahnhofstrasse. Die Landesgruppe Schweiz der NSDAP und zahlreiche andere deutsche Organisationen werden aufgelöst.

ab Sommer
GIs besuchen auf ihrer Swiss Tour auch Zürich (bis Ende Jahr 157 000).

1946
März
Wiederaufnahme diplomatischer Beziehungen der Schweiz zur UdSSR.

25. März
Washingtoner Abkommen mit den USA über deutsche Vermögenswerte in der Schweiz.

19. September
Triumphaler Empfang von Winston Churchill bei seinem Besuch in Zürich.

PERSONENVERZEICHNIS

Alvar Aalto → 4
Hans Aeschbacher → 26
Arnaldo (Arnold) d´Altri → 138
Giuseppe d´Altri → 138
Alois Amgwerd → 38, 92
Emma, Meta und Rosa Amgwerd → 92
Gustav Ammann → 26, 80, 123, 129, 145, 151
Hektor Ammann → 17
Lale Andersen → 18, 22, 60
Mary Apafi-Fischer → 111, 123
Louis Armstrong → 10
Edwin Arnet → 49
Paul Artaria → 151
Elsie Attenhofer → 2, 37
Robert Bächtold → 66
Otto Charles Bänninger → 26, 34, 114, 149
Alessio Balbiani → 34
Hermann Balsiger → 21, 102
Karl Barth → 86
Otto Baumberger → 94
Walter Baumgartner → 4
Johannes Baur → 114
Hans Beimler → 90
Ralph Benatzky → 8, 60
Alban Berg → 8
Ernest R. Berner → 10
Rudolf Bernhard → 10
Curzio Bertozzi → 71
René Bertschy → 51, 112
Artur Beul → 6, 60, 74, 112
Roger Beuret → 51
Pietro Bianchi → 71, 78
Sigismund von Bibra → 37, 129, 139
Jakob Bill → 1
Max Bill → 1, 4, 21, 46, 80, 118
Werner Bischof → 48
Anne-Marie Blanc → 2, 23, 29, 134
Oswald Blattmann → 84
Eduard Blocher → 17
Paul Bodmer → 30
Arnold Böcklin → 131
Willy Boesiger → 13
Wilhelm Bohle → 126
Marie Bollag → 72
Alfred Bollinger → 125
Armin Bollinger → 125, 126
Oscar Bonomo → 126
Max Bosshard → 104
Walter Boveri → 29
Adolf und Heinrich Bräm → 43

Ernst Brandenberger → 7, 67
Hans Brandenberger → 30, 110
Julius Brann → 115
Edwin Braunschweig → 72
Hedwig Braus → 118
Bertolt Brecht → 11, 23
Willy Bretscher → 17
Marcel Breuer → 46
Robert Briner → 7, 31, 61, 83, 115, 143
Ferdinand Bruckner → 23
Margrit Brügger → 36
Fritz und Paulette Brupbacher-Raygrodsky → 77
Jakob Bührer → 55
Emil Georg Bührle → 21, 129
Hortense Bührle (Anda) → 129
Heinrich Bullinger → 34
Bummert → 90
Ernst Friedrich Burckhardt → 4, 109
Wihelm Canaris → 11
Elias Canetti → 21
Alois Carigiet → 18, 37, 41
Zarli Carigiet → 2, 37, 41
Erminia Cella → 71
Ettore Cella → 71
Georges-André Chevallaz → 27
Mary Churchill → 16
Winston Churchill → 16, 48
Edmond Cohanier → 10
Herbert Constam → 67
Gilberte de Courgenay → Gilberte Montavon
Laughlin (Lauchlin) Currie → 16
Vreni Custer-Briner → 143
Gustav Däniker → 17
Enrico Dezza → 70, 71
Janos Dobo → 19
Eugen Dollmann → 27
Bruno Dressler → 58
Toni Drittenbass → 19
Aline Ducommun → Aline Valangin
Friedrich Dürrenmatt → 23
Allen Welsh Dulles → 11, 19, 148
Adele Duttweiler → 81
Gottlieb Duttweiler → 11, 29, 48, 57, 81, 119
Karl Egender → 80, 126
Albert Einstein → 11
Dwight D. Eisenhower → 48
Sergei Eisenstein → 77
W. Epprecht → 94
Max Ernst → 4, 21, 118

Alfred Escher → 81
Philipp Etter → 25
David Farbstein → 146
Berta Fay → 12
Noel Field → 19
Hans Finsler → 80
Franz Fischer → 50, 124
Maria Fischer → Mary Apafi-Fischer
Marcel Fleischmann → 19
Francisco Franco → 65
David Frankfurter → 44
Frech → 69
Michael Freisager → 95
Heinrich Frey → 99
Theo Frey → 137
Freytag → 100
Wilhelm Frick → 17, 18
Max Frisch → 23, 123
Willy Fritsch → 5
Heinrich Fueter → 29
Karl Furrer → 28
Willhelm Furtwängler → 82
Alfred Leonz Gassmann → 92
Ferdinand Gehr → 100
Voli Geiler → 37
Karl Geiser → 21, 30, 43, 129, 131
Kasi Geisser → 38
George Gershwin → 8
Trudi Gerster → 23, 111
Augusto Giacometti → 14, 34, 50
Siegfried Giedion → 4, 107
Therese Giehse → 23, 37
Johann Giesen → 47
Ernst Ginsberg → 22, 23, 28, 98, 151
Hans Bernd Gisevius → 11, 45, 114
Friedrich Glauser → 12, 21, 121, 134
Joseph Goebbels → 5, 22, 42, 98
Emmy Göring → Emmy Sonnemann
Hermann Göring → 18, 60, 114
Samuel Goldmann → 72
Benny Goodman → 112
Kurt Granzow → 90
Heinrich Gretler → 2, 11, 23, 28, 37, 48, 57, 126, 134
Mario Gridazzi → 29, 54
Jakob Grau → 56
Robert Grimm → 94
Ernst Gubler → 80
Max Gubler → 80
Helen Guggenbühl → 62
Kurt Guggenheim → 2, 12, 26, 28, 32, 54, 62, 64, 81, 83, 110, 116, 117, 138, 151

421

Henri Guisan → 2, 28, 83, 112, 113, 150
Wilhelm Gustloff → 139
Robert Haab → 58
Johann Haas → 89
Max Ernst Haefeli → 26, 107, 123, 135, 151
Louis Häfliger → 128, 129
Hermann Haller → 15, 43, 110, 113, 118
Mata Hari → 11
Eugen Hartung → 50
Lilian Harvey → 5
Heinrich Hatt-Haller → 148
Fridolin Hauser → 132
Othmar Hauser → 35, 105, 106
Coleman Hawkins → 10
Jakob Christoph Heer → 24
Emil Hegetschweiler → 14, 37
Walter Henauer → 46, 99, 149
Rolf Henne → 57, 143
Gustav Henneberg → 108
Fritz Herdi → 1
Hermann Herter → 1, 14, 50, 51, 52, 94, 118, 125, 131
J. M. Herz → 72
Heinrich Hess → 74
Rudolf Hess → 114
Hermann Hesse → 43, 129
Jakob Heussner → 140
Regula Heusser → 125
Eduard von der Heydt → 45, 114
Paul Hindemith → 8
Hans Hinkel → 22
Kurt Hirschfeld → 11, 22, 23
Adolf Hitler → 17, 114
Ferdinand Hodler → 1
Franz Hoeffleur → 136
Wilhelm Hoegner → 151
Walther Hofer → 18
Ernst Hofmann → 57
Hans Hofmann → 91
Carl Hubacher → 151
Hermann Hubacher → 30, 129
Alfred Huber → 51
Jost und Kreszenz Huber → 90
Karl Huber → 80
Karl Hügin → 30
Hüttenmoser → 90
Jakob Hug → 96
Lydia Hug → 96
Rudolf Jakob Humm → 1, 12, 151
Max (Meer) Husmann → 27
Hanns (Meer) in der Gand → 2
Anna Indermaur → 13
Ernst Inglin → 39
Johannes Itten → 80, 114
Hildegard Janser → 119

Jakob Job → 12, 121, 122, 151
James Joyce → 21
Marta Jurt → 115
Regina Kägi-Fuchsmann → 31, 65, 129
Kalligsztein → 98
Ernst Kappeler → 25
Otto Kappeler → 80
Marianne Kater → 90
Jens Keith → 5
Max Leo Keller → 57
Adolf Kellermüller → 91
Josef Kirschbaum → 90
Sophie Kirschbaum → 90
Otto Klemperer → 122
Emil Klöti → 15, 56, 57, 58, 61, 70, 81, 83, 87, 99, 124, 143, 149
Karl Knell → 4, 20, 81, 119
Willi Kobe → 96
Arthur Koestler → 151
Max Kopp → 89, 119
Salomon Kornfein → 44
Arnold Kübler → 48, 126, 127, 129
Hedy Lamarr → 112
Emil Landolt → 63
Maria Lang (Mary Long) → 48
Hans Langmack → 14
Wolfgang Langhoff → 23, 24, 28, 63, 95, 98, 120
Zarah Leander → 60
Le Corbusier (Charles Jeanneret) → 13
Franz Lehár → 11, 60
Erwin Lemberger → 139
Max Werner Lenz → 37
Walter Lesch → 37, 57
Ch. Levin → 79
Max Lichtegg → 8
Munio Lichtmann → Max Lichtegg
Rolf Liebermann → 12, 18, 19, 22, 54, 122
Meinrad Lienert → 93
Meinrad Lienert (jun.) → 110
Leopold Lindtberg → 23, 28, 29, 134, 151
Hugo Lötscher → 48, 51
Carl Albert Loosli → 58
Giovanni Lorenzi → 40
Adolf Lüchinger → 16, 49, 65, 144
Walther Lüthi → 127
Franca Magnani → Franca Schiavetti
Robert Maillart → 52
Erika Mann → 12, 37, 108
Klaus Mann → 12, 37
Thomas Mann → 11, 21, 37
Berti und Mathis Margadant → 90

Jenö Marton → 111
Mario Mascarin → 138
Adolf Maurer → 95
Hans Mayer → 23
Heiri Meier → 39, 112
Karl Meier → 32, 37, 48
Siegfried Meier (Bumm) → 36
Armin Meili → 47, 58, 107, 145
Hans Meiner → 18
Johannes Meiner → 18
Erich Mendelsohn → 20, 21
Louise Mendelsohn → 21
Evariste Mertens → 68
Walter und Oskar Mertens → 68, 129
Fritz Metzger → 100, 132
Paul Meuter → 90, 120
Bruno Meyer → 25
Fernande Meyer → 51
Peter Meyer → 91, 107
Rudolf Minger → 7
Walter Mittelholzer → 29
Wjatscheslaw Michailowitsch Molotow (Skrjabin) → 63
Gilberte Montavon → 2
Ernst Morgenthaler → 43
Sasha Morgenthaler → 43
Hans Wilhelm Moser → 89
Werner Max Moser → 26, 107, 123, 135, 151
Julia Moore → 8
Otto Müller → 99
Otto Münch → 1, 34, 93, 113, 131
Marthely Mumenthaler → 6, 121
Robert Musil → 21
Benito Mussolini → 11, 70, 84
Albert Näf → 125
Ernst Neubach → 98
Heinz Neumann → 21
Ernst Nobs → 16, 56, 63, 114, 144
Robert Ober → 51
Emil Oprecht → 11, 19, 29
Emmie Oprecht → 11, 19
Hans Oprecht → 23, 58
Felice Orsini → 17
Rudolf Oswald → 47
Werner Oswald → 47
Luigi Parilli → 27
Ferruccio Parri → 148
Arnold Paucker → 53
Henri R. Paucker → 53
Berry Peritz → 10
Marcel Pilet-Golaz → 17, 37, 57, 63, 81
Theo Pinkus → 105
Otto und Werner Pfister → 30, 81, 131, 147

Vreneli Pfyl → 6, 121
Elisabeth Pletscher → 24
Alfred Polgar → 3
Eduard Probst → 32, 114
Margrit Rainer → 37
Charles Ferdinand Ramuz → 58
Alfred Rasser → 37
Guido Reiner → 128
Fischel Reiss → 75
Roger Reiss → 75
Jean Renoir → 13
Jost Ribary → 38
Joachim von Ribbentrop → 114
Ferdinand Rieser → 12, 23, 24, 115
Adolph Rieter → 114
Bertha Rieter-Bodmer → 114
Fred Rihner → 11, 20
Roland Rohn → 131, 133
Franklin Delano Roosevelt → 16
Wladimir Rosenbaum → 1, 4, 19, 20, 21, 46, 118, 151
Maurice A. Rosengarten → 6
Emil Roth → 151
Marko Rothmüller → 8, 98
Heinrich Rothmund → 60
Alfred Rottenberg → 79
Moses (Mojsche) Rubinfeld → 75, 125
Ernst Georg Rüegg → 129
Jean-Rudolf von Salis → 28
Felix Salten → 98
Jakob Schaffner → 57
Fredy Scheim → 73
Hermann Schell → 114
Maria (Gritli) Schell → 23
Maximilian Schell → 114
Hermann Scherchen → 18, 122
Walter Scheuermann → 30
Fernando Schiavetti → 70, 71, 78
Franca Schiavetti → 19, 28, 35, 41, 76, 78, 138
Giulia (Bondadini) Schiavetti → 138
Riquet Schleiffer → 112
Klärli, Werner und Willy Schmid → 6, 112
Karl Schmid-Bloss → 8, 23
Franz Schmidbauer → 22
Jacob Schmidheiny → 87, 97
Hans Schmidt → 151
Joseph Schmidt → 42, 95, 98
Franz Schnyder → 2, 12, 28
Heinrich Scholler → 47

Trudi Schoop → 37, 151
Dimitrij Schostakowitsch → 8
Carl Schroeter → 109
Norbert Schultze → 22
Fredy Schulz → 73
Annemarie Schwarzenbach → 12, 108
James Schwarzenbach → 108
Reneé Schwarzenbach → 108, 114
Richard Schweizer → 2, 29
Ralph Scotoni → 29, 60
Richard Seewald → 100, 132
Alfred Siegfried → 65, 69
Ignazio Silone → 11, 12, 19, 21
Emil Sonderegger → 143
Emmy Sonnemann → 60
Manès Sperber → 95
Fritz Sperling → 90, 96
Carl Spitteler → 93
Willy Spühler → 45, 54
Hedwig Stähli → 90
Josef Stalin → 16, 63
Claus von Stauffenberg → 11
Teddy Stauffer → 5, 74, 112
Adolf Steger → 80
Eduard von Steiger → 29, 126, 127
Flora Steiger → 151
Rudolf Steiger → 26, 107, 151
Albert Heinrich Steiner → 81, 133, 145
Felix Stössinger → 115
Joseph (Sepp) Stocker → 38, 39, 112
Richard Strauss → 8
Schaggi Streuli → 37
Erich von Stroheim → 13
Carl Sütterlin → 72
Victor Surbek → 30
Nettie Sutro-Katzenstein → 19, 65
Robert Tobler → 1, 7, 25, 55, 56, 143, 146
Palmiro Togliatti → 19
Viktor Tognazzo → 136
Arturo Toscanini → 11
Alfred Traber → 57
Paul Treu → 141
Robert Trösch → 37
Leo Trotzki → 90
Georg Trump → 17
Amalie Tschudi → 29
Kurt Tucholsky → 21
Berta Urech → 84
Werner Urech → 84
Usmiani → 148

Aline Valangin → 21, 118
Charles Ferdinand Vaucher → 24, 37
Max und Berta Vögeli → 90
Traugott Vogel → 12
Wladimir Vogel → 21
Paul Vogt → 86, 133
Hans Vonwyl → 25
Oskar Wälterlin → 23
Richard Wagner → 8, 114
Friedrich Traugott Wahlen → 1, 66, 81, 130, 140
Max Waibel → 27, 148
Hans Waldmann → 15, 81
Karl Walser → 52
Robert Walser → 52
Bruno Walter → 122
Ernst Walter → 57
Andreas Waser → 69
Maria Margareta Graziella Waser → 69
Paul Weber (Schrumm) → 36
Lazar Wechsler → 29, 134
Walter Wehrli → 139
Otto Weissert → 37
Albert J. Welti → 23
Doddy Weniger → 10
Rudolf Wening → 68
Franz Werfel → 18, 23
Mathilde Wesendonck → 114
Otto Wesendonck → 114
Ernst Wetter → 17
Karl Wick → 29
Albert Wiesendanger → 57
Kurt Wiesinger → 108
Hans Wiesmann → 34
Walter Wild → 73, 74
Liselotte Wilke → Lale Andersen
Ulrich Wille → 114
Ulrich Wille (jun.) → 69, 114
Fritz Willers → 51
Kaiser Willhelm II. → 114
Bruno Witschi → 79, 149
Ernst Witschi → 46, 79, 99, 149
Friedrich Wolf → 23
Karl Wolff → 27, 148
Edgar Woog → 17, 63
Hans Wymann → 28
Roland von Wyss → 17, 68, 85
Fred Zinnemann → 29
Jenka Zivçon → 95
Albin Zollinger → 12, 124
Otto Zurbuchen → 144

QUELLEN UND LITERATUR

Anregungen und Informationen aller Art verdanke ich Peter Brunner, Jakob Heusser, Stefan Hose, Andreas Ineichen, Robert Ineichen, Stefan Keller, Jan Kolb (der mir als Antiquar und Buchhändler zahlreiche schwer zugängliche Publikationen verschafft hat), Barbara Lander, Hannes Lindenmeyer, Gudula Moeschlin, Raymond Naef, Ernst Ostertag, Remo Peter, Robert Rapp, Heinz Schrämmli, Veit Stauffer, Markus Wieser und ganz besonders Nicola Behrens und Walter Leimgruber, die sich die Mühe genommen haben, das Manuskript kritisch durchzusehen, was mir sehr viel bedeutet.

Für die Beantwortung unzähliger Detailfragen waren Besuche im Baugeschichtlichen Archiv der Stadt Zürich (BAZ) und im Stadtarchiv unerlässlich. In beiden Archiven erhielt ich stets freundliche, kompetente und speditive Unterstützung. Im BAZ benutzte ich vor allem die nach Adressen geordneten Fotosammlungen und die Adressbücher der Stadt Zürich, im Stadtarchiv die Geschäftsberichte der Stadt Zürich, die Protokolle des Stadtrates, Nachlässe und Akten zu verschiedenen Themen, die Bibliothek und die Bestände der Tageszeitungen *Neue Zürcher Zeitung*, *Tagblatt der Stadt Zürich* und *Volksrecht*. Im Archiv für Zeitgeschichte (afz), Eidgenössische Technische Hochschule Zürich, interessierten mich vor allem Nachlässe einiger Flüchtlinge, die sich in den Dreissiger- und Vierzigerjahren in Zürich aufhielten.

Neben gedruckten und ungedruckten Texten sowie Dokumentar- und Spielfilmen waren verschiedene Tonträger hilfreich, um die Stimmungslage der Vorkriegs- und Kriegszeit nachzuerleben. Etwa die CD, die Theo Mäuslis Buch *Jazz und Geistige Landesverteidigung* (s. unten) beigelegt ist, die LP *Jazz and Hot Dance in Switzerland*, Volume Two (Harlequin, England 1984), die Compilation *Operetta und Lieder* von Max Lichtegg (Dutton, England 2006), *20 Goldene Erinnerungen an Artur Beul* (Turicaphon Elite special, Schweiz 1995) und verschiedene CDs mit Schweizer Schlagern (Geschwister Schmid, Mumenthaler-Pfyl, Original Teddies, Walter Wild) aus der Reihe von Turicaphon Elite special, die eigenartigerweise unter dem Titel *Originalschlager der 50er Jahre* läuft, obwohl die Aufnahmen zum grossen Teil aus den Vierziger- und sogar Dreissigerjahren stammen.

Unter den häufig verwendeten Quellen sind die vom Verein *Archimob* 1999–2001 durchgeführten Interviews mit 555 Zeitzeugen der Jahre 1939–1945 speziell hervorzuheben, die als Ausstellung *L´Histoire c´est moi* ab 2004 in zahlreichen Schweizer Städten präsentiert wurden. Die Interviews sind thematisch geordnet auf 4 DVDs greifbar *(Kaleidoskop der Ausstellung)* bzw. in Form von 21 Dokumentarfilmen (auf 2 DVDs) *Rückblickend/Regards en arrière* (www.archimob.ch). Und in Buchform: Christof Dejung u.a.: *Landigeist und Judenstempel* (s. unten).

Filme
Bergführer Lorenz, Stadt-Land-Film von Ernst Probst, Regie und Produktion, 1943. Teilweise in Zürich gedreht, unter anderem im Arbeitsamt an der Flössergasse.
Das Boot ist voll, Spielfilm (1980) von Markus Imhof, mit Mathias Gnädinger. Der in Siblingen (SH) und bei der Rheinbrücke von Diepoldsau gedrehte Film nimmt als Titel die Kurzformel des von Bundesrat von Steiger im Hallenstadion geprägten Bildes für die Schweizer Flüchtlingspolitik auf und erzählt die Geschichte einer Gruppe von Flüchtlingen, die 1942 illegal die Grenze überschreiten.
Das Gesetz der Strasse, Auftragsfilm zur Unfallverhütung (19 Minuten), Zürich 1946. Regie Max Haufler. Aufnahmen teilweise in der Stadt Zürich. Auf: *Zeitreisen in die Vergangenheit der Schweiz. Auftragsfilme 1939-1959*, Folge 1 (DVD).
Die Äcker der Industrie, Gloriafilm 1945 (18 Minuten). Mit Musik von Walter Baumgartner. In einer Sequenz zu Beginn des Films, der im Frühjahr 1945 nach der Filmwochenschau und vor dem Hauptfilm in zahlreichen Kinos gezeigt wurde, werden die Ausführungen Traugott Wahlens zum Mehranbau per Lautsprecher in die Kantine des Bührle-Wohlfahrtshauses übertragen. Die Aufnahmen geben einen guten Einblick in Arbeitsweise und Mechanisierungsgrad der Schweizer Landwirtschaft während der Kriegszeit. Auf: *Zeitreisen in die Vergangenheit der Schweiz. Auftragsfilme 1939-1959*, Folge 1 (DVD).
Die letzte Chance, Regie Leopold Lindtberg, Praesens 1945. Die Rollen der britischen Offiziere und des amerikanischen Soldaten wurden aus dem Kreis internierter alliierter Armeeangehörigen mit Laienschauspielern besetzt.
Der 10. Mai, Regie Franz Schnyder, Neue Film AG 1957. U.a. mit Therese Giehse, Heinrich Gretler, Emil Hegetschweiler, Gustav Knuth, Max Werner Lenz, Margrit Rainer, C.F. Vaucher.
Gilberte de Courgenay mit Anne-Marie Blanc, Heinrich Gretler, Zarli Carigiet. Regie Franz Schnyder. Praesens-Film 1941.
Ein Lied geht um die Welt, Deutschland 1933. Regie Richard Oswald, mit Joseph Schmidt und Viktor de Kowa.

La Grande Illusion, Drehbuch und Regie Jean Renoir, Frankreich 1937. Mit Jean Gabin und Erich von Stroheim.
Lili Marleen, Regie Rainer Werner Fassbinder, Deutschland 1981. Mit Hanna Schygulla, Giancarlo Giannini, Mel Ferrer. Frei nach Lale Andersens autobiographischem Roman, teilweise in Zürich gedreht.
Marie-Louise, Regie Leopold Lindtberg, mit Josiane Hegg, Heinrich Gretler, Anne-Marie Blanc, Margrit Winter, Mathilde Danegger. Praesens 1944.
Noel Field – der erfundene Spion, Dokumentarfilm, Regie Werner Schweizer, 1996.
Steibruch, Regie Sigfrit Steiner, Gloriafilm 1942. Mit Heinrich Gretler, Maria (Gritli) Schell, Max Haufler, Adolf Manz.
Swiss Tour, Regie Leopold Lindtberg. Praesens Film 1949. Erzählt die Geschichte eines amerikanischen Soldaten auf «Swiss Tour», der sich in eine Einheimische verliebt, handelt nicht in Zürich, sondern in Montreux und Zermatt. Mit internationaler (Cornel Wilde, Josette Day, Simone Signoret) und nationaler Starbesetzung (Heinrich Gretler, Zarli Carigiet). Das Quintett des Tenorsaxophonisten Eddie Brunner, seit 1941 Leiter der «Original Teddies», spielt auf.
Unser Mitbürger Christian Caduff, ein im Vorfeld der Abstimmung über die Emser Vorlage 1955 produzierter Film von Kurt Früh, zeigt den Tagesablauf eines Bergbauern und Fabrikarbeiters in der HOVAG. 13 Minuten. Auf: *Zeitreisen in die Vergangenheit der Schweiz, Auftragsfilme 1939-1959*, Folge 2 (DVD).
Wachtmeister Studer, Praesens 1939. Regie Leopold Lindtberg, Buch Richard Schweizer nach dem Roman von Friedrich Glauser, Dialoge Kurt Guggenheim, mit Heinrich Gretler, Adolf Manz, Robert Troesch, Anne-Marie Blanc, Zarli Carigiet.
Wilder Urlaub, Regie Franz Schnyder, nach dem gleichnamigen Roman von Kurt Guggenheim, der auch am Drehbuch mitwirkte. Mit Robert Troesch und Paul Hubschmid. Praesens 1943. Der Film spielt im Wesentlichen während einer Nacht im verdunkelten Zürich. Aussenaufnahmen in der Altstadt und im Bahnhof, Innenaufnahmen in den Studios Rosenhof und Bellerive.

Literatur (und Internet)
Felix Aeppli: *Der Schweizer Film 1929-1964. Die Schweiz als Ritual. Band 2: Materialien*. Limmat Verlag, Zürich 1981
Amt für Hochbauten der Stadt Zürich, Arthur Rüegg, Hermann Kohler: *Kindergartenhaus Wiedikon 1928-32. Denkmalpflegerische Erneuerung*. gta Verlag, Zürich 2003
Lale Andersen: *Der Himmel hat viele Farben. Leben und Tod mit einem Lied*. dtv, München 1974
Mary Apafi-Fischer: *Barfuss über den Milchbuck.*
Schritte einer Kindheit, Zürich 1935-1945. Th. Gut Verlag, Stäfa 1995
Arbeitsgruppe für Geschichte der Arbeiterbewegung (Hg.): *Schweizerische Arbeiterbewegung. Dokumente zu Lage, Organisation und Kämpfen von der Frühindustrialisierung bis zur Gegenwart*. Limmat Verlag, Zürich 1989
Helen Arnet: *Maria Lourdes Seebach – das «kleine Lourdes» in Zürich*. Zürcher Beiträge zur Alltagskultur, Band 2. Zürich 1996
Gisa Aurbeck: *Rolf Liebermann*. Elbert & Richter Verlag, Hamburg 2001
Monika Bach: *Polizeifotos und Flüchtlingsschicksale: Eine Spurensuche zu den Flüchtlingslagern im Kanton Zürich während des Zweiten Weltkriegs*. In: *Zürcher Taschenbuch 2009*. Verlag Sihldruck AG, Zürich 2008
Dieter Bachmann, Rolf Schneider (Hg.): *Das verschonte Haus. Das Zürcher Schauspielhaus im Zweiten Weltkrieg*. Ammann Verlag, Zürich 1987
Thomas Bachmann: *Vor 60 Jahren fielen Bomben auf Zürich. Irrtümer im strategischen Luftkrieg der Alliierten*. Neue Zürcher Zeitung 4. März 2005
Ulrich Bär, Monique R. Siegel (Hg.): *Geschichte der Juden im Kanton Zürich. Von den Anfängen bis in die heutige Zeit*. Orell Füssli Verlag, Zürich 2005
Walter Baumann: *Zürcher Schlagzeilen*. Orell Füssli Verlag, Zürich 1981
Nicolas Baerlocher (Hg.): *Metropol Zürich. Ein Geschäftshaus von Clariden Leu*. Verlag Neue Zürcher Zeitung, Zürich 2007
Nicolas Baerlocher, Stefan Zweifel (Hg.): *Bellevue Zürich*. Verlag Neue Zürcher Zeitung, Zürich 2006
Ralph Benatzky: *Triumph und Tristesse. Aus den Tagebüchern 1919-1946*. Parthas, Berlin 2002
Artur Beul: *Nach Regen scheint Sonne (Nach em Räge schiint Sunne). Erinnerungen und Begegnungen mit Künstlern*. Edition Swiss Music, Winterthur 1994
Michael Bienert, Elke Linda Buchholz: *Die Zwanziger Jahre in Berlin. Ein Wegweiser durch die Stadt*. Berlin Story Verlag, Berlin 2006
Christoph Bignens: *Happy Hour. Ernst F. Burckhardt, Max Ernst, Max Bill, Sigfried Giedion, Alvar Aalto und das Corso-Dancing in Zürich*. In: Parkett 77, 2006
K. Biske, K. Keller und M. Gridazzi: *Die Kriegswirtschaft der Stadt Zürich 1939-1948. Tätigkeit der Zentralstelle für Kriegswirtschaft*. Zürich 1949
Armin Bollinger: *Oerlikon. Geschichte einer Zürcher Gemeinde*. Quartierverein Oerlikon, Zürich 1983
Barbara Bonhage: *Schweizerische Bodenkreditanstalt. «Aussergewöhnliche Zeiten bringen aussergewöhnliche Geschäfte». Veröffentlichungen der UEK Bd. 21*. Chronos Verlag, Zürich 2001
Walter Boveri, Walter Matthias Diggelmann, Leopold Lindtberg, David Wechsler: *Morgarten kann nicht*

stattfinden. *Lazar Wechsler und der Schweizer Film.*
Europa Verlag AG., Zürich 1966
Henri Bresch: *50 Jahre Naturfreunde Altstetten 1968.* Ohne weitere Angaben.
Dominique von Burg: *Gebrüder Pfister. Architektur für Zürich 1907-1950.* Verlag Niggli AG, Sulgen/Zürich 2000
Heinz Bütler: *«Wach auf, Schweizervolk!». Die Schweiz zwischen Frontismus, Verrat und Selbstbehauptung, 1914-1940.* Zytglogge Verlag, Bern 1980
Doris Carigiet-Eberli: *Mis Dach isch dr Himmel vo Züri. Zarli Carigiet 1907-1981.* Verlag Neue Zürcher Zeitung 2007
Alfred Cattani: *Zürich im Zweiten Weltkrieg. Sechs Jahre zwischen Angst und Hoffnung.* Verlag Neue Zürcher Zeitung 1989
Ruedi Christen u.a.: *Die Bührle Saga. Festschrift zum 75jährigen Jubiläum einer weltberühmten Waffenschmiede mit einem Zwischenwort an die Haupterbin.* Limmat Verlag, Zürich 1981
Hanspeter Danuser: *Das Trambuch. 100 Jahre Züri-Tram.* Verlag Neue Zürcher Zeitung, Zürich 1982
Christof Dejung, Thomas Gull, Tanja Wirz: *Landigeist und Judenstempel. Erinnerungen einer Generation 1930-1945.* Limmat Verlag, Zürich 2002
Direktion der öffentlichen Bauten des Kantons Zürich (Hg.): *Siedlungs- und Baudenkmäler im Kanton Zürich.* Verlag Th. Gut & Co., Stäfa 1993
Allen Welsh Dulles: *Verschwörung in Deutschland.* Europa Verlag A.G., Zürich 1948
Hervé Dumont: *Geschichte des Schweizer Films. Spielfilme 1896-1965.* Schweizer Filmarchiv/Cinématèque suisse, Lausanne 1987
Gottlieb Duttweiler (Hg.): *Eines Volkes Sein und Schaffen. Die Schweizerische Landesausstellung 1939 Zürich in 300 Bildern.* Verlag 1940
Katharina Epprecht u.a.: *Museum Rietberg Zürich.* Schweizerisches Institut für Kunstwissenschaft, Zürich 2002
Simon Erlanger: *«Nur ein Durchgangsland». Arbeitslager und Internierungsheime für Flüchtlinge und Emigranten in der Schweiz 1940-1949.* Chronos Verlag, Zürich 2006
Paul Etter: *Alt-Wiedikon. Von Au bis Ziegelhütten.* Ortsgeschichtliche Kommission des Quartiervereins Wiedikon, Zürich 1977
Paul Etter: *Wiedikons Hausgeschichten.* Ortsgeschichtliche Kommission des Quartiervereins Wiedikon, Zürich 1994
Alfred A. Fassbind: *Joseph Schmidt. Ein Lied geht um die Welt - Spuren einer Legende. Eine Biographie.* Schweizer Verlagshaus, Zürich 1992
Theo Frey: *Fotografien.* Hg. Peter Pfrunder, Fotostiftung Schweiz. Limmat Verlag, Zürich 2008
F. Friedli u.a.: *Inf. Rgt. 27/Aktivdienst 1939-1945.* Berichthaus, Zürich 1947

Hans-Rudolf Galliker: *Tramstadt. Öffentlicher Nahverkehr und Stadtentwicklung am Beispiel Zürich.* Chronos Verlag, Zürich 1997
Ernst Ginsberg: *«Abschied». Erinnerungen.* Verlag der Arche, Zürich 1965
Hans Bernd Gisevius: *Bis zum bittern Ende. Zweiter Band: Vom Münchner Abkommen zum 20. Juli 1944.* Claassen & Goverts, Hamburg 1947
Friedrich Glauser: *Schlumpf Erwin Mord (Wachtmeister Studer).* Limmat Verlag, Zürich 1995
Bruno Grimm: *Das Ende der Nationalen Front.* Verlag «Der Aufbruch», Zürich 1940
Theresia Gürtler Berger: *Ein schwieriges Kapitel Industriegeschichte - Die CeCe-Halle in Affoltern.* In: Stadt Zürich, Archäologie und Denkmalpflege 2006-2008. gta Verlag, Zürich 2008
Helen Guggenbühl: *Haushalten in der Kriegszeit.* Schweizer Spiegel Verlag, Zürich 1942
Kurt Guggenheim: *Alles in allem.* Roman. Verlag Huber, Frauenfeld 1976
Kurt Guggenheim: *Sandkorn für Sandkorn. Die Begegnung mit J.-H. Fabre.* Artemis-Verlag, Zürich 1959
Kurt Guggenheim: *Wir waren unser vier.* Roman. Suhrkamp Verlag, Frankfurt am Main 1990
Paul Guyer, Franz Hefti: *Zürcher Ziegeleien 1912-1962. Festschrift zum 50-jährigen Geschäftsjubiläum.* Zürich 1963
Alfred A. Häsler: *Das Boot ist voll. Die Schweiz und die Flüchtlinge 1933-1945.* Diogenes Verlag, Zürich 2007
Fritz Herdi: *Limmatblüten. Vo Abblettere bis Zwibackfräsi - ein Gassenwörterbuch.* Verlag Huber, Frauenfeld 2001
Eugen Hermann: *Zürcher Quartierchronik. Albisrieden Altstetten Wipkingen Höngg Oerlikon Seebach Schwamendingen Affoltern.* Verlag Zürcher Quartierchronik, Zürich 1952
Eugen Hermann: *Zürcher Quartierchronik. Wiedikon Aussersihl Industriequartier.* Verlag Zürcher Quartierchronik, Zürich 1952
Regula Heusser: *Örlikon - Stadt am Stadtrand.* In: Alfred Cattani (Hg.): *Zürich und seine Quartiere.* Verlag Neue Zürcher Zeitung, Zürich 1986
Sonja Hildebrand u.a. (Hg.): *Haefeli Moser Steiger. Die Architekten der Schweizer Moderne.* gta Verlag, Zürich 2007
Fritz Hirzel (Hg.): *ZüriCH Kaleidoskop.* Kaleidoskop Verlag, Zürich 1994
Historisches Lexikon der Schweiz. www.hls-dhs-dss.ch
Gustav Huoncker: *Literaturszene Zürich. Menschen, Geschichten und Bilder 1914 bis 1946.* Unionsverlag, Zürich 1985
Karin Huser Bugmann: *Schtetl an der Sihl. Einwanderung, Leben und Alltag der Ostjuden in Zürich 1880-1939.* Chronos Verlag, Zürich 1998

Martin Illi: *Von der Schissgruob zur modernen Stadtentwässerung.* Verlag Neue Zürcher Zeitung, Zürich 1987
Rudolf Isler: *Durchbruch zum Schriftsteller. Unglücklich, aber produktiv – Manès Sperbers Zürcher Exil.* Neue Zürcher Zeitung 1. Juli 2006
Ursina Jakob, Daniel Kurz: *Wipkingen Lebensräume-Verkehrsräume. Geschichte eines Stadtquartiers 1893-1993.* Quartierverein Wipkingen/Chronos Verlag, Zürich 1993
JAZZdocumentation mit Oral-History-Projekt mit Befragung der Pioniere der Schweizer Jazzszene (Berry Peritz, René Bertschi, Edmond Cohanier, Lanigiro usf.). www.jazzdocumentation.ch
Jakob Job: *Zum fallenden Brunnenhof.* In: Arnold Kübler u.a.: *Zürich und seine Quartiere. Zürcher Schriftsteller sehen ihr Quartier.* Verlag Neue Zürcher Zeitung, Zürich 1966
Joseph Jung (Hg.): *Zwischen Bundeshaus und Paradeplatz. Die Banken der Credit Suisse Group im Zweiten Weltkrieg.* Verlag Neue Zürcher Zeitung, Zürich 2001
Regina Kägi-Fuchsmann: *Das gute Herz genügt nicht. Mein Leben und meine Arbeit.* Verlag Ex Libris, Zürich 1968
Peter Kamber: *Geschichte zweier Leben. Wladimir Rosenbaum – Aline Valangin.* Limmat Verlag, Zürich 1990
Peter Kamber: *OSS-Dokumente über Ignazio Silone.* www.peterkamber.ch/ignazio.html
Peter Kamber: *C.F. Vaucher. «Aus meiner linken Schublade». Erzählungen eines Lebens.* Rotpunktverlag, Zürich 1996
Helena Kanyar Becker (Hg.): *Jenische, Sinti und Roma in der Schweiz.* Schwabe & Co. AG Verlag, Basel 2003
Kirchlicher Informationsdienst kid (Hg.): *Ohne Wenn und Aber dem Gewissen verpflichtet. Flüchtlingspfarrer Paul Vogt 1900-1984, Rotkreuzschwester Elsbeth Kasser 1910-1992.* Kirchlicher Informationsdienst kid, Zürich 2000
Kunstmuseum Winterthur und Gewerbemuseum Winterthur (Hg.): *Max Bill: Aspekte seines Werks.* Verlag Niggli AG, Sulgen/Zürich 2008
Emil Klöti: *Schutz der Wälder und Aussichtspunkte im Gebiet der Stadt Zürich.* Separatdruck aus dem Jahrbuch 1942 des Verbandes zum Schutze des Landschaftsbildes am Zürichsee.
Mathias Knauer, Jürg Frischknecht: *Die unterbrochene Spur. Antifaschistische Emigration in der Schweiz von 1933 bis 1945.* Limmat Verlag, Zürich 1983
Thilo Koenig, Martin Gasser (Hg.): *Hans Finsler und die Schweizer Fotokultur. Werk, Fotoklasse, moderne Gestaltung 1932-1960.* gta Verlag, Zürich 2006
Ute Kröger: *«Zürich, du mein blaues Wunder». Literarische Streifzüge durch eine europäische Kulturstadt.* Limmat Verlag, Zürich 2004

Arnold Kübler: *Auf nach Oerlikon.* In: Arnold Kübler u.a.: *Zürich und seine Quartiere. Zürcher Schriftsteller sehen ihr Quartier.* Verlag Neue Zürcher Zeitung, Zürich 1966
Daniel Kurz: *Die Disziplinierung der Stadt. Moderner Städtebau in Zürich 1900 bis 1940.* gta Verlag, Zürich 2008
Rolf Lambrigger: *Zürich – Zeitgenössische Kunstwerke im Freien.* Orell Füssli Verlag, Zürich 1985
Wolfgang Langhoff: *Die Moorsoldaten. 13 Monate Konzentrationslager.* Schweizer Spiegel Verlag, Zürich 1935
Fritz Lendenmann (Hg.): *Eine grosse Zeit. Das Schauspielhaus Zürich in der Ära Wälterlin 1938/39-1960/61.* Orell Füssli, Zürich 1995
Walter Leimgruber, Thomas Meier, Roger Sablonier: *Das Hilfswerk für die Kinder der Landstrasse. Historische Studie aufgrund der Akten der Stiftung Pro Juventute im Schweizerischen Bundesarchiv.* Bundesarchiv Dossier 9, Bern 1998
Steffen Lindig: *Der Entscheid fällt an den Urnen. Sozialdemokratie und Arbeiter im Roten Zürich 1928 bis 1938.* Eco-Verlag, Zürich 1979
Hugo Loetscher: *Quartier ad interim.* In: Arnold Kübler u.a.: *Zürich und seine Quartiere. Zürcher Schriftsteller sehen ihr Quartier.* Verlag Neue Zürcher Zeitung, Zürich 1966
Hugo Loetscher: *Die Sihl, der mindere Fluss.* In: Alfred Cattani (Hg.): *Zürich und seine Quartiere.* Verlag Neue Zürcher Zeitung, Zürich 1983
Karl Lüönd: *Gottlieb Duttweiler (1888-1962). Eine Idee mit Zukunft.* Schweizer Pioniere der Wirtschaft und Technik 72, Verein für wirtschaftshistorische Studien, Meilen 2000
Theo Mäusli: *Jazz und Geistige Landesverteidigung.* Chronos Verlag, Zürich 1995
Franca Magnani: *Eine italienische Familie.* Kiepenheuer & Witsch, Köln 2003
Oberstlieut. Mariotti: *L.M.G. 25. Unser leichtes Masch.-Gewehr, Anleitung für Leichtmitrailleure.* Hallwag Verlag, Bern 1940
Jenö Marton: *Ueli, Urs und Urseli im Kinderparadies. Eine Landigeschichte für Primarschüler.* Scientia, Zürich o. J.
Hannes Maurer: *Zürich zum Nulltarif. Skurriles, Merkwürdiges, Unbekanntes. Stadtführer.* Verlag Neue Zürcher Zeitung, Zürich 2007
Niklaus Meienberg: *Die Welt als Wille & Wahn. Elemente zur Naturgeschichte eines Clans.* Limmat Verlag, Zürich 2005
Werner Mittenzwei: *Exil in der Schweiz.* Verlag Philipp Reclam jun., Leipzig 1981
Michele Morach: *Pietro Bianchi ... Maurer und organisiert.* Limmat Verlag, Zürich 1979
Hans Morgenthaler: *Der Mann mit der Hand im Auge. Die Lebensgeschichte von Karl Geiser – Bildhauer,*

427

Zeichner und Photograph. Limmat Verlag, Zürich 1988
Hans Munz: *Das Phänomen Migros. Die Geschichte der Migros-Gemeinschaft.* Verlag Ex Libris, Zürich 1973
Museum Tinguely (Hg.): *Max Ernst. Im Garten der Nymphe Ancolie.* Hatje Cantz Verlag, Ostfildern 2007
Werner Neuhaus: *Aus den Annalen der Üetliberg-Bahn.* Separatdruck Zürichsee-Zeitung. Th. Gut & Co. Verlag, Stäfa 1991
Werner Neuhaus: *Aus den Annalen des Zürcher Hauptbahnhofs.* Separatdruck Zürichsee-Zeitung. Th. Gut & Co. Verlag, Stäfa 1999
Ortsgeschichtliche Sammlung Seebach (OGS), verfasst von Arnold Wirz. www.ogs-seebach.ch
Henri R. Paucker: *Das mindere Leid. Eine Zürcher Kindheit im Schatten des Holocaust.* Biographie romancée. Edition kirchenfeld, Bern 2006
Rico Peter: *Ländlermusik. Die amüsante und spannende Geschichte der Schweizer Ländlermusik.* AT Verlag, Aarau 1978
Ernst Pfenninger: *Globus - das Besondere im Alltag. Das Warenhaus als Spiegel der Gesellschaft, Globus 1907-2007.* Verlag Neue Zürcher Zeitung, Zürich 2007
Präsidialdepartement der Stadt Zürich, Statistik Stadt Zürich (Hg.): «*Ein Strich an Stelle einer Zahl ...*». Statistik Stadt Zürich, Zürich 2005
Quartierverein Seebach (Hg.): *Unser Seebach. Beiträge zur Vergangenheit und Gegenwart eines Stadtquartiers.* Zürich 1983
Hanspeter Rebsamen, Nick Brändli: *Bauplastik in Zürich 1890-1990.* Th. Gut & Co. Verlag, Stäfa 1989
Roger Reiss: *Fischel und Chaye. Szenen aus dem Zürcher Stetl.* Philo Verlagsgesellschaft mbH, Berlin 2003
Hans U. Rentsch: *Werner Oswald (1904-1979). Bürge der Treibstoffversorgung der Schweiz im Zweiten Weltkrieg.* Schweizer Pioniere der Wirtschaft und Technik 43. Verein für wirtschaftshistorische Studien, Zürich 1985
Fred Rhiner: *Illustrierte Geschichte der Zürcher Altstadt.* H.A. Bosch-Verlag, Aarau 1975
Dieter Ringli: *Schweizer Volksmusik. Von den Anfängen um 1800 bis zur Gegenwart.* Mülirad-Verlag, Altdorf 2006
Werner Rings: *Schweiz im Krieg 1933-1945.* Chronos Verlag, Zürich 1990
Ernst Roth: *Lexikon der Schweizer Volksmusikanten.* AT Verlag, Aarau 1987
Jerzy Rucki: *Die Schweiz im Licht - Die Schweiz im Schatten. Erinnerungen, Rück- und Ausblick eines polnischen Militärinternierten in der Schweiz während des Zweiten Weltkrieges.* Verlag Brunner AG, Kriens 1997
Max Rutishauser, Walter Schelling: *Die 30er Jahre. Ein dramatisches Jahrzehnt in Bilder.* Ringier-Dokumente, Ringier, Zürich o. J.

Joseph Saladin: *Aussersihl.* In: Arnold Kübler u.a.: *Zürich und seine Quartiere. Zürcher Schriftsteller sehen ihr Quartier.* Verlag Neue Zürcher Zeitung, Zürich 1966
A. Schaufelberger: *Gemeinde Wiedikon und 150 Jahr Kirche-Schule.* Orell Füssli, Zürich 1941
Walter Schaufelberger: *Das bedrohte Zürich. Die Geschichte des Stadtkommandos 1939/40.* Orell Füssli, Zürich 1990
Fredy Scheim: *30 Jahre Bühne. Jubiläumsjahr 1949/50.* Festschrift ohne Angabe das Verlags, o. J.
Alfred Schmid: *Gloggevärsli. Ufgseit vo de Chinde am Glogge-Ufzug z´Altstette am 7. September 1940.* Druck H. Schraner, Zürich 1940
Paul Schmid-Ammann: *Emil Klöti. Stadtpräsident von Zürich, ein schweizerischer Staatsmann.* Verlag Oprecht, Zürich 1965
Alfred und Heinrich Schneider. *Quartierfibel Friesenberg. Eine Sammlung ausgewählter Texte und Darstellungen zu Stadtrandsiedlung am Fusse des Uetliberges.* A. und H. Schneider, Zürich 1975
Jürg E. Schneider, Dieter Nievergelt: *Wasserkirche und Helmhaus in Zürich.* Schweizerischer Kunstführer. Gesellschaft für Schweizerische Kunstgeschichte, Bern 1988
Hans-Peter Schwart (Hg.): *Hochschule für Gestaltung und Kunst Zürich. Zeichen nach vorn.* Hochschule für Gestaltung und Kunst Zürich, Zürich 2003
Schweizerische Bauzeitung: http://retro.seals.ch/digbib/vollist?UID=sbz-002
Schweizerische Landesausstellung 1939 Zürich. Offizieller Führer mit Ausstellerverzeichnis und Orientierungsplan. Zürich 1939
Christian Sieber: *Internierten-, Arbeits-, Emigranten- und Flüchtlingslager im Kanton Zürich 1933-1945. Eine Übersicht.* In: *Zürcher Taschenbuch 2009.* Verlag Sihldruck AG, Zürich
SIKART: *Lexikon und Datenbank zur Kunst in der Schweiz und im Fürstentum Lichtenstein.* Schweizerisches Institut für Kunstwissenschaft. www.sikart.ch
Volker Skierka: *Von Zürcher Glanz und Enge. Gespräch mit Rolf Liebermann und Bruno Ganz.* In: *Zürich*, Merian 1/50 1997
Sozialdemokratische Pressunion des Kantons Zürich (Hg.): *Aus der Geschichte der Zürcher Arbeiterbewegung.* Denkschrift zum 50jährigen Jubiläum des «Volksrecht» 1898-1948. Genossenschaftsdruckerei Zürich, Zürich 1948
Heiner Spiess (Hg.): *Das Hallenstadion - Arena der Emotionen.* Verlag Scheidegger & Spiess AG, Zürich 2005
Emil Spillmann: *Zürich-Affoltern, seine Geschichte.* Verlag Quartierverein Zürich-Affoltern, Zürich 1979
Stadtarchiv Zürich (Hg.): *Hundert Jahre Gross-Zürich. 100 Jahre 1. Eingemeindung 1893.* Stadtarchiv, Zürich 1993

Stadtarchiv Zürich (Hg.): *Hundert Jahre Gross-Zürich. 60 Jahre 2. Eingemeindung 1934*. Stadtarchiv, Zürich 1994

Stadt Zürich – Amt für Städtebau (Hg.): *Baukultur in Zürich. Schutzwürdige Bauten und gute Architektur der letzten Jahre*. Bände 1–6. Verlag Neue Zürcher Zeitung, Zürich ab 2002

Stadt Zürich, Atlantis Verlag (Hg.): *Werke öffentlicher Kunst in Zürich. Neue Wandmalerei und Plastik*. Atlantis Verlag, Zürich 1939

Stadtrat (Hg.): *Zürich. Geschichte Kultur Wirtschaft*. Verlag Gebr. Fretz AG, Zürich 1933

Hans Staub: *Schweizer Alltag. Eine Photochronik 1930–1945*. Schweizer Photographie, Benteli Verlag, Bern 1984

Ueli Staub (Hg.): *Jazzstadt Zürich. Von Louis Armstrong bis Zürich Jazz Orchestra*. Verlag Neue Zürcher Zeitung, Zürich 2003

Johannes Stoffler: «Es ist überall Erdbebenzeit». *Gustav Ammann und die Wunschlandschaft Garten*. In: *Topiaria Helvetica*, Jahrbuch 2003

Lukas Straumann und Florian Schmaltz: *Das dunkelste Kapitel in Christoph Blochers Ems Chemie*. http://archiv.onlinereports.ch

David Streiff: *Karl Geiser, Fotografien*. Limmat Verlag, Zürich 2007

Werner Stutz: *Der Hauptbahnhof Zürich*. Gesellschaft für Schweizerische Kunstgeschichte, Bern 2005

Meinrad Suter: *Kantonspolizei Zürich 1804–2004*. Sihl-Druck AG, Zürich 2004

Unabhängige Expertenkommission Schweiz – Zweiter Weltkrieg (UEK): *Die Schweiz, der Nationalsozialismus und der Zweite Weltkrieg. Schlussbericht*. Pendo Verlag GmbH, Zürich 2002

Unabhängige Expertenkommission Schweiz – Zweiter Weltkrieg (UEK) (Hg.): *Die Schweiz und Flüchtlinge zur Zeit des Nationalsozialismus*. Bern 1999 (www.uek.ch)

Verein Frauenstadtrundgang (Hg.): *Chratz & Quer. Sieben Frauenstadtrundgänge in Zürich*. Limmat Verlag, Zürich 2003

Fritz Franz Vogel (Hg.): *Johannes und Hans Meiner. Fotografiertes Bürgertum von der Wiege bis zur Bahre*. Limmat Verlag, Zürich 2005

Traugott Vogel: *Leben und Schreiben. Achtzig reiche magere Jahre*. Orell Füssli, Zürich 1975

Friedrich Traugott Wahlen: *Das schweizerische Anbauwerk 1940–1945*. Neujahrsblatt herausgegeben von der Naturforschenden Gesellschaft in Zürich auf das Jahr 1946. Kommissionsverlag Gebr. Fretz AG, Zürich 1946

Max Waibel: *1945 Kapitulation in Norditalien. Originalbericht des Vermittlers*. Novalis Verlag, Schaffhausen 2002

Francesco Welti: *Der Baron, die Kunst und das Nazigold*. Verlag Huber, Frauenfeld 2008

Peter Wicke: *Von Mozart zu Madonna. Eine Kulturgeschichte der Popmusik*. Gustav Kiepenheuer Verlag, Leipzig 1998

Werner Wider: *Der Schweizer Film 1929–1964. Die Schweiz als Ritual. Band 1: Darstellung*. Limmat Verlag, Zürich 1981

Wohnbedarf AG (Hg.): *1931–1956. 25 Jahre Wohnbedarf. 1931–2006 75 Jahre Wohnbedarf*. Zürich 2006

Walter Wolf: *Faschismus in der Schweiz. Die Geschichte der Frontenbewegungen in der deutschen Schweiz, 1930–1945*. Flamberg Verlag, Zürich 1969

Yvonne Zimmermann: *Bergführer Lorenz. Karriere eines missglückten Films*. Schüren, Marburg 2005

Albin Zollinger: *Pfannenstiel*. Mit einem Vorwort von Max Frisch. Suhrkamp Verlag, Frankfurt am Main 1990

BILDNACHWEIS

Wir danken allen, die uns freundlicherweise Bilder zur Verfügung gestellt haben. Alle nicht aufgeführten Bilder stammen aus Privatarchiven oder aus dem Archiv des Limmat Verlags. Einige Urheberrechte konnten trotz umfangreicher Recherche nicht geklärt werden. Wir bitten allfällige Rechteinhaber, sich mit dem Verlag in Verbindung zu setzen.

Die folgenden, vorangestellten Zahlen beziehen sich auf die Buchseiten.

Umschlag o, 14, 87u, 199, 240 Ringier Dokumentation Bild RDB
4 Globus-Inserat, Januar 1941
13, 158, 159, 263, 280, 354l, 393, 402, 403, 408 Schweizerische Bauzeitung (SBZ)
17, 21u, 30, 32, 33, 37, 43, 47, 55, 57, 66, 89, 94, 102, 104, 106, 107, 109, 111, 112, 120, 125, 129, 131, 135, 154, 170, 181, 191, 197, 198, 201, 204, 210, 211, 213, 221, 224, 225, 235, 243, 252, 259, 260, 261, 264, 276, 277, 302, 303, 322, 345, 346, 368/369, 372u, 390, 391, 394, 401 Baugeschichtliches Archiv Zürich (BAZ)
21o Max Ernst, Pétales et jardin de la nymphe Ancolie, 1934. © 2009 Pro Litteris, Zürich
25, 182 Privatarchiv Artur Beul, www.arturbeul.ch
39 Bleistiftskizze von Traugott Vogel, Dezember 1938. Traugott Vogel: Leben und Schreiben. Achtzig reiche magere Jahre. Zürich 1975
39 Kurt Guggenheim, Wir waren unser vier. Zürich 1949
39, 175 Gustav Huonker, Literaturszene Zürich. Zürich 1985
45, 49, 149, 163, 164, 184, 248o, 359, 410 Hans Staub/© Fotostiftung Schweiz/2009, Pro Litteris, Zürich
52, 75, 145, 146, 168r, 372o, 379, 387, 389, 399 Stadtarchiv Zürich
63 Werner Rings, Schweiz im Krieg 1933–1945. Zürich 1990
68 Peter Kamber, Geschichte zweier Leben. Wladimir Rosenbaum–Aline Valangin. Zürich 2002
69 Binia Bill © copyright Max, Binia + Jakob Bill Stiftung/Pro Litteris, Zürich
77 Illustration von Jean Kralik. Aus der Originalausgabe von Wolfgang Langhoffs «Die Moorsoldaten». Zürich 1935
78 Heinz Guggenbühl. Schweizerische Theatersammlung, Bern
82, 93, 96, 110, 150, 237, 241, 265, 283, 297, 305, 310, 338, 341, 343, 364, 366, 376, 396, 411 Stefan Ineichen, Zürich
84 Max Waibel, 1945 Kapitulation in Norditalien. Schaffhausen 2002
91 Morgarten kann nicht stattfinden. Lazar Wechsler und der Schweizer Film. Zürich 1966
98 Keystone/Photopress
114, 121, 214 Rico Peter, Ländlermusik. Aarau 1978
115 Privatarchiv Ulla Kasics, Zürich
116 Michael Wolgensinger
124, 291, 309u, 335 Slg. Photoglob-Wehrli, EAD/Graphische Sammlung, Schweizerische Nationalbibliothek NB
127, 309o, 311, 313, 332 Eines Volkes Sein und Schaffen. Die Schweizerische Landesausstellung 1939 Zürich in 300 Bildern. Hrsg. von Gottlieb Duttweiler
130 Joseph-Schmidt-Archiv, Dürnten
137 H. Guggenbühl. Our leave in Switzerland., Hrsg. von Arnold Kübler, Gottlieb Duttweiler und Werner Bischof. Zürich 1946
139 «1931–1956. 25 Jahre Wohnbedarf». Nachauflage Zürich 2006
143 © Werner Bischof/Magnum Photos
155 www.jazzdocumentation.ch
156 Hans Baumgartner/© Fotostiftung Schweiz/2009, Pro Litteris, Zürich
168, 177 Aus der Geschichte der Zürcher Arbeiterbewegung. Hrsg. Sozialdemokratische Pressunion des Kantons Zürich. Zürich 1948
169, 193 Ernst Köhli/Raymond Naef, Zürich
172, 405 Bruno Grimm, Das Ende der Nationalen Front. Zürich 1940
194 www.ongsci.org/es
206 Michele Morach, Pietro Bianchi – Maurer und organisiert. Zürich 1979
207 Willy Spiller. Michele Morach, Pietro Bianchi – Maurer und organisiert. Zürich 1979
218, 245, 275, 292 Zürich. Geschichte, Kultur, Wirtschaft. Hrsg. unter Mitwirkung des Stadtrates. Zürich 1933
228 HGKZ Dokumentationsstelle
229 Ernst Scheidegger. © Neue Zürcher Zeitung, 2009
231, 233 Peter P. Riesterer, Gottlieb Duttweiler in Wort und Bild. Zürich 1988
236, 360 Alfred Cattani, Zürich im Zweiten Weltkrieg. Sechs Jahre zwischen Angst und Hoffnung. Zürich 1989
246 Faszination Zürichsee. Siebnen 1996
248u, 381, 382 Theo Frey/Fotostiftung Schweiz
255 Zürich-Wiedikon. In alten Ansichtskarten. Zürich 1993
256 Studienbibliothek zur Geschichte der Arbeiterbewegung, Zürich
256 Hans Finsler. Staatliche Galerie Moritzburg Halle, Landeskunstmuseum Sachsen-Anhalt

266 Martin Hürlimann. Werke öffentlicher Kunst in Zürich. Zürich 1939
272 K. Rhein, Basel. Matthias Knauer, Die unterbrochene Spur. Zürich 1983
285 Paul Etter, Alt-Wiedikon. Zürich 1977
286 Hauptkatalog Zürcher Ziegeleien A.G., Ausgabe 1943
301o M. Wolgensinger. Das Werk, Heft 12, 1939, 26. Jg., SWB Zürich
301u J. Cornut. Das Werk, Heft 12, 1939, 26. Jg., Zürich
306 Unser leichtes Maschinen-Gewehr. Bern 1940
317 Sandro Sigrist/Heinz Sigrist, Rote Pfeile. Die legendären Schweizer Triebwagen. München 2000
324 Verband Schweizerischer jüdischer Fürsorgen, Zürich
331 Priska Held Schweri. Präsidialdepartement der Stadt Zürich
349, 351 AG Hallenstadion, Zürich
356 Armin Bollinger, Oerlikon – Geschichte einer Zürcher Gemeinde. Zürich [1959]
367 Ohne Wenn und Aber dem Gewissen verpflichtet. Flüchtlingspfarrer Paul Vogt 1900–1984, Rotkreuzschwester Elsbeth Kasser 1910–1992. Zürich 2000
370 Unser Seebach. Beiträge zur Vergangenheit und Gegenwart eines Stadtquartiers. Quartierverein Seebach, 1983
392 Otto Müller
412 ©Luftbild Schweiz, Dübendorf
415 Hans Peter Klauser/Gretler´s Panoptikum für Sozialgeschichte, Zürich

DER AUTOR
Stefan Ineichen, geboren 1958 in Luzern, lebt als Ökologe und Schriftsteller in Zürich. Buchveröffentlichungen u. a. *Himmel und Erde. 101 Sagengeschichten aus der Schweiz und von ennet den Grenzen* (Limmat Verlag) und *Die wilden Tiere in der Stadt. Zur Naturgeschichte der Stadt,* Herausgeber der *Sagen und Legenden der Schweiz* von Meinrad Lienert. Seit 2000 Projektleiter der Veranstaltungsreihe «NahReisen», die Ausflüge in und um Zürich anbietet.

Für Druckkostenzuschüsse dankt der Verlag

   **MIGROS**
kulturprozent

Im Internet
Informationen zu Autorinnen und Autoren
Hinweise auf Veranstaltungen
Schreiben Sie uns Ihre Meinung zu diesem Buch
Abonnieren Sie unsere Newsletter
www.limmatverlag.ch

Das wandelbare Verlagsjahreslogo des Limmat Verlags auf Seite 1 zeigt einen Buchstaben aus dem «Teutschen Nammen-Büchlein. Für die liebe Jugend der Stadt und Landschaft Zürich» aus dem 18. Jahrhundert. Mit diesem «ABC»-Büchlein lernten die Kinder buchstabieren, «syllabieren» und schließlich lesen.

Karten: © Bewilligung Stadt Zürich, Geomatik + Vermessung, 4.3.2009 / Reproduziert mit Bewilligung von swisstopo (BA091133)

Typographie und Umschlaggestaltung von Trix Krebs

© 2009 by Limmat Verlag, Zürich
ISBN 978-3-85791-583-3